MĀRĪ GIRGIS

Village de Haute-Égypte

NOTE AU LECTEUR

L'Ifao avait édité ce livre une première fois en 1988, puis en 2001, et voici la nouvelle édition.

J'aimerais attirer l'attention du lecteur sur un point.

Dans ce livre, je montre la vie quotidienne de 315 personnes pendant les mois que j'y ai passés entre les années 1971 et 1973.

Lorsque j'ai entrepris mon premier séjour au village de Mārī Girgis en 1967, l'Égypte approchait les trente millions d'habitants. Aujourd'hui, en 2018, on en compte cent quatre millions, autrement dit, la population a plus que triplé en un demi-siècle.

Je publie ci-contre une photo satellite de Google du village sur laquelle j'ai superposé en brun le plan masse du même village que j'avais relevé en 1971, et qui représentait le plan du monastère, la zone des habitations agglomérées devant son mur nord, et une étroite bande adossée au mur d'enceinte est. Ainsi, nous pouvons constater ces changements et comprendre de quelle manière l'habitat s'est développé, surtout vers l'est désertique. La nécropole antique a ainsi été recouverte par des constructions de mauvaise facture en béton comme en rêvent les gens de là-bas.

On dit que les nouveaux habitants sont tous coptes, attirés soit par les liens familiaux avec les gens du village, soit par la présence du monastère qui offre différents services à la communauté et aux plus démunis.

L'isolement était l'une des caractéristiques du village à l'époque de son étude.

Dans le supplément à la deuxième édition, j'avais évoqué les changements constatés lors d'une visite de deux jours que j'avais effectuée quinze ans après ma première étude. Il serait intéressant de faire à nouveau une étude aujourd'hui qui montrerait l'impact de ce changement sur la population.

Cette poussée démographique de toute l'Égypte a dévoré les richesses du pays. La demande en nourriture, éducation, transport, services sanitaires est en augmentation constante, le chômage s'est accru. Ces dernières années, nous avons même entendu parler d'émigration clandestine. Peut-être que les habitants de Deir Mārī Girgis connaissent aussi ce fléau.

J'ai mentionné que lors de ma première visite au hameau de Mārī Girgis, j'étais accompagné par mes amies du Graal, qui résidaient au siège du mouvement à Akhmîm, et par le père jésuite Paul Warren, cinéaste canadien. J'appris à mon retour de France, après un séjour d'un an, que Paul Warren avait réalisé un court métrage documentaire de vingt minutes sur le hameau de Mārī Girgis, dans lequel apparaissait le bac qui avait été créé avant mon voyage, portant des hommes du village qui traversaient le canal al-Aḥāywa. Un de mes amis m'a donné une copie de ce film, et je l'ai gardée. À l'occasion de la réédition de mon livre, en 2018, l'Ifao a proposé de présenter ce film avec la 3e édition en français et la 1re édition en arabe, à paraître aux presses de l'Ifao (lien vers le film : https://youtu.be/jaL_czbec4E).

Je tiens à remercier ici tous ceux qui ont pris en charge cette troisième édition : le directeur de l'Ifao, Laurent Bavay ; le directeur des études, Nicolas Michel ; le directeur du pôle éditorial, Mathieu Gousse, ainsi que tous ses collaborateurs ; l'assistante d'édition, Dina Alfred.

Nessim Henein
18 octobre 2018

AUTOUR DU LIVRE *MĀRĪ GIRGIS*

ENTRETIENS AVEC L'AUTEUR

(14 avril 2018)

CLAUDE AUDEBERT

La préface de la première édition de *Mārī Girgis* contient un ensemble de points qui ont attiré mon attention et sont une sorte de clef de tes travaux de chercheur et d'écrivain ainsi que de toutes les études que tu as entreprises par la suite.

Résumons-les :

le rôle déclencheur de ta première visite au monastère-village ;
la découverte d'un monde nouveau ;
l'importance que tu accordes à l'observation ;
le rapport entre l'étude que tu décidas d'entreprendre et ta formation d'architecte ;
le rôle décisif de certaines personnalités qui ont façonné ta manière de percevoir les artefacts ;
ton intérêt pour la langue.

On pourrait en allonger la liste et te demander pourquoi tu as attendu si longtemps pour offrir au public égyptien une édition en arabe de ton travail sur ce village.

Ta première visite à Mārī Girgis remonte à 1967 : elle fut le point de départ de tes recherches. Les habitants vivaient dans un isolement total faute de pouvoir traverser le canal (*ter'a*) qui les coupait du monde ; tu décidas de les amener à se mobiliser pour construire une *ma'addeyya*, un bac : tu leur offrais ton aide technique, tandis que le financement était assuré par une levée de fonds auprès des habitants pour la plupart misérables. Cette initiative créera entre toi et eux un lien indéfectible. C'est comme si tu avais entendu « l'appel d'une sirène » qui heureusement n'a pas été fatal (Yousef Idris)[1] mais t'a irrémédiablement attaché à ces misérables, oubliés des pouvoirs publics ou religieux. Tu y trouveras un monde

(1) Allusion à « La Sirène » (*al-Naddāha*), nouvelle de Youssef Idris (Yūsuf Idrīs, 1927-1991), traduite en français par Luc Barbulesco dans le recueil *La Sirène*, La Bibliothèque arabe, Sindbad, 1984 (NdÉ).

inconnu de toi, jeune cairote qui n'avait aucun rapport avec la campagne égyptienne mais saura nous la décrire avec une précision et une empathie remarquables. Cette attitude qui sera la tienne remonte sans doute à ta vision humaniste et ton intérêt scientifique pour ce qui est humain ; elle ne se démentira dans aucun de tes travaux.

D'où t'est venue cette attraction pour ce village, pour ce monde rural et ce désir de le comprendre sans jamais porter de jugement ? Plantes, animaux, outils fabriqués localement, techniques, tout y passe, s'anime et tisse des rapports avec le passé, qu'il s'agisse des modalités de l'accouchement ou des filets de pêche ou de chasse qui plongent leurs racines dans un monde millénaire…

Tu n'as pas été inspiré par le désir « d'aider » ces gens, mais le plus naturellement du monde, de les voir mieux vivre et, sans le chercher, de les responsabiliser. La preuve en est que, lorsque, un jour, la *ma'addeyya* prend l'eau, ce sont les habitants eux-mêmes qui prennent l'initiative d'acheter une barque pour remplacer le radeau. Cet intérêt pour les gens semble avoir été pour toi naturel. Faisait-il partie d'un phénomène de génération où les intellectuels se sont mis à regarder l'Égypte profonde ?

Tu as mentionné Serge Sauneron, ce géant de la recherche, qui t'a donné l'occasion de travailler à l'Ifao. Y a-t-il eu d'autres personnalités qui t'ont influencé vers les travaux que tu as entrepris ?

Quiconque regarde la liste de tes publications s'aperçoit qu'en fait, tu t'étais déjà lancé spontanément dans cette recherche sur les techniques et tout ce qui est en relation avec la vie quotidienne des habitants, mais aussi leur vie intellectuelle et spirituelle.

Il est étonnant que tu aies choisi d'emblée ce type de recherche, alors que tu as une formation d'architecte.

Comment t'es-tu forgé une méthode qui t'a permis d'atteindre si bien ton but ?

On pourrait se poser la même question en ce qui concerne ton intérêt pour la langue. Tu as collecté un lexique impressionnant, repéré des manières de s'exprimer, comme, par exemple, « l'œil de l'Est ou du Nord », où le locuteur se situe par rapport aux points cardinaux au lieu d'avoir recours à la droite ou la gauche, ou encore le cycle des récoltes qui mesure le temps et l'âge d'un enfant. Tu as collecté des textes : proverbes, poèmes, chansons, dictons, devinettes, etc. Tous ces matériaux mériteraient de servir de base à de nouvelles études. Il est vraiment dommage que tu n'aies pas pu former des disciples.

À ce titre, c'est avec joie que nous attendons l'édition arabe de ton texte qui n'a que trop tardé et a privé des générations de lecteurs égyptiens non francophones de l'inspiration qu'ils auraient pu tirer de ton travail. Pourquoi avoir attendu si longtemps pour le publier ?

Le lecteur découvre une autre facette de ta personnalité, lorsque tu racontes l'histoire de vies « minuscules » comme celle de Naamât ou de Hagras et Fayqa dans ta seconde édition. Je suis sûre que tu as d'autres récits sur des personnalités marquantes de ces paysans, pêcheurs, artisans qui n'ont pas manqué de te faire réfléchir et de t'influencer comme se passent les choses entre l'observateur et ce qu'il observe. Ces récits éclairants sur la mentalité de ces hommes et de ces femmes, en as-tu d'autres ? Serais-tu prêt à nous les faire partager dans un nouveau projet qui pourrait s'intituler : *Histoires d'humains* ?

Bien d'autres questions pourraient être suscitées par le travail remarquable et inspirant que tu nous as offert et pour lequel nous te remercions, bien des années après sa publication.

RÉPONSES À CLAUDE AUDEBERT

LE RÉCIT DE MA PREMIÈRE VISITE ET DU RADEAU

Ma première rencontre avec le hameau de Mārī Girgis eut lieu en 1967. J'habitais à cette époque à Akhmîm chez des amies occidentales, du mouvement du Graal. Elles étaient responsables d'un centre de broderie et de tissage pour des jeunes filles dans le besoin et habitaient dans des locaux du centre communautaire de cette ville. J'étais venu chez elles pour construire une petite extension à leur centre qui devait permettre aux visiteurs égyptiens et étrangers de passer quelques jours quand ils visitaient le centre ou la vieille ville.

Les amies du Graal eurent alors la visite de Paul Warren, un père jésuite venu du Canada, qui travaillait comme metteur en scène dans le domaine du cinéma. Il voulait pénétrer dans un village pour en faire un petit documentaire. Elles lui proposèrent de visiter un petit hameau non loin d'Akhmîm, du nom de Mārī Girgis, et je fus invité à me joindre à eux.

Nous sommes partis en taxi, accompagnés par deux ou trois filles du centre qui avaient de la parenté là-bas.

Arrivés à la hauteur du village de ʿĪsāwiyya, nous avons continué à pied pour traverser le canal Aḥāywa par le petit pont devant l'entrée de ce village. Puis nous avons emprunté une longue piste poussiéreuse parallèle au canal sur environ deux kilomètres jusqu'à ce que l'on aperçoive des pigeonniers dominant quelques maisons derrière lesquelles commençait la grande enceinte du monastère couleur de terre.

Notre petite troupe fut entourée par des dizaines d'enfants et quelques jeunes. Vint alors à notre rencontre un vieil homme respectueux, c'était le *cheikh el-balad*. Il nous invita à nous asseoir sur la *maṣṭaba* en terre adossée au mur de la maison d'hôtes (*mandara*) située juste à l'entrée du hameau. Des hommes vinrent se joindre à nous et de petits verres de thé circulèrent. Les amies du Graal et les filles nous quittèrent pour aller dans le hameau, accompagnées d'enfants et de nombreuses femmes.

J'ai signalé dans l'introduction de mon livre mes sentiments à ce moment avec tout ce que je voyais. L'immense pauvreté des hommes se remarquait non seulement dans leur habillement, mais aussi se reflétait dans les traits de leurs visages. Ils parlaient de leur besoin d'avoir un radeau pour traverser le canal devant chez eux, car de l'autre côté, sur la route principale, ils trouvaient des possibilités de transport, minibus et voitures collectives qui les conduisaient à Akhmîm où se trouvaient l'hôpital, le dispensaire, le marché. C'est à la ville qu'ils achetaient leurs produits de première nécessité de même qu'ils pouvaient aussi y vendre un peu de volaille et leur fromage.

J'ai aussi noté dans l'introduction de mon livre le début de la construction, en 1950, du pont Sohag-Akhmîm qui traverse le Nil pour relier les deux villes. Pendant la durée des travaux, les habitants purent utiliser la passerelle qui avait été construite sur le canal Aḥāywa, juste devant leur hameau quand la compagnie utilisa un « decauville » pour transporter le sable, le gravier et les pierres du désert jusqu'au Nil, puis ensuite par bateaux jusqu'au site de construction.

Quand l'opération du grand pont Sohag-Akhmîm fut achevée, la compagnie démonta le pont du « decauville »... Les habitants restèrent plusieurs années sans pont et sans radeau.

J'appris tout de suite d'eux qu'un radeau ce n'est que quelques planches de bois assemblées pour former un plateau, porté et fixé sur six barils vides qui flottent dans l'eau. Un câble est tendu entre les deux rives du canal et celui qui a envie de traverser tire sur le câble pour faire avancer le radeau.

J'ai pensé que ce radeau ne devait pas être un problème si difficile à résoudre et que cela ne méritait pas la souffrance des gens pendant de si longues années, et j'ai tout de suite donné 25 piastres au chef du village devant les hommes qui nous entouraient, en lui disant que c'était le noyau pour construire ensemble un nouveau radeau et que tout le monde allait en partager les frais, chacun selon ses moyens, comme il pouvait.

Certaines personnes furent si enthousiastes qu'elles donnèrent tout de suite quelques piastres au chef du village. Le projet prenait d'emblée une tournure sérieuse. De mon côté, je m'investissais aussi en me rendant chaque jour au hameau et en retournant en fin de journée à Akhmîm.

Avec le *cheikh el-balad* nous sommes passés de maison en maison ; c'est lui qui décidait de la somme que chaque famille devait remettre car il connaissait la situation de chacun.

Ce que donnait une famille ne dépassait pas 25 piastres et jamais moins de 5 piastres. Je notais dans mon carnet le nom des personnes contactées et les sommes reçues.

Cette période du porte-à-porte avec le maire m'a été bénéfique, elle m'a permis de m'approcher des habitants, de toucher la réalité de leur vie et de les observer dans leur quotidien.

Avec le *cheikh el-balad* et deux hommes du village nous sommes allés à Akhmîm pour acheter les barils et un grand tronc de jujubier que nous avons fait couper en planches dans une des grandes scieries de la ville. Une charrette tirée par un âne a transporté tout ce matériel et pris la route principale. En face du hameau tout le matériel fut jeté dans l'eau du canal. Certains paysans ont nagé pour le pousser vers la rive du hameau, aidés par d'autres qui avaient sauté de l'autre côté.

Je me suis absenté quatre jours et quand je suis revenu à Mārī Girgis, j'ai trouvé que tout le monde, hommes, femmes, enfants travaillaient pour achever la construction du radeau. Les femmes séparaient les fibres de palmiers servant à la fabrication des cordes, les jeunes les mouillaient dans l'eau du canal et les hommes les torsadaient. Le menuisier du village partageait le travail avec les habitants.

Lorsque je traversai le canal pour la première fois sur le radeau, pour m'en retourner à Akhmîm, je ressentis un immense attachement entre moi et ce hameau, attachement que je porte encore.

MON «APPEL» VERS CE «NOUVEAU MONDE»

J'ose dire que c'est le hameau de Mārī Girgis qui m'a choisi et non moi qui l'ai choisi. Mārī Girgis, comme on le raconte dans nos légendes rurales égyptiennes, fut «l'appel de la sirène, (*nadaheto al-naddāha*).»

La *naddāha* est une très belle femme, étrange, qui sort pendant les nuits noires dans les champs. Elle appelle un homme précis, par son nom. Il suit irrésistiblement cet appel jusqu'à ce qu'il arrive à la sirène et que l'on retrouve l'homme mort le jour suivant.

La sirène ici, c'est l'ensemble de tout ce qui constituait leur vie et qui s'inscrivait en moi lors des visites avec le maire du village pour la collecte de l'argent, à travers les ruelles du hameau, visites qui durèrent deux semaines environ. Les verres de thé étaient offerts, au milieu des poules qui couraient autour de nous. Les gens m'adressaient des louanges alors que c'étaient eux qui avaient payé pour ce projet et eux qui s'y étaient engagés.

J'observais ce que contenait leur maison, le mobilier en terre, leurs objets, leurs outils, l'habillement des enfants, les ornements des femmes, leurs bijoux, les anneaux autour des chevilles, leurs bêtes, leurs grands outils agricoles démontés et adossés dans des coins de la cour, les fours à pains, les silos, les jarres d'eau, les filets de pêche étendus sur les murs, les pigeonniers dont s'échappait le roucoulement des pigeons, tout ce que j'ai décrit ensuite dans mon livre.

J'étais aussi attentif au vocabulaire de leur dialecte *ṣaʿīdī*.

Cette démarche m'a ouvert sur leur monde, et m'a rendu conscient de tout ce que je regardais. Je me suis senti « appelé » (*mandūh*) par ce village pendant les mois où j'y travaillais, et heureux pendant les années de rédaction de ce travail au Caire.

RÉCIT D'UN SOUVENIR D'ENFANCE SUR L'OBSERVATION

Je pense que l'observation a été essentielle pour mes études, mais je ne saurais dire comment cette faculté s'est développée. Sauf si je me remémore un souvenir d'enfance dont j'avais fait le récit par écrit à la troisième personne quand j'étais à l'école, ce récit s'appelait « les chaussures » en voici un raccourci :

« Pendant la récréation le jeune garçon aimait rester assis sur le banc sous le grand jujubier plutôt que de jouer avec ses camarades. Lorsqu'il était ainsi, assis sous le jujubier, il éprouvait un plaisir qui devint une habitude et perdurera jusqu'à sa vieillesse. Courbé sur son banc il regardait les chaussures des élèves qui jouaient autour de lui. Le regard baissé vers le sol, il essayait de se souvenir du visage de celui qui portait les chaussures qu'il observait, même s'il ne connaissait pas son nom, s'il était dans une autre classe ou était plus âgé que lui. Puis il relevait la tête et regardait le visage pour être sûr qu'il avait vu juste. Content si c'était juste, il se critiquait lui-même s'il s'était trompé. Il ne savait pas d'où lui est venue cette habitude ni d'où lui vient l'importance qu'il attachait à cette activité.

« Mais comme c'est étrange que les chaussures puissent montrer le visage de leurs propriétaires ! »

L'OBSERVATION DES DÉTAILS EN ARCHITECTURE, CLÉ DE MES RECHERCHES

En effet, lié à l'observation il y a l'objet observé. Mes études d'architecture m'ont enseigné à aimer les objets et leurs détails. Ce fut déjà une clé pour entrer dans le monde de l'ethnographie.

Du reste, mon étude sur le hameau a suivi mon étude sur le verre soufflé qui constitua mes premiers pas vers le monde de l'ethnographie. Ce premier petit ouvrage avait certainement été rendu possible grâce à ma discipline d'architecte en même temps qu'il ouvrait la voie à d'autres études de ce type.

LES FRÉQUENTATIONS DE MON ENFANCE, PUIS LA RENCONTRE AVEC DES PERSONNALITÉS HORS DU COMMUN

Je suis né d'une famille d'artisans qui travaillaient dans le quartier des bijoutiers (*ṣāġa*). Après la mort de mon père survenue dans mon enfance, mon frère aîné reprit son atelier. Il m'emmenait passer de longues heures avec lui dans le quartier, pour visiter les différents ateliers et les amis artisans dans les cours des nombreuses *wikāla*-s (caravansérails). J'admirais le martelage du cuivre, la fusion de l'or et le coulage, le soin qu'il fallait déployer pour façonner les bijoux. J'aimais ce milieu. Il y avait aussi de grands ateliers dont les propriétaires étaient juifs et arméniens et j'étais toujours admiratif du soin qu'ils mettaient pour arranger leurs ateliers ainsi que pour leur tenue de travail contrastant avec les artisans égyptiens.

C'est dans ce contexte d'artisans que pendant mes années d'études d'architecture, j'ai eu la chance de suivre l'enseignement de Ramsès Wissa Wassef. Il n'était pas seulement professeur d'architecture ; il avait aussi créé une école dans la campagne où les paysans pouvaient exercer une activité créatrice, principalement le tissage. Il m'ouvrit des horizons sur différentes disciplines artisanales dont la poterie. J'allais dans son atelier à Ḥarraneyya et je montais sur le tour pour essayer de tourner. Je travaillais chez lui au concassage de la silice et de l'argile ; je m'approchais des secrets des glaçures et de la cuisson. Parmi mes *hobbies*, je faisais aussi des émaux sur cuivre et argent. Les activités artistiques qu'entreprenait Ramsès Wissa Wassef touchaient beaucoup de domaines, comme l'architecture en terre, le tissage, les teintures des fils de laine avec des plantes locales, la menuiserie, les vitraux etc. Tout cela était dominé par sa pédagogie très humaniste soutenue par sa conviction profonde en la possibilité de créativité chez chacun d'entre nous. Ces ouvertures ont certainement joué un rôle de guide pour moi.

Sous le régime de Nasser, après nos études d'ingénieur ou de médecine, nous étions tenus de travailler pour le gouvernement et je fus employé au ministère du Logement. J'ai quitté ce travail au bout de deux ans.

C'est à la suite de ma première et très forte expérience avec Mārī Girgis que je suis parti en France en 1968 où j'ai passé un an dans la communauté de Taizé en Bourgogne. J'ai demandé à apprendre la poterie avec le frère Daniel de Montmollin, un des fondateurs de cette communauté et un des grands maîtres de cet art. J'ai eu l'immense privilège de travailler sur le tour, dans son atelier et sous ses conseils. Il avait une grande rigueur dans sa démarche d'un point de vue scientifique et philosophique ainsi que de très grandes qualités humaines.

J'ai rêvé pendant toute mon année à Taizé de retourner ensuite à Mārī Girgis pour mettre sur pied une expérience semblable à celle de Ramsès Wissa Wassef avec les paysans, dans le domaine de la poterie. Je découvris plus tard que le rêve était trop ambitieux pour moi.

C'est cette expérience d'une année passée aux côtés de frère Daniel qui m'a poussé à faire plus tard trois études sur la poterie (2).

La troisième personnalité qui marqua considérablement ma vie fut la rencontre avec Serge Sauneron, qui s'est faite de façon inattendue. C'est lors d'une mission archéologique dans la région d'Akhmîm et de sa visite chez les amies du Graal, que Serge Sauneron remarqua la petite extension que j'avais faite pour les visiteurs avec des voûtes et des arcades. Comme il cherchait un architecte local pour les relevés de fouilles et quelqu'un qui connaisse aussi les techniques anciennes de construction en briques crues, il demanda aux amies du Graal de me rencontrer. J'étais encore en France et à mon retour j'acceptai d'aller le voir. Il était alors directeur de l'Ifao.

Il m'engagea comme architecte de fouilles. Je considère que c'est grâce à lui que j'ai mené à bien ce travail.

Voici deux histoires qui montrent sa large ouverture d'esprit.

I. Lorsque je lui eus exprimé mon envie de faire une étude descriptive et des relevés architecturaux sur le monastère de Mārī Girgis, je lui signalai les écrits du siècle passé sur les monastères (3). Ce n'étaient encore que des textes généraux sur l'architecture chrétienne dans la vallée du Nil. Il accepta, et me donna son feu vert pour entreprendre cette étude.

Je partis pour le hameau, heureux de cette responsabilité. Je commençai par la documentation, le relevé architectural et la description du monastère et les photographies.

Ce travail dura quelques semaines. Pendant cette période, je commençais déjà à noter pour moi, dans un carnet, tout ce qui me semblait étrange, tout ce que je ne connaissais pas sur les gens. J'observais leurs diverses activités dans les champs, leurs outils, les techniques et je faisais aussi des croquis rapides en y ajoutant certains détails explicatifs. Quelquefois aussi je notais certaines particularités de leur langage.

Une fois rentré au Caire, j'ai présenté à Serge Sauneron ce que j'avais fait sur le monastère, et je lui montrai également mon carnet personnel avec mes observations sur le village et mes croquis, en lui donnant quelques explications verbales.

(2) Henein, Nessim, *Poteries et proverbes d'Égypte*, BiGen 13, Ifao, 1992 ; *Poterie et potiers d'Al-Qasr. Oasis de Dakhla*, BiEtud 116, Ifao, 1997 ; Montmollin, Daniel de & Henein, Nessim, *Être potier d'oasis à Badura ou L'intelligence de la tradition*, Éditions Argile, Banon, 1995.

(3) Pococke, Richard, *A Description of the East and Some Other Countries*, vol. 1, Londres, 1743 ; Boinet, Amédée, *Dictionnaire géographique de l'Égypte*, Le Caire, 1899 ; Baedeker, Karl, *Egypt: Handbook for Travellers*, Leipzig, 1902 ; Clarke, George Somers, *Christian Antiquities in the Nile Valley: A Contribution Towards the Study of the Ancient Churches*, Oxford, 1912.

Je me souviens du visage de l'homme et de sa joie ; il me demanda de laisser le travail sur le monastère pour un temps et de continuer à collecter cette matière (Je me sentais comme « appelé », heureux d'avoir à poursuivre ce travail). Je le fis avec joie. C'est ainsi que l'étude du monastère lui-même est devenue l'annexe du livre tandis que mes premiers croquis et premières notes étaient la naissance du livre que vous avez entre les mains. J'ai recopié ici ce qu'a écrit Jean Vercoutter, qui prit la direction de l'Ifao après la mort de Serge Sauneron, dans l'introduction de ce livre : « C'est à Serge Sauneron que l'Institut français d'archéologie orientale doit d'avoir entrepris des recherches dans un domaine qui lui était jusqu'alors étranger, celui de l'ethnographie. Le choix était courageux, car il fut pratiquement décidé dès la première année de la nomination de Sauneron au poste de Directeur de l'Ifao ».

II. Je me souviens avoir exprimé à Serge Sauneron mon désir d'aller étudier l'ethnographie en France et lui avoir dit que je souhaitais bénéficier d'une bourse d'étude, ce qui m'aurait permis de travailler de façon méthodique dans ce domaine.

Avant le livre sur Mārī Girgis, l'Ifao avait déjà publié mon ouvrage sur le verre soufflé en Égypte, en 1974, et un manuscrit arabe-chrétien d'Égypte sur la magie : *La magie par les Psaumes*, en 1975, avec Thierry Bianquis. Mais ces deux sujets étaient très éloignés de l'architecture.

La réponse de Serge Sauneron à ce sujet me surprit vraiment : « Je souhaite que vous ne fassiez pas ces études maintenant, ou bien votre livre sur le hameau risque de devenir une suite de tableaux, de pourcentages et de diagrammes. J'imagine qu'on ne va pas beaucoup les comprendre, alors restez comme vous êtes et continuez ce que vous faites selon votre méthode personnelle. »

MON INTÉRÊT PERSONNEL POUR LA LITTÉRATURE, LA POÉSIE, LA LANGUE ET LE DIALECTAL

J'ai toujours eu un très grand intérêt pour la langue. Pendant les années 1960, nos études furent imprégnées d'un climat idéologique dominé par le socialisme. Nous nous intéressions à la poésie dialectale comme celle de Beram el-Tonsi et ses successeurs : Fouad Haddad, Salah Jahin, Fouad Qa'oud et 'Abd al-Rahman el-Abnoudi[(4)], ainsi que beaucoup d'autres. Parmi ces poètes, certains étaient passés par la prison.

(4) Bayram al-Tūnsī (1893-1961), poète alexandrin d'origine tunisienne, longtemps banni d'Égypte en raison de sa production satirique. À sa suite, la poésie en arabe dialectal égyptien a été notamment cultivée

Nous nous intéressions également à la poésie classique écrite durant cette période et nous récitions les poèmes de Salah 'Abd-el-Sabour et Ahmad 'Abd-el-Mo'ṭy Higazy[5]. À cette époque, les poèmes de Bertold Brecht furent traduits en arabe ainsi que ceux du chilien Pablo Neruda et ceux de Paul Éluard. Toutes ces riches lectures éveillaient mon plaisir de la langue.

Dans le hameau de Mārī Girgis j'ai entendu aussi des poèmes qui me rendaient heureux et qui avaient une coloration politique[6] ; et d'autres chansons sur les femmes, sur la sensualité, chansons d'une grande finesse.

Au milieu de cette atmosphère villageoise, j'ai aimé la langue et les mots, la prononciation, la beauté du sens et la richesse du style. J'étais attentif au vocabulaire du dialectal *ṣaʿīdī*, nouveau pour moi (qui me touchait par la beauté de la prononciation et de leur sens) et j'en ai fait un lexique de 800 mots.

Il y avait aussi cette richesse dans les expressions dialectales qui correspondent à une habitude tout à fait inusitée pour moi, comme le fait de parler de la gauche et de la droite en utilisant les points cardinaux, ou de connaître l'âge des enfants par le cycle des récoltes. Tout cela me passionnait et j'étais conscient de l'importance pour les linguistes de noter ces expressions dialectales.

LES CIRCONSTANCES DE LA VIE

Depuis l'édition de 1988 j'étais souvent triste lorsqu'un ami ou une connaissance égyptienne me demandait pourquoi ce livre n'avait pas été publié en arabe et j'avoue que c'est en partie de ma faute. Serge Sauneron nous ayant quittés en juin 1976 à la suite d'un accident de voiture qui emporta son fils Jean-François ainsi que Farida Makar, la traductrice, et dont je fus le seul rescapé, je me sentais étranger, seul, écrasé et incapable et je n'ai pas osé demander la publication d'un livre en arabe, alors qu'il n'était pas encore achevé en français.

Notre route aurait dû nous amener à 'Agamy près d'Alexandrie où nous comptions louer un chalet au bord de la mer pour réviser le texte français loin des préoccupations de l'Institut. Seul à présent, je devais travailler pour terminer ce livre et le publier.

S. Sauneron, pendant sa lecture du texte traduit, avait déjà noté beaucoup de questions et d'observations qui ont facilité mes réponses, et permis l'achèvement puis l'édition du livre.

par Fu'ād Ḥaddād (1927-1985), d'origine syro-libanaise, Ṣalāḥ Jāhīn, pseudonyme littéraire de Muḥammad Ṣalāḥ al-Dīn Ḥilmī (1930-1986), Fu'ād Qā'ūd (1936-2006), et ʿAbd al-Raḥmān al-Abnūdī (1938-2015) (NdÉ).

(5) Ṣalāḥ ʿAbd al-Ṣabūr (1931-1981) a popularisé le vers libre dans la poésie égyptienne en arabe classique. ʿAbd al-Muʿṭī Ḥiǧāzī est né en 1935 (NdÉ).

(6) Chansons numéro 37 et 38, p. 305 de cet ouvrage.

Je me souviens qu'il avait écrit sur la page extérieure d'un dossier à propos de ma conclusion, avec un feutre noir, comme quelqu'un d'irrité : « L'Ifao vous a envoyé au village de Mārī Girgis pour faire une étude ethnographique et pas pour un apostolat. » Cette remarque m'a fait prendre conscience du vrai rôle que devait jouer cet ouvrage.

MON DÉSIR DE COMPRENDRE ET MA CURIOSITÉ

Je ne connaissais la campagne qu'indirectement à travers les paysans qui venaient du Delta et de Haute-Égypte pour vendre fruits et légumes sur les marchés de la ville et les quartiers populaires des alentours. Ils arrivaient des villages du nord du Caire comme Imbaba, Choubra el-Khayma et Basousse etc., ou du sud comme les villages de Giza, comme Ḥarraneyya, et Tersa etc. Dans mon enfance il y avait encore des zones agricoles comme des îlots au milieu des immeubles de la ville. On voyait également, sur certains balcons, des chèvres, des moutons et de la basse-cour. Une image toujours présente dans nos souvenirs, nous les habitants du Caire.

L'autre source d'information sur la réalité paysanne fut la littérature. Dans notre programme d'école primaire le roman de Taha Hussein, *Les jours*(7), dessina dans nos têtes de jeunes écoliers des images de la campagne égyptienne.

Dans notre jeunesse, mes camarades d'études secondaires et moi-même lisions d'autres livres qui nous plongeaient dans l'univers paysan comme *Le Journal d'un substitut de campagne* de Tawfik al-Hakim publié en 1937, *Zeinab* de Mohamed Hussein Heikal en 1914, *La Terre* de ʿAbd el-Rahman el-Charqawi en 1954, Naguib Mahfouz(8) etc., et beaucoup d'autres histoires et nouvelles d'écrivains des années 1960 qui avaient une origine paysanne.

Nous avions lu les ouvrages d'écrivains qui parlaient de l'âme du socialisme, et l'effet de la pensée européenne sur la pensée islamique pendant le XIXe siècle. Nous lisions les analyses des écrivains de gauche comme Luis Awad, Mahmoud al-ʿÂlem, ʿAbd el-ʿAzim Anis(9) et d'autres.

Ma connaissance de la campagne égyptienne était intellectuelle, mais elle m'avait beaucoup appris et m'aida à me confronter à la réalité de Mārī Girgis.

(7) Ṭaha Ḥusayn (1889-1973), *al-Ayyām* (Le livre des jours), 1927 (NdÉ).

(8) Muḥammad Ḥusayn Haykal (1888-1956), homme politique, auteur du premier roman psychologique égyptien ; Tawfīq al-Ḥakīm (1898-1987), romancier et dramaturge ; Naǧīb Maḥfūẓ (1911-2006), romancier, prix Nobel de littérature en 1988 ; ʿAbd al-Raḥmān al-Šarqāwī (1920-1987), auteur influencé par le socialisme (NdÉ).

(9) Luwīs ʿAwaḍ (1915-1990), ʿAbd al-ʿAẓīm Anīs (1923-2009) et Maḥmūd Amīn al-ʿĀlim (1922-2009), intellectuels progressistes influents dans les années 1960 et 1970 (NdÉ).

Dès ma première visite, j'ai donc senti une forte attraction pour ce hameau. J'étais attiré et séduit par l'originalité, la simplicité des objets, la permanence d'artefacts et de techniques reflétant des expériences héritées des civilisations anciennes d'Égypte.

C'est la complexité de tous ces phénomènes qui a guidé mon envie de comprendre. J'étais comme un élève qui étudie tout ce qui l'entoure : objets et gens. Je ne portais aucun jugement sur eux, j'étais parmi eux pour apprendre d'eux.

Aider les gens n'était pas mon but. Ce qui m'a amené à écrire ce livre, c'est ce que j'ai vu dans le hameau, et comment les choses se sont développées pour moi. On peut voir sur la photo de la couverture de la deuxième édition française et la planche (Pl. 35) un bateau métallique au centre de l'image. Cette barque a été achetée par les habitants après que le radeau se fut disloqué. Ils ont répété cette expérience sans que je ne m'en mêle.

MA PROPRE MÉTHODE

Mon étude sur le verre soufflé fut mon premier exercice pour pénétrer dans le domaine de l'ethnographie. Puis le travail sur le manuscrit arabe chrétien qui fit l'objet de l'ouvrage *La magie par les psaumes*, en 1975, m'ouvrit une mine de renseignements qui me permit d'approcher et de prendre connaissance de la culture populaire de toute une société égyptienne vivant soit à la campagne, soit en ville, puisque ce manuscrit parle des préoccupations humaines que la magie est censée résoudre : peurs, maladies, espoirs.

J'ai vécu dans le hameau avec en toile de fond dans ma tête, les problèmes des gens répertoriés dans ce manuscrit.

L'étude de l'architecture m'a aidé à aborder le domaine de l'ethnographie sans m'y sentir étranger. Si j'ose me permettre une parenthèse, je dirais que l'ethnologue devrait apprendre un peu d'ingénierie, et devrait savoir dessiner avec soin.

Auparavant j'avais lu la plupart des études scientifiques connues liées à l'artisanat et aux techniques(10). J'avais noté les points avec lesquels je n'étais pas d'accord et qui posaient question.

Mon approche pour comprendre les détails m'a poussé à me poser des questions sur la fonction de différentes parties ; j'essayais d'y répondre et si je n'y arrivais pas, j'allais trouver l'utilisateur de l'objet ou celui qui l'avait fabriqué. L'homme ou la femme trouvaient le plus souvent que mes questions étaient au cœur du sujet, pertinentes, et ils acceptaient ma venue même s'ils ne saisissaient pas vraiment le sens de ma démarche. Il arrivait parfois qu'ils n'avaient pas de réponse, car l'objet tel qu'il était réalisé était le résultat d'un héritage

(10) André Leroi-Gourhan, *Le Geste et la Parole*, Albin Michel, Paris, 1964-1965, 2 vol. *(Technique et Langage, La mémoire et les rythmes)*; *Milieu et Techniques*, Albin Michel, Paris, 1945.

acquis depuis des générations, et ils n'avaient jamais pensé au pourquoi de la particularité qui m'intriguait. D'autres attiraient mon attention sur des points qui m'avaient échappé, ou encore me proposaient d'étudier la question sous un angle auquel je n'avais pas pensé, ce qui parfois se révéla bien utile. Je choisissais parfois les personnes avec qui j'allais discuter d'un sujet. Je demandais aux vieilles femmes ce qu'elles savaient sur les rites d'accouchement ou les conseils pour les femmes stériles, ou bien encore j'allais trouver directement la sage-femme.

Je me documentais sur les mots du vocabulaire. J'enregistrais mes observations par des croquis, parfois par des photos. Dans ma chambre au hameau je numérotais mes observations au fur et à mesure, et quand les semaines passaient je regroupais cette numérotation sous des titres provisoires ; c'est ainsi qu'une ligne directrice commença à se former et un index à se constituer.

Par exemple, pour les pigeonniers, j'ai demandé à leurs propriétaires de me décrire leurs expériences dans l'élevage des pigeons, le soin des petits, le commerce de la fiente. Et je me suis intéressé aussi au constructeur, ce qui me conduisit à Akhmîm pour rencontrer cet homme, car il n'habitait pas le hameau.

J'ai aussi mené une petite enquête auprès d'un propriétaire pour comprendre la raison de l'abandon de certains pigeonniers par les pigeons et j'ai su alors que des sorts étaient jetés pour que les pigeons quittent un pigeonnier... Ce qui m'a amené à chercher à mieux comprendre ce qu'était cette histoire de magie. Il se trouve que j'ai rencontré à Akhmîm un tailleur qui possédait un manuscrit arabe-chrétien ancien sur la magie par les Psaumes. Je le lui ai emprunté pour quelques temps et en ai fait une publication à l'Ifao avec Thierry Bianquis.

La question de ma méthode de travail m'amène à ma soutenance de thèse à Aix-en-Provence. Un des membres du jury me demanda : « Quelles méthodes avez-vous suivies dans ce travail qui se trouve maintenant entre nos mains ? » Il ajouta : « Eh bien, je vais répondre moi-même : "votre cœur" et je suis jaloux ! »

Pour conclure je répondrai à la question de Claude qui aimerait savoir si je n'ai pas d'autres histoires de personnages.

Effectivement, j'ai été touché par certaines personnalités rencontrées lors des mes enquêtes, spécialement quand j'habitais sur les lieux de mes recherches pendant quelques semaines ou quelques mois. Périodes qui me permettaient d'être lié de près avec les gens dont je pouvais cerner la personnalité.

Quelquefois j'insérais dans mes ouvrages certains portraits qui, pendant mon travail d'écriture, me faisaient revivre mes souvenirs.

Peut-être que les histoires des gens qui sont encore dans mes tiroirs pourraient être publiées un jour sous ce titre proposé par Claude Audebert et qui correspond bien à mes sentiments : « Histoires d'humains ».

RÉPONSES À NICOLAS MICHEL

Y-a-t-il eu des résistances à ton projet de la part des villageois ? Et des habitants des villages voisins ? Des autorités ?

J'ai été bien accepté par les villageois en général. Les seuls ennuis que j'ai rencontrés sont venus du prêtre qui n'était pas originaire du hameau. Ce prêtre m'accusa de me mêler d'espionnage. En effet, pendant les quelques années qui suivirent la guerre des Six Jours en 1967, il régnait une grande méfiance à l'égard de tous ceux qui n'étaient pas de la région.

J'ai dû me rendre à la police de Sohag pour expliquer mon travail et ma présence à Mārī Girgis. La police a bien compris ma démarche mais m'a attribué un « garde officiel ». Dans le village il y avait justement un homme dont c'était la charge, et c'est lui qui m'accompagna dorénavant dans tous mes déplacements dont il devait rendre compte ensuite à la police. Cette présence n'affecta pas mon travail, et au bout d'un certain temps, c'est lui qui portait certaines de mes affaires et il me fut bien utile lorsqu'il m'aida dans mes relevés.

On sent le plaisir que tu as pris à faire les photographies, toutes très belles, et le soin amoureux avec lequel tu as dessiné ustensiles, maisons et autres. Dans quelles conditions faisais-tu ces clichés et ces dessins ? Les villageois se prêtaient-ils volontiers à ton regard ?

J'aime la photographie. Il faut dire que je n'ai que rarement demandé aux gens de poser pour mes prises de vue. J'ai toujours pris les photos pendant l'action, sauf pour les objets où je cherchais le meilleur angle et la meilleure lumière. J'aime les photos en noir et blanc, c'est pourquoi je n'ai pas utilisé la couleur.

Il faut aussi dire qu'il n'y avait aucune gêne, ni de ma part, ni de celle des gens, pendant que je photographiais, ce qui m'a facilité la tâche.

Le livre est très largement une question de temps: les activités au gré des saisons, le cycle de la vie... L'apprentissage d'un rythme aussi différent de celui que tu connaissais au Caire a-t-il été facile ? Que t'a-t-il apporté ?

La vie du hameau est gouvernée par les travaux qu'il faut accomplir dans des temps déterminés: il y a le temps de la pêche, celui pour extraire les engrais dans la montagne, le temps des labours, des récoltes, du vannage. La durée de ce temps varie avec le cycle des saisons, du climat, des vents, de la nature, de la terre. Il y a même des accords entre les paysans pour les temps d'irrigation.

À mon tour je suivais leur temps, sans que mon choix intervienne (du reste il le fallait !), pour voir et comprendre ce qui m'entourait. Jamais je ne me suis posé cette question du temps, car j'étais heureux avec eux et passionné par mon travail, et j'ai énormément bénéficié de vivre ainsi parmi eux.

Comment as-tu ensuite travaillé avec les traductrices ?

J'ai reçu de la part des collègues et des amis signalés dans l'introduction du livre des aides précieuses pour la traduction. Il faut dire que la majorité de ceux qui m'ont aidé étaient aussi touchés par le sujet du livre.

Étais-tu conscient qu'une grande partie de ce que tu t'attachais à décrire allait disparaître ?

Je n'étais pas vraiment conscient des différents aspects de la vie du hameau qui allait rapidement se transformer par la suite. J'étais tout à fait absorbé par ce qui m'entourait, ce que je regardais et ce que j'entendais. Je vivais dans le moment présent sans me soucier de ce problème. J'étais conscient pourtant que ce village perpétuait un mode de vie hérité, riche pour moi, mais ignoré de la plupart des citadins.

En guise d'épilogue à la réédition de 2001, tu as choisi de raconter deux histoires de vie. Elles font surtout appel aux émotions et aux sentiments. Dans ce domaine, que t'ont appris tes séjours au village ? Que souhaites-tu transmettre à ton lecteur ?

Peut-être ces deux histoires peuvent-elles apporter au lecteur des sentiments que j'ai éprouvés moi-même.

J'estime que ce livre contribue à faire connaître d'importants aspects de notre histoire rurale, si éloignés des préoccupations des citadins, spécialement de la jeunesse, et qui pourtant ont façonné notre pays.

On sent qu'il s'agissait pour toi d'une vie, et d'un cadre d'une grande beauté. En quoi consistait selon toi cette beauté ?

J'ai trouvé de la beauté dans le fait d'utiliser les simples matériaux qui les entourent comme la terre du Nil pour la construction des maisons, des pigeonniers, des silos, des fours à pain et pour la fabrication d'autres objets en terre ; ou encore comme le bois des arbres (acacia, jujubier, mûrier) utilisé dans la fabrication de leurs outils agricoles : noria, hache-paille, charrue, etc. Ces objets sont les témoins d'un héritage rural et j'avais l'impression qu'ils transmettaient également la beauté de gestes millénaires.

J'ai découvert chez certaines personnes la beauté de leurs âmes, comme pour Naamât, Hagras et Fayqa.

Je trouvais aussi de la beauté dans leurs chansons dont le sens et les mots reflétaient si poétiquement leur dure réalité.

J'estime que la beauté chez eux, c'est leur force d'accepter le destin, malgré leur grande pauvreté. Je me demande d'où leur vient cette force ? On peut reconnaître un visage qui souffre et le visage de celui qui accepte.

Quelle bénédiction de savoir accepter !

PRÉFACE DE LA PREMIÈRE ÉDITION (1988)

C'est à Serge Sauneron que l'Institut Français d'Archéologie Orientale doit d'avoir entrepris des recherches dans un domaine qui lui était jusqu'alors complètement étranger, celui de l'ethnographie. Le choix était courageux, car il fut pratiquement décidé dès la première année de la nomination de Sauneron au poste de Directeur de l'IFAO, à une époque où ses collègues, égyptologues, hellénistes, voire arabisants, pouvaient estimer cette entreprise beaucoup trop éloignée des activités de l'Institut qui, traditionnellement, étaient au premier chef axées sur les recherches épigraphiques et archéologiques.

Au demeurant — mais qui y pensait ? — l'initiative était dans la droite ligne des recherches qui aboutirent à la *Description de l'Egypte,* car les Savants de l'Expédition française, bien loin de se préoccuper uniquement de la science pure ou du relevé des vestiges du passé, s'intéressèrent aussi à la vie quotidienne des paysans, des artisans et des ouvriers. Nous leur devons quelques-unes des plus belles planches de la *Description de l'Egypte,* aussi parlantes, parfois plus, que les célèbres figures de l'Encyclopédie de Diderot et d'Alembert.

Initiative courageuse donc, mais de plus très heureuse, car l'IFAO doit à la décision de Sauneron plusieurs monographies sur des artisanats en voie de disparition, mais aussi, mais surtout, le présent ouvrage du Dr Nessim Henry Henein sur la vie d'un village de Haute-Egypte, ouvrage remarquable qui fera date parmi les travaux consacrés à l'étude d'une petite communauté villageoise.

Pendant de longs mois, l'auteur a vécu dans une maison de ce village, Mārī Girgis, de la même façon que les paysans, mangeant leur nourriture, participant à leurs travaux, à leurs trop rares joies, et surtout, on le sent à chaque page de son livre, il s'est profondément attaché à eux. En retour, les habitants l'ont adopté, il est désormais l'un des leurs. C'est là, pour un ethnologue la condition primordiale à remplir, et le travail qui a été accompli pendant cette longue mais indispensable approche est de l'excellente ethnologie.

Dès l'abord, le lecteur est conquis par la simplicité, le charme et l'élégance du style. Il faut faire effort pour se rappeler que le texte a été pensé en arabe et mis ensuite en français grâce à une collaboration exemplaire entre auteur et traducteur.

Pour le lecteur non ethnologue, et en particulier pour l'historien de l'Egypte ancienne, égyptologue ou helléniste, je ne ferai qu'évoquer l'intérêt des anecdotes et des coutumes locales utilisées tout au long de l'ouvrage. Elles font vivre le village sous nos yeux, un village somme toute assez peu différent de ce qu'il eût été sous Seti Ier ou lorsque vivaient

Eulogius et Arsénius, les saints patrons du Dēr el-Ḥadīd dont les hauts murs protègent encore le village.

Pour l'ethnologue, cet ouvrage est une inépuisable mine de renseignements : techniques de fabrication, modes de culture ou de pêche, instruments de travail, rites observés lors des naissances, des mariages et de la mort, nourriture, pratiques médicales et magiques, etc. A la précision de la description s'ajoute celle des dessins et des plans qui illustrent le texte; les qualités de ces figures rappellent que Nessim Henein est un architecte.

Pour terminer, je citerai ce qu'écrivait Serge Sauneron peu de temps avant sa mort, à propos de ce même livre : « A une époque où l'Egypte se transforme à un rythme sans cesse plus rapide, ce tableau de la vie et des techniques villageoises sera bien accueilli; il témoigne d'une forme des rapports entre l'homme et la terre qui subira sans doute, dans les décennies prochaines, de profondes modifications ».

C'est en effet un « témoignage », au meilleur sens du mot, que Nessim Henein nous apporte, et il faut souhaiter qu'à son exemple, d'autres études de cette qualité viennent enrichir les publications de l'IFAO.

Jean VERCOUTTER

INTRODUCTION DE LA PREMIÈRE ÉDITION (1988)

Lorsqu'en 1971 j'exprimai à S. Sauneron, alors Directeur de l'Institut Français d'Archéologie du Caire, le désir d'entreprendre une étude archéologique du monastère de Mārī Girgis (Dēr el-Ḥadīd), ce choix n'était pas dû au hasard. Le monastère lui-même, comparé à ceux qui jalonnent la région, ne présentait pas un intérêt archéologique tel qu'il dût motiver mon choix. Mais le prétexte m'était offert pour renouer avec ce village auquel je m'étais attaché à la suite d'une visite effectuée en 1967 en compagnie d'amis. Ce fut pour moi la révélation d'un monde inconnu : un village aux maisons de terre battue, où tout semblait manquer : eau potable, école, dispensaire et jusqu'à la plus petite boutique. Un monde isolé par un canal qu'il fallait traverser et qu'aucune route ne reliait aux villages voisins.

Lors de cette visite de 1967 je m'enquis des raisons pour lesquelles il n'existait même pas un bac qui permît le passage. Il avait existé, mais une compagnie qui avait loué les carrières de sable et de gravier voisines avait construit un pont rudimentaire. Le bac, devenu sans objet, avait été détruit et les barils et les planches le composant utilisés par les habitants. Lorsque le contrat d'exploitation des carrières vint à expiration, la compagnie voulut vendre le pont à l'évêque d'Aḫmīm dont dépendait Mārī Girgis. L'évêque refusa, le pont fut démonté et le village vécut sans bac et sans pont pendant plusieurs années.

Je proposai alors aux villageois de construire un nouveau bac. On se cotisa, je m'occupai de lever des fonds et je m'y consacrai entièrement. Ce fut pour moi l'occasion d'observer la vie des habitants de Mārī Girgis. Tous se mirent au travail : hommes, femmes et enfants participèrent à la construction de ce nouveau bac. Lorsque, le travail achevé, je pris le bac du retour, un lien profond s'était créé entre le village et moi et de nombreuses questions restaient en suspens dans mon esprit. J'avais un désir profond de connaître davantage ces villageois, de savoir quelles étaient leurs véritables conditions de vie et lorsque, plusieurs années après, il me fut donné d'entreprendre l'étude du monastère, je décidai de profiter de cette occasion pour étendre mon étude au village tout entier; mon zèle fut stimulé par l'intérêt que Serge Sauneron manifesta pour ce travail et par les encouragements qu'il me prodigua.

L'épisode du bac m'offrit l'occasion d'être accueilli en ami au village et de pouvoir pénétrer plus facilement au cœur de ce monde, d'autant plus qu'un incident nous fit revivre ces instants de solidarité qui avaient créé des liens puissants d'amitié entre nous : il advint qu'une nuit le fameux bac chavira et se disloqua; les habitants, se rappelant l'expérience du bac, organisèrent une collecte à laquelle je m'associai et une barque nouvelle fut achetée, qui est toujours en service.

A l'automne 1971 je m'installai à Mārī Girgis et y passai deux mois. Je logeai dans une famille. Cela n'alla pas sans quelques difficultés. Mon hôte refusa de recevoir un loyer; préparer seul mes repas dans ma chambre était impossible car la maîtresse de maison s'empressait dès qu'elle me voyait cuisiner. Je partageai donc leur vie et essayai de répondre à leur hospitalité de diverses manières.

Pendant l'hiver 1972 je retournai au village et y passai cinq mois. Je logeai alors dans une pièce bâtie à mon intention chez un autre habitant. Enfin en 1973 je fis un autre séjour de deux mois. C'est lors de ces trois séjours que je pus recueillir et rassembler la documentation présentée dans ce livre.

Ce travail est né de toutes les questions que je me posai, moi le citadin, le cairote, confronté à un monde qui m'était en quelque sorte inconnu. Je me suis donc mis à l'école du village et j'ai observé. J'ai cherché à comprendre ses habitants, leurs coutumes, leur mentalité, et parfois jusqu'à leur langue. J'ai noté des chants, des proverbes et des termes qui m'étaient inconnus; je me suis concentré sur les objets qui révèlent la main et la technique du fabricant, et j'ai étudié les gestes de tous les jours du paysan et de l'artisan, les accompagnant dans leur travail et leur repos, leurs joies et leurs soucis.

C'est intentionnellement que je n'ai pas abordé ce que la modernité apporte à cette société (transistors, tissus synthétiques, ustensiles de plastique, etc...) du fait que ces éléments nouveaux n'y ont encore qu'une importance très réduite, pratiquement marginale (il n'y a encore aucun toit de béton; les radios se compteraient sur les doigts de la main). Mon attention s'est centrée sur ce qui constitue le tissu fondamental de la vie du village. Je suis conscient de la rapidité avec laquelle le pays se transforme à notre époque, transformation qui ne manquera pas, dans les années à venir, de modifier considérablement le visage de la campagne égyptienne et d'amener la disparition de certains traits fondamentaux de la vie du village que j'ai essayé de saisir et de fixer par écrit [1].

J'ai consigné toutes ces notes, pris les photos [2], relevé les plans et les dessins sur place, puis j'ai fait une rédaction de ce travail en arabe. Celle-ci a fait l'objet d'une première traduction en français par Mademoiselle Farida Makar, revue et corrigée par Serge Sauneron.

(1) Voir Addendum, p. 349 à 355.

(2) Je remercie Alain Lecler, photographe de l'IFAO, qui a réalisé certaines prises de vue complétant l'illustration de cet ouvrage.

Après la mort de ce dernier, ce travail a été interrompu pendant un an, puis je l'ai repris d'abord avec Mademoiselle Christiane Lamourette pour mettre au point les questions restées en suspens et qu'avaient notées Serge Sauneron, ensuite avec Mademoiselle Claude Audebert pour revoir la traduction. Nous lui avons donné alors sa forme définitive.

Je tiens ici à exprimer à mon amie Claude Audebert ma profonde reconnaissance pour sa collaboration amicale et dévouée. Je suis également reconnaissant envers Monsieur Jean Vercoutter, Directeur de l'Institut Français d'Archéologie Orientale, et Madame Geneviève Bataille, Secrétaire Général de l'Institut qui ont aplani les difficultés que je rencontrai. Je remercie également tous ceux qui, de près ou de loin, m'ont aidé de leurs conseils et de leurs encouragements : M. T. Bianquis, Mme S. Bilderling Chehab-Eddīn, M. J.-C. Garcin, M. P. Geneux, M. J. Jacquet, Mlle Chr. Lamourette, M. Nabil Rizqallah, Mlle H. Trad, M. B. Wadīʿ.

Je veux aussi dire ma reconnaissance à Madame Paule Posener-Kriéger actuel Directeur de l'IFAO, qui a bien voulu inscrire cet ouvrage dans le planning des travaux de l'imprimerie et qui a eu à cœur d'apporter sa contribution personnelle à la révision des épreuves finales.

J'ai une dette particulière de reconnaissance envers Monsieur Rinaldo Gori, Directeur de l'imprimerie, pour la patience et la compétence dont il a dû faire preuve dans la réalisation technique de ce livre où la multiplicité des illustrations posait des problèmes complexes de mise en page. Avec lui, ma reconnaissance va à tous ses collaborateurs de l'imprimerie, spécialement à mon ami Michel Le Clair qui m'a aidé à différents stades de ce travail.

CHAPITRE I

VILLAGE ET HABITAT

A. CADRE GÉOGRAPHIQUE ET DESCRIPTION GÉNÉRALE.

Mārī Girgis est un petit hameau (*naǧʿ*) de Haute-Egypte, situé sur la rive droite du Nil (lat. entre 26° et 27°, long. entre 31° et 32°) (fig. 1).

Le village dépend du gouvernorat de Sohāǧ. Il est situé à douze kilomètres environ au Sud-Est d'Aḫmīm qui en est le chef-lieu (*markaz*). A deux kilomètres au Nord de Mārī Girgis se trouve le village de ʿĪsāwiyya, dont notre hameau dépend administrativement et à quatre kilomètres et demi environ vers le Sud, le village de Kōla (fig. 2).

Mārī Girgis est bâti sur la limite occidentale d'une chaîne de collines de faible altitude, orientée d'Est en Ouest. Les collines s'abaissent en pentes douces vers le Sud et le Nord et dominent, à l'Ouest, le canal Aḥaywa qui coule du Sud au Nord (pl. 1), parallèlement au Nil dont il est distant en ce point d'environ 150 mètres. Un chemin de terre (*ǧisr*) sépare le Nil du canal. C'est là que passent les autobus et les voitures qui se rendent à Kōla au Sud ou à Aḫmīm au Nord. A l'Est s'étend le désert dominé par le *ǧabal šargī* ou Montagne orientale.

Ce hameau est constitué par un vieux monastère, Dēr el-Ḥadīd, entouré de son mur d'enceinte et de cinquante-sept maisons en terre d'un ou deux étages parfois surmontés de pigeonniers.

Les paysans ont commencé jadis par habiter dans l'espace du monastère. Leur nombre croissant les obligea à s'étendre à l'extérieur du couvent, au Nord, en direction du petit ruban fertile qu'ils cultivent entre le canal Aḥaywa et le désert. De ce fait les habitations sont maintenant concentrées au Nord du mur d'enceinte, à l'exception de certaines d'entre elles qui sont adossées contre le mur Est. Celles-ci donnent directement sur l'ancien cimetière copte appelé Kiffāriyya (voir *infra* fig. 3, p. 10).

En Mai 1974 le village comptait, selon un recensement que j'ai fait, 310 habitants, tous coptes. Dix d'entre eux savent lire et écrire : deux hommes et huit enfants.

La plupart des habitants pratiquent à la fois l'agriculture et la pêche, seuls les moins pauvres d'entre eux se contentent de cultiver la terre.

La journée au village se compose d'occupations variées. Les pêcheurs partent chaque soir avec leurs filets jusqu'au Nil, pour ne rentrer qu'à l'aube suivante. Chaque matin le marchand de poisson venant d'Aḫmīm, s'installe à l'entrée du village en attendant leur retour. Alors ce sont les marchandages et les discussions des hommes assis en cercle.

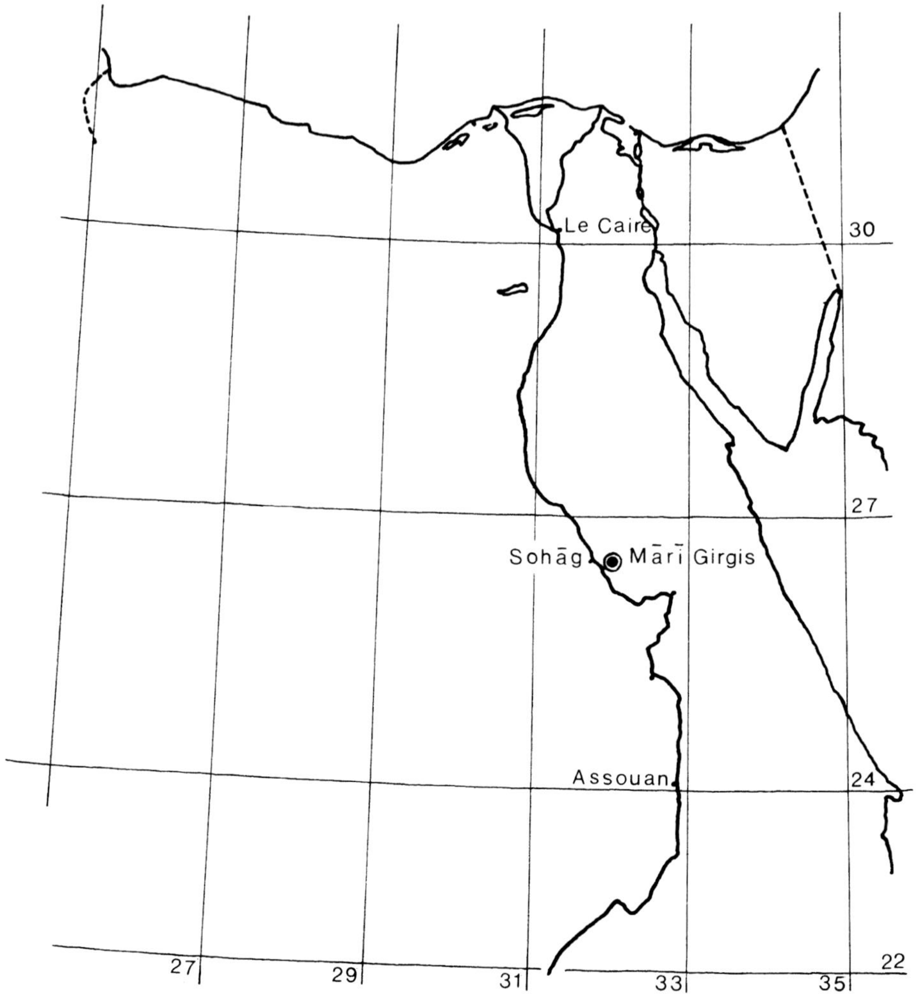

Fig. 1 : Situation générale.

C'est le seul moment où les hommes élèvent la voix. Pendant ce temps, ceux qui s'occupent des terres sont partis dès le lever du jour avec leurs bêtes et leurs outils. Durant la journée, on peut voir, dans les ruelles, des vieillards tresser des couffins et de vieilles femmes filer la laine devant leur porte. Dans la vaste cour du monastère, des pêcheurs réparent leurs filets. Les femmes vont remplir leurs cruches au canal. Les enfants mènent les troupeaux en bordure des cultures, ou aux confins du désert, là où poussent les tamaris (*ʿabal*) dont les bêtes se nourrissent.

Au crépuscule, tous rentrent à la maison. Les femmes commencent à préparer le repas du soir autour d'un petit feu et le village s'enveloppe de la fumée des tiges sèches de maïs (*būṣ*). Déjà les pêcheurs s'apprêtent à repartir.

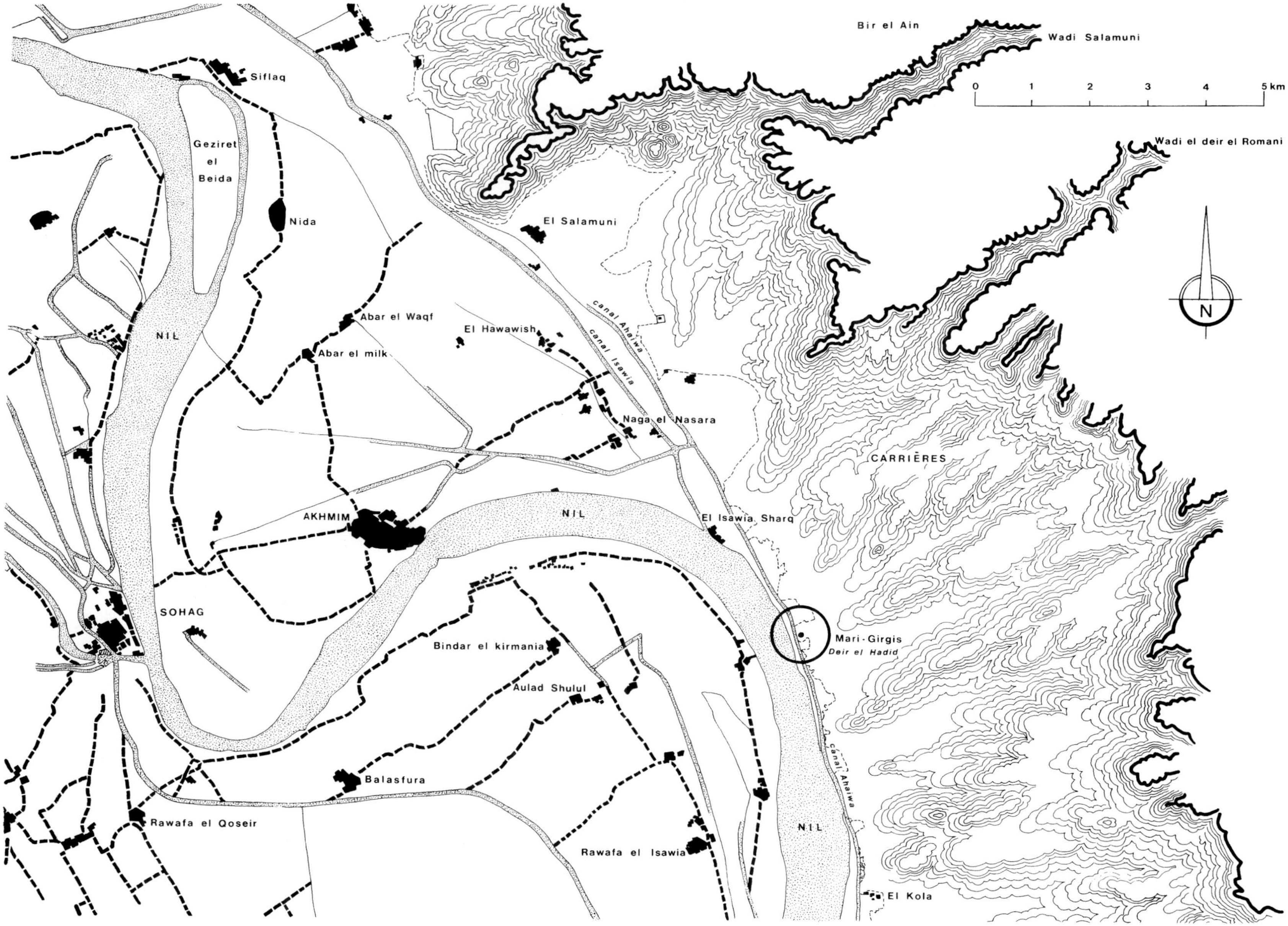

Fig. 2 : Situation géographique du village. Carte établie d'après « Atlas of Egypt », Survey Department, Cairo Government Press, 1914.

Peu de visiteurs de l'extérieur viennent jusqu'à Mārī Girgis : le poissonnier, le barbier, divers marchands ambulants. Quelques habitants se rendent en visite dans les villages voisins. En général, rien ne vient troubler l'univers assez clos de ces hommes jaloux de leur indépendance qui tentent de régler leurs problèmes intérieurs en évitant d'y mêler les autorités. Le transistor et le retour des émigrants commencent cependant à briser cet isolement.

Le Nil, le désert, les cultures, constituent le cadre naturel du village.

LE NIL

Le Nil, c'est d'abord l'artère de vie qui permet l'approvisionnement en eau et l'irrigation des terres. C'est aussi une source de revenus pour les habitants qui pratiquent la pêche comme second métier. C'est encore une barrière séparant Mārī Girgis des villages voisins de l'Ouest. Ceux-ci apparaissent dans l'esprit de ses habitants comme un monde effrayant. Cette peur ancestrale est peut-être encore plus ancrée dans l'esprit des femmes que dans celui des hommes dont les contacts avec l'extérieur sont plus fréquents. Un proverbe courant au village reflète ces sentiments : « *in ʿaššaret ḥumārtak min el-ġarb rammīhā* » إن عشّرت حمارتك من الغرب رمّيها « si ton ânesse a conçu à l'Ouest, fais-la avorter ».

LE DÉSERT

Le désert et, à l'arrière plan, la « montagne orientale » qui s'étend à perte de vue à l'Est de la zone d'habitations, constituent un des paysages familiers du villageois. Quand le soleil se lève derrière cette montagne il la fait apparaître comme un mur grandiose limitant l'horizon à l'infini. Ses rayons y dessinent des ombres qui changent selon les heures du jour.

Les villageois tirent différents profits du désert : la décomposition des couches géologiques de la montagne a donné naissance à divers engrais (*sabaẖ*) dont les paysans connaissent l'emplacement de père en fils. Le désert est sillonné par un réseau de pistes fréquentées par les hommes qui transportent les engrais jusqu'aux champs. Le désert est aussi une source de matériaux de construction : gravier (*zalaṭ*), sable (*ramla*), argile (*ṭafl*) et pierres calcaires des carrières de ʿĪsāwiyya.

Les villageois n'utilisent pas le gravier dans leurs constructions car leurs maisons sont faites en briques crues. Mais le gouvernement loue les zones de gravier à des compagnies chargées de le transporter dans les régions de travaux qui dépendent du gouvernorat de Sohāǧ. Cela se produit d'ailleurs rarement, car les projets de construction proches

Le village vu du Nord-Ouest.

El-Darb el-Ġarbī el-Şuġayyer.

a. El-Darb el-Giblī.

b. El-Darb el-Wasṭānī.

Construction surmontée de deux hauts pigeonniers (cliché A. Lecler).

A ma première visite en 1967, la cour du monastère était encore pleine d'habitations. Il en reste quelques huttes aujourd'hui, occupées par quelques familles et par une femme seule. Les autres maisons ont été abandonnées depuis très peu d'années (moins de sept ans), moment où arriva le nouveau prêtre en charge de l'église, qui détruisit les huttes et les maisons, ne laissant que celles occupées par des gens ayant quelque pouvoir, en particulier les enfants du chef du village (*šēḫ el-balad*). Il s'imaginait sans doute préserver et embellir le couvent en détruisant ces maisons; en fait cela n'a fait qu'accroître son abandon et sa solitude.

Le village s'étend maintenant au Nord du couvent; quelques maisons, les plus récentes, forment comme un étroit ruban adossé au mur Est du couvent.

Plusieurs raisons expliquent l'extension du village dans cette direction : d'abord la proximité des terres cultivables, concentrées au Nord, qu'il est ainsi facile de surveiller à partir des maisons qui les dominent et aussi le fait qu'il est interdit de construire dans l'ancien cimetière qui est maintenant une zone archéologique.

Les habitants ajoutent enfin une explication moins fiable : des moines auraient jadis caché de l'or dans le monastère qui, de ce fait, aurait été exposé aux attaques des voleurs. Protégé à l'Ouest par le Canal, le monastère restait à découvert du côté Nord où se trouve la porte d'entrée. Les maisons se seraient donc développées en ce point pour lui servir de défense.

SA DISPOSITION GÉNÉRALE

La superficie globale des maisons équivaut maintenant à une fois et demie celle du monastère.

Les habitations se répartissent en neuf îlots de maisons traversés par des ruelles : le plus petit îlot comprenant une seule maison et le plus gros treize (fig. 3-4).

Entre ces pâtés de maisons on trouve cinq *manādir* (sing. *mandara* [1]), bâtiment ou salle prélevée sur la maison d'une famille riche, où se déroulent les fêtes, les deuils et les réceptions diverses.

LES RUES (fig. 4)

Six ruelles *durūb* (sing. *darb*) permettent de circuler entre les maisons. Quatre sont d'une certaine importance, les autres sont plus petites. En plus, de nombreux chemins

(1) Cf. La parenté, p. 35.

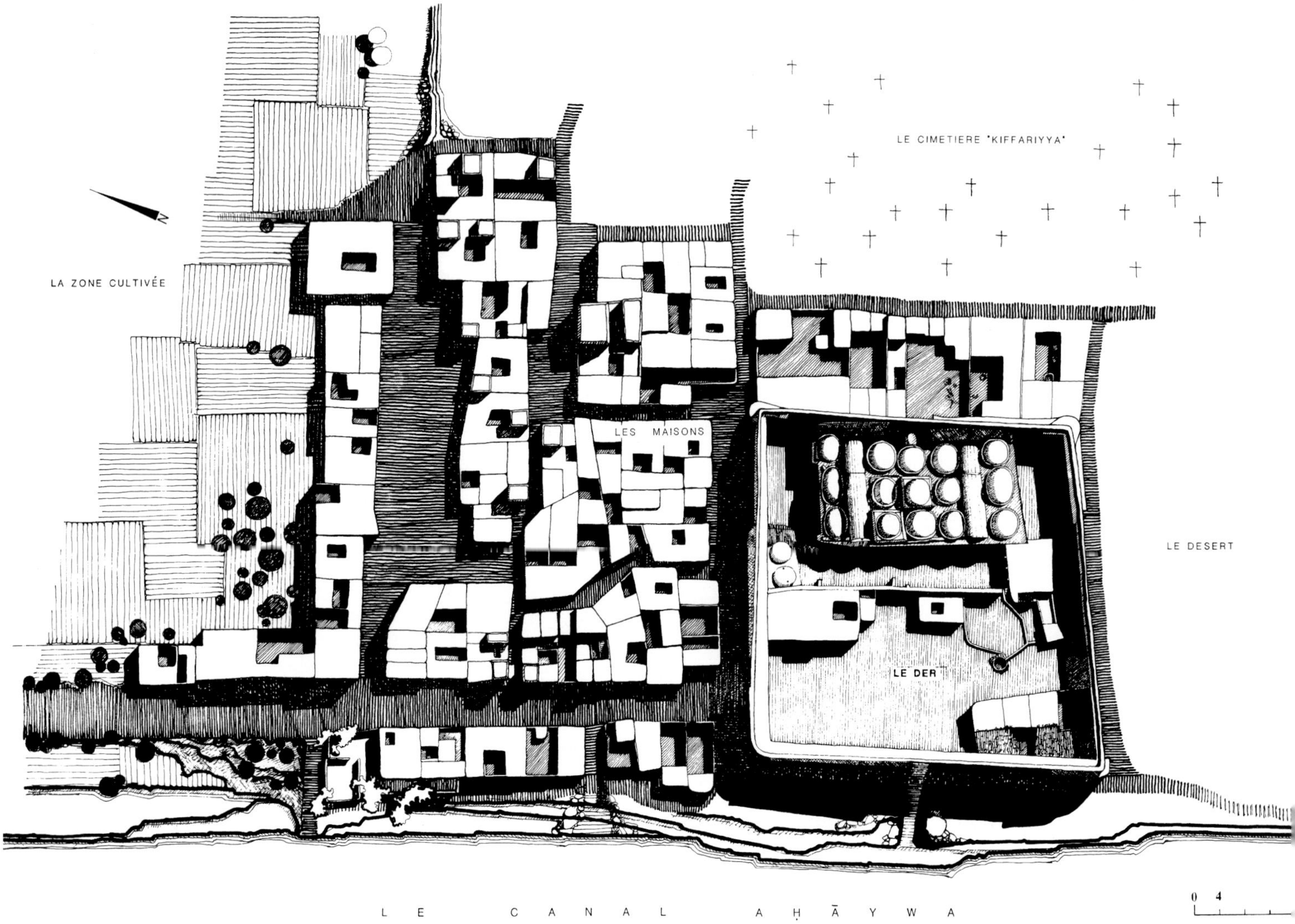

Fig. 3 : Plan masse du village.

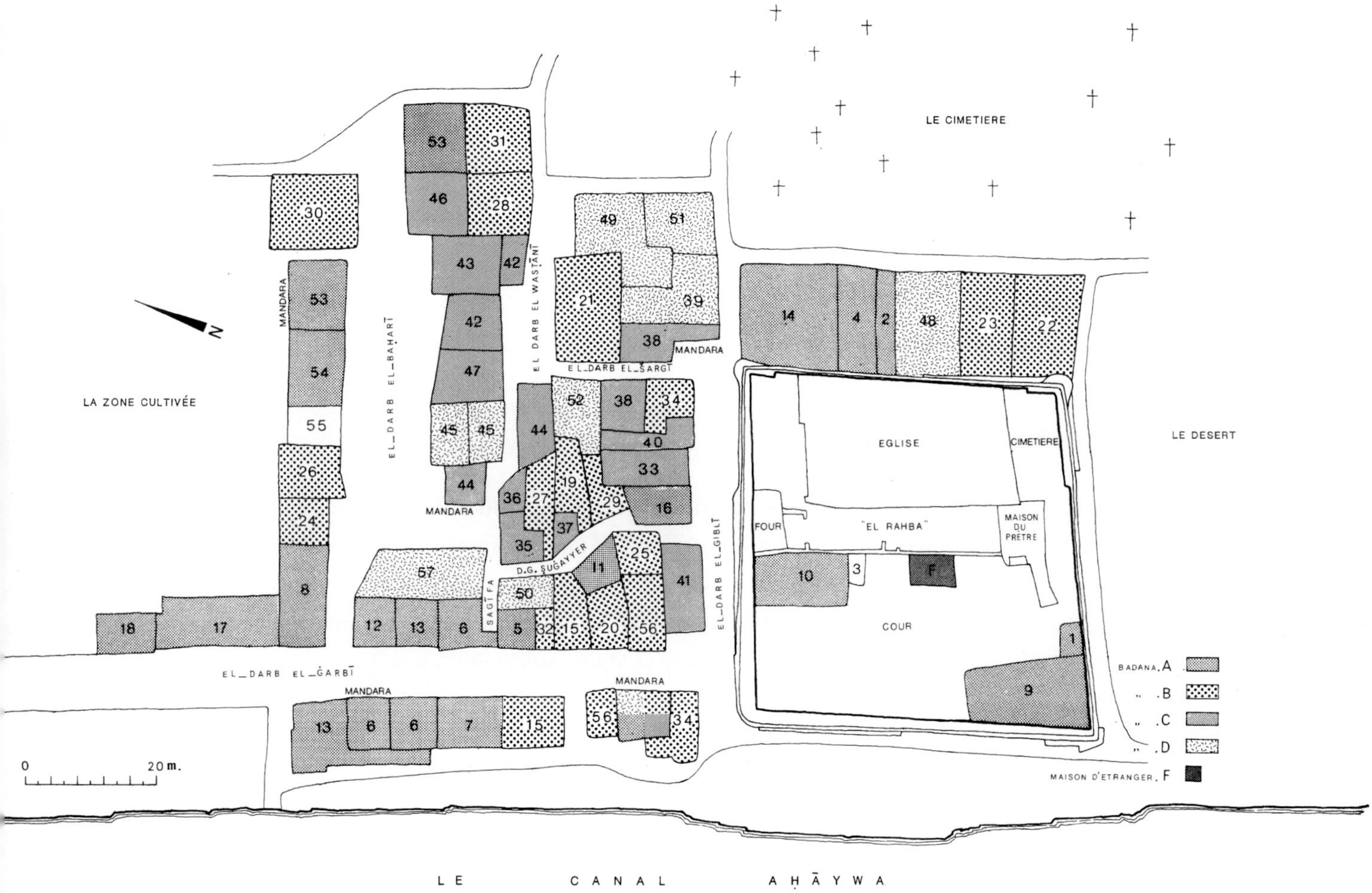

Fig. 4 : Implantation des maisons.

se dirigent vers la sortie du village et mènent aux champs. La ruelle principale porte le nom de *el-darb el-ġarbī* (v. couverture). Elle est parallèle à la rive Est du canal et dessert les villages au Nord de Mārī Girgis avant d'arriver jusqu'à l'entrée du couvent. Elle est utilisée pour accéder aux cultures.

C'est un chemin recouvert de la terre qui fut retirée du canal lors de son creusement et de son élargissement. Il est si étroit et si inégal que même les charrettes n'arrivent pas à y passer. Ce chemin longe à l'Ouest la zone des cultures et la surplombe de 1, 2 ou 3 m. Il s'élève graduellement à mesure que l'on se dirige vers la colline sur laquelle est bâti le couvent.

Trois autres ruelles coupent *el-darb el-ġarbī* perpendiculairement, et sont donc orientées d'Est en Ouest : *el-darb el-baḥarī, el-darb el-giblī* (pl. 3, *a*) (parallèle au mur Sud du couvent) et *el-darb el-wasṭānī* (du milieu) ou *sagīfa* [1] (pl. 3, *b*), ainsi nommé car, au-dessus de l'entrée du *darb*, est construite une pièce qui forme une sorte de plafond. Clarke dit que cette pièce et les deux hauts pigeonniers qui la surplombent ressemblent aux pylônes d'un temple de l'ancienne Egypte (pl. 4).

Les ruelles Est-Ouest sont, dans l'ensemble, plus larges que celles orientées Nord-Sud car elles ont pu s'étendre sur davantage de terrain que les secondes. En effet la pente de la chaîne sur laquelle s'élève le village descend vers le Nord et rendait l'implantation des maisons plus difficile, le villageois recherchant toujours un terrain aussi horizontal que possible pour bâtir sa maison.

Deux petits chemins secondaires relient le « darb du Sud » au « darb du milieu »; ils sont orientés du Nord au Sud, l'un est nommé *el-darb el-šargī* et l'autre *el-darb el-ġarbī el-ṣuġayyer* (ou mineur) à cause de son étroitesse (pl. 2).

On peut noter ici les types d'appellations attribuées aux ruelles. Ces noms se rapportent toujours aux points cardinaux (*šargī, ġarbī, baḥarī, giblī*) [2].

D. LES MAISONS.

GÉNÉRALITÉS

Il existe en gros deux types d'habitations : la maison véritable et la hutte (*ʿišša*) de terre couverte de tiges de maïs (*būṣ*). On ne relève que quatre huttes, occupées par les familles les plus misérables.

(1) De *sagf :* plafond.

(2) Le mot gauche ou droite n'est pas utilisé dans la conversation. Si l'on veut parler de son œil droit par exemple, on dira mon œil de l'Est, de l'Ouest, du Nord ou du Sud, suivant l'orientation au moment où l'on parle.

La structure des maisons dépend le plus souvent des héritages et de la répartition des familles. En effet, les enfants mâles se partagent la maison après la mort du père, en parts égales. Ils peuvent y vivre ensemble, utilisant la même porte (cf. maisons de *Hagras,* et *Tawfīg* et *Šafīg* p. 19-23 et fig. 8-9) ou bien cloisonner chacun l'espace qui lui revient par un mur mitoyen et ouvrir de nouvelles portes (cf. *ʿAdlī Masʿūd* p. 26 et fig. 11).

On remarquera que les maisons de frères sont toujours voisines les unes des autres.

La maison est agrandie en hauteur si la famille s'accroît avec le mariage d'un des enfants. D'ailleurs elle ne pourrait guère s'étendre autrement maintenant, sinon aux dépens des terres cultivées.

Chaque maison, généralement de forme rectangulaire, se compose des éléments suivants : la cour, une pièce ou un ensemble de pièces (*riwāg*), l'étable, le dépôt de paille et parfois un ou deux pigeonniers. Aucune pièce n'est spécialisée pour servir de chambre à coucher ou de salle à manger. Le lieu où l'on dort varie selon la saison et les besoins. Il en est de même de celui où l'on prend ses repas.

LA COUR (*ḥōš*)

C'est un espace à ciel ouvert, habituellement de forme carrée. Parfois des pièces couvertes entourent cette cour; parfois elles occupent seulement certains de ses côtés. C'est le domaine personnel de la femme.

Cette cour intérieure a de nombreuses fonctions : c'est d'abord un espace permettant la distribution des pièces. De là part l'escalier qui mène à l'étage, s'il y en a un; c'est là aussi que l'on met les *ḫōḫa* ou placard et *nawwāma* [1] qui sert de lit. On recouvre parfois une partie de la cour avec des tiges de maïs (*būṣ*) et on l'utilise comme étable pour l'âne ou la vache (voir la maison de *Šawgī,* fig. 10). Souvent, on consacre une partie de la cour à la cuisine (*maṭbaḫ*). Ce mot ne rend pas bien compte de ce qu'est, pour les habitants de Mārī Girgis, la cuisine qui se résume généralement à un four à pain, un *kānūn,* une jarre d'eau (*zīr*) et une jarre ou *ballāṣ,* aucune pièce particulière n'étant affectée à la cuisine. Parfois l'espace de la cuisine est délimité par des cloisons en tiges de maïs tressées (*sebāta*) afin que les femmes puissent s'isoler en cas de venue d'un étranger (voir maison de *ʿAdlī,* fig. 11).

Le *ḥōš* dans la maison du paysan est l'endroit où l'on vit. Durant l'été, il se transforme, la nuit, en chambre à coucher pour tous afin de fuir la chaleur qui règne à l'intérieur des pièces. Toutefois, dans quelques maisons, le *ḥōš* n'existe pas, car la surface est trop petite et les habitants ont besoin de cet espace comme pièce.

[1] Cf. Le mobilier, p. 51.

LE DÉPÔT DE GRAINS (*riwāg el-ġalla*, pl. *arwega*)

C'est une pièce ou un ensemble de pièces couvertes dans lesquelles on garde le blé, les diverses variétés de maïs et autres récoltes. S'il y en a beaucoup, on les dépose sur le sol en les séparant par de petits murs faits en terre; si la quantité est limitée, on les conserve dans de grandes jarres nommées *ṣawāmiʿ* (sing. *ṣomʿa*) [1].

On utilise également le *riwāg* pour y conserver les tiges de maïs qui serviront de combustible, et pour y entreposer les outils agricoles dont on ne se sert pas.

L'ÉTABLE (*zarība*, pl. *zarāyib*) ET LE DÉPÔT DE PAILLE (*maḫzan el-tebn*)

L'étable joue un rôle très important dans cette société agricole où l'animal constitue, après la terre, le bien le plus précieux du paysan.

C'est un espace ouvert situé à l'intérieur de l'habitation, de préférence en un endroit de la maison contigu au mur d'une maison voisine afin d'être entièrement en sécurité. Le paysan craint en effet le vol de ses bêtes et évite de placer l'étable près des murs accessibles de l'extérieur, que l'on pourrait facilement éventrer.

Dans un des angles de l'étable se trouve la mangeoire (*miḫwal*, pl. *maḫāwel*) [2] où l'on dépose la paille des animaux (*tebn*). Près de l'étable se trouve le dépôt de paille où celle-ci est placée après les battages. Elle sert de nourriture pour le bétail quand le trèfle diminue dans les champs.

Le paysan n'hésite pas à dépenser, pour nourrir ses bêtes, ses profits durement gagnés, alors qu'il se prive lui-même souvent d'une nourriture convenable.

Je me souviens avoir entendu un paysan, chez qui je logeais, demander à sa femme, dès son réveil : « As-tu donné la paille à la vache? » (*tabbintī-lel-bagara?*) — tout en sachant pertinemment qu'elle l'avait fait. Cette question fut immanquablement répétée chaque jour pendant les trois mois que je passai chez eux. L'année suivante, je logeais chez une autre famille : chaque matin la conversation de l'homme avec sa femme tournait autour de la vache.

C'est encore le souci de protéger ses bêtes contre des vols éventuels qui détermine le lieu où couche le père de famille : toujours entre la porte d'entrée et l'étable. Beaucoup de villageois possèdent des armes à feu en dépit de leur grande pauvreté, non pour se défendre mais pour protéger leur bétail.

(1) Cf. Le mobilier p. 52.

(2) Cf. Le mobilier p. 53-4.

Il est impossible de résoudre les problèmes de l'habitation dans ce genre de société si l'on méconnaît ce lien fondamental entre le paysan et ses bêtes; il est naïf de se borner à dire, avec quelques architectes, qu'il est mauvais que le bétail habite avec le paysan et qu'il est nécessaire de doter l'étable d'une porte totalement indépendante de celle de la maison.

LES PIGEONNIERS (*borǧ*, pl. *abrāǧ*) (pl. 5, *a*)

La majorité des maisons du village sont couronnées de pigeonniers; parfois même, une seule maison est surmontée de deux tours. Certains les font ressembler à des miniatures de pylônes d'anciens temples égyptiens (pl. 4).

Les branches d'arbres qui jaillissent des sommets de ces pigeonniers, les godets (*gawādīs*, sing. *gādūs*) en poterie qui constituent le corps de la construction, et les pigeons qui s'envolent et se posent sur ses branches font de ces tours un ensemble vivant qui s'élève et ombrage le village.

Les villageois disent que la présence de pigeons dans une maison leur permet d'avoir toujours quelque chose à offrir à un visiteur éventuel.

L'élevage des pigeons constitue une ressource appréciable pour le paysan. La fiente (*zebel*) des pigeons est vendue comme engrais. Un pigeonnier produit en moyenne huit *ardabb* (= 1584 litres) de fiente par an. Un pigeonnier nouvellement construit en produit deux, puis trois l'année suivante, la quantité augmentant avec le nombre de pigeons. Le prix de l'*ardabb* de cet engrais naturel atteint quatre ou cinq livres.

Au village, on compte quatorze pigeonniers, qui appartiennent aux familles les plus aisées ou aux paysans qui ont la capacité de les entretenir et qui le font comme une sorte de passe-temps. L'entretien d'un pigeonnier requiert en effet beaucoup de soins.

La construction des pigeonniers (fig. 5)

Tous les pigeonniers du village sont construits suivant la même méthode et par le même maçon qui vient généralement d'Aḫmīm.

Le volume intérieur du pigeonnier est divisé par deux cloisons croisées, l'une d'entre elles ne s'élevant qu'à partir de la mi-hauteur, de sorte que l'espace inférieur (fig. 5, C) est divisé en deux compartiments, et l'espace supérieur (fig. 5, D) en quatre. Ces compartiments sont nommés *ḫazāyen*. Au niveau du sol il y a une petite porte de 40 cm de large environ et de 50 cm de haut (fig. 5, A). Le corps des murs est constitué de godets en poterie de 20 cm d'ouverture et de 40 cm de haut. Ils sont disposés horizontalement. Les vides entre les godets sont comblés avec de la *mūna*, mélange de terre et de paille que l'on nomme *ʿaǧīn*, la pâte.

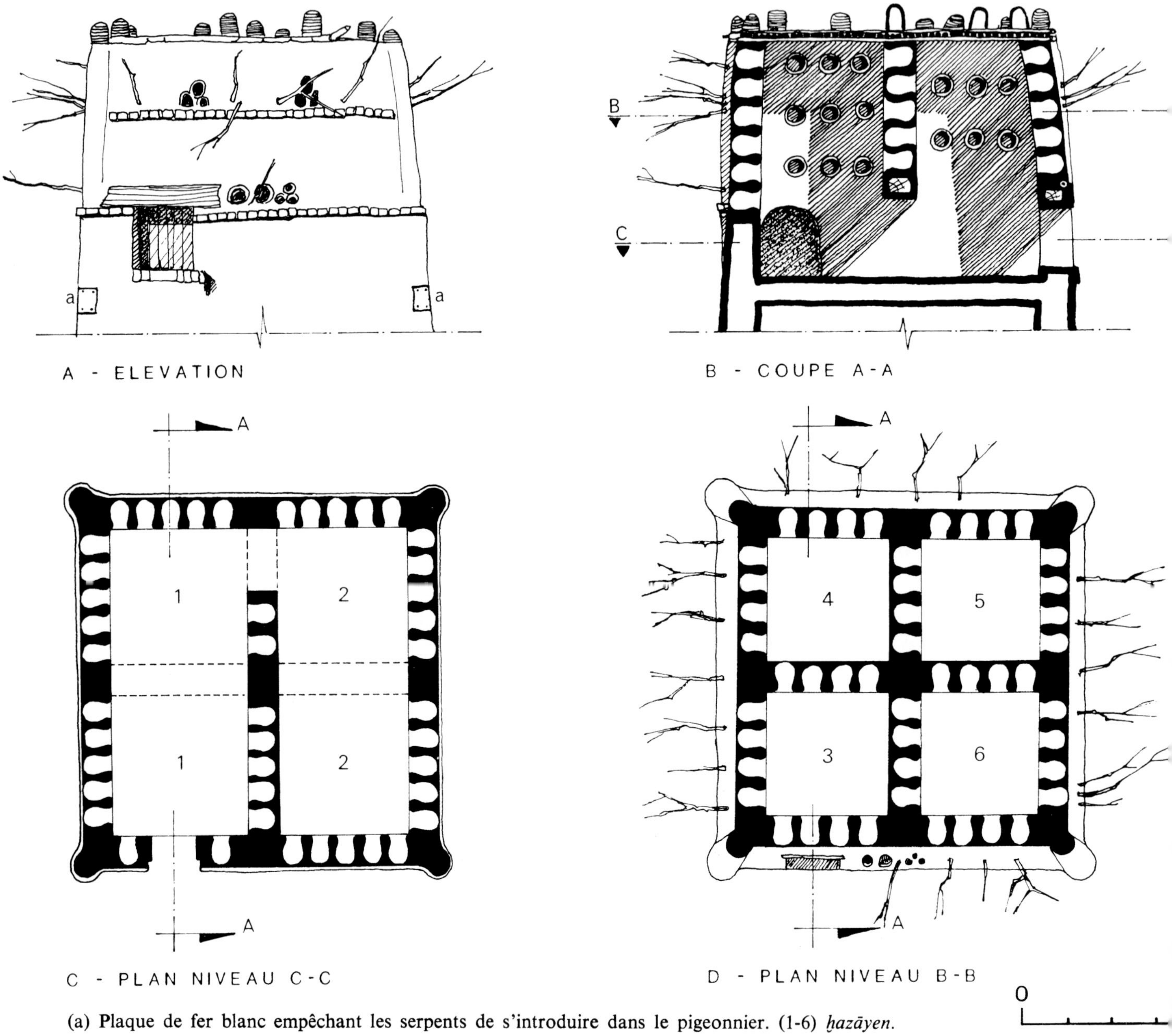

(a) Plaque de fer blanc empêchant les serpents de s'introduire dans le pigeonnier. (1-6) *ḫazāyen.*

Fig. 5 : Les Pigeonniers.

Il peut y avoir jusqu'à 2000 godets par pigeonnier, selon sa taille. Les godets reviennent à une demi-piastre et on se les procure à Aḫmīm.

Dans les murs donnant sur l'extérieur, sont ménagées des ouvertures pour l'éclairage et l'aération : habituellement trois trous forment un espace triangulaire; cette disposition est obtenue par la façon de ranger la poterie utilisée pour les ouvertures. Habituellement on met des morceaux de fer blanc aux angles extérieurs du pigeonnier et au-dessous du niveau de la porte pour empêcher les serpents et les rats de grimper dans le pigeonnier. (fig. 5, A.a).

Le toit du pigeonnier est fait de branches de palmier recouvertes d'une fine couche de *ʿağīn.* Tous les godets des murs extérieurs sont ouverts vers l'intérieur de la tour, tandis que dans les murs intérieurs, comme celui qui sépare la *ḫazāna* 5 de la *ḫazāna* 6, les godets sont rangés dans l'ordre suivant : sur une rangée ils sont ouverts sur la *ḫazāna* 5, sur la rangée supérieure ils sont ouverts sur la *ḫazāna* 6 (voir fig. 5, D et fig. 6).

Habituellement les godets sont disposés avec une inclinaison vers le fond pour empêcher l'œuf de tomber (fig. 7).

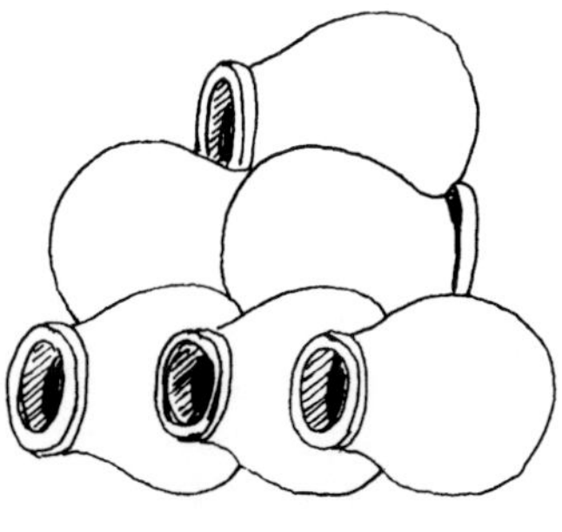
Fig. 6 : Les pigeonniers. Disposition des godets.

Les pigeons trouvent habituellement leur nourriture dans le village; les villageois savent bien qu'il leur est difficile de manger le maïs quand il est en épis (*gandīl,* pl. *ganādīl*), car il leur faut quatre ou cinq coups de bec pour détacher un seul grain; au contraire lorsque les grains sont détachés de l'épi, les pigeons les mangent facilement et en grande quantité. Aussi, lorsque les villageois veulent attirer des pigeons dans un nouveau *borğ,* placent-ils les épis de maïs au sommet du pigeonnier et à l'intérieur. Les pigeons doivent s'obstiner un bon moment pour essayer d'arracher les grains de maïs, en becquetant les épis. Aussi s'installent-ils tout près des épis, pour demeurer à côté de leur nourriture, s'habituant aussi aux nouveaux godets et s'y logeant. Si les pigeons passent une nuit et puis la suivante dans ces nouveaux lieux, cela devient un lieu familier; ils y vivent, y pondent leurs œufs, et les nouveaux pigeons nichent dans les espaces laissés libres par les anciens, s'établissant parmi eux, s'habituant à eux et se reproduisant avec eux; les pigeons ainsi en attirent d'autres.

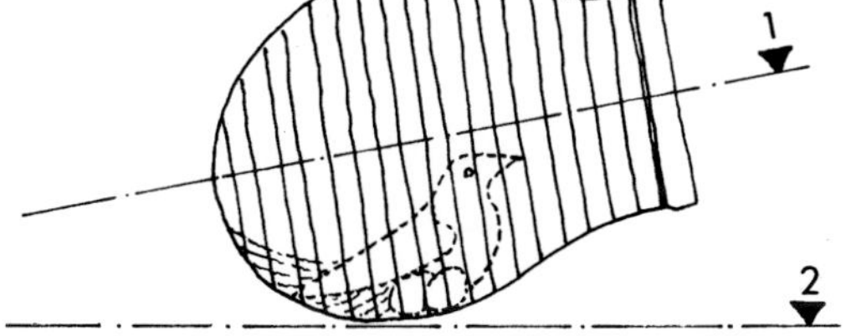

Fig. 7 : Les pigeonniers. Inclinaison des godets. (1) axe. (2) niveau horizontal.

Selon les paysans, les pigeons émigrent d'un pigeonnier pour fuir un rat ou un chat, ou encore si on leur a jeté un sort [1].

On dit que les serpents ne peuvent escalader un mur vertical à moins de pouvoir ramper sur l'un des angles du mur. Les paysans utilisent pour protéger leurs pigeonniers une plante dont l'odeur passe pour éloigner les serpents, le *šīḥ ğabalī* [2] (Artemisia herba alba) qui pousse dans la montagne de l'Est, dans le lit du torrent. On la met dans de petits sacs que l'on suspend aux pigeonniers. Pour chasser les rats, on dépose du poison sur des écorces de pastèque que l'on place la nuit dans les pigeonniers et qu'on laisse jusqu'au matin.

A part le pigeon sauvage (*ḥamām ğabalī*) qui vit dans les pigeonniers, il en existe une autre espèce qui vit dans les maisons le *ḥamām baladī* [3].

Les éléments essentiels de la maison que nous avons décrits plus haut sont à peu près constants. Des variations peuvent se produire, qui dépendent de la richesse des familles et du nombre de ses membres. Ainsi la maison peut être plus ou moins grande. La pièce où l'on entrepose les denrées peut être remplacée simplement par le silo de terre (*ṣomʿa*) lorsque le paysan est pauvre et n'a que peu de récoltes à emmagasiner.

La maison grandit avec l'accroissement de la famille. Si l'un des fils se marie et reste dans la maison de son père, la maison se développe verticalement. On construit une ou deux chambres au-dessus de l'étage et on ajoute un escalier qui part habituellement de la cour intérieure (cf. maison de *Tawfīg* et *Šafīg*, fig. 8, 9 et celle de *Šawgī Ğayyed,* fig. 10). Quand le fils se sépare de son père et fonde sa famille, il devient économiquement indépendant de son père. On dit alors que le fils « s'est isolé » (*ʿāzil*). Mais s'ils vivent tous sous le même toit, ils vivent sous un même régime économique dans lequel le père reste maître et responsable des dépenses, et le fils travaille avec lui sur ses terres et dépend financièrement de lui. Si c'est la fille qui se marie, elle se transporte habituellement dans la maison de son mari.

EXEMPLES DE MAISONS INDIVIDUELLES

Nous avons choisi quelques maisons particulières afin d'illustrer divers types de structures d'habitations et de faire ressortir les variations qui peuvent s'y produire des unes aux autres.

[1] Henein (N.H.) et Bianquis (Th.), *La magie par les psaumes,* BEC., t. XII, IFAO, Le Caire, 1975, p. 62, 69-71.

[2] Cf. La flore locale, p. 118.

[3] Cf. La basse-cour, p. 128-9.

La maison de Haǧras, Ǧaras et Ǧirǧis (implantation : fig. 4 (n°s 6, 12, 13); plans : fig. 8; coupes et élévations : fig. 9) :

C'est une maison de 140 m^2 de surface dans laquelle habitent trois frères; Haǧras est l'aîné. Il possède deux feddans de terre, une vache et un âne. Il s'est séparé de ses frères depuis son mariage et a découpé dans la maison une partie qui représente le tiers de la surface initiale.

— *Logement de Haǧras.* Dans cet espace il a construit une maison avec une porte qui ouvre sur la cour. Il y vit avec sa femme et ils n'ont pas d'enfant. Il utilise le rez-de-chaussée (fig. 8 A) comme étable pour sa vache (II) et son âne (III) et comme resserre pour la paille et les outils agricoles. A l'étage (fig. 8 B), il a construit une chambre à coucher (II) d'hiver et une terrasse (III) pour y dormir l'été. Afin d'augmenter la surface habitable il a construit une pièce dont la porte donne sur la chambre à coucher et qui enjambe la ruelle appelée *el-darb el-wasṭanī* ou *sagīfa* [1] et qu'il utilise comme *riwāg* (XI) pour conserver les céréales.

Il a construit, au second étage (fig. 8 C), deux pigeonniers (II, IV) et utilise la pièce qui est sous la tour de l'Est comme endroit pour stocker la fiente des pigeons (fig. 8 B. IV). Cet ensemble illustre l'ingéniosité du paysan pour adapter sa maison à de nouveaux besoins.

— *Logement de Ǧaras et Ǧirǧis* (fig. 8; fig. 9). Deux frères et leurs femmes vivent dans cette maison. Le premier a deux garçons et une fille et le second trois garçons dont l'aîné travaille au Caire. Le premier possède un demi-feddan et loue avec le second dix-huit *girāṭ* [2] de terre. Ils ont en commun une bufflesse, une vache et un âne.

La maison de Tawfīg et Šafīg (implantation : fig. 4 (n° 5); plans : fig. 8; coupes et élévations : fig. 9) :

C'est un exemple de maison construite sur une surface de 110 m^2 environ pour une famille aisée, constituée de deux frères et de leurs femmes, chaque ménage ayant trois enfants; avec eux vit leur mère qui est veuve. Ils possèdent environ deux feddans de terre ainsi que trois vaches, deux ânes, deux chèvres, un bouc et quelques poulets, pigeons et lapins.

[1] Cf. Les rues, p. 9-12.

[2] Cf. Appendice II, p. 346.

LÉGENDES DE LA FIG. 8 :

LOGEMENT DE HAĞRAS

Plan du rez-de-chaussée :

II. Etable.
- 1. mangeoire de la vache.
- 2. escalier.

III. Etable.
- 3. mangeoire de l'âne.

IV. Pièce où l'on garde la paille et les outils agricoles.

Plan du premier étage :

II. Chambre à coucher de Hağras et de sa femme.
- 1. *dekka.*

III. Terrasse.
- 2. *makabba.*

IV. Réserve de fiente de pigeons.

XI. *Riwāg* ou *sagifa* pour conserver les céréales.

Plan du second étage :

II. Pigeonnier.

IV. Pigeonnier.

LOGEMENT DE ĞARAS ET ĞIRĞIS.

Plan du rez-de-chaussée :

I. Cour.
- 12. *zīr.*
- 13. *kānūn.*
- 14. escalier.

V. Etable.
- 4. mangeoire de la gamousse.
- 5. mangeoire de la vache.
- 6. mangeoire de l'âne.

VI. Dépôt de paille.

VII. Cuisine.
- 7. four à pain.
- 8. *kānūn.*

VIII. Etable des moutons et chèvres.

IX. Silos.
- 9. *ṣawāmiʿ.*

X. Lieu de repos.
- 10. *ṣomʿa.*
- 11. *dekka.*

Plan du premier étage :

V. Couverture en *būṣ.*

VI. *Riwāg* qui sert d'entrepôt pour les récoltes et de chambre à coucher pour les enfants.

VII. Terrasse.
- 3. *ḫōḫa.*

VIII. Chambre à coucher de Ğirğis et sa famille (deux enfants).

IX. Chambre à coucher de Ğaras et sa famille (deux enfants).

X. *Riwāg* pour entreposer les récoltes (maïs-blé).

MAISON DE TAWFĪG ET ŠAFĪG.

Plan du rez-de-chaussée :

XII. Cour.
- 1. jarre d'eau.
- 2. escalier.

XIII. Etable.
- 3. mangeoire de l'ânesse.
- 4. mangeoire d'une vache.
- 5. mangeoire d'une vache.

XIV. Réserve pour les outils agricoles, le combustible pour le four, et les tiges de maïs.

XV. *Maṭbaḫ*/cuisine.
- 6. pigeonnier (*ğonn*).
- 7. four.
- 8. *kānūn.*

XVI. Réserve de paille.

XVII. Etable.
- 9. mangeoire d'une vache.
- 10. mangeoire de l'âne.

XVIII. Lieu où dort l'homme.
- 11. *dekka.*

XIX. Etable.
- 12. mangeoire pour deux chèvres et un bouc.

Plan du premier étage :

XIII. Chambre à coucher de Tawfīg, sa femme et trois enfants.
- 1. coffre contenant les objets de la femme.
- 2. *ṣawāmiʿ.*

XIV. Chambre à coucher de Šafīg, sa femme et trois enfants.
Riwāg pour garder les céréales
- 3. pigeonnier (*ğonn*).

XV. Terrasse.
- 4. poulailler pour poussins.

XVI. Réserve de grain où dort la mère.

XVII. Couverture de tiges de maïs séché (*būṣ*).

Plan du second étage :

XVI. Pigeonnier (*borğ*).

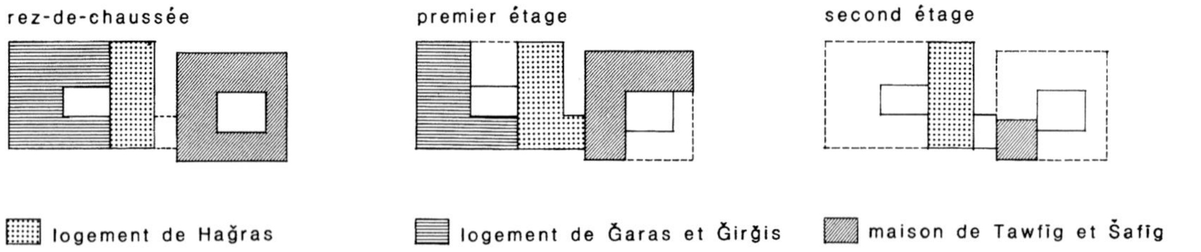

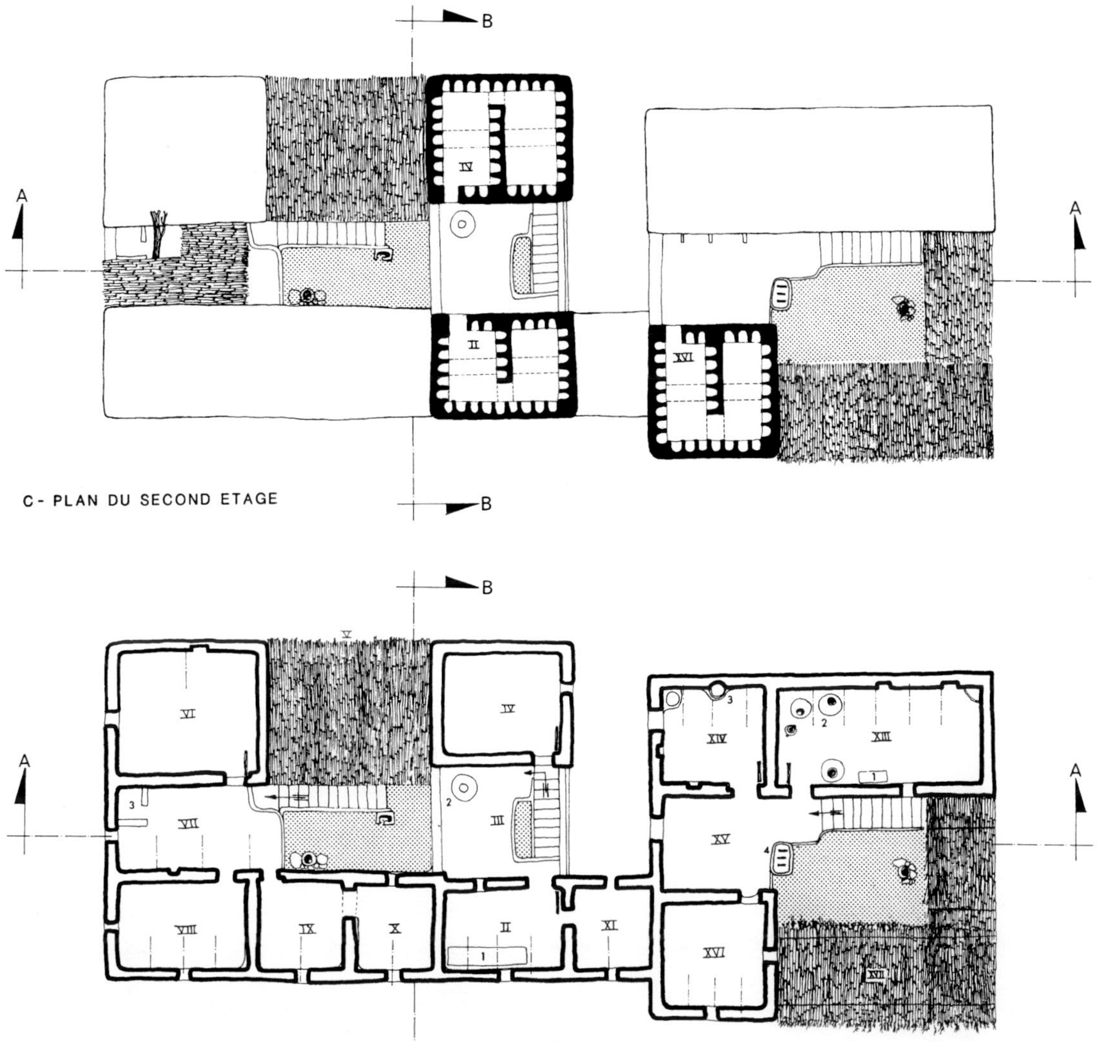

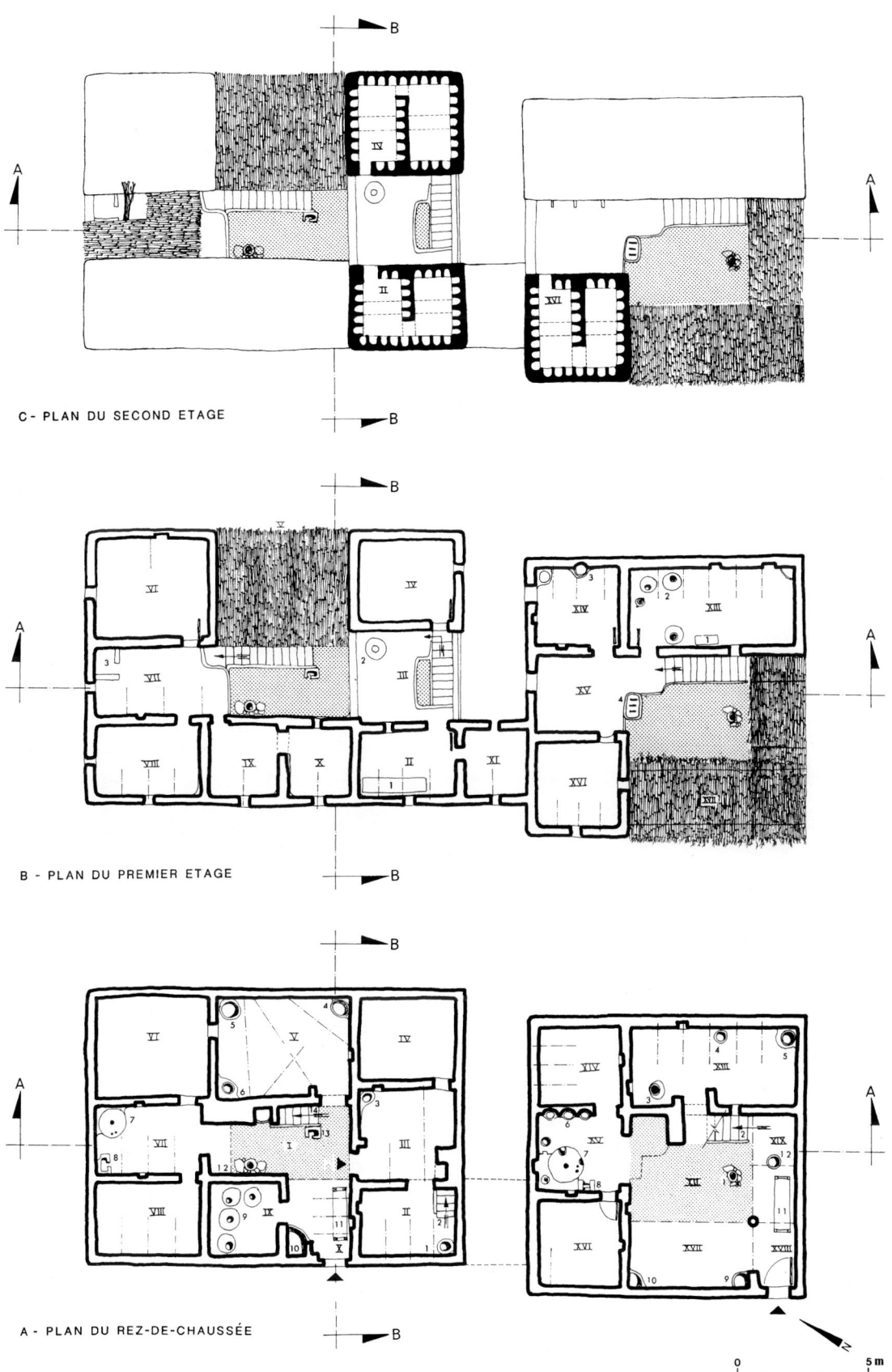

Fig. 8 : Maison de Haǧras, Ǧaras et Ǧirǧis, et maison de Tawfīg et Šafīg.

-.-.-.- Traits indiquant la direction des poutres de couverture.

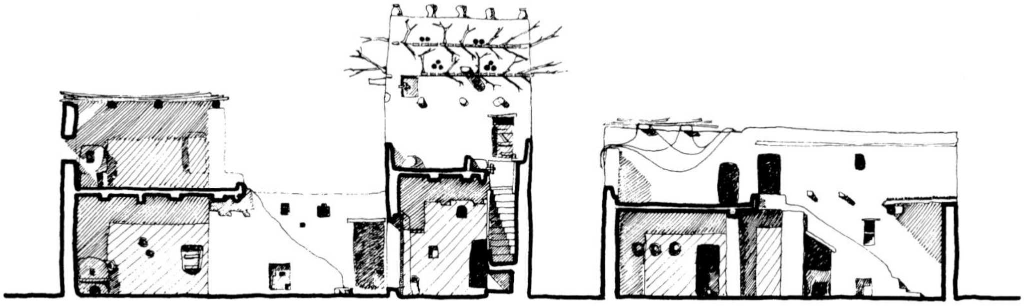

A - COUPE A-A

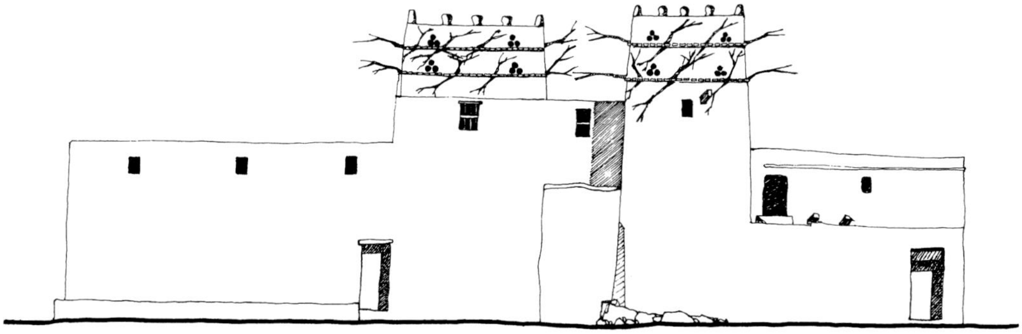

B - ELEVATION OUEST

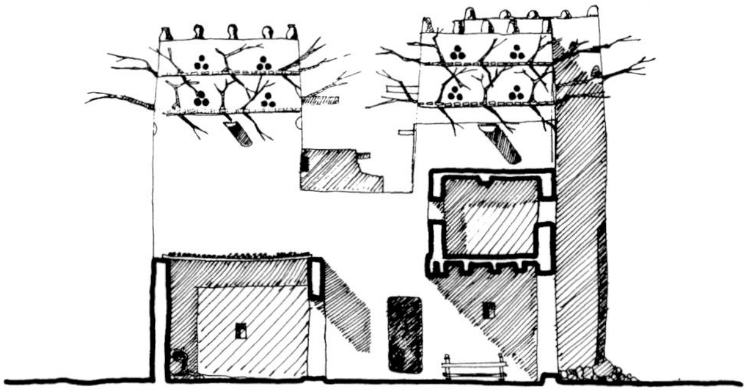

C - COUPE B-B

Fig. 9 : Maison de Hağras, Ğaras et Ğirğis, et maison de Tawfīg et Šafīg.

On remarque que :

(1) L'un des deux frères dort sur une *dekka* en bois (11) qui est placée près de l'entrée, entre les deux étables (XIII et XVII).

(2) Une partie de la cour, recouverte d'un toit en *būṣ* est séparée du reste et sert d'étable pour un âne et une vache (XVII); deux chèvres et un bouc (XIX).

(3) Un piquet en bois de tamaris est planté verticalement devant l'entrée pour supporter quelques branches sur lesquelles reposent les toits de *būṣ* qui recouvrent les côtés Sud et Ouest de la cour intérieure.

(4) Le premier étage, d'une surface de 68 m², est utilisé comme chambres à coucher durant l'hiver. Grâce aux possibilités matérielles des occupants, le toit est fait en troncs et en branches de palmier, et la famille utilise la terrasse (XV) entre les chambres à coucher comme endroit pour dormir durant l'été.

(5) On voit ici réalisée la solution qu'ont adoptée Ǧaras et Ǧirǧis du point de vue de la répartition des éléments de la maison : cour et escaliers, et au premier étage, pièces pour servir de chambres à coucher et de réserve.

La maison de Šawgī Ǧayyed (implantation : fig. 4 (nº 17); plans : fig. 10) :

Cette maison peut être considérée comme un exemple de l'extension verticale quand un des fils se marie; c'est la solution traditionnelle adoptée par le paysan pour agrandir sa maison.

Dans cette maison vivent dix personnes : le père, la mère, et sept enfants (quatre garçons et trois filles); le fils aîné, marié, vit avec sa femme à l'étage supérieur. Le père et le fils sont pêcheurs et ils louent onze *girāṭ* de terre agricole qu'ils cultivent durant toute l'année. Ils possèdent une bufflesse, un âne et quelques poulets et pigeons.

La maison est construite sur une surface de 100 m² environ; l'étage surajouté a 40 m² de surface.

On remarque que :

(1) le lieu où l'on [1] couche (fig. 10 A.III) est situé entre la porte de la maison et l'étable (fig. 10 A.I);

(2) le four et le *kānūn* (fig. 10 A.5) sont placés sous l'escalier de la cour intérieure durant l'été et ils sont déplacés dans la chambre à coucher des enfants en hiver (fig. 10 A.IV);

(3) une partie de la cour intérieure est séparée pour servir d'étable à l'âne.

[1] La mère et les enfants lorsque le père est à la pêche.

LÉGENDES DE LA FIG. 10 :

A. *Plan du rez-de-chaussée :*

I. Etable.
   1. mangeoire de la gamousse.

II. Etable.
   2. mangeoire de l'âne.

III. Lieu où dorment le père, la mère et un nourrisson.
   3. recoin pour attirail de pêche.

IV. Chambre à coucher de trois filles et d'un petit enfant.
   4. four et *kānūn* construits dans la chambre uniquement en hiver pour la réchauffer.

V. Cour intérieure.
   5. four et *kānūn* construits durant l'été.
   6. escalier.

VI. Pièce où l'on garde la paille.
   7. *ṣawāmiʿ*.
   8. pigeonnier.

B. *Plan du premier étage :*

VII. *Riwāg*.
   9. *ṣawāmiʿ*.

VIII. Chambre à coucher du fils et de sa femme.
   10. armoire.
   11. lit.

IX. Couverture de tiges de maïs séché (*būṣ*).

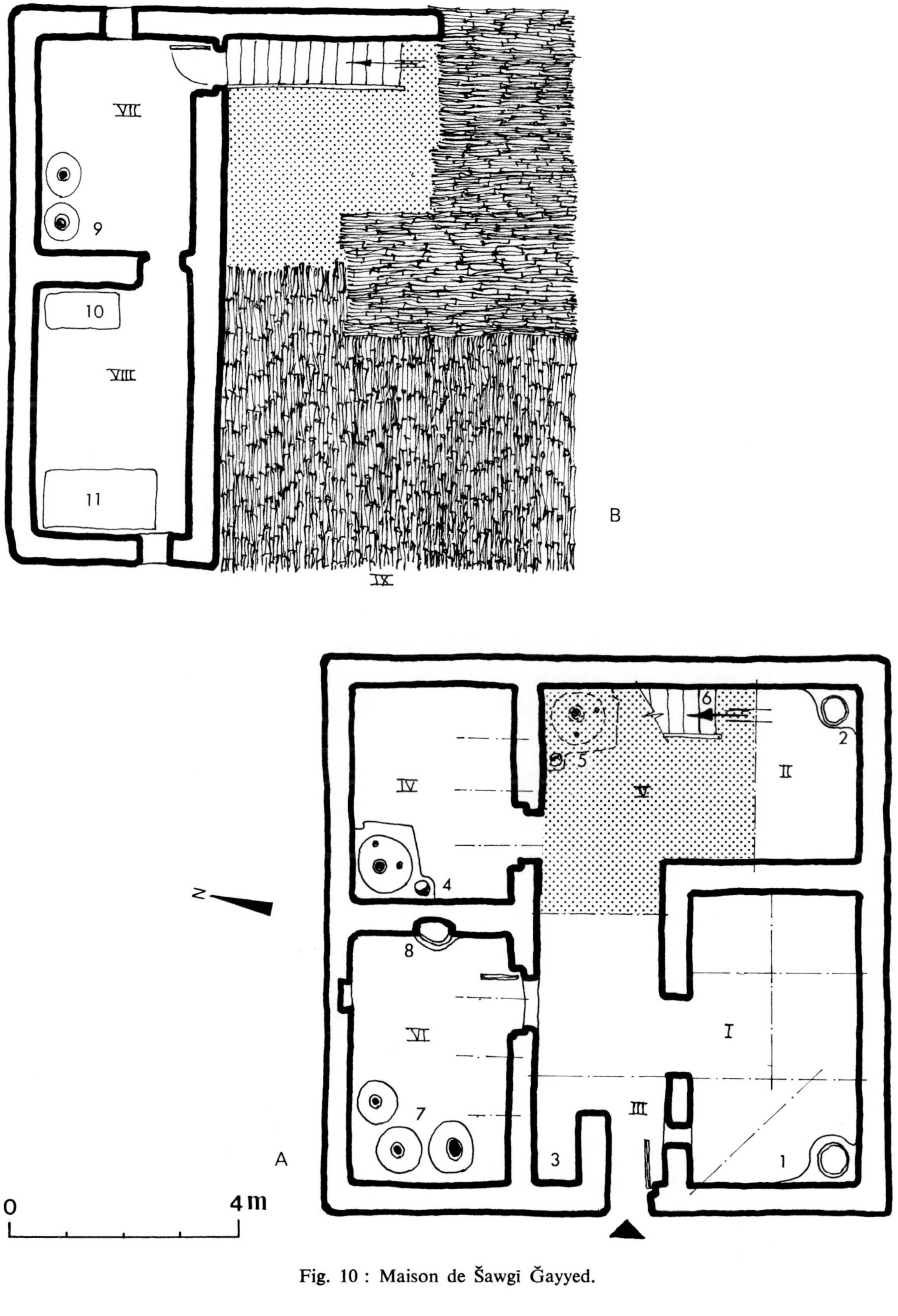

Fig. 10 : Maison de Šawgī Ǧayyed.

LA MAISON DE ʿADLĪ MASʿŪD (implantation : fig. 4 (nº 22); plans : fig. 11) :

Cet exemple illustre le plan des maisons qui sont accolées au mur Est du couvent (fig. 11, nº 12). Elle appartient à un homme qui est pêcheur, loue 10 *girāṭ* de terre et possède une bufflesse.

La surface de sa maison atteint 130 m^2. C'est le dernier habitant qui a construit à l'Est du couvent, il y a douze ans. Il vit avec sa femme et trois enfants. Sa femme élève quelques poulets et des lapins.

On y remarque :

(1) L'endroit où la femme dort (fig. 11 A.III) est situé entre l'entrée (fig. 11 A.13) et l'étable (fig. 11 A.I).

(2) La *nawwāma* (5), le *dōr* (4), et les *ṣawāmiʿ* (2) sont utilisés à la place du *riwāg* (pièce où l'on conserve les céréales dans les maisons précédentes).

(3) Le *kānūn* (3) est placé devant la porte d'entrée au cas où viendrait un hôte. Il est utilisé pour faire le thé. L'endroit où dort la famille est employé comme pièce de réception durant la journée.

(4) L'angle Sud-Est de la cour intérieure sert de cuisine pourvue d'un four (8) et du *kānūn* (9). Un mur de séparation léger en *būṣ* (*sebāta*) [1] a été construit de façon à isoler la femme dans le *ḥōš*, au cas où arriverait un étranger.

(5) On recouvre les toits de la maison de *būṣ*, qui sert de combustible pour le four à pain, pour le *kānūn*, et pour le chauffage. Au fur et à mesure qu'on les utilise, les tiges de *būṣ* diminuent graduellement jusqu'à ce que se dénude la majorité des toits à l'approche de l'été. Avec la récolte du maïs d'été, les tiges font à nouveau leur apparition sur les toits.

E. LES PARENTÉS.

Les vieillards du village disent que le monastère est la propriété d'une famille appelée *Naṣr Allāh* [2], qui habite Sohāğ. Les prêtres étaient issus de cette famille, de père en fils [3].

A une date incertaine, l'une des familles actuelles du village, la famille *Samʿān* avait émigré, fuyant Ṭihna, village de la région de Minya, et était venue s'installer ici. Comme

(1) Cf. Les murs en *sebātet būṣ*, p. 41.

(2) J'ai visité cette famille, mais je n'ai pas pu vérifier si le monastère était vraiment sa propriété. La famille se charge encore de la réparation de l'église.

(3) Le prêtre actuel n'appartient pas à cette famille.

Samʿān connaissait la famille *Naṣr Allāh,* celle-ci lui avait permis d'habiter le monastère abandonné. L'unique et facile source de revenus dont la famille *Samʿān* disposait pour vivre sur cette terre inculte, consistait à dérober les vestiges enfouis dans le cimetière copte, se trouvant à l'Est du monastère, et à vendre les tissus et les objets à la famille *Naṣr Allāh.*

Puis un homme qui fuyait le service militaire vint avec ses sept enfants. Il s'appelait *Saʿd* et était originaire de Ǧazīret Šandawīl, à Sohāǧ également. Il s'établit au village et ses enfants se marièrent dans la famille *Samʿān.*

Ensuite, arriva la famille *ʿAbd el-Šahīd,* de Naǧʿ el-Naǧǧār à Sohāǧ. Elle habita Naǧʿ Mahdī, où se trouve Dēr el-ʿAdrā, au Nord de Mārī Girgis; elle y avait des parents et ceux qui le pouvaient s'y établirent, défrichèrent des terres et en achetèrent d'autres. Les autres, les plus pauvres d'entre eux, allèrent au Sud, cherchant à gagner leur vie. Ils trouvèrent les familles de *Samʿān* et de *Saʿd,* qui habitaient le monastère. Ils se joignirent à eux, contractèrent mariage dans le groupe, eurent des enfants et possédèrent des terres. La superficie des terres possédées par les trois *badana* (1) (*Samʿān, Saʿd* et *ʿAbd el-Šahīd*) à ce moment-là était d'environ douze *feddān.* Quelques autres *feddān* leur étaient loués par parcelles de deux à dix *girāṭ.*

Certains membres de la famille *Saʿd* se marièrent dans une quatrième famille appelée *Ḥerz.* Les quatre familles sont restées au hameau jusqu'à ce jour, se mariant entre elles. Toutefois quelques hommes et femmes se marient à l'extérieur du hameau.

Les habitants donnent aux familles le nom de *badana* ou corps. Le mot *badana* désigne un groupe de familles descendant d'un aïeul commun et dont les individus peuvent épouser les membres d'une autre *badana.*

L'épouse est affiliée à la *badana* de son mari; elle en fait partie intégrante et partage avec son mari l'héritage auquel il a droit. Cela se passe de la même manière si la femme se marie à un homme d'un village voisin. Ce genre de mariage a généralement lieu lorsque la mère de la jeune fille est elle-même originaire d'un autre village et qu'elle choisit pour sa fille un de ses parents qui vit dans son village d'origine. On trouve toutefois à Mārī Girgis deux cas où des hommes étrangers au village se sont installés après y avoir pris femme (fig. 4, maisons n°s 3 et 55). Dans le premier cas (n° 3) (2) le mari est menuisier et

(1) Pl. *badanāt :* groupe de familles descendant d'un aïeul commun.

(2) Deux frères, étrangers au village, vivent à l'intérieur de la cour du couvent. L'un d'eux a épousé une des femmes du hameau (fig. 4, n° 3). L'autre, bien qu'ayant pris femme en dehors du village, y vit cependant (fig. 4, F). Tous les deux travaillent comme menuisiers; ils réparent les outils agricoles mais n'acceptent pas d'argent des villageois. Ils se font payer en nature suivant la saison, une *kēla* de maïs *šāmī* ou de *gēḍī* ou de blé. Ils travaillent également comme menuisiers dans les villages voisins.

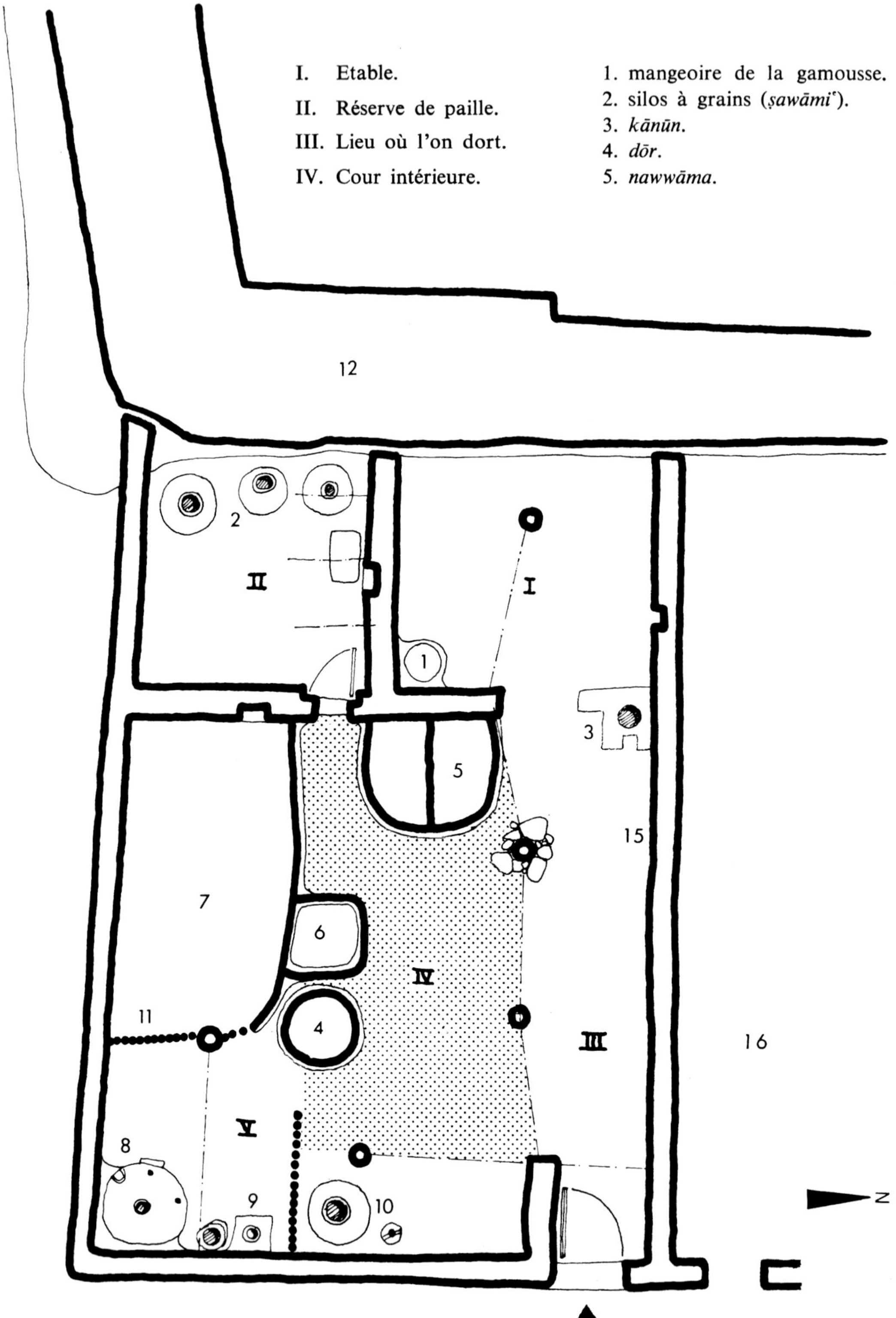

A - PLAN DU REZ-DE-CHAUSSÉE

Fig. 11 *a* : Maison de ʿAdlī Masʿūd.

6. poulailler.
7. clapier.
8. four à pain.
9. *kānūn*.
10. jarre à eau (*zīr*).
11. partition en *sebāta*.
12. mur Est du couvent.
13. porte d'entrée.
14. couverture de *būṣ*.
15. cloison séparant la maison de ʿAdlī et de son frère.
16. maison du frère.

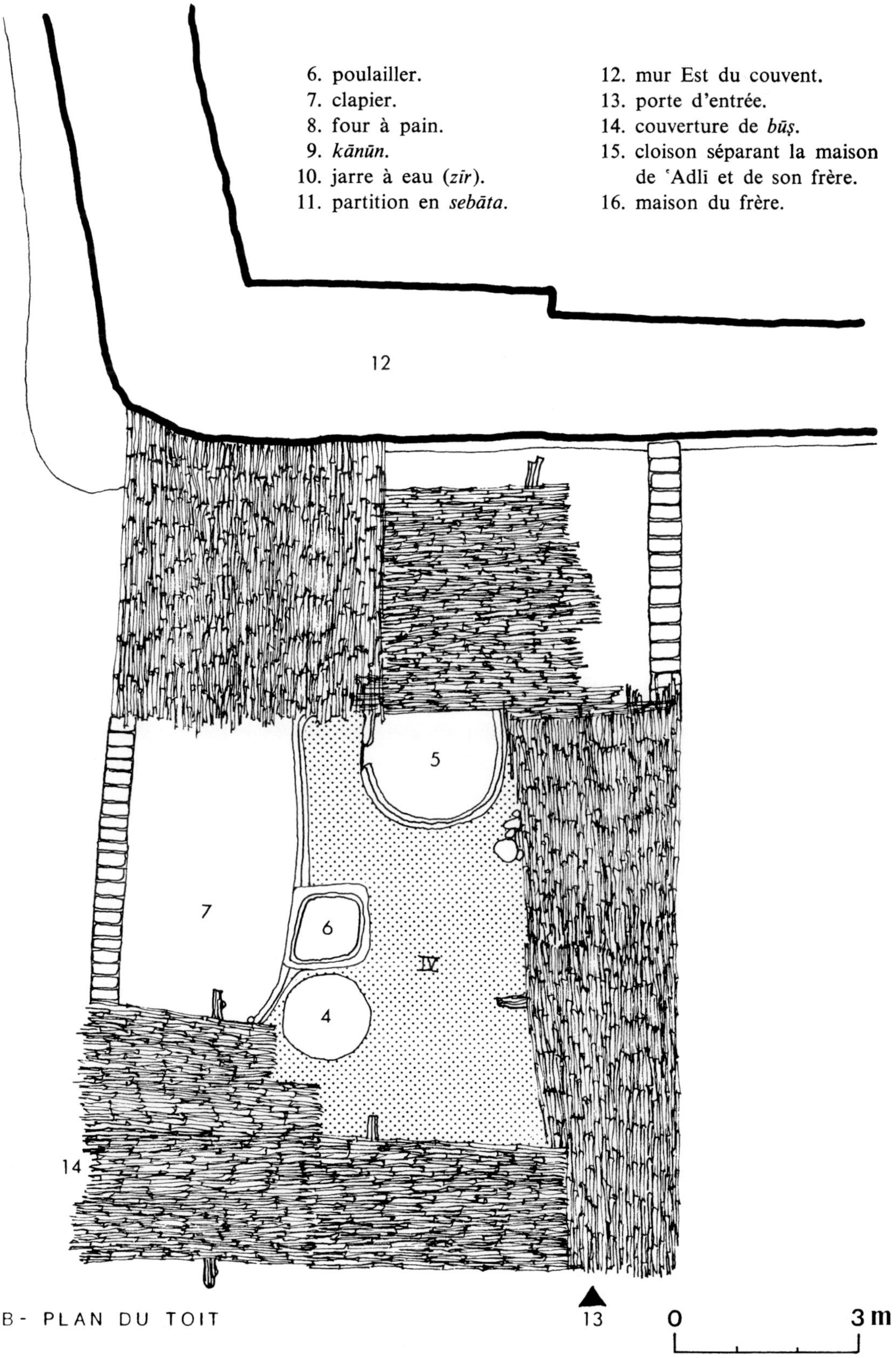

Fig. 11 *b* : Maison de ʿAdlī Masʿūd.

se rend également pour travailler dans les hameaux voisins. Il ne possède aucune terre et sa femme est issue de la famille la plus pauvre du village. Dans le second cas (n° 55), je n'ai pu savoir exactement quelle était la profession du mari qui travaille en dehors du village et ne séjourne à Mārī Girgis que pendant de courtes périodes. Il ne possède pas de terre non plus.

La *badana* se répartit en un certain nombre de *buyūt* (sing. *bēt*). *Bēt* est le nom donné à un groupe de familles issu d'un même père. Ces familles peuvent vivre sous un même toit en communauté ou être économiquement indépendantes et comprendre des membres non-mariés. Le *Bēt* peut aussi s'appliquer à une seule famille composée du père, de la mère et des enfants.

Le hameau compte quatre *badana*. J'ai donc dressé quatre tableaux généalogiques expliquant les liens de parenté au village (fig. 12, 13, 14, 15). Chaque tableau montre les liens matrimoniaux existant entre les membres d'une *badana* et ceux d'une autre *badana*, le nombre des maisons et le nombre des familles vivant dans ces maisons, enfin les individus mariés, célibataires ou veufs des deux sexes ainsi que les familles qui ont quitté le village pour s'établir ailleurs.

On remarquera que dans un même tableau les numéros indiquant l'implantation des maisons peuvent se répéter. Cela tient au fait que j'ai suivi les liens de parenté tantôt par rapport à la famille de l'époux, tantôt par rapport à celle de l'épouse. Naturellement, les individus n'ont été comptés qu'une seule fois dans le recensement que j'ai fait et les tableaux ont été faits à partir des familles résidant dans le village en 1973.

J'ai attribué aux quatre *badana* les lettres A, B, C, D, qui marquent également un ordre décroissant quant au nombre des familles qui les composent :

A *Badana ʿAbd el-Šahīd* (fig. 12)
B *Badana Saʿd* (fig. 13)
C *Badana Ḥerz* (fig. 14)
D *Badana Samʿān* (fig. 15)

J'ai attribué au mari ou à l'épouse venant de l'extérieur de ces quatre *badana* la lettre E.

Des tableaux généalogiques (fig. 12 à 15) se dégagent les résultats statistiques exprimés dans le tableau suivant (p. 31).

Le nombre total des membres du hameau est de 315 résidents qui se répartissent ainsi :

153 hommes, dont 72 mariés, 81 célibataires ou enfants.

162 femmes, dont 72 mariées, 17 veuves, 73 jeunes filles et adolescentes.

Badana	Nombre de couples	Nombre de maisons	Mariages entre Badanat					Celibataires		Veuves		Hors du village		
			A	B	C	D	E	♂	♀	♂	♀	familles	Celibataires[1]	
													♂	♀
A	27	18	14	1	0	3	9	26	31	0	5	1	0	0
B	22	17	2	5	5	1	9	35	15	0	5	3	0	4
C	15	11	1	2	8	1	3	9	15	0	3	2	3	0
D	8	7	0	0	1	2	5	11	12	0	4	1	3	0
	72	53[2]	17	8	14	7	26	81	73	0	17	7[3]	6	4

Si nous regardons la carte de l'implantation des maisons (fig. 4), nous remarquons que :

(1) Les maisons d'une seule *badana* ont tendance à se regrouper par zones. En effet, il y a soixante-dix ans, lorsque les habitants logeaient tous dans la cour du monastère, les hommes sortaient leurs bestiaux dans la journée sur des terrains que les *badana* avaient choisis contigus, mais lorsque la population a augmenté et que la cour du monastère n'a plus été suffisante pour abriter tous les habitants, les familles ont commencé à construire des maisons sur ces espaces qu'elles avaient choisis pour leurs animaux.

(2) Pour la raison qui précède également, nous voyons que le partage de la maison du père entre les enfants, après sa mort, fait que les frères vivent en voisinage. Telles sont les maisons n°s 2 et 4, 22 et 23, 6 et 12 et 13, 17 et 18.

(3) Parfois, l'homme qui se marie quitte la maison de son père. Par exemple, les frères mariés qui habitent les maisons n°s 9, 10 et 11 se sont séparés de leur père et de leurs frères mariés qui habitent la maison n° 8.

(4) Une seule famille étrangère vit dans la maison F, et deux familles « E » occupent les maisons n°s 3 et 55 (cf. tableau de la *badana* A). Les membres de certaines familles ont émigré au Caire pour y travailler : leur maison reste fermée en leur absence et ils la retrouvent à leur retour, lorsqu'ils visitent leurs proches parents (maisons n°s 41 et 51)[4]. Ce qui porte le nombre total des maisons à 57.

(1) Les chiffres ci-dessous n'incluent pas les enfants des familles hors du village.

(2) Cf. § (4) ci-dessous.

(3) Ce chiffre n'inclut pas les huit familles résidant hors du village, dont la femme est originaire de l'une des quatre *badana* du village mais dont le mari est étranger (E).

(4) Ces deux maisons portées sur le plan d'implantation des maisons ne figurent pas dans les tableaux généalogiques (fig. 12-15) qui ne concernent que les habitants résidant dans le village.

badana: A

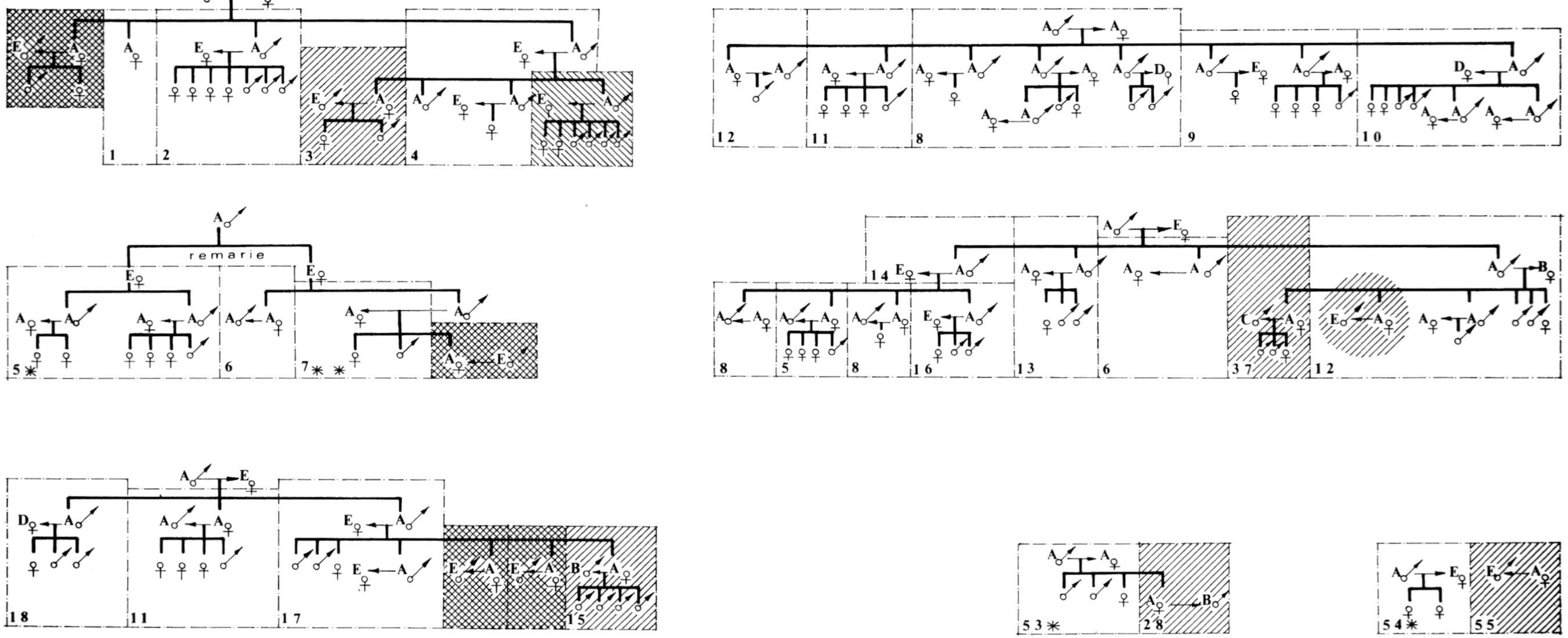

-·-·- indique les maisons existant au village et dotées chacune d'un numéro marqué en bas à gauche. C'est le même numéro qui figure sur la carte « implantation des maisons » (fig. 4). Les familles ou personnes indiquées hors des limites des maisons sont des ancêtres décédés.

♂ Homme.

♀ Femme.

* Veuve. — Le graphique des parentés ne fait pas toujours apparaître le lien entre la veuve et sa famille, notamment s'il s'agit de la grand-mère. Par exemple dans le tableau de la *badana* A, maison 7, il y a 2 veuves (**); l'une (A ♀) est la mère vivante des 2 enfants; l'autre (non représentée) est la grand-mère maternelle.

▨ Familles ayant émigré du village.

▨ Familles rattachées, par alliance, à une autre *badana*.

▩ Familles rattachées, par alliance, à une autre *badana* et résidant hors du village.

Fig. 12 : *Badana* (A) ʿAbd el-Šahīd.

badana: B

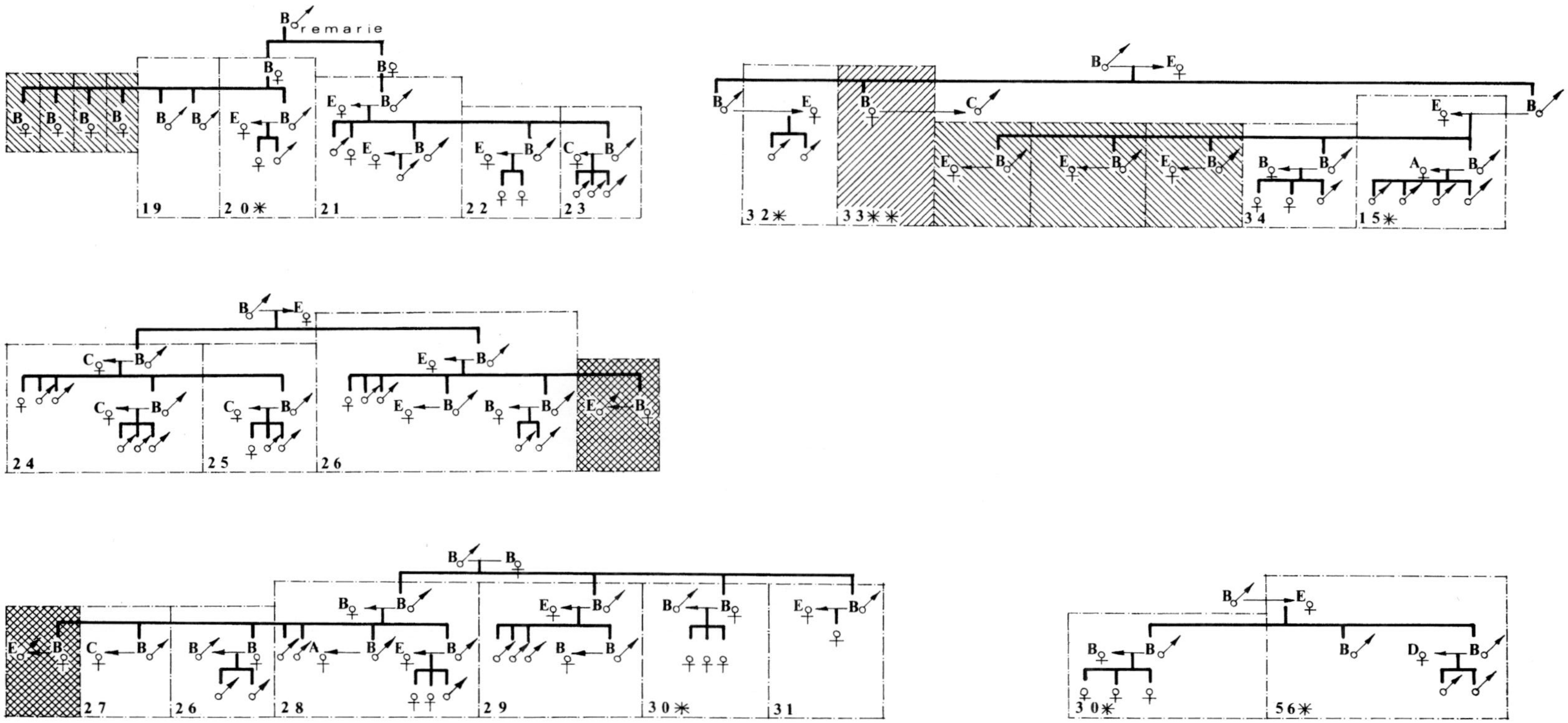

Fig. 13 : *Badana* (B) Saʿd.

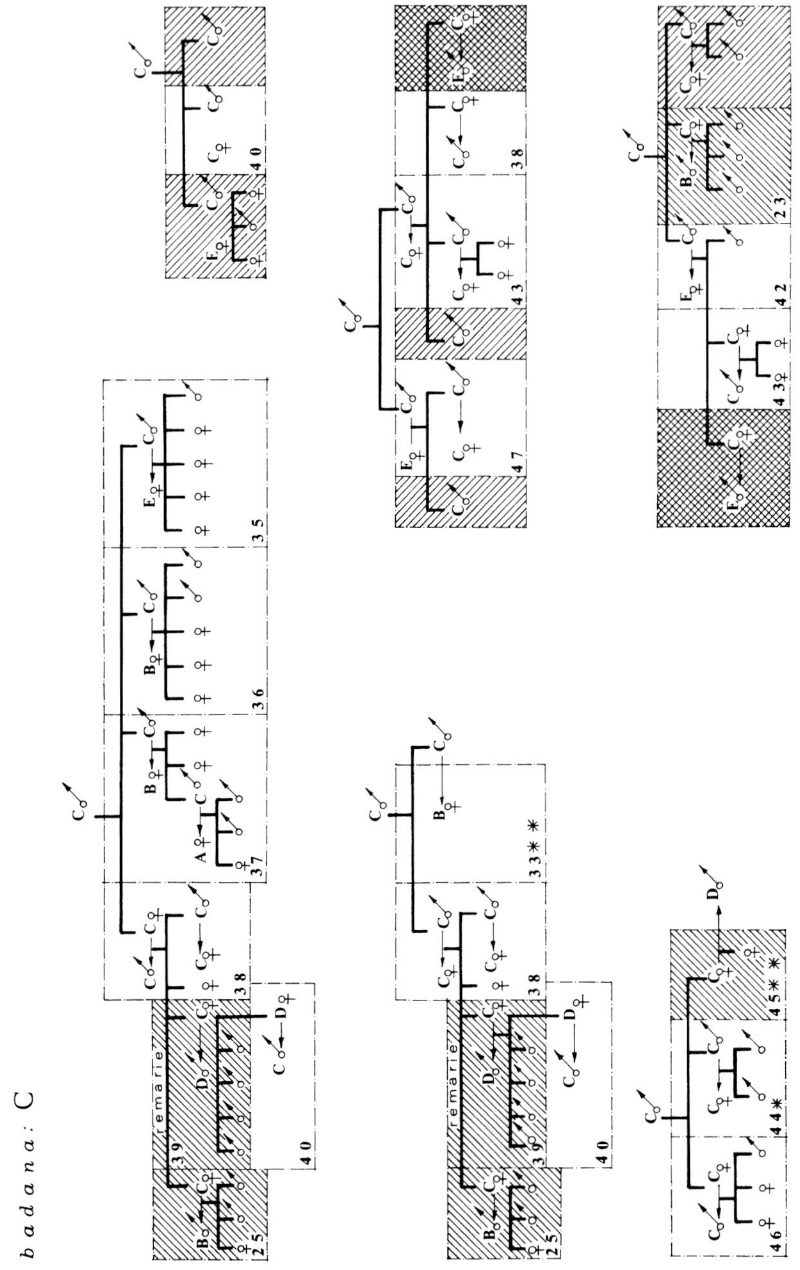

Fig. 14 : *Badana* (C) Ḥerz.

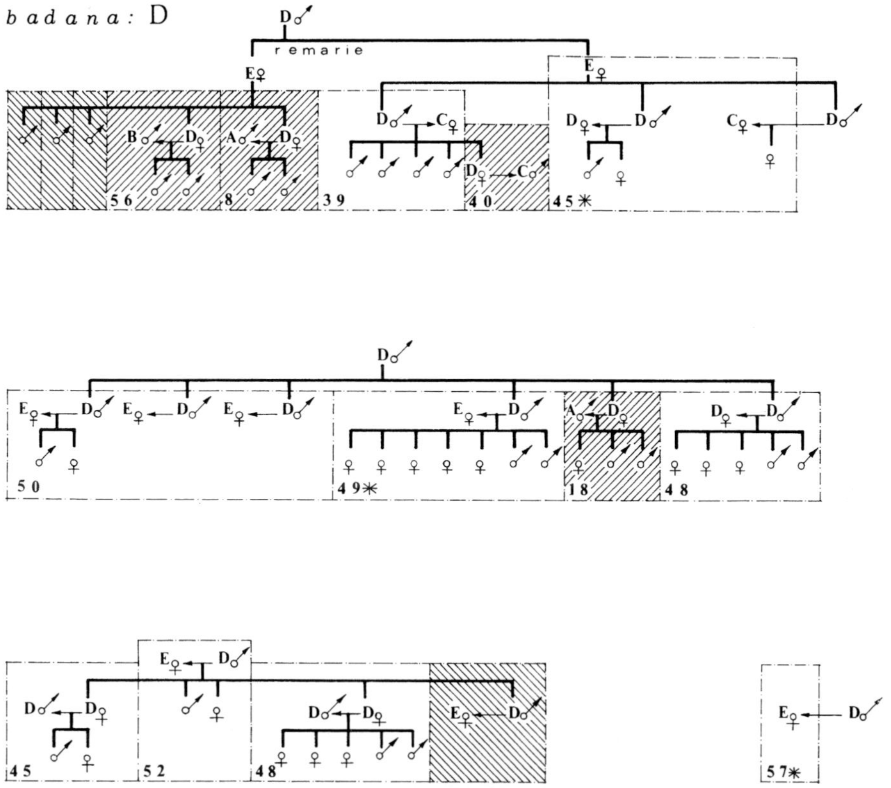

Fig. 15 : *Badana* (D) Samʿān.

(5) Certaines maisons couvrent une petite superficie : aussi les habitants disposent-ils d'un autre endroit où ils mettent certaines dépendances comme l'étable ou le four à pain. Exemple : les maisons n°s 6, 13, 34.

(6) Il y a un seul couple étranger au village qui vit dans la cour, dans la maison F. Le maître de maison est le frère du chef de la famille qui habite la maison n° 3. Nous remarquons que les maisons n°s 3 et 1 ont une petite superficie et que leurs occupants sont en réalité les plus pauvres des habitants.

(7) On trouve au hameau cinq *mandara*. La *mandara* est une grande pièce prise sur les maisons des riches; elle a une porte donnant sur l'extérieur. On s'en sert pour les circonstances particulières : mariages, enterrements et réceptions. Les *badana* A et C possèdent deux *mandara*. Toutes les *badana* possèdent la cinquième *mandara*, où vient le barbier du village pour raser les hommes chaque semaine. On peut y recevoir les représentants de l'agriculture ou de la santé, ou des étrangers au village.

Les *badana* B et D utilisent n'importe laquelle des quatre *mandara,* qui sont communes aux *badana* pour les fêtes et les enterrements.

(8) La *badana* préfère les mariages endogamiques afin de conserver la propriété de la terre parmi les siens. La réalité contredit toutefois cette préférence. En effet, le pourcentage des mariages exogamiques des quatre *badana* atteint 59,72 %; celui des mariages endogamiques est le suivant :

A 51,85 %
B 22,73 %
C 53,33 %
D 25 %

Ceci explique la richesse des *badana* A et C qui ont le plus fort pourcentage de mariages endogamiques de sorte que les biens restent leur propriété. Il s'est passé le contraire pour les *badana* B et D qui, de fait, sont moins fortunées que les deux autres.

Souvent, le mariage exogamique a lieu dans la famille de la mère lorsque celle-ci est d'origine étrangère au hameau.

Malgré les mariages des *badana* entre elles, les membres d'une *badana* gardent de l'attachement pour leur propre *badana,* et s'il y a divergence sur un lot de terrain par exemple, les gens du hameau se divisent en deux partis adverses, et chaque parti suit ses proches parents des autres *badana,* chacun selon le degré de parenté.

Le recensement des individus des *badana* est le suivant :

A 116 personnes
B 99 personnes
C 57 personnes
D 43 personnes

Ainsi, la *badana* A a la prépondérance. J'ai interrogé un homme de cette *badana* (il habite la maison n° 8) : il a eu huit enfants. Je lui ai demandé : « N'est-ce pas trop ? ». Il m'a répondu qu'avoir une nombreuse descendance était une force nécessaire face à l'anarchie de cette société dans laquelle ils vivent.

Malgré la difficulté d'obtenir le divorce chez les Coptes-orthodoxes, il y a deux femmes répudiées par leur mari parce qu'elles sont stériles. Un proverbe répandu dans le village dit :

Ellī ḫallef mā matš اللى خلّف ما متش

« Celui qui a une descendance n'est pas mort ».

(9) Nous remarquons qu'il y a 17 veuves, tandis qu'on ne trouve pas un seul veuf. En effet, le veuf se remarie habituellement. Quant à la veuve, c'est son fils qui, selon la coutume, subvient à ses besoins. Rien n'empêche jamais une des familles de marier sa fille à un vieillard veuf, car la fille célibataire est considérée comme un fardeau économique pour la famille. Il existe au village une seule célibataire de quarante-cinq ans environ qui vit seule (hutte 1).

L'APPEL DE LA GRANDE VILLE

Devant la difficulté de gagner sa vie au village, la plupart des locataires, de ceux qui sont sans ressources, et même beaucoup de petits propriétaires, tentent de trouver au Caire un travail qui puisse leur fournir un revenu régulier. Mariés ou célibataires, les émigrés travaillent soit comme saisonniers (*tarāḥīl*), soit comme gardiens, soit encore comme ouvriers dans la construction, dans des garages, etc... Il y a aussi 8 jeunes du village qui font leur service militaire. Tout le temps que j'ai passé au village, les hommes ne cessaient de s'interroger sur les possibilités qu'il y avait pour eux de trouver un travail au Caire, leur garantissant un revenu de 9 livres par mois.

J'ai remarqué que la plupart des émigrés habitent dans la même partie d'une banlieue du Caire (ʿĒn Šams). Probablement, leur peur devant la ville les porte-t-elle à se regrouper.

Un jour, j'étais assis en compagnie d'hommes du village, devant la maison de l'un d'entre eux, laquelle faisait face au désert. On me demanda de parler du Caire. Le propriétaire de la maison, plus âgé que les autres, intervint alors, pour raconter son expérience : il était descendu au Caire où, pendant quelque temps, il avait pu travailler comme vendeur de graines de pastèque devant la porte d'une école primaire. Au bout de cinq mois, il fut obligé de retourner à Mārī Girgis. Ayant dit cela, il montra du doigt un petit tas de cendres devant sa maison et dit : « Ce petit tas de cendres, là, devant ma maison, est mieux que la Place Taḥrīr ! [1] », la Place Taḥrīr étant ce qu'il avait vu de plus beau au Caire.

F. LES TECHNIQUES DE CONSTRUCTION.

Les règles qui président à la construction des maisons sont des plus élémentaires; elles relèvent du simple coup d'œil et du bon sens qui décident de la profondeur des fondations, de la largeur des murs, de l'épaisseur des poutres transversales et du choix des troncs

[1] La Place Tahrir est une des plus grandes places du Caire, celle d'où partent les plus grandes artères de la ville.

de palmier servant de contreforts ou de linteaux pour les ouvertures (portes ou fenêtres) ou encore qui supportent l'escalier menant à l'étage supérieur.

1. LES FONDATIONS.

Pour les fondations des murs, on utilise la pierre calcaire des carrières voisines de ʿĪsāwiyya, que l'on transporte à dos de chameau. Chacun, suivant ses besoins, emploie aussi les gros galets qu'on trouve dans le désert.

Pour les maisons à deux étages, les fondations ont une largeur de 60 à 70 cm et une profondeur de 50 à 60 cm environ. La vase du canal mélangée à la paille est utilisée comme mortier pour lier les pierres. Ceux qui en ont les moyens utilisent du ciment.

2. LES MURS.

Ils sont habituellement construits en briques crues (*ṭūb nayy*), en *ṭōf*, en *sebatet būṣ*, et en pierres, matériaux et techniques qui seront décrits ci-après.

a) Les murs en briques crues :

— *Fabrication des briques.* Tout le monde au village sait faire des briques [1]. La famille entière participe à la fabrication; les hommes et les femmes les façonnent car c'est une activité de groupe. Les uns s'occupent de la préparation de la terre, les autres la transportent là où d'autres encore la travailleront.

On va chercher de la terre au bord du Nil. On la casse en tapant avec les houes. Après l'avoir disposée en cercle, nommé *maḫmara*, on verse de l'eau au centre pour ramollir la terre et la malaxer. Ensuite on ajoute de la paille dans les proportions de une pour cinq parts de terre. Les mesures sont définies par ce qu'on nomme *ḥiml*, c'est-à-dire la charge que porte un âne dans ses hottes (*goṭwiyya*, pl. *gaṭāwī*). On verse la paille sur la surface de la *maḫmara* et on travaille la pâte avec les deux mains et les deux pieds jusqu'à ce que le mélange soit parfait et homogène. Ensuite on la laisse reposer une nuit. Puis on la travaille une seconde fois au matin en ajoutant de l'eau, jusqu'à ce qu'elle devienne une pâte utilisable pour le modelage.

On utilise le *borš* (fig. 16) pour transporter la terre de la *maḫmara* jusqu'à l'endroit où on fabriquera les briques. Le *borš* est un genre de natte circulaire de 60 cm de diamètre,

[1] « Faire des briques » se dit *ḍarb el-ṭūb* ou *dagg el-ṭūb* ou *masḥ el-ṭūb*, ces trois expressions désignant les différents gestes de cette fabrication.

faite en folioles de palmier tressées de la même maille que celle des couffins (les cinq mailles ou *ḫamsāwī* [1]). Le *borš* a deux poignées faites en cordes de fibres qui sont portées habituellement par deux personnes (pl. 6, *a*).

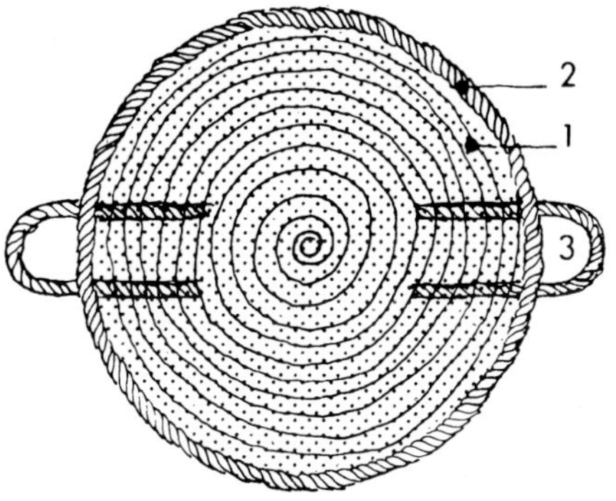

Fig. 16 : La natte ronde servant à transporter la terre (*borš*).

1. natte de folioles de palmier (*ḫamsāwī*).
2. *wešām* en fibre de palmier.
3. poignée en fibre de palmier.

On prépare des moules en bois (fig. 17) dont les dimensions intérieures sont de 17 × 10 × 7 cm. Ce sont les dimensions courantes des briques. On prend un morceau de terre mélangée à de la paille, en quantité un peu supérieure au contenu du moule (celui qui moule la brique connaît par expérience sa mesure). On le trempe quelques instants dans un peu d'eau pour mouiller seulement sa surface, afin qu'il ne colle pas au bois du moule, puis on l'y fait entrer par pression avec le plat de la main droite pour enlever le trop-plein qui déborde (pl. 6, *b*). On verse habituellement de la paille au-dessous de la brique au moment de sa fabrication pour qu'elle n'adhère pas au sol.

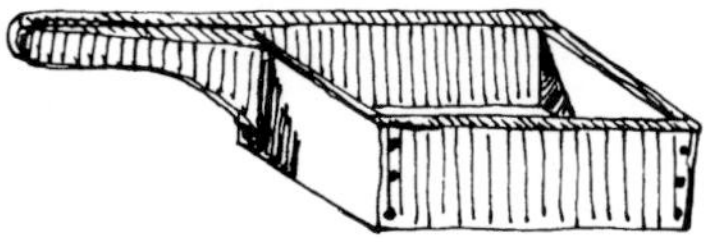

Fig. 17 : Moule à brique.

Les briques sont posées en rangs et on les laisse sécher au soleil (pl. 6, *c*). Quelques jours plus tard on les retourne pour exposer l'autre côté au soleil. On peut les retourner ainsi plusieurs fois. Parfois les villageois, quand ils sont eux-mêmes occupés à d'autres travaux plus importants, demandent à leurs voisins de leur fabriquer des briques et les rétribuent pour ce travail. A cet effet, ils leur préparent la terre et la paille à l'endroit où les briques seront fabriquées. Celui qui confectionne mille briques gagne 50 piastres.

— *La construction.* Au hameau il y a trois hommes, qui, à côté de leurs activités d'agriculteurs et de pêcheurs, sont des maçons. Quand je demandai au plus habile d'entre eux comment il avait appris l'art de construire, il répondit qu'il avait appris seul : il avait dû, étant jeune, restaurer un des murs de leur maison qui s'était écroulé. Ensuite les habitants de Mārī Girgis commencèrent à lui demander de venir les aider dans leurs constructions. Maintenant, c'est devenu pour lui une troisième profession et le village le considère comme son maçon.

[1] Cf. Usage de folioles, p. 181-5.

Sa paye journalière peut atteindre de 30 à 40 piastres suivant les ressources de la famille pour laquelle il construit. Cette famille le nourrit, lui fournit du thé et du *me'assel* (mélange de tabac et de mélasse) durant toute la période de la construction; les voisins l'aident sans recevoir de salaire : cette aide est considérée comme naturelle, et doit être rendue le jour où un de ces voisins aura à construire sa maison, ou à labourer son champ. Parmi les coutumes du village figure celle-ci : si un des villageois meurt pendant qu'une famille construit quelque chose de nouveau, c'est un devoir pour la famille qui construit d'arrêter les travaux pendant une semaine au moins, parfois deux. Avant de reprendre la construction, il est du devoir du responsable de la famille qui construit d'aller en demander la permission aux parents du défunt.

On construit les murs en brique crue de 40 à 50 cm d'épaisseur, ce qui est assez solide pour supporter un étage. Une fois secs, on les enduit à l'intérieur d'une couche de *ḥīb* qui est, rappelons-le, de l'argile fine de couleur ocre (*ṭafl*), habituellement mélangée avec de la paille. Certains enduisent également les surfaces extérieures des maisons avec le *ḥīb*. Ensuite le *ḥīb* peut être recouvert d'une couche de chaux pour le blanchir, mais cela est rare. La majorité des villageois laissent les façades de leurs maisons de la couleur de la terre.

Les linteaux des portes des maisons sont décorés de croix (pl. 2) ou de cornes d'animaux. Parfois on dessine sur leurs façades des églises, si le propriétaire a visité Jérusalem (pl. 7, *a*).

b) Les murs en « ṭōf ».

Ce sont des murs en terre mélangée de paille construits habituellement par les pauvres pour leurs petites huttes (*'išša*) d'un seul étage. Elles sont toujours recouvertes de *būṣ*, car ces murs ne supporteraient pas le poids de poutres de palmier. La façon naturelle de construire ce genre de mur demande qu'ils soient épais au niveau du sol et que leur épaisseur diminue graduellement pour atteindre dix centimètres.

La légèreté de ce genre de mur, comparativement aux murs de même hauteur et de même longueur bâtis en briques, les fait utiliser par les villageois pour les parapets des terrasses et les balustrades des escaliers.

Habituellement ce sont les femmes qui construisent les murs en *ṭōf*. Elles mélangent la terre avec la paille dans les proportions de cinq mesures de terre pour une de paille [1]. Après l'avoir bien mélangée, elles laissent reposer la pâte un jour entier. Le jour suivant, la femme la retourne puis elle en fait des boudins de 60 cm de longueur et de 25 cm de

[1] Mesures calculées en volume, non en poids.

a. Pigeonnier.

b. Vue du village vers le Nord. De gauche à droite : le Nil, la route, le canal et la ruelle principale.

a. Le transport de la terre.

b. Tassage de la terre dans le moule.

c. Fabrication et rangement des briques.

diamètre environ qu'elle place horizontalement. Ensuite elle se met à les frapper avec le plat des mains dans le sens de l'élévation du mur qu'elle veut édifier. La rangée de *ṭōf* peut atteindre de 20 à 30 cm de haut. Elle laisse reposer une nuit, et avant que la rangée ne sèche complètement, elle élève le mur de la même manière d'une seconde rangée horizontale. Puis elle la laisse, et le troisième jour elle fait une troisième rangée du mur et ainsi de suite jusqu'à ce que le mur ait atteint la hauteur désirée. A cause de cela on peut voir habituellement sur les parois en *ṭōf* les lignes horizontales qui marquent les assises successives. Dans sa forme finale, ce type de mur est fabriqué comme si c'était une grande poterie faite à la main sans l'aide du tour [1].

c) Les murs en sebātet būs.

On utilise les tiges séchées du maïs d'été (*gēḍī*) comme cloisons dans les maisons, comme enclos pour le bétail (*zarbiyya* ou *tāya*) et comme couverture pour les maisons et les étables [2]. (La toiture des maisons est d'ailleurs souvent utilisée comme dépôt pour la réserve de *būṣ*).

Pour la fabrication des cloisons en *būṣ*, on fixe en terre deux piquets; on y attache deux cordes en fibres rouges; sur ces cordes on dépose des faisceaux de *būṣ* dont chacun est pris dans une boucle (fig. 18). Pour donner de la rigidité à la *sebāta*, on y lie quelques

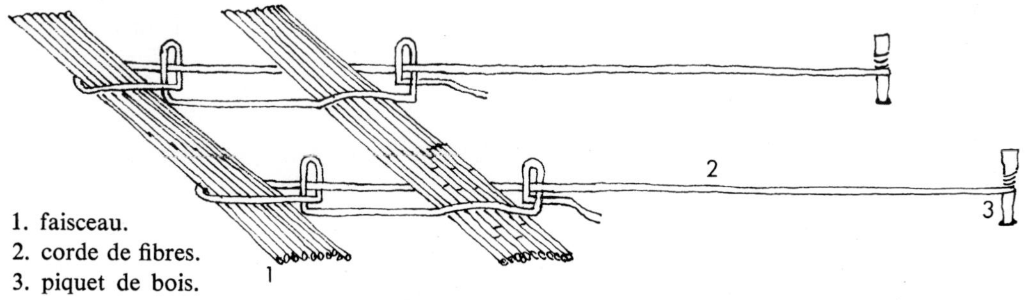

Fig. 18 : Nouage de *sebāta*.

tiges horizontales. Pour fixer la cloison verticalement on utilise de la terre mélangée avec de la paille. On recouvre avec ce mélange les tiges de maïs séché (*būṣ*) sur une hauteur de 70 cm. Ce revêtement a deux avantages, le premier, comme nous l'avons

[1] Cette technique s'appelle *taṭwif;* elle est la même que celle utilisée dans la *makabba :* cf. Ustensiles divers et leur fabrication, fabrication de la *makabba,* p. 163-4.

[2] Couvrir d'un plafond se dit *yi'god.*

dit, est qu'il sert de renfort, et le second qu'il isole le *būṣ* et empêche le bétail de le manger.

On laisse habituellement les feuilles de la tige de maïs quand on fabrique la *sebāta*, comme on laisse l'enveloppe qui recouvre les sections de la tige (*ʿogla*). La tige de sorgho, ou maïs d'été (*gēḍī*) atteint environ 3 mètres. Elle est utilisée dans toute sa longueur, que l'on fasse des cloisons ou qu'on l'utilise pour recouvrir les toits. Cette longueur est considérée comme module, que ce soit verticalement ou horizontalement, pour les cloisons ou les toits d'un grand nombre de maisons du village.

Le paysan utilise le *būṣ* durant l'année pour se chauffer, pour faire le pain, la cuisine, le thé, car c'est le combustible de base dans le village.

Le prix du transport des tiges à dos de chameau atteint de 70 à 80 piastres la charge. Une charge de tiges couvre une surface de 25 m^2 sur 30 cm d'épaisseur environ.

Au moment des récoltes d'été, on construit des abris provisoires en *sebāta* dans les champs : les paysans s'y protègent de l'ardeur du soleil et y dorment la nuit pour veiller sur leur récolte (pl. 7, *b*).

d) Les murs en pierre.

Bien que la majorité des constructions du village de ʿĪsāwiyya soient en pierre calcaire, peu de murs sont construits en pierre à Mārī Girgis. Peut-être est-ce dû au fait que le prix en est relativement plus élevé que celui de la brique crue; peut-être aussi à cause de la difficulté du transport des pierres. Détacher de la carrière, tailler et transporter jusqu'au village un morceau de pierre de 20 × 25 × 40 cm, revient à 13 piastres environ. Mais beaucoup d'habitants du village utilisent des pierres de 80 cm de long et 30 cm de large, comme marches d'escalier; leur prix de revient est de vingt-six piastres, transport compris.

3. LA COUVERTURE (fig. 19).

Des stipes de palmier sont utilisés comme poutres horizontales reposant sur les murs. Ils sont recouverts de nervures de palmier débarrassées de leurs folioles et liées avec des cordes en fibre (le nœud est semblable à celui de la *sebāta*). L'acte qui consiste à lier les nervures avec des cordes s'appelle *ḥabk el-ğarīd* [1].

Le stipe est divisé en deux *falg* ou en quatre parties (*robʿ*). On utilise soit une moitié, soit un quart de tronc suivant la grandeur de la pièce qu'il faut couvrir. Le *falg* ou le *robʿ*

[1] On dit aussi *ḥebāka*, cf. lexique.

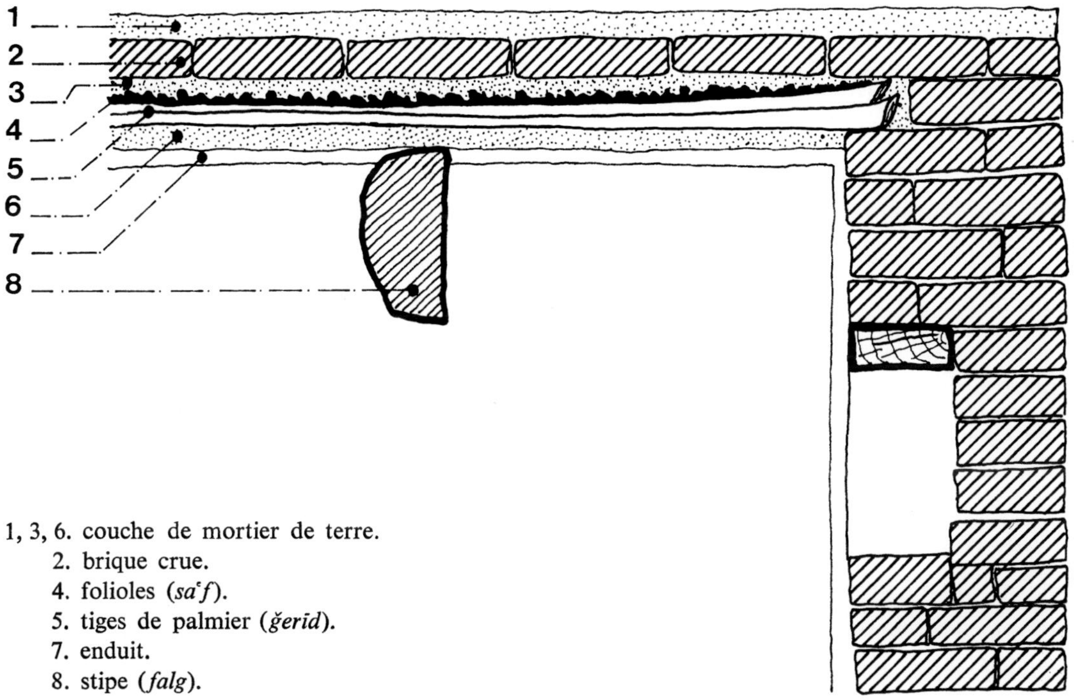

Fig. 19 : Coupe d'un plafond.

est posé sur les murs. Il est ensuite recouvert de branches disposées perpendiculairement. Ces dernières sont à leur tour recouvertes de folioles (*sa'f*) pour empêcher la poussière de pénétrer. On recouvre ensuite le tout d'un enduit de terre, de paille et de sable (*mūna*) mélangés à proportion de 2 *ḥiml* [1] de terre, 2 *ḥiml* de paille pour 3 *ḥiml* de sable puis on recouvre de briques, selon une disposition appelée *ḍafra* (fig. 20).

Puis une couche de (*mūna*) est posée sur les briques crues; elle servira de sol pour la pièce supérieure. On enduit le dessous des branches d'une fine couche de cette même pâte; ceci se dit *tankīs* ou « badigeon avec la pâte ». Puis on met une seconde couche de *ḥīb* sur cette couche de *mūna*.

Fig. 20 : *Ḍafra*.

(1) 1 *ḥiml* = le contenu de trois couffins.

4. LES OUVERTURES.

a) LES FENÊTRES (*ṭāga*) : Comme la cour intérieure est centrale, elle est la source d'éclairage pour les pièces qui y donnent. Au rez-de-chaussée on n'ouvre jamais de fenêtres sur les façades extérieures par crainte des voleurs. Mais quand il y a un étage supérieur, on laisse une petite ouverture dans le mur de la pièce pour faire entrer la lumière; on n'y monte toutefois ni volets ni carreaux. L'hiver, les paysans les bouchent avec un couffin dans le cas où ils utilisent cette pièce pour y dormir.

Je me souviens d'avoir acheté pour ma chambre, au village, une ancienne petite fenêtre à deux battants en verre sans volets de bois. Avec le menuisier du village, je l'ai mise en place. La nouvelle se propagea et les femmes, les jeunes gens et même certains hommes commencèrent à défiler devant ma chambre pour voir ma fenêtre.

b) LES PORTES (fig. 21) : La plupart des maisons ont une seule porte d'entrée, faite habituellement en bois de jujubier, à cause de sa solidité. Elle est constituée d'un seul battant, dont la largeur atteint 1,20 m pour permettre le passage des filets de paille (*šanāyef,* sing. *šanīfa* ou *šenfa*), du bétail et des diverses récoltes.

Le battant tourne sur un pivot vertical en bois. Sa partie inférieure tourne sur une crapaudine en pierre et la partie supérieure du pivot tourne dans le creux du linteau en bois. Toutes les maisons ont un seuil en pierre de 40 cm de haut environ; celui-ci bloque le dessous de la porte quand on la ferme, et empêche les animaux nuisibles d'entrer dans la maison. Pour ouvrir les portes, on les pousse vers l'intérieur.

5. LES FERMETURES (*ġelgān,* sing. *ġalag*) (fig. 22).

Chaque porte extérieure a deux serrures en bois; l'une de petite taille est à l'extérieur; elle est utilisée pour fermer la porte de la maison de l'extérieur. L'autre, de grande taille, est à l'intérieur.

Cette serrure est faite avec deux morceaux de bois. L'un est vertical (A), il est fixé au battant en bois. L'autre est horizontal (B), et mobile à l'intérieur d'un creux du premier élément (A) quand on y glisse une clef en bois (C) en forme d'angle à petites dents de fer. Si les dents de la clef repoussent vers le haut dans leur réceptacle, trois petits taquets que leur poids fait descendre, la partie horizontale de la serrure se déverrouille et peut glisser. Si on veut fermer la serrure, on bouge la partie (B) vers la gauche, son extrémité pénètre dans les creux de la paroi (D) et les taquets mobiles tombent dans les alvéoles correspondantes de la partie mobile (B), et l'immobilisent. Une serrure de ce genre peut atteindre 80 cm de long.

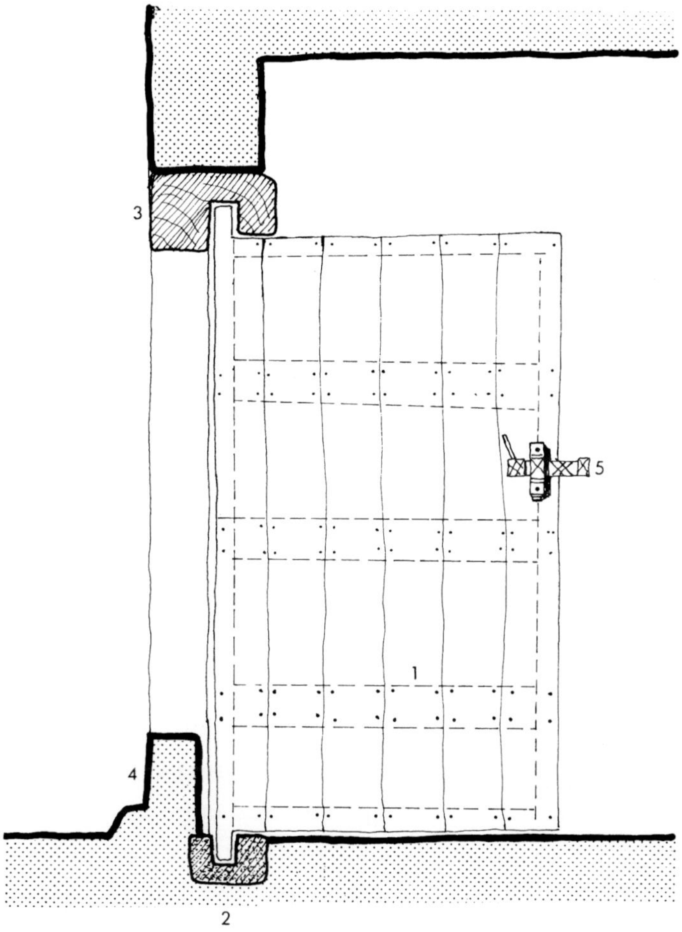

1. battant.
2. crapaudine en pierre.
3. linteau en bois.
4. seuil.
5. serrure.

0 1m

Fig 21 : Porte.

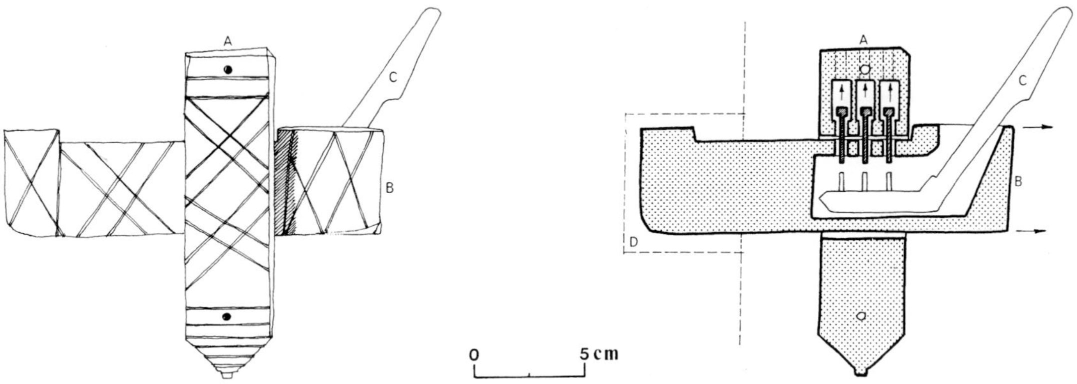

Fig 22 : Serrure en bois.

6. LES ESCALIERS.

Il en existe deux sortes :

a) La majorité des villageois utilisent les terrasses de leurs maisons pour faire sécher les dattes, les oignons et pour entreposer les tiges de coton et les tiges de maïs séchées ou *būṣ,* les épis de maïs, les feuilles de palmier, etc... Pour arriver à cette terrasse, les femmes construisent des escaliers légers en troncs de palmier. On utilise un quart ou un demi-tronc pour porter les marches. On pose les troncs de façon à ce que le côté duquel partent les branches (*kaʿf*) soit vers le haut. Les marches ont 35 cm de large, 25 cm de profondeur et 25 cm de hauteur; elles sont faites d'un mélange de terre et de paille que l'on plaque en enduit sur le tronc; ce crépi pénètre dans les angles formés par les *kaʿf* et adhère au tronc (fig. 23; pl. 8, *a-b*).

b) Habituellement dans les maisons comportant deux étages (cf. maison de *Tawfīg* et *Šafīg,* fig. 8 et 9), afin d'utiliser l'espace, on ménage des niches sous l'escalier au lieu de construire un massif plein. Ou bien on y ouvre une porte qui mène à l'étable ou au *riwāg*. Dans les deux cas, l'escalier est supporté par trois troncs de palmier (en fait, des quarts de tronc), qui sont parfois remplacés par des branches de jujubier. Ces poutres sont recouvertes dans leur largeur par des nervures de palmier nouées avec des cordes en fibre (*ḥebāka*) (fig. 24).

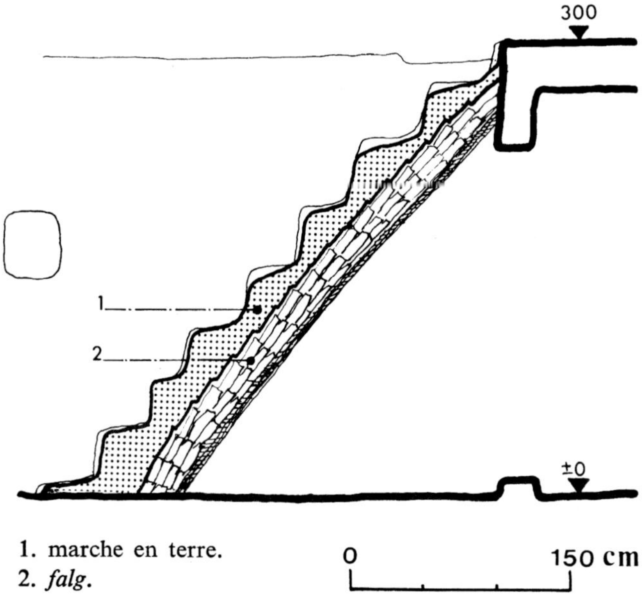

1. marche en terre.
2. *falg*.

Fig. 23 : Escalier léger.

De même que dans le passé, on tressait des nattes en folioles de palmier que l'on disposait sur les toits en bois et sous la brique ou la pierre (maisons de Tell el-ʿAmarna), ainsi les villageois recouvrent les poutres et les branches de palmier avec des folioles (*saʿf*) pour empêcher la pâte séchée de tomber entre les petites ouvertures qui existent entre les branches de palmier. Ensuite on modèle les marches en brique crue. La hauteur moyenne de chaque marche varie entre 15 et 20 cm, sa profondeur est de 25 cm et la largeur de l'escalier lui-même est de 80 cm.

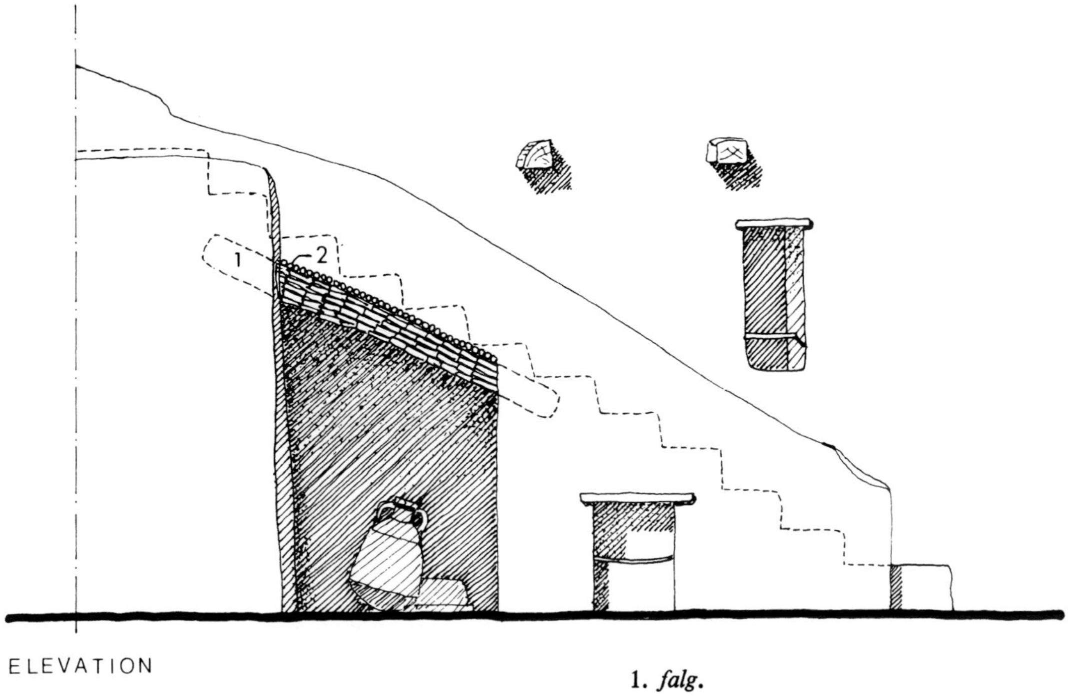

1. *falg*.
2. couverture des poutres avec du *ğerīd*.
3. couverture du *ğerīd* avec des briques crues formant le corps des marches.

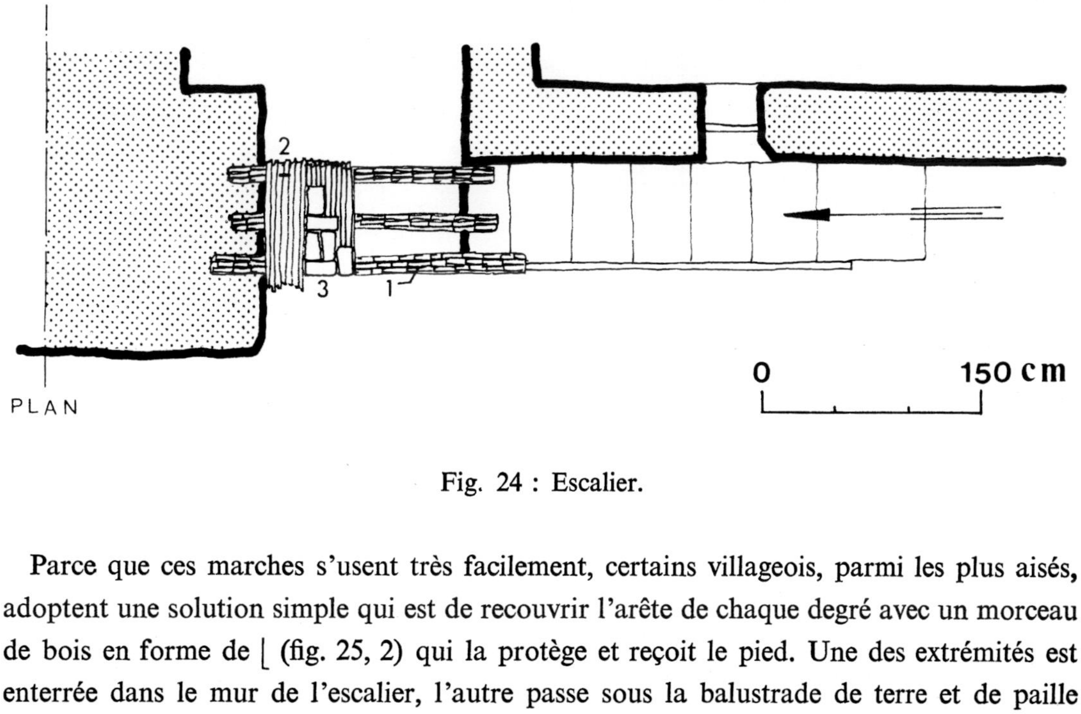

Fig. 24 : Escalier.

Parce que ces marches s'usent très facilement, certains villageois, parmi les plus aisés, adoptent une solution simple qui est de recouvrir l'arête de chaque degré avec un morceau de bois en forme de ⌊ (fig. 25, 2) qui la protège et reçoit le pied. Une des extrémités est enterrée dans le mur de l'escalier, l'autre passe sous la balustrade de terre et de paille

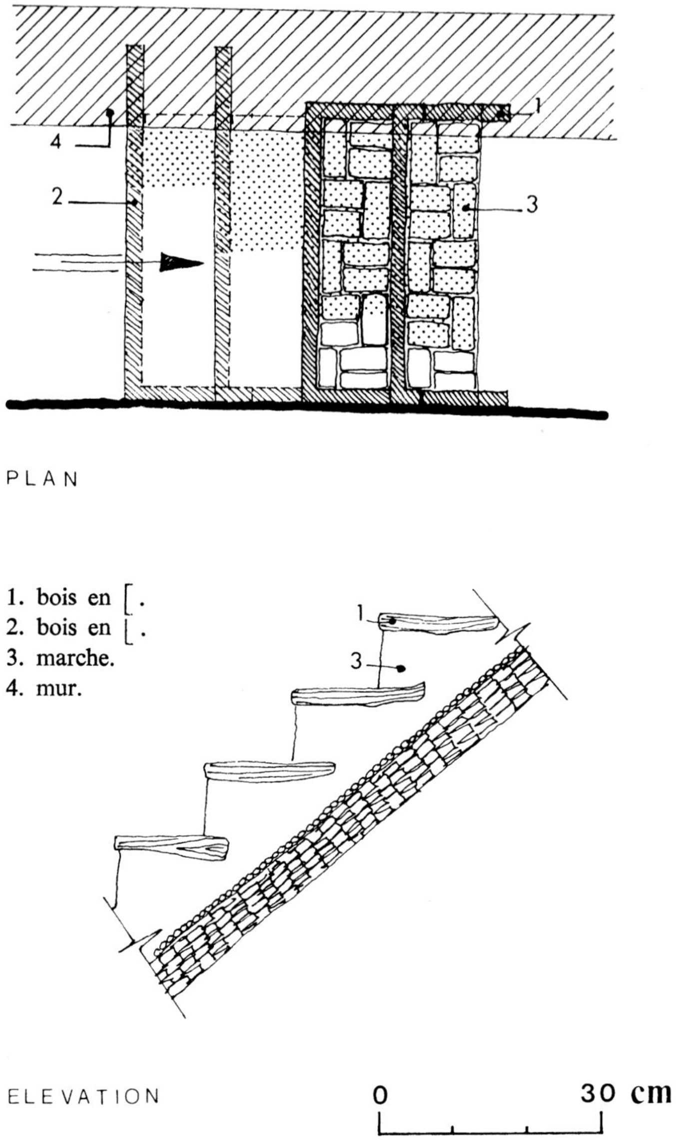

Fig. 25 : Escalier.

construite selon la méthode du *taṭwīf*[1], ou bien on protège le rebord de l'escalier avec un morceau de bois en forme de [, la base des deux branches étant enterrée dans les marches supérieures (fig. 25, 1).

[1] Cf. *supra*, p. 40-1 et 41 n. 1.

a. Peinture sur la maison d'un pèlerin.

b. Abri en *sebāta*.

a. Escalier léger.

b. Escalier léger, vu de face (détail).

A cause de l'abondance des pierres calcaires dans la région voisine de notre hameau, de nombreux villageois les emploient comme marches pour leurs escaliers et dans ce cas on utilise du ciment pour lier les pierres.

G. LE MOBILIER.

Le mobilier est réduit à sa plus simple expression. La maison est vide de meubles au sens habituel du terme [1] : des nattes en alfa font office de lits. On les recouvre de *farrāšiyya*, sorte de couvertures en laine. Certains couchent sur des banquettes (*dekka*, pl. *dekak*). Dans toutes les pièces sont tendus des fils où l'on suspend des vêtements.

Les seuls meubles de bois sont la *ṭableyya*, petite table basse, et le coffre où l'on range tout. On s'éclaire avec une lampe à pétrole (*anḍa*).

Les autres éléments du mobilier, *dōr, nawwāma, ṣomʿa, ḫōḫa* sont façonnés à partir d'un mélange de terre et d'excréments d'animaux.

La vache et la bufflesse consomment deux types de nourriture : la paille et le trèfle, et leurs excréments se nomment *kuʿūla*. Dans le cas où le bétail se nourrit de paille, ses excréments sont pleins de paille épaisse que l'animal ne parvient pas à digérer. Les petites filles les ramassent le long des chemins dans un panier qu'elles portent sur la tête, puis les femmes en font des disques de 25 cm de diamètre environ, qu'elles laissent sécher au soleil en les collant aux murs. On les appelle *ǧella*, on les utilise comme combustible pour les fours à pain parce que leur combustion est lente.

Quand le bétail est nourri de trèfle, ses excréments sont pleins de verdure et les femmes du hameau les utilisent en les mélangeant avec de la terre fine sèche (dans les proportions de trois à une part de terre) pour faire des ustensiles comme la *makabba* et la *ṭobbāʿa* et du mobilier comme le *dōr*, la *nawwāma*, la *ḫōḫa* et la *ṣomʿa*, tous étudiés ci-après. Avec cela également elles font les disques pour le pain et les mangeoires pour les animaux. Ce qui explique la couleur verdâtre de ces objets et constructions, une fois secs. Voici l'explication de ces différents termes :

LE DŌR

C'est un silo de forme cylindrique utilisé pour conserver le blé ou le maïs. Habituellement les femmes le fabriquent par étape selon la méthode du *taṭwīf*, et sa hauteur atteint un mètre vingt. Il est recouvert de branches de palmier s'il se combine avec une petite armoire nommée *ḫōḫa* (fig. 26-27 et pl. 9) ou avec un lit ou *nawwāma* (fig. 28). Sinon

[1] L'équipement culinaire des maisons sera décrit plus bas, p. 153 sq.

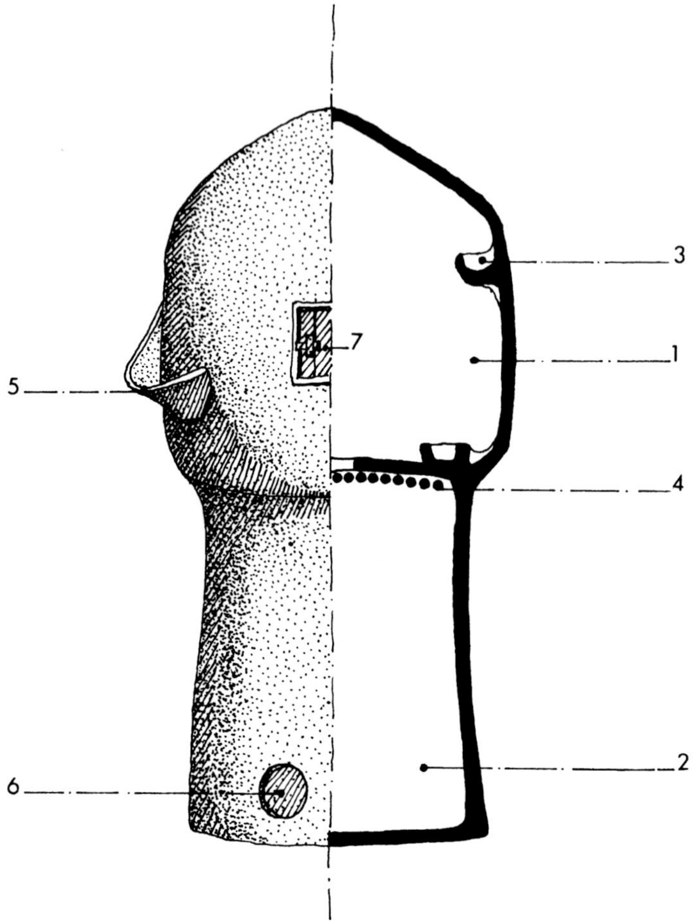

Fig. 26 : *Ḫōḫa* et *dōr.*

1. *ḫōḫa.*
2. *dōr.*
3. pot fixe.
4. *ǧerīd.*
5. étagère.
6. ouverture pour retirer les céréales.
7. porte de la *ḫōḫa.*

0 1m

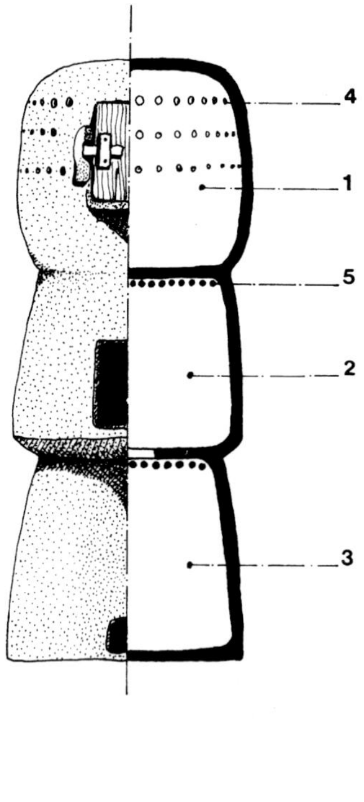

Fig. 27 : *Ḫōḫa* et *dōr.*

1, 2. *ḫōḫa.*
3. *dōr.*
4. trous d'aération.
5. *ǧerīd.*

0 1m

il se termine par une coupole de forme conique dans le cas où il est utilisé seulement comme silo.

On y introduit les céréales une seule fois dans la saison, après la récolte, par une ouverture faite en cassant certaines branches constituant le toit; puis on rebouche cette ouverture avec de la terre. Pour retirer les céréales du silo durant l'année, une ouverture est percée dans la paroi à 20 cm du sol. Cette ouverture est immédiatement rebouchée avec de la terre que l'on casse à nouveau quand on a besoin de l'utiliser. Les femmes introduisent de la variété et des changements dans la forme de ces silos ou *dōr*.

LA NAWWĀMA (fig. 28)

C'est un *dōr* ou silo de 1,20 m de haut divisé en deux parties verticales; l'une d'entre elles est pour le blé et l'autre pour le maïs. Un étage est construit au-dessus, avec une ouverture vers le ciel; il est utilisé comme lit par la mère et un ou deux enfants durant les mois d'été (fig. 11, 5).

Ce type de construction a été introduit au village par les femmes originaires du village Aḥaywa.

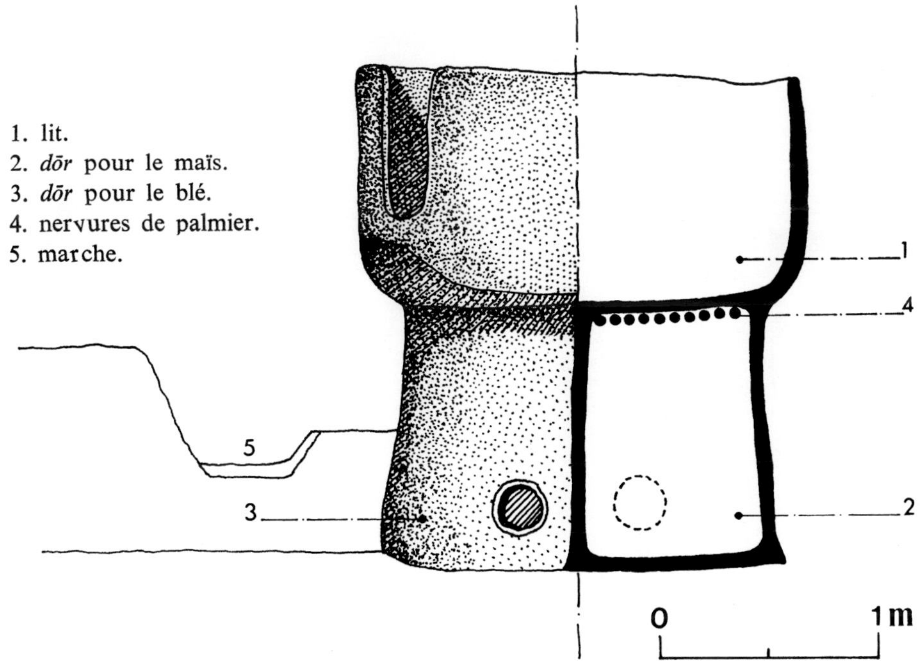

Fig. 28 : *Nawwāma.*

LA ḪŌḪA (fig. 27, pl. 9)

C'est un *dōr,* surmonté d'une armoire et aussi parfois surmonté d'un élément bâti en *kuʿūla* fermé par un battant en bois, qui est utilisé comme une petite armoire pour garder des objets.

J'ai remarqué que durant la fabrication de ces *ḫōḫa* les femmes faisaient, avec la même pâte, des étagères intérieures et des pots fixes pour y poser les restes du repas et parfois aussi des étagères extérieures pour y poser une lampe le soir ou une clef, etc... (fig. 26, 3.5). Il existe de nombreux autres modèles de silos, comme par exemple ceux qui sont surmontés de deux *ḫōḫa* (fig. 27) parfois munies de trous d'aération.

Le *dōr,* la *nawwāma,* la *ḫōḫa* peuvent être incorporés dans les murs afin d'économiser les briques. Le paysan les utilise comme soutien pour les toits en *būṣ* et les met dans les cours intérieures selon ses besoins (pl. 9, *a*).

LA ṢOMʿA (pl. *ṣawāmiʿ*) (fig. 29)

C'est une grosse jarre fabriquée par les femmes suivant la méthode graduelle du *taṭwīf.* On y met les céréales ou la farine (pl. 9, *d*).

Il existe encore un autre type de *ṣawāmiʿ,* dont les formes sont moins belles, dénommé *gaṭūʿ*. On le construit à l'intérieur des pièces en élevant une cloison en briques crues dans l'angle d'une pièce (fig. 8, A.10).

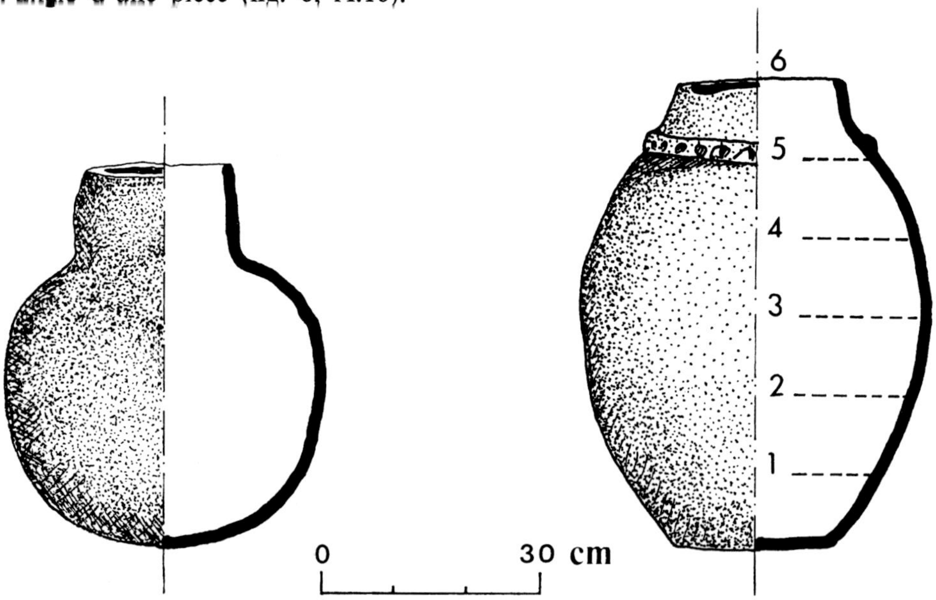

Fig. 29 : *Ṣomʿa* avec six étages de *taṭwīf.*

LES MANGEOIRES ET POULAILLERS (fig. 30)

La mangeoire (*miḫwal,* pl. *maḫāwel*), nommée aussi *harrāsa,* est un récipient cylindrique en bouse de vache (*kuʿūla*), fait par les femmes selon la méthode du *taṭwīf.* Elle a 35 cm de haut et environ 60 cm de diamètre. Elle est bâtie dans les angles des étables ou dans les cours intérieures, à 30 cm environ du sol, afin d'être à une hauteur convenable pour que l'animal puisse y manger (pl. 10, *b*). De nombreux villageois utilisent l'espace vide situé à la base de l'auge, pour y construire un poulailler (*ğonn el-farrūg*), (pl. 10, *a*). Ils rangent quelques pierres en forme circulaire et laissent une ouverture utilisée comme entrée pour la volaille. Ils construisent ensuite la mangeoire et la recouvrent, ainsi que le poulailler, d'un crépi de terre et de paille.

Le sol du poulailler est recouvert de paille. Au coucher du soleil, les femmes rassemblent les poulets et les mettent à l'intérieur du poulailler, puis elles ferment l'ouverture, avec une petite pierre, jusqu'au matin.

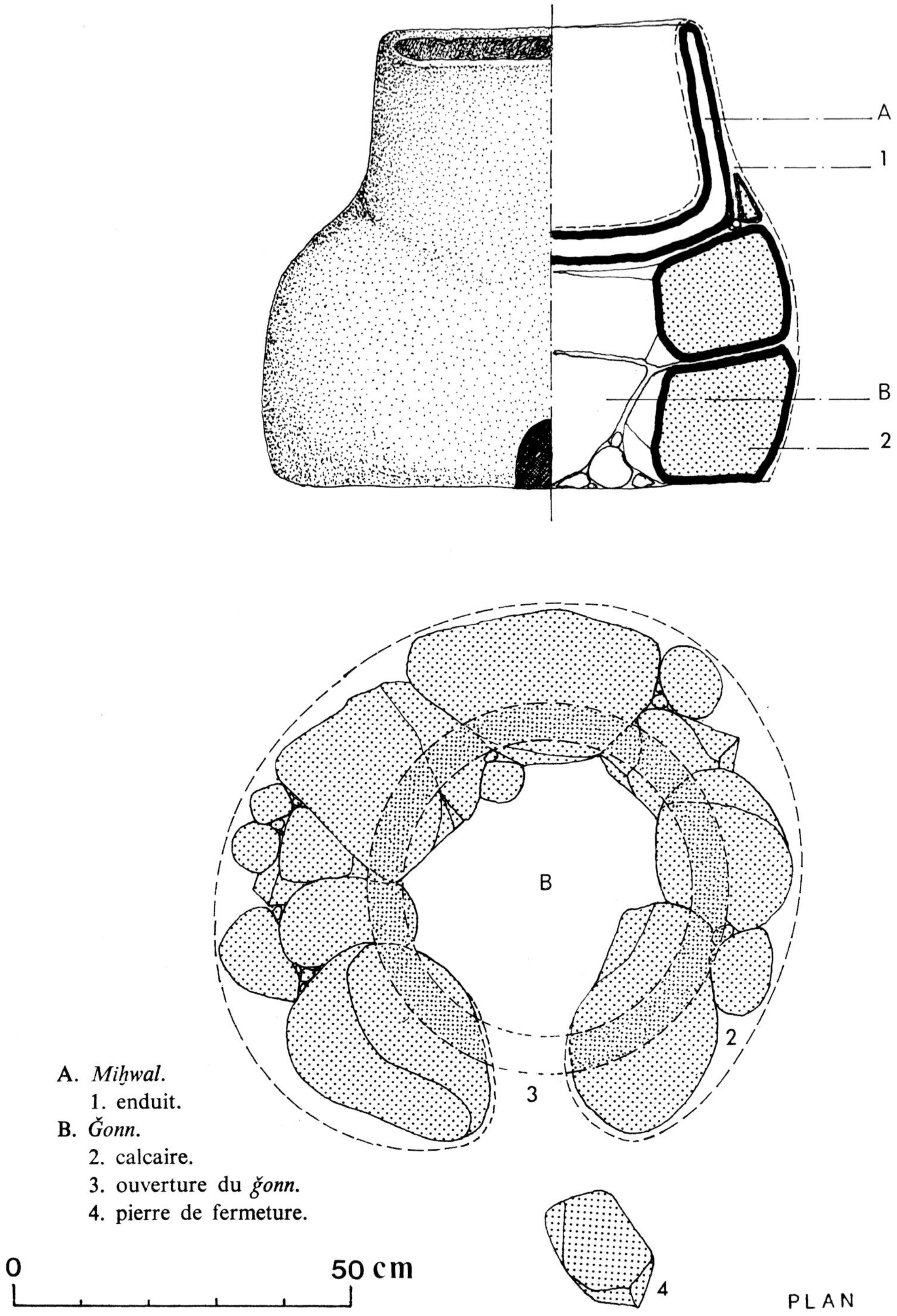

Fig. 30 : Mangeoire et poulailler.

a

b

c

d

Ḫōḫa, dōr et *ṣawāmiʿ*.

a. Mangeoire et poulailler.

b. La mangeoire de l'âne.

CHAPITRE II

LA VIE MATÉRIELLE

Les habitants de Mārī Girgis vivent de l'agriculture. L'élevage, bien qu'important, car il assure au paysan quelques bénéfices notamment par la vente de volailles et d'œufs, n'occupe qu'une place secondaire. La pêche, qui est largement pratiquée, offre une ressource appréciable et garantit quelques rentrées d'argent journalières. Cette communauté vit assez repliée sur elle-même et le paysan, du fait de sa pauvreté, n'achète à l'extérieur que l'indispensable et ce qu'il ne peut fabriquer lui-même, d'où une activité artisanale relativement importante. On fabrique la vannerie, les outils, le mobilier et la poterie dont on a besoin. Les pièces métalliques des outils sont achetées à l'extérieur de même que les tissus, car si l'on file encore la laine, le dernier tisserand a quitté le village.

Les cultures vivrières sont consommées sur place si l'on excepte les oignons que l'on vend à la coopérative, ainsi que le coton. Ces deux cultures fournissent des rentrées d'argent, pour ceux au moins qui possèdent les propriétés les plus étendues qui sont de l'ordre de deux *feddān.* Le maïs et le sorgho sont, avec le blé, les céréales essentielles dont le paysan fait la base de son alimentation. L'orge est cultivée par les plus pauvres. La fève est cultivée ainsi que quelques légumes comme la *moloḫeyya,* les concombres et les cornes grecques, mais en quantités insuffisantes. On se les procure à Aḫmīm ou par l'intermédiaire d'un marchand qui vient rarement au village. Le fenugrec aussi est important. Point de fruits, si ce n'est quelques dattes. La vie est dure et les rentrées d'argent permettent juste de survivre.

A. L'AGRICULTURE.

L'IRRIGATION

Avant le creusement du canal, le problème de l'eau [1] se posait autant pour les habitants du monastère que pour les fellahs cultivant les terres voisines.

[1] L'eau du canal reçut, chez les paysans du lieu, le nom de *mayyet el-rāha* « les eaux du repos », car elle réduit l'effort qu'ils doivent fournir quand son niveau est supérieur à celui des terres cultivées.

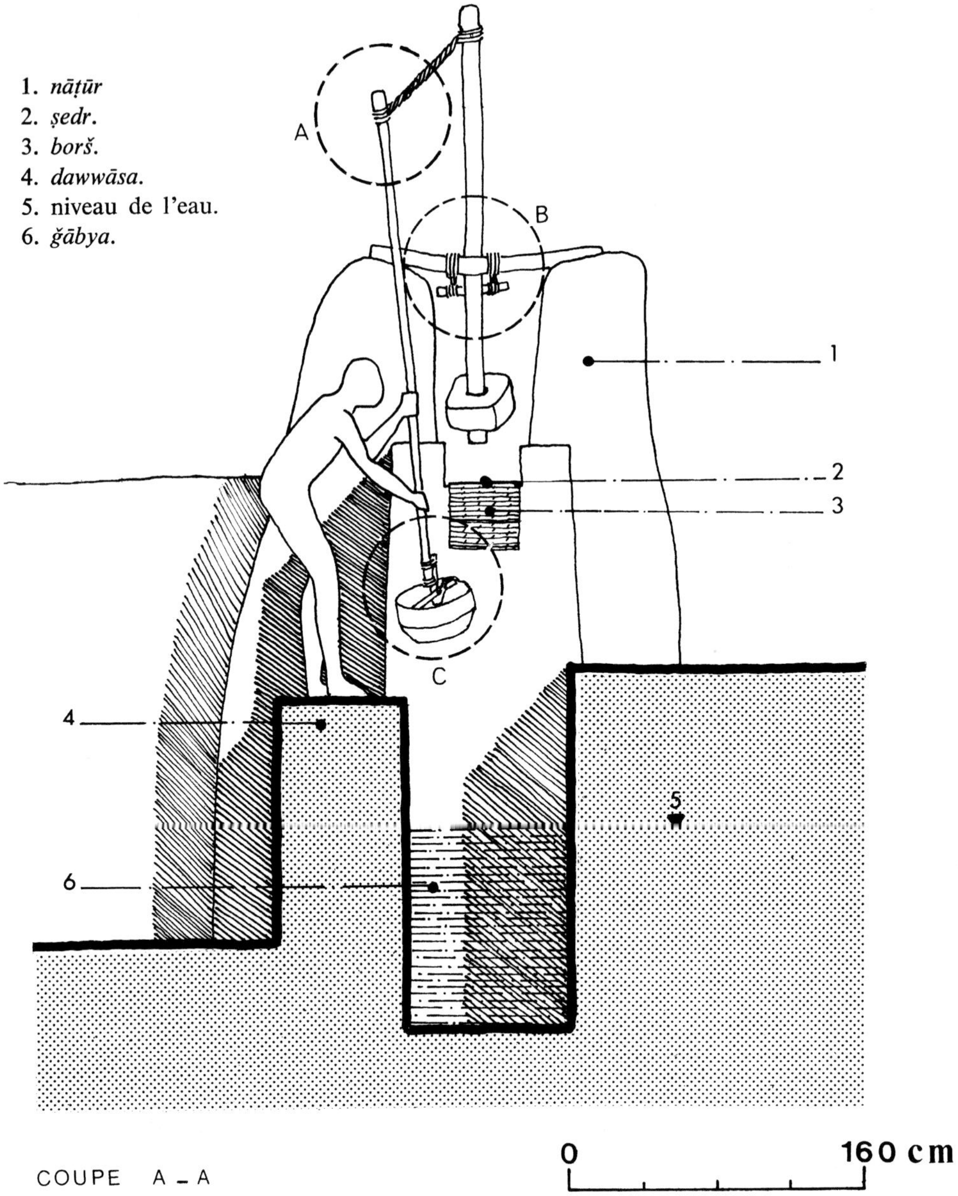

Fig. 32 : *Šādūf* à support de pierre (coupe A-A).

mīzān (fig. 37, 4) au centre duquel est pratiquée une entaille, pour empêcher le seau de glisser vers la droite ou vers la gauche durant l'utilisation. Le *mīzān* est fixé aux extrémités par des cordes en fibre de palmier (*ʿiṣām*) (fig. 37, 7). Ces cordes permettent au seau, lorsqu'il cogne la surface de l'eau avec force, de s'incliner de façon à ce que l'eau y

a. *Šādūf* à support de pierre.

b. *Šādūf* double en bois d'acacia.

Pl. 12. — *ʿUd el-ğarīd.*

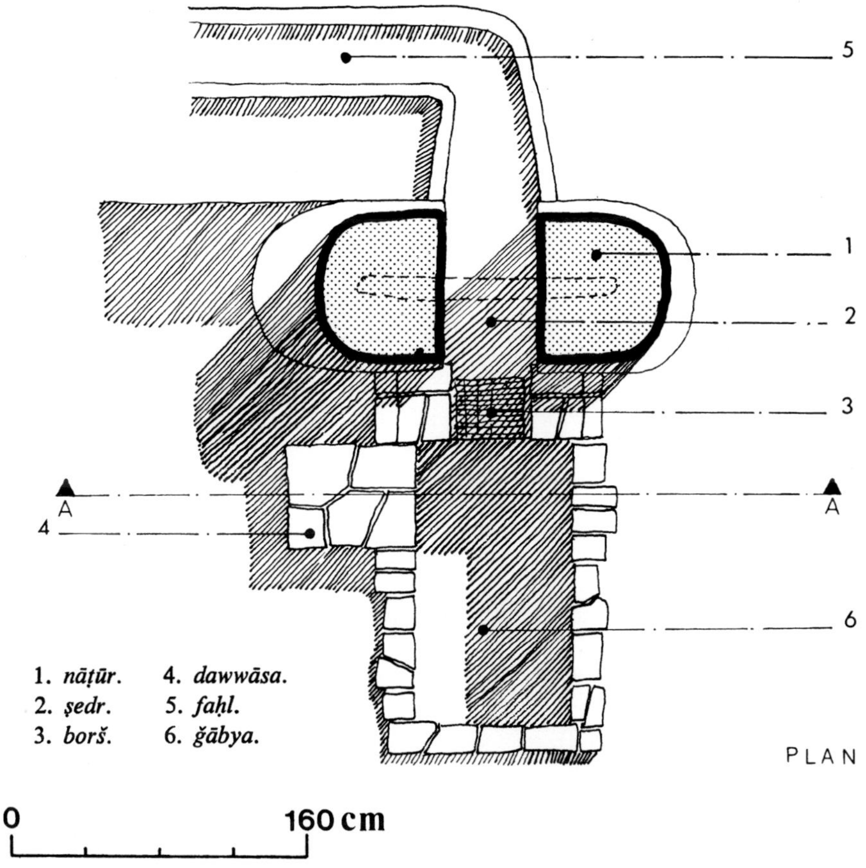

Fig. 33 : *Šādūf* à support de pierre (plan).

pénètre; aussi elles permettent au seau une fois rempli, avec son poids réparti sur les deux extrémités du *mīzān*, suspendu lui-même au crochet (*ḫoṭṭāf*) de se mouvoir obliquement de façon à verser l'eau qu'il contient.

Pour faire fonctionner le *'ūd*, le paysan se tient debout sur un petit mastaba en pierre où il a la place de poser les deux pieds (*dawwāsa*) (fig. 32, 4 et 33, 4). Il est placé en arrière d'un petit bassin (*ǧābya*) dérivé du canal ou du drain. C'est dans ce bassin que pénètrent les eaux (fig. 32, 6 et 33, 6).

L'homme est debout, il empoigne de ses deux mains le *gabbād* (fig. 32; pl. 11, *a*), le tire vers le bas, faisant ainsi monter la partie du *'ūd* où est fixé le contrepoids (*lowwāya* ou *ṭayyāna*). Ensuite il relâche le *gabbād* et le seau remonte entraîné par le poids de la *lowwāya;* l'eau est déversée dans un petit passage (*ṣedr*) (fig. 32, 2 et 33, 2). Pour éviter que trop d'eau se perde, un morceau de natte en alfa (*borš*) (fig. 32, 3 et 33, 3) couvre l'ouverture

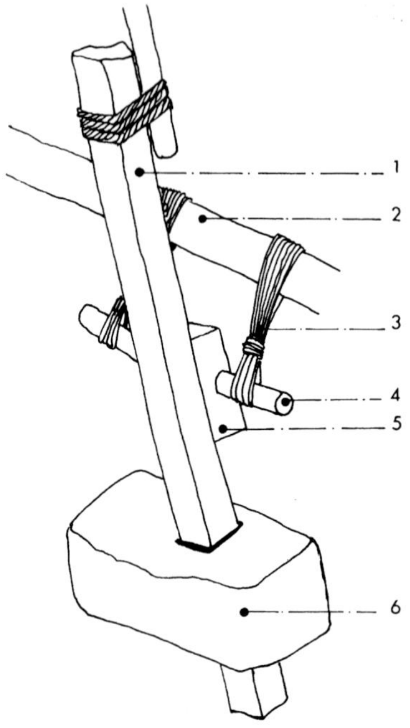

1. *ʿūd.*
2. *ʿārḍa.*
3. *šadādī.*
4. *ʿarrāk.*
5. *raġla.*
6. *lowwāya* ou *ṭayyāna.*

Fig. 34 : Détail B.

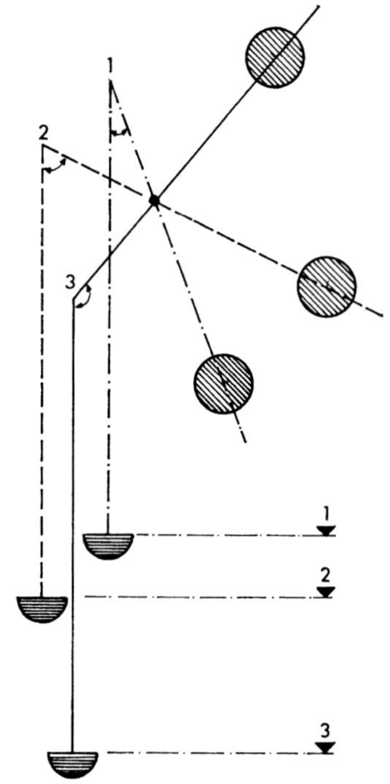

1. niveau haut.
2. niveau moyen.
3. niveau bas.

Fig. 36 : Fonction de la *ʿerwa* et du *rasan* dans le *ʿūd.*

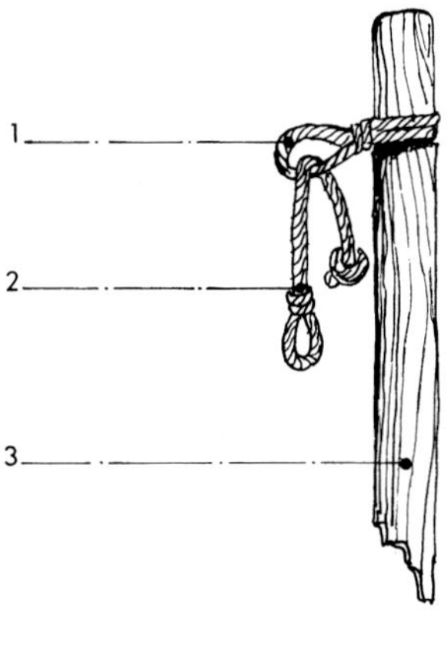

1. *ʿerwa.*
2. *rasan.*
3. *gabbād.*

Fig. 35 : Détail A.

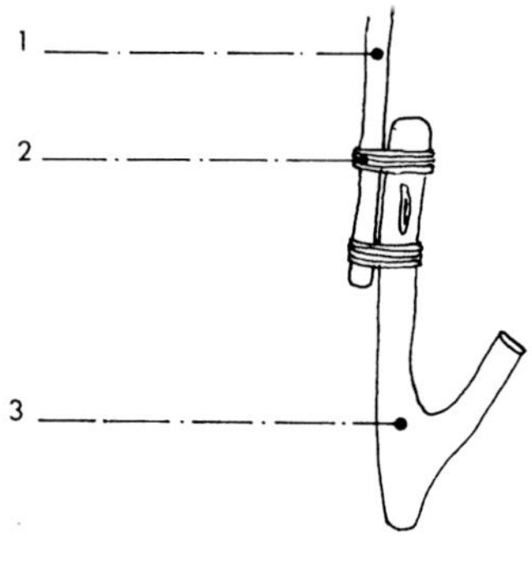

1. *gabbād.*
2. *leǧām el-ḫoṭṭāf.*
3. *ḫoṭṭāf.*
4. *mīzān.*
5. *delw.*
6. *yadd.*
7. *ʿiṣām.*

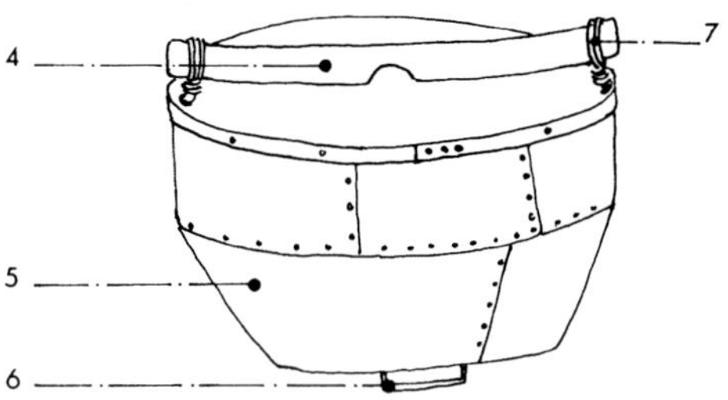

Fig. 37 : Détail C.

de ce passage qui mène aux rigoles de distribution (*faḥl*) (fig. 33, 5) et de là aux rigoles de répartition et aux bassins de culture.

Le *šādūf* élève deux litres d'eau par seconde, à une hauteur moyenne de deux mètres. Du fait de cette quantité limitée, l'irrigation d'un bassin cultivé demande de longues heures de travail et un effort considérable [1].

— *Le šādūf double en bois d'acacia* (fig. 38; pl. 11, *b*). Il suit le même principe que le *šādūf* à support de pierre; il est formé des mêmes éléments mais sa structure est en bois d'acacia. Il repose sur deux supports (*nāṭūr*) (fig. 38, 7) composés chacun de trois branches dont les extrémités inférieures sont plantées dans le sol. Les extrémités supérieures sont liées par une corde de fibres de palmier. On les appelle également *wagāgīf* (sing. *waggāf*). Une branche relativement longue (*ʿārḍa*) (fig. 38, 2) s'appuie sur les deux *nāṭūr*. Deux tiges de bois (*ʿūd*) (fig. 38, 1) se terminant chacune par un contrepoids (*ṭayyāna*) (fig. 38, 6) sont liées à la *ʿārḍa*. Dans la fig. 38 ni le *gabbād* ni le *delw* n'ont été représentés car il en a été question à propos du *šādūf* à support de pierre. On emploie le *šādūf* double pour irriguer une superficie de terre relativement importante. Deux hommes l'actionnent en tirant tous les deux, en même temps, les *gabbād* vers le bas.

— *Le ʿūd el-ǧarīd* (fig. 39; pl. 12). Il est relativement peu répandu dans le village. Il se compose de plusieurs nervures de palmier, liées entre elles par des cordes en fibre de palmier, solidement plantées en terre et consolidées par des pierres. A son extrémité supérieure on attachera le *gabbād* au moment où l'on voudra se servir de l'instrument. On joue sur la flexibilité des nervures de palmier que l'on abaissera en tirant sur le *gabbād* et qui remonteront en entraînant vers le haut le seau rempli d'eau.

Etant donné qu'il existe une limite à la flexibilité des branches formant le corps de l'instrument, celui-ci ne peut être utilisé que pour élever l'eau d'un niveau de quarante centimètres environ. Il convient également de mouiller ces branches de temps en temps afin de les maintenir humides et flexibles.

La roue hydraulique (*tābūt* ou *ṣowwār* [2]) (fig. 40 et 41; pl. 13, *a*)

Les différents éléments en bois de jujubier qui composent cette roue dentée (*ḥalaga*) (fig. 40, 8 et 41, 8), de 3 mètres de diamètre, sont groupés et fixés par de longs clous en fer.

(1) Sur les chants de travail accompagnant les travaux au *šādūf*, voir p. 309-312.

(2) Ménassa (L.) et Laferrière (P.), *La saqia — Technique et vocabulaire de la roue à eau égyptienne*, BdE., t. LXVII, IFAO, Le Caire, 1974.

Le centre est traversé par un piquet vertical en bois de jujubier de 1,90 m (*gāyim*) (fig. 40, 4 et 41, 4) dont l'extrémité inférieure est effilée; elle tourne à l'intérieur d'un morceau de bois creux (*bellēṣ*) (fig. 40, 10). Le *gāyim* se termine, à son extrémité supérieure, par un axe cylindrique qui tourne à l'intérieur d'un morceau de bois appelé *ṭāgiyya* (fig. 40, 3). La *ṭāgiyya* est fixée à un long tronc en bois de palmier d'environ 7 m (*ǧēzī*) (fig. 40, 2 et 41, 2), placé horizontalement et dont les extrémités reposent chacune sur un support de pierre (*nāṭūr*), (fig. 40, 1).

Quand la roue tourne pour élever les eaux, on ajuste sur le *gāyim*, à 15 cm au-dessus de la surface supérieure de la *ḥalaga* un morceau de bois de jujubier (*hūdī*) de 2,30 m de long (fig. 40, 5 et 41, 5), dont l'une des extrémités passe dans un trou percé dans le *gāyim* à cette hauteur. Il a pour fonction de faire tourner le *gāyim* qui, par son mouvement, fait à son tour tourner la *ḥalaga*.

Au niveau de la *ḥalaga*, mais loin de son centre, on ajuste un autre morceau de bois de 2 m de long : c'est le *karab* (fig. 40, 6 et 41, 6), dont on pose l'extrémité extérieure sur le cou de la vache qui actionne la roue. C'est pour cette raison que le *karab* (joug) s'élève à 1,20 m environ au-dessus du niveau du sol; c'est la distance entre le cou de l'animal et le sol. Le *karab* a pour fonction de maintenir une distance constante entre l'animal et la *ḥalaga*. La corde qui est attachée entre le *karab* et le *hūdī* se nomme *maǧarr* (fig. 40, 7 et 41, 7); elle tire le *hūdī* quand la vache tourne autour de la roue.

La *ḥalaga* tourne dans le sens inverse des aiguilles d'une montre et quand elle tourne, ses 48 dents (*ḍers*) s'imbriquent dans les dents (fig. 40, 15 et 41, 15) d'une autre roue verticale de 2,10 m de diamètre dont la partie supérieure arrive au niveau du sol sur lequel se déplace l'animal. Cette roue se nomme *ǧamb* (fig. 40, 14 et 41, 14). Le mouvement de cette dernière roue provoque celui d'une poutre carrée en bois d'acacia de 3,50 m de long, nommée *sahm* (fig. 40, 13; 41, 13 et 42, 13). Le *sahm* tourne ainsi sur lui-même; ses extrémités sont articulées sur deux axes en fer (*ġorāb*) (fig. 40, 9 et 41, 9). Du côté du *ǧamb*, le *ġorāb* est fixé sur un morceau de bois nommé *ṭūba šarāgī* (fig. 40, 11 et 41, 11). De l'autre côté il repose sur un autre morceau de bois nommé *ṭūba rayy* (fig. 40, 12 et 41, 12). Le mouvement giratoire du *sahm* entraîne celui de la *maḥalla* (fig. 40, 17; et dans le détail fig. 42). Celle-ci est formée de quatre morceaux de bois d'acacia de 2,40 m de long, les *šabbāḥāt* (sing. *šabbāḥa*) (fig. 40, 18; 41, 18 et 42, 18), dont deux sont placés horizontalement autour du *sahm* et les deux autres verticalement. Des morceaux de bois nommés *ḥabbāẓāt* (sing. *ḥabbāẓa*) (fig. 42, 26) les fixent ensemble autour du *sahm*. Sur chacune des huit extrémités des *šabbāhāt* on monte des piquets en bois de 80 cm, nommés *beyaš* (fig. 40, 19; 41, 19 et 42, 19) qui soutiennent deux longues cordes égales en forme d'anneaux (*šalāw*) (fig. 40, 21; 41, 21 et 42, 21). La longueur de ces

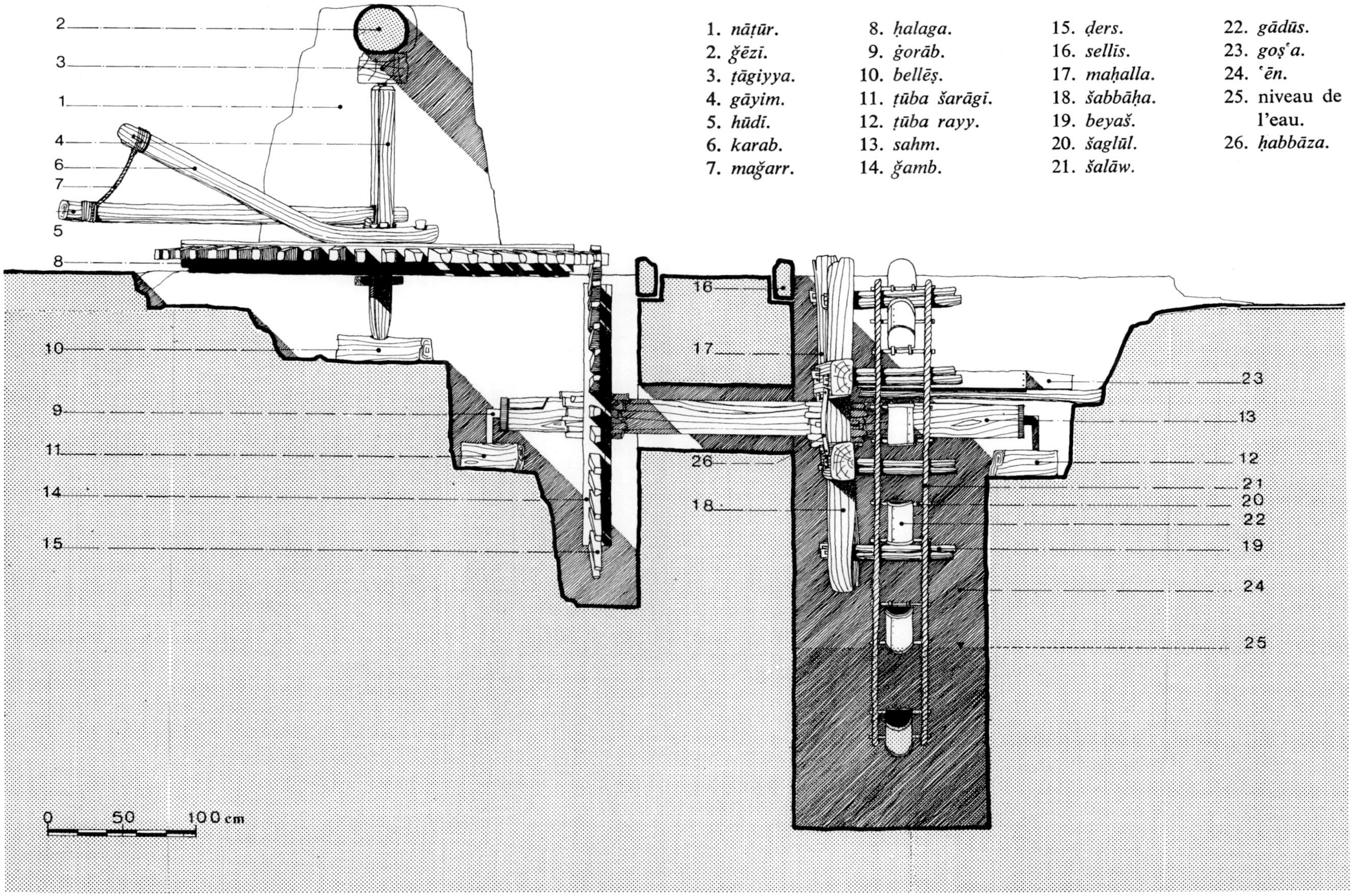

1. *nāṭūr*.
2. *ğēzī*.
3. *ṭāgiyya*.
4. *gāyim*.
5. *hūdī*.
6. *karab*.
7. *mağarr*.
8. *ḥalaga*.
9. *ġorāb*.
10. *bellēṣ*.
11. *ṭūba šarāgī*.
12. *ṭūba rayy*.
13. *sahm*.
14. *ğamb*.
15. *ḍers*.
16. *sellīs*.
17. *maḥalla*.
18. *šabbāḥa*.
19. *beyaš*.
20. *šaglūl*.
21. *šalāw*.
22. *gādūs*.
23. *goṣʿa*.
24. *ʿēn*.
25. niveau de l'eau.
26. *ḥabbāza*.

Fig. 40 : Coupe de la roue hydraulique (*tābūt* ou *ṣowwār*).

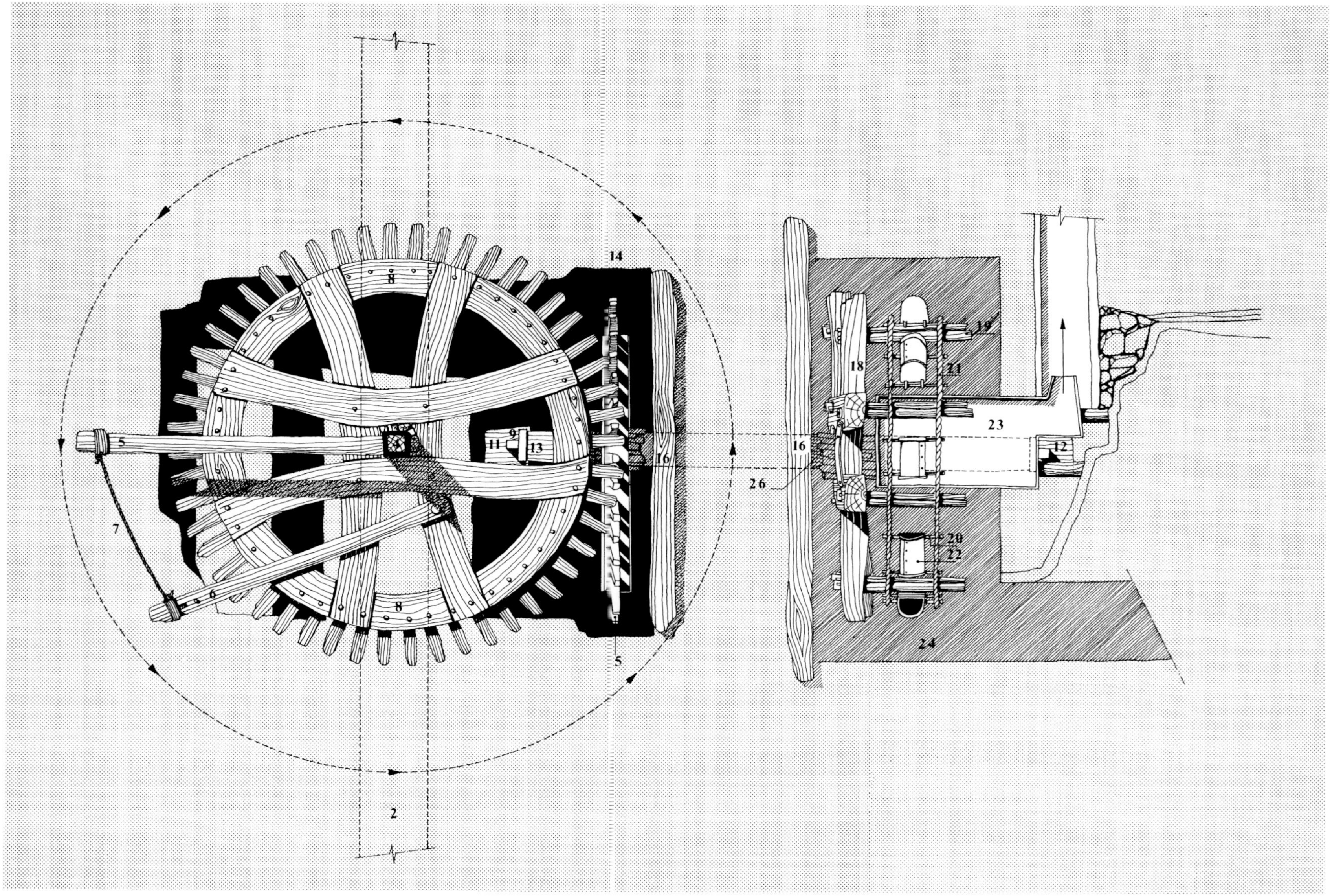

Fig. 41 : Plan de la roue hydraulique (*tābūt* ou *ṣowwār*).
(Voir légende page précédente.)

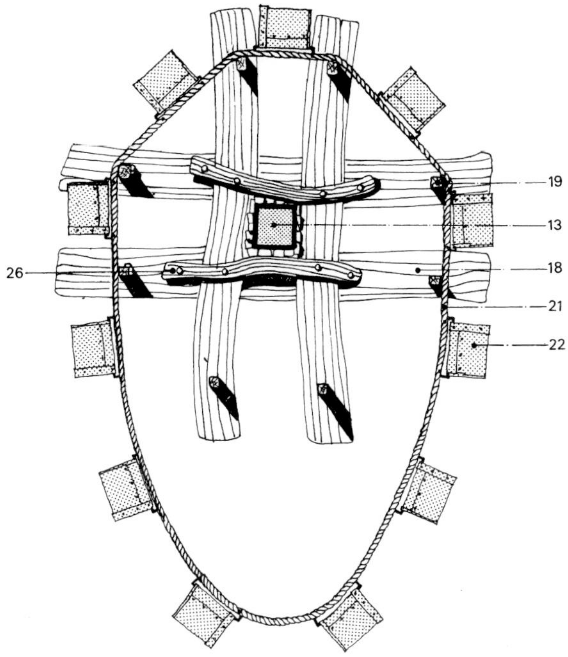

13. *sahm.*
18. *šabbaḥa.*
19. *beyaš.*
21. *šalāw.*
22. *gādūs.*
26. *ḥabbāza.*

0 1 m

Fig. 42 : La *maḥalla.*

20. *šaglūl.* — 21. *šalāw.* — 22. *gādūs.*

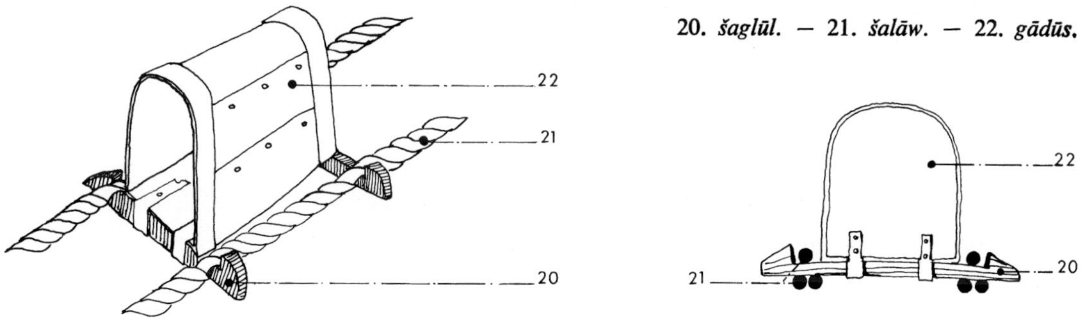

Fig. 43 : Fixation des godets (*gādūs*) dans les cordes (*šalāw*).

cordes est déterminée par l'écart entre le niveau de l'eau (fig. 40, 25) et celui de la terre cultivée. Entre les deux anneaux de corde, à des distances égales, on fixe des godets en fer blanc (*gādūs*) (fig. 40, 22; 41, 22 et 43, 22) [1]. Sur la partie supérieure et inférieure de chaque godet sont fixés deux bâtons en bois d'acacia (*šaglūl* ou *šeglāla*) (fig. 40, 20; 41, 20 et 43, 20), dont les extrémités viennent s'insérer entre les cordes (*šalāw*).

[1] Ces godets sont quelquefois en poterie.

Quand la roue ou *tābūt* tourne, les cordes (fig. 42, 21) qui dessinent une sorte de courbe, entraînent avec elles les godets, et les plongent dans l'eau du puits (*'ēn*) (fig. 40, 24 et 41, 24). Ce puits est relié au canal ou plonge directement dans celui-ci. En remontant, le godet se remplit puis il redescend obliquement, et ce faisant, se vide dans un bassin de tôle (*goṣ'a*) (fig. 40, 23 et 41, 23) qui mène au *faḥl* et aux cultures [1].

La roue hydraulique élève environ 1,25 litre d'eau par seconde. Elle est actionnée par une vache, ou par une bufflesse dont on couvre les yeux avec un bandeau appelé *ġama*. Un jeune garçon ou une petite fille, parfois un vieillard, marche derrière la vache. On construit un genre de lit en corde (*sarīr*), qui est accroché entre le *karab* (joug) et le *hūdī*, pour permettre à l'enfant de s'asseoir durant le travail tout en surveillant l'animal.

On fait subir un long entraînement à l'animal qui devra faire tourner la roue hydraulique pour qu'il apprenne à tourner d'un mouvement régulier et constant. On entraîne la vache journellement, durant une heure ou deux, de la façon suivante : une extrémité du joug est fixée au sol par un piquet en fer, l'autre est posée sur le cou de l'animal, et on attache un poids au joug (pl. 11, *b*). Ceci jusqu'à ce que l'animal apprenne le mouvement et afin qu'il ne soit pas effrayé quand il sera mis en présence de la roue hydraulique ou d'une *sāgya*. Pour faire tourner la roue hydraulique, l'animal passe sur une piste bordée par la *maḥalla* et le *ğamb*. Cette piste est délimitée par deux morceaux de bois (*sellīs*) (fig. 40, 16 et 41, 16) posés un peu au-dessus du niveau de la piste. Si l'animal sort de son parcours normal, il sent sous ses sabots ces saillies et retourne automatiquement dans le bon chemin.

La sāgya

Le mécanisme de la *sāgya* est identique à celui de la roue hydraulique [2]; mais la *sāgya* était souvent utilisée avant le creusement des canaux, sur des terres éloignées du fleuve (voir fig. 31, C). On la plaçait sur un puits atteignant parfois 12 m de profondeur, ou sur une source. Aussi les cordes de la *maḥalla* sont-elles plus longues que celles de la roue hydraulique. Parfois on installe deux *sāgya* sur un seul puits.

(1) Au village il y a une devinette que racontent les enfants :

« Nous avons un veau qui a quarante-quatre pattes, chaque fois que l'une de ses pattes se débarrasse de la boue l'autre s'embourbe ».

(*me'ānā 'eğl barba'a warbe'īn reğl*
koll ma teḫlaṣ reğl tewḥal reğl).

Cela fait allusion aux 44 godets : quand l'un d'eux disparaît dans l'eau, le symétrique apparaît au-dessus du sol.

(2) Sur les parties de la *sāgya*, voir les termes techniques décrits pour la roue hydraulique, p. 61-8.

LA ʿELBA OU SĀGYA MÉTALLIQUE (fig. 44; 45; 46; pl. 14)

C'est une adaptation moderne de la roue hydraulique de bois. Elle se compose d'un disque creux (*ʿelba*) en fer blanc assez épais, de 3,25 m de diamètre environ et de 20 cm d'épaisseur (fig. 44, 9; 45, 9). Il est percé sur sa circonférence de six ouvertures placées à distances égales, qui constituent les godets ou *gādūs* [1] (fig. 44, 8; 45, 8; 46, 8). Ces ouvertures en forme de passages courbes se rétrécissent graduellement au fur et à mesure qu'ils se rapprochent du centre, appelé *ṣorra* (fig. 44, 14; 46, 14).

La roue métallique tourne verticalement sur un roulement à bille ajusté à un axe horizontal en fer (*ʿamūd nāyim*) (fig. 44, 10; 45, 10). Son extrémité du côté de la *ṣorra* est fixée sur une barre de fer qui repose sur les bords des rigoles de distribution (*faḥl*) (fig. 44, 11; 45, 11) dans lesquelles vient se déverser l'eau qui a été élevée par la roue. Une roue verticale (*ters*) d'un mètre de diamètre est fixée au milieu de l'autre côté de l'axe horizontal. Elle s'appelle *ters el-ğamb* (fig. 44, 7; 45, 7). Un axe vertical (*ʿamūd*) (fig. 44, 3; 46, 3), tournant sur lui-même, est fixé par trois piquets en fer au sol, deux latéraux (*fānūs* ou *korsī*) (fig. 44, 4; 45, 4), et le troisième vers l'arrière, nommé *šekāl* (fig. 44, 5; 45, 5). C'est cet axe qui fait tourner la roue dentée (*ḥalaga*) (fig. 44, 6; 45, 6).

Quand on fait fonctionner la *ʿelba* on pose au-dessus de cet axe vertical une pièce de fer nommée *ṭāgiyya* (fig. 44, 2; 45, 2; 46, 2) dans laquelle s'emboîte la perche de bois nommée *hūdī* (fig. 44, 1; 45, 1; 46, 1), où s'attache le joug (*karab*) qui sera mis sur le cou de l'animal. Celui-ci tourne autour de la *ʿelba* dans un sens inverse à celui des aiguilles d'une montre, entraînant avec lui le *hūdī* qui, à son tour, met en mouvement l'axe vertical et sa roue dentée qui entraîne perpendiculairement la roue dentée verticale et enfin la roue métallique elle-même.

Les godets se remplissent quand ils pénètrent dans l'eau. Lorsqu'ils ressortent et grâce au mouvement de la roue, l'eau pénètre dans les couloirs intérieurs jusqu'à la *ṣorra* d'où elle ressort directement dans les rigoles de distribution et dans les bassins.

Habituellement ceux qui possèdent des terres cultivables voisines se partagent la construction d'une roue métallique. Quand l'eau est haute dans le canal, tous les villageois irriguent leurs cultures, et leurs vaches travaillent jour et nuit. Cependant certains préfèrent qu'elles ne se fatiguent pas à la chaleur du jour : ils font tourner la *sāgya* durant la nuit, surtout durant les mois d'été. La *sāgya* métallique, vu son diamètre limité, est utilisée pour irriguer les lopins de terre qui sont relativement bas par rapport à ceux irrigués par la roue hydraulique (*tābūt*), ou bien elle est utilisée quand le niveau des eaux est haut dans le canal.

(1) Parfois cinq godets, parfois quatre suivant le diamètre de la roue ou *ʿelba*. Ce diamètre est déterminé par la distance entre le niveau des eaux (fig. 44, 12; 46, 12) et celui de la terre agricole (fig. 44, 13; 46, 13).

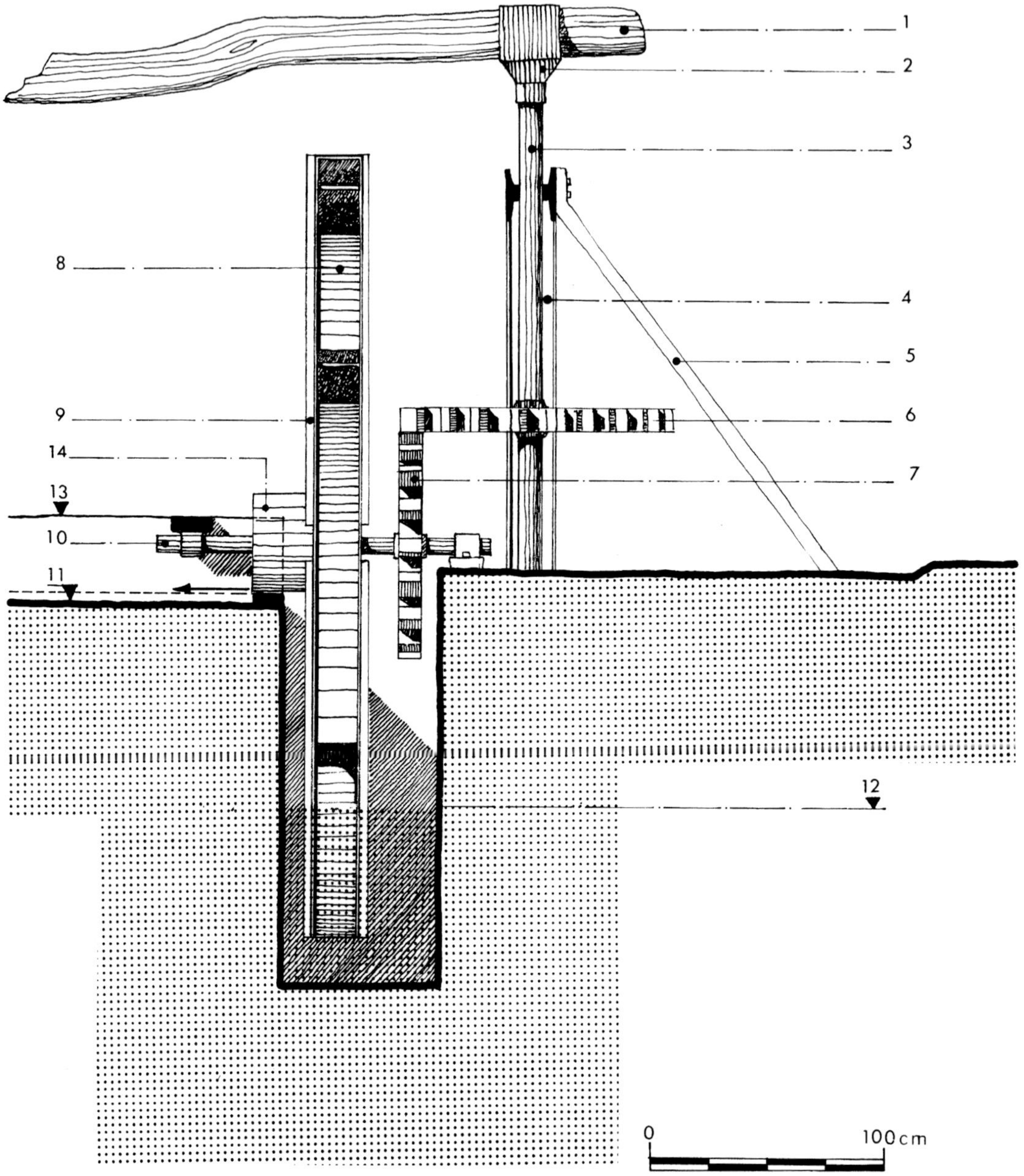

1. *hūdī*.
2. *ṭāgiyya*.
3. *ʿamūd*.
4. *fānūs*.
5. *šekāl*.
6. *ḥalaga*.
7. *ters el-ǧamb*.
8. *gādūs*.
9. *ʿelba*.
10. axe (*ʿamūd nāyim*).
11. *faḥl*.
12. niveau de l'eau.
13. niveau du sol.
14. *ṣorra*.

Fig. 44 : Coupe de la *ʿelba*.

a. La roue hydraulique (*tābūt* ou *ṣowwār*).

b. L'entraînement du jeune animal.

Pl. 14. — La *sāgya* métallique (*ʿelba*).

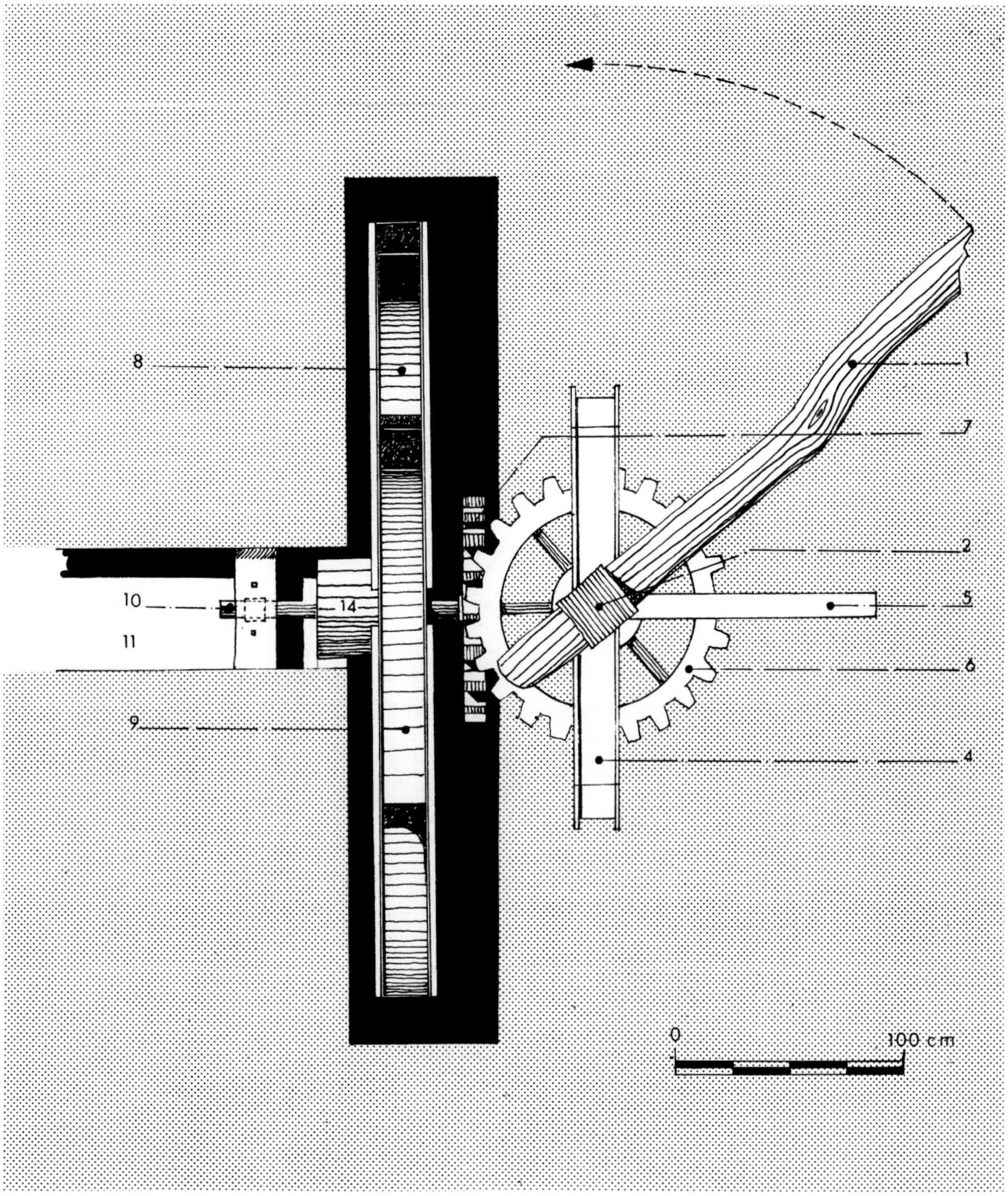

1. *hūdī.*	4. *fānūs.*	6. *ḥalaga.*	8. *gādūs.*	10. axe (*ʿamūd nāyim*).
2. *ṭāgiyya.*	5. *šekāl.*	7. *ters el-ǧamb.*	9. *ʿelba.*	11. *faḥl.*

Fig. 45 : Plan de la *ʿelba.*

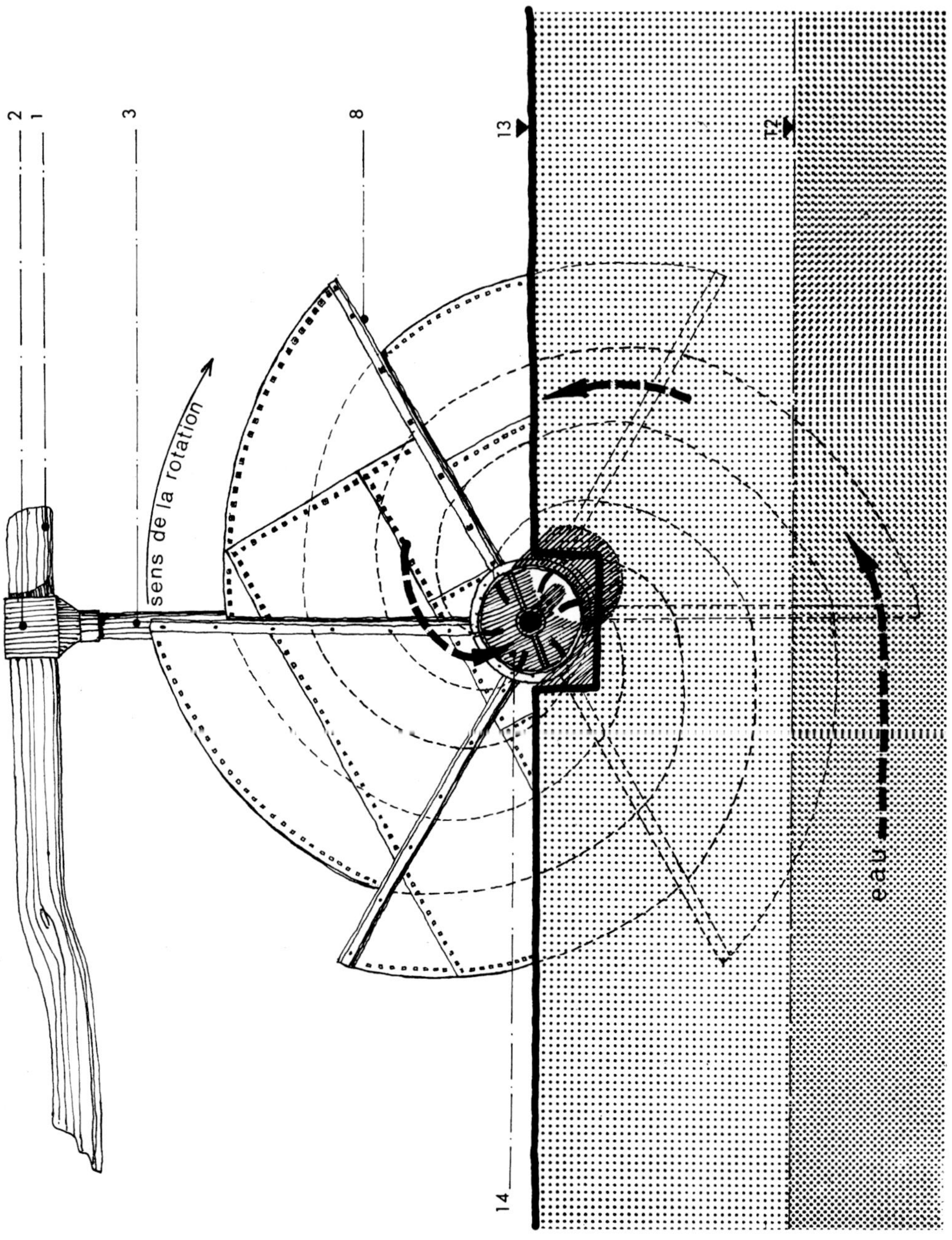

1. *hūdī.*
2. *ṭāgiyya.*
3. *ʿamūd.*
4. *gādūs.*
12. niveau de l'eau.
13. niveau du sol.
14. *ṣorra.*

Fig. 46 : Elévation de la *ʿelba.*

La vis d'Archimède (baddāla ou barrīma) (fig. 49; pl. 15, *a*)

La vis d'Archimède s'appelle *baddāla* ou encore *barrīma* et dans d'autres régions *ṭanbūr.* Elle est constituée par un axe métallique de 3,25 m de long (*ʿamūd*) (fig. 47, 1; 49, 1; pl. 15, *c*) de coupe carrée de 2 cm × 2 cm.

Cet axe traverse des pièces de bois de sapin du Nord ou de saule, appelées *reyaš* (sing. *rīša*) (fig. 47, 3; 48, C; 49, 2). En les mettant les unes à côté des autres on forme une spirale. Chaque pièce atteint 35 à 40 cm de long. Celles du début et de la fin (fig. 48, A) sont différentes de celles du milieu (fig. 48, C). Celle qui est du côté de la manivelle est nommée « la première » (*el-awwal*) (fig. 49, 4; pl. 15, *c*) et celle de l'autre extrémité « la dernière » (*el-āḫir*) (fig. 47, 2; 49, 3). On ajuste 100 à 120 pièces de bois et chacune est fixée à l'autre au moyen de deux clous (fig. 48, B.3) placés de part et d'autre de l'axe central. Pour faire fonctionner cet appareil, on ajuste une manivelle

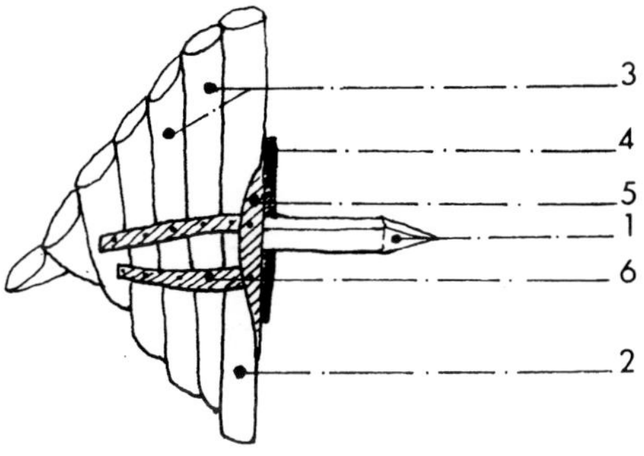

1. *ʿamūd.* — 2. *el-āḫir.* — 3. *reyaš.*
4. pièce de fer pour bloquer *el-āḫir.*
5. cheville de blocage en fer.
6. morceau de fer blanc pour fixer la dernière palette.

Fig. 47 : Vis d'Archimède (détail A).

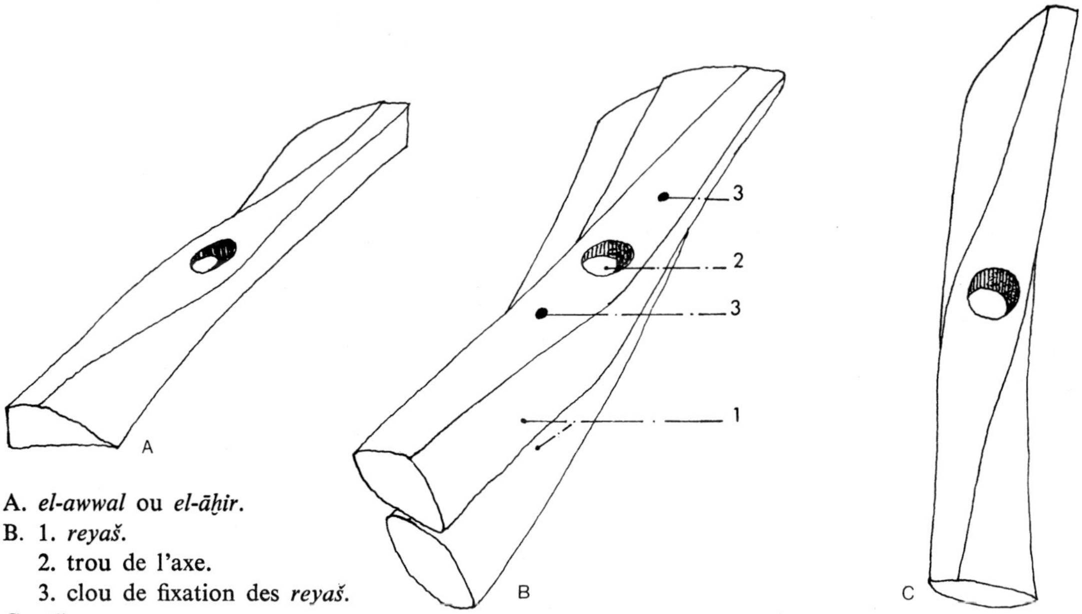

A. *el-awwal* ou *el-āḫir.*
B. 1. *reyaš.*
2. trou de l'axe.
3. clou de fixation des *reyaš.*
C. *rīša.*

Fig. 48 : *Reyaš* ou palettes de la vis d'Archimède.

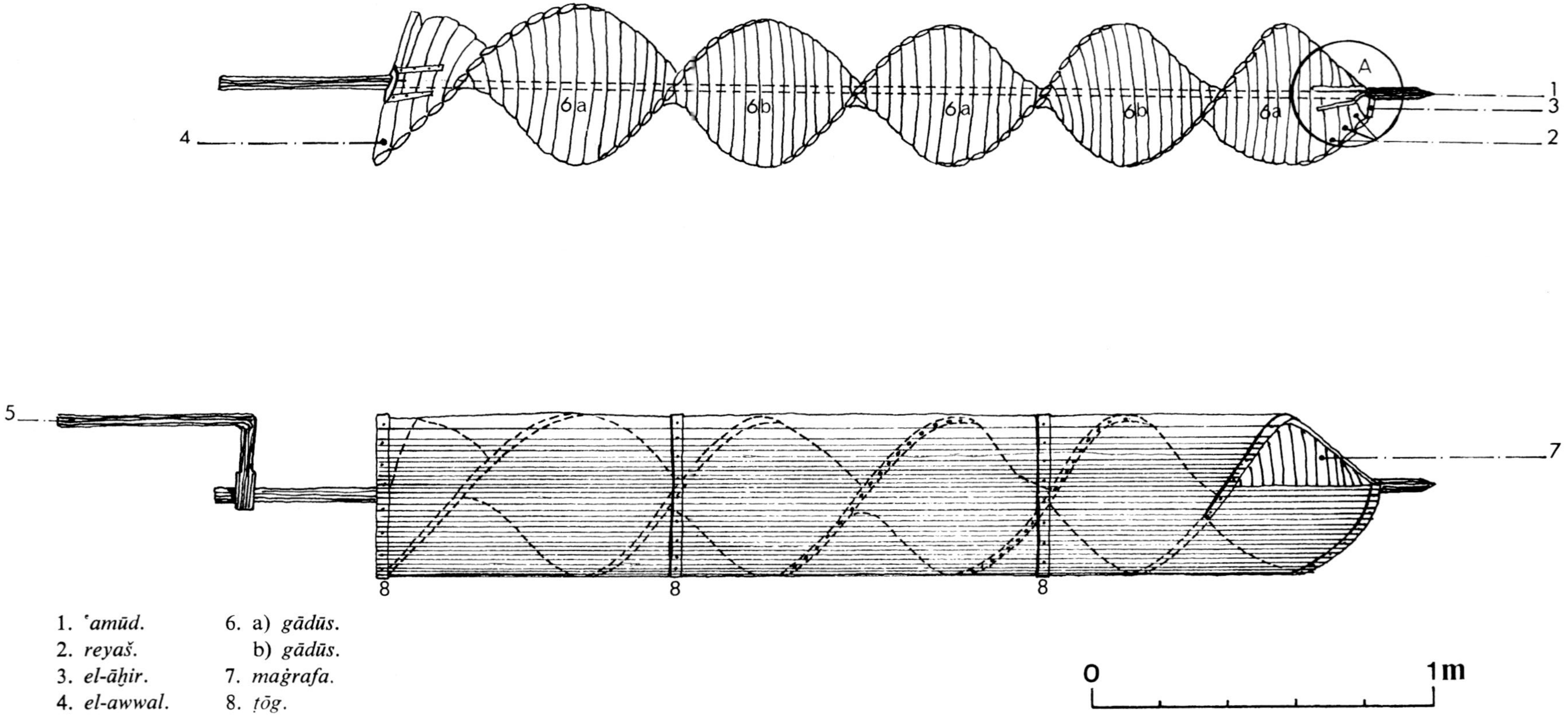

1. *ʿamūd.*
2. *reyaš.*
3. *el-āḫir.*
4. *el-awwal.*
5. *yadd.*
6. a) *gādūs.*
   b) *gādūs.*
7. *maġrafa.*
8. *ṭōg.*

Fig. 49 : Vis d'Archimède (*baddāla* ou *barrīma*).

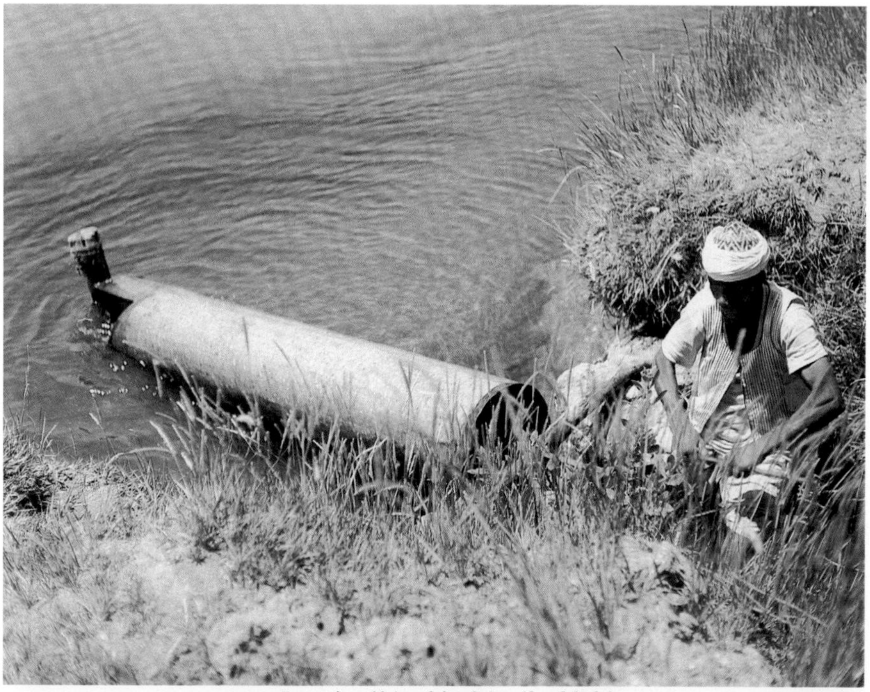

a. La vis d'Archimède (*baddāla*).

b. La vis d'Archimède, support de l'axe.

c. La vis (*galb*) et son axe (*ʿamūd*).

Pl. 16. — La charrue (*meḥrāt*).

(*yadd*) (fig. 49, 5; pl. 15, *b*). On tourne la manivelle dans le sens des aiguilles d'une montre dans la région de Sohāǧ et les régions avoisinantes; mais dans la province de Minya, la vis d'Archimède est tournée dans le sens inverse, donc vers la gauche. La direction du mouvement est déterminée par la manière dont sont taillées les pièces de bois (fig. 50). Quand toutes les pièces ont été ajustées et fixées autour de l'axe central, il en résulte

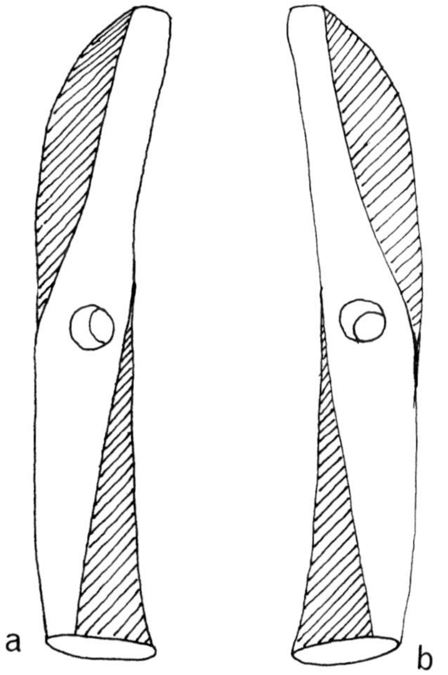

Fig. 50 : Vis d'Archimède (détail).
taille des pièces de bois : *Sohāǧ* (a) *Minya* (b).

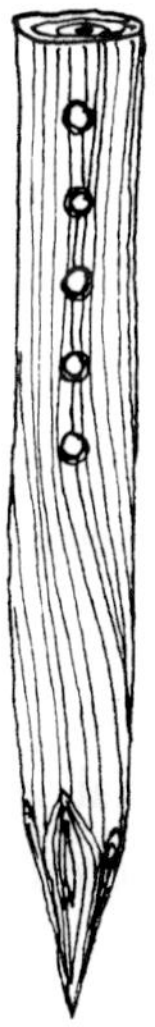

Fig. 51 : Piquet (*ḫāzūg*).

deux passages distincts nommés *gawādīs* (sing. *gādūs*) (fig. 49, 6 *a* et 6 *b*). L'ouverture à l'entrée du *gādūs* se nomme *maġrafa* (fig. 49, 7). L'axe central et les pièces en bois sont enveloppés dans un cylindre de fer blanc (on utilise parfois d'anciens barils, après les avoir découpés). On fixe ce cylindre avec des clous à chaque extrémité des pièces de bois, et on installe trois cerceaux en fer (*ṭōg*) (fig. 49, 8) autour du cylindre en fer blanc, pour le soutenir et le renforcer.

Pour faire fonctionner la vis d'Archimède on accroche la partie inférieure du cylindre à un piquet vertical (*ḫāzūg*) enfoncé dans la boue du canal (fig. 51) et percé de 4 ou 5 trous. Suivant le niveau de l'eau, on enfile l'extrémité de l'axe dans l'un ou l'autre de ces trous, pendant que l'autre extrémité repose sur une barre horizontale (*ʿārḍet el-yadd*) (fig. 52; pl. 15, *b*).

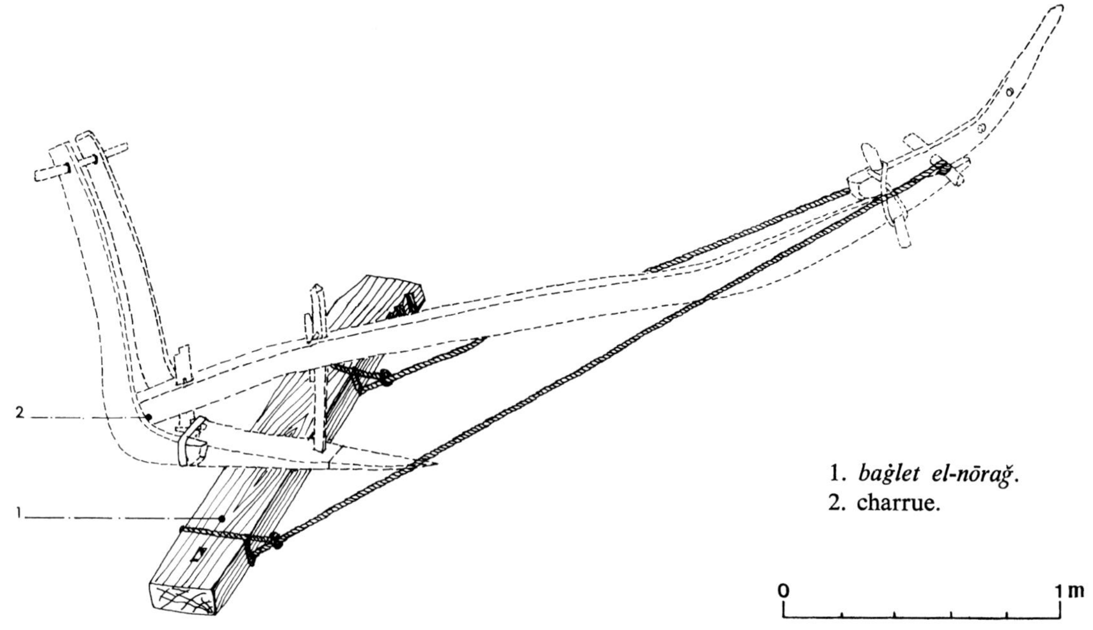

Fig. 56 : La *deḥdāḥa*.

Celui qui utilise le traînoir se tient debout sur lui, en plaçant l'age de la charrue entre ses jambes et en calant son dos contre les étançons. Le poids de son corps s'ajoute à celui du traînoir et le stabilise. Les deux vaches tirent cet appareil qui est appelé *deḥdāḥa*.

Les villageois l'utilisent habituellement après avoir labouré la terre dans la culture du blé, du maïs d'été (*gēḍī*), du maïs d'hiver (*šāmī*), du fenugrec (*ḥelba* ou *ḥayyāga*), de l'orge, des fèves, et de la gesse (*ğelbān*). Il sert en premier lieu à égaliser la terre et à la rendre bien horizontale, pour faciliter l'irrigation. Quand on utilise le traînoir, un enfant ou deux peuvent également s'asseoir sur ses deux côtés pour le plaquer au sol (pl. 18, *b*). Il sert aussi pour recouvrir les grains de blé, après les semailles, de peur que les oiseaux ne les mangent ou que ces grains, exposés à l'air, ne pourrissent.

Le hache-paille (nōraġ) (fig. 57 et 58; pl. 19 et 20, *a*)

Le hache-paille est utilisé principalement pour battre le blé après la moisson, pour casser les tiges et les transformer en paille; il est aussi utilisé pour battre le fenugrec qui porte en Haute-Egypte le nom de *ḥayyāga,* l'orge, les fèves, les lentilles et les petits pois.

Le *nōraġ* est comme un cadre rectangulaire en bois de jujubier, constitué de deux poutres de 2,20 m de long, nommées chacune *baġla* (fig. 57, 1; 58, 1) et de deux autres

Pl. 17. — La *deḥdāḥa*.

a. La charrue (*meḥrāt*).

b. La *deḥdāḥa*.

Le hache-paille (*nōrağ*).

a. Le hache-paille (*nōrağ*).

b. Joug du hache-paille.

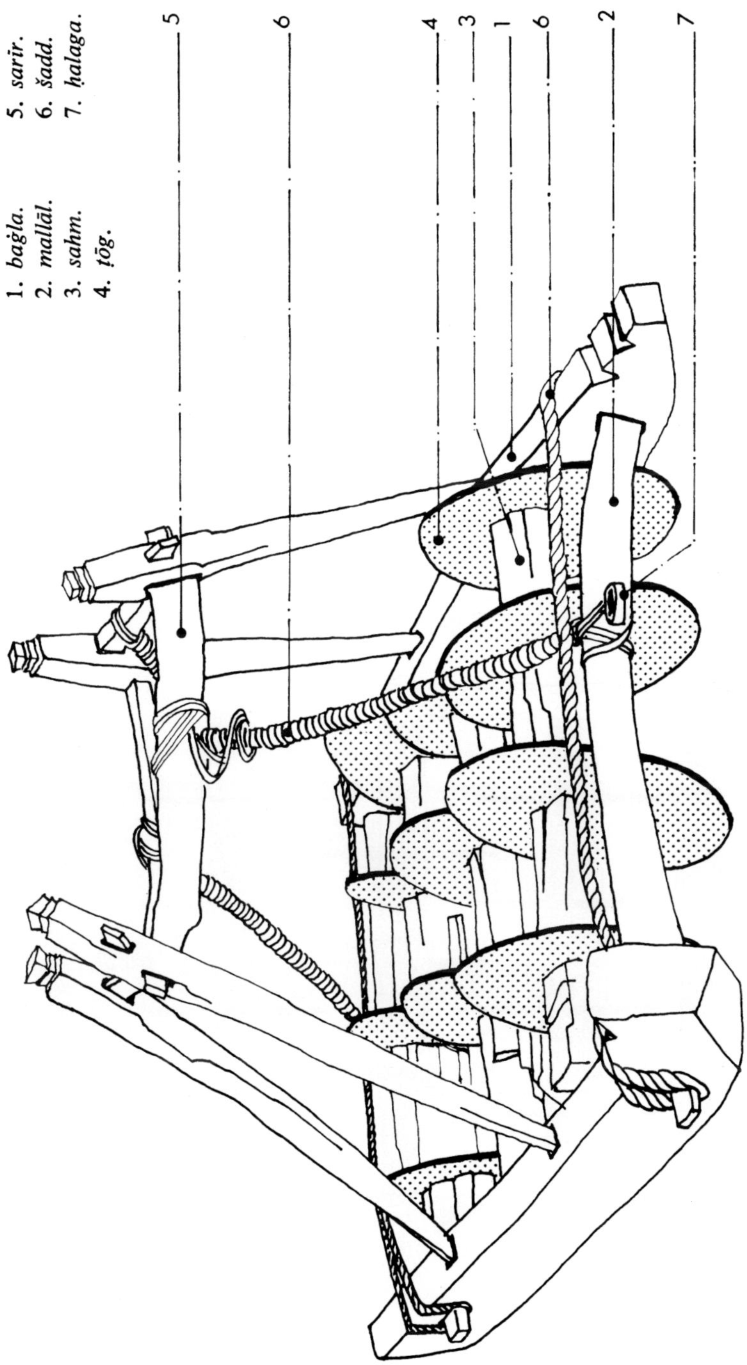

Fig. 57 : Hache-paille (*nōrağ*).

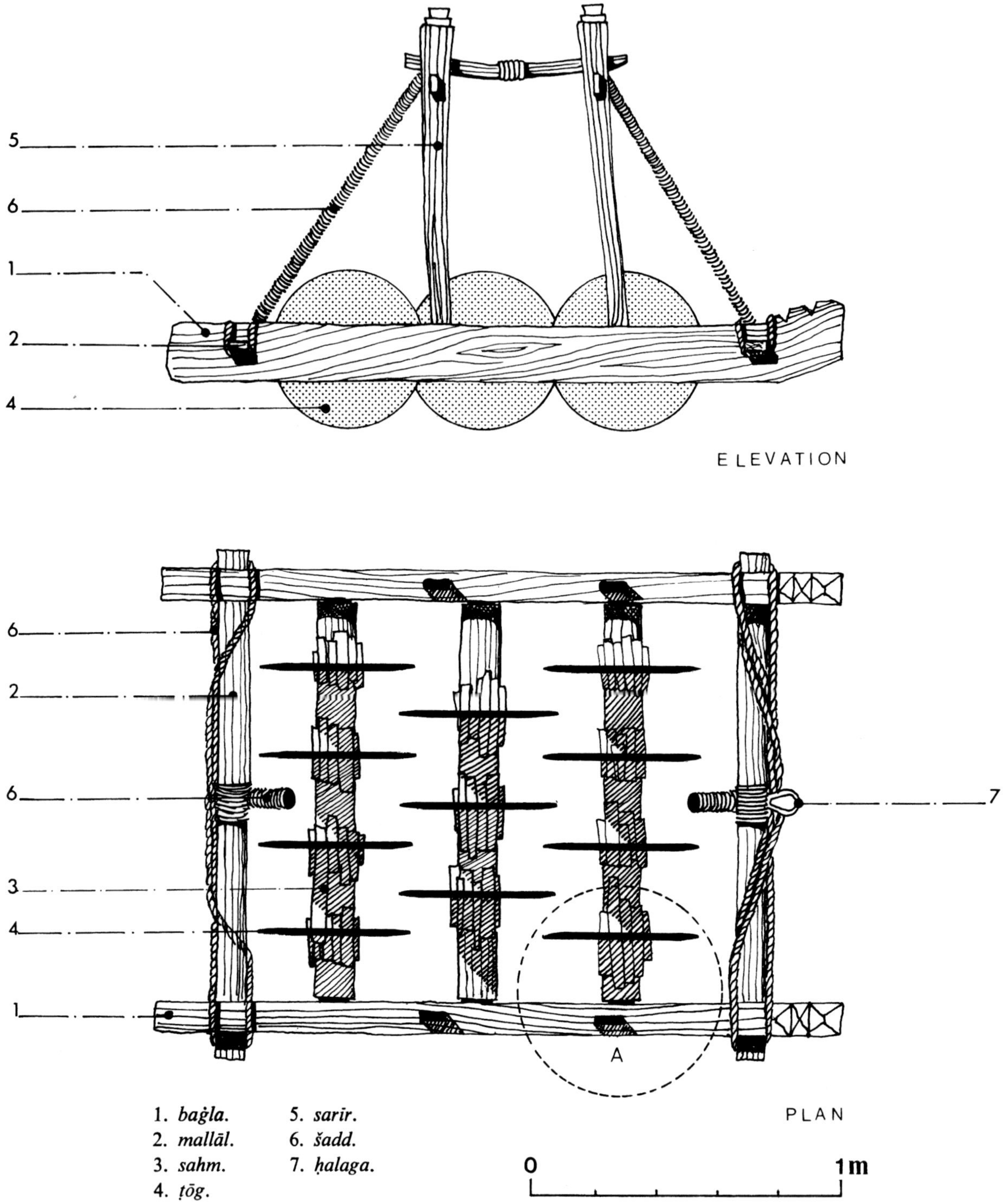

1. *baġla.*
2. *mallāl.*
3. *sahm.*
4. *ṭōg.*
5. *sarir.*
6. *šadd.*
7. *ḥalaga.*

Fig. 58 : Hache-paille (*nōrağ*). Vue de côté et plan.

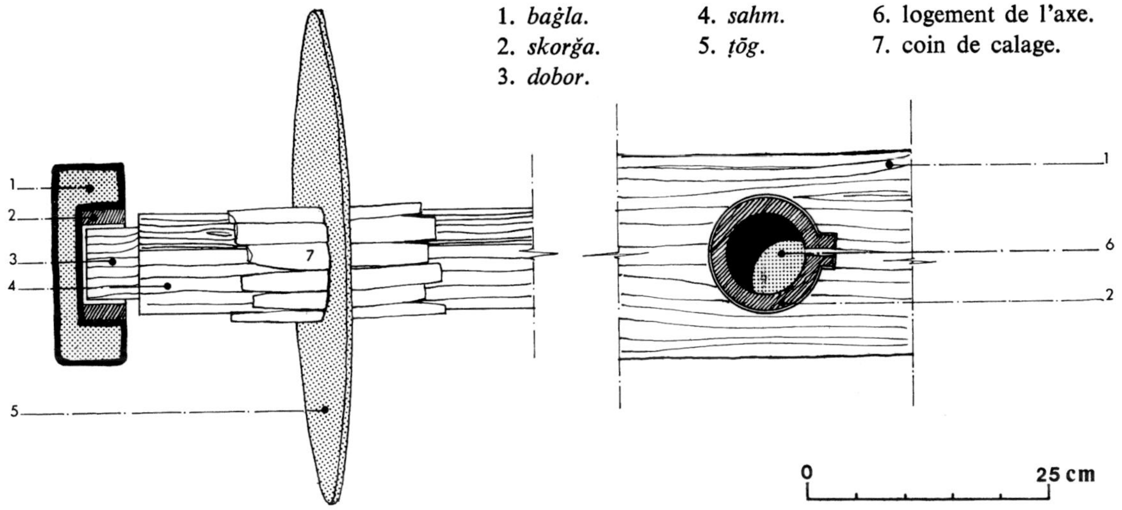

Fig. 59 : Hache-paille (*nōrağ*). Détail A.

morceaux de bois de 1,60 m de long (*mallāl*) qui viennent s'encastrer perpendiculairement par un tenon, dans une mortaise ouverte aux extrémités des premières poutres (fig. 57, 2; 58, 2).

Trois poutres en bois, longues de 1,35 m, tournent entre les deux poutres latérales. Ce sont les *sehūm* (sing. *sahm*) (fig. 57, 3; 58, 3; 59, 4); chacun se termine par deux extrémités circulaires, nommées *dobor* (fig. 58, détail A; 59, 3). Cette dernière partie tourne à l'intérieur d'une cavité forée dans la poutre latérale et entourée d'un anneau en fer (*skorğa*) (fig. 59, 2), qui réduit l'usure que provoque le frottement des deux bois l'un contre l'autre. Sur le premier et le troisième de ces *sahm* sont fixés quatre disques en fer de 50 cm de diamètre (*ṭōg*) (fig. 57, 4; 58, 4; 59, 5); sur celui du milieu sont ajustés trois disques qui sont placés dans les vides laissés par ceux de la première et de la troisième rangées. Il y a donc au total onze disques. Ces disques sont fixés aux *sahm* par des coins de calage en bois. Ils débordent de 15 cm au-dessous des poutres latérales, et de ce fait touchent la terre.

Au-dessus des poutres latérales on fixe quatre montants en bois de 80 cm de haut, qui portent un siège tissé en cordes faites de fibres de palmier; l'ensemble s'appelle le « lit » (*sarīr*) (fig. 57, 5).

Quand il veut utiliser le *nōrağ*, le paysan assemble les différents éléments constituants (dont aucun n'est fixé par un clou). Pour fixer les deux poutres latérales où pénètrent les *sahm*, il enroule une corde en fibre de palmier (*šadd*) (fig. 57, 6; 58, 6) autour des extrémités proéminentes de chaque *mallāl*, en tirant jusqu'à ce que les *sahm*, qui portent les disques ne puissent plus sortir des poutres où ils s'encastrent. Un morceau de bois est placé entre les cordes et on le tord. Plus on tord, plus les cordes en s'enroulant l'une sur l'autre, raccourcissent, plus les cadres se resserrent. Pour bloquer cette torsion, le morceau de bois est coincé en avant du *mallāl.*

On fixe aussi le haut du *sarīr* au moyen de deux cordes épaisses (*šadd*) (fig. 57, 6; 58, 6) qu'on attache devant et derrière, au milieu de chaque *mallāl.* Sur le *mallāl* de devant est fixé un anneau en fer (*ḥalaga*) (fig. 57, 7; 58, 7; 60, 3) dans lequel est ajusté le palonnier (*maǧarr*).

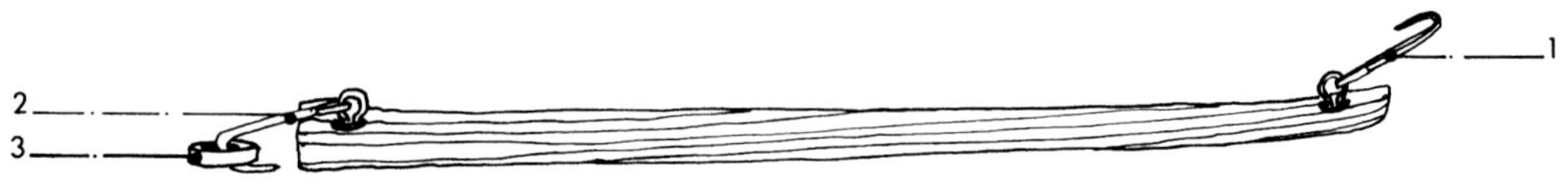

1. *ḫoṭṭāf el-karab.*
2. *ḫoṭṭāf el-nōraǧ.*
3. *ḥalaga.*

0 60 cm

Fig. 60 : Le palonnier (*maǧarr*).

— *Le palonnier* (*maǧarr*) (fig. 60). C'est une branche régulière de jujubier, de 2,30 m de long; à chacune de ses extrémités sont fixés deux crochets (*ḫoṭṭāf*), l'un d'entre eux s'ajuste dans l'anneau du *nōraǧ* (*ḫoṭṭāf el-nōraǧ*) (fig. 60, 2) et le second (*ḫoṭṭāf el-karab*) (fig. 60, 1) vient s'ajuster dans l'anneau du joug.

— *Le joug du hache-paille* (*karab*) (fig. 61; pl. 20, *b*). Il est constitué par un morceau de bois de jujubier, long de 1,55 m environ (fig. 61, 5). Ses extrémités sont posées sur le cou des deux vaches qui tirent le *nōraǧ*. Pour protéger leur nuque et leurs épaules, on met, au-dessous du joug et au-dessus des nuques, des coussinets en fibre de palmier (*ḥels*) (fig. 61, 4) surmontés de cordes en lianes[1] (*zaġāw*) (fig. 61, 7) qui ont pour fonction d'empêcher les coussinets (*ḥels*) de se déplacer vers l'avant ou l'arrière du joug durant la marche de la vache. Cette corde *zaġāw* est fixée au joug par une corde en fibre (*našība*) (fig. 61, 8).

Les deux extrémités du joug sont traversées verticalement par deux chevilles en bois (*ǧēlī*) (fig. 61, 1) qui accrochent le coussinet en fibre de palmier (*ḥels*) et l'empêchent de glisser à droite ou à gauche. Le *ǧēlī* a pour fonction de limiter le champ de déplacement de la vache vers l'extérieur.

[1] Sur les lianes (*'arǧūn*), voir différentes parties du palmier (p. 180-81 et fig. 172).

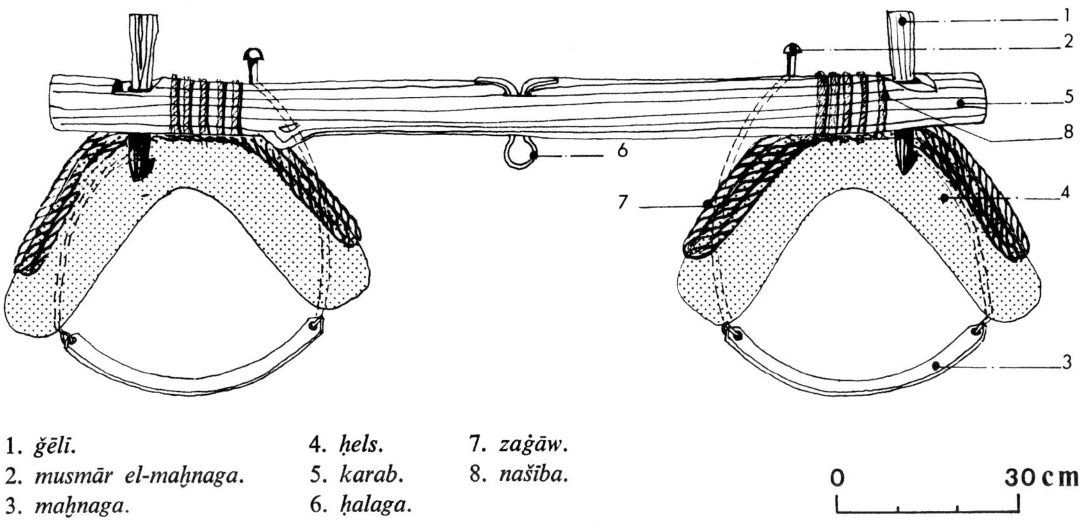

1. *ǧēlī.*
2. *musmār el-maḫnaga.*
3. *maḫnaga.*
4. *ḥels.*
5. *karab.*
6. *ḥalaga.*
7. *zaġāw.*
8. *našība.*

Fig. 61 : Joug (*karab*).

A l'extrémité inférieure du *ǧēlī,* on attache une corde de fibre de palmier avec des bandes de tissu, pour ne pas blesser la nuque de la vache. A cette corde on attache une tresse faite en folioles de palmier qui sert de collier (*maḫnaga*) (fig. 61, 3). A l'autre extrémité de la tresse, on attache un autre morceau de corde qu'on fixe à un clou en fer (*musmār el-maḫnaga*) (fig. 61, 2), planté dans le joug à 17 cm du *ǧēlī.*

Les houes (pl. 21, *a*)

Il y a de nombreux types de houes (*ṭorya*). Leur forme, leur taille, la longueur du manche, varient selon l'usage qu'on en fait. Elles sont fabriquées habituellement chez les forgerons d'Aḫmīm, et leurs fers sont vendus les jours de marché. Le paysan ajuste lui-même les manches, qu'il fait avec du bois d'acacia ou de jujubier. Les villageois nomment ces manches *harāwya.*

— *La houe de Mallāwī* (*ṭoryet Mallāwī*) (fig. 62, pl. 21, *a*). Elle porte cette épithète du nom de la ville où elle est fabriquée. C'est une houe à sarcler, qui est utilisée sur les terres où il y a beaucoup d'herbe et de plantes parasites. La longueur de sa lame, qui atteint 35 cm, permet d'arracher les racines des mauvaises herbes. Elle est employée, à la place de la charrue, par les paysans qui possèdent une petite superficie de terre, pour creuser les rigoles, pratiquer les levées entre deux sillons et retourner la terre entre deux cultures pour l'aérer. Son manche atteint 80 cm de long.

— *La houe d'Aḫmīm* (*ṭoryet Aḫmīm*) (fig. 63). Elle est fabriquée dans la ville d'Aḫmīm. Elle est plus courte que la houe de Mallāwī (sa lame atteint 21 cm de long) et elle est plus large. Elle a la même fonction mais elle est utilisée quand il y a peu de mauvaises herbes, et que la terre est facile à retourner.

— *La houe šakk* (*ṭoryet šakk*) (fig. 64; pl. 21, *a*). Elle est également nommée *fawwāsa;* son nom (*šakk*) signifie semer les graines (coton, maïs d'hiver ou *šāmī*) dans les levées de terre (*sēf*). On a vu que le *sēf* est une longue crête en terre, de section triangulaire, légèrement surélevée par rapport aux rigoles d'irrigation ou sillons, et qui les délimite. La houe *šakk* est petite, sa lame atteint 12 cm de long pour que les levées de terre ne s'affaissent pas quand on fait les trous pour semer les grains. Le manche a 60 cm de long; il est fait en bois d'acacia ou de jujubier.

— *La houe à oignons* (*ṭoryet baṣal*) (fig. 65). Quand on sème les graines d'oignons, on les transplante après un certain temps parce qu'ils poussent trop dru. On les repique en leur laissant suffisamment d'espace pour que l'oignon puisse se développer. Pour cela, un homme utilise la houe à oignons pour faire une rangée de petits trous dans les levées de terre, où l'on dépose les bulbes (*bazg*) : on dit à ce sujet que l'homme fait des lignes (*yiḫoṭṭ*) avec la houe. Après cela on utilise cette houe pour aérer la terre autour des oignons pour qu'ils puissent se développer. Le fer de cette houe peut atteindre 21 cm de long et le manche 66 cm.

— *La hache* (*fās* ou *balṭa*) (fig. 66; pl. 21, *a*). Sa lame atteint environ 20 cm de long et son manche 50 cm. Elle est utilisée pour tailler les palmiers et pour couper les arbres comme l'acacia, le jujubier etc...

— *La pioche* (*ḥaǧǧārī*) (fig. 67). Sa lame a 34 cm de long; une de ses extrémités est effilée, l'autre est large; le manche atteint 70 cm de long. Cette pioche est utilisée pour détacher les engrais du désert [1].

Autres outils agricoles

— *La faucille* (*manǧal kebīr*) (fig. 68; pl. 21, *b*). Sa lame est recourbée en forme de croissant et elle est dentelée comme une scie. Elle atteint 20 cm de long. L'instrument a une poignée en bois. On l'utilise pour couper le blé.

[1] Cf. Les engrais, p. 76-7.

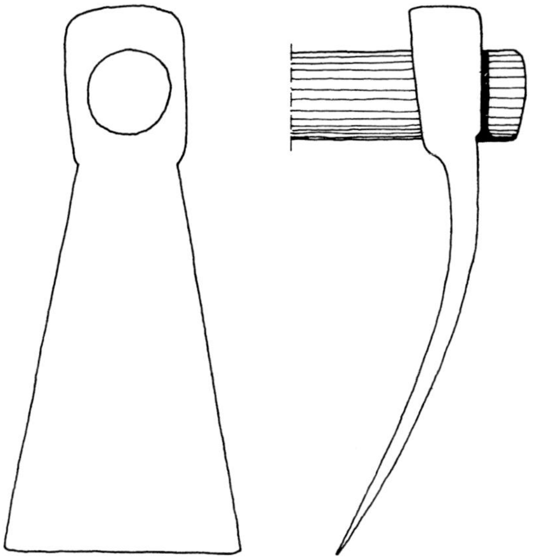

Fig. 62 : La houe de Mallāwī (*ṭoryet Mallāwī*).

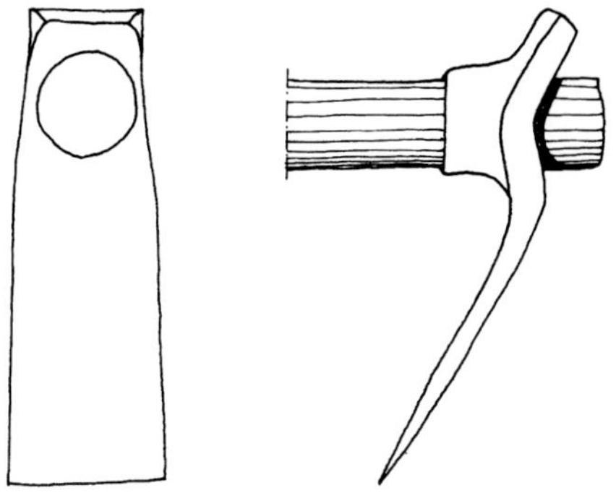

Fig. 65 : La houe à ognions (*ṭoryet baṣal*).

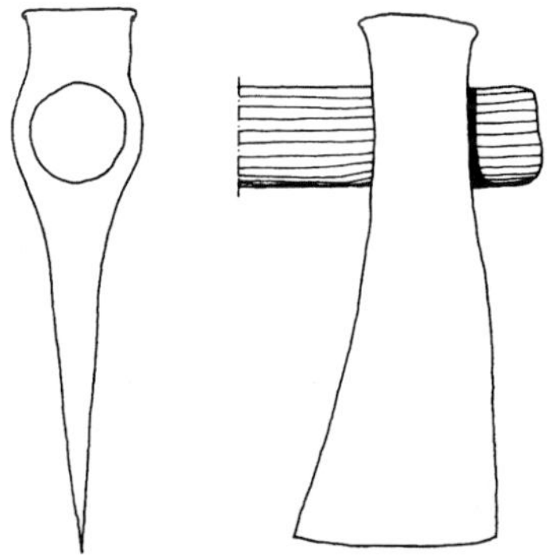

Fig. 66 : La hache (*fās, balṭa*).

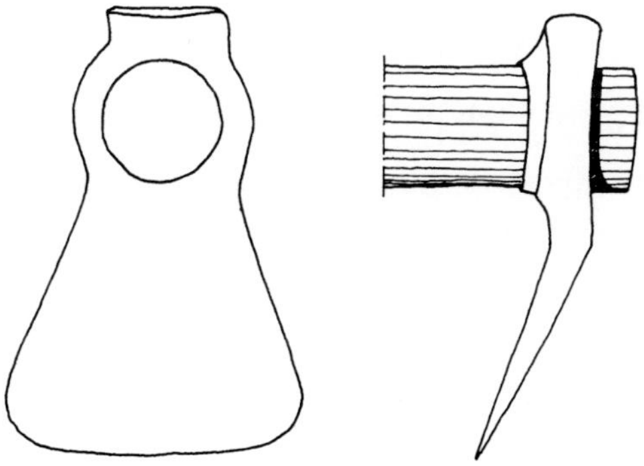

Fig. 63 : La houe d'Aḫmīm.

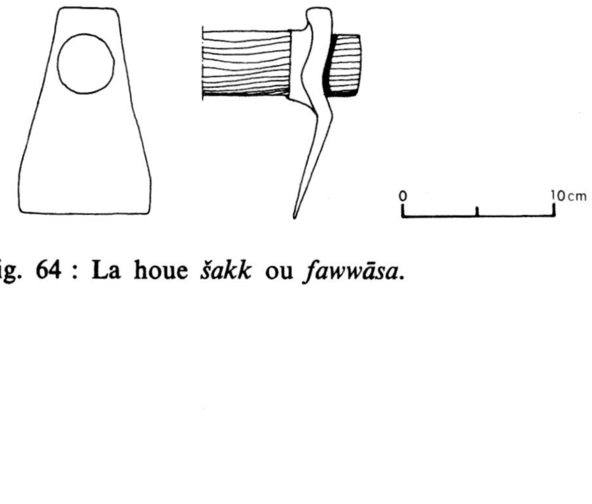

Fig. 64 : La houe *šakk* ou *fawwāsa*.

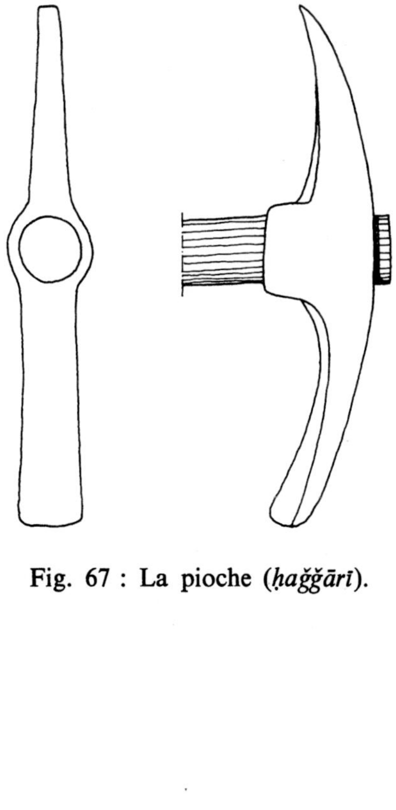

Fig. 67 : La pioche (*ḥağğārī*).

— *Petite faucille* (*manǧal ṣuġayyar*) (fig. 69; pl. 21, *b*). Elle possède une lame de 16 cm de long, dont l'extrémité est recourbée. Cette lame est en dents de scie avec une poignée en bois. On s'en sert pour couper l'orge, le fenugrec (*ḥelba* ou *ḥayyāga*) et parfois le blé.

— *La lancette* (*mašraṭ*) (fig. 70; pl. 21, *b*). On la nomme également *šaršara*. C'est une sorte de couteau, à lame moyenne, et à extrémité recourbée, de 13,5 cm de long, avec poignée en bois. On l'utilise pour couper le trèfle, la *moloḫeyya*, les épis (*gandīl*) de maïs d'hiver (*šāmī*).

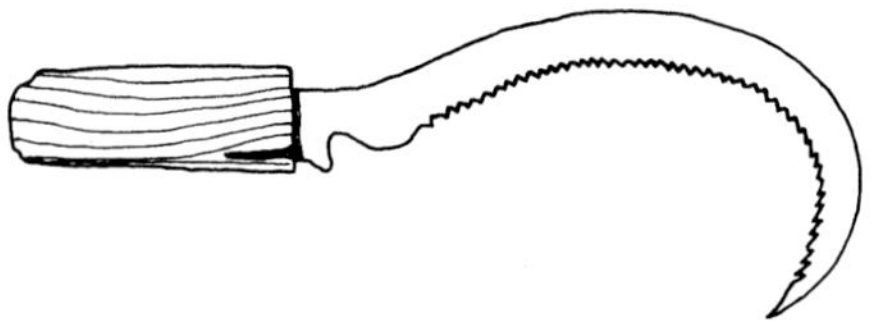

Fig. 68 : La faucille (*manǧal*).

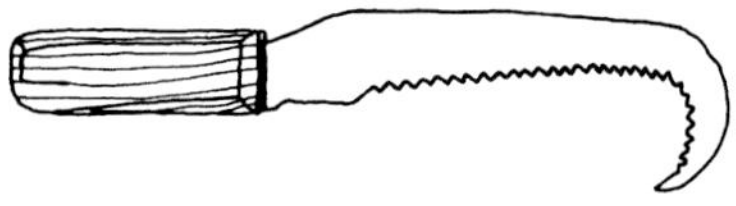

Fig. 69 : Petite faucille (*manǧal ṣuġayyar*).

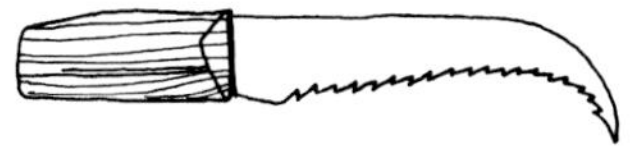

Fig. 70 : La lancette (*mašraṭ*).

Fig. 71 : Le *šugruf*.

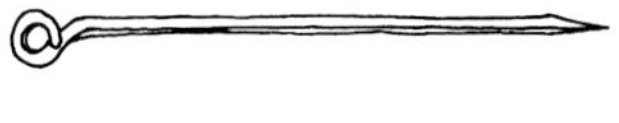

Fig. 72 : Le *sīḫ*.

— *Le šugruf* (fig. 71; pl. 21, *b*). Sa lame est large et plate en forme de spatule. La poignée est habituellement en bois (sur la fig. 71 et la pl. 21, *b* le bois est remplacé par un épis de maïs débarrassé de ses grains (*ʿanṣūla*)). Cet outil est utilisé habituellement par les garçons et les filles qui sont employés en groupe pour nettoyer les champs des mauvaises herbes, au moment de la culture des oignons, de l'ail et de la *moloḫeyya*.

— *Le sīḫ* (fig. 72, pl. 21, *a*). C'est une baguette en fer, de 20 cm de long, dont une extrémité est pointue et l'autre recourbée en anneau. Elle est utilisée pour déterrer les oignons, l'ail et les carottes.

— *Le racloir* (*lōḥ arḍī*) (fig. 73). C'est un morceau de bois rectangulaire de 60 cm de long qui est fixé sur un long manche de 1,30 m. Cet instrument est utilisé après les semailles pour égaliser la surface de la terre, pour casser les mottes un peu trop grosses, avant la culture du trèfle, des oignons et de la *moloḫeyya*. On l'utilise également lors du battage du maïs d'été (*gēḍī*) : après que les hommes l'ont battu avec des bâtons, pour faire tomber les graines des épis, ils utilisent cet instrument pour empiler les grains en tas élevés et longitudinaux (*semāṭ*).

— *La planche à vanner le maïs* (*lōḥ darāwa*) (fig. 74). C'est un outil fait d'une seule pièce de bois, en forme de pelle dont la tête fait 20 cm sur 30 cm environ et va se rétrécissant.

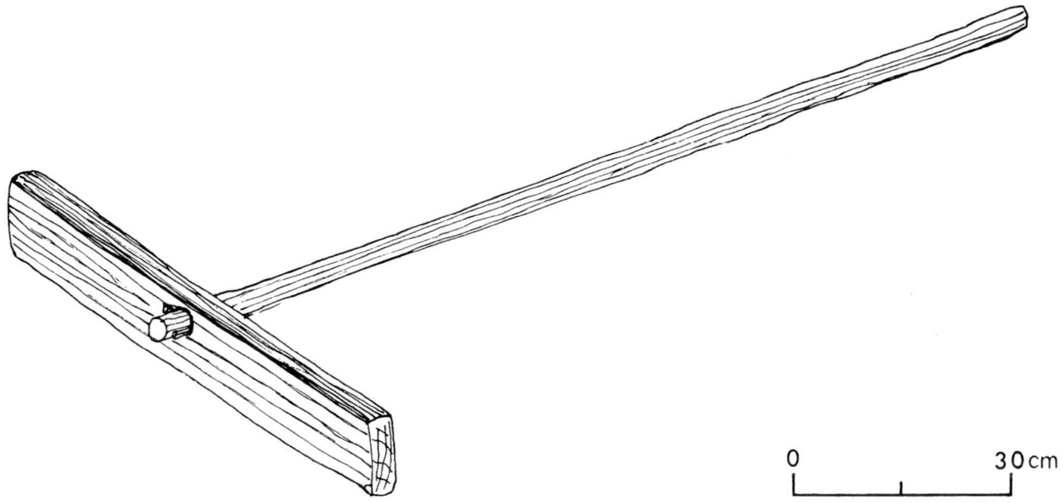

Fig. 73 : Le racloir (*lōḥ arḍī*).

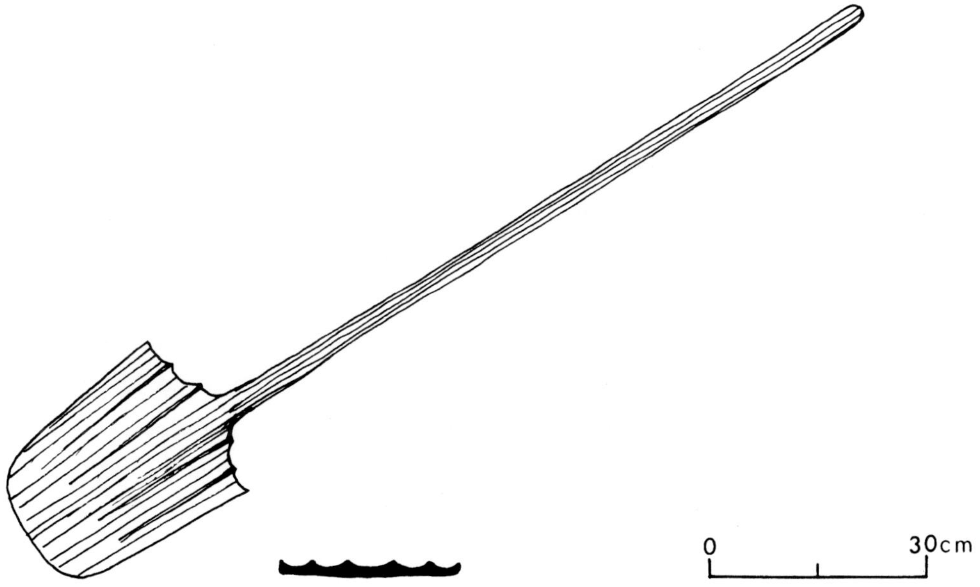

Fig. 74 : Le *lōḥ darāwa*.

Sa surface porte quatre saillies qui déterminent des rainures longitudinales d'environ 3 cm de large. Son manche a environ un mètre de long. Cet outil est utilisé pour vanner le maïs d'été (*gēḍī*) une fois qu'on l'a battu avec un long bâton nommé *meǧrād,* pour le séparer de son enveloppe (*zerr*), de la poussière et des petites particules.

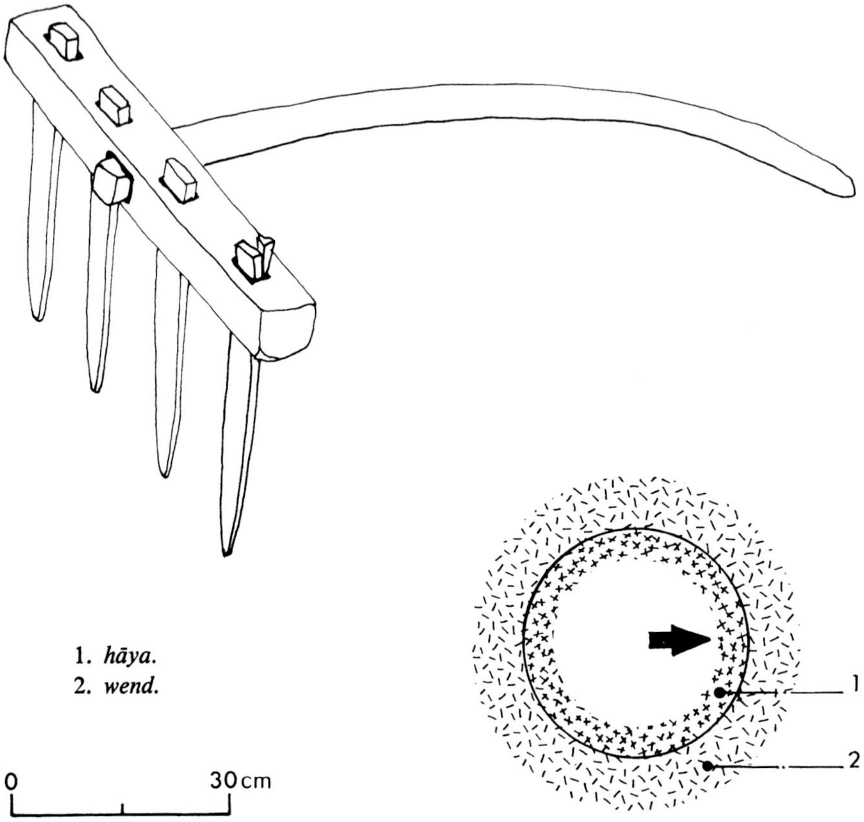

Fig. 75 : Le râteau (*hōǧal*).

— *Le râteau* (*hōǧal*) (fig. 75; pl. 21, *c*). C'est une sorte de râteau en bois de jujubier, constitué de quatre dents effilées, longues de 40 cm et espacées de 15 cm, fixées sur un morceau de bois perpendiculaire de 55 cm de long et de section carrée. Un manche légèrement recourbé et long d'un mètre environ est fixé en son milieu.

Après que les tiges de blé ont été à moitié broyées par les disques du *nōraǧ*, un homme debout au milieu de l'aire à battre, utilise le *hōǧal*, les dents tournées vers le sol pour pousser la paille du *hāya* et l'envoyer au *wend*[1].

— *La guṣūba* (fig. 76; pl. 21, *c*). C'est un instrument assez semblable au *hōǧal* mais le corps du râteau est plus petit (35 cm de long), et les dents, au nombre de quatre, placées dans le même axe que le manche, sont plus courtes (25 cm) et espacées de 10 cm. Un manche long de 1,25 m, permet d'élever la paille de l'extérieur de l'aire de battage jusqu'à

[1] Cf. La culture du blé; le battage du blé, p. 101 et fig. 80.

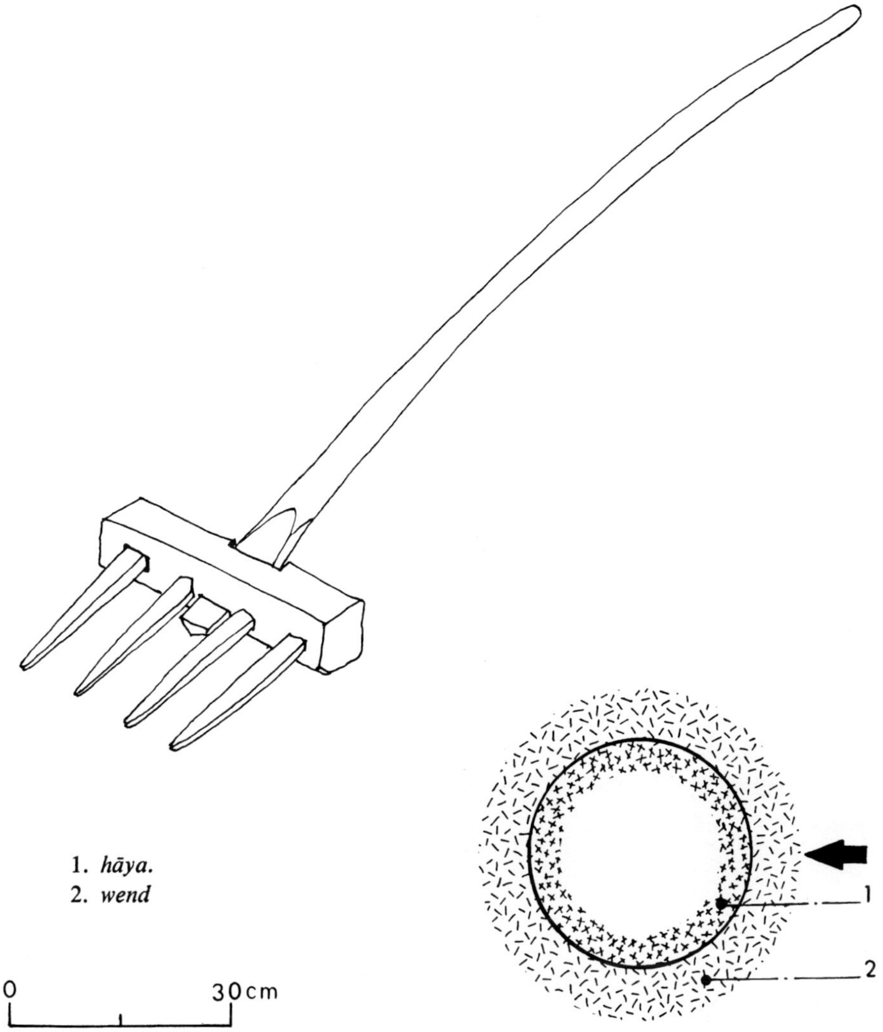

Fig. 76 : La *guṣūba.*

celle-ci, c.à.d. du *wend* au *hāya* où passe le *nōraǧ*. C'est pourquoi son manche est plus long que celui du *hōǧal.*

— *La medrāya* (fig. 77; pl. 21, *c*). Sorte de fourche constituée par l'assemblage de 7 éléments de 35 cm de long, qui réunis en forme d'éventail, laissent apparentes des dents de 22 cm. Elles sont liées par de fines lanières en cuir, et sont fixées à un manche recourbé de 1,30 m de long. La *medrāya* est utilisée lors du vannage, pour séparer le grain de la paille [1].

[1] Cf. La culture du blé, le vannage, p. 102.

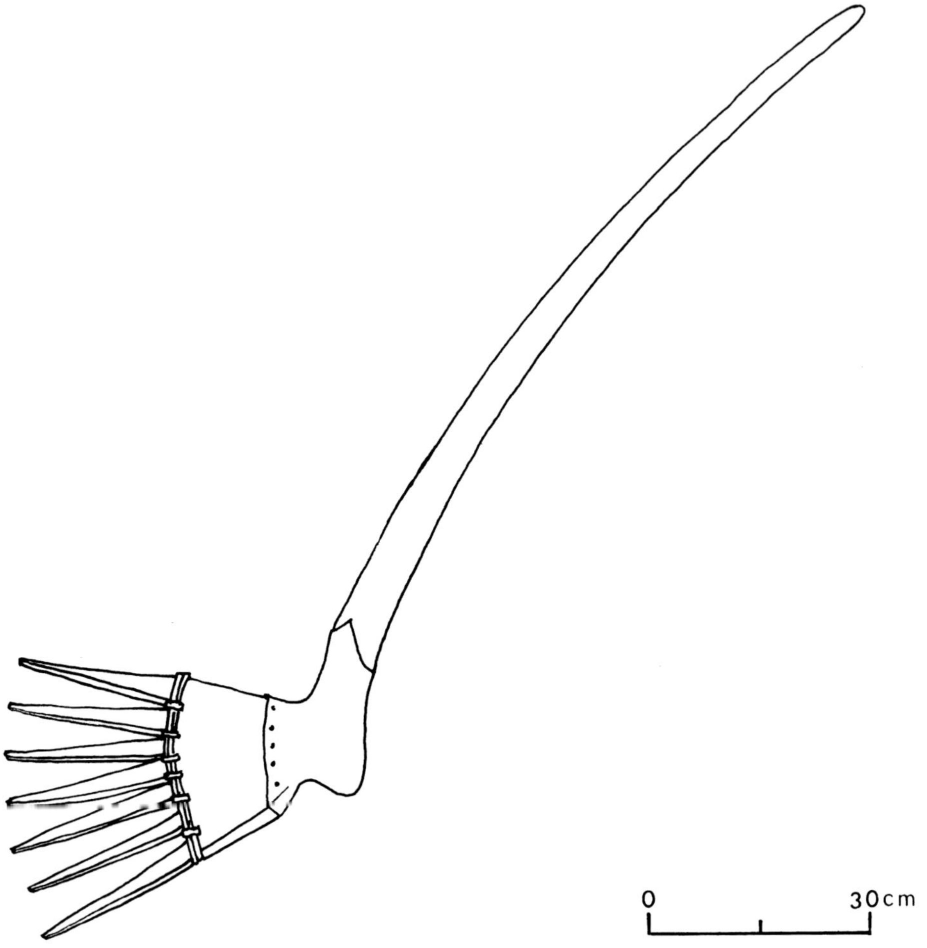

Fig. 77 : La *medrāya.*

Les tamis (fig. 78; pl. 21, *d-e*)

Les habitants de Mārī Girgis utilisent différents types de tamis pour trier les céréales : la *serrāta,* le *ġorbāl* et le *kerbāl.* Ces tamis varient dans leur texture et aussi dans la dimension des mailles qui change suivant leur utilisation.

— *La serrāta* (fig. 78, A; pl. 21, *e*). Elle est de forme circulaire, mesure 40 cm de diamètre, avec un rebord en bois de saule de 7 cm. On utilise du cuir de chameau, d'âne ou de vache pour tisser le filet dont les mailles sont de forme hexagonale, chacune ayant de 6 à 7 millimètres de diamètre. La *serrāta* est utilisée pour séparer le blé et les nœuds fins de la tige (*rokba*) des nœuds grossiers (*gaṣala*) [1] et des petits cailloux. La *serrāta* est utilisée dans la première étape après le vannage du blé pour le séparer des grosses impuretés. Elle est suivie par l'emploi du *ġorbāl* pour éliminer la poussière et les tout petits cailloux. Pour utiliser la *serrāta,* deux hommes se tiennent debout face à face. L'un d'entre eux la tient horizontale et l'autre soulève un couffin duquel il fait couler le blé dans le tamis, pendant que le premier le secoue latéralement à droite et à gauche (pl. 22).

On utilise aussi la *serrāta* pour l'orge et le maïs d'été (*gēḍī*) qui ont en général des graines de dimensions proches.

— *Le crible ou ġorbāl* (fig. 78, B; pl. 21, *d*). Il est formé d'un cadre en bois de saule de 50 cm de diamètre avec un rebord de 7 cm de haut. On utilise du cuir de chameau, d'âne ou de vache pour tisser le filet dont les mailles sont de forme carrée de 2 mm de côté. On utilise le *ġorbāl* pour tamiser le blé, le maïs d'été (*gēḍī*), le maïs d'hiver (*šāmī*), l'orge et les fèves. La poussière formée par les particules des graines (*rohāma*) tombe ainsi que les tout petits cailloux.

— *Le kerbāl ou tabbāna* (fig. 78, C). Il est nommé aussi *tabbāna,* mot dérivé de *tebn* (paille). C'est un cadre en bois de saule de 50 cm de diamètre, avec un rebord de 7 cm de haut. On utilise du cuir de chameau, d'âne ou de vache pour tisser le filet qui a des mailles de forme hexagonale de 15 mm de diamètre. Il est utilisé pour séparer la paille fine de

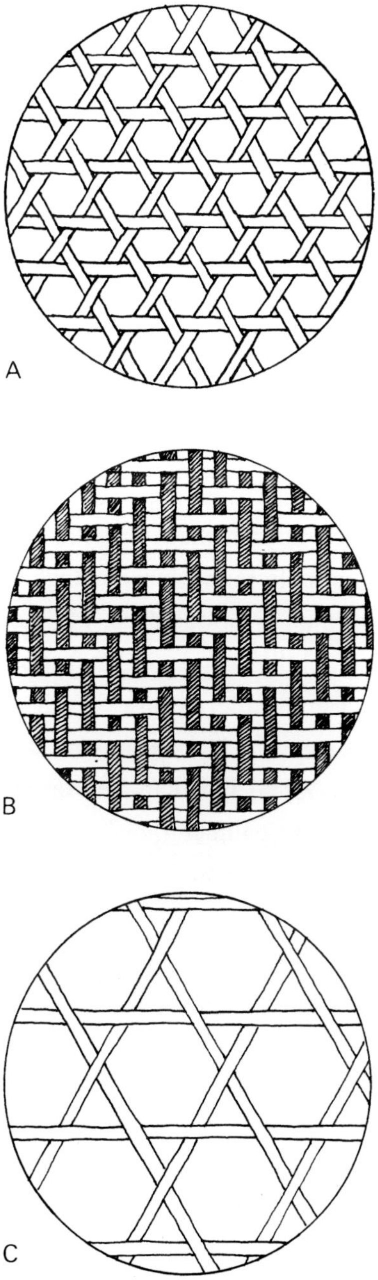

A. détail *serrāta.*
B. détail *ġorbāl.*
C. détail *kerbāl* ou *tabbāna.*

Fig. 78 : Tamis.

[1] Cf. La culture du blé, le vannage, p. 102.

la paille grossière (1). On tamise ensuite la paille fine avec le crible (*ġorbāl*) pour donner ce qui passe à travers les mailles comme nourriture au bétail, la paille grossière étant plus difficile à digérer.

Dans la langue des villages, les paysans utilisent des verbes dérivés des mots *serrāta, ġorbāl* et *kerbāl,* et ils disent *yisret, yiġarbel, yikarbel,* pour dire tamiser avec chacun de ces trois instruments.

La souricière pour les rats des champs (*ṭobbāʿa*) (fig. 79; pl. 23, *b*)

Il y a des souris dans toutes les cultures, mais plus spécialement dans les champs de blé et de maïs et là où poussent les pastèques, les melons, les *ʿaǧǧūr* (2). Pour combattre leurs ravages, on fabrique des souricières en terre et en nervures de palmier qui se nomment *ṭobbāʿa.*

Le paysan place environ dix *ṭobbāʿa* sur chaque *feddān.* La *ṭobbāʿa* est constituée par une dalle faite d'un mélange de terre et de paille, le même mélange qu'on utilise pour faire de la brique crue. Mais on augmente la proportion de la paille pour lui donner plus de solidité car la dalle frappe le sol lors de sa chute.

Cette dalle mesure 50 cm sur 35 cm et 7 cm. Sur la surface supérieure est ajusté un morceau incliné de nervure de palmier qu'on appelle « bâton du milieu » (*ʿaṣāyet el-noṣṣ*) (fig. 79, 3) qui tient lieu de crochet et sur lequel est attachée l'extrémité d'une corde en fibre de palmier (*ḥabl el-ṭorb*) (fig. 79, 4). Cette corde fait le tour de la dalle, et arrive jusqu'à la moitié de la surface inférieure. A ce point elle est attachée à un morceau de nervure (*ṭorb*) (fig. 79, 5), dont l'autre extrémité est percée d'un trou. Autour de cette nervure est accroché le morceau de pain ou de fromage (fig. 79, 7) qui servira d'appât pour la souris ou le rat.

Dans l'épaisseur de l'avant de la dalle sont fixés deux bâtons en nervure de palmier (*ʿaṣāyet el-ṭobbāʿa*) (fig. 79, 8). Ils sont reliés entre eux par une petite corde en fibres.

Pour faire fonctionner la *ṭobbāʿa,* on l'accroche à deux grands morceaux de nervure de 60 cm, qui lui servent de supports (*ḫaḍḍāḍāt*) (fig. 79, 1). Ils sont attachés dans leur partie supérieure par une corde qui accroche un morceau de bois effilé (*mesalla*) (fig. 79, 6) dont la pointe pénètre à l'intérieur du trou du *ṭorb* et dont la partie supérieure soutient la corde qui rattache les deux bâtons (*ʿaṣāyet el-ṭobbāʿa*). La *ṭobbāʿa* est posée obliquement;

(1) Cette paille grossière est utilisée, mélangée à la terre, pour la fabrication des briques de terre crue. Elle entre aussi, avec l'argile *ḥib,* dans la composition des crépis. Parfois elle est utilisée comme combustible pour les fours à pain.

(2) Les variétés du melon : pastèques, melons et *ʿaǧǧūr* portent le nom générique de *māgāt.*

a. Houes et *sīẖ*.

b. Faucilles et *šugruf*.

c. Outils de la moisson.

d. *Ġorbāl*.

e. *Serrāta*.

Utilisation de la *serrāta*.

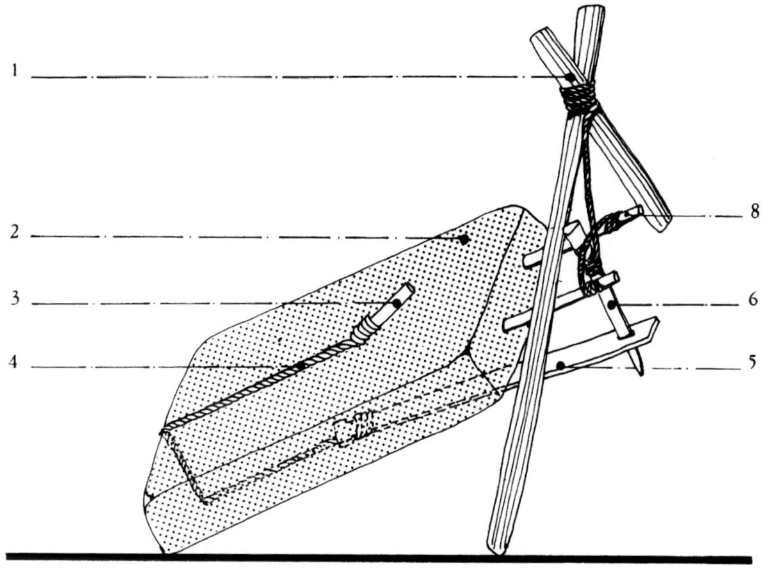

1. *ḫaḍḍāḍāt.*
2. *ṭobbāʿa.*
3. *ʿaṣāyet el-noṣṣ.*
4. corde du *ṭorb.*
5. *ṭorb.*
6. *mesalla.*
7. appât.
8. bâton du *ṭobbāʿa.*

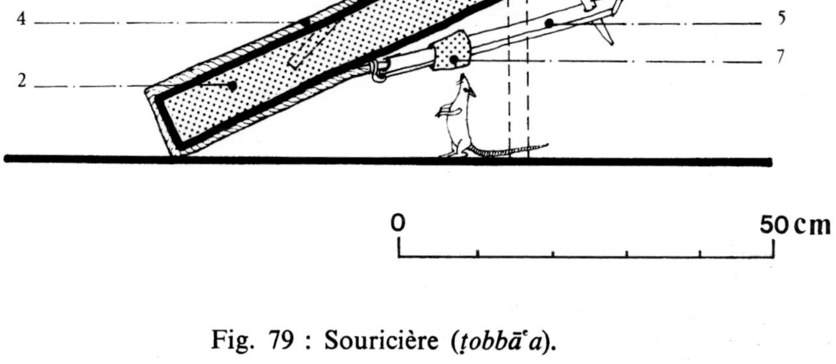

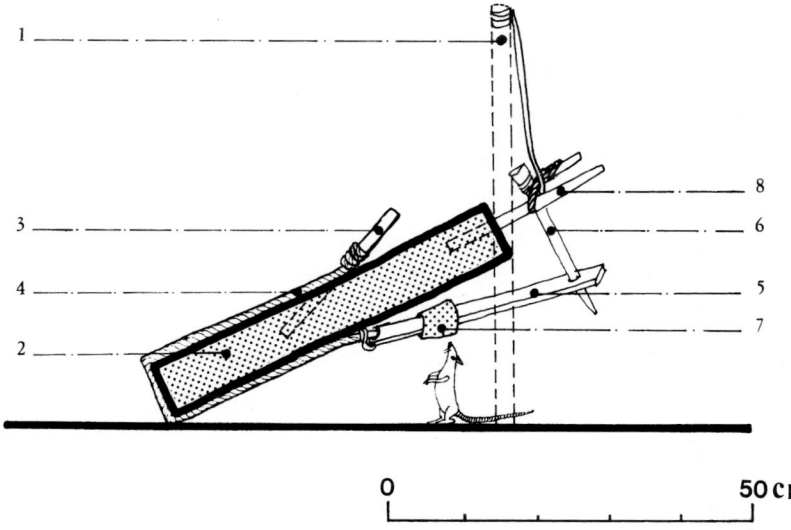

Fig. 79 : Souricière (*ṭobbāʿa*).

une de ses extrémités touche le sol et l'autre fait un angle d'environ 25° à 30° avec lui. Quand le rat essaye d'attraper l'appât fixé autour du *ṭorb,* il le déplace et la pointe de la *mesalla* sort de son trou. L'équilibre est alors rompu. La dalle qui n'est plus soutenue par le système de cordes tombe de tout son poids sur le rat et l'écrase.

Avant de poser la *ṭobbāʿa* en un point, on aplanit le sol de façon à ce que la dalle repose complètement sur lui quand elle retombe et qu'il n'y ait pas d'espace vide entre la surface inférieure de la dalle et celle du sol, car s'il y a des différences de niveaux, le rat arrivera à s'échapper.

LES CULTURES

La culture du blé

Le paysan considère le blé et le maïs comme les deux céréales nourricières dont il ne saurait se passer. C'est le coton et les oignons qui fournissent une rentrée d'argent une fois que la coopérative agricole en a pris possession. Avec cet argent le paysan paie ses impôts et les engrais que lui fournit la coopérative. C'est le moment où l'on marie ses filles, que l'on achète une vache ou une gamousse. J'ai choisi d'étudier ici trois cultures essentielles [1] dans la vie du paysan : le blé, le coton et les oignons.

Le paysan considère le blé comme la culture la plus importante car il constitue la base principale de l'alimentation : il en fait son pain. C'est la raison pour laquelle le blé est pour lui le symbole de la *baraka,* c'est-à-dire la prospérité, la richesse ...

Le blé, des semailles à la récolte, occupe les champs environ la moitié de l'année, et durant le mois de *Baramhāt* (Mars - Avril), les champs se transforment en ces surfaces dorées si caractéristiques de la campagne égyptienne durant cette période de l'année.

Vers la fin de la troisième semaine du mois de *Bāba* (fin Octobre - début Novembre), la terre est irriguée en vue des labours et on la laisse ainsi deux semaines. A la fin de la première semaine de *Hātūr* (mi-Novembre), quand l'eau est absorbée, on sème le blé à la volée. Puis on laboure le sol avec la charrue. Ensuite on passe le traînoir (*deḥdāḥa*) afin d'enfouir les graines dans la terre pour que les oiseaux ne puissent pas les manger. Les mottes de terre inégales, résultat du labour, sont brisées et aplanies de façon à former une surface horizontale facile à irriguer. Ensuite, le terrain est divisé en sortes de bassins (*ḥōḍ*) limités dans le sens de la longueur par des rigoles de distribution ou *faḥl* et dans

(1) Une étude exhaustive des cultures aurait demandé que je parle aussi du maïs et du sorgho. La farine de sorgho est de fait utilisée dans la fabrication d'un genre de pain (*bettāw*). A mon grand regret, je n'ai pu séjourner au village lors de la récolte de ces céréales.

le sens de la largeur par des levées de terre ou *sēf*. Les rigoles de distribution (*faḥl*) sont des passages pour les eaux et les *seyūf* (sing. *sēf*) sont des murets de sections triangulaires qui limitent d'autres rigoles (*ragaba,* cf. fig. 31) pour le passage de l'eau.

Après cela, la terre n'est plus irriguée durant un mois. Vers la fin de la première semaine de *Kiyahk* (Décembre), la terre est irriguée une première fois après avoir été fertilisée. Les pauvres utilisent des engrais naturels extraits de la montagne : le *belenf*. Ceux qui en ont les moyens utilisent les engrais chimiques.

On attend 50 jours et durant la dernière semaine du mois de *Ṭūba* (Février) on irrigue la terre une seconde fois, puis on attend à nouveau 25 jours. A la fin de la troisième semaine d'*Amšīr* (Mars), on irrigue la terre une troisième et dernière fois. On cesse alors de l'irriguer jusqu'au moment de la récolte. La période qui suit la troisième irrigation de la terre est appelée par les villageois le « sevrage » (*feṭām*).

Durant le mois de *Baramhāt* (Mars - Avril), on laisse croître le blé. La moisson commence à la mi-*Baramōda* (Avril) (1). Le *feddān* donne entre 7 et 8 *arādeb* (2) de blé. Le prix de l'*ardabb* est de 6 livres environ.

(1) Pour toutes les cultures, le paysan égyptien calcule la date des semailles, de l'irrigation et de la récolte selon les mois coptes. Les noms des mois coptes sont dérivés de la langue égyptienne ancienne. Le tableau suivant situe le début du mois copte par rapport aux mois du calendrier grégorien et indique les étapes de la culture du blé.

Mois coptes	Equivalent au cal. grég.	Etapes de la culture du blé
Tūt	11 Sept. / 10 Oct.	
Bāba	11 Oct. / 9 Nov.	A la fin de la 3e semaine, on irrigue la terre.
Hātūr	10 Nov. / 9 Déc.	On sème le blé avant la fin de la 1re semaine.
Kiyahk	10 Déc. / 8 Janv.	A la fin de la 1re semaine on irrigue le blé pour la 1re fois, après avoir fertilisé la terre.
Ṭūba	9 Janv. / 8 Févr.	On irrigue le blé pour la 2e fois durant la dernière semaine de ce mois.
Amšīr	9 Févr. / 9 Mars	On irrigue le blé pour la 3e fois à la fin de la 3e semaine.
Baramhāt	10 Mars / 8 Avril	
Baramōda	9 Avril / 8 Mai	La récolte commence au milieu du mois.
Bašans	9 Mai / 7 Juin	
Ba'ūna	8 Juin / 7 Juillet	
Abīb	8 Juillet / 6 Août	
Mesra	7 Août / 5 Septembre	

(2) Un *ardabb* (pl. *arādeb*) de blé pèse environ 150 kgs. Cf. Appendice II, p. 345.

— *Les moissonneurs* (pl. 23, *a*). Le propriétaire de la terre embauche des ouvriers agricoles; on dit « qu'il les loue » (*yikrīhum*). Il les distribue sur les bassins. Les hommes accroupis saisissent de leur main gauche une poignée de blé sec et, tenant de leur main droite la grande faucille (*manǧal*), ils coupent les tiges à leur base (*ǧabb el-gamḥ*) (1).

La moisson est une opération éreintante; elle demande aux moissonneurs, accroupis durant de longues heures, un effort musculaire épuisant pour couper les tiges avec leur faucille. Et comme entre la germination et la moisson passent de longs mois, les tiges sont recouvertes de poussière. Le moissonneur arrive à la fin de la journée, sale et poussiéreux, comme s'il avait travaillé dans une mine. Chacun connaît la dureté de la moisson et c'est pour cela que le moissonneur reçoit une demi-*kēla* de blé par jour de travail. La demi-*kēla* se nomme *refṭāw* (2); il en prend possession habituellement après le battage du blé. Ordinairement la paye journalière de l'ouvrier agricole est de 25 piastres, mais pour la moisson elle s'élève à 30 piastres à cause du travail et de l'importance accordée au blé. Le propriétaire terrien doit offrir aux moissonneurs le repas de midi et leur donner un paquet de tabac pour narguilé (*tombāk*) qu'ils fument au moment de la pause et du thé.

— *Les lieurs de gerbes* (*rabbāṭ el-gatātī*), (pl. 24, *a*). Derrière chaque groupe de quatre ou cinq moissonneurs, se tient un homme qui a pour fonction de lier les gerbes. C'est le *rabbāṭ el-gatātī*. A son côté gauche pendent des cordelettes (*ǧōnef*) (3) en fibre de palmier qui ont un nœud à leur extrémité supérieure. Le lieur de gerbes rassemble le blé en une gerbe appelée *gattāya* (pl. *gatātī*) qu'il lie avec la corde (*ǧōnef*) (cf. fig. 189).

— *Les chameliers.* Ce sont des chameliers qui transportent les gerbes du champ à l'aire où le blé sera battu. Ces aires ou *ǧorn* ont été placées dans notre hameau dans la région sablonneuse à l'Est du couvent, car on ne peut pas utiliser les surfaces sur lesquelles les gerbes sont déposées pendant de longues périodes, vu que le battage du blé dure plusieurs semaines si la récolte est abondante. Cependant le paysan préfère parfois utiliser le lieu même de la moisson si le champ est à proximité de sa maison, cela afin d'économiser le prix de transport du blé.

— *Les glaneuses* (*ṣayyāfa*), (pl. 24, *b*). Après le transport des gerbes jusqu'aux aires, les femmes et les filles du village vont aux champs, chacune avec son panier ou son couffin,

(1) Couper le *barsīm* se dit *ḥašš* et récolter le coton *ǧam'*.

(2) Cf. Appendice II, p. 345.

(3) Cf. Les cordes de fibres, p. 192-3.

a. Le moissonneur.

b. La souricière (*ṭobbāʿa*).

a. Le lieur de gerbes.

b. La glaneuse.

pour ramasser les épis de blé qui ont été laissés par les chameliers. Chaque femme ramasse tout ce qu'elle peut porter dans son panier. Elle tient dans sa main droite un petit bâton et elle tape l'épi qu'elle a ramassé avec sa main gauche pour en faire tomber les grains de blé qui sont considérés comme sa possession. Cette coutume vaut uniquement pour la récolte du blé qui est considérée comme la saison de la prospérité. Elle ne s'applique pas aux autres cultures.

— *L'aire* (*ǧorn*), (fig. 80; pl. 25). Les gerbes liées avec les cordes (*ǧōnef*) sont empilées sur l'aire [1] en une meule circulaire dont le diamètre atteint parfois huit mètres, suivant la quantité de la récolte. Les épis sont dirigés vers le centre (fig. 80, A).

— *Le battage du blé.* Des gerbes sont retirées de l'aire et mises tout autour de la meule (après avoir détaché la corde *ǧōnef*) en un cercle de onze mètres de diamètre environ qui se nomme *hāya* (fig. 80, B.2). Les épis sont posés dans le sens des aiguilles d'une montre. On fait passer le *nōraǧ* sur la *hāya,* dont la largeur est de 1,70 m environ. Le *nōraǧ* tourne en sens inverse des aiguilles d'une montre durant plusieurs heures jusqu'à ce que les tiges de blé soient à moitié broyées. Puis avec le râteau on les sort du cercle, on les dépose sur une surface circulaire plus large que la *hāya,* nommée *wend* (fig. 80, C.3).

Une fois ce processus terminé, l'opération recommence : on prend les gerbes de la meule, on détache le *ǧōnef* et on les dépose sur le premier cercle (*hāya*), on fait passer le *nōraǧ* jusqu'à ce qu'elles soient à moitié cassées, puis on les repousse vers l'extérieur dans le *wend.* Et ainsi de suite jusqu'à ce qu'il n'y ait plus de gerbes sur l'aire (fig. 80, D).

— *La redda* (second battage ou second dépiquage). Avec la *guṣūba* on prend du blé à moitié cassé qui est dans le *wend* et on refait un cercle plus petit, ou *hāya* (fig. 80, E.2). Puis on fait tourner dessus le *nōraǧ* à l'arrière duquel on a fixé une natte en alfa (*mallās*), de la largeur du *nōraǧ* et qu'on attache au châssis par deux cordes.

Quand le *nōraǧ* tourne, la natte en alfa abaisse la paille grossière qui a pu rester dressée au milieu de la paille fine durant le battage afin qu'elle présente une plus grande surface de contact pour les disques en fer du *nōraǧ.* Le *nōraǧ* continue à tourner dessus du matin au soir jusqu'à ce qu'elle soit broyée. Puis le tout est entassé au centre de l'aire (fig. 80, F.4). Cette opération recommence jusqu'à ce qu'il n'y ait plus rien dans le *wend* et la *hāya* (fig. 80, G.4).

(1) Voir p. 6 (place de l'aire).

Les femmes ramassent en petits tas, à l'aide de balais en *šedīda*[1], les grains qui auraient pu rester sur le *wend.* Elles les passent au crible pour enlever la poussière amassée avec le balai. Le grain récupéré est ajouté au reste déjà entassé au centre de l'aire.

Cette opération dure environ un mois, suivant la quantité de la récolte. Toute la famille participe au battage du blé : les hommes, les femmes et les enfants. Durant les périodes de repos de la vache, les femmes vont chercher les repas des hommes et les enfants vont faire boire les vaches au canal et les laver. On prépare le thé, on transporte les couvertures (*šāl*) dont les hommes se couvriront durant la nuit car ils dorment près de leurs meules pour les garder depuis le début de la moisson jusqu'au moment où elle sera mise à l'abri dans les maisons. Durant cette période, les champs se transforment et s'animent d'une activité débordante de joie.

— *Le vannage* (*tadriyya*). Sur le côté Sud du tas de blé, le paysan met quatre petits bâtons ou plusieurs pierres. Ceci est le signe de séparation entre le tas de paille et le lieu où tomberont les grains de blé après le vannage (fig. 80, H.7).

Si le propriétaire de la récolte est un homme généreux, il est de coutume que les villageois l'aident gracieusement et participent par gentillesse au vannage.

On choisit un jour où souffle le vent du Nord (*ṭayyāb*)[2]. Un ou deux hommes se tiennent debout au Nord du tas de blé, les pieds nus car on dit qu'il est *ḥarām* (péché) de fouler le grain les pieds chaussés. Avec la fourche (*medrāya*) on jette un peu de blé en l'air. Les grains de blé et les parties lourdes de la tige (gros nœuds : *gaṣala,* pl. *gaṣal,* et nœuds plus fins : *rokba,* pl. *rokab*), et les épis (*sabal*) non broyés tombent au Sud du tas tandis que la paille légère (*tebn*) poussée par le vent du Nord, tombe encore plus au Sud.

Habituellement durant le vannage, un homme ou une femme s'assoit à côté du tas vanné et tient un balai fait en lianes de palmier[3] avec lequel il balaie la surface du tas vanné pour regrouper les nœuds de tiges (*gaṣala* et *rokba*) et les épis entiers qui glissent d'eux-mêmes sur la surface. Ensuite on les frappe avec un bâton (pl. 26) et le grain de blé se sépare de sa gaine. Puis on crible avec la *serrāta;* les grains et la *rokba* traversent, alors que la *gaṣala* reste dans le crible et est utilisée comme combustible pour les fours

(1) Ceruana pratensis; cf. La flore locale, p. 118.

(2) Voici le nom des différents vents :

Ṭayyāb : vent du Nord
Naww : vent du Sud
Ṭarš : vent chaud
Ṭayyab ġarbī : vent d'Ouest.

(3) Cf. L'artisanat, usages du palmier, p. 179-81.

Pl. 25. — L'aire (*ğorn*).

Vannage et battage.

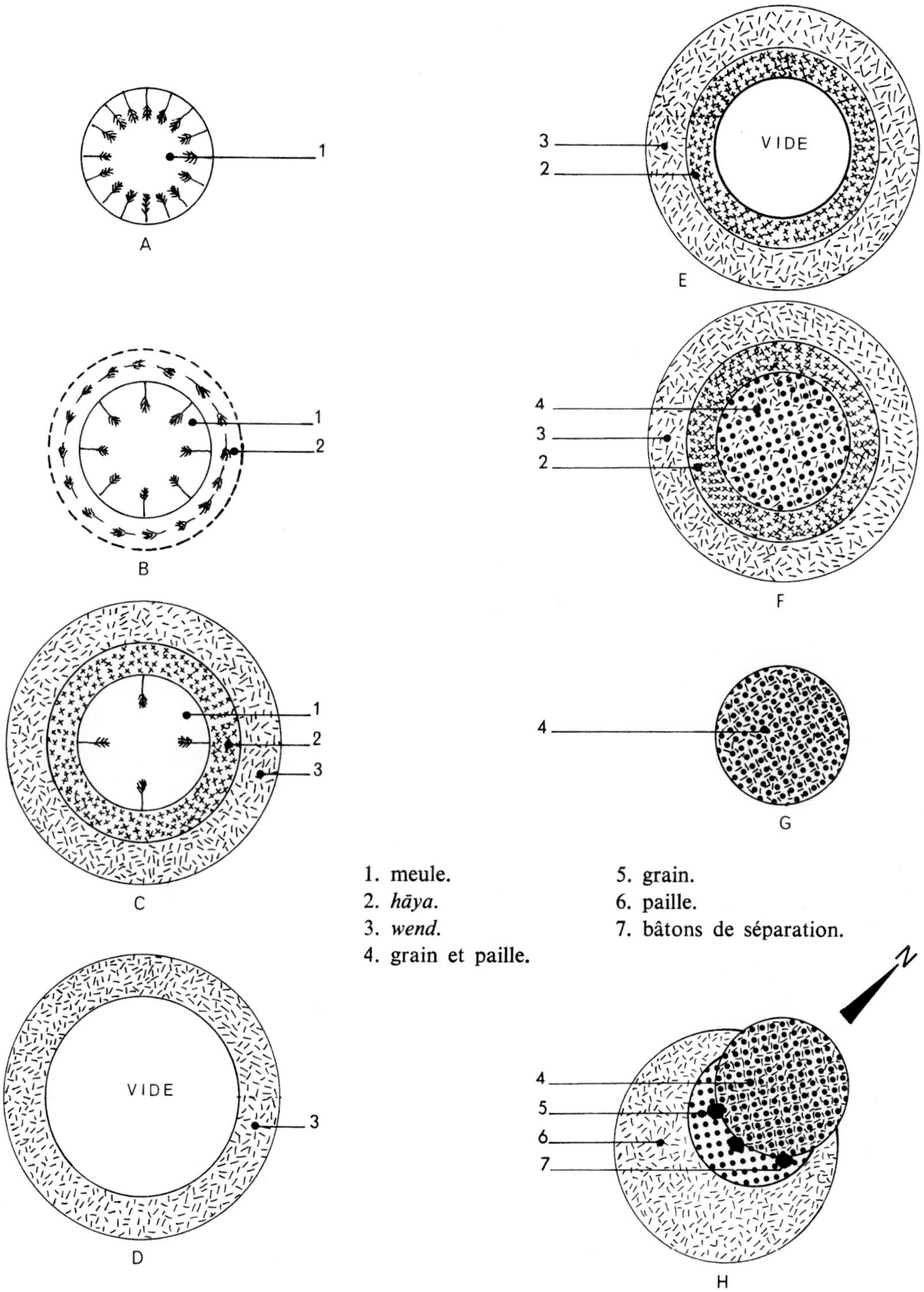
A
B
C
D
E
F
G
H
VIDE
VIDE
N
1. meule.
2. *hāya.*
3. *wend.*
4. grain et paille.
5. grain.
6. paille.
7. bâtons de séparation.

Fig. 80 : L'aire (*ǧorn*).

à pain et les réchauds ou fourneaux (*kānūn*). On vanne une seconde fois (pl. 27) et le grain se sépare des *rokab* fins qui servent de nourriture au bétail.

Après les diverses étapes du vannage, le blé forme un tas dans lequel le propriétaire enterre deux petits blocs de sel de Rosette ou *malḥ rašīdī* ainsi qu'une boule de pâte à pain (*bannūn*) et deux croix [1] pour attirer la bénédiction sur la récolte. Puis il recouvre le tas d'une couverture de laine et se prépare à tamiser le blé avec la *serrāta* pour séparer le blé des petites pierres, avant de le transporter dans les silos des maisons. Le propriétaire s'accroupit devant le tas et il invoque le Nom de Dieu en disant : « La main de Dieu avant la nôtre » (*yadd Allāh gabl yaddenā*) et il remplit le couffin et l'agite, puis il le verse dans le crible qu'un autre homme tient entre ses mains. Après la séparation du grain et des petites pierres, il remplit d'eau une jarre et la met près des céréales du côté Ouest, également pour attirer des bénédictions. Certains paysans préfèrent rentrer la récolte immédiatement après le tamisage; d'autres préfèrent la laisser durant la nuit et disent que c'est pour « refroidir le grain » afin que les charançons ne l'attaquent pas quand il sera déposé dans les silos pour y être conservé.

On rassemble de grands sacs en laine (*tallīs*) et les instruments de mesure (*mekyāl*) [2] et on les pose à côté des céréales. La femme du propriétaire prépare un dîner de volaille ou de viande (mouton ou bœuf) ou de pâte *gurūṣ* [3] (sing. *gorṣ*) et la famille s'installe à côté du tas pour y prendre le dîner. Le mari reste dormir à côté de sa récolte.

A l'aube on commence à « mettre en sacs » (*kēl*) et habituellement deux hommes, amis du propriétaire, participent à cette opération. Le propriétaire dit : « Au nom de Dieu », répandant avec sa main droite un peu de blé, du côté du soleil levant, sur le tas recouvert d'une couverture, et qui est dénommé à partir de ce moment *ṣobra* ou *ʿarūs* (la fiancée), en raison de la joie que suscite sa vue. Ensuite il s'accroupit à l'Est du tas et tient la *kēla* devant le grain. Un second homme s'assoit à côté du tas et pousse le grain vers la *kēla* au fur et à mesure que le tas diminue; on dit que l'homme engraisse (*yisammen*) le tas. Le troisième homme debout tient le sac et chaque fois qu'on introduit le contenu d'une *kēla*, il compte en disant :

Allāh wāhed	الله واحد
Mā lūš tānī	مالوش تانى
Talāta ya talātīn	تلاته يا تلاتين

(1) Cf. Les fêtes, fête de l'Archange Michel, p. 252.

(2) Cf. Appendice II, p. 345.

(3) Cf. Les mets à base de farine, p. 171-2.

El-arbaʿa al-agṭāb warado	الاربعه الاقطاب وردوا
Ḫamsa yā mʿallem	خمسه يامعلم
Setta yā nāṣer el-sitta ʿas-settīn	سته ياناصر السته عالستين
Sabʿa yā sabʿīn	سبعه ياسبعين
Tamānya ṣalli ʿal-ḥabīb ṣalli	تمنيه صل عالحبيب صل

Dieu est Unique.
Il n'y en a pas un second.
Trois, ô trente.
Les quatre points cardinaux [1] sont là.
Cinq, ô maître.
Six, ô toi qui fais vaincre les soixante par les six.
Sept, ô soixante dix.
Huit, prie pour le (prophète) bien-aimé, prie.

Ceux qui sont présents répondent : « Priez pour lui (*allāhumma ṣalli ʿaleh*) ». Ensuite le second homme se lève pour aider celui qui tient le sac et ils se mettent à le secouer pour que le blé se tasse; ils attachent le sac et le mettent de côté. Et on recommence jusqu'à ce que tout le grain soit mis en sac. Pendant ce temps les grains sont toujours recouverts d'une couverture pour qu'un passant ne puisse pas lui jeter le mauvais œil. Si quelqu'un passe au moment de la mise en sac, il dit toujours : « Salut! que la bénédiction soit avec eux (*ʿawāfī l-baraka ʿandoḥom*) » et les hommes répondent à son salut par : « Bienvenue à la bénédiction et à ceux qui la donnent (*marḥaba bi l-baraka we ṣḥābhā*) ».

On groupe les ânes et on les charge des sacs que l'on transporte à la maison. Si la récolte est abondante on la met dans les *riwāg* [2]; si elle est limitée on la met dans les *dōr* [3] ou dans les silos (*ṣomʿa*). Comme il reste toujours à l'endroit du tas, ou *ʿarūs,* un peu de blé, les femmes se mettent à le rassembler avec un balai fait en *šedīda* qui se nomme *ǧarǧara;* ensuite il est tamisé dans le *ġorbāl* pour séparer la poussière des grains; puis on le fait passer dans la *serrāta* pour enlever les pierres des grains. Habituellement on donne de ce blé à tous ceux qui ont participé à la moisson : moissonneurs, lieurs de gerbes et chameliers pour les dédommager de leur travail. Certains donnent une partie de la *ʿarūs.*

(1) Les quatre points cardinaux (d'après un des villageois).
(2) Cf. Le dépôt de grains (*riwāg el-ġalla*), p. 14.
(3) Cf. Le mobilier, p. 49-51.

— *La paille.* On porte la paille hachée (*tebn*) dans de grands filets en corde de fibre de palmier (*šenfa* ou *šanīfa*) que l'on met sur le dos des chameaux. Le contenu de 4 filets est appelé *ḥiml* et vaut une livre et demie à deux livres. La paille est transportée jusqu'aux maisons et déposée dans des lieux spéciaux. On utilise le tamis dit *tabbāna* pour séparer la paille fine de la paille grossière. La première est utilisée comme nourriture pour le bétail et la seconde est mélangée avec la terre pour la fabrication de la brique crue.

Après le transport des récoltes et de la paille hachée, on brûle les chaumes avant de labourer en vue de la culture qui suivra.

La culture des oignons

Durant la première semaine du mois copte de *Mesra* (Août), on arrache les racines du maïs *šāmī* que les villageois appellent *ğūr* ou *kaʿrūb*. Cette opération dure jusqu'au 10 du mois, qui correspond au 16 Août.

Ensuite la terre est irriguée, puis labourée, puis divisée en parcelles d'une *gaṣaba* [1] sur une *gaṣaba* et demie. Ensuite on sème la « graine noire » (*ḥabba sōda*) et on recouvre les grains avec un râteau.

Après cela, la terre est irriguée et laissée un jour, puis irriguée le second jour et laissée deux jours; puis elle est irriguée pour la troisième fois.

On irrigue toujours la terre au coucher du soleil ou au crépuscule, car on dit que l'irriguer durant la journée serait néfaste : le soleil du mois d'Août brûlerait les racines sorties de la graine noire.

Le cinquième jour, la terre est irriguée pour la quatrième fois et ensuite tous les cinq jours. Quand apparaissent au-dessus du sol les pousses des oignons (*šūša*), on saupoudre d'engrais chimiques en petites quantités et on recommence à irriguer. Ce premier cycle dure cinquante jours à compter des semailles. Cette parcelle plantée d'oignons, qui atteint une surface de 19 m^2 environ, tient lieu de pépinière, et les oignons à ce stade sont nommés *bazg*. On dit qu'avec deux *girāṭ* [2] de *bazg* on peut planter deux *feddān* [3] entiers d'oignons.

Au début du mois de *Bāba* (Octobre), les racines du maïs d'été (*gēḍī*), nommées également *ğūr*, sont arrachées. La terre est irriguée et labourée et une semaine après le labour, on fertilise avec de la *lāṣa* [4]. Ensuite la terre est égalisée avec le traînoir, puis elle est divisée en parcelles avec ses sillons et ses levées (*sēf*).

(1) Cf. Appendice II, p. 346.
(2) Cf. Appendice II, p. 346.
(3) Cf. Appendice II, p. 346.
(4) Cf. Les engrais, p. 77.

Le vannage de la *rokba*.

Coupe et nettoyage des oignons.

On irrigue d'abord les parcelles de *bazg* pour préparer le dépiquage, afin que les racines ne se cassent pas. Trois jours plus tard on dépique les petits oignons qui sont ensuite liés en petites gerbes avec des feuilles de palmier. Une de ces gerbes est nommée *ṭonn* et l'opération du repiquage (*tagṭīr*) commence.

Dans le cas où toute la quantité de *bazg* n'est pas repiquée, les enfants échangent dans les rues le surplus de gerbes d'oignons contre des galettes de pain (*betāw*).

Le propriétaire de la terre loue le travail de deux hommes et de six enfants ou de trois hommes et de neuf enfants, suivant la surface de la terre qu'il veut planter.

Les enfants sont placés l'un derrière l'autre sur les *sēf;* chacun d'eux tient une gerbe de petits oignons. Les hommes passent le long de chaque *sēf* et avec la houe-*šakk*, ils creusent dans le *sēf* de petites poches à des distances égales. L'enfant qui les suit dépose un seul oignon dans chaque trou. Quand les petits oignons ont été repiqués, la terre est irriguée, ce qui se dit : *tetbawweġ*.

On laisse de dix-sept à vingt jours, puis on asperge d'engrais chimiques et on irrigue une seconde fois. On laisse encore vingt jours, puis on asperge à nouveau d'engrais chimiques, puis la terre est de nouveau irriguée et laissée vingt jours. Durant cette période, les enfants sont placés sur les *sēf* et remuent la terre autour des bulbes d'oignons, avec de petites houes, afin que l'oignon ait une place suffisante pour grossir. Les oignons sont laissés en terre jusqu'au 10 Mars environ, puis on les arrache, on les étale sur le sol et on les y laisse de cinq à six jours. On dit que c'est pour que l'oignon boive la sève de sa tige verte. Durant cette période, le propriétaire de la récolte la surveille et couche dans les champs, et on entend toujours au soir le crépitement des fusils qui attestent la présence du propriétaire.

Quand vient le moment de nettoyer les oignons, les petits garçons et les petites filles, avec la femme du propriétaire de la terre et ses enfants, s'assoient par terre et utilisent des sortes de tranchoirs appelés *mašraṭ* (fig. 81).

La lancette est fixée à un morceau de *ǧerīd* dont l'extrémité est plantée verticalement dans le sol, de façon que la pointe de la lame soit tournée vers le haut. L'enfant coupe les racines (pl. 28) puis la touffe (*šūša*). Un enfant, travaillant ainsi du lever du soleil au crépuscule, gagne dix piastres par jour.

Les oignons sont ensuite entassés dans des sacs et envoyés à la coopérative agricole.

La culture du coton

Au début du mois de Mars vers la fin de la troisième semaine de *Amšīr*, on retourne la terre pour arracher le trèfle, puis on la fertilise avec un engrais naturel, la *lāṣa* (1).

(1) Cf. Les engrais, p. 77.

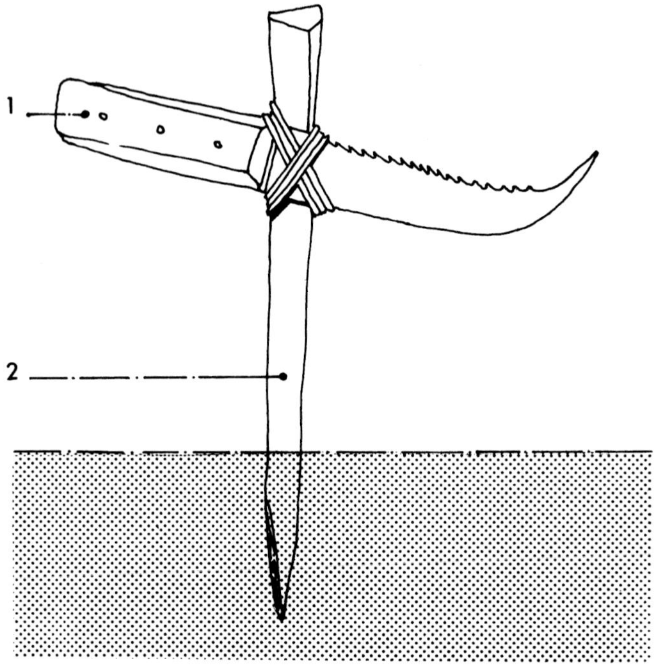

Fig. 81 : Tranchoir (*mašraṭ*).

On passe sur la terre le traînoir (*dchdāḥa*), puis on fait des sillons (*sarb*) avec la charrue, chaque *gaṣaba* [1] étant divisée en six *sarb* d'environ 0,60 mètre, qui sont orientés Est-Ouest. Ensuite on divise la terre sillonnée en bassins et on utilise les houes pour élever et égaliser les levées de terre (*sēf*) entre les sillons. Les graines de coton sont frottées avec de la cendre ramassée dans les fours à pain et les *kānūn,* afin de détacher les fibres qui y restent accrochées. Le paysan porte ces graines dans le devant de sa *ǧallābiyya* dont le bord est retenu avec ses dents. Dans la main gauche il tient quelques graines et dans la main droite il tient la houe avec laquelle il creuse les trous (*būra*) dans lesquels il introduit la semence à des distances d'environ 25 cm. Ces trous sont creusés dans la partie Sud de la levée de terre afin de recevoir le soleil, et pour que les pieds de coton, quand ils auront poussé, puissent résister au vent du Nord (fig. 82). Puis la terre est irriguée et on attend quinze jours.

Les racines se développent et les petites tiges de coton apparaissent au-dessus de la surface. On arrache les tiges faibles et on laisse quatre ou cinq tiges dans chaque *būra.* Avec les houes, on réégalise la terre autour des plants.

[1] Cf. Appendice II, p. 346.

On fertilise avec de l'engrais chimique, et on irrigue; la terre est laissée ainsi dix jours; puis on bine pour enlever les mauvaises herbes et on arrache (*tefallet*) les tiges qui ont été attaquées par le ver du coton, ou qui ont mal poussé.

On laisse seulement deux plants dans chaque trou (*būra*). On laisse passer deux semaines puis on fertilise à nouveau et on irrigue aussi souvent que l'exigent la nature et la composition de la terre. Chaque paysan connaît les besoins de son sol. Certains irriguent sept fois, d'autres douze.

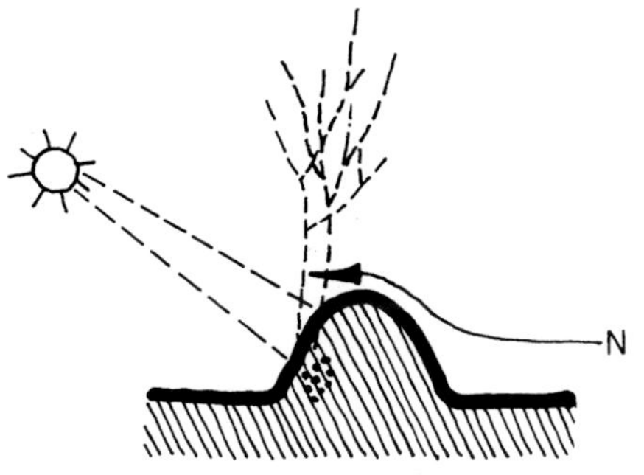

Fig. 82 : Plantation de la graine de coton.

Durant cette période, la capsule a poussé et s'est ouverte; le coton commence à apparaître. On irrigue une dernière fois et on laisse trois jours.

Puis la récolte commence. Ce sont les enfants qui ramassent le coton, chaque enfant emplit son sac. L'enfant est payé 30 piastres pour chaque *genṭār* (1). Finalement le coton est envoyé à la coopérative agricole.

LA FLORE LOCALE

Les plantes sauvages sont variées dans la région. Certaines sont quelquefois utilisées comme aliments par la population; d'autres servent de fourrage pour les animaux domestiques; d'autres enfin possèdent des vertus médicinales.

J'ai eu l'occasion d'en recueillir un certain nombre qui croissent en différents lieux : dans les champs parmi les céréales et autres plantes cultivées, au bord du Nil ou du canal, ainsi que dans le désert de l'Est et dans le lit des ouadi, mais la plupart du temps desséchées. Je tiens les noms arabes de ces plantes des paysans de la région (2).

Les arbres sont peu nombreux dans notre village.

(1) Cf. Appendice II, p. 347.

(2) Leur détermination botanique est due aux recherches entreprises par Mlle Farida Makar. Mme Vivi Täckholm, Professeur de Botanique Systématique à l'Université du Caire, a bien voulu relire ces notes et y apporter quelques précisions. Toutefois l'identification des plantes, basée sur des dessins faits sur place, n'a pu être poussée très loin et nous n'avons parfois que des noms d'espèces. Il se peut aussi que les noms donnés par les paysans correspondent à l'usage local et diffèrent des termes employés ailleurs dans le pays. Les noms français ont été donnés dans la mesure du possible. Nous énumérons ces plantes dans leur ordre alphabétique arabe.

Tamarix (fig. 83) (*ʿAbal*) عبل

Tamaris. Fam. des tamaricacées. Cette plante pousse auprès des canaux et dans le désert, à la limite des terres cultivées. Les chèvres, les moutons et les chameaux en mangent. On en fait des bâtonnets (*marāwed,* sing. *merwad*) que l'on utilise pour étendre le *koḥl* sur les yeux. Le tronc d'une autre variété de tamaris (*atl*) est utilisé comme poutres pour soutenir les plafonds des pièces recouvertes de nervures de palmier et comme linteaux de portes. Parfois il est aussi utilisé pour faire la *ḥalaga* de la *sāgya,* les *medrāya* [1] et aussi les rouleaux pour aplatir la pâte du pain (*naššāba*).

Fagonia arabica (fig. 84) (*ʿAgūl ğabal*) عقول جبل

Sainfoin. Fam. des zygophyllacées. Croît dans les ouadis. Le bétail, les chèvres et les chameaux s'en nourrissent. La décoction de cette plante est utilisée comme remède contre les calculs rénaux.

Alhagi Maurorum (fig. 85) (*ʿAgūl ğesr*) عقول جسر

Alhagi des Maures. Fam. des légumineuses. Croît au bord des canaux. Mangée par le bétail, les chameaux, les chèvres.

Stypa gigantea (*Bēḍ el-ḥalfa*) بيض الحلفا

Stype géante. Cette plante pousse au milieu des champs d'alfa. Elle est utilisée pour soigner les plaies des animaux, notamment des ânes.

Zygophyllum coccineum (fig. 86) (*Bezz el-kalb*) بز الكلب

Fam. des zygophyllacées. Cette plante croît dans les ouadis de la montagne. Elle est utilisée, après avoir été séchée, comme combustible. Les chameaux et les chèvres s'en nourrissent alors que les bovins la délaissent. Séchée, broyée et bouillie, elle sert à préparer une décoction que l'on boit pour guérir la toux.

Ambrosia maritima (*Damsīsa*) دمسيسه

Absinthe bâtarde ou ambrosie. Fam. des composées. Croît au bord du canal et dans les flaques d'eau. Ses racines sont bouillies pour produire un breuvage propre à guérir les calculs rénaux aussi bien que la toux.

(1) Cf. Les outils agricoles, p. 93-4.

Scoparia dulcis (fig. 87) (*Defra*) دفره

Scopaire doux. Fam. des scrofulariacées. Cette plante pousse parmi le coton, le maïs d'été et la *moloḫeyya.* Elle est mangée par le bétail.

Polypogon monspeliensis (fig. 88) (*Dēl el-fār*) ديل الفار

Vulpin des champs. Fam. des graminées. On trouve ce vulpin sur les berges du canal ou du Nil, de même qu'auprès des *sāgya,* la plupart du temps à l'ombre. Le bétail s'en nourrit.

Cyperus rotundus (fig. 89) (*ʿEddēs baḥr*) عديس بحر

Fam. des cypéracées. Cette plante qui sert de nourriture au bétail vit au bord du Nil et des canaux.

Vicia sativa (fig. 90) (*ʿEddēs ğarf*) عديس جرف

Vesce ou lentille. Fam. des légumineuses. Cette espèce de lentille sauvage pousse dans les terres agricoles en général. Le bétail s'en nourrit.

Solanum nigrum (fig. 91) (*ʿEnab el-dīb*) عنب الديب

Morelle noire, crève-chien ou maurette. Fam. des solanacées. On cueille cette plante soit dans la montagne soit au bord des eaux calmes du Nil ou des canaux. On mange ses fruits amers lorsqu'ils mûrissent; on les grille et on les mange comme remède contre la dysenterie. Contre les rhumatismes, il y a deux façons de se servir de cette plante : on peut la faire bouillir dans un récipient et l'on fait passer la vapeur sur les régions douloureuses; on la broie verte et après l'avoir chauffée, on l'applique sur le corps.

Raphanus raphanistrum (*Feğl ğabal*) فجل جبل

Radis sauvage. Fam. des crucifères. Ce radis croît dans les ouadis de la montagne de l'Est. Le bétail le mange.

Datura guayaquilensis (fig. 92) (*Ğātūra ou Dātūra*) جاتوره (او) داتوره

Datura. Fam. des solanacées. On trouve le datura dans les détours des cours d'eau et au bord du canal. C'est une plante vénéneuse que le bétail ne mange pas. Mélangée au tabac des cigarettes, elle passe pour être un remède contre l'asthme.

Erodium (fig. 93) (*Ğerī*) جرى

Fam. des géraniacées. Croît parmi les cultures de trèfle et de fèves. On émiette les feuilles de cette plante après les avoir bouillies et salées. Elles sont alors apprêtées avec des oignons et de la *samna* (beurre fondu).

Sonchus oleraceus (fig. 94) (*Ğoʿḍīḍ*) جعضيض

Laitue de lièvre, ou laiteron ou chardon blanc. Fam. des composées. Le sonchus vit parmi le trèfle et le blé. Il se nomme aussi *ḍoʿḍīʿ*. Il est généralement mangé par le bétail. Certains mangent ses feuilles fraîches avec le fromage blanc et le *mešš*. Chez les habitants de ʿĪsāwiyya on raconte que les compagnons du Prophète furent pris par la faim alors qu'ils se trouvaient dans le désert. Ils trouvèrent alors cette plante et en mangèrent jusqu'à satiété. C'est pour cela qu'elle porte également le nom de *ğōʿḍāʿ* « faim perdue ».

Glinus lotoides (fig. 95) (*Ġobbīra*) غبيره

Tournesol ou maurelle. Fam. des molluginacées. Pousse au bord du Nil. La veille du Jeudi Saint, tous les habitants du village se baignent et se frictionnent avec cette plante après l'avoir laissée une nuit sous leur tête (ce jour se nomme le « mercredi de Job »).

Orobanche crenata (fig. 96) (*Halūk*) هالوك

Orobanche. Fam. des orobanchacées. Vit en parasite sur les fèves, les épuise et les empêche de mûrir. Séchée puis bouillie, sa décoction est considérée comme un diurétique. La même décoction sucrée devient un médicament contre la toux.

Imperata cylindrica et Desmostachya bipinnata (fig. 97) (*Ḥulfa*) حلفا

Ces deux plantes différentes se confondent sous le nom générique d'alfa. Fam. des graminées. L'alfa est utilisé pour la fabrication des nattes. On le coupe à la faucille et on le met en gerbes; celles-ci sont mises à sécher au soleil pendant une semaine environ puis on les fait macérer dans l'eau. Les fibres de l'alfa servent à faire des cordes qui serviront à lier les gerbes de blé (p. 192).

Cuscuta (fig. 98) (*Ḥamūl*) حامول

Cuscute. Fam. des convolvulacées. Cette sorte de cuscute qui se développe à la base des plantes de trèfle lui est nuisible. Le bétail la mange en même temps que le fourrage.

Melilotus Indica (fig. 99) (*Ḥandadūga ou Ḥandadūg*) حندقوقه (أو) حندقوق

Trèfle musqué. Fam. des légumineuses. Cette variété de trèfle est nuisible au trèfle cultivé, aux semis de blé, d'orge et de fèves. Les paysans prennent soin de l'éliminer de leurs champs avant qu'elle ne mûrisse car elle est très prolifique.

Fig. 83 : ʿ*Abal.*

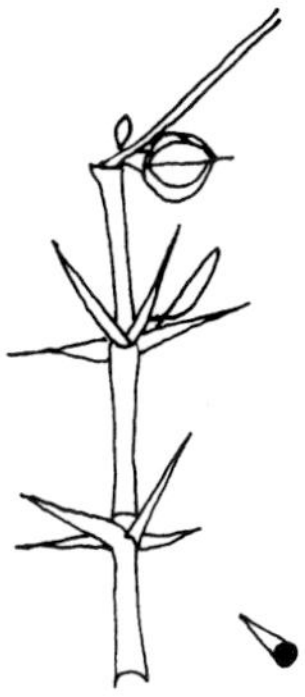

Fig. 84 : ʿ*Agūl ǧabal.*

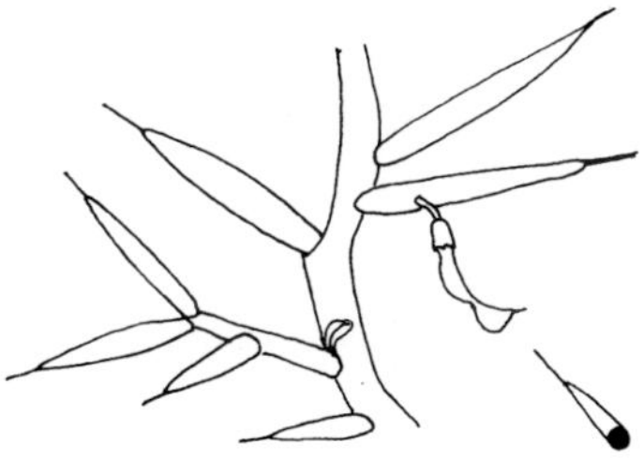

Fig. 85 : ʿ*Agūl ǧesr.*

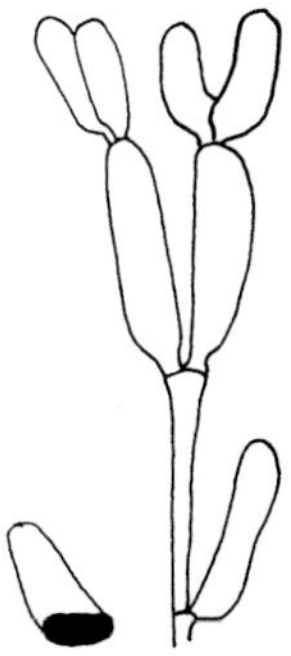

Fig. 86 : *Bezz el-kalb.*

Fig. 87 : *Defra.*

Fig. 88 : *Del el-fār.*

Fig. 89 : ʿ*Eddēs baḥr.*

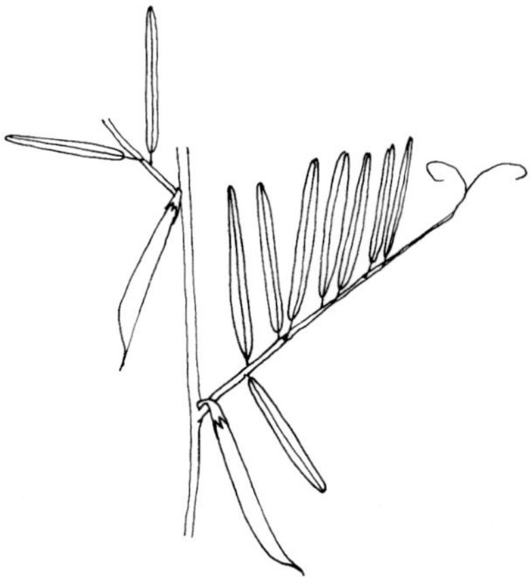

Fig. 90 : ʿ*Eddēs ǧarf.*

Fig. 91 : ʿ*Enab el-dīb.*

Fig. 92 : *Ǧātūra* ou *dātūra.*

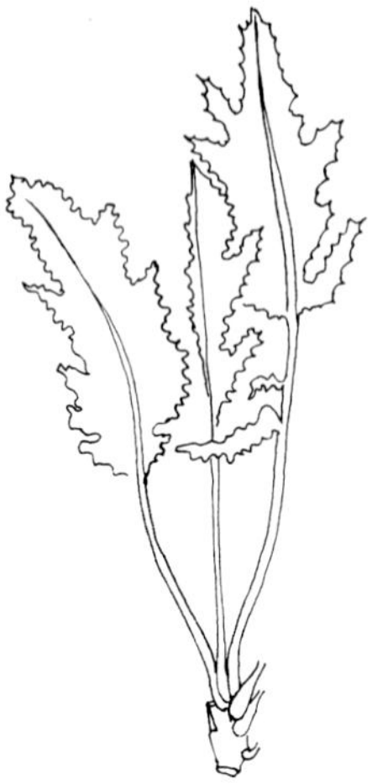

Fig. 93 : *Ǧerī.*

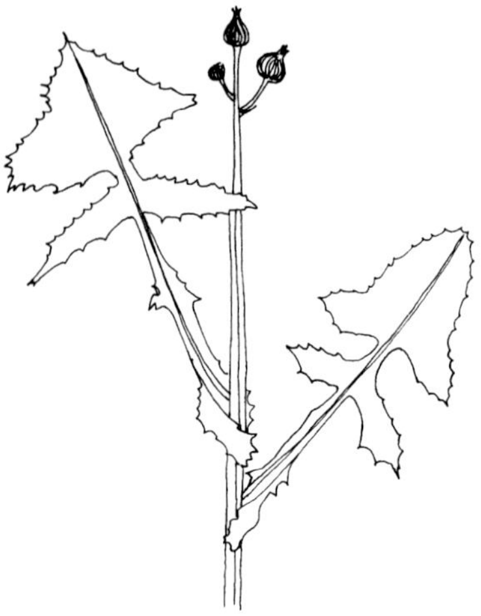

Fig. 94 : *Ǧoʿḍīḍ.*

Fig. 95 : *Ġobbīra.*

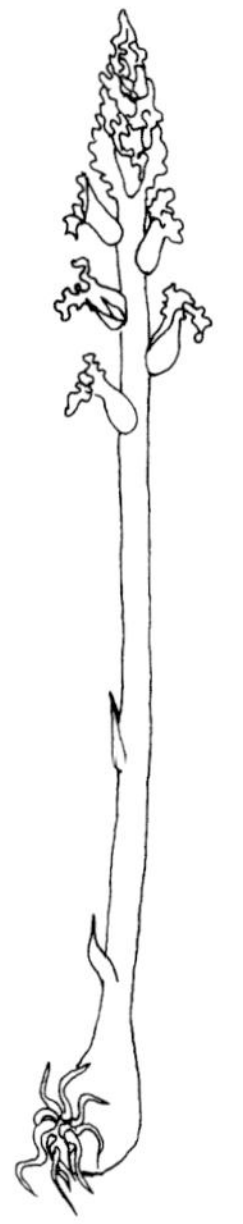

Fig. 96 : *Halūk.*

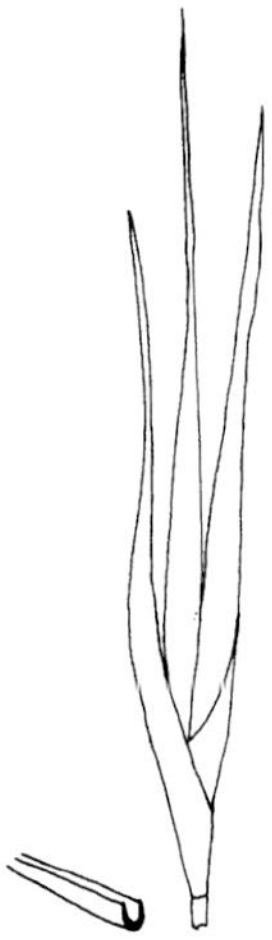

Fig. 97 : *Ḥalfa.*

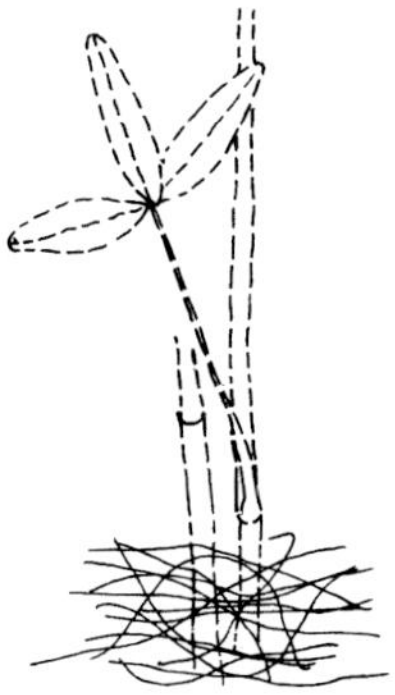

Fig. 98 : *Ḥamūl.*

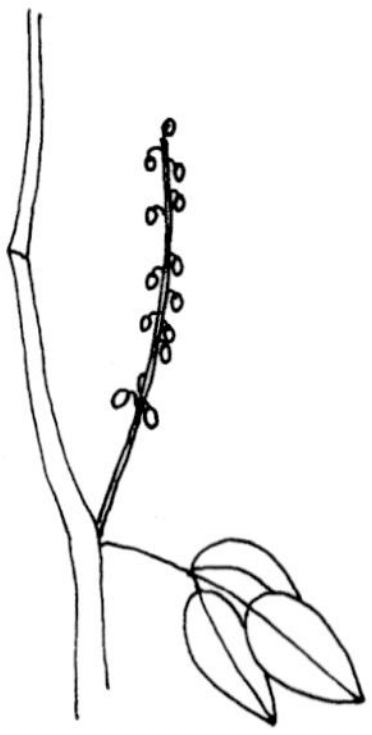

Fig. 99 : *Ḥandadūga.*

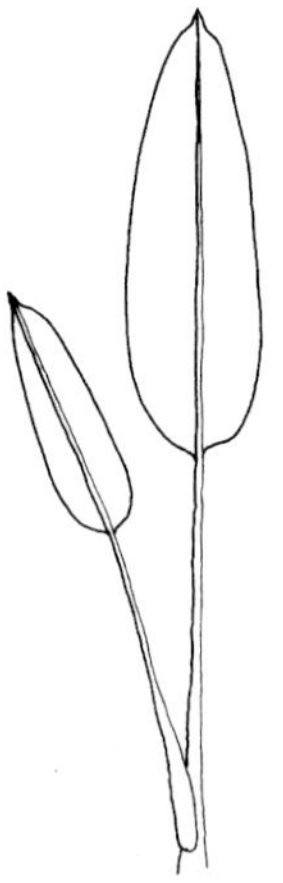

Fig. 100 : *Ḥemmēḍ.*

Fig. 101 : *Ḫarwaʿ.*

Rapistrum orientale (*Ḥārra*) حاره

Rapistre. Fam. des crucifères. Le rapistre pousse au bord du Nil. Ses feuilles broyées sont utilisées sous forme de cataplasme par les rhumatisants. Elles peuvent être aussi plaquées contre les tempes pour guérir la migraine.

Rumex (fig. 100) (*Ḥemmēḍ*) حميض

Oseille. Fam. des polygonacées. L'oseille pousse parmi le trèfle. Apprêtée avec des oignons et de la *samna* elle est alors répandue sur un plat de lentilles.

Ricinus communis (fig. 101) (*Ḫarwaʿ*) خروع

Ricin ou Palma Christi. Fam. des euphorbiacées. Le ricin vit près du canal et des *sāgya*. Après la scarification au feu (*kawī*)[1] (p. 211) ses feuilles sont posées sur la brûlure infectée pour en faire sortir le pus.

Malva rotundifolia (*Ḫobbēza*) خبيزه

Mauve fromagère. Fam. des malvacées. Cette variété de mauve se trouve dans les champs de trèfle et de fèves. Elle est comestible.

Francœuria crispa (fig. 102) (*Kitkāt*) كيتكات

Fam. des composées. Plante qui vit dans la montagne. Le bétail la dédaigne. On l'utilise comme insecticide pour détruire les punaises dans les maisons : séchée et brûlée, elle dégage une fumée âcre. Dans un but similaire on la mélange avec du crottin d'âne (*ṣola*) et des rognures de sabot d'âne. Elle sert alors à détruire les tiques (*heshes*) de la volaille lorsqu'on la brûle dans les poulaillers.

Lactuca virosa (fig. 103) (*Lebbēn*) لبين

Laitue vireuse. Fam. des composées. Pousse parmi le trèfle. On la mange habituellement verte avec le fromage blanc et le *mešš*.

Euphorbia (fig. 104) (*Lebbēn ʿads*) لبين عدس

Cette plante se développe parmi les champs de lentilles et le bétail la mange.

Chenopodium ambrosioides (fig. 105) (*Mentena*) منتنه

Vulvaire ou ansérine fétide. Fam. des chénopodiacées. On trouve cette vulvaire parmi les champs de fèves, de trèfle ou d'oignons. On la bat avant de l'utiliser; on peut en faire

[1] Application d'un clou rougi sur un endroit malade.

un cataplasme que l'on applique sur les abcès ou bien elle est enfermée dans un mouchoir et attachée sur la tête comme remède contre la migraine.

Zizyphus spina-christi (fig. 106) (*Nabag*) نبق

Nabea, épine du Christ ou jujubier. Fam. des rhamnacées. Cet arbre pousse au bord du Nil et des canaux. Son bois est solide. On l'utilise dans la construction des charrues [1] et des hache-paille (*nōrağ*) [2] et aussi dans celle des roues hydrauliques [3].

Cynodon dactylon (fig. 107) (*Nağīl*) نجيل

Chiendent. Fam. des graminées. Le chiendent est nuisible à toutes les cultures mais le bétail s'en nourrit.

(*Naḫīl*) [4] نخيل palmier.

(*ʿOṭna*) عطنه

On s'en sert comme remède contre les hémorroïdes (p. 215).

Portulaca oleracea (fig. 108) (*Reğla*) رجله

Pourpier. Fam. des portulacées. Pousse en été dans les cultures diverses. Le pourpier peut être mangé cru ou cuisiné. Les villageois le font cuire avec les fèves et les lentilles.

Avena fatua (fig. 109) (*Sābūs*) سابوس

Folle avoine. Fam. des graminées. On trouve la folle avoine parmi le blé et le trèfle. On l'arrache jeune de crainte qu'elle n'envahisse les cultures.

(*Salāmekka*) (fig. 110) سلامكه

On rencontre cette plante parmi le coton et le maïs. On l'utilise comme vermifuge et on la mange habituellement avec le *mešš* et le fromage blanc.

Acacia nilotica (fig. 111) (*Sanṭ*) سنط

Acacia ou gommier d'Egypte. Fam. des légumineuses. L'acacia est très répandu au bord du Nil et des canaux. On lui trouve de nombreux emplois.

(1) Cf. Les outils agricoles, p. 78 sq.
(2) Cf. Les outils agricoles, p. 82 sq.
(3) Cf. L'irrigation, p. 61-8.
(4) Cf. L'artisanat, p. 179.

Son bois est utilisé pour la fabrication d'outils agricoles : le sep [1] de la charrue, les manches des pioches [2], des râteaux et aussi dans de nombreuses parties de la *sāgya.* Pour éviter que les vers ne l'attaquent, on le coupe en hiver et on le trempe dans l'eau.

Ses fleurs sont bouillies pour donner une tisane que l'on boit à jeun pour éliminer les calculs rénaux.

Ses feuilles sont un remède contre les maladies ophtalmiques : elles sont broyées, on y ajoute un peu d'eau et on en fait des compresses que l'on applique sur l'œil malade.

Ses fruits sont utilisés en tannerie.

Sesbania (fig. 112) (*Sāsabān*) ساسبان

Sesbane. Fam. des légumineuses. C'est un arbre qui pousse le long des canaux ou sur les pistes agricoles. Son bois peu résistant ne peut être utilisé que comme combustible.

Cyperus (fig. 113) (*Se'd*) سعد

Souchet long ou souchet odorant. Fam. des cyperacées. Le souchet, qui pousse au bord du canal, est mangé par les chèvres et par les moutons.

Salix subserrata (fig. 114) (*Ṣefṣāf*) صفصاف

Saule d'Egypte. Fam. des salicacées. Le saule d'Egypte trouve son habitat au bord du Nil et des canaux. On peut l'utiliser dans la construction des portes, mais les vers l'attaquent rapidement. Pour cette raison on évite de s'en servir pour la charpente en général. On peut toutefois l'utiliser temporairement pour supporter les gerbes de tiges de maïs employées comme couverture dans certaines pièces de maisons. On emploie aussi son bois pour fabriquer les louches (*maġrafa*) et les bordures des tamis [3].

Withania somnifera (fig. 115) (*Šaġaret el-agra'*) شجرة الاقرع

Fam. des solanacées. Les fruits de cette plante qui vit sur les bords du Nil ou des canaux se présentent comme de petites boules rouges et lisses. Le nom qui la désigne en arabe (l'arbre du chauve) est dû à la ressemblance de ses fruits avec des crânes de chauves. Les petites filles du village s'amusent à en faire des bracelets ou des colliers.

(1) Cf. Les outils agricoles, p. 78.

(2) Cf. Les outils agricoles, p. 87-8.

(3) Cf. Les outils agricoles, p. 94-5.

Thea Pulicaria undulata (*Šāy ǧabalī*) شاى جبلى

Théier. Fam. des composées. On rencontre cette espèce de théier dans les ouadis de la montagne. Il est utilisé, bouilli, comme le thé commun. Il a de plus la propriété de faciliter l'expulsion des gaz intestinaux.

Ceruana pratensis (fig. 116) (*Šedīda*) شديده

Céruane. Fam. des composées. On récolte la céruane sur les bords du Nil. La plante, une fois séchée, sert de balai pour rassembler les graines de céréales (maïs ou blé) sur l'aire de battage.

Artemisia (*Šīḥ ǧabalī*) شيح جبلى

Armoise ou absinthe. Fam. des composées. On trouve l'armoise dans le lit des ouadis de la montagne. Mélangée au tabac des cigarettes, elle facilite l'expulsion des gaz intestinaux. On peut aussi faire chauffer une brique de terre cuite dans le four; on y pose cette plante puis on fait asseoir dessus le malade qui souffre de constipation. Une autre méthode consiste à jeter la plante dans l'eau chaude pour en faire un bain de siège.

L'armoise trouve aussi son utilisation dans le traitement des animaux : contre les ballonnements, on découpe cette plante puis on l'introduit dans du pain *betāw* que l'on fait manger à la bête malade. Ce remède agit alors comme un purgatif. On peut aussi l'attacher dans un morceau d'étoffe que l'on suspend dans les pigeonniers et dans les maisons pour éloigner les reptiles.

Echium (fig. 117) (*Šōk baḥr*) شوك بحر

Fam. des boraginacées. L'echium vit sur les berges et sur les îles du Nil. C'est un genre de chardon que l'on fait bouillir et dont la tisane est un remède contre la toux.

Argemone mexicana (fig. 118) (*Šōk wezz*) شوك وز

Pavot. Fam. des papavéracées. Cette variété de pavot est utilisée pour soigner les oies : on la broie puis on la brûle et l'on fait respirer sa fumée par l'oie malade; ou lorsqu'une oie souffre plus particulièrement de claudication, on la lui fait manger.

Convolvulus arvensis (fig. 119) (*ʿUllēg*) عليق

Liseron des champs. Fam. des convolvulacées. Le liseron est nuisible aux cultures parmi lesquelles il se développe : blé, fèves ou maïs d'été. Le bétail le mange; sa fleur attire toujours les abeilles.

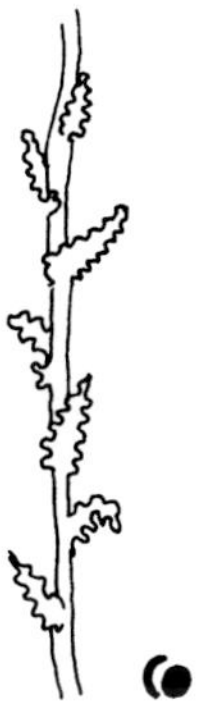

Fig. 102 : *Kitkāt.*

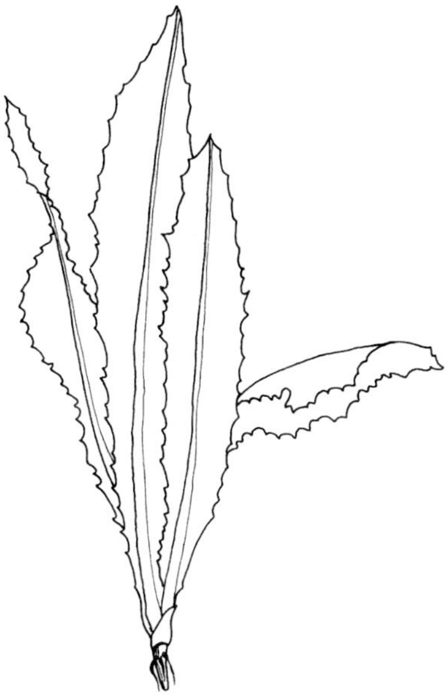

Fig. 103 : *Lebbēn.*

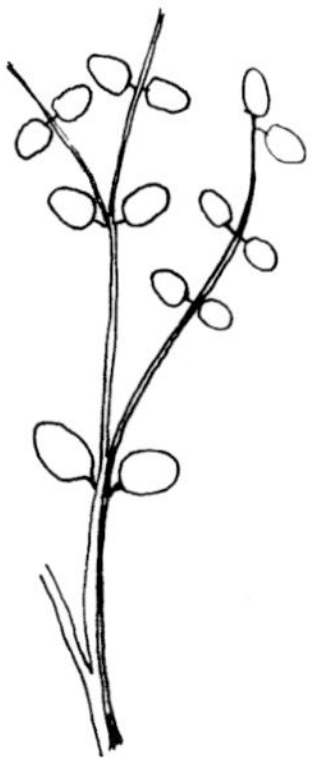

Fig. 104 : *Lebbēn ʿads.*

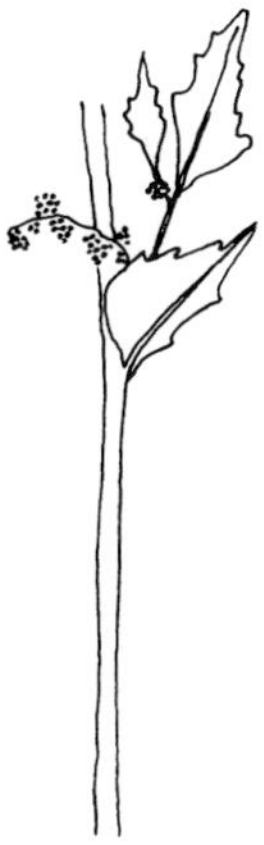

Fig. 105 : *Mentena.*

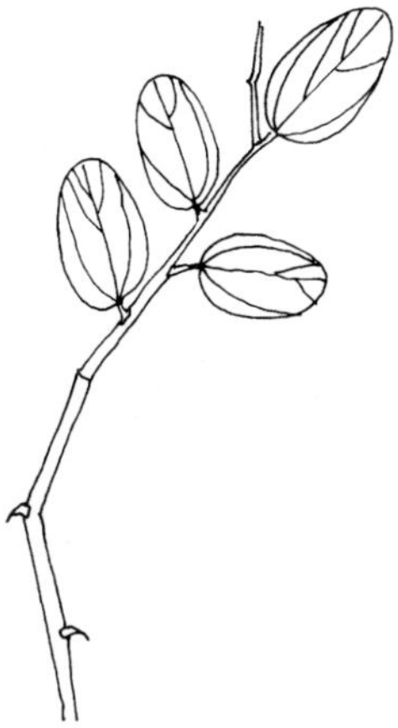

Fig. 106 : *Nabag.*

Fig. 107 : *Nağīl.*

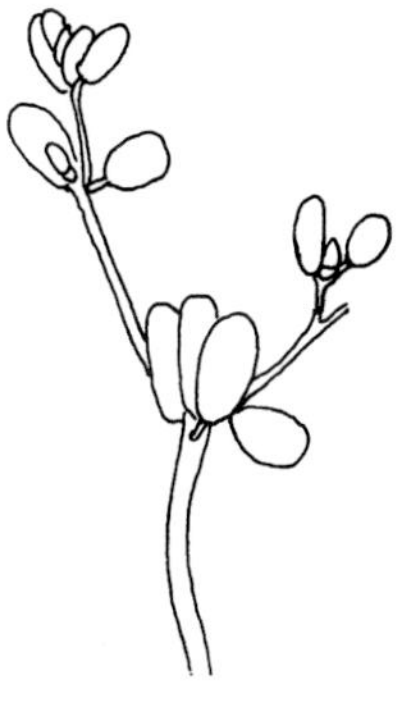

Fig. 108 : *Reğla.*

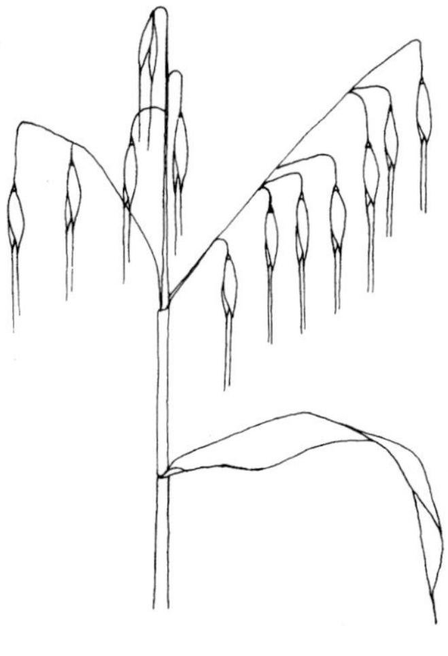

Fig. 109 : *Sābūs.*

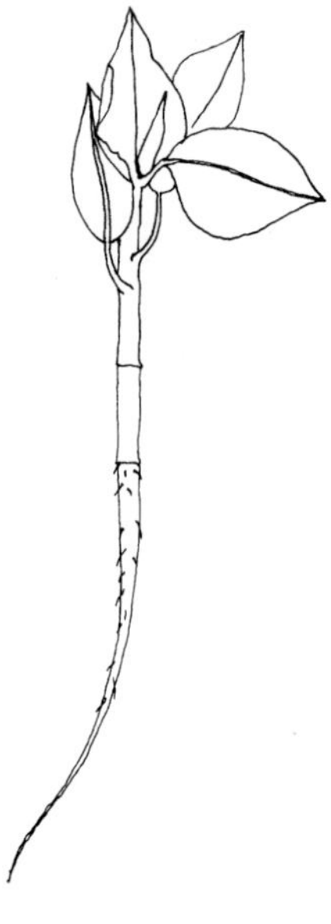

Fig. 110 : *Salāmekka.*

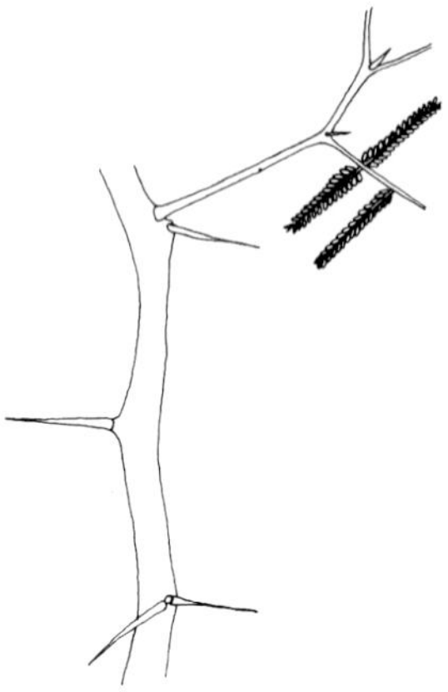

Fig. 111 : *Sanṭ.*

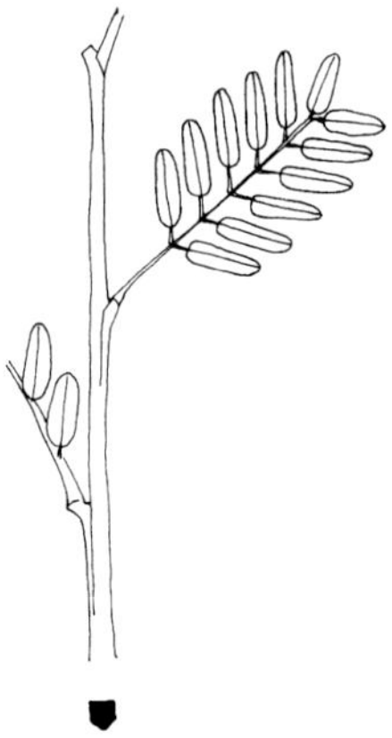

Fig. 112 : *Sāsabān.*

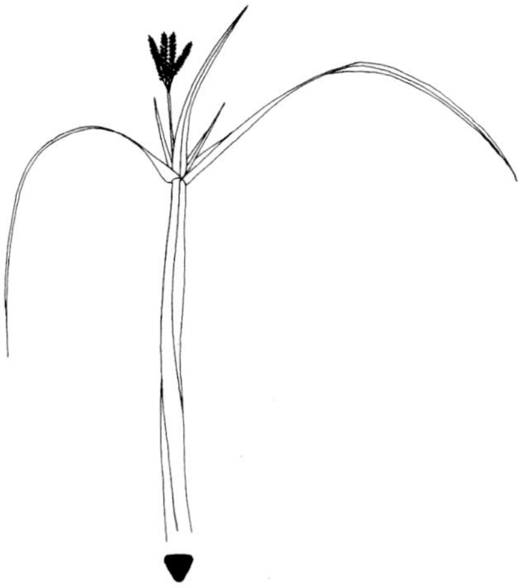

Fig. 113 : *Seʿd.*

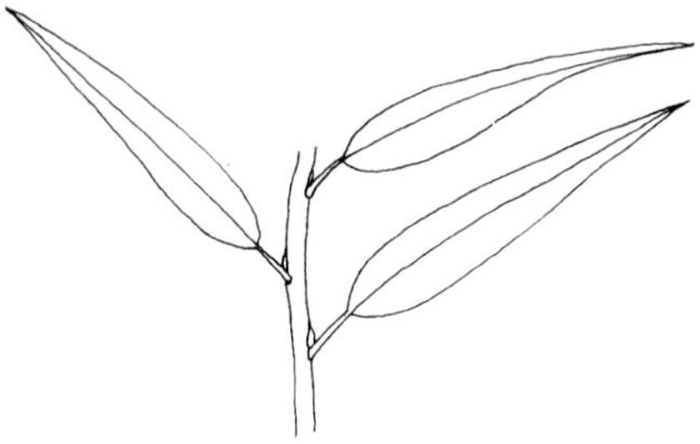

Fig. 114 : *Ṣefṣāf.*

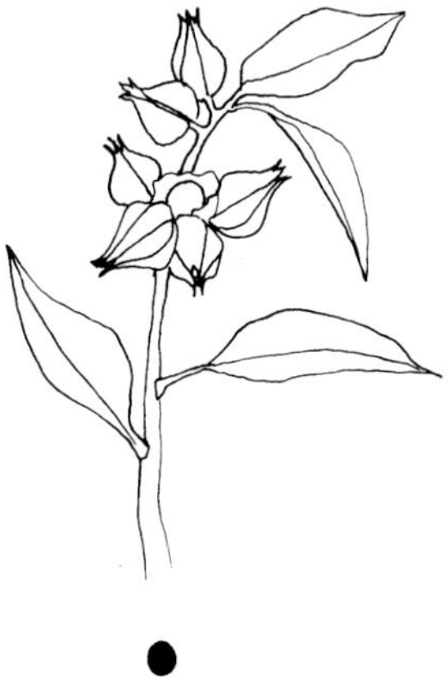

Fig. 115 : *Šağaret el-agraʿ.*

Fig. 116 : *Šedīda.*

Fig. 117 : *Šōk baḥr.*

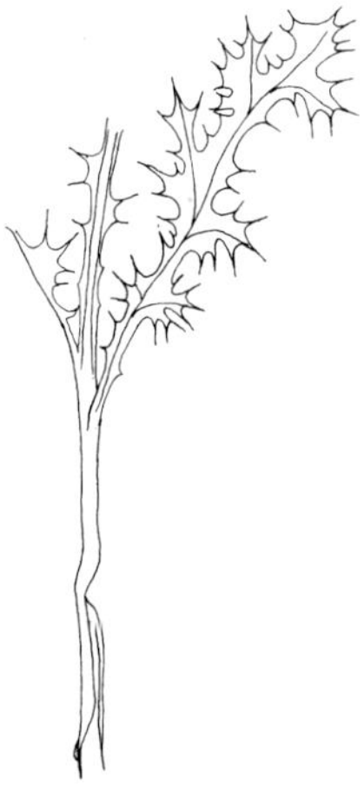

Fig. 118 : *Šōk wezz.*

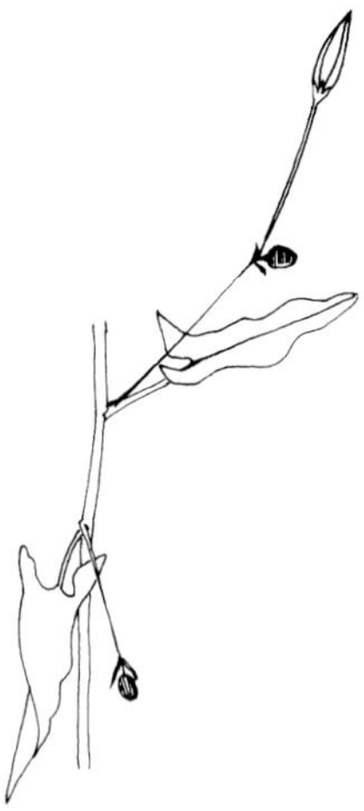

Fig. 119 : *ʿUllēg.*

Globularia arabica (*Zerēga*) ذريقه

Aristede ou ciéboul. Fam. des globulariacées. Cette plante pousse dans les mêmes lieux que la précédente. Elle est toxique pour le bétail s'il la mange fraîche. On dit toutefois qu'elle perd ses propriétés si elle est mangée deux mois plus tard.

B. L'ÉLEVAGE

Voici un tableau des animaux élevés par les habitants de Mārī Girgis. Je me suis attaché à noter la façon dont ils sont distribués, et leur nombre, autant qu'il a été possible de l'établir en décembre 1973.

mâle	femelle	nombre	petits mâles	petites femelles	nombre	total
âne : *ḥumār* ou *ǧaḥš*	*ḥumāra* ou *ǧaḥša*	35	*ǧaḥš*	*ǧaḥša*	4	39
vache : *bagar* ou *ʿiǧl*	*bagra*	22	*ʿiǧl*	*ʿiǧla*	18	40
buffle : *ǧamūs* ou *ʿiǧl*	*ǧamūsa*	5	*baṭš*	*šābba*	17	22
cochon : *ḥallūf* ou *ḥanzīr*	*ḥallūfa*	4	*ḥallūf*	*ḥallūfa*	6	10
chameau : *ǧamal*	*nāga*	3	*ǧamal*	*bakara*	2	5
mouton : *ḫarūf*	*naʿǧa*	?	*ḫarūf*	*ramīsa*	?	?
chèvre : *ǧedī*	*ʿanza*	?	*ǧedī*	*saḫla*	?	?

L'Âne (*ḥumār*)

On peut constater que presque chaque famille possède un âne. C'est en effet l'âne qui transporte en général tout ce qu'il y a à transporter : les briques, les engrais, ou encore, chaque semaine ou une semaine sur deux, les hottes de blé ou de maïs jusqu'au moulin de Kōla, village voisin. Il sert de monture pour se rendre aux localités proches. C'est l'animal essentiel. C'est pourquoi chaque fellah consacre plusieurs lopins de sa terre à la culture du *barsīm,* nourriture de son âne, et de toutes ses bêtes en général. L'âne mange aussi la paille du blé. Lorsqu'il lui arrive de manger l'écorce des fèves (*fūl*) trop dure à digérer, il enfle, et les villageois appellent cela *kibās.* La vache, la gamousse et le chameau, étant des ruminants, peuvent par contre manger l'écorce des fèves.

Généralement, les villageois, lorsqu'ils ne possèdent pas d'animaux mâles, payent une certaine somme pour en louer, qui viennent féconder leurs femelles, sauf en ce qui concerne les ânes et les chèvres, étant donné leur grand nombre. On parque généralement tous les ânes et les ânesses ensemble, le jour du marché, dans un coin de la place, et les bêtes

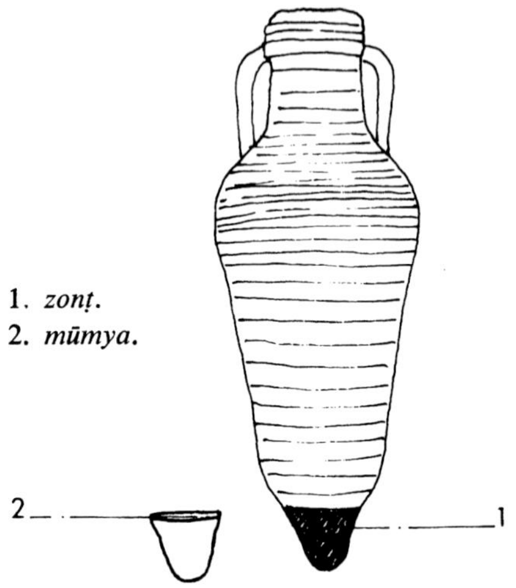

Fig. 120 : Amphore.

s'accouplent entre elles, sans qu'il soit besoin de s'en mêler. De la même façon, les ânesses mettent bas sans le secours de leur propriétaire, qui pourtant aide, en cette circonstance, ses autres animaux femelles; l'ânesse est considérée comme impure [(1)] (*niğis*) et se débrouille toute seule.

Le prix des ânons varie entre trois et vingt livres, selon leur âge. On les castre en général dès qu'ils ont un mois; ils grandissent alors et deviennent forts.

On leur met sur le dos un morceau de toile de lin ou de laine, appelé *maršaḥa,* pour les protéger des charges qu'ils doivent transporter. Mais comme ils sont en général mal nourris, et fatigués par de lourdes charges, leur colonne vertébrale devient proéminente, et la peau qui la recouvre est presque toujours blessée. Les paysans utilisent plusieurs méthodes pour soigner cette sorte de blessure :

— au milieu des champs d'alfa pousse toujours une plante appelée «*bēḍ el-ḥalfa*» [(2)] car ses fruits ressemblent à des œufs. On brûle ces fruits, on mouille la blessure du dos de l'âne et on la saupoudre avec les cendres provenant de cette combustion. On fait de même, également, avec la cendre de papier.

— le sol du vieux cimetière chrétien, à l'Est du Dēr, est recouvert de morceaux de poterie, en particulier de bases d'amphores, appelées *zonṭ;* ces bases n'étant pas creuses, conservent leur forme sans se casser (fig. 120). A leur sommet, il y a toujours un peu de poussière, appelée *mūmya,* que l'on recueille sur un papier ou une assiette en frappant le *zonṭ* avec une pierre. On mouille la plaie et on la saupoudre avec cette *mūmya.*

Durant mon séjour, l'âne de mon hôte eut le dos qui se mit à saigner plusieurs jours. Je tentai de le soigner. Mais lorsque mon hôte et sa femme me virent appliquer du mercurochrome sur son dos, ils éclatèrent de rire, et cela devint un sujet de plaisanterie dans le village.

(1) Faut-il voir là un vestige de la mythologie de l'Egypte ancienne où l'âne est mis en relation avec le dieu Seth?

(2) Stypa gigantea, appelée en français stype géante. Elle mesure de 70 à 120 centimètres de haut; cf. La flore locale, p. 110.

Tous les chemins dans la région ont été façonnés par le passage des hommes et des bêtes. Le sol y est dur; il arrive que les ânes tombent avec leur charge, et se blessent les pattes aux articulations, ou qu'ils se déchirent les muscles en traversant les petits canaux ou les petits barrages de terre qui séparent les bassins. Les paysans ont aussi inventé diverses méthodes pour soigner les déchirures des muscles de leurs montures :

— on fabrique une corde avec des fibres de palmier (*ḫozām*), longue de vingt centimètres, que l'on enfile dans une grosse aiguille appelée *meḫyāṭ*, qui est plus petite que l'aiguille (*mesalla*), avec laquelle on coud les sacs (*magṭaf*), et qui sert généralement pour coudre les sacs d'oignons. On enfile l'aiguille et la corde sous la peau à l'endroit de la blessure, généralement l'aisselle de la patte antérieure, on fait un nœud à chaque extrémité de la corde (fig. 121). Tous les matins, on bouge la corde à droite et à gauche plusieurs fois pour faire couler le sang, puis on lave la plaie. On répète l'opération plusieurs jours de suite, jusqu'à ce que l'emplacement de la corde soit à peu près guéri et on enlève alors celle-ci.
— on chauffe au rouge un gros clou en fer et on l'applique alors sur la cuisse de la patte postérieure. L'endroit ainsi brûlé est recouvert de feuilles de ricin (*ḫarwaʿ*) et enveloppé de tissu durant plusieurs jours.

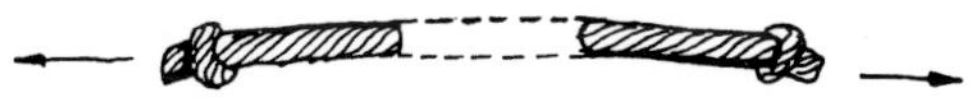

Fig. 121 : *Ḫozām*.

Si un âne est piqué au museau par un serpent ou un scorpion, on applique aussi un fer rougi sur la piqûre.

Si un âne tousse, on lui attache au milieu de la queue une corde en fibres de palmiers sur laquelle est enroulé un fil en laine de mouton, et on serre le nœud très fort.

Si un âne est atteint de faiblesse générale, on lui perce plusieurs fois la peau du palais avec une aiguille (*mesalla*) quelques jours de suite.

La vache (*bagara*)

Le village compte 40 vaches : c'est le plus répandu des animaux de travail. Mais sur les 56 familles du village, seules 30 en possèdent. Une vache est louée à un paysan à raison de 25 piastres la journée, pour faire actionner les *sāgya*, et faire tourner les *nōraǧ* pendant le battage.

Elles fournissent en outre à leur propriétaire leur lait et ses dérivés : beurre, fromage et *mešš*.

La vache est la richesse principale des villageois; son prix varie entre 130 L.E. et 80 L.E. pour une petite vache. C'est pourquoi les jours où la vache n'a pas de travail, on peut voir les femmes, les enfants et même les hommes occupés à la garder.

De même qu'ils le font pour leurs enfants, les villageois craignent que la jalousie n'amène du mal sur leurs bêtes. C'est pourquoi, lorsqu'un paysan achète une bête nouvelle, il lui passe de la farine sur le front avec la paume de sa main, avant de lui faire franchir pour la première fois le seuil de sa maison. Il dit alors que son entrée dans la maison sera « blanche » comme la farine, c'est-à-dire qu'elle amènera la *baraka.*

Le prix de vente des animaux monte en général pendant les saisons de culture du *barsīm;* chaque paysan en cultive, et l'alimentation des bêtes est alors assurée. Après la saison du *barsīm* leurs prix baissent, les bêtes se nourrissant alors de paille, de balle (*kosba*) ou de fève dont le prix est élevé.

C'est avec les excréments de la vache (*kuʿūla*), lorsque celle-ci se nourrit de trèfle, que l'on bâtit, en les mélangeant à de l'argile, les silos (*ṣomʿa*), pour le grain et la farine, la *ẖōẖa* (1), le couvercle pour le lait (*makabba*), la tablette basse pour rouler les *faṭīr* (*ṭobbāʿa*) (2), les poulaillers (*ğonn el-farrūğ*), la mangeoire (*miẖwal*) et autres ustensiles. Les excréments servent également de combustible.

Pour faire couvrir sa vache, le paysan doit l'emmener au village voisin de ʿĪsāwiyya, où il y a un taureau, et payer à son propriétaire 25 piastres.

Il y a à Aẖmīm un homme, dont la fonction est d'examiner les vaches et les bufflesses pour dire si elles sont pleines ou non, si elles portent une génisse ou un veau, *šābba* ou *baṭš,* et la date où elles mettront bas; on l'appelle *dawwād.* Il prend pour son diagnostic un *refṭāw,* c'est-à-dire une demi-*kēla* (3) de maïs d'été (*gēḏī*), ou bien 25 piastres.

Le paysan aide sa vache pour la mise bas et il fait respirer un oignon au veau nouveau-né, pour l'aider, dit-on, à se lever.

On castre en général tous les veaux (opération effectuée par un vétérinaire de l'unité agricole d'un village voisin), car ils sont destinés à la boucherie, et cela les rend bien sûr plus gros et gras; certains paysans les attachent même depuis leur naissance et ne les laissent jamais sortir avant le moment de la vente.

Une coutume veut que le paysan jette le cordon ombilical du petit veau aux chiens, en leur disant : « *kul laḥm we hāt laban* = mange de la viande et amène du lait ».

(1) Cf. Le mobilier, p. 52.

(2) Cf. Les ustensiles divers et leur fabrication, p. 162.

(3) Cf. Appendice II, p. 345.

Du fait de la pauvreté de la région et de l'impossibilité où sont les paysans de bien nourrir leurs bêtes, celles-ci sont souvent malades, ou restent faibles, à la suite d'une maladie de jeunesse. Les paysans ont beaucoup de méthodes pour les soigner.

Lorsqu'une vache par exemple perd l'appétit, on dit qu'elle est *magṭūʿa.* On lui applique un point au fer rouge au-dessus de l'anus, au moyen d'un gros clou de fer rougi au feu.

— lorsqu'une vache est restée longtemps sans appétit et qu'elle s'est affaiblie, parfois il arrive que l'extrémité de sa queue se dessèche et blanchisse. On coupe alors la dernière vertèbre de la queue et on applique une pointe de fer rouge sur la blessure. On peut aussi lui appliquer des fers rouges sur les flancs.

— lorsque la perte d'appétit se prolonge, il en résulte parfois que ses dents se déchaussent. Cette maladie se nomme *ʿetta.* On lui applique alors le fer rouge sur la lèvre inférieure.

Pour soigner la maladie appelée *damm,* on perce une veine derrière l'oreille avec une grosse aiguille (*mesalla*).

Pour soigner la toux de la vache, on mélange une demi-livre d'huile avec quatre œufs, on agite fort et on verse le mélange dans les narines de la bête; on recommence l'opération quatre ou cinq fois.

Lorsque la vache a mangé trop de *barsīm,* elle peut avoir des troubles de digestion; son propriétaire lui donne alors des feuilles de carotte, considérées comme digestives.

Les buffles (*ǧamūs*)

La femelle est utilisée principalement pour son lait, mais non pour le travail. Elle ne tire ni la charrue ni le hache-paille, ni ne fait tourner les *sāgya,* etc. C'est probablement pour cela qu'il y a moitié moins de bufflesses que de vaches au village. Les petits, femelles et surtout mâles, sont vendus et abattus.

Pour la faire couvrir, le paysan doit aller jusqu'à Aḫmīm, et payer 15 piastres au propriétaire du buffle, ou bien lui donner une *ʿalūga,* qui est une quantité déterminée de grains [1].

Lorsque la gamousse met bas, son propriétaire l'assiste aussi, et donne au nouveau-né de l'oignon à respirer pour l'aider à se lever.

(1) A la saison du sorgho, la *ʿalūga* correspond à un *šādūf,* c.à.d. un panier (*magṭaf*) plein de ce grain. A la saison du blé, c'est une *gattāya,* c.à.d. une gerbe de blé; enfin à la saison de la fève, un *ġumr,* c.à.d. une brassée de fèves.

Moutons (*ḫarūf*), brebis (*naʿǧa*) et chèvres (*ʿanza*)

Dans le tableau nous n'avons pas indiqué leur nombre. En effet, les villageois considèrent que compter leurs chèvres ou leurs moutons porte malheur et peut nuire à leurs bêtes. Je n'ai donc pas insisté, mais on peut dire que chaque famille aisée élève des moutons. Les plus pauvres élèvent des chèvres. Mais tous préfèrent les moutons, car leurs petits, agneaux ou brebis (*ḫarūf* ou *ramīsa*), se vendent toujours plus cher que les petits des chèvres.

Les moutons sont tondus une fois par an et les femmes filent la laine qu'elles donnent aux tisserands.

Certaines familles font avec le lait des brebis le fromage appelé *ǧebn el-ḍānī*, mais rarement, car les brebis sont peu nombreuses.

Si quelqu'un possède une brebis mais pas de bélier, il doit, pour la faire couvrir, payer dix piastres ou donner un quart de *kēla* de maïs d'été (*gēḍī* dit aussi *dora ṣēfī*).

La brebis a, une fois par an, un ou deux petits. C'est le plus souvent au mois de *Tūt* (= 10 ou 11 Septembre). Son propriétaire l'aide toujours au moment de mettre bas.

Parmi les maladies des moutons, il y en a que les habitants appellent *damm* et *ǧodarī*. De fait, il est très difficile de donner un nom à une maladie d'après les seuls dires des paysans, mais leur description des symptômes est en tout cas toujours claire.

Lorsque la brebis mastique continuellement sans manger et sans même qu'il y ait aucun aliment devant elle, on dit qu'elle est atteinte de *damm*. Le remède consiste à lui faire une fente au couteau derrière l'oreille.

Quant aux symptômes de la maladie appelée *ǧodarī*, c'est que la tête de la brebis se remplit de boutons, et le remède consiste à faire manger de l'oignon à la brebis tous les matins.

J'ai demandé à un des villageois pourquoi l'on ne castre pas les béliers comme on le fait pour les boucs, et il m'a répondu qu'étant donné que la chair du bélier est grasse, la plaie aurait toutes les chances de s'infecter et que l'animal pourrait mourir.

On leur donne à manger du *barsīm* et du *fūl*, que l'on met dans des mangeoires (*ṭuwāla*), faites de terre et de bouse (*ḫatī*) et placées dans leur enclos. Ils boivent l'eau des canaux lorsqu'ils sont dehors, et les femmes leur apportent de l'eau dans des récipients, pour la nuit.

Chèvres et boucs s'accouplent librement dans les champs. Le paysan aide toujours sa chèvre à mettre bas, et fait respirer un oignon au petit pour, dit-il, l'aider à se lever au plus vite et commencer à têter sa mère.

Si une chèvre a été piquée par un serpent ou un scorpion, on lui applique sur le museau la pointe d'un clou rougi au feu. La chèvre peut aussi, comme le mouton, être atteinte de ce mal que les paysans appellent *damm* et se met alors à mastiquer continuellement, la bouche vide d'aliments. Il y a un homme, au village, chez qui on amène les chèvres pour qu'il leur pratique une incision derrière l'oreille, comme pour les moutons, ou bien pour qu'il leur coupe une partie de l'oreille. C'est ce même homme qui castre les chevreaux, pour qu'ils grossissent et soient vendus à un bon prix. Sa méthode consiste à saisir d'une main les testicules du chevreau, et de l'autre à faire une entaille à la base avec un couteau de manière à les faire sortir. Il applique alors sur la plaie de la cendre pour l'empêcher de s'infecter.

Lorsque j'ai observé cette opération pour la première fois, sur le chevreau de mon hôte, j'ai cru que l'animal allait mourir. Mais après deux jours de faiblesse, il guérit tout à fait.

Les chevreaux sont vendus ou parfois offerts à la suite de vœux (*nadr*).

Les chameaux (*ǧamal*)

Il y a cinq chameaux au village, qui appartiennent à deux familles. Leur fonction principale est de transporter les récoltes des champs aux greniers, la paille après le vannage, et en général tout ce qui est lourd : briques, sable et branches de palmier.

Pour faire couvrir sa chamelle, le paysan doit payer 40 piastres au propriétaire du chameau.

Il l'aide à mettre bas, opération souvent difficile. Le petit, qui est généralement très faible, doit respirer des clous de girofle pilés. Le paysan ou sa femme font alors ce qu'ils appellent « un charme » (*basla*), un mélange de grains de fève, de blé et de clous de girofle, enfilés sur un fil et passés au cou du chameau nouveau-né, contre le mauvais-œil.

Le chameau, agenouillé, est chargé de fardeaux souvent très lourds. Il arrive qu'en se soulevant avec ces charges, il se déchire les muscles. Lorsque c'est une des pattes postérieures qui est atteinte, on dit qu'il ne guérit pas totalement, boite et ne peut plus porter de très lourdes charges. C'est pourquoi son propriétaire préfère alors le vendre, ou le tuer pour vendre lui-même sa viande dans le village. Sinon, c'est un spécialiste du village qui tâte le corps du chameau pour déterminer l'endroit de la foulure et, au moment où le chameau crie, on lui applique une pointe de fer rouge (*kawī*), autour du muscle (fig. 122, 1 et 3).

Si le chameau se met à boiter des pattes antérieures, les paysans disent qu'il est *mekabbes*. Pour le soigner, on lui applique un fer rouge en forme de croix des deux côtés de la poitrine (fig. 122, 2).

Lorsque le chameau a la diarrhée, le remède consiste à lui appliquer un fer rouge au-dessus et au-dessous du nombril.

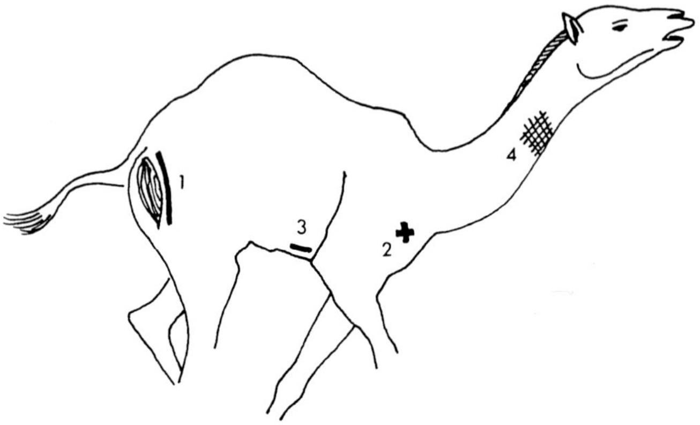

Fig. 122 : Parties du corps du chameau traitées à la pointe rouge (*kawī*).

Lorsque les glandes (*ġudda*) de son cou sont enflammées, on applique dessus un fer rouge en forme de grille (fig. 122, 4).

Les cochons (*ḥallūf*)

Un seul homme au village élève des cochons. Lorsqu'un cochon est devenu grand, il l'égorge et vend la viande aux villageois, à raison de 35 piastres le kilo. Mais les cochons qu'il a sont très faibles par suite de leur mauvaise alimentation.

LA BASSE-COUR

La volaille

Toutes les familles élèvent des volailles. Ce sont les femmes qui s'en chargent habituellement. Cet élevage constitue une rentrée d'argent pour le paysan. Deux marchands de volaille viennent à tour de rôle au village durant la semaine. Leurs ânes sont chargés de paniers toujours couverts d'un drap pour protéger la volaille de la fraîcheur du matin ou de la forte chaleur de midi. Ils achètent tout ce que les villageois ont à vendre comme volailles et œufs.

On ne mange de volaille que pour les fêtes, dans les grandes occasions ou pour accueillir des hôtes. On les offre lorsqu'on rend visite à ses parents installés dans d'autres villages.

Les volailles vivent dans les cours des maisons, dans les pièces, sur les toits et parfois dans les ruelles du village. D'ordinaire, le paysan emmène avec lui les oies et les canards aux champs durant toute la journée.

Oies, canards (*baḥḥ*), poulets (*farrūǧ*), dindons (*malṭī*), pigeons domestiques (*baladī*) et sauvages (*ǧabalī*) [1] et lapins sont élevés au village.

Comme nous le verrons plus loin, on peut élever la volaille en association. Par exemple on s'entend avec un voisin pour qu'il nourrisse une dinde jusqu'à ce qu'elle ponde des œufs. A l'éclosion de ceux-ci, les deux hommes se partagent les poussins et la dinde est rendue à son propriétaire. De même, on échange des mâles ou des femelles selon les besoins.

Ce système d'élevage s'applique aux dindons, oies et canards.

Les poules (*farrūǧ*)

Elles sont surtout élevées pour la vente de leur chair et de leurs œufs (*keḥrēt*). Les femmes leur construisent des cages en terre (*ǧonn*) (cf. fig. 30).

Parmi les maladies répandues dans les basses-cours, on peut citer la variole (*ǧodarī*) que l'on soigne de diverses façons :

— on coupe de petites tranches d'ail et d'oignon que l'on met dans l'eau des volailles;
— on leur fait ingurgiter du thé froid;
— on pratique une saignée sous l'aile (*faṣd*).

Les dindons (*malṭī*)

Les plus pauvres n'élèvent pas cette espèce car elle coûte cher et exige une nourriture coûteuse pour les petits : on les nourrit de fromage écrémé et d'œufs durs pendant environ deux mois, ensuite ils mangent du blé et du *lebbēn* (laitue vireuse) [2]. Le dindon peut valoir trois livres et demie et la dinde jusqu'à deux livres et demie. Personne ne s'offre cette chair trop coûteuse. Une paysanne m'a dit : « Nous le mangeons quand il est sur le point de mourir ».

Le pigeon domestique (*baladī*)

Il est appelé également *bētī* ou domestique, pour le distinguer du pigeon sauvage (*ǧabalī*), qui vit dans les pigeonniers.

On construit au pigeon domestique diverses sortes de cages :

— le *gonn* : c'est une espèce de trou horizontal d'une profondeur de 30 cm environ, pratiqué dans les murs des pièces. Son ouverture a environ 20 cm de diamètre. Il peut abriter un couple de pigeons. On en pratique plusieurs.

(1) Cf. Les pigeonniers, p. 15.

(2) Cf. La flore locale, p. 115.

— la *banānī* : c'est une caisse en terre battue et en bouse dans laquelle on dispose quatre ou cinq cages de pigeons. Elle peut avoir deux étages.

— *la benneyya* : une cruche à eau dont le fond est cassé est suspendue au plafond par une corde et sert d'habitation au pigeon.

Les lapins

L'élevage du lapin vient après celui des poules. Le lapin vit dans les maisons où il creuse des galeries au bas des murs (*gotra*).

L'élevage en association

Les villageois ont, pour élever leurs bêtes, un système d'association, qu'ils appellent *širka*. Si l'un d'eux par exemple possède beaucoup de chèvres, il éprouve en général des difficultés pour leur alimentation. C'est pourquoi il donne à l'un de ses voisins une de ses chèvres, dès que celle-ci est sevrée. Ils évaluent ensemble son prix à ce moment-là, et le voisin verse au propriétaire la moitié de ce prix. C'est le voisin alors qui la nourrit, et il a le droit de la vendre à condition de donner la moitié du prix de la vente à son associé, l'ancien propriétaire. De même, si cette chèvre a un petit durant son séjour chez le voisin, celui-ci peut le vendre s'il donne la moitié du prix de vente à son associé.

Cette forme d'association se pratique aussi entre père et fils, et peut s'appliquer aussi bien aux moutons, vaches, gamousses et même aux volailles, oies, canards et dindes.

C. La pêche.

La pêche au village

La plupart des hommes du village sont agriculteurs : certains possèdent un lopin de terre, d'autres louent la terre qu'ils cultivent, et d'autres travaillent comme ouvriers agricoles.

Pourtant, chaque soir, bon nombre d'entre eux pratiquent la pêche au filet, pour gagner leur nourriture quotidienne en vendant au matin le produit de leur pêche. Ils gardent ce qu'ils n'ont pu vendre pour la consommation familiale.

La pêche est favorisée par la position du village au bord du canal et près du Nil, et son importance vient du fait que c'est l'unique moyen pour ces paysans de gagner un peu d'argent quotidiennement. De ce fait, les méthodes et les engins adaptés à la pêche dans le canal ou dans le fleuve se sont multipliés dans ce village.

Chaque année, vers la fin du mois de Décembre, le canal est vidé de son eau qui s'écoule dans le Nil. Il reste ensuite vide durant 40 jours. Les habitants appellent cette période *arbaʿīniyya*. Comme nous le verrons, c'est aussi une occasion pour pratiquer des techniques variées de pêche qui exploitent les différents niveaux de l'eau (pêche à l'épuisette, au trident, à l'acier, au verveux, au *dorg* ...).

Une nuit avec les pêcheurs au filet

Durant mon séjour au village, je voyais chaque matin le retour des hommes portant un bâton sur leurs épaules, auquel étaient suspendus d'un côté le filet et de l'autre le couffin où l'on met le poisson.

Souvent je leur ai demandé de les accompagner pour voir comment ils procédaient. Ils m'en dissuadèrent longtemps à cause du grand froid de la nuit. Ils dorment en effet en plein air entre chaque lancer du filet. Ils m'avaient promis plus d'une fois que nous irions une nuit et que nous reviendrions après quelques lancers de filet, juste afin que je puisse voir comment se déroule la pêche. Mais je préférai assister à une nuit complète, pour voir comment s'organise la pêche en groupe.

Les hommes se divisent en deux groupes de treize pêcheurs, presque toujours les mêmes, qui se partagent les zones de pêche en deux, la zone Nord et la zone Sud. Je choisis le groupe du Sud, où je comptais plusieurs amis.

Le groupe Nord nous précéda; quand je demandai pourquoi les deux groupes ne partaient pas ensemble, on m'apprit qu'ils n'avaient pas de permis gouvernemental [1] de pêche et qu'il ne fallait pas que les gardes-pêche pussent attraper en même temps tous les hommes du village.

Au bout d'une demi-heure environ, c'est-à-dire vers 8 heures, notre groupe sortit du village accompagné par les vœux des femmes. Chacun portait son panier rempli de tiges séchées de maïs (*būṣ*) et nous traversâmes le pont de ʿĪsāwīyya, à deux kilomètres au Nord du village, puis nous nous dirigeâmes vers le Sud sur la rive Est du Nil.

Arrivés à un endroit précis, au bout d'un kilomètre et demi, les pêcheurs me demandèrent de ne plus parler à haute voix, car le bruit fait fuir le poisson; comme j'avais une torche

[1] Les pêcheurs m'ont appris qu'il y a une loi qui oblige les pêcheurs à obtenir un permis des autorités. Il faut pour cela payer une somme d'environ deux livres par an et on ne délivre pas ce permis à ceux qui ont moins de 35 ans. Cette loi fut établie pour protéger les pêcheurs et leur permettre de vendre à un prix raisonnable à la coopérative le produit de leur pêche. Beaucoup de pêcheurs n'ont pas l'âge fixé par la loi; la plupart disent qu'il est inutile d'obtenir ce permis, et travaillent sans se le procurer. C'est en exploitant cette situation que le marchand de poisson parvient à leur acheter leur prise chaque matin à un prix dérisoire.

Fig. 123 : *Taʿbiyya.*

électrique, ils me demandèrent de ne l'utiliser que dans la descente, car la lumière fait également fuir le poisson. Ils craignaient surtout que les gardiens des rives ne nous voient.

Nous descendîmes sur la rive, dans un grand silence, et les pêcheurs se mirent à leur place habituelle repérée d'après les pierres ou les arbres. Ils posèrent leurs paniers remplis de tiges de maïs séchées sur le rivage, prirent leurs filets et commencèrent à les démêler (*tahwiyya*), et les posèrent sur leur bras droit pour une deuxième opération appelée *taʿbiyya* de telle sorte que deux tiers du filet soient sur l'avant-bras et la main droite et l'autre tiers dans la main gauche (fig. 123). Ils s'avancèrent dans l'eau jusqu'aux genoux et le chef du groupe commença à émettre un sifflement (*saksaka*) pour rythmer les préparatifs; au quatrième sifflement tous les pêcheurs lancèrent leur filet au même moment, d'un même geste, presque selon un même angle, avec une belle unité. Puis les hommes recommencèrent à parler et à plaisanter : les filets une fois lancés, les poissons ne pouvaient plus s'enfuir.

Les pêcheurs sortirent de l'eau, retirèrent tous leurs vêtements et commencèrent à plonger pour faire bouger sous les filets les grosses pierres au-dessous desquelles se cachent les poissons [1]. Si le poisson essaie de s'enfuir, il pénètre nécessairement dans les poches du filet (*ḫonn*); le pêcheur l'emprisonne alors en roulant la poche sur elle-même. Ces opérations successives se nomment *ṭarḥa.*

Quand tous les poissons qui étaient au fond des filets furent emprisonnés, les pêcheurs sortirent en tirant leurs filets jusqu'au bord où ils les laissèrent pour se précipiter sur leurs habits qu'ils revêtirent, et ensuite vers leurs paniers d'où ils sortirent les tiges sèches

[1] Chaque pêcheur met des pierres dans le coin où il jette son filet, car les poissons viennent nombreux aux endroits où il y a des pierres et se cachent parmi elles. On met aussi parfois des branches d'acacia avec leurs feuilles, pour attirer les poissons. Ce bois est suffisamment lourd pour descendre de lui-même au fond de l'eau.

Quand un âne, une gamousse ou une vache meurt, les hommes s'en servent comme appât pour les poissons. Si c'est une vache, son propriétaire lui enlève d'abord la peau, car on peut vendre le cuir; ensuite les hommes emplissent sa panse de lourdes pierres, et la jettent dans un endroit qu'ils connaissent; c'est là qu'ils lanceront leurs filets car le cadavre attire les poissons.

de maïs auxquelles ils mirent le feu, chacun prenant dans son panier de quoi alimenter le feu autour duquel ils se serrèrent pour se réchauffer; puis ils retournèrent à leurs filets pour en sortir le poisson et le mettre dans leurs paniers.

Après cela, ils se dirigèrent vers un autre point distant d'environ 300 mètres où ils jetèrent leurs filets une seconde fois, puis vers un autre encore où ils jetèrent leurs filets une troisième fois. Après cet effort et dans ce froid, les pêcheurs avaient besoin d'un repos; ils se mirent à griller les petits poissons et nous les mangeâmes. Puis chaque pêcheur se choisit un coin sur la berge et nous dormîmes tous jusqu'à 5 heures du matin. Les pêcheurs recommencèrent alors à jeter leurs filets deux autres fois, jusqu'au lever du soleil puis nous rentrâmes au village (pl. 29).

Un marchand de poissons d'Aḫmīm attendait les pêcheurs. Ils lui vendirent leur pêche. Cette opération se renouvelle chaque matin au village.

Les pêcheurs souffrent intensément du froid, tout spécialement en hiver, faute d'habits suffisants ou de moyens pour faciliter leur travail. L'importance de la pêche comme ressource quotidienne est telle que j'ai vu des pêcheurs malades obligés néanmoins d'aller à la pêche.

Les pêcheurs jettent leurs filets quatre à cinq fois pendant les nuits d'hiver et environ dix fois en été.

Le filet

Ce filet est tissé de fils de coton. Quand on le jette et qu'il s'ouvre (fig. 124), il dessine un cercle de six ou sept mètres de diamètre (fig. 125). Le filet est constitué par cent mailles qui sont attrapées au centre par un anneau en corde double de coton de 20 cm de long (*nāṣya*) (fig. 126, 2). Il est relié à une corde en fibres de palmier de trois ou quatre mètres, qui se nomme *mogāṭ* (fig. 126, 1). Dans le filet, il y a environ 75 poches (*ḫonn*) (fig. 127, 3), chacune d'elles mesurant 20 cm de large et 25 cm de profondeur; à l'ouverture de chacune sont fixés trois morceaux de plomb, soit un total de 225 morceaux de plomb, tout autour du filet.

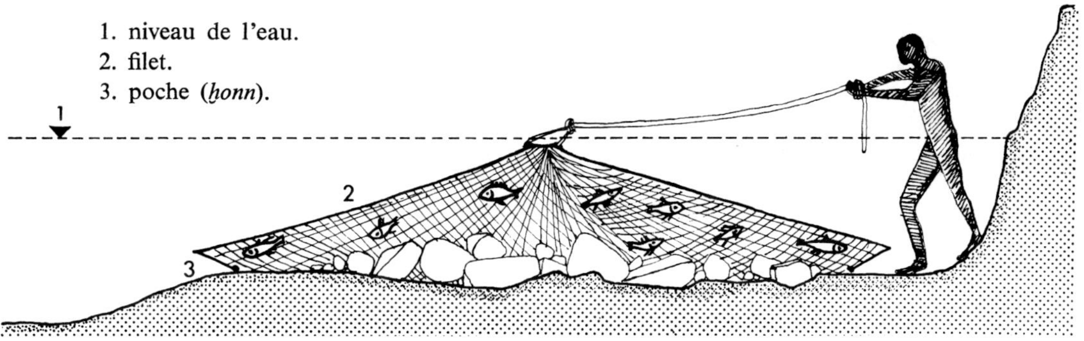

Fig. 124 : Filet (coupe).

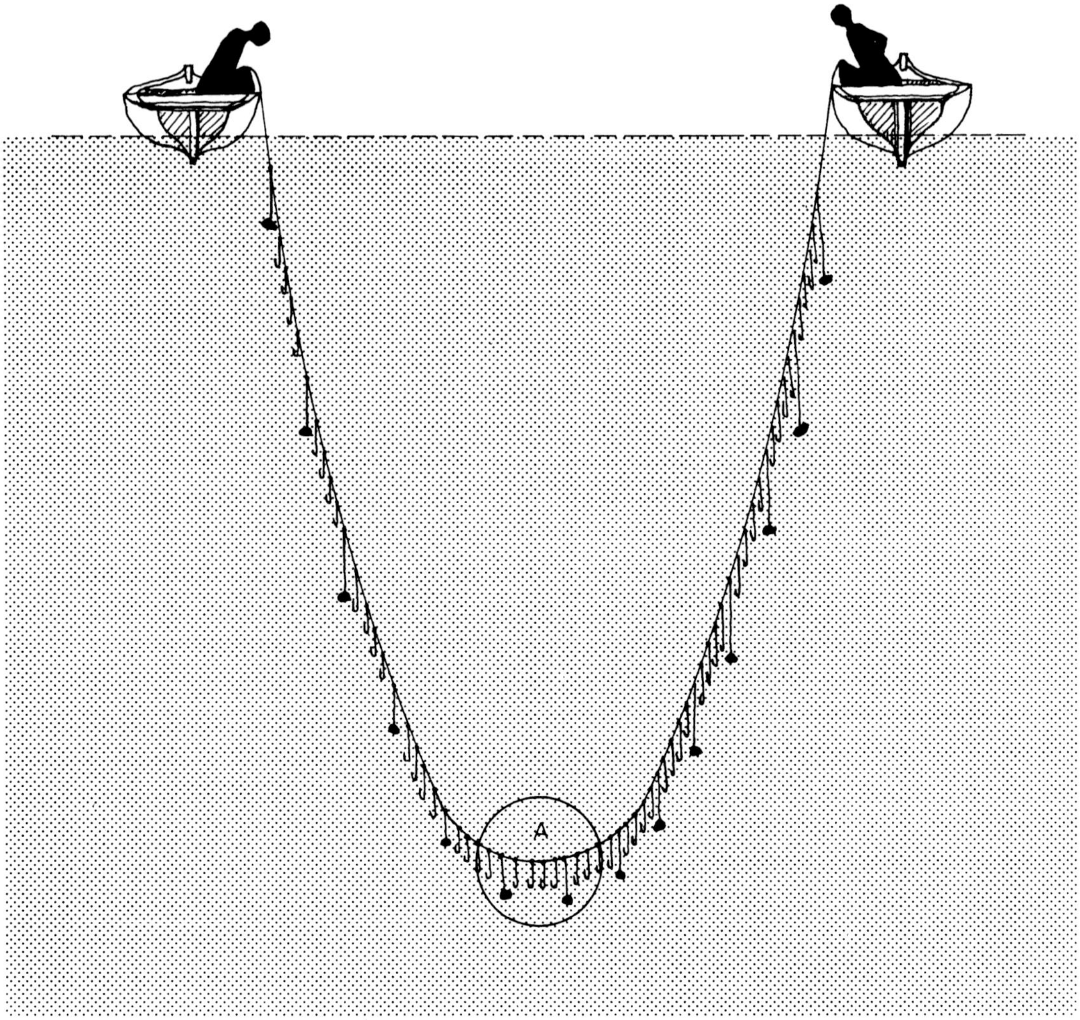

Fig. 128 : Lignes à plusieurs hameçons (*ṣēd el-sabʿāwī*).

Fig. 129 : Lignes à plusieurs hameçons (détail A).

Fait notable, on n'accroche pas d'appâts aux hameçons. Quand un poisson se laisse prendre, le pêcheur sent son poids, il tire la corde, détache le poisson et rejette la corde.

La pêche à l'épuisette (malgaf) (pl. 30, *a*)

Cette méthode est employée pour pêcher près de l'écluse nommée *hawīs,* au moment où l'on vide le canal dans le Nil. L'épuisette (*malgaf*) est composée d'un manche en bois de *sāsabān* qui atteint trois mètres de long. A son extrémité sont attachés quatre morceaux de nervures de palmier ou de *sāsabān.* Trois d'entre elles forment un triangle et la quatrième renforce la tête du triangle. Sur ce triangle est monté un filet en forme de poche (fig. 130).

Auprès de l'écluse, l'eau se précipite avec force vers un niveau plus bas; elle entraîne avec elle le poisson. Le pêcheur se tient debout au-dessus du mur de la vanne, du côté du niveau le plus haut, et plonge l'épuisette puis la remonte en l'appuyant sur le mur (fig. 131).

La pêche au trident (sīḫ)

Cette méthode est employée pour la pêche dans le canal, au moment où on le vide, au début de Janvier, quand il ne reste plus qu'environ 40 à 20 cm d'eau dans le canal. Cette période est considérée comme une fête parce que le poisson est abondant et facile à pêcher. Les hommes, les femmes, les enfants descendent dans l'eau avec les tridents qu'ils lancent sur les poissons dans la boue. Certains d'entre eux arrivent même à attraper le poisson avec leurs mains durant cette période.

Le trident est composé d'un manche de bois d'acacia ou de saule pleureur de 1,20 m de long auquel sont attachées par un fil de fer trois pointes, parfois cinq (genre de foëne), de fer forgé de 25 cm environ (fig. 132).

La pêche à la ligne (ṣēd el-sennāra)

Les enfants utilisent cette méthode durant leurs loisirs. Ils pêchent avec une ligne traditionnelle composée d'un long bâton en roseau auquel est accroché un long fil à l'extrémité duquel sont fixés trois hameçons (fig. 133). Habituellement, ils ne mettent pas d'appât aux hameçons. Ils jettent leur ligne dans l'eau du Nil ou du canal; ils la baissent et la relèvent brusquement et constamment, et ainsi elle peut s'accrocher à n'importe quelle partie du poisson.

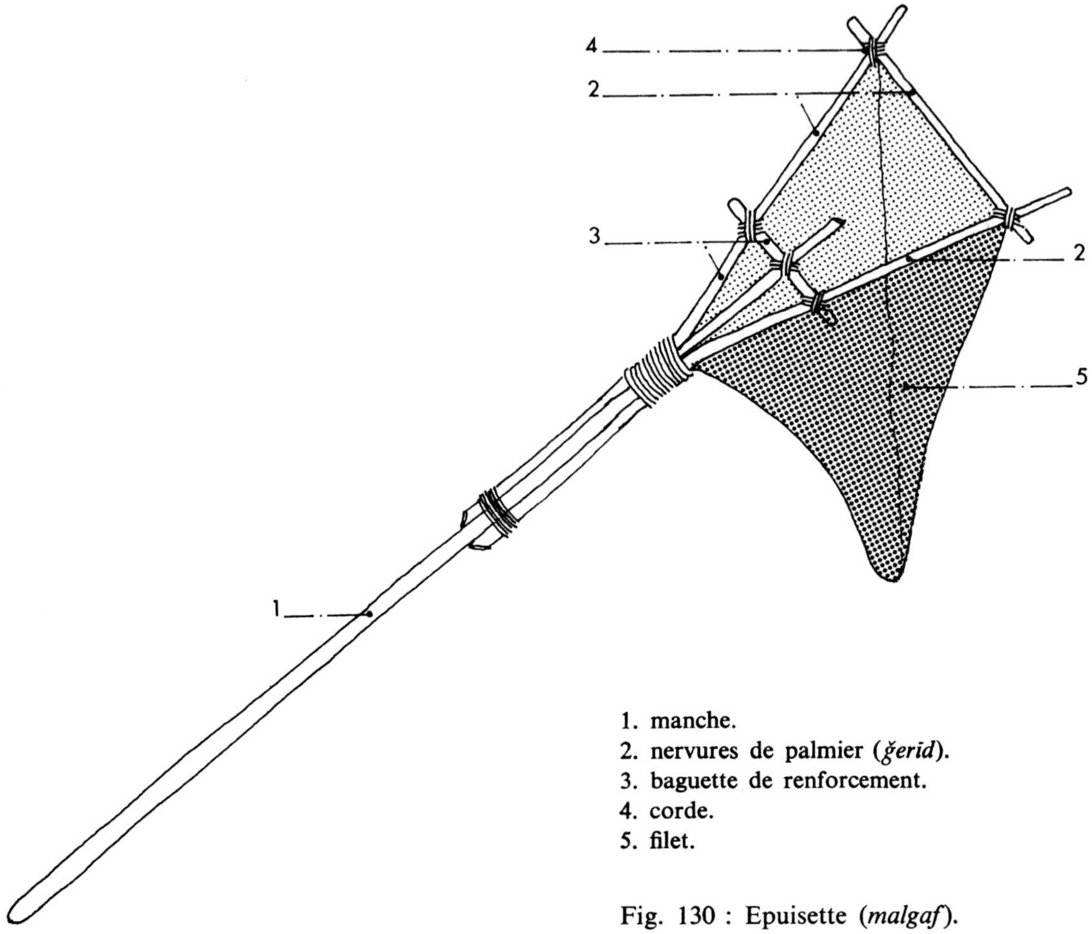

1. manche.
2. nervures de palmier (*ǧerīd*).
3. baguette de renforcement.
4. corde.
5. filet.

Fig. 130 : Epuisette (*malgaf*).

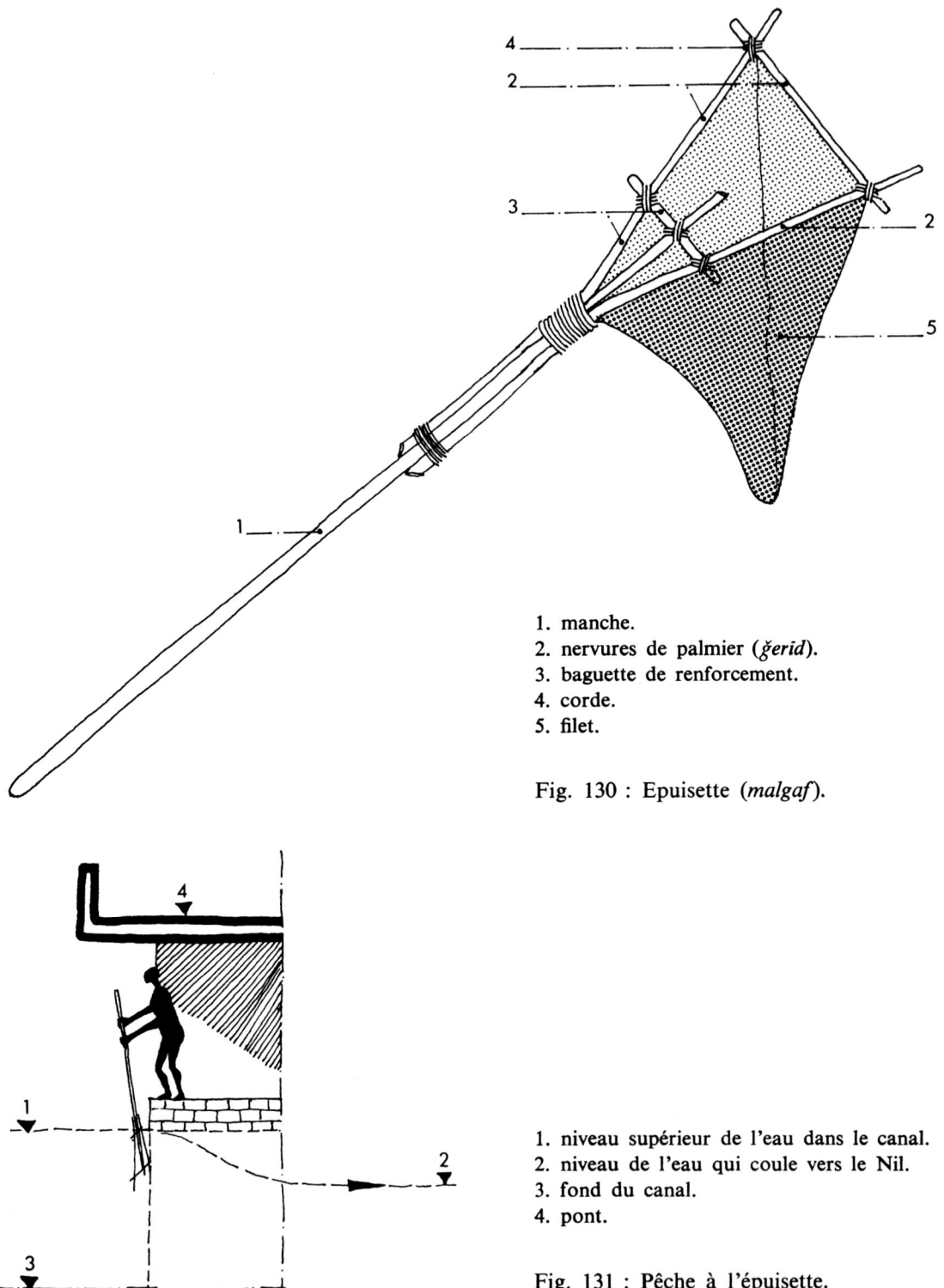

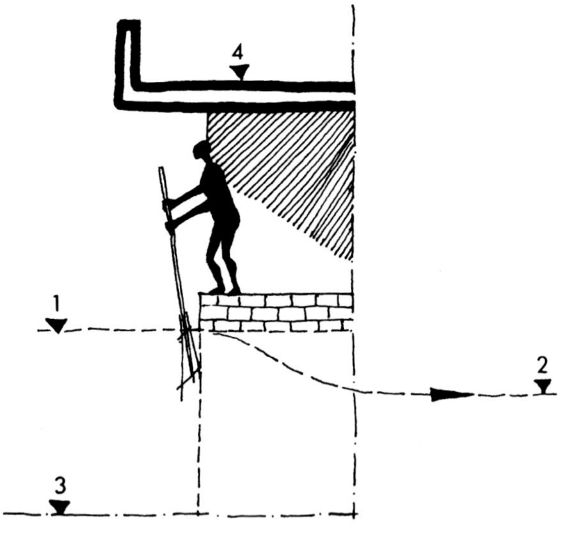

1. niveau supérieur de l'eau dans le canal.
2. niveau de l'eau qui coule vers le Nil.
3. fond du canal.
4. pont.

Fig. 131 : Pêche à l'épuisette.

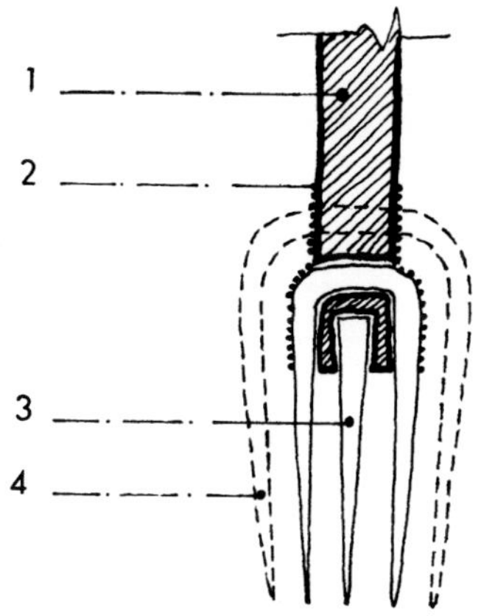

1. manche.
2. fils de fer.
3, 4. pointes.

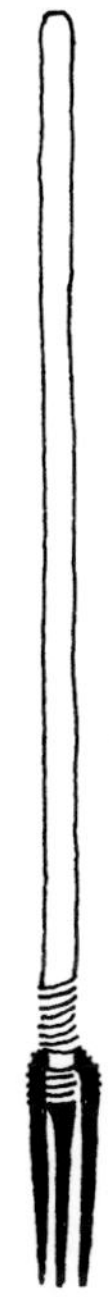

Fig. 132 : Trident (*sīḫ*).

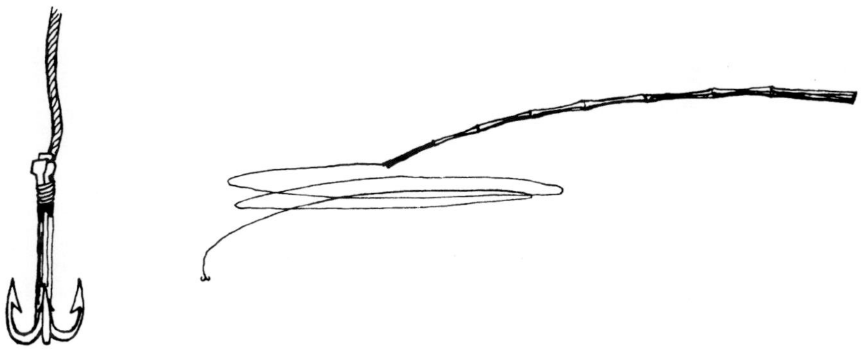

Fig. 133 : Canne à pêche (*sennāra*).

La pêche au tramail (meḥayyara) [1]

Cette méthode est utilisée pour pêcher dans le Nil. La *meḥayyara* (fig. 134) consiste en trois filets, A, B, et C, d'une longueur de vingt à trente mètres environ, et d'une largeur d'un mètre et demi. Les deux filets A et C ont des mailles d'environ 7 cm et le filet B qui est au milieu, a des mailles de 3,5 cm.

(1) Ce paragraphe a déjà paru dans *Mélanges offerts à Jean Vercoutter*, Editions Recherche sur les civilisations, Paris 1985, p. 149-150.

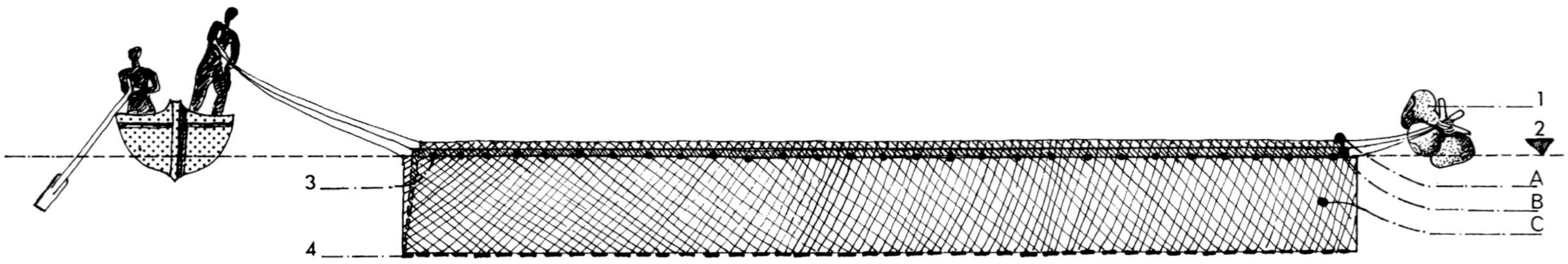

Fig. 134 : Tramail (*meḥayyara*).

1. calebasse.
2. niveau de l'eau.
3. liège.
4. plomb.

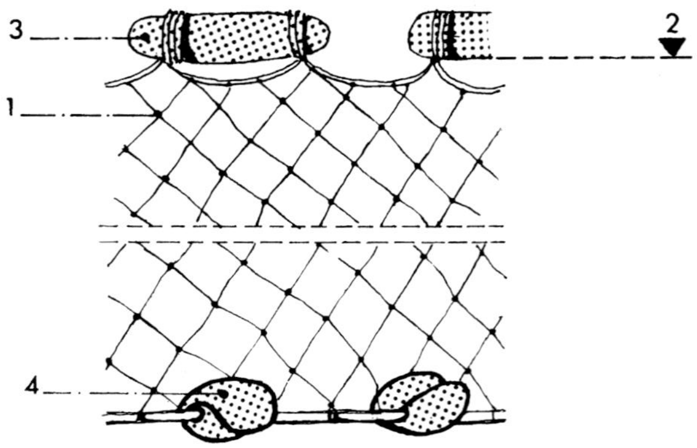

Fig. 135 : Tramail (détail).

1. filet.
2. niveau de l'eau.
3. liège.
4. plomb.

Ces trois filets sont fermés sur les quatre côtés. Au bas, des poids en plomb empêchent qu'ils ne remontent à la surface. Sur leur partie supérieure sont fixés des morceaux de liège pour les aider à flotter (fig. 135, 3). A l'une des extrémités, la *meḥayyara* est attachée à une calebasse, outre ou flotteur en fer blanc, qui l'empêche de s'enfoncer (fig. 134, 1). A l'autre extrémité de la *meḥayyara,* un pêcheur dans une barque tient les trois filets ensemble à l'aide d'une corde (dans mon croquis, j'ai essayé de représenter les trois filets ouverts, dans leur partie supérieure, uniquement pour faciliter l'explication).

Deux pêcheurs sont dans la barque : l'un d'eux rame; l'autre tient les cordes de la *meḥayyara* durant la pêche, et aide à ramasser le poisson quand on ramène les filets. On rame toujours vers le Nord (dans le sens du courant) car le courant permet de maintenir la *meḥayyara* toujours bien tendue et ordonnée durant la pêche.

Le poisson passe par les mailles des filets (A) ou (C), suivant le sens de sa nage, s'il remonte le courant ou le descend. Il se heurte donc au filet (B) qui est au milieu. Il essaie de retourner pour s'enfuir. Mais comme le filet (B) n'est pas parfaitement tendu, quand il essaie de se retourner, ses écailles et ses nageoires se prennent dans les mailles; le poisson l'entraîne avec lui, en ressortant par les mailles des filets (A) ou (C) et il s'emprisonne (fig. 136). Il s'embarrasse (*yeḥtār* d'où le nom de *meḥayyara*), hésite, ne sait plus où aller ni comment s'en sortir.

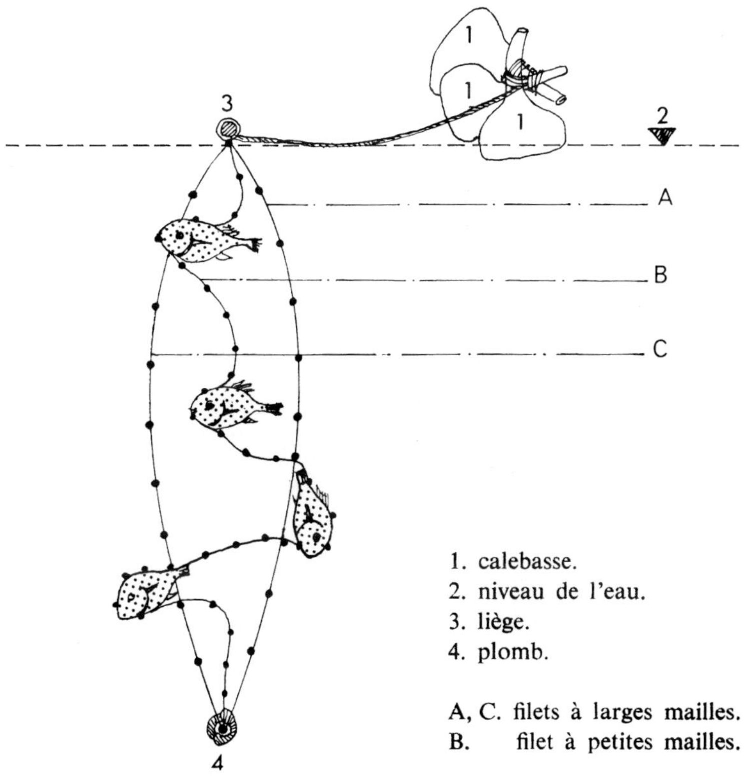

Fig. 136 : Tramail (coupe).

Quand le pêcheur sent que la *meḥayyara* est remplie, il la tire vers la barque à l'aide de la corde et la remonte. Avec son partenaire, il recueille les poissons qui s'y sont pris; puis il la jette à nouveau.

La pêche à « l'acier » (ṣolb)

Cette méthode est utilisée pour pêcher dans le canal, quand le niveau de l'eau est d'un mètre environ, chaque année, à la fin du mois de Décembre.

On plante deux piquets en bois d'acacia sur les deux rives du canal. Entre ces deux piquets on tend une corde à laquelle sont attachées des ficelles verticales terminées par des hameçons d'acier (*ṣolb*) (d'où le nom de ce type de pêche), tous les 4 cm environ (fig. 137). Aucun appât n'est utilisé. Entre le fond du canal et les hameçons on laisse une distance d'une *ḥabbāya*. Cette distance équivaut à environ 15 cm, c'est la hauteur d'une main dont les quatre doigts sont fermés et le pouce relevé (fig. 138).

Le pêcheur descend toutes les quatre heures environ, avec une aiguille (*mēbar*) et de la ficelle (fig. 139). Il perce les poissons avec l'aiguille avant de les dégager de l'hameçon, pour éviter qu'ils n'échappent, puis il les enfile sur la ficelle. Le pêcheur commence à partir d'une rive du canal et ressort de l'autre côté, portant une ficelle sur laquelle les poissons sont accrochés par leurs ouïes, comme nous le voyons déjà sur les peintures murales des mastabas de l'Egypte ancienne.

Ligne de fond (el-ḫēṭ el-ġāreg) (1)

Avant la construction du Haut-Barrage, pendant la crue, les poissons *šāmūš* abondaient dans le Nil. Pour pêcher cette variété de poisson, les habitants de Mārī Girgis appliquaient une méthode de pêche qu'ils nomment *el-ḫēṭ el-ġāreg* (la ligne de fond).

C'est une corde en coton, d'environ 80 mètres de long. Tous les trois mètres on y attache de grands hameçons de 6 cm de long, au moyen de cordes de 50 cm de long; cinq ou six flotteurs en liège sont fixés sur la corde principale, après chaque hameçon, pour soutenir la corde et l'empêcher de tomber au fond.

On appâte chaque hameçon avec un silure (*garmūṭ*) accroché autour de l'épine dorsale pour qu'il reste vivant et remue quand la corde sera plongée dans l'eau. Une des extrémités de cette corde est attachée par un morceau de corde en alfa encore vert à une grosse pierre en calcaire percée en son milieu (*hedra*) (fig. 140, 7). Un des pêcheurs pose ce poids sur une bouée en bois, une outre ou une calebasse et nage dans le Nil en la poussant devant lui, jusqu'à ce que la corde soit bien tendue à la surface de l'eau. Pendant ce temps un autre pêcheur se tient debout sur la rive, près de l'autre extrémité de la corde et la fixe sur un long piquet de fer. Quand la corde est parfaitement tirée, l'homme qui est sur le rivage émet un signal; alors le nageur fait tomber le poids de la bouée pour que la corde soit entraînée au fond du Nil.

(1) Ce paragraphe a déjà paru dans *Mélanges offerts à Jean Vercoutter*, Editions Recherche sur les civilisations, Paris 1985, p. 147-148.

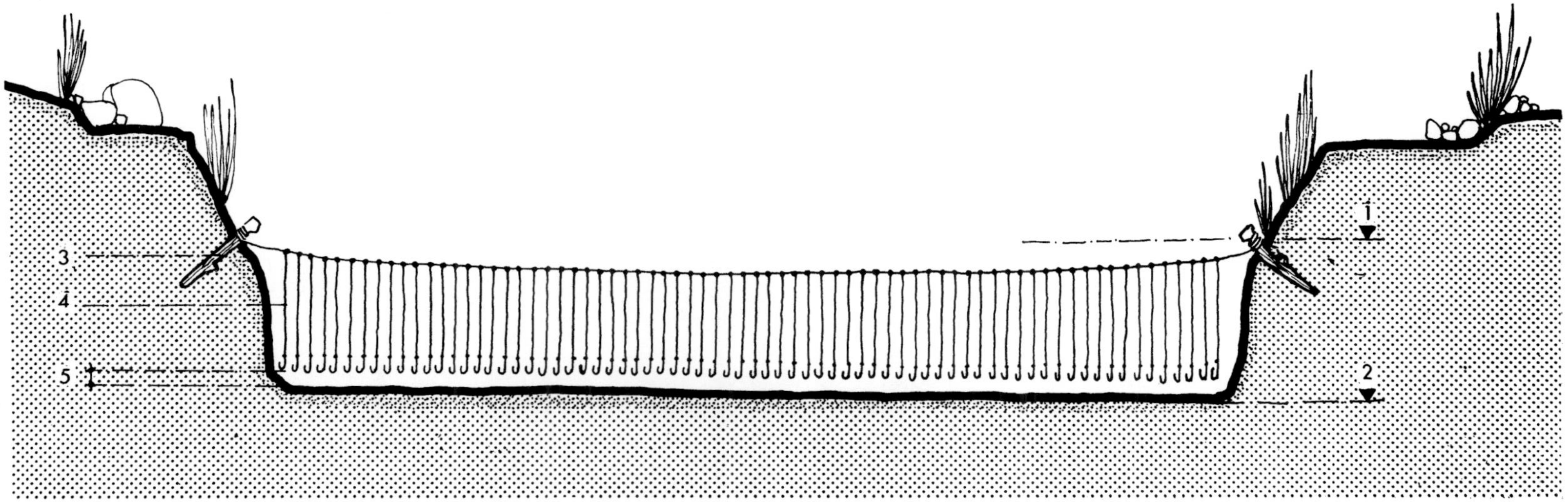

Fig. 137 : Pêche à l'acier (*ṣolb*).

1. niveau de l'eau du canal.
2. fond du canal.
3. piquet de bois.
4. ficelles et hameçons.
5. *ḥabbāya* (15 cm).

Fig. 138 : *Ḥabbāya*.

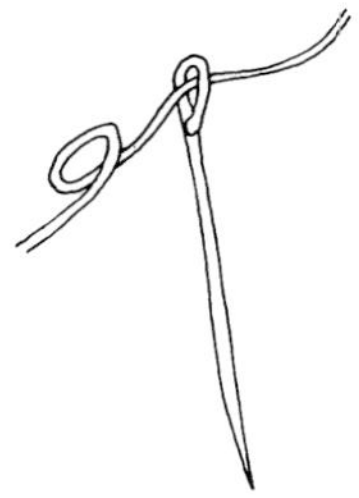

Fig. 139 : *Mēbar*.

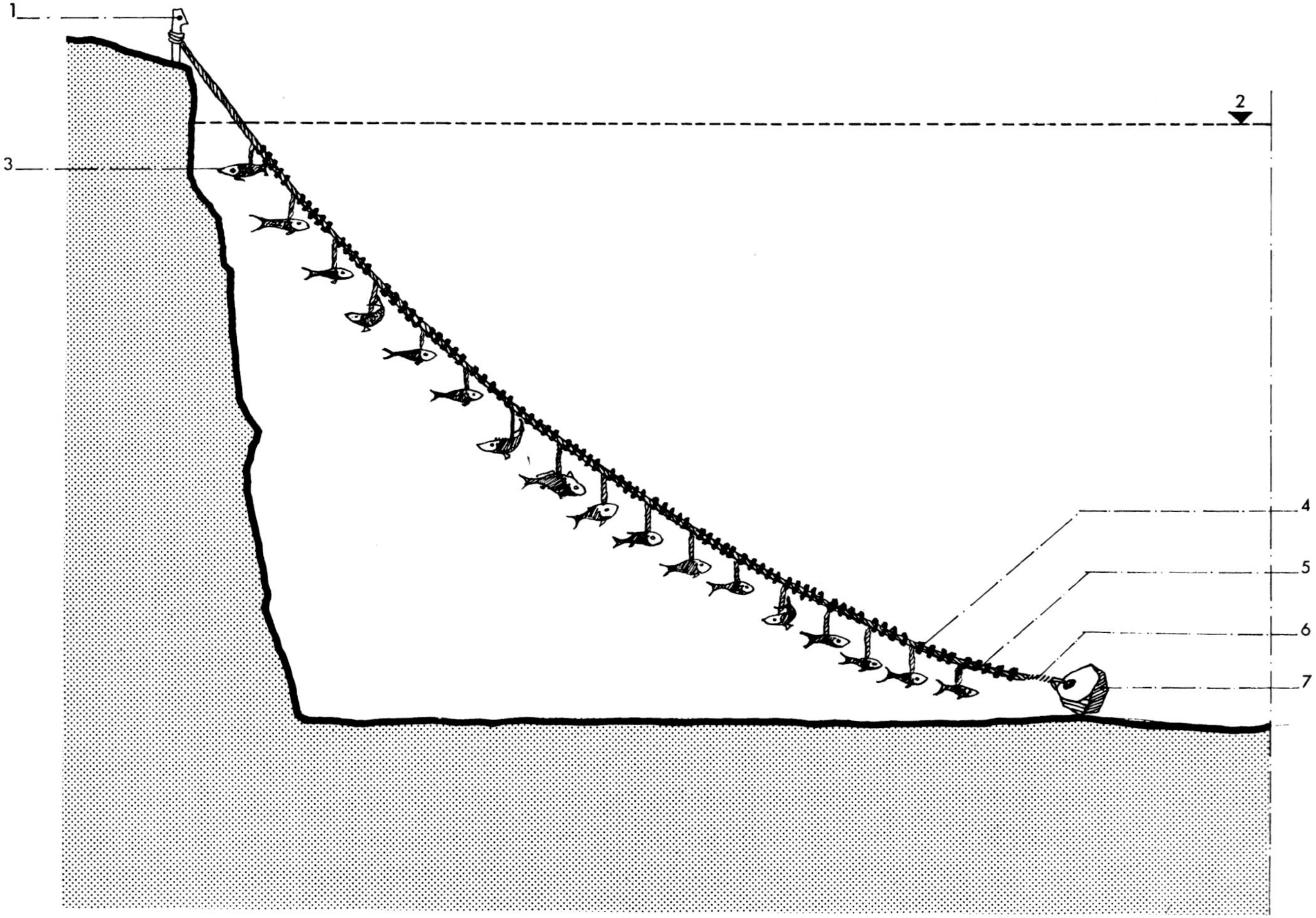

1. piquet.
2. niveau de l'eau.
3. silure vivant.
4. flotteurs en liège.
5. corde de coton.
6. corde en alfa.
7. *hedra*.

Fig. 140 : Ligne de fond (*el-ḫeṭ el-ġāreg*).

On met toujours en place le *ḫēṭ el-ġāreg* au coucher du soleil et on le laisse jusqu'au matin. Si un *šāmūš* s'est laissé prendre à un des hameçons, par sa force et ses mouvements violents, il casse la corde en alfa, peu résistante, qui rattache la corde principale à la *hedra* et le pêcheur retrouve la corde près du rivage, emportée par le courant. Mais si aucun poisson ne s'est accroché, on retrouve le fil comme on l'a laissé au coucher du soleil, et le pêcheur sait, en le soulevant légèrement, qu'il est toujours accroché à la *hedra* au fond du fleuve.

La pêche au verveux (wedwāda)

Cette méthode est utilisée pour pêcher dans le canal quand la hauteur de l'eau est de 1,50 m, chaque année, vers la fin du mois de Décembre.

Treize piquets en bois d'acacia (fig. 141), d'environ 1,30 m sont plantés dans le fond du canal. Un filet (*wedwāda*) est tendu verticalement sur ces piquets. Il est attaché un peu au-dessous de la pointe des piquets par une longue corde (fig. 142). A la base, le filet est tendu par une chaîne de fer qui est attachée aux piquets par des folioles de palmier qui ne pourrissent pas facilement dans l'eau. Le poids de cette chaîne aide à tirer le filet verticalement. Entre chaque piquet et le suivant, il y a une poche en forme d'entonnoir (*gādūs*), l'une tournée vers le Nord et l'autre vers le Sud (fig. 143). On maintient l'extrémité du *gādūs* avec un piquet vertical planté dans le fond du canal. Il y a ainsi en tout six nasses dirigées vers le Nord et six autres dirigées vers le Sud (fig. 141).

Le filet est placé en travers du canal et on l'y laisse toute la nuit. A l'aube, les pêcheurs vont recueillir les poissons qui se sont laissés prendre dans les poches.

La nasse, ou *gādūs,* est formée par trois cerceaux d'environ 45 cm faits en bois de grenadier (dont on parvient à incurver les branches sans qu'elles cassent) sur lesquels on tend un filet qui se termine en cône fermé; à l'intérieur de la nasse, le filet est retourné sur lui-même au niveau du premier et du second cerceau, il forme ainsi deux entonnoirs consécutifs (fig. 144). Le poisson qui nage avec le courant, ou à contre-courant, entre par la grande ouverture de la nasse, dépassant l'entonnoir qui se trouve entre le premier et le second cerceau, soit la partie (A), il passe à travers le second entonnoir (B) jusqu'à l'extrémité conique close du *gādūs*. Il est alors emprisonné et peut difficilement s'échapper en retournant en arrière à cause de l'étroitesse des ouvertures intérieures de la nasse.

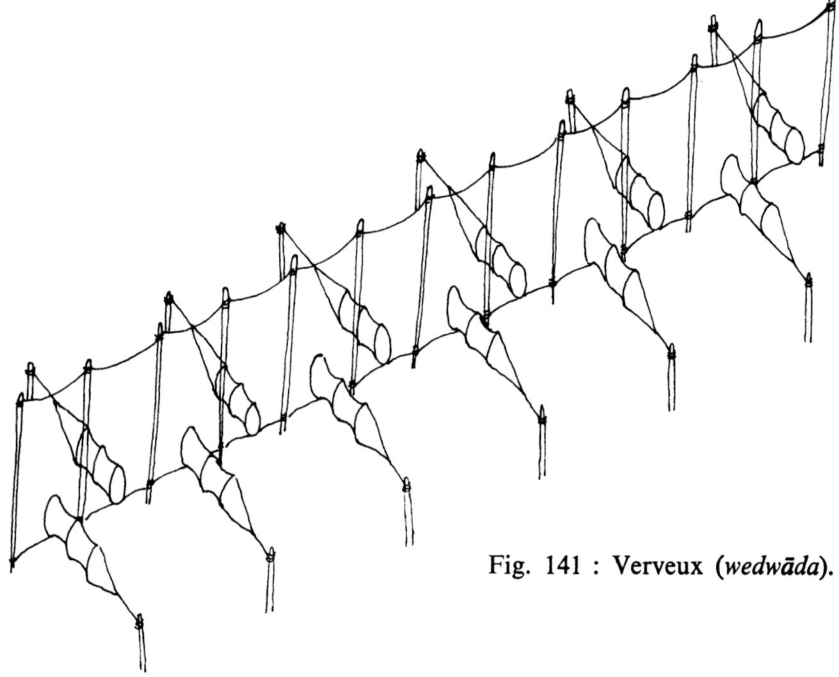

Fig. 141 : Verveux (*wedwāda*).

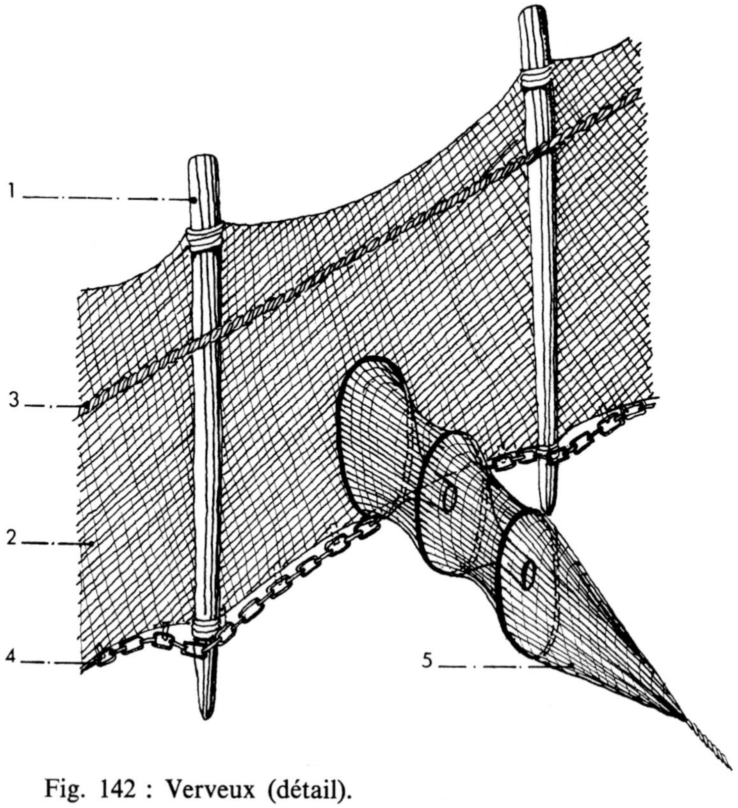

1. piquet.
2. filet.
3. corde de fixation.
4. chaîne.
5. verveux (*gādūs*).

Fig. 142 : Verveux (détail).

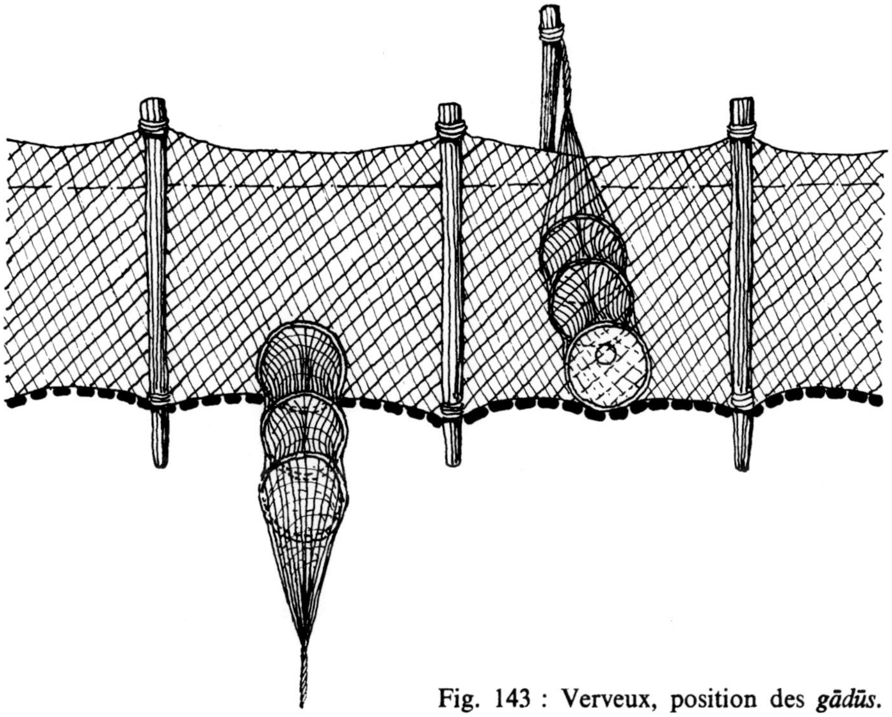

Fig. 143 : Verveux, position des *gādūs*.

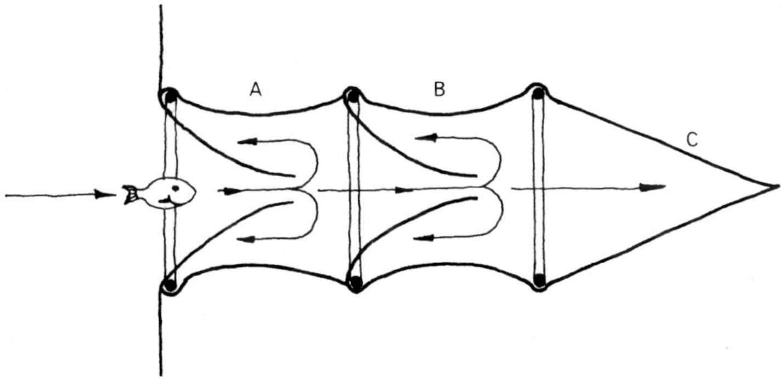

Fig. 144 : Verveux, coupe du *gādūs*.

LA PÊCHE AU ǦĀLŪṢ (pl. 30, *b*) [1]

Cette méthode est utilisée par les paysans pour pêcher dans le canal. Au coucher du soleil, toute la famille coopère à la fabrication des *ǧawālīṣ* (sing. *ǧālūṣ*). Les enfants vont au bord du canal pour apporter la terre, les femmes s'assoient devant le moulin (*raḥāya*) à moudre le maïs d'été (*gēḍī*), et les hommes façonnent les *ǧawālīṣ* avec de la terre noire

[1] Ce paragraphe a déjà paru dans *Hommage à Serge Sauneron*, vol. II, Le Caire 1979, p. 477-479.

fine, apportée par les enfants, qu'ils appellent *ṭīna mālka*, c'est-à-dire « liante ». Cette argile, mélangée avec du talc (*hamr*), est utilisée lors de la fabrication de la poterie dans le village. On choisit cette terre de préférence à d'autres parce qu'elle se désintègre lentement et graduellement une fois immergée dans l'eau du canal, contrairement aux autres qui se désagrègent rapidement dans l'eau.

Avec une motte de terre d'environ deux kilos et demi, on façonne un tronc de cône (fig. 145, *a*), dans lequel on creuse trois poches verticales de forme ovale régulièrement réparties sur la surface extérieure (fig. 145, *b*). On introduit dans ces poches des grains de maïs d'été pilé (fig. 145, *c*).

On prépare alors trois ficelles munies chacune d'un hameçon à une extrémité, que l'on recouvre de pâte de datte (*ʿağwa*). On rassemble les autres extrémités par un seul nœud, puis on pose la base du *ğālūṣ* sur ce nœud; chaque ficelle partant du centre de la base remonte le long de la paroi et vient pénétrer dans une des poches du côté opposé (fig. 145, *c* suivre les flèches). La poche est ensuite recouverte d'une fine couche d'argile. Finalement on applique, sur toute la surface du *ğālūṣ*, du maïs pilé que l'on incruste avec la main pour qu'il y adhère.

Une famille fabrique environ 20 à 30 *ğawālīṣ*, soit le support de 60 à 90 hameçons.

On attache sous la base du cône, au point de jonction des trois ficelles, une longue corde dont on lie l'extrémité à une grosse pierre ou à un arbre sur le bord du canal.

Le soir, quand on a terminé la préparation des *ğawālīṣ*, un enfant plonge dans l'eau du canal et il les dépose côte à côte au fond de l'eau; on les y laisse jusqu'à l'aube du jour suivant.

Les poissons viennent nombreux là où ils trouvent de grandes surfaces recouvertes de maïs pilé (*dešīša*) et ils assaillent les *ğawālīṣ*, essayant d'arracher les grains de maïs de leur surface. Graduellement, la couche de terre qui cache les hameçons se désagrège et libère leurs extrémités recouvertes de pâte de datte. Les poissons s'attaquent alors à eux, et se font prendre.

Les pêcheurs disent que ce type de *ğawālīṣ* sert à pêcher le poisson *bennī*, poisson à queue rouge qui peut atteindre cinquante centimètres de long.

Le carrelet (*ğarfa*)

Au début du mois de Janvier, lorsque le niveau de l'eau dans le canal baisse jusqu'à 40 cm, il devient très facile de voir les poissons. Les hommes et les enfants du village descendent tout nus dans l'eau tout au long du canal, pour porter, deux par deux, le carrelet (*ğarfa*) [1].

[1] *Ğarafa* signifie « saisir en grande quantité ».

Le retour des pêcheurs à l'aube.

a. L'épuisette (*malgaf*).

1

2

3

b. Etapes de la fabrication des *ǧālūṣ*.

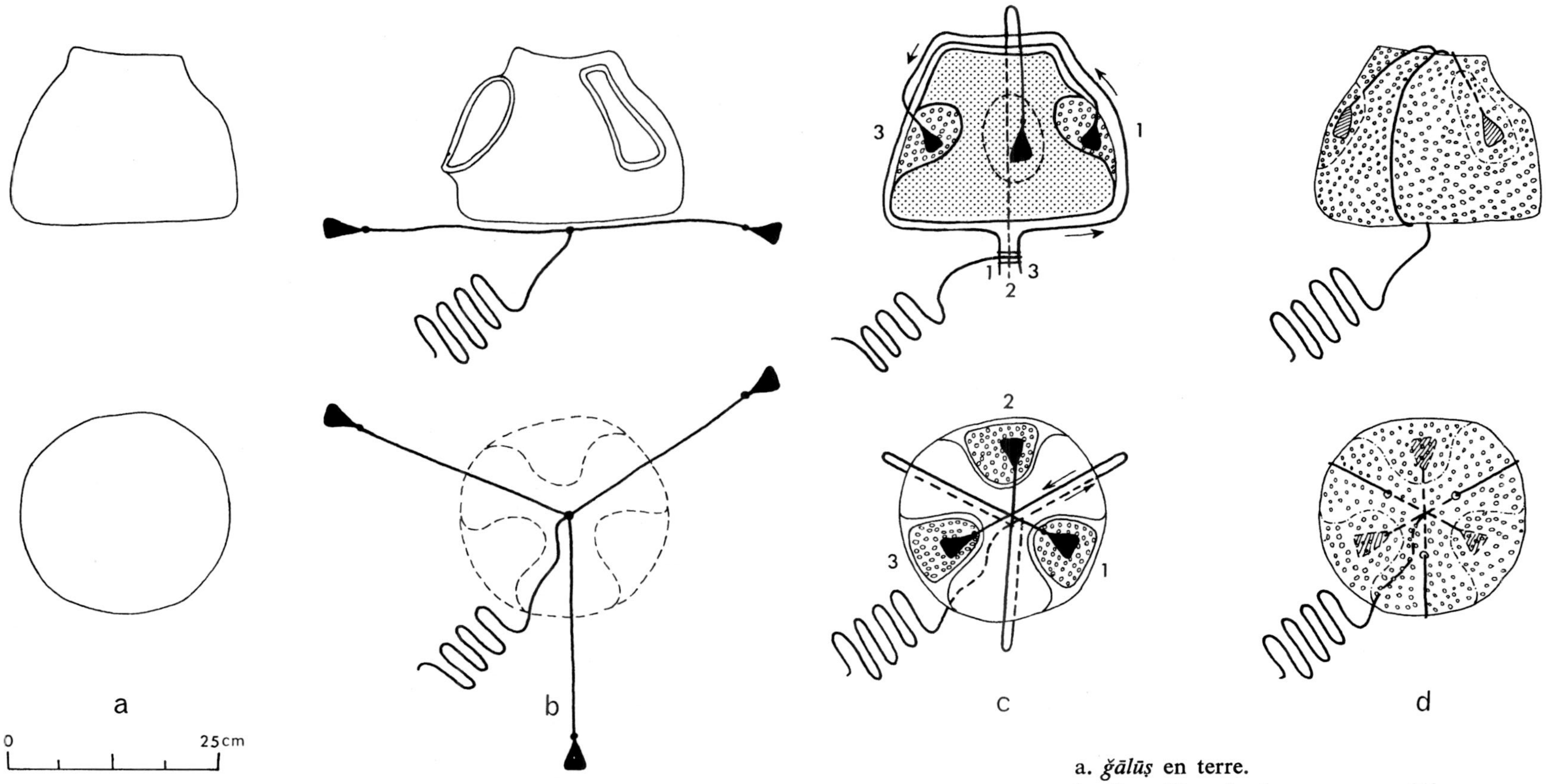

a. *ǧālūṣ* en terre.
b. disposition des hameçons appâtés.
c. disposition des hameçons dans les poches.
d. *ǧālūṣ* après fermeture des poches.

Fig. 145 : Etapes de la fabrication du *ǧālūṣ*.

C'est un filet en coton, d'environ un mètre sur deux, tendu à ses deux extrémités par un morceau de bois de saule ou une nervure de palmier (*ǧerīd*) (fig. 146).

Chacun des deux hommes tient des deux mains une de ces extrémités et se penche pour ramasser les poissons dans le filet, tout en suivant le sens du courant.

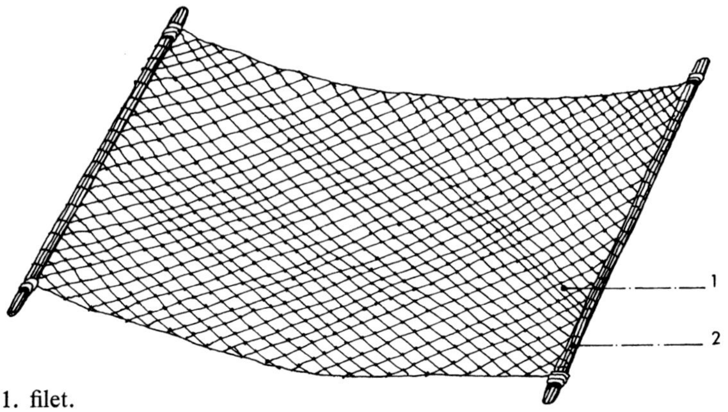

1. filet.
2. morceau de bois de saule.

Fig. 146 : Le carrelet (*ǧarfa*).

Quand on pense à la vitesse à laquelle se déplacent les poissons dans toutes les directions, on peut imaginer les mouvements que cela provoque dans cette foule de pêcheurs et le tumulte qui s'ensuit.

Mais les gens du village n'apprécient pas beaucoup cette méthode de pêche que n'importe quel fellah peut pratiquer.

El-dorg

Le canal étant plus élevé que le Nil, une écluse (*hawīs*) en fer se déplaçant verticalement permet de doser la quantité d'eau qui passe du canal dans le Nil. Elle est placée au débouché d'un petit chenal qui relie au Nil le canal à vider. Une ouverture est pratiquée dans cette écluse, et les villageois y appliquent, côté Nil, le *dorg,* sorte de cadre, long de 3 mètres, auquel sont fixés les filets qui forment une poche et retiennent les poissons lorsque l'eau se déverse (fig. 147).

Cette méthode, qui n'est utilisée qu'une semaine par an, est peu productive, du fait de la grande surface du *dorg,* et des efforts qu'il faut déployer pour le faire descendre verticalement du haut de l'écluse puis le fixer en tâtonnant, gêné par la force du courant.

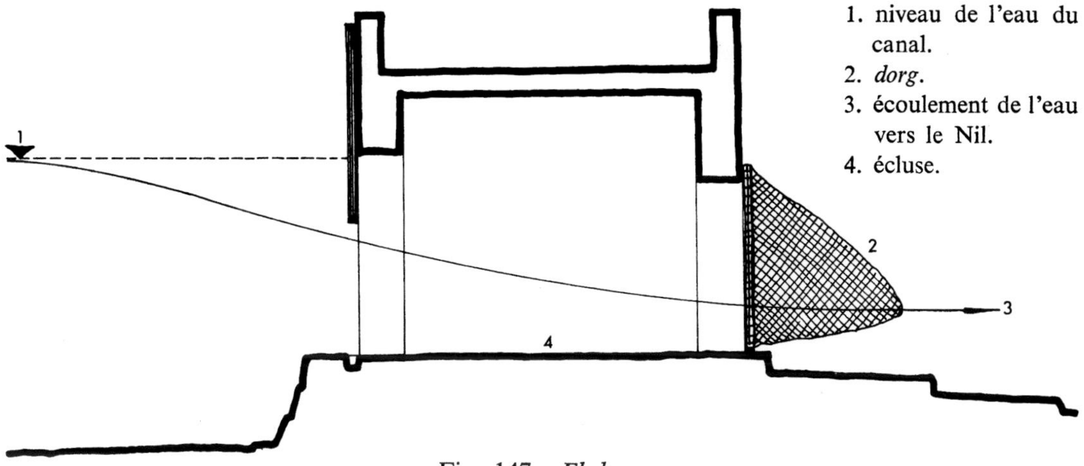

1. niveau de l'eau du canal.
2. *dorg.*
3. écoulement de l'eau vers le Nil.
4. écluse.

Fig. 147 : *El-dorg.*

ESPÈCES DE POISSONS PÊCHÉS

Voici les vingt-deux noms cités au village. J'ai pu identifier la plupart d'entre eux. Quelques-uns, appelés de noms dialectaux, correspondent à des espèces que je ne puis préciser [1].

Nom arabe à Mārī Girgis	Nom arabe ailleurs en Egypte [2]		Variété, en latin	Variété, nom commun français
Benneyya ou *Ḫelāla*	*Helâla*	هلاله	Barbus Bynni	Bynni, Cyprin Bynni, Barbeau Bynni
	Ḫádami	خدمى		
	Šôka	شوكه		
Bowwēza	*Qannûma*	قنومه	Mormyrus Kannume	Mormyre Kannumé
	Bowêz	بويز		
	Mizz	مز		
	Umm bowêz	ام بويز		
	ʿÁšwa	عشواء		
	Sámak el-malḥ	سمك الملح		

[1] Il s'agit des noms suivants : *balamōza, ǧahmūr, šāmūš, ṭarabēza, kaff el-amīr.*

[2] Gaillard, (M.C.), *Recherches sur les poissons représentés dans quelques tombeaux égyptiens de l'ancien empire*, MIFAO, t. LI, Le Caire, 1923.

Ces transcriptions sont notées selon la méthode adoptée par Gaillard.

Nom arabe à Mārī Girgis	Nom arabe ailleurs en Egypte		Variété en latin	Variété, nom commun français
Ḥomār el-baḥr	*Fahâqa* *ʿÂqa* *Bâʿa* *Umm arbéya*	فهاقة عاقة باعه ام أربية	Tetrodon Fahaka	Fahaka (pas comestible)
Ḥūt ou *Garmūṭ*	*Zaġlûl*	زغلول	Clarias Anguillaris	Qarmouth, Silure- Qarmuth
Ḥayy el-samek ou *Teʿbān*	*Ḥánaš* *Sámak taʿbân* *Ḥáyya*	حنش سمك تعبان حيه	Anguilla vulgaris	Anguille
Roʿēda	*Rʿʿâš* *Rʿʿâd* *Abu rʿʿâd*	رعاش رعاد ابو رعاد	Malopterurus electricus	Silure trembleur, Silure électrique
Rowīṣet *Ḥağar*	*Bôna* *Bána* *Bûma* *Saw* *Râs el-ḥáğar* *Rûs el-ḥáğar* pl. *Ḥáğar*	بونه بنا بومه سو رأس الحجر رؤس الحجر حجر	Petrocephalus Bane	Bané
Zerēga	*Zerréyya* *Šarrûk*	زريه شروك	Eutropius Niloticus	
Šelbāya	*Šélba* *ʿArobrob*	شلبه عربرب	Schilbe mystus	Schilbé, Silure Schilbé
Fatīla *Bagara*			Bagrus	
Gorgār baladī	*Šâl ʿarabi* *Šâl báladi* *Zâzu* *Qorqâr zammâr* *Zammâr*	شال عربي شال بلدى زازو قرقار زمار زمار	Synodontis Schall	Schall, Synodonte Schall
Gorgār šāmī *Dogmāg*	*Šāl*	شال	Synodontis Batensoda	Synodonte à ventre noir Schall à ventre noir

Nom arabe à Mārī Girgis	Nom arabe ailleurs en Egypte		Variété en latin	Variété, nom commun français
Lāṭes	*Ḥomâr*	حمار	Lates Nilo-	Perche du Nil, Latès,
Sefāg	*Qešr*	قشر	ticus	Latès du Nil
	Ḥomâr el-baḥr	حمار البحر		
	Šefâq	شفاق		
	Lefâš	لفاش		
	Sīsi	سيسى		
Lebs	*Besârya*	بسارية	Labeo Nilo-	Lébis, Cyprin Lébis
	Ṣîr	صير	ticus	
	Ḥenîma	حنيمه		
	Makâka	مكاكة		
	Labīs er-rây	لبيس الراى		
Lefša	*Lesân el-báqar*	لسان البقر	Distichodus Niloticus	
Mešṭ	*Bólṭi ábyaḍ*	بلطى أبيض	Tilapia Nilo-	Chromis du Nil
Bolṭi	*Bólṭi solṭâni*	بلطى سلطانى	tica	
	Šabâr	شبار		
	Šabâr ábyaḍ	شبار أبيض		
	Širr	شر		
	Qašwîṭ	قشويط		
	Kunǧâr	كنجار		

D. NOURRITURE ET FABRICATION DES USTENSILES RELATIFS À LA CUISINE.

L'ÉQUIPEMENT CULINAIRE DES MAISONS

Le four à pain (forn el-ḫabīz)

Une des tâches principales de la femme au village est la fabrication du pain. Aussi est-il rare de passer à travers les ruelles sans voir la fumée des fours monter au-dessus des cours intérieures des maisons, ou encore les femmes devant leur maison surveiller la pâte qui lève au soleil posée sur de petits disques (*magraṣ*).

La construction du four à pain comprend plusieurs étapes. Elle commence toujours par la fabrication de la dalle faite habituellement par les femmes. Certaines femmes se sont spécialisées dans cette fabrication, car toutes ne savent pas la faire.

Fabrication de la dalle du four [1] (*balāṭet el-forn*) (fig. 148; pl. 31, *a.b.c*)

On écrase l'ancienne dalle du four, ou de la brique rouge cuite dont on se sert comme chamotte (*ḥummār*), et on tamise la poudre qui en sort dans un tamis fin (*ġorbāl*).

On écrase également des crottes d'âne (*ṣōla*) que l'on passe au tamis.

On mélange le *ḥummār* avec la *ṣōla* dans les proportions de deux mesures pour une et demie.

On incorpore ce mélange à de l'argile prise dans le canal (c'est de la terre noire, qu'ils nomment là-bas *ṭīna zarga* ou « terre bleue ». Cette argile est également utilisée dans la fabrication de la poterie.

Ces trois éléments dans les proportions de 2 à 1,5 et 1, sont malaxés jusqu'à ce que la pâte devienne compacte. On ajoute parfois à ce mélange des poils d'âne qui donnent une plus grande solidité et malléabilité à la dalle du four durant sa fabrication.

La femme commence à modeler la dalle. Elle prend un gros morceau de pâte qu'elle étale par terre en tapant avec ses mains. Elle forme ainsi un disque d'un mètre vingt environ de diamètre, laissant sur un des côtés un trou (*ʿēn el-nār*) (fig. 148, 1; 150, 4; pl. 31, *a.b*), ouverture qui permettra le passage des flammes à l'intérieur du four. Ensuite, utilisant un morceau de galet, elle frotte la dalle du four avec du talc (*hamr*) jusqu'à ce que sa surface soit lisse et brillante afin de donner un support propre aux galettes de pain durant leur cuisson.

Puis elle construit une paroi de 15 cm de haut tout autour de la dalle, laissant une ouverture (*fatḥet el-marasṣ*) (fig. 148, 4) qui sera l'orifice d'enfournement, et de défournement.

La femme laisse sécher la paroi au soleil jusqu'au lendemain. Puis elle la rehausse de 12 cm en réduisant graduellement sa circonférence et en arrondissant les parois.

Le troisième jour, elle rehausse la paroi de 12 cm, ménageant deux petites ouvertures de cinq centimètres de diamètre, qui seront les bouches d'air (*ʿēn el-hawa*) (fig. 148, 2.3; 150, 5). Ces ouvertures permettront de régler la circulation de l'air, d'augmenter ou de diminuer la température à l'intérieur du four en les ouvrant ou les bouchant avec des morceaux de brique, selon le besoin.

Le diamètre de l'ouverture supérieure du four est d'environ 90 cm. Parfois la paroi qui surmonte l'orifice d'enfournement est un peu plus haute que les autres. La dalle est laissée au soleil plusieurs jours jusqu'à ce qu'elle sèche complètement. Cette méthode de construction se nomme *taṭwīf*. Il est important de noter que l'adjonction du jour suivant doit être faite sur un pan de paroi encore humide; autrement si la paroi est déjà sèche, des fissures se produisent entre les deux niveaux.

[1] On entend par « dalle du four » la dalle proprement dite et les parois qui la surmontent.

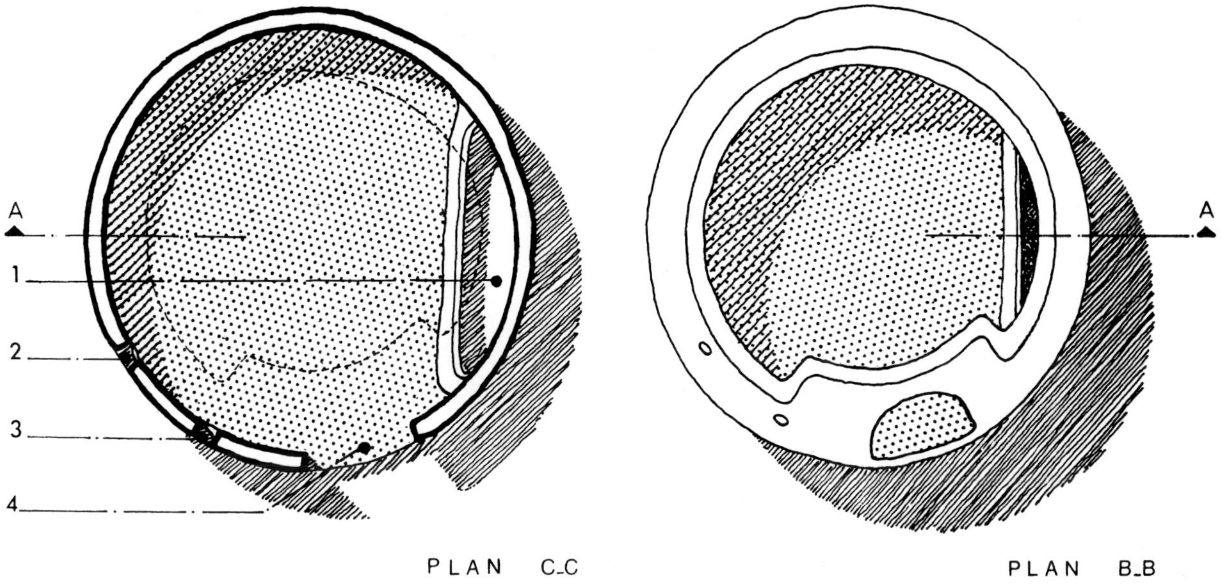

1. *'ēn el-nār.*
2, 3. bouches d'air (*'ēn el-hawa*).
4. orifice d'enfournement (*fatḥet el-maraṣṣ*).

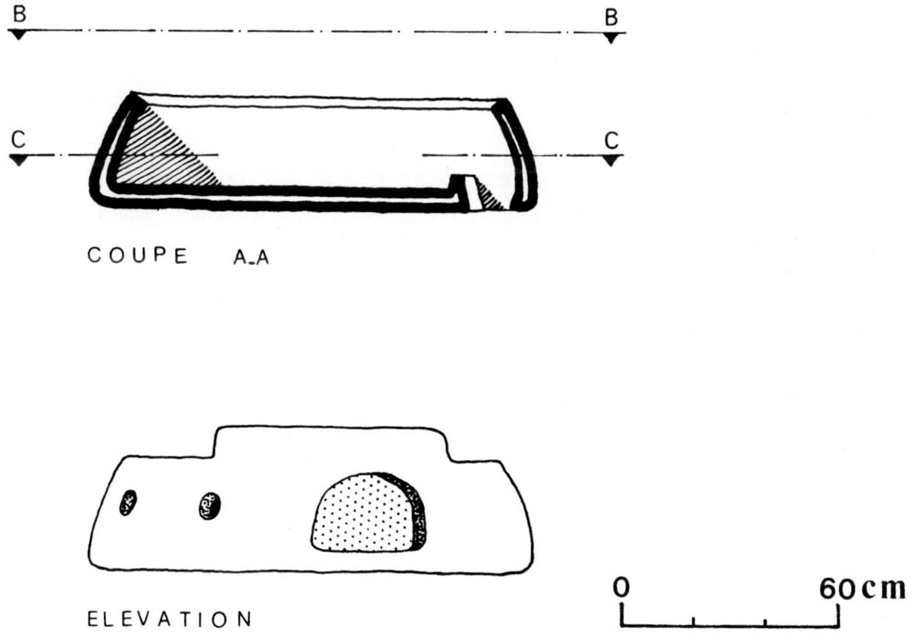

Fig. 148 : Fabrication de la dalle du four.

Pour cela, durant la saison d'été, le *taṭwīf* se fait jour après jour; alors qu'en hiver il se fait un jour sur deux.

Construction du foyer (sarīr)

La deuxième étape de la construction du four à pain est faite par les hommes. Le *sarīr* est une paroi circulaire dont le diamètre extérieur atteint 1,40 m; elle a 16 cm d'épaisseur, soit l'épaisseur d'une seule brique crue, et 32 cm de haut, soit la hauteur de quatre briques.

Dans ce bâti, une ouverture de 40 cm de large est ménagée; elle servira à alimenter le feu avec du *būṣ;* c'est l'orifice de chauffe (*fatḥet el-maḥmā*) (fig. 150, 2). De l'argile est utilisée comme crépi pour lier les briques.

Pose de la dalle au-dessus du foyer

L'étape suivante consiste à poser la dalle du four au-dessus du *sarīr* (fig. 149, b; coupe A-A) de façon à ce que l'axe de l'orifice d'enfournement (*fatḥet el-maraṣṣ*) soit perpendiculaire à l'axe de l'orifice de chauffe (*fatḥet el-maḥmā*) (pl. 32, *a*). Puis on construit au-dessus de la dalle du four trois niveaux de brique (fig. 149, c.2) d'une hauteur d'environ 25 cm de façon à ce que le diamètre de l'ouverture supérieure, compte tenu de l'épaisseur des parois, soit de 65 cm environ. Auparavant, on aura couvert le haut de la dalle du four avec de la paille avant de commencer à construire les trois niveaux de brique; ceci pour absorber le mortier (*mūna*) qui tomberait durant la construction.

On bouche le haut du four avec une dalle (*balāṭet el-bogg*) (fig. 149, c.1; 150, 6) qui a au centre une ouverture (*fatḥet el-bogg*) (fig. 150, 7) de 7 cm de diamètre. Cette dalle est ordinairement fabriquée en même temps que la dalle du four.

Ensuite on enduit d'argile la surface extérieure du four. Au-dessus de l'orifice d'enfournement, on modèle parfois deux croix, ou des poupées, puis le four est recouvert une seconde fois d'une couche de terre et de paille. Le *serdāb* (fig. 150, 8) qui est la partie en relief provenant de la différence entre la circonférence de la dalle du four et celle du *sarīr* (fig. 149), est utilisé pour poser les galettes de pain qui ont cuit plus rapidement que les autres, ordinairement celles qui sont le plus près de l'orifice de chauffe. Quand on les retire, on les laisse un moment refroidir sur le *serdāb*. Puis on les met dans le couffin à pain (*ʿelāga*).

Parfois, quand la femme est obligée de faire du pain après le coucher du soleil, elle pose une lampe sur le *serdāb,* pour s'éclairer.

Le four à pain est construit habituellement dans un angle de la cour intérieure de la maison, ce qui permet de remplir l'espace vide entre les angles de la cour et le four avec

a

b

c

Fabrication de la dalle du four à pain :

a. Commencement du modelage.
b. Geste de *taṭwīf*.
c. La dalle du four.

a. Le four à pain.

b. La tablette basse (*korsī akl*).

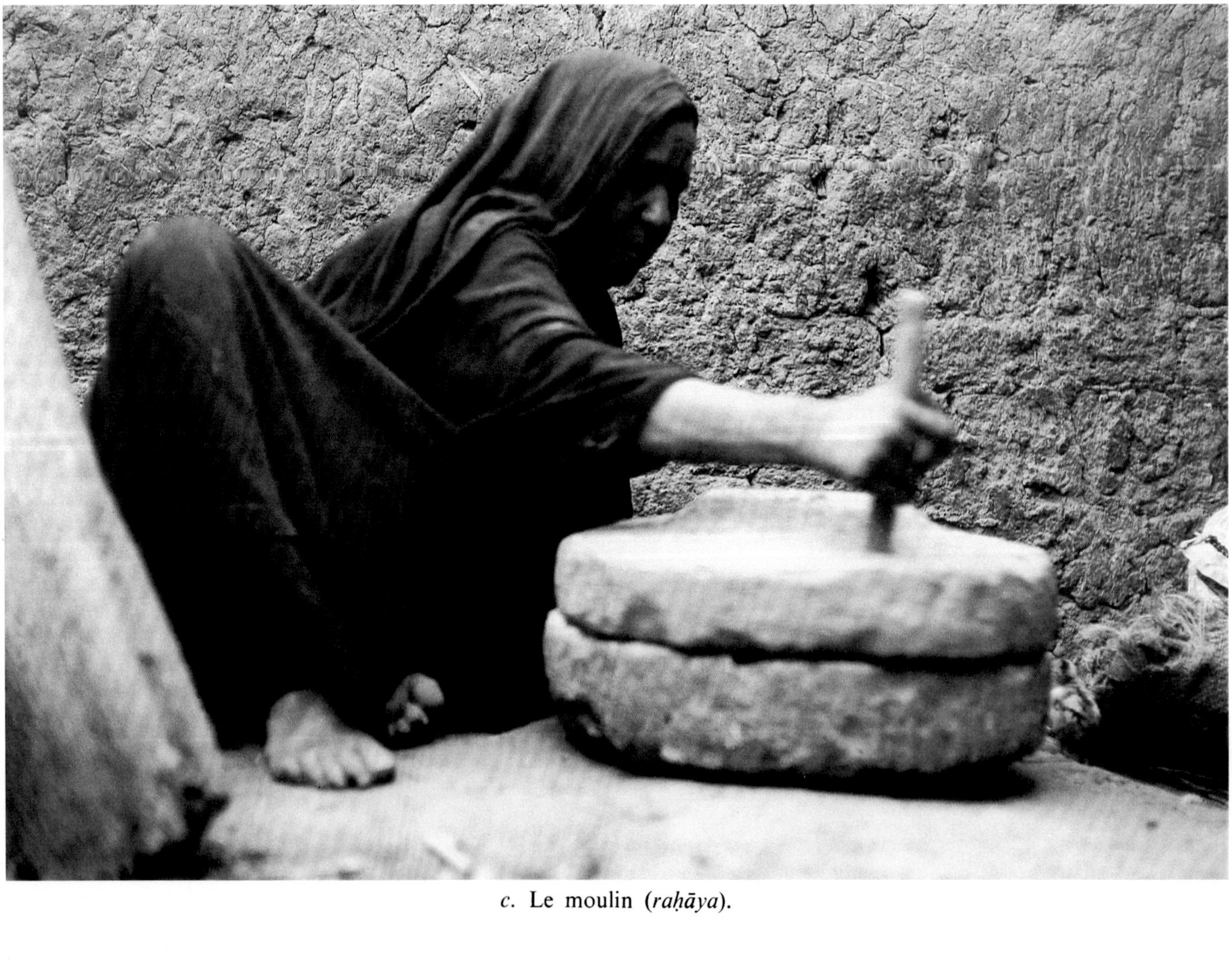

c. Le moulin (*raḥāya*).

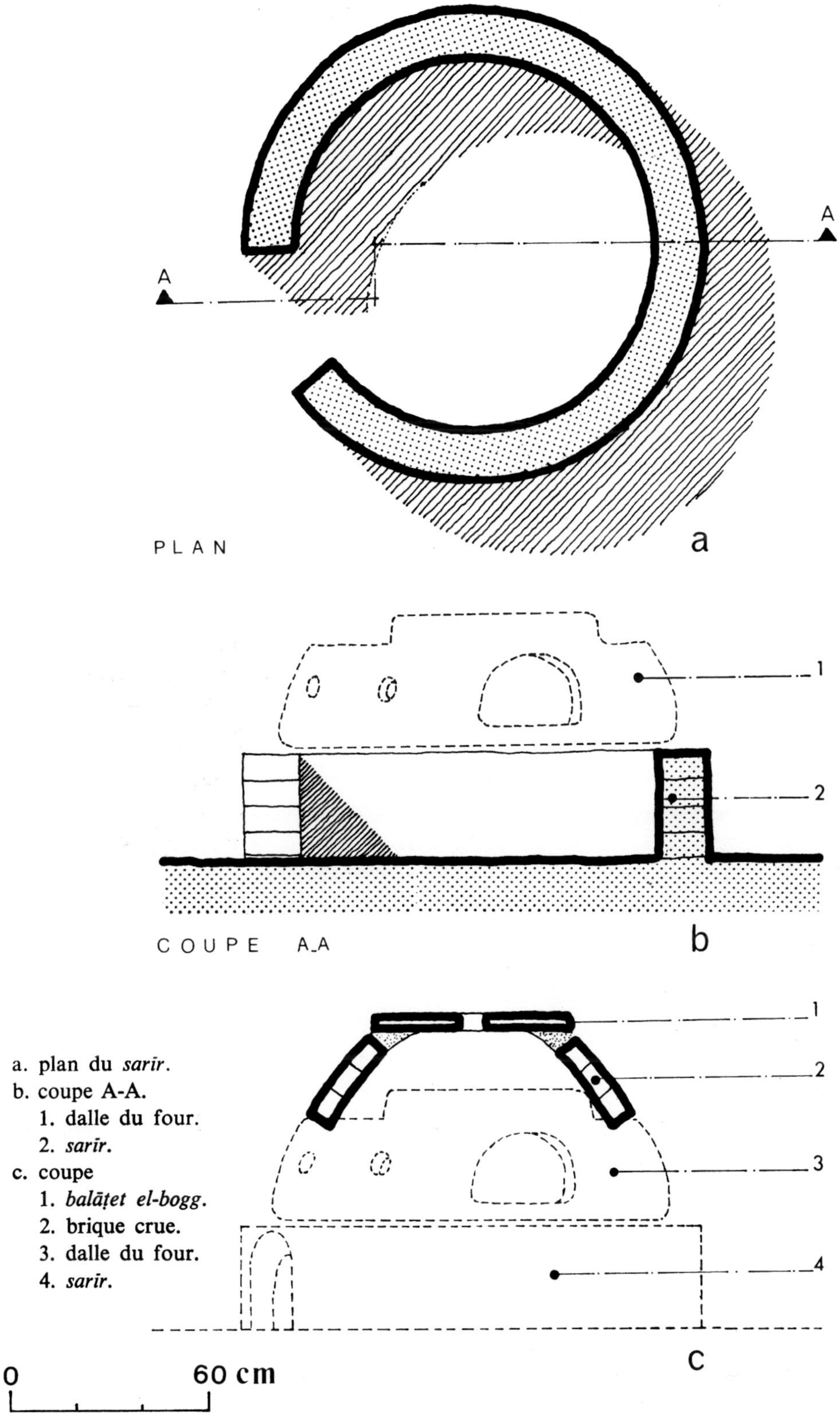

Fig. 149 : Four à pain (3 étapes).

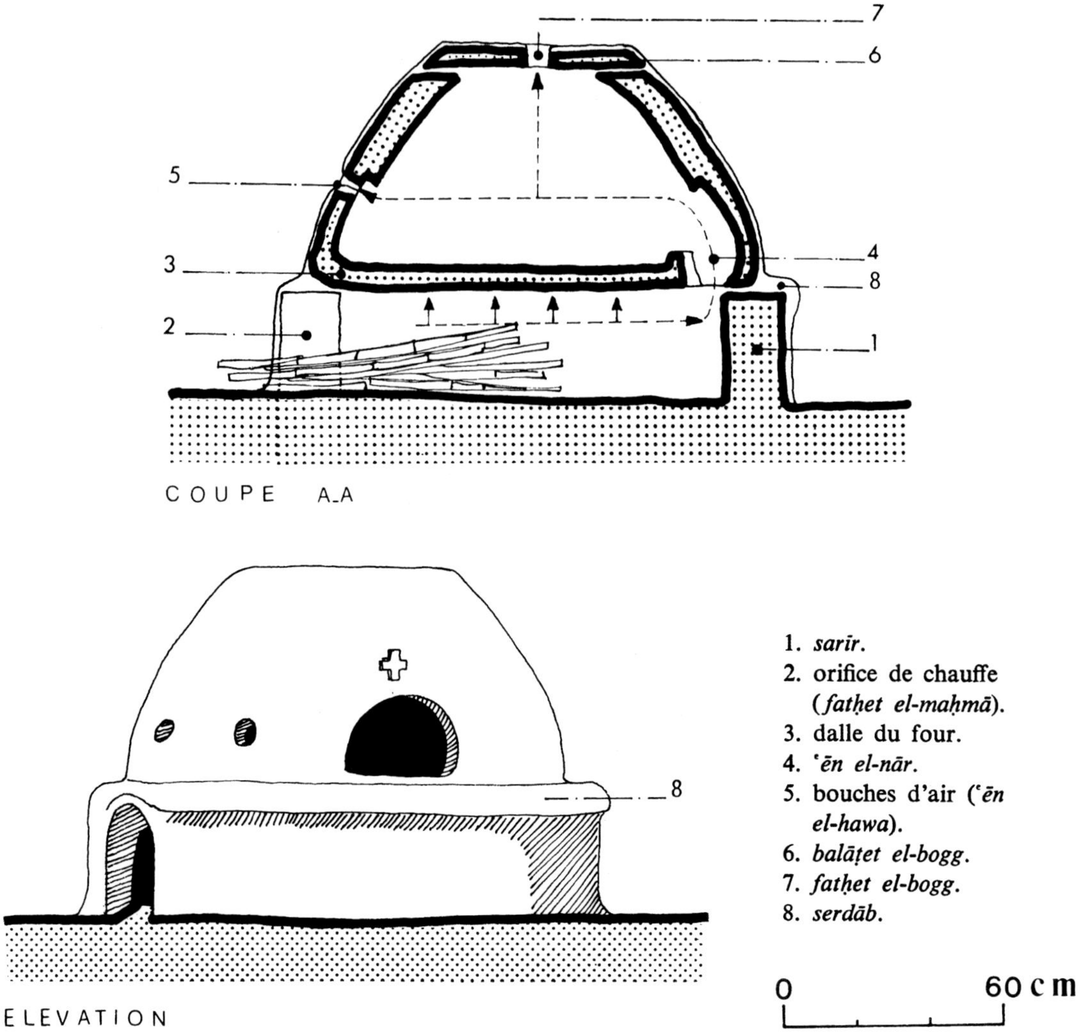

Fig. 150 : Four à pain.

une sorte de mastaba, sur lequel on pose les ustensiles nécessaires à la préparation du pain, afin qu'ils soient hors d'atteinte des animaux domestiques (pl. 32, *a*).

Allumage du four

On introduit dans l'orifice de chauffe (*fatḥet el-maḥmā*) en premier lieu des tiges de maïs séchées qu'on enflamme, ensuite on ajoute de la crotte d'âne et de chèvres, et de la bouse de vache[1] car ils ont une combustion lente alors que les tiges se consument rapidement.

[1] On appelle le crottin d'âne *ṣōla*, les crottes de chèvre et de chameau *baʿr*, la bouse de vache et de bufflesse, *kuʿūla* ou *ğella*.

Le four continue à être alimenté pendant une demi-heure environ avec du *būṣ* avant son emploi.

La dalle du four est nettoyée avec la *bayyāḏa* (1).

LE RÉCHAUD (KĀNŪN) (fig. 151)

Il existe dans toutes les maisons. On l'alimente avec des tiges de maïs séchées, du bois de cotonnier (*ḥaṭab goṭn*), des épis de maïs dépouillés de leurs grains ou de la bouse de vache (*ğella*). Il est construit avec de la brique crue et recouvert d'un crépi de terre et

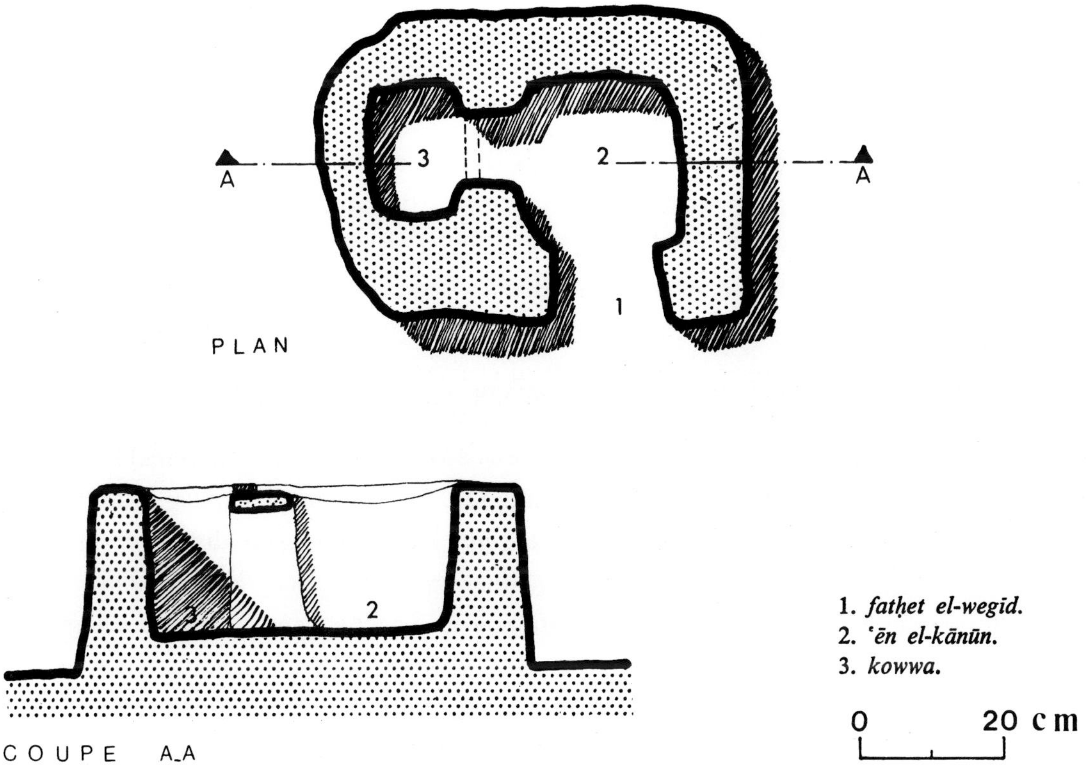

Fig. 151 : Le réchaud (*kānūn*).

de paille. Il comprend deux orifices : un grand, appelé *ʿēn el-kānūn* (fig. 151, 2) directement alimenté par le feu et sur lequel on pose les grosses marmites; un petit, nommé *kowwa* (fig. 151, 3) sur lequel on fait chauffer des plats qui demandent une chaleur plus douce. Une barre de fer située entre les deux orifices et reposant sur les parois

(1) Cf. Les ustensiles utilisés lors de la préparation du pain, p. 164.

du réchaud sert à soutenir les plats. L'orifice de chauffe est appelé *fatḥet el-wegīd* (fig. 151, 1).

Avant de construire un nouveau *kānūn,* les villageois aspergent habituellement le lieu où ils vont le placer de sel, de cumin noir et de blé, et disent que c'est pour obtenir la *baraka.*

Le moulin (raḥāya) (fig. 152; pl. 32, *c*)

L'essentiel des céréales est moulu à Kōla. Cependant on se sert au village de petits moulins pour moudre de petites quantités de maïs, de blé, de fèves et de gros sel (*malḥ rašīdī*).

Au village, on voit des moulins à l'extérieur des maisons, au bord des rues, autour de l'enceinte extérieure du couvent. On les y laisse, pour que ceux qui en ont besoin puissent venir s'en servir à titre gracieux. Ce sont toujours les femmes qui font tourner les meules [1] (pl. 32, *c*).

La *raḥāya* (fig. 152) est faite de deux meules de pierre calcaire de 48 cm de diamètre. On utilise habituellement pour cela des pierres tirées des carrières de ʿĪsāwiyya.

La meule supérieure (*wešš*) (fig. 152, a.2), de 8 cm d'épaisseur, a un trou percé en son milieu de 10 cm de diamètre, dans lequel on dépose le grain à moudre. Un manche (*yadd*) (fig. 152, a.1), en bois de jujubier de 20 cm de long, est ajusté verticalement dans la meule supérieure. Le disque inférieur, de 10 cm d'épaisseur, s'appelle *gaʿr* (fig. 152, a.3) c'est-à-dire la base. Un piquet en bois de jujubier, appelé *galb* est fixé verticalement en son centre (fig. 152, b.1). A cet endroit est aussi posé horizontalement un morceau de bois percé en son milieu (*farāša*) (fig. 152, b.2), légèrement plus court que le diamètre du trou du *wešš*, et que traverse le *galb*. La *farāša* sert à distribuer le grain quand la meule supérieure tourne, et constitue un axe vertical autour duquel elle peut tourner horizontalement quand on actionne le manche dans le sens des aiguilles d'une montre.

LES USTENSILES DIVERS ET LEUR FABRICATION

Le mortier (madagg) (fig. 153; pl. 33)

Il est constitué par un morceau de jujubier de 35 cm dans lequel on creuse une petite cavité de 9 cm de diamètre (fig. 153, 1). Le pilon en bois a une longueur de 42 cm environ (fig. 153, 2).

(1) Il y a un proverbe qui dit : « L'aveugle ne peut que tourner le moulin » (Nul ne fait que ce qu'il est capable de faire).

El-ʿāmya līhā l-raḥāya.

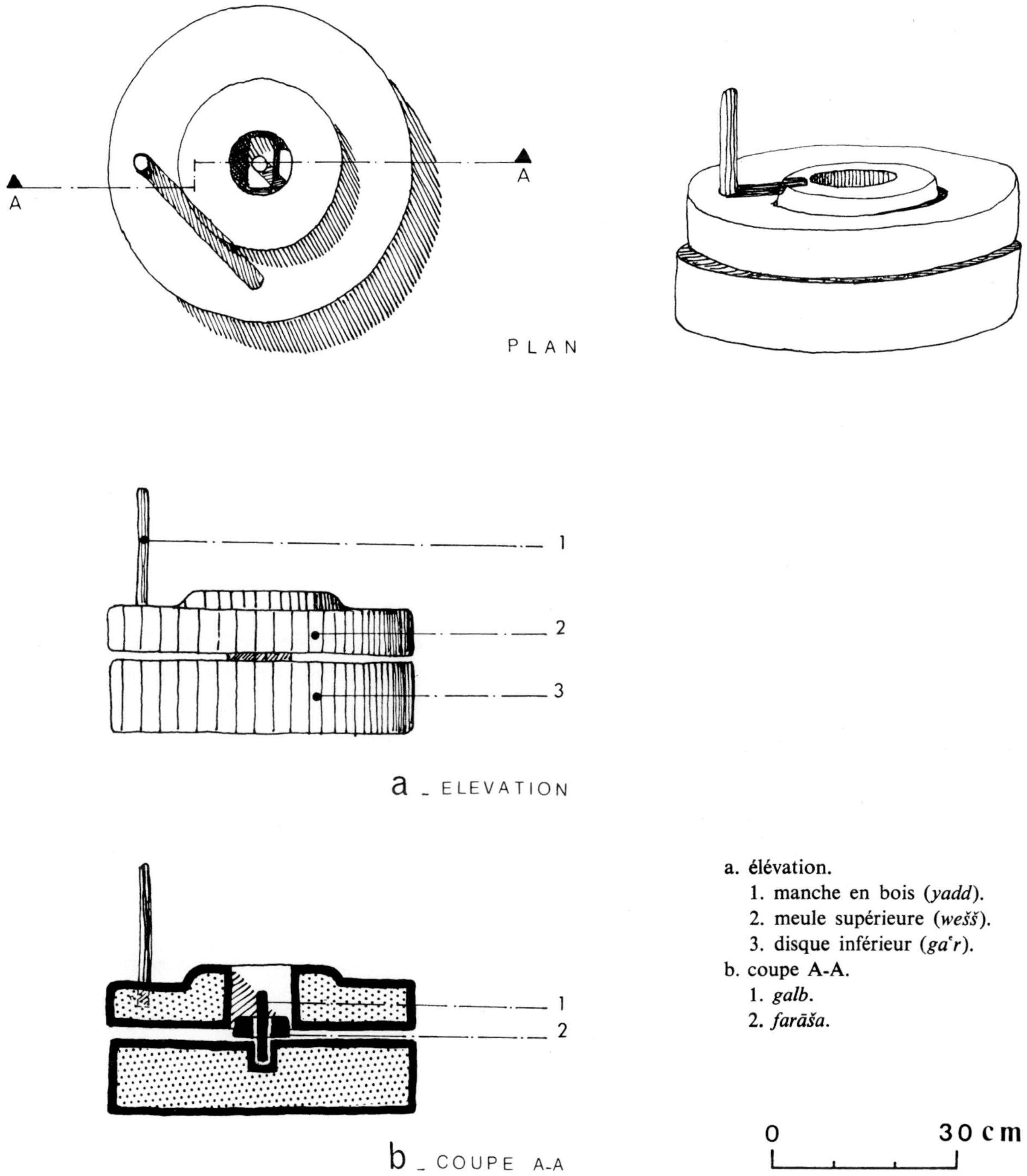

a. élévation.
1. manche en bois (*yadd*).
2. meule supérieure (*wešš*).
3. disque inférieur (*gaʿr*).

b. coupe A-A.
1. *galb*.
2. *farāša*.

Fig. 152 : Le moulin (*raḥāya*).

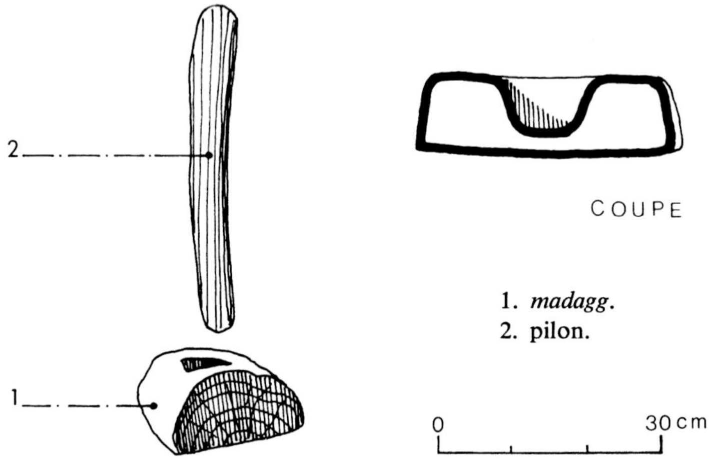

Fig. 153 : Le mortier (*madagg*).

On utilise le *madagg* pour broyer de nombreux condiments après les avoir grillés, comme par exemple la coriandre, le cumin et les piments rouges séchés. Comme les villageois achètent le sel en blocs (*malḥ rašīdī*), ils le pilent dans le *madagg*.

La tablette basse (ṭobbāʿa), (fig. 154, 1)

Les femmes la fabriquent habituellement avec un mélange de bouse et d'argile, dans les proportions d'1/3 à 2/3. Cet « étal » est constitué par un disque circulaire de 70 cm de diamètre qui repose sur un support conique creux, de 30 cm de haut.

C'est sur ce disque que l'on étale et étire la pâte pour en faire des feuilles qui auront de nombreuses utilisations. Les femmes fabriquent également avec le même mélange d'argile et de bouse une petite table basse (*korsī akl*), (pl. 32, *b*), qui ressemble à une *ṭobbāʿa* mais avec un rebord de 9 cm. On l'utilise pour mettre les assiettes et le pain pendant le repas.

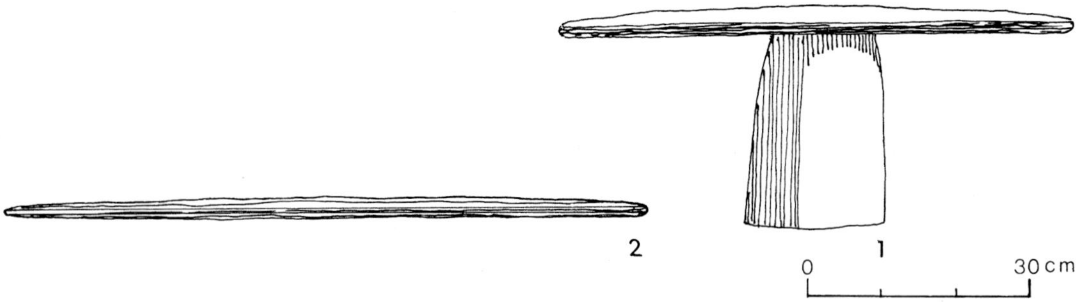

Fig. 154 : 1. La tablette basse (*ṭobbāʿa*).
2. Le rouleau (*naššāba*).

Le mortier (*madagg*).

a. Fabrication de la *makabba*.

b. Geste de *taṭwīf*.

LE ROULEAU (NAŠŠĀBA) (fig. 154, 2)

C'est un bâton en bois de 90 cm de long, ou un morceau de nervures de palmier dont le diamètre est circulaire. Il est utilisé pour étaler la pâte sur la *ṭobbāʿa.*

LA MAKABBA (fig. 155)

C'est le récipient dans lequel on prépare le plat appelé *mefattela* [1] mais il est essentiellement utilisé pour couvrir les laitages. On le pose à l'envers sur les toits des maisons, au soleil [2]. Habituellement ce sont les femmes qui fabriquent la *makabba* par le procédé du *taṭwīf* ou construction par couches successives, comme on le fait pour la dalle du four à pain.

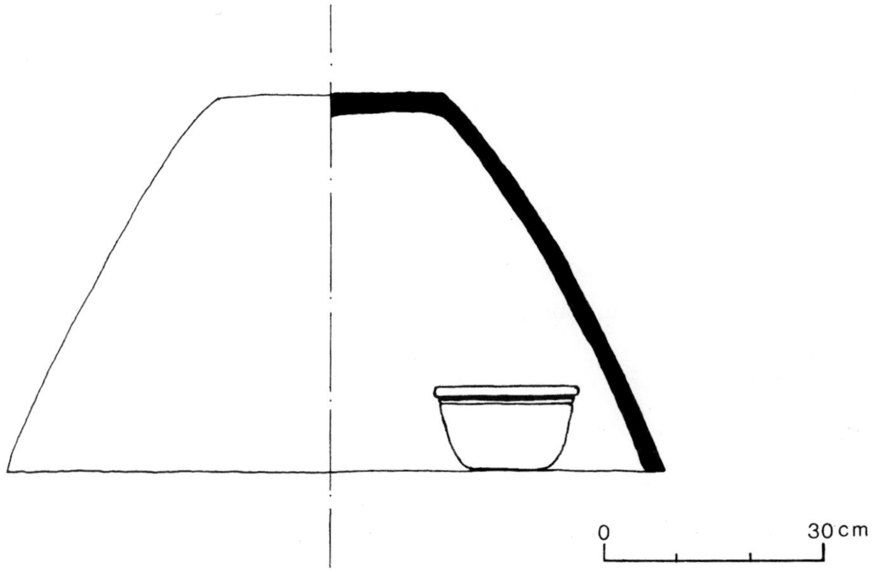

Fig. 155 : La *makabba.*

La *makabba* est un cône tronqué; le diamètre de l'ouverture supérieure est de 92 cm et celui du fond de 30 cm. Elle a environ 50 cm de haut.

Fabrication de la makabba (pl. 34, *a*)

On prend de la bouse de vache ou de bufflesse encore molle, on y ajoute de la terre noire du canal, durcie, dans la proportion de 3 à 1. Le tout est malaxé avec les mains

(1) Cf. Les mets à base de farine, p. 171.

(2) Cf. Le beurre, p. 174.

jusqu'à former une pâte parfaitement homogène. Avec cette pâte la femme façonne des cylindres de terre encore humide (*ǧalūṣ*) atteignant 40 cm de long et 15 cm de diamètre environ.

La femme commence à façonner le fond de la *makabba*. Elle aplatit le *ǧalūṣ* contre le sol, en le frappant avec la paume de la main, puis elle dresse une petite paroi de 10 cm de haut, qu'elle abandonne pendant une journée. Avant qu'elle ne soit complètement sèche, elle rehausse la paroi de 10 à 12 cm le jour suivant. Et chaque jour elle ajoute à son élévation jusqu'à ce que la paroi atteigne la hauteur désirée. Chaque couche est faite suivant un niveau horizontal, selon la méthode du *taṭwīf* (pl. 34, *b*).

LES USTENSILES UTILISÉS LORS DE LA PRÉPARATION DU PAIN

La bayyāḍa (fig. 156)

Cet instrument sert à essuyer la dalle du four. Il est constitué d'un manche en nervure de palmier d'un mètre environ à l'extrémité duquel est attaché un morceau de chiffon.

La louche (maġrafa) [1] (fig. 157)

C'est une sorte de louche en bois de jujubier dont le manche atteint un mètre de long. Cet ustensile est utilisé pour introduire la pâte à l'intérieur du four et l'y verser.

Le baškūr (fig. 158)

C'est un morceau de fer plat, de 85 cm de long, qui se termine par un angle droit. Cet ustensile est utilisé pour défourner le pain.

Le ḫoṭṭāf (fig. 159)

Cet instrument a une fonction identique à celle du *baškūr*. Son manche est formé d'une nervure de palmier d'un mètre de long à l'extrémité de laquelle est fixé un morceau de bois de jujubier.

La spatule (maṭraḥa) (fig. 160)

Elle consiste en un manche en bois de jujubier, de tamaris ou de saule, qui se termine par un disque de 20 cm de diamètre environ. Cet ustensile long d'environ 90 cm sert à introduire les galettes de pain à l'intérieur du four.

[1] Un autre type de louche en bois de jujubier ayant un manche de 30 cm environ est utilisé pour servir les mets (fig. 167).

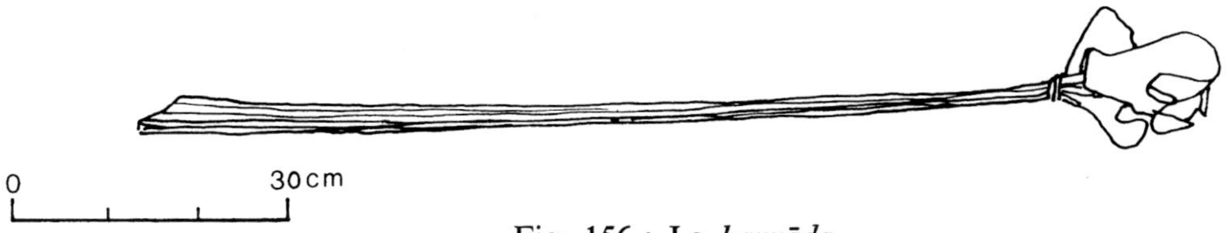

Fig. 156 : La *bayyāḍa*.

Fig. 157 : La louche (*maġrafa*).

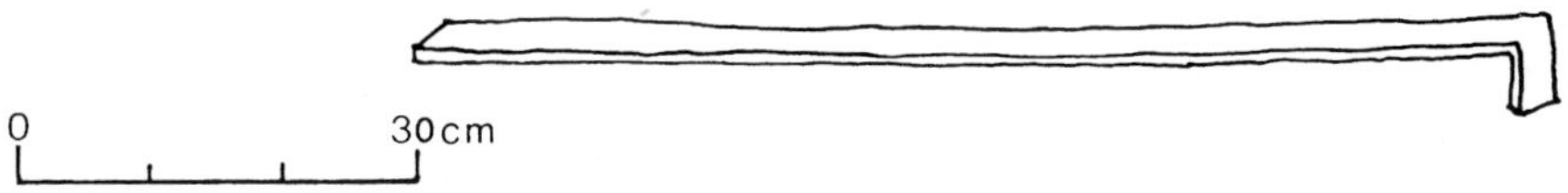

Fig. 158 : Le *baškūr*.

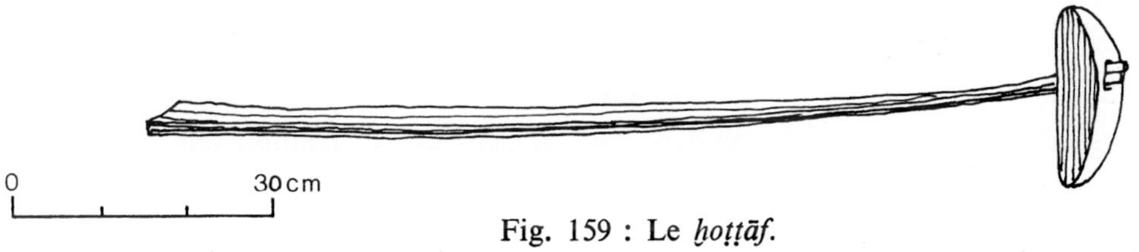

Fig. 159 : Le *ḫoṭṭāf*.

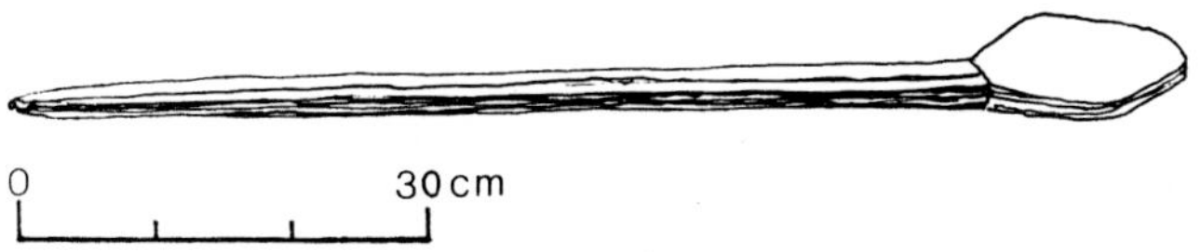

Fig. 160 : La spatule (*maṭraḥa*).

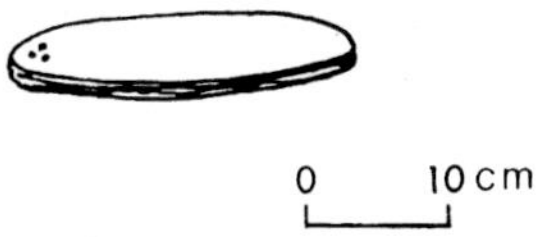

Fig. 161 : Le disque (*magraṣ*).

Le disque (magraṣ) (fig. 161)

Les disques sont faits d'un mélange de terre molle du canal et de bouse de vache, dans les proportions d'1/3 à 2/3. Ils ont 2 cm d'épaisseur et 23 cm de diamètre environ.

C'est sur ces disques que les femmes posent la pâte et la laissent lever au soleil.

Sur les bords des disques ou sur leur épaisseur on voit des marques imprimées avec les doigts. Ces marques sont faites par les femmes quand elles fabriquent les disques, pour leur permettre de reconnaître leurs disques de ceux de leurs voisines, car durant les fêtes, les mariages et les funérailles, les habitants empruntent les disques de leurs voisins, la quantité de pain nécessaire à ces occasions étant beaucoup plus grande.

Le pétrin (mağūr) (fig. 162)

Il est fait en poterie, haut d'environ 32 cm. Le diamètre intérieur de son ouverture supérieure atteint 50 cm et le diamètre de la base est de 30 cm.

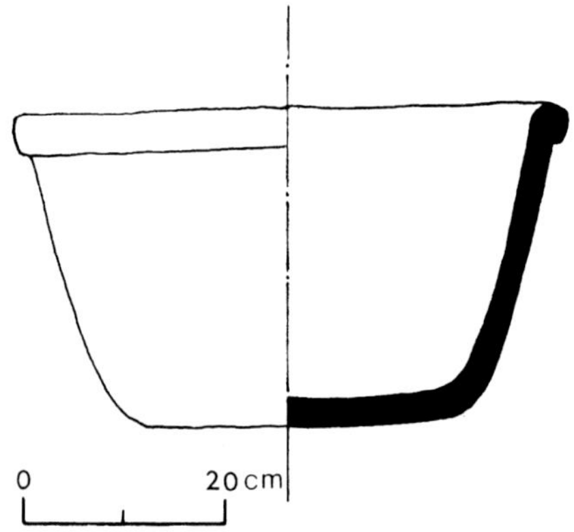

Fig. 162 : Le pétrin (*mağūr*).

LA NOURRITURE

L'approvisionnement en eau

Le canal Aḥaywa, et, lorsque celui-ci est vidé, le Nil, fournissent l'eau au village. Les villageois boivent l'eau du canal qui passe devant leurs maisons. De ce fait la bilharziose est très répandue parmi eux.

Le canal atteint environ sept mètres de profondeur et une trentaine de mètres de largeur. Les paysans s'approvisionnent en eau en deux points. Ceux du Nord emplissent leurs jarres près de l'entrée du village (pl. 35). Ceux du Sud et la plupart de ceux de l'Est emplissent les leurs au Sud du couvent, là où la chaîne de collines s'abaisse jusqu'au niveau du canal.

Il est fréquent de voir les femmes et les jeunes filles porter sur leur tête avec élégance et maîtrise leurs jarres en poterie (*ballāṣ*) ou leurs marmites en cuivre (*dest*), (pl. 37). Lorsque le niveau du canal baisse, dans la deuxième moitié de Décembre (*arba ʿīniyya*) et qu'il ne reste plus d'eau dans le canal, tous les villageois se rendent au Nil pour remplir leurs cruches.

Anciennement le couvent était alimenté en eau par un puits et au moyen d'une galerie souterraine (*serdāb*) reliant le couvent au Nil. Cette galerie munie d'escaliers de calcaire [1] était recouverte d'une voûte de brique rouge et partait du mur Ouest du couvent en direction

[1] Les habitants du village ont utilisé ces blocs de calcaire pour bâtir leurs maisons où l'on peut en voir quelques-uns.

Au bord du canal.

Pl. 36. — Le bain de la gamousse. ⟶

du Nil (fig. 223, plan général du monastère). Elle fut découverte lorsque fut élargi et approfondi le canal Aḥaywa.

Actuellement les villageois n'utilisent plus l'eau du puits pour boire. Il n'est fréquenté que par les femmes stériles, musulmanes ou chrétiennes, et par les malades, les unes espérant devenir fécondes, les autres recouvrer la santé.

Le pain

Le pain est l'élément essentiel du repas du paysan. Il en existe trois variétés :

— le *bettāw* [1], qui est fait avec de la farine de sorgho ou maïs d'été (*gēḍī*), (pl. 38, *b*);
— le *roġfān* ou pain *šamsī* (c'est-à-dire levé au soleil), fait avec de la farine de blé (pl. 38, *d*);
— le *bannūn,* pain fait avec de la farine de blé, du beurre et du lait.

Préparation du bettāw

Les femmes tamisent le maïs d'été et grillent du fenugrec (*ḥelba*) séché dans le four à pain. Puis elles le tamisent également.

Les maris ou les enfants portent le maïs et le fenugrec sur des ânes jusqu'au village de Kōla, où il y a une meule mécanique pour moudre le grain.

Pour une famille de quatre personnes, on moud chaque quinzaine de jours trois *kēla* [2] de maïs qui sont mélangés avec de la *ḥelba* dans les proportions de 24 à un.

Ce mélange se fait habituellement sur un morceau de tissu et plus tard il est conservé dans les jarres. Quand vient le moment de préparer le pain, la femme retire une certaine quantité de farine de la jarre. Elle la passe dans un tamis fin.

Elle chauffe de l'eau et y fait fondre une petite quantité de sel, puis elle la met dans le pétrin. Elle ajoute graduellement la farine jusqu'à ce qu'elle s'épaississe et forme une pâte qu'elle commence à pétrir. Elle ajoute le levain (fait avec la même farine que le pain, mais trois heures environ avant de commencer la préparation de la pâte à pain). Elle mélange bien le levain et la pâte et ensuite égalise la surface de la pâte dans le pétrin.

Les femmes du village dessinent habituellement deux croix étoilées sur la surface de la pâte pour la bénir [3]. Finalement on laisse lever la pâte pendant une heure et demie environ.

(1) Dénommé *zallūṭ* dans certaines régions de la Haute-Egypte.

(2) Cf. Appendice II, p. 345.

(3) Une femme du village m'a raconté que dans les villages voisins, les femmes musulmanes dessinent avec trois doigts des lignes qui se coupent sur la surface de la pâte.

Deux femmes s'accroupissent, l'une devant la pâte et l'autre devant l'orifice d'enfournement (*fatḥet el-maraṣṣ*) (pl. 38, *a*). Cette dernière tient en main la louche (*maġrafa*); elle a devant elle une cuvette remplie d'eau. Avant de commencer, celle qui va enfourner le pain prononce la formule suivante :

بسم الله القوى . اسمك يارب . بارك يارب فى العجين زى ما باركت فى بحر النيل .

(*bism illāh el-gawī ismak yā rabb bārek yā rabb fī l-ʿağīn zayy mā bārekt fī baḥr el-Nīl*).

« Au nom de Dieu Tout Puissant, Ton Nom Mon Dieu — Bénis Mon Dieu cette pâte comme Tu as béni l'eau du Nil ». Ensuite la première femme met la pâte dans la louche, la seconde la range à l'intérieur du four et chaque fois la louche est trempée dans l'eau [1] afin que la pâte n'y adhère pas.

Quand la dalle du four est recouverte de galettes de *bettāw,* la femme jette à travers l'orifice d'enfournement, dans l'orifice de *ʿēn el-nār* un morceau de *būṣ* (*nuwwāra*) qui se consume rapidement et ce « afin que la surface du pain ne se craquelle pas » comme dit la femme.

Le pain reste à l'intérieur du four pendant 35 minutes environ. Durant ce temps la femme n'introduit pas de *būṣ* dans l'orifice de chauffe, car le *bettāw* cuit par l'action de la chaleur du four obtenue durant le premier allumage (*ḥamwa*) et du fait de la lente combustion des diverses fientes, d'âne et de vache, qui brûlent doucement durant ce temps. La température à l'intérieur du four atteint 300° environ.

Puis elle utilise le *baškūr* ou le *ḫoṭṭāf,* pour retirer les galettes, dont le diamètre atteint 10 cm.

Les femmes posent habituellement sur l'ouverture du sommet du four (*fatḥet el-bogg*) un plat à four *zebdeyya* ou *marğesiyya* [2] (pl. 38, *a*) dans lequel il y a du maïs ou des fèves, afin qu'ils cuisent.

Préparation du pain šamsī ou roġfān [3]

La femme chauffe l'eau, et y fait fondre une petite quantité de sel de cuisine, puis elle la verse dans le pétrin. Ensuite elle ajoute graduellement de la farine de blé jusqu'à ce qu'elle forme une pâte relativement homogène qu'elle pétrit.

[1] On appelle l'eau *nṭāla.* Cette eau joue un rôle lors d'exorcismes dont il est parlé plus bas, p. 265.

[2] Cf. Autres mets, p. 172.

[3] Rizqallah (F. et K.), *La préparation du pain dans un village du delta égyptien,* BdE, t. LXXVI, IFAO, Le Caire, 1978.

Pl. 37. — Le transport de l'eau.

a. Préparation du pain *bettāw* : introduction de la pâte dans le four avec la louche.

b. Pain *bettāw*.

c. Préparation du pain *šamsī*.

d. Pain *šamsī*.

Elle ajoute le levain préparé le jour précédent et se met à battre la pâte en y plongeant les bras jusqu'au coude. Puis elle dessine une croix sur la surface de la pâte qui repose dans le pétrin (comme pour le *bettāw*).

Elle frotte la surface des disques (*magraṣ*) avec du son (*radda*) pour que la pâte ne s'y colle pas.

Habituellement deux femmes s'assoient par terre, l'une découpe la pâte en petits morceaux avec la main et la dépose sur les disques et l'autre dépose les disques au soleil pendant un quart d'heure environ (pl. 38, *c*) puis elle se met à étirer la pâte et à l'étendre sur le disque.

Elle laisse fermenter au soleil et quand la pâte lève, elle la retourne avec la main et la laisse encore 40 minutes environ pour qu'elle continue à lever.

Puis elle transporte les disques à l'ombre pour que la pâte devienne relativement ferme.

Une des femmes commence à chauffer le four pendant que l'autre marque les coins de la galette avec un petit morceau de paille ou une aiguille, pour faire trois ou quatre marques (*bazbūz*) (pl. 38, *d*).

Utilisant la *bayyāḍa,* une des femmes nettoie la dalle du four. Ensuite les deux femmes s'assoient; l'une, devant l'orifice d'enfournement, tient la spatule, *maṭraḥa;* l'autre tenant le disque, pousse la pâte du pain sur la spatule que la première introduit à l'intérieur du four, déposant la galette sur la dalle. Cette opération se poursuit jusqu'à ce que la dalle du four soit recouverte de galettes. On les y laisse 25 minutes jusqu'à ce qu'elles cuisent. Durant ce temps, on introduit un peu de bouse de bufflesse par l'orifice de chauffe pour que le degré de température à l'intérieur du four reste constant.

Certaines femmes cuisent leur pain en utilisant des crottes de chèvre et d'âne quand elles sont très pauvres et ne possèdent pas de vache ou de gamousse qui leur fournisse de la bouse. La bouse de vache (*ǧella*) est considérée comme le meilleur des combustibles.

La femme se met à retirer les galettes de pain avec le *ḫoṭṭāf* et met le pain dans un couffin à pain (*ʿelāga*) ou un grand panier (*goffa*). Les femmes n'aiment pas compter les galettes après la cuisson, car elles croient que le fait de compter le pain diminuerait ses vertus bénéfiques.

Le diamètre moyen d'une galette de pain *šamsī* est de 20 cm.

Préparation du pain bannūn

Il y a un autre genre de pain, également fait avec de la farine de blé, qui se nomme *bannūn.* C'est du pain en petites galettes de 7 cm de diamètre environ. Il est fait spécialement lors de la réalisation d'un vœu, à l'occasion de la fête de l'Archange, de celle de

Mārī Girgis, et en général des fêtes des saints des couvents de la région, ou bien lors de la visite au Bīr el-ʿēn [1].

La pâte est faite avec de la farine de blé, à laquelle on ajoute le levain préparé deux jours à l'avance, du beurre clarifié (*samna baladī*) [2], du lait, de l'eau, du sel, que l'on mélange à la pâte fermentée.

On dessine la croix comme d'habitude sur la surface de la pâte puis on laisse reposer pendant une heure environ dans le pétrin jusqu'à ce qu'elle fermente, lève et emplisse le pétrin.

Ensuite la femme enduit ses mains de *samna* et fabrique des petites boules de pâte qu'elle met dans des plateaux de fer blanc. Elle dépose le tout au soleil jusqu'à ce que la pâte finisse de fermenter; puis elle chauffe le four et introduit deux ou trois plateaux en même temps.

Les mets à base de farine

La maḫrūṭa

On met de la farine dans de l'eau où on a dilué du sel de table, et on fait la pâte. On fabrique de petites boules de 7 cm de diamètre environ. On recouvre la tablette basse (*ṭobbāʿa*) de farine; on y dépose les boules de pâte qui sont aplaties avec le rouleau (*naššāba*) et saupoudrées de farine. On tourne le rouleau de manière à ce que la pâte s'enroule autour; ensuite on le dégage en laissant la pâte enroulée et on découpe [3] la pâte avec un morceau de fer. On fait bouillir un peu d'eau sur le réchaud (*kānūn*) et on y jette la pâte découpée jusqu'à ce qu'elle cuise; ensuite on ajoute de la *samna*, et parfois du lait et du sucre.

La gādūseyya ou mebawaḫeyya

On utilise le mot *gādūs* pour décrire de nombreux objets : le *gādūs* des pigeonniers qui est la jarre où se niche le pigeon, le *gādūs* de la *sāgya*, celui de la vis d'Archimède, le *gādūs* du verveux et le *gādūs* pour cuisiner la *gādūseyya* (fig. 163). C'est un récipient presque cylindrique avec un fond en passoire; on y met une pâte comme la *maḫrūṭa*, mais découpée plus finement. On le pose sur l'ouverture d'une marmite contenant de l'eau (fig. 164)

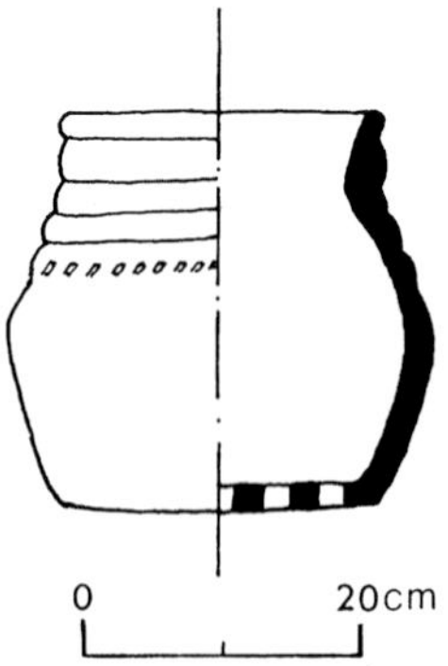

Fig. 163 : *Gādūs*.

(1) Cf. Les lieux sacrés, p. 248.

(2) Parfois on n'ajoute pas de *samna*, suivant le vœu.

(3) On dit *yiḫroṭ* pour « découper », d'où le nom de ce plat *maḫrūṭa*.

et l'on met l'ensemble sur le réchaud. On ferme hermétiquement le point de contact entre l'ouverture de la marmite et le fond du *gādūs* avec de la pâte, de sorte que la vapeur ne puisse plus s'échapper librement au dehors. La vapeur d'eau se nomme *buwāḫ*, d'où aussi le nom du plat (*mebawaḫeyya*). Une fois la pâte cuite à la vapeur, on ajoute de la *samna*, du sucre ou parfois de la mélasse.

Fig. 164 : Préparation de la *gādūseyya.*

La mefattela

On dépose dans la *makabba* un peu de blé qui a été grossièrement moulu sur la meule circulaire (*raḥāya*) et qu'on appelle *madšūš*. On ajoute de la farine en poudre, et on asperge avec un peu d'eau.

La femme brasse le mélange d'un geste large avec la paume de la main en effleurant les parois intérieures de la *makabba*. Le mélange se transforme en petites boules de la taille d'un grain de pois chiche. On nomme cette transformation *etbaʿram*, c'est-à-dire qu'elles sont devenues de la forme d'une crotte de chèvre (*baʿr*). Toutes ces boules sont groupées et déposées sur un tissu qu'on laisse au soleil jusqu'à ce qu'elles sèchent complètement. Pour la cuisson, la *mefattela* est bouillie dans l'eau, puis on ajoute de la *samna*, du sucre et parfois du lait.

Le faṭīr

La pâte est faite avec de la farine de blé, dont on fait de petites boules que l'on met sur la tablette basse (*ṭobbāʿa*) où elles sont aplaties avec le rouleau (*naššāba*). On tourne le rouleau de manière à ce que la pâte s'enroule autour; ensuite on l'introduit dans le four où la pâte est déroulée et laissée jusqu'à ce qu'elle cuise. Puis on la retire et on l'enduit de *samna*. Pour manger le *faṭīr*, on l'émiette dans le lait.

Le diamètre du *faṭīr* atteint 50 cm environ. Il y a aussi une autre variété de *faṭīr* plus petit de 30 cm de diamètre, dénommé *debdāba*.

Le gurūṣ

Ce plat est fait avec la même pâte que celle qui est utilisée pour le *faṭīr*. Chaque boule de pâte, qui est relativement plus grande que celle qui est utilisée pour le *faṭīr*, est amincie avec le rouleau sur la tablette basse (*ṭobbāʿa*) jusqu'à ce que son diamètre atteigne 90 cm environ.

On chauffe la *samna* que l'on verse par dessus, ensuite on replie la pâte plusieurs fois, et à chaque fois on ajoute un peu de *samna* que l'on presse avec la main pour qu'elle adhère au disque. Puis on dépose le *gurūṣ* à l'intérieur du four.

La ḥarīra

Habituellement la famille mange au petit déjeuner les restes du dîner précédent. La *ḥarīra* n'est faite que dans le cas où on n'a pas cuisiné pour le dîner.

Pour fabriquer de la *ḥarīra,* la mère fait bouillir de l'eau dans laquelle elle ajoute un peu de sel, et elle y met de la farine de maïs d'été (*gēḏī*); elle remue avec une tige de maïs en guise de cuillère; ensuite elle ajoute de la *samna.*

Les enfants aiment beaucoup la *ḥarīra.*

Autres mets

Le poisson grillé [1]

Au village, le poisson est relativement bon marché, puisque la majorité des hommes, à l'exception des vieux, sont pêcheurs. La méthode la plus simple de cuire le poisson c'est de le griller sur le *būṣ.*

Le matin, au retour des pêcheurs, la famille se réunit autour des tiges de maïs séchées. Les pères s'assoient par terre près de leur femme et de leurs enfants et tirent de leurs couffins les petits poissons qu'ils font griller sur le feu de *būṣ* et ainsi la famille prend son petit déjeuner. Le pêcheur préfère vendre seulement les gros poissons.

Le poisson à la marğesiyya

Quant à la *marğesiyya,* elle peut se faire avec n'importe quelle variété de poisson. Après les avoir nettoyés et salés, on les met dans une grande terrine qui dans ce cas se nomme elle aussi *marğesiyya.* On fait frire des oignons sur le réchaud (*kānūn*), on y ajoute de la *samna* et on remue l'ensemble avec une sorte de fouet appelé *mefrāk* [2] (fig. 165). Ensuite on verse cette sauce sur le poisson en

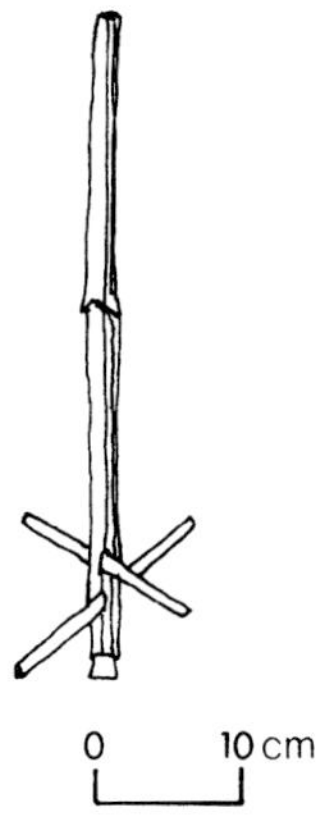

Fig. 165 : Le fouet (*mefrāk*).

[1] Sur le poisson en général, cf. Wissa Wassef (C.), *Pratiques rituelles et alimentaires des coptes,* BEC., t. IX, IFAO, Le Caire, 1971, p. 338.

[2] Cet instrument est également utilisé pour émietter la *bāmya* (cornes grecques) qui après cette opération porte le nom de *wika;* celle qui n'est pas émiettée s'appelle *būrānī.*

ajoutant des grains de blé ou de maïs ou de riz grossièrement moulus (*dešīša*). On ajoute aussi de l'eau, puis on introduit la terrine dans le four pour la cuisson.

La ʿuṣṣēra

On prend des feuilles de navets que l'on découpe; on les met dans une casserole pleine d'eau que l'on fait bouillir. Après avoir passé l'eau, on bat les feuilles avec une sorte de fouet (appelé aussi *mefrāk*) (fig. 166); on ajoute du sel et on mange.

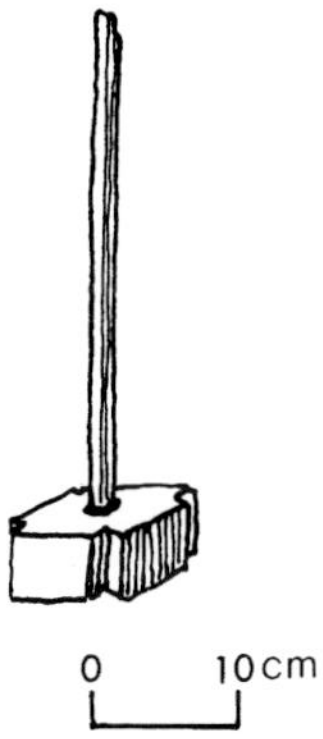

Fig. 166 : Le fouet (*mefrāk*).

Le dīk

On met quatre ou cinq têtes de maïs d'été *gēḍī* dans un pot appelé *minṭāl* rempli d'eau que l'on dépose dans le foyer du four par l'orifice de chauffe pendant que les tiges de maïs séchées flambent. On ajoute de l'eau au fur et à mesure qu'elle s'évapore. Ensuite on entoure le *minṭāl* de bouse de vache (*ǧella*) et on laisse toute la nuit. Au matin on égrène le maïs dans une terrine et l'on ajoute de la *samna* ainsi que du sucre et parfois du sel.

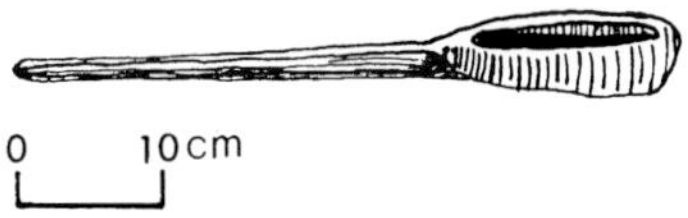

Fig. 167 : Louche pour servir les mets.

Le šalawlaw

On tamise de la *moloḫeyya* sèche, on y ajoute du sel, du cumin, des piments rouges, de l'ail vert et du citron, et on met l'eau. Cela se mange froid.

Le grillage des dattes (taʿlīl el-balaḥ)

Les gens mangent parfois les dattes vertes (*nēraḫ*). Quand elles mûrissent et deviennent rouges, elles sont cueillies et grillées dans le four à pain pour éviter que les vers ne s'y attaquent. Ensuite on les étale sur les toits des maisons et on les conserve dans des jarres (*ṣawāmiʿ*) ou de grands sacs en laine (*tallīs*).

Le beurre et le fromage

A partir du lait on fabrique le beurre, la *samna* ou beurre clarifié, le fromage et le *mešš*, qui est la nourriture de base de la plupart des habitants de Mārī Girgis.

Quatre ustensiles sont couramment employés dans cette fabrication, dont nous verrons au fur et à mesure l'usage. Le plus important est la baratte.

La baratte

La baratte (*ḫaḍḍāḍa*) (fig. 168; pl. 39) est formée de trois pieds de nervure de palmier ou d'un autre bois, hauts environ de 1,80 m. Ils servent de support à l'outre faite en peau de chèvre. Ces trois piquets sont noués au sommet par une corde en fibres de palmier. L'outre (fig. 168, 4) est suspendue à trois cordes qu'on appelle « les ailes » (*ğenāḥ*, plur. *ağneḥa*) (fig. 168, 2); deux cordes sont accrochées aux pattes avant de l'animal et la

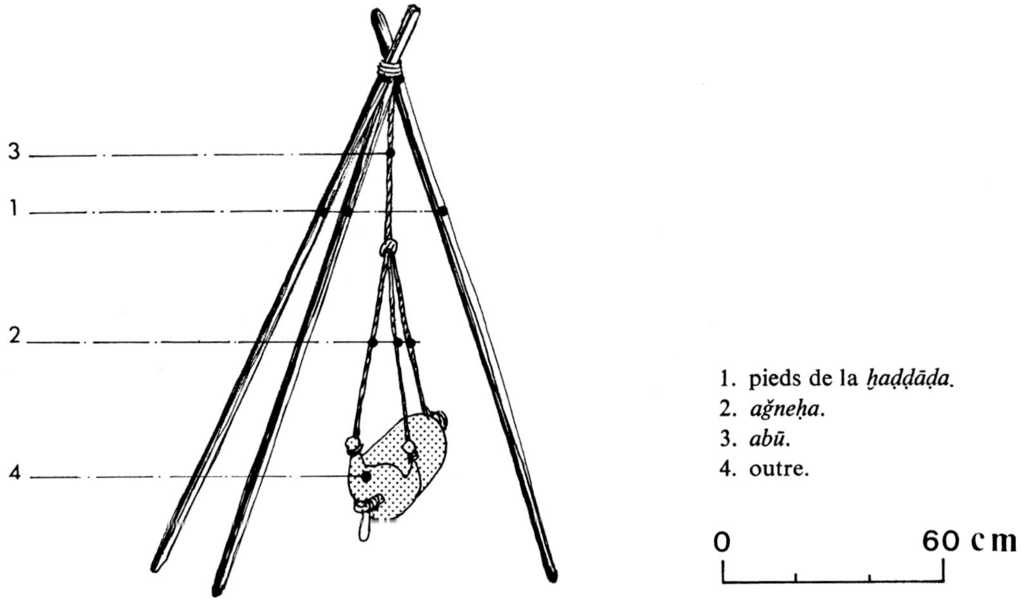

Fig. 168 : La baratte (*ḫaḍḍāḍa*).

troisième à sa queue. Les « ailes » sont reliées à une seule corde (*abū*)[1], (fig. 168, 3) attachée au sommet des trois piquets. Le cou de la chèvre sert d'orifice par lequel le lait est introduit. Après avoir empli l'outre de lait, on la ferme avec une ficelle. On secoue l'outre d'avant en arrière, à partir du cou. Le barattage du lait est toujours fait par les femmes.

Le beurre

Au matin, on trait la vache ou la gamousse. Le lait est versé dans un vase en poterie (le *mağūr*) ou une terrine (*ṭāğen*) que l'on place sous la *makabba*. A la tombée de la nuit on trait la bête une seconde fois. On introduit son lait dans l'outre et on laisse reposer jusqu'au lendemain matin. Le second jour on soulève la *makabba* et on retire la crème

[1] *Abū*, c'est-à-dire le père, car c'est à partir de lui que se divisent les trois branches.

qui s'est formée à la surface du lait déposé dans le *maǧūr* (le lait écrémé se nomme *rāyeb*). Puis on ajoute la crème au lait qui est dans l'outre. On l'y laisse pendant une heure environ jusqu'à ce qu'il fermente et se réchauffe.

La femme commence le barattage du lait au soleil. Elle fait osciller l'outre d'avant en arrière pendant environ deux heures. Cette opération dure plus longtemps si la journée est sans soleil (ce qui est rare). Certains jours d'hiver, elle allume du *būṣ* près de l'outre. Quand le beurre se coagule dans l'outre, on le verse dans le *minṭāl.* Habituellement la femme ajoute un peu d'eau à l'intérieur de l'outre qu'elle secoue fortement, et la retourne dans le pot de terre (*ṭāǧen*) pour en retirer ce qui reste comme beurre, puis elle jette l'eau.

La samna ou beurre clarifié

Chaque semaine une quantité de beurre est accumulée dans le *minṭāl.* On y ajoute un peu de sel, et on l'introduit dans le four à pain. Le beurre fond et se transforme en *samna baladī.* Quand on filtre la *samna,* il reste le produit appelé *merga,* qui est ajouté au fromage ou que mangent les enfants. La *samna baladī* se vend à 40 piastres le rotoli [(1)]. Aussi est-elle considérée comme une importante source de revenus pour les villageois qui possèdent du bétail.

Les fromages

Le lait dont on a retiré le beurre est appelé *lagwa.* On l'ajoute au lait écrémé (*rāyeb*), et on laisse un moment au soleil. Cela devient alors du fromage, que l'on fait égoutter dans des passoires, le *gābūḍ* ou la *šenda* (cf. p. 187-9). Puis on sale le fromage et on le conserve dans de grandes jarres (*ballāṣ*).

Le mešš

Pour la majorité des villageois, riches et pauvres, le *mešš* est considéré comme l'élément nutritif de base et le plat principal.

On fait égoutter le fromage à travers le *gābūḍ* ou la *šenda.* Le petit-lait recueilli est conservé dans une jarre. C'est cette eau qui est utilisée pour la fabrication du *mešš.*

Quand la jarre est pleine, on ajoute au petit-lait du fenugrec (*ḥelba* ou *ḥayyāga*) moulu, du sel et des piments rouges; puis on fait bouillir sur le réchaud. On laisse refroidir et on conserve dans une jarre. Etant donné leur pauvreté, les paysans ajoutent tous au *mešš,* qui est relativement liquide, des épluchures d'orange ou de pastèque, des

(1) Cf. Appendice II, p. 347.

tomates ou des poivrons verts qui le rendent plus consistant. Le *mešš* relève les autres aliments, mais il n'est prêt pour la consommation que trois semaines plus tard, et se mange avec des oignons.

Aucune maison ne peut se passer de sa jarre de *mešš*, même les plus aisées. Cela ne signifie pas que tous les habitants possèdent une vache pour faire leur *mešš*. Ceux qui n'en possèdent pas et qui représentent la majorité, vont au village de Kōla, où ils peuvent emplir leur jarre pour la valeur de vingt piastres.

Le thé

Une grande portion du revenu de chaque famille au village est consacrée à acheter le thé et le tabac. Quelqu'un du village m'a dit : « Il arrive parfois que la théière (*kanaka*) ne soit pas enlevée du feu de toute une journée » s'il y a des invités.

On boit le thé suivant un cérémonial particulier. Les hommes le boivent toujours accroupis par terre, autour du feu, tenant la théière en cuivre, au long manche en fer (fig. 169).

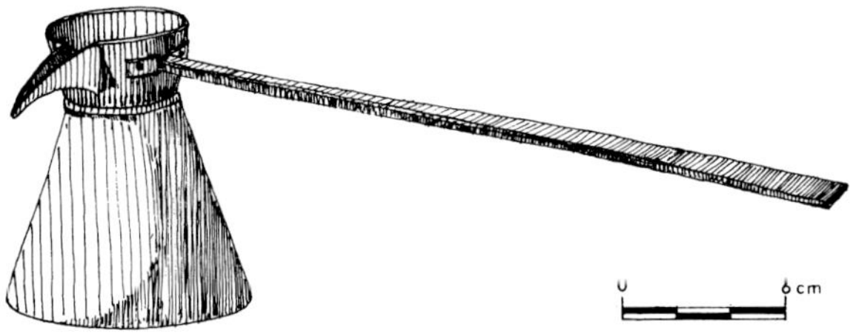

Fig. 169 : La *kanaka*.

Préparation du thé au village

La *kanaka* est remplie d'eau et l'on y jette immédiatement le thé. On laisse bouillir, puis on remplit un petit verre de sucre et on verse dessus un peu de thé chaud que l'on remet dans la *kanaka*. Cette opération consistant à remplir le verre et à le verser dans la *kanaka* se continue jusqu'à ce que le sucre soit complètement fondu. On n'utilise pas de cuillère. Si un des visiteurs désire une plus grande quantité de sucre, il en prend et se sert d'un morceau de roseau comme cuillère pour faire fondre le sucre.

Ensuite l'hôte met un peu de thé dans le verre et le goûte : puis il se lève, tenant la *kanaka* dans une main et dans l'autre un seul petit verre. Il le remplit et se met à le présenter aux visiteurs, en commençant par le plus âgé. Il attend qu'il ait bu, puis il donne à boire aux autres, allant du plus âgé au plus jeune ... Si deux visiteurs sont d'un âge proche, celui qui se sait le plus jeune doit présenter le verre à son aîné, si d'aventure il lui a été offert en premier.

La baratte (*ḫaḍḍāḍa*).

Vendeur de fèves bouillies au matin.

Il n'est pas permis à un hôte de s'asseoir, sauf si l'invité le prie avec insistance. L'hôte lui présente alors son thé assis. Si on ne lui a pas demandé de s'asseoir, il reste debout jusqu'à ce que la cérémonie du thé se termine et il boit le dernier, debout. On ne présente pas le thé aux femmes en présence des hommes [1].

Le tabac

Presque tous les hommes fument la pipe à eau (*ğōza*) (fig. 170), bourrée d'un tabac spécial nommé *me'assel*.

Au village il y a une devinette qui se réfère à la coutume de fumer la *ğōza*, car les hommes dépensent au minimum cinq piastres par jour pour le tabac : *Šayy ḫad mālī w-māl abūy*, « Quelque chose a pris mon argent et l'argent de mon père ». Habituellement une même *ğōza* sert à plusieurs fumeurs qui se la passent à tour de rôle. Le *ḥaǧar* (petite pièce en poterie qui reçoit le tabac, fig. 170, 2 et 171) est garni de *me'assel* sur lequel on met un morceau d'épi égrené de maïs d'hiver (*šāmi*), allumé en guise de charbon. Ensuite on recouvre le *ḥaǧar* avec un petit cylindre de métal que l'on nomme *šarbūš* (fig. 170, 1). Chacun, à tour de rôle, garnit le *ḥaǧar* de son propre tabac.

La *ğōza* passe de bouche en bouche, chacun aspirant la fumée qui descend à travers le tuyau central (*galb*) (fig. 170, 3) en bois tourné, arrive dans un réservoir en cuivre et parfois en noix de coco (*ğōza*), rempli d'eau aux 2/3 environ, sort par une ouverture de côté (*bokš*) (fig. 170, 5) et arrive à la bouche à travers un morceau de roseau (*ġāba*) (fig. 170, 4). L'eau filtre la fumée. Les hommes continuent à ajouter du tabac dans le *ḥaǧar*, tout en bavardant.

Peu d'hommes parmi eux achètent des cigarettes, mais beaucoup achètent des mégots (*nekāta*) à l'once (*ūgiyya*) [2] à Aḥmīm et ils les roulent dans du nouveau papier.

Le rythme des repas

Les repas suivent l'ordre que voici :

Les femmes et les enfants prennent leur petit déjeuner à la maison et envoient dans un panier celui du mari qui est aux champs. Habituellement c'est un de ses enfants qui

---

[1] Quand un villageois invite un hôte à déjeuner ou à dîner, il lui dit : « Veux-tu venir boire le thé chez moi à midi ou ce soir ? », signifiant par là : « Veux-tu venir déjeuner ou dîner ? ».

[2] Cf. Appendice II, p. 347.

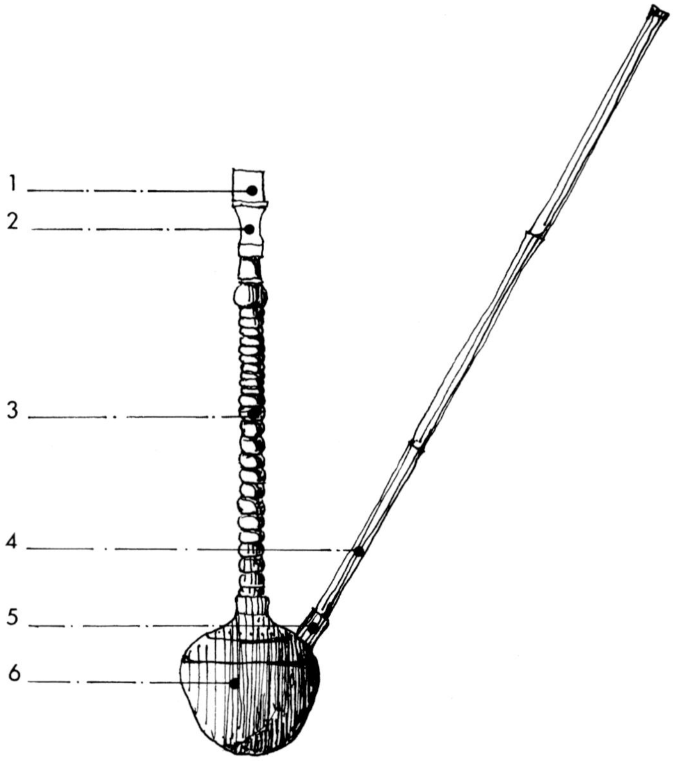

Fig. 170 : La pipe à eau (*ǧōza*).

1. *šarbūš*.
2. *ḥaǧar*.
3. *galb*.
4. *ġāba*.
5. *bokš*.
6. *ǧōza*.

0 15 cm

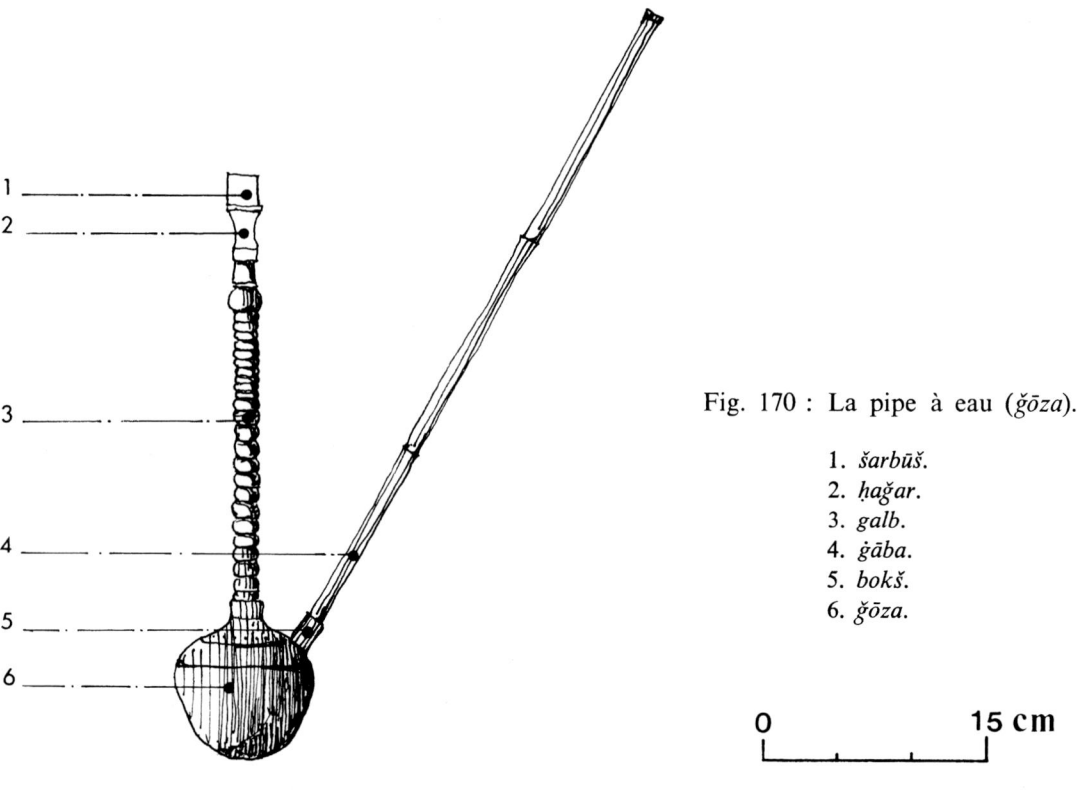

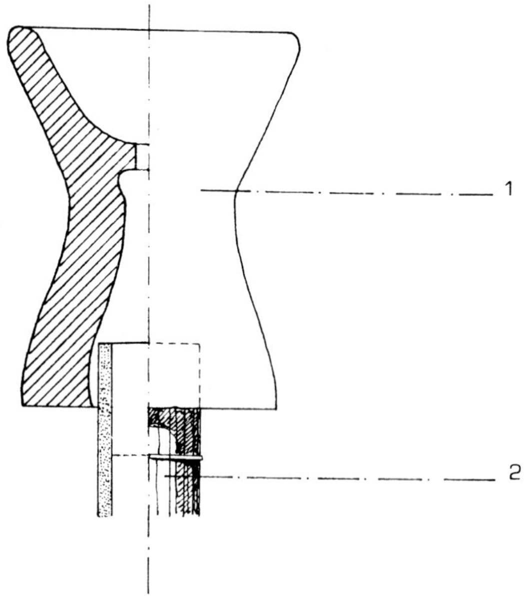

Fig. 171 : Le *ḥaǧar*.

1. *ḥaǧar*.
2. tuyau central (*galb*).

0 3 cm

le lui apporte. Le petit déjeuner se compose ordinairement des restes du dîner de la veille ou d'un morceau de fromage ou de *mešš* et de navets marinés. Si le mari est pêcheur, il prend souvent son petit déjeuner avec sa femme et ses enfants. Dans ce cas, ce repas est composé de certains poissons qu'il fait griller sur un peu de *būṣ*.

On voit parfois des familles entières prendre leur petit déjeuner dans les champs, lorsque toute la famille participe au travail de la terre.

Quant au déjeuner, on l'envoie au mari dans son champ. C'est généralement du *mešš* ou encore des petits poissons séchés et salés (*melūḥa*) que la plupart des gens conservent dans des jarres (*ballāṣ*) car ces petits poissons ne sont pas vendus au dehors. Certaines familles du village en vendent aux autres familles.

Quand les hommes reviennent de leurs champs, les femmes leur préparent le dîner qui est le repas essentiel de la journée.

Les membres de la famille mangent habituellement tous ensemble, sauf s'il y a un visiteur. Dans ce cas les hommes mangent ensemble, puis les femmes mangent avec leurs enfants.

On dit toujours avant de manger سمينا بسم الله ويد الله قبل يدنا (*Sammēna besm Allah we yadd Allah gabl yaddena*) « Au nom de Dieu, et la Main de Dieu avant la nôtre ».

Une fois j'ai demandé à une femme devant son mari de manger avec nous pour voir leurs réactions, et pour voir jusqu'à quel point les villageois restent attachés à leurs traditions. L'homme hésita beaucoup puis il dit finalement à sa femme : « Viens manger avec nous, celui-ci est comme ton frère ». Mais la femme hésita également. Et pour finir, tandis que je mangeais avec le mari, elle s'assit à quelques mètres de nous.

Si, au dîner, il y a de la viande ou de la volaille, l'homme ordonne que le plat soit servi presque à la fin du repas. Il le distribue entre ceux qui sont présents, mettant un morceau dans la main de chaque invité ou, si c'est un repas familial, dans celle de ses enfants et de sa femme.

E. L'ARTISANAT.

LES MILLE USAGES DU PALMIER

Les palmiers abondent dans ce village. Ils font partie du paysage et l'on dit souvent : « Près des palmiers d'un tel » ou « à côté des palmiers de la maison d'un tel ». De fait,

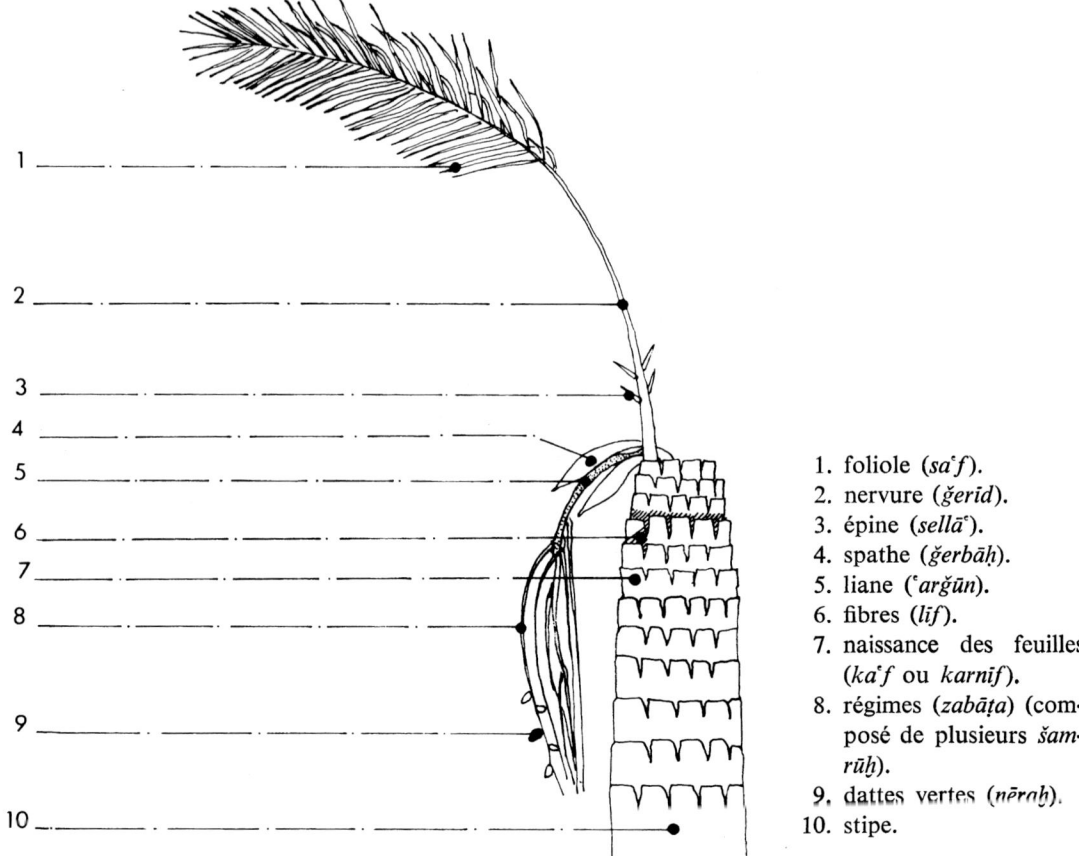

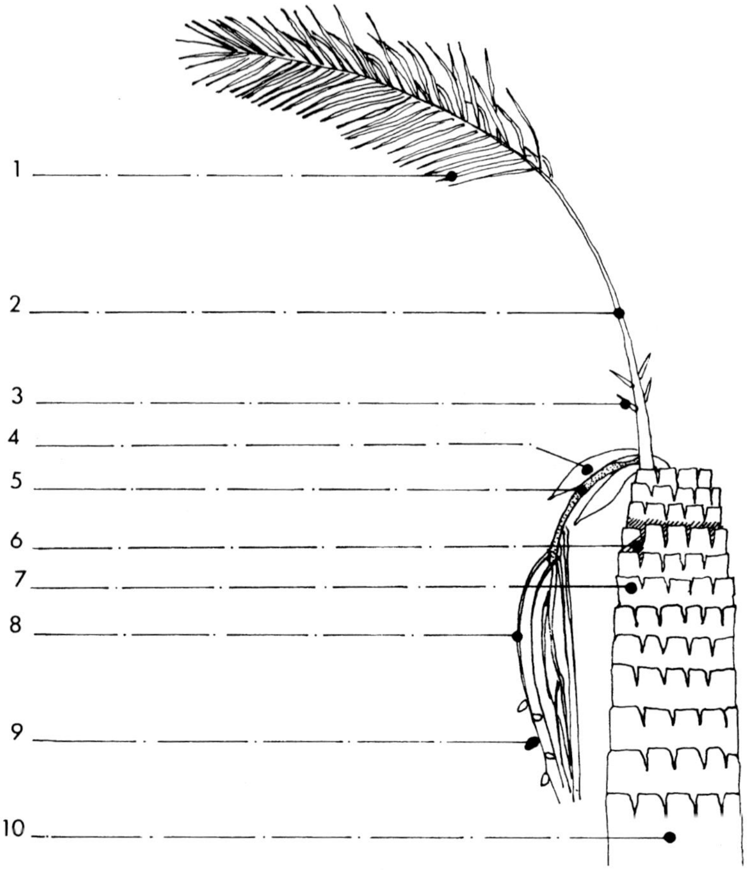

1. foliole (*saʿf*).
2. nervure (*ğerīd*).
3. épine (*sellāʿ*).
4. spathe (*ğerbāḥ*).
5. liane (*ʿarğūn*).
6. fibres (*līf*).
7. naissance des feuilles (*kaʿf* ou *karnīf*).
8. régimes (*zabāṭa*) (composé de plusieurs *šamrūḫ*).
9. dattes vertes (*nēraḫ*).
10. stipe.

Fig. 172 : Parties du palmier.

le palmier joue un rôle capital dans la vie des paysans [1]. C'est la matière de base qui sert dans les artisanats élémentaires pour fabriquer bon nombre d'ustensiles. Voyons d'abord les termes dialectaux employés dans ce village, à propos du palmier (fig. 172).

[1] Même les expressions courantes et les chansons traduisent la place éminente du palmier dans la vie populaire.

« Je veux que tu sois sur les extrémités des branches du palmier », c'est-à-dire « haut dans le ciel ».

ʾĀyzak tebga ʾala ṭaraṭīš en-naḫl.

Parmi les chansons :

« Ô branches du haut palmier, inclinez-vous et répondez au salut ».

Yā ğarīd en-naḫl el-ʾālī ṭāṭī w-rodd es-salām.

Elagage du palmier.

Fabrication de tresses.

Parties du Palmier	Fonctions et utilisations
1 — Les folioles (*sa'f*)	— couffin (*magṭaf* ou *ġalag*) — panier (*goffa*) — panier à pain (*'elāga*) — hotte (*goṭwiyya*)
Les folioles et les lianes (*'arğūn*)	— plateaux et assiettes (*ṭabag*)
2 — Les nervures (*ğerīd*)	— toit des maisons — cageots (faits à Aḫmīm)
3 — Les épines (*sellā'*)	— servent à boucher les trous dans les cruches et les jarres
4 — Les spathes, poche d'où sortent les lianes portant les régimes (*ğerbāḥ*)	— combustible
5 — Les lianes, fibres de la tige du régime (*'arğūn*)	— (*šalāwāt*) cordes utilisées pour lier les godets de la *sāgya* — passoires (*šenda* et *gābūḍ*) servant à la préparation du fromage — pour lier les gerbes de maïs séché, qu'on met sur les toits — combustible
6 — Les fibres (*līf*)	— cordes nommées *šelg* ou *ğōnef*
7 — La naissance des nervures (*ka'f* ou *karnīf*)	— combustible
8 — Les régimes (*zabāṭa*)	— cordes (*šalāwāt*) utilisées pour lier les godets de la *sāgya* — balais
9 — Les dattes vertes (*nēraḫ*)	— nourriture : quand elles sont mangées vertes; quand elles mûrissent, elles sont grillées pour être conservées.
10 — Le stipe	— poutres de toiture et linteaux (*falg*).

Usage des folioles

Pour recueillir les folioles de palmier, le paysan se hisse au haut de l'arbre (pl. 41), puis il coupe à la base la palme blanche et tendre : on ne prend pas habituellement

Fabrication des paniers

Pour fabriquer un couffin (pl. 43, *a*) le paysan commence par préparer des cordes en fibres de palmier (*šelg*) [1] d'une longueur approximative d'une aune (*bāʿ*). Il enfile une de ces cordes dans une grande aiguille en fer (*mesalla*). Il retourne sur elle-même, en spirale, une lanière de folioles tressées, dans le sens des aiguilles d'une montre, tout en cousant ensemble les bords contigus de la lanière (pl. 43, *b*). Il formera ainsi le centre au fond du couffin. Si les parois du panier sont verticales, il continue la spirale tout en passant un fil alternativement dans une maille sur le bord de la partie détachée et une maille sur l'autre bord contigu (fig. 177, A), et pour donner aux parois une forme légèrement conique, il prend chaque 5 à 6 mailles, 2 mailles ensemble (fig. 177, B) sur le bord de la partie encore détachée.

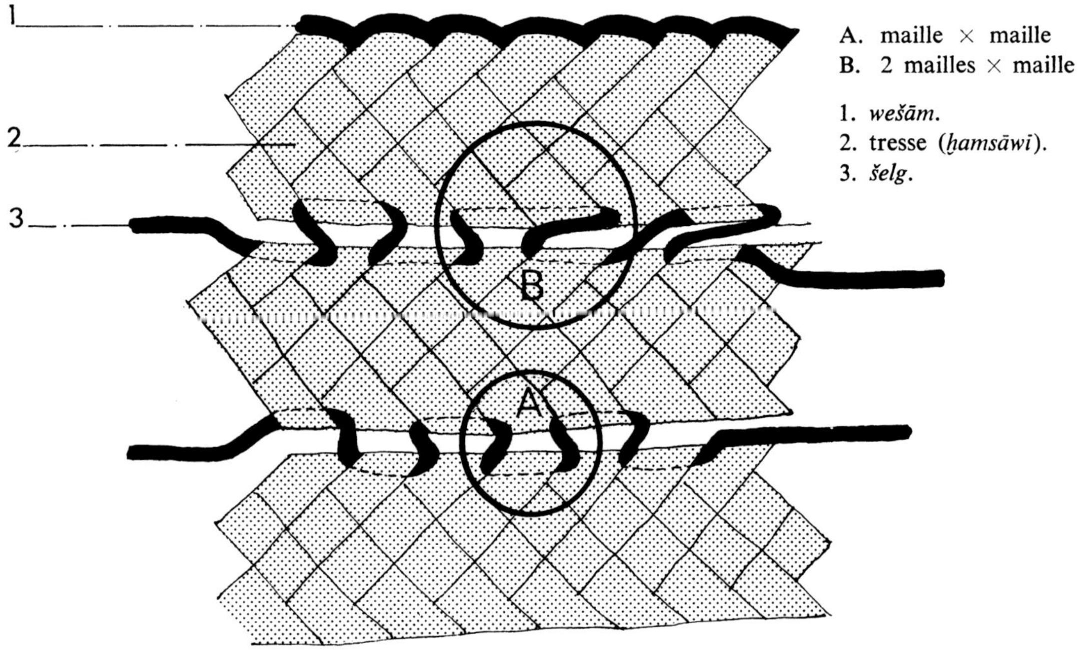

Fig. 177 : Couture des tresses.

Le couffin se termine par une bordure (*wešām*) (fig. 177, 1) faite d'un morceau de corde en fibre (*šelg*); elle protège le panier des chèvres et des brebis qui risqueraient de le manger, et l'empêche de s'user trop rapidement; c'est pour ces raisons qu'on ne fait jamais la bordure avec des folioles de palmier pour ce genre de couffin.

[1] On fait parfois les cordes (*šelg*) avec des brins de folioles mouillées.

a. Couffins.

b. Fond d'un couffin.

c. Anse de couffin.

a. Fabrication d'un plateau en vannerie.

b. Détail du plateau.

c. Plateaux de vannerie.

Les anses sont ensuite ajustées; elles sont faites dans une corde de brins triples, que l'on triple encore, faisant ainsi une tresse de neuf brins. Ces brins qui constituent l'anse sont laissés suffisamment longs pour consolider les parois où ils sont fixés (pl. 43, *c*).

La plupart des hommes du village excellent dans la vannerie. Mais certains hommes se sont spécialisés dans cet artisanat. On leur donne les folioles nécessaires pour faire les tresses. Ils sont payés pour leur travail de 5 piastres (pour les travaux de petite dimension, comme un couffin), à 20 piastres (pour une hotte de grande dimension).

Le couffin (*magṭaf*), le panier (*goffa*) et le panier à pain (*ʿelāga*) ont des formes semblables mais diffèrent par leurs tailles (pl. 43, *a*).

Quant à la hotte double (*goṭwiyya*), ce sont deux cônes restés ouverts dans leur partie inférieure étroite. Leur partie supérieure est fixée dans une natte circulaire en folioles (*borš*) qui est posée sur le dos de la monture, âne ou chameau (pl. 45, *a*). Les hottes servent habituellement à transporter les engrais, la terre, le sable et les pierres. Pour

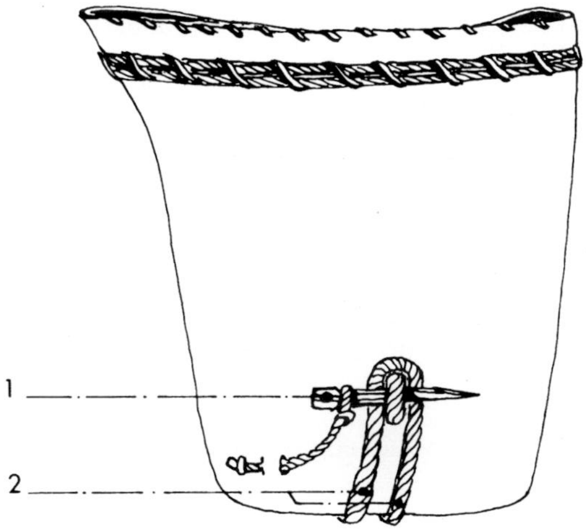

1. *mesalla.*
2. *ṣemmāma.*

Fig. 178 : Hotte (fermeture de la base).

pouvoir les remplir, on clôt la partie inférieure du cône avec un morceau de tissu ou de toile de jute, on les ferme au moyen d'une attache en cordes de fibres et d'un morceau de bois de jujubier (*mesalla*). Ce type de fermeture se nomme *ṣemmāma* (fig. 178). Quand on veut vider ces hottes, on retire la chevillette de bois, la base s'ouvre et le contenu tombe à terre.

Les plateaux en vannerie (pl. 44, *c*)

Les femmes et les filles du village utilisent à la fois les folioles et les lianes (*ʿarǧūn*) pour fabriquer de grands plateaux destinés à recevoir la farine au moment où on la tamise, ou à poser le pain après sa cuisson. Elles en font aussi des corbeilles (*mešanna*) pour conserver les galettes de pain ou encore des mesures pour les céréales.

Les lianes sont frappées avec une pierre et la femme les effiloche avec ses dents. Elles forment des fils fins d'environ un mètre de long. Les fibres de lianes sont déposées dans une bassine pleine d'eau bouillante. Elles y sont laissées jusqu'à ce que l'eau refroidisse.

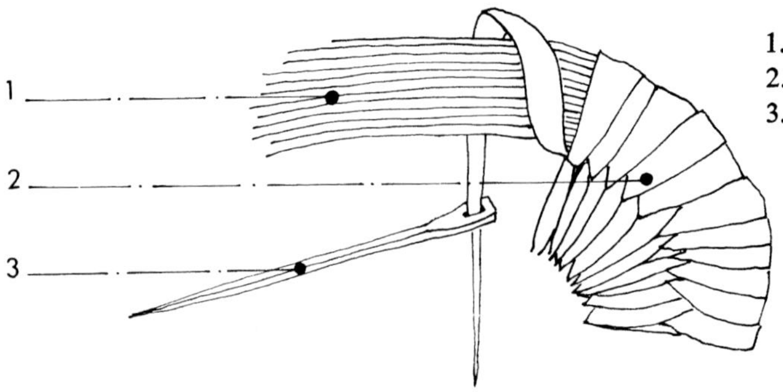

Fig. 179 : Fabrication des plateaux en vannerie.

Elles sont ensuite enroulées dans un morceau de tissu pour qu'elles restent malléables et prêtes pour l'utilisation. Avec ces fils on fait une mèche dont le diamètre atteint un centimètre. La femme la roule en spirale en commençant par le centre du plat, utilisant une longue aiguille en fer (*mesalla*) pour enrouler la mèche avec des folioles de palmier (fig. 179), qui ont été séparées en deux dans le sens de la longueur et laissées dans l'eau pendant une demi-heure environ pour leur donner la souplesse nécessaire. Pour compléter le plateau, elle ajoute des fils au fur et à mesure que leur longueur diminue et fait de sorte que l'épaisseur de la mèche s'accroît graduellement jusqu'à atteindre deux centimètres sur les bords (pl. 44, *a.b*).

Utilisation des épines

Quand on transporte l'eau dans les jarres (*ballāṣ*), du canal jusqu'aux maisons, bien souvent le fond se perce quand on le heurte en le déposant sur une pierre au bord de l'eau. On utilise alors les épines de palmier (*sellāʿ*) avec un morceau de tissu pour boucher les trous. On coince le morceau de tissu dans le trou et on y enfonce des épines sèches vers l'intérieur en tapant avec une pierre. Ensuite on coupe ce qui dépasse des épines sur la surface extérieure et intérieure de la jarre.

Quand la jarre est remplie, les épines absorbent l'eau et leur volume augmente, pressant sur le tissu et bouchant le trou (fig. 180). Ce procédé n'est utilisable que pour le fond de la jarre où il y a toujours un reste d'eau qui empêche les épines de se dessécher.

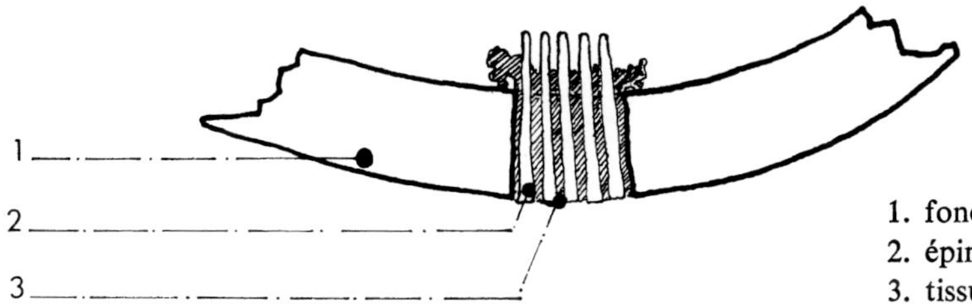

Fig. 180 : Bouchage d'un trou.

EMPLOI DES LIANES POUR FAIRE LES PASSOIRES À FROMAGE

Le lait écrémé se nomme *rāyeb*. Par ailleurs, si l'on se reporte à la fabrication du beurre [1], on notera que le lait retiré de l'outre, après coagulation du beurre, se nomme *lagwa*. On ajoute le *rāyeb* à la *lagwa* pour former le fromage, qui est mis à égoutter dans deux types de passoires : le *gābūḍ* et la *šenda*.

Le gābūḍ (pl. 45, *c*).

Ce type de passoire est habituellement fait par les femmes. Mais à Mārī Girgis une seule femme les fabrique, celle qui fait également la poterie.

Ce sont des fibres de la tige du régime (*ʿarǧūn*) liées en forme de cône tronqué [2]. Le diamètre de l'ouverture supérieure atteint 10 cm; celui du fond est de 5 cm et la hauteur est de 9 cm. Les fibres qui forment les parois du *gābūḍ* sont inclinées et cette obliquité est obtenue par la méthode de fabrication (fig. 181). Entre les fibres des lianes, il y a des espaces vides qui peuvent atteindre de 3 à 4 millimètres. C'est par ces espaces que l'eau s'égoutte. Une corde fine est ajustée entre l'ouverture supérieure du *gābūḍ* et le fond, formant une anse pour attacher les *gābūḍ* ensemble après utilisation.

Le *gābūḍ* est utilisé quand la quantité de lait disponible est celle d'une seule vache, mais quand il y en a plusieurs et beaucoup de lait, on utilise une passoire plus grande qui se nomme *šenda*.

La šenda (pl. 45, *b*)

C'est une sorte de claie faite avec des lianes (*ʿarǧūn*) dont la longueur atteint 1,35 m et la largeur 60 cm. Cette claie débute et se termine par deux nervures de palmier, sur lesquelles sont fixées deux poignées en cordes de fibre.

[1] Cf. Le beurre et le fromage, p. 173-5.

[2] Voir *supra* p. 185 (les plateaux en vannerie).

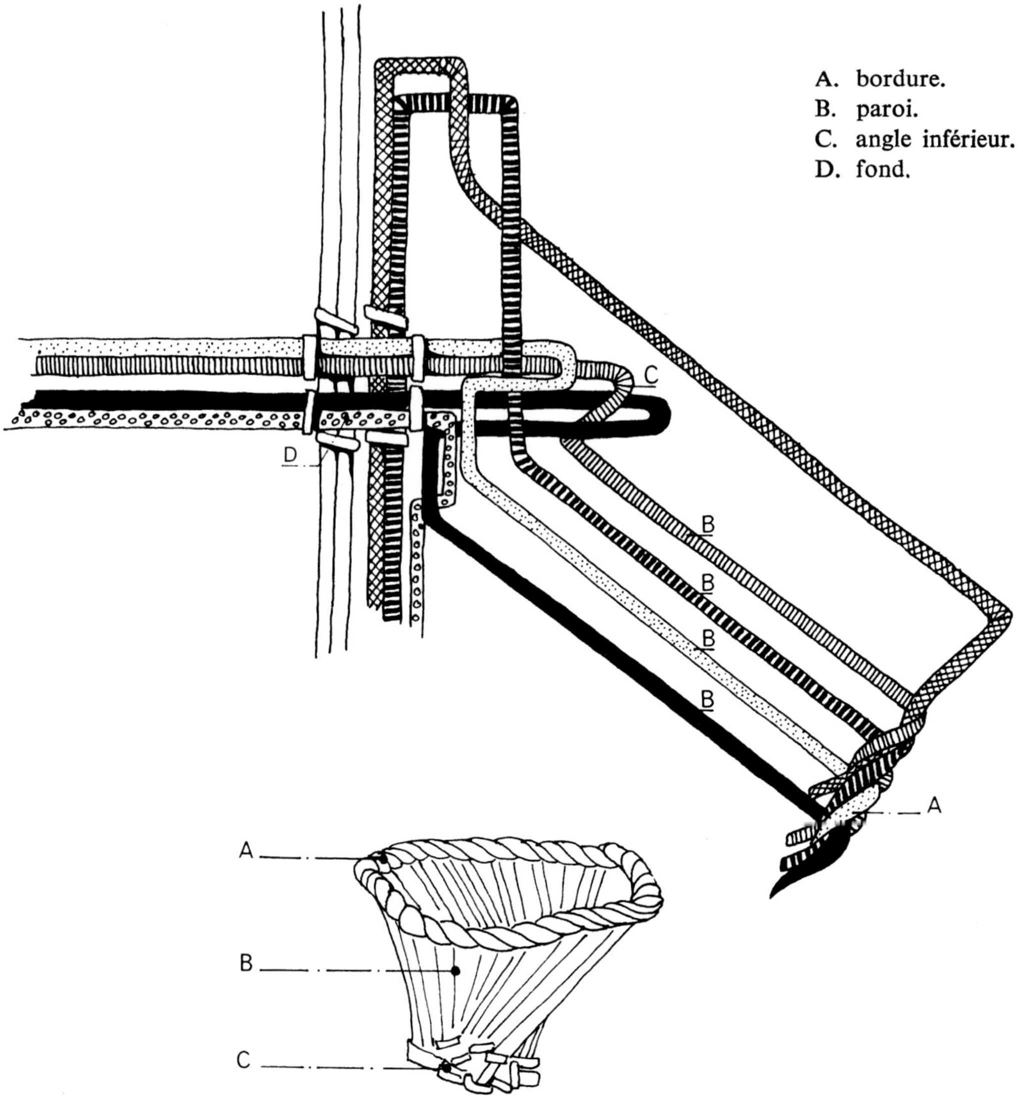

Fig. 181 : Fabrication du *gābūḍ*.

Après avoir été dissociés, les fils de lianes placés parallèlement sont réunis avec des cordes transversales tous les 20 cm environ (fig. 182; pl. 45, *d*).

Le fromage est déposé au milieu de la *šenda,* puis celle-ci est repliée et accrochée au mur par les poignées (fig. 183; pl. 45, *b*). Habituellement on place une bassine au-dessous, pour recevoir l'eau qui s'égoutte; avec cette eau, on fera plus tard le *mešš.*

Il existe ainsi deux formes de ce fromage, selon qu'il est égoutté dans le *gābūḍ* — conique — ou dans la *šenda* — cylindrique.

a. Hotte (*goṭwiyya*).

b. Passoire à fromage (*šenda*).

c. Passoire à fromage (*gābūḍ*).

d. *Šenda*, détail.

a

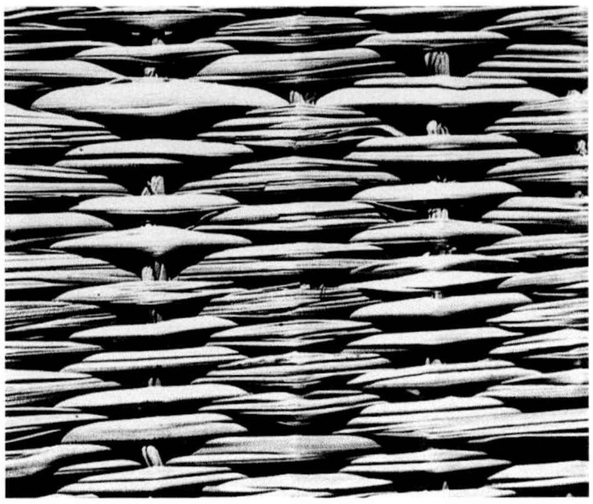

b

c

a. Fabrication d'une corde.
b. Détail d'une natte d'alfa.
c. Le nœud de la longe (*magran*).

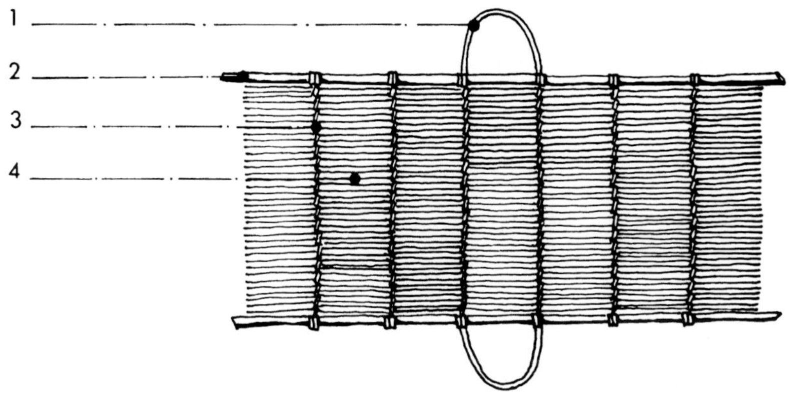

1. poignée.
2. *ğerīd.*
3. corde en fibre transversale.
4. *ʿarğūn.*

Fig. 182 : Passoire à fromage (*šenda*).

1. *šenda* fermée.
2. fromage.

Fig. 183 : Passoire à fromage (*šenda*).

FABRICATION DES CORDES

Au village il y a trois types de cordes :

LES CORDES ŠALĀWĀT, sing. ŠALĀW

Les lianes (*ʿarğūn*) et les régimes (*zabaṭa*) de palmier sont déposés sur les toits des maisons, parfois pendant un an, jusqu'à ce qu'ils soient complètement desséchés par le soleil. Ensuite, la liane est posée sur une pierre, elle est battue avec le maillet dans tous les sens, puis elle est mise à tremper dans l'eau pendant une journée, pour devenir plus souple. Après cela elle est dissociée avec les mains en longs filaments, qui se terminent habituellement par une des branches du régime (*šamrūḫ*). Deux groupements de fibres sont roulés ensemble entre les deux paumes des mains, avec un mouvement de la paume de la main droite sur la main gauche, de façon à obtenir un début de corde. Une des extrémités est mise sous le pied droit, et pour allonger la corde on ajoute un groupement de fibres après l'autre, tout en continuant à rouler. On fait ainsi une corde qui atteint parfois

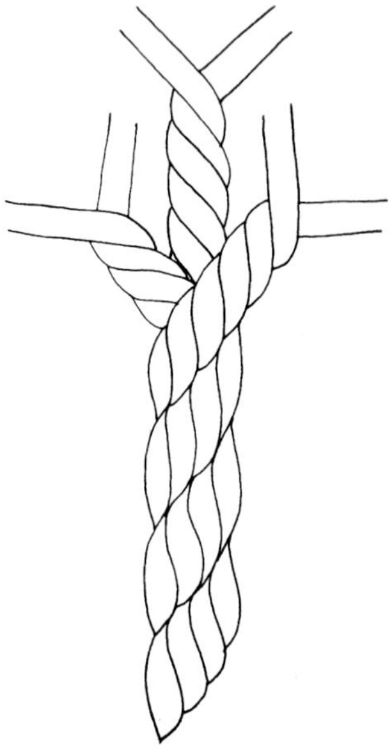

Fig. 184 : *šalāw*.

50 mètres de long, puis on en fabrique 2 autres de la même longueur. Ensuite on les enroule ensemble et l'on obtient ainsi une corde de 6 cm de diamètre (fig. 184).

Les cordes *šalāwāt* sont utilisées pour attacher les godets de la *sāgya*. Faites en lianes de palmier, elles résistent, en effet, mieux à l'eau que les cordes de fibres.

Ces cordes sont habituellement fabriquées à Aḫmīm et l'aune (*bāʿ*) en coûte environ cinq piastres.

Les cordes de fibres

Le crin végétal (l'ancienne gaine des nervures qui subsiste sur le tronc et se décompose en un réseau fibrilleux de couleur brique) est ouvert avec les mains et assoupli pendant 20 minutes dans l'eau, puis effiloché à la main et roulé en spirales entre les deux paumes. On en fait de nombreux morceaux de 30 à 40 cm de long, selon la longueur des réseaux de fibre. L'homme tient le début d'un des morceaux entre deux orteils de son pied gauche (pl. 46, *a*), ajoutant les morceaux qui ont déjà été roulés en spirale pour obtenir une longue corde. La longueur de la corde est déterminée par son utilisation. Ce type de cordes sert à de nombreux usages. On en fait en particulier les instruments suivants :

La corde «šelg» qui est employée dans la fabrication des couffins.

La longe (*magran*)

La longe entoure les deux cornes de la vache et coince une des oreilles (fig. 185; pl. 46, *c*) pour permettre au paysan de la diriger lorsqu'il s'en va aux champs ou bien lorsqu'il laboure. Dans ce dernier cas, et lorsque l'attelage est formé de deux bêtes, la corde contourne les cornes de la vache et coince l'oreille de gauche pour la vache de gauche, et l'oreille de droite pour celle de droite. Quand la charrue est en mouvement, le paysan saisit le bout des deux cordes : s'il tire la longe de gauche, la vache de gauche

Fig. 185 : Nœud de la longe (*magran*).

tourne vers la gauche entraînant avec elle la vache de droite par l'entremise du joug; s'il tire la longe de droite, les deux vaches tournent vers la droite.

La bride (ṣarīma)

Ce système de bride est monté habituellement sur un petit veau qui vient de naître ou une jeune gamousse (*šabba*). A cause de leur jeunesse, ils ne travaillent pas. On attache le jeune animal pour qu'il mange et qu'il grandisse jusqu'au moment où il sera possible de l'utiliser pour les travaux des champs ou pour la boucherie.

Les jeunes animaux bougent sans cesse; aussi la *ṣarīma* a-t-elle été faite d'une façon simple et appropriée, permettant à l'animal de bouger facilement. Les cordes sont faites de fibres, et de morceaux de tissu, pour éviter de blesser l'animal quand on lui passe cette bride. La *ṣarīma* est constituée d'une corde qui entoure le dessus de la tête derrière les oreilles; cette partie porte le nom de *zenāg* (fig. 186, 1) : c'est le montant. Un autre morceau de corde est fixé au montant, il entoure le museau de l'animal : c'est la *maḫṭama*, c'est-à-dire la muserolle (fig. 186, 2). Au-dessous de la muserolle est montée une attache métallique articulée (*madwar*), composée de deux anneaux (fig. 186, 3). L'anneau supérieur est mobile autour d'un axe vertical qui se termine par l'anneau inférieur. Ainsi le petit animal peut bouger pendant qu'il est attaché sans défaire la *ṣarīma*. Au *madwar* est accrochée une corde assez longue à l'extrémité de laquelle est fixé un anneau sur lequel est ajustée une pointe en fer (*dafīna*), elle-même plantée dans le sol. Ou encore cette longue corde est attachée à un piquet en bois enfoncé dans la terre.

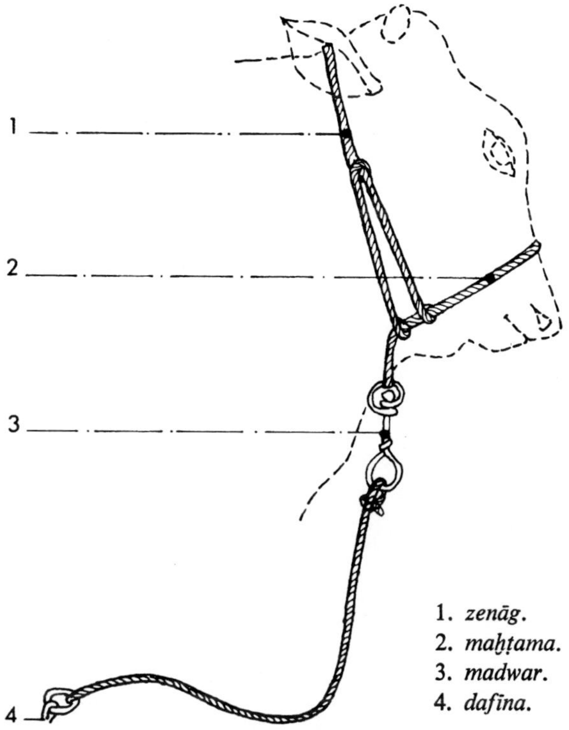

Fig. 186 : La bride (*ṣarīma*).

L'entrave «marbaṭ» (fig. 187)

Cette entrave est utilisée pour attacher les pattes avant de la vache et de la bufflesse. Elle est nouée au-dessus des sabots et au-dessous des jarrets. Le *marbaṭ* est constitué de

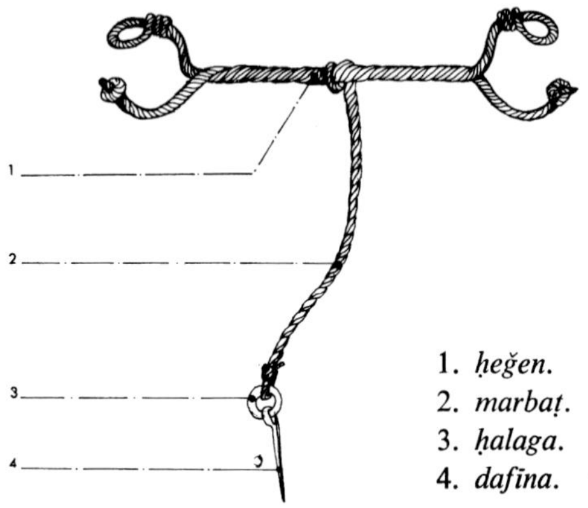

Fig. 187 : L'entrave « *marbaṭ* ».

deux cordes en fibre enroulées sur elles-mêmes et qui se terminent à chaque extrémité par une fermeture formée d'une boule et d'un nœud (comme un bouton et une boutonnière) (fig. 187, 1). Il est placé autour des pattes de la bête et puis boutonné. Ces cordes se nomment *ḥeğen* (fig. 187, 1). Au milieu des *ḥeğen* est attachée une autre corde de fibre (*marbaṭ*) (fig. 187, 2) qui se termine par un anneau (*ḥalaga*) et une pointe en fer (*dafīna*) (fig. 187, 4) comme la *ṣarīma*.

L'entrave « ğels »

Ce type d'entrave est utilisé pour attacher une des pattes avant des chèvres, des chevreaux, des béliers et des brebis, parfois (les jours de marché) 40 ou 50 sur une seule corde.

Le *ğels* consiste en une corde en fibre tendue au niveau du sol entre deux piquets en bois. Sur cette corde sont attachés, à des distances presque égales, les *ḥeğen* (ou liens en fibre identiques à ceux utilisés dans le *marbaṭ*). On voit habituellement le *ğels* fixé près des portes des maisons et dans les champs cultivés, car la majorité des gens du village possèdent quelques chèvres (fig. 188) [1].

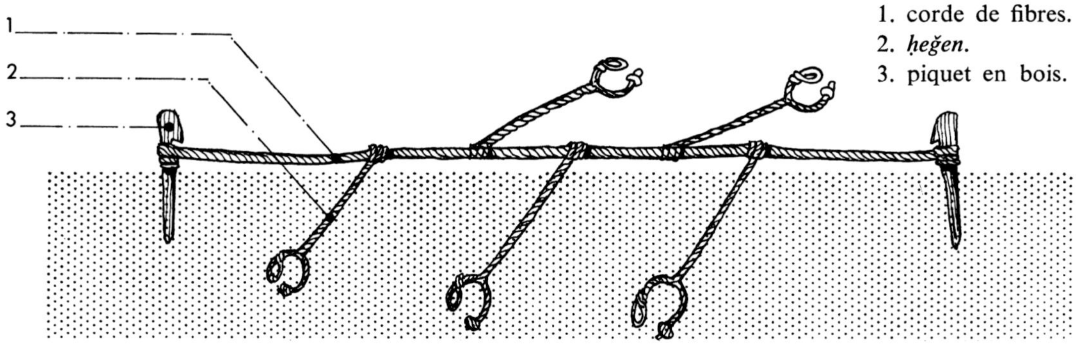

Fig. 188 : L'entrave « *ğels* ».

Le lien de gerbe (ğōnef)

Ce type de corde est utilisé pour attacher les gerbes de blé (*gattāya* ou *getteyya*) après la moisson. Le *ğōnef* consiste en une corde, en fibre ou en alfa, de la longueur d'une aune

(1) Parfois, si l'animal est jeune et turbulent, on lui attache la patte avant droite avec la patte arrière gauche.

(*bāʿ*) environ, qui se termine d'un côté par une petite boule. On noue cette corde d'une manière particulière (fig. 189) de façon que le nœud soit facile à défaire en tirant simplement sur l'extrémité libre, après que l'on ait déposé les gerbes de blé sur l'aire pour les hacher avec le *nōrağ*.

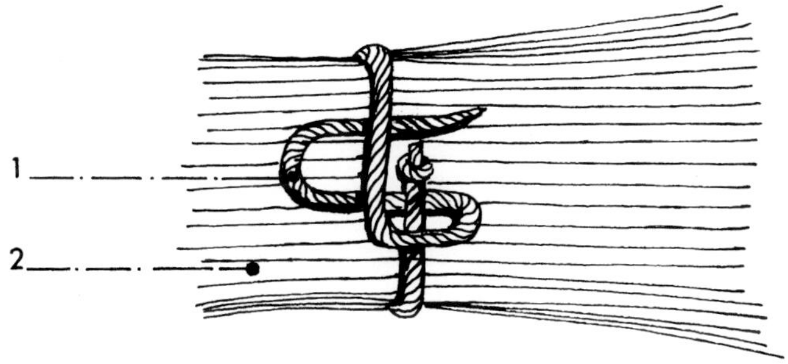

1. *ğōnef.*
2. *gattāya.*

Fig. 189 : Nœud (*ğōnef*).

Avant de commencer à attacher les gerbes, le paysan attache quelques *ğōnef* à sa taille, disposant le nœud vers le haut et l'extrémité libre vers le bas ; puis il tire les *ğōnef* un par un pour lier les gerbes (pl. 24, *a*).

L'entrave pour ânes (*gēd*)

Ce type de nœud est utilisé pour attacher les pattes avant des ânes. Il consiste en un morceau de corde de fibres dont l'extrémité se termine par un nœud et une boucle (formant comme un bouton et une boutonnière) (fig. 190, a). On pose le milieu du *gēd* sur une des pattes avant de l'âne puis on enroule les deux côtés de la corde l'un sur l'autre jusqu'à ce qu'elle soit à la distance voulue et on l'attache à l'autre patte, en introduisant le bouton dans la boutonnière. Pendant que l'âne marche, on attache le *gēd* sur la même patte (fig. 190, b).

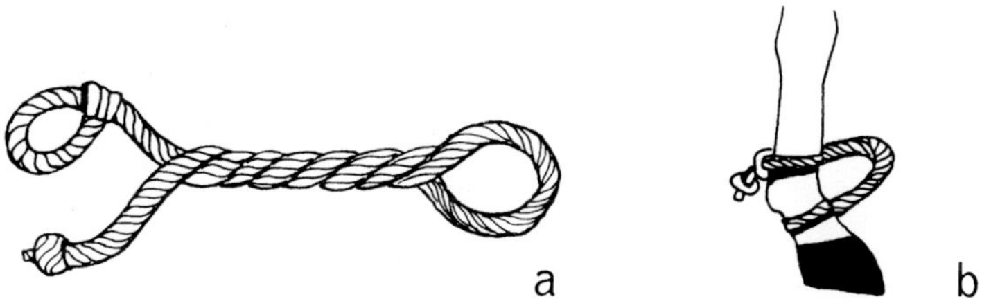

Fig. 190 : a. Entrave d'âne (*gēd*).
b. Entrave attachée sur une seule patte.

Ces utilisations des cordes en fibre sont loin d'être les seules possibles; il y en a beaucoup d'autres, d'une grande importance dans la vie du paysan : les filets pour porter la paille sur le dos des chameaux; ceux pour porter les épis de maïs (*ganadīl*) et ceux qui servent à transporter la poterie après sa fabrication (*šenīf*) ou encore les muselières qui sont appliquées sur les museaux des brebis (*ko‘‘āma*).

Les cordes d'alfa

L'alfa (*ḥalfa*) est une plante sauvage; dans notre village, elle pousse près des bords du canal Aḥaywa. Elle est utilisée pour faire des cordes destinées à attacher le blé (*ğōnef*).

Pour faire les cordes en alfa, on coupe les herbes avec une grande lancette (*mašraṭ*) ou avec la houe. Puis on les laisse sécher au soleil jusqu'à cinq jours. Ensuite on les fait macérer pendant une semaine dans l'eau du canal (après avoir lié l'alfa en gerbe) pour éviter que les cordes ne se brisent après leur fabrication, car cette opération accroît relativement la flexibilité et la solidité de l'alfa, même après le séchage. Une fois l'alfa sec, on en coupe les restes des racines (*šōk*).

Ensuite on torsade avec la main (méthode identique à celle de la fabrication des cordes en fibre).

L'alfa sert aussi à coudre les couffins, à faire des nattes (pl. 46, *b*) sur lesquelles dorment souvent les habitants du village.

LE FILAGE

Au long des ruelles du village on voit souvent des femmes assises devant leur porte et faisant tourner un petit bâton en nervure de palmier en le roulant sur leur cuisse droite. Elles transforment la laine brute en fils, qu'elles enroulent autour de ce fuseau. Quand ces fils sont prêts, elles les envoient sur leur fuseau au tisserand (*gazzāz*) pour qu'il en fasse des *kilīm* (ou *farrāšiyya*), qui seront utilisés comme matelas et posés sur des nattes d'alfa.

Il en fera aussi des *šāl,* qui sont les couvertures principales dans toutes les maisons; il en fabrique encore des *tallīs,* grands sacs de laine destinés au transport des céréales (blé, maïs).

Anciennement, un seul tisserand vivait au village. Il tendait son métier dans le cimetière situé à l'intérieur du couvent. Quand il mourut, le métier de tisserand disparut du village, mais on continue à filer les fils de laine sur le fuseau.

Habituellement, après la tonte des moutons, les villageois envoient la laine à l'une des six femmes qui savent filer. On leur paye dix piastres pour chaque *raṭl* [1] de laine filée.

Trois instruments servent surtout au filage :

Le fuseau (maġzīl)

Il est constitué de trois parties : une pyramide tronquée en bois de jujubier, dont la base mesure 3,5 × 6,5 cm, haute de 2,5 cm ; c'est la tête du fuseau (*rās el-maġzīl*) (fig. 191, 2). Un petit crochet en fer dont une des extrémités est libre est fixé au sommet de la pyramide ; c'est l'hameçon (*sennāra*) (fig. 191, 1). Au centre de la base de la pyramide est ajusté un morceau de nervure de palmier de 35 cm de long, le « bâton du fuseau » (*ʿaṣāyet el-maġzīl*) (fig. 191, 3) sur lequel s'enroule le fil (pl. 47).

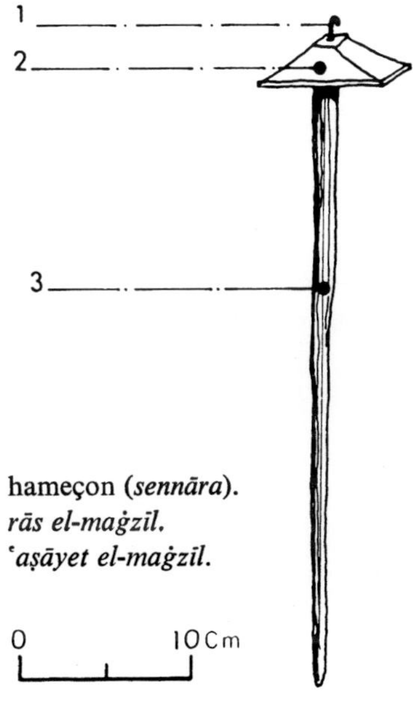

1. hameçon (*sennāra*).
2. *rās el-maġzīl.*
3. *ʿaṣāyet el-maġzīl.*

Fig. 191 : Fuseau (*maġzīl*).

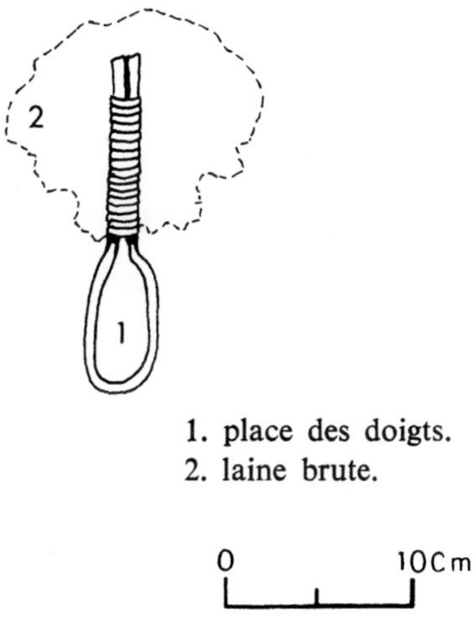

1. place des doigts.
2. laine brute.

Fig. 192 : *Loggāṭa.*

La loggāṭa

Un morceau de nervure de palmier, ou de liane (*ʿarǧūn*), d'environ 25 cm de long, est recourbé en forme de U ; on en lie les deux extrémités ensemble (fig. 192). On y passe quatre doigts de la main gauche en laissant le pouce libre. La laine tondue est démêlée à la main, elle forme des boules que la femme accroche sur les deux branches de la *loggāṭa*.

[1] Cf. Appendice II, p. 347.

Avec la main droite, elle tire doucement les fils de la boule de laine sur une certaine longueur qu'elle accroche au fuseau et elle fait tourner régulièrement le fuseau vers la droite. Durant ce mouvement giratoire, elle égalise l'épaisseur du fil sur environ 40 cm de long avant de l'enrouler autour du bâton du fuseau, puis elle fixe son extrémité à l'hameçon avant de commencer à filer une nouvelle longueur (pl. 47).

Le dévidoir (maḥalla)

Quand la laine a été filée, on la dévide et on l'enroule autour de la *maḥalla* (fig. 193; pl. 48).

La *maḥalla* est formée d'un bâton en bois de jujubier (*maddād*) (fig. 193, 1) de 63 cm de long. A 8 centimètres de chacune des deux extrémités sont plantés deux morceaux de

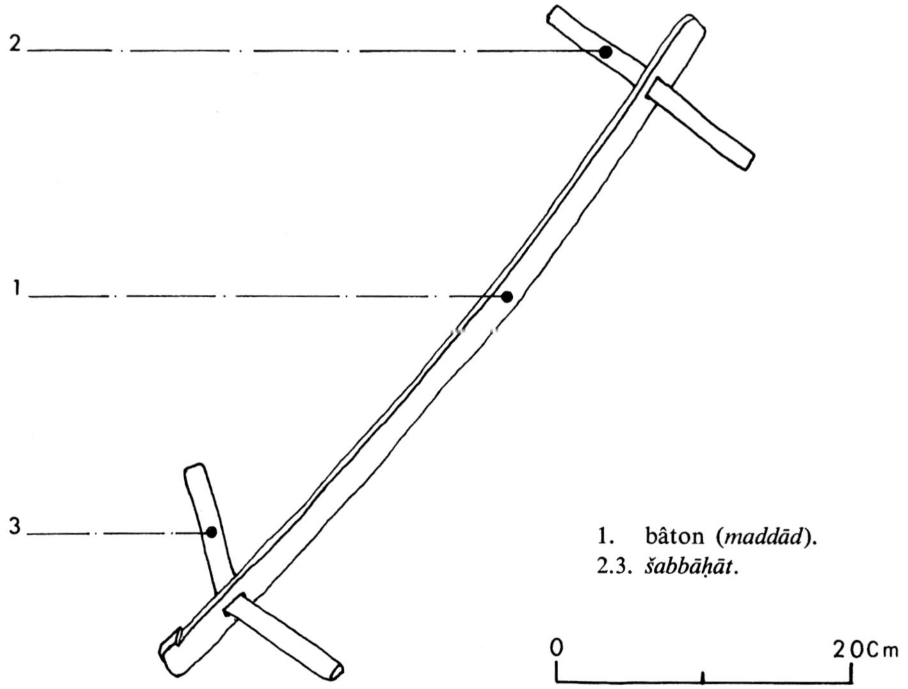

Fig. 193 : *Maḥalla*.

nervures de palmier de 29 cm de long, les *šabbāḥāt*, autour desquels on enroule la laine (fig. 193, 2.3). La *maḥalla* est plongée dans l'eau du canal pendant deux ou trois minutes pour laver la laine puis on laisse sécher au soleil et on enlève la laine en poussant les fils loin de chaque *šabbāḥa*. Il en résulte de longs écheveaux que l'on envoie au tisserand pour qu'il en fabrique des couvertures (*šāl*) qui sont tissées avec un fil simple. Quant au *kilīm*

Femme filant (fuseau et *loggāṭa*).

Dévidage du fil sur la *maḥalla*.

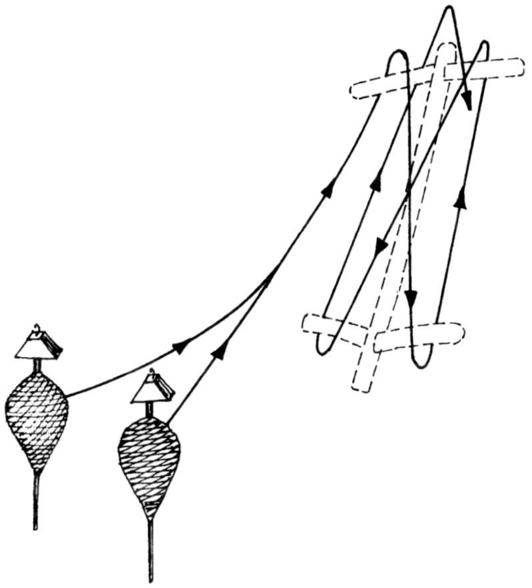

Fig. 194 : Enroulement sur la *maḥalla*
à partir de deux fuseaux.

et au *tallīs,* ils sont tissés avec des fils doubles. Dans ce cas, les fils de laine sont enroulés sur la *maḥalla* à partir de deux fuseaux au lieu d'un seul. On dévide les deux fils de la *maḥalla* et on les torsade à nouveau à l'aide du fuseau pour en obtenir un fil double (fig. 194).

LA POTERIE

Dans ce village, une seule femme fabrique de la poterie. C'est sa belle-mère qui lui enseigna ce métier qu'elle tenait de sa propre mère.

Cette femme travaille tous les jours, mais n'allume le four qu'une seule fois, à la fin de la semaine.

Il y a peu de familles dans le village; la production de cette femme dépasse donc la demande du village, et chaque semaine, accompagnée de son petit-fils et de son âne, elle s'en va vers le Sud, au village de Kōla, le jour du marché, pour vendre sa poterie aux habitants. Mais dans notre village, on ne lui achète pas ses pots; pour chacun d'entre eux, on lui donne en échange le contenu du pot en blé.

Le four

C'est un cylindre fait de briques initialement crues mais qui cuisent peu à peu durant l'utilisation du four. L'épaisseur des parois est de 10 cm, c.à.d. la moitié d'une brique. Le

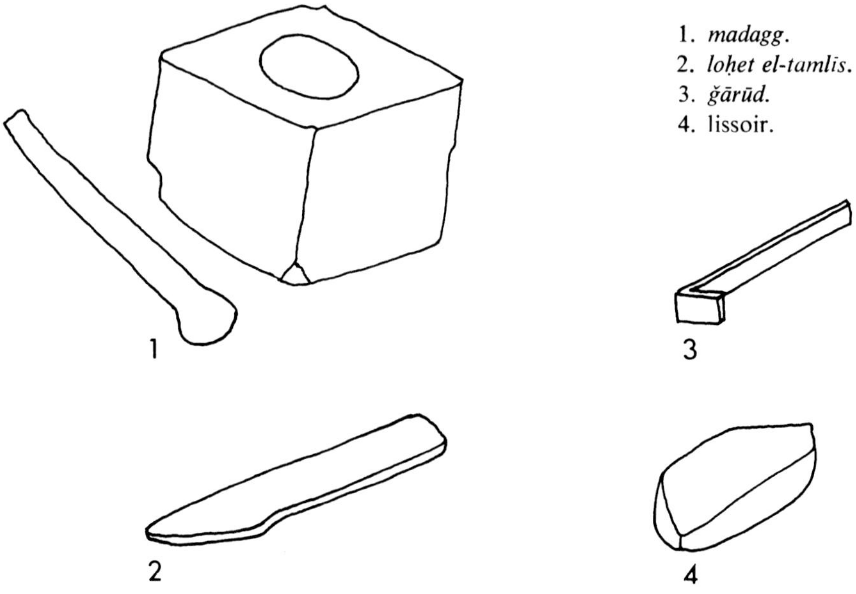

Fig. 196 : Outils de la poterie.

Le modelage

On n'utilise pas le tour pour le modelage. La femme prépare les disques sur lesquels on étend la pâte pour faire le pain [1]. Elle met sur le disque un morceau d'argile dont la taille dépend de la grandeur du vase qu'elle désire obtenir. En général son épaisseur varie entre 5 et 8 cm. La femme plonge les doigts de la main droite dans le morceau d'argile en forme de disque, à côté du bord, et relève la pâte de l'intérieur vers l'extérieur en soutenant la paroi extérieure de sa main gauche, et elle fait tourner le disque (fig. 197; pl. 49, *a*) jusqu'à ce que le pot ait pris sa forme.

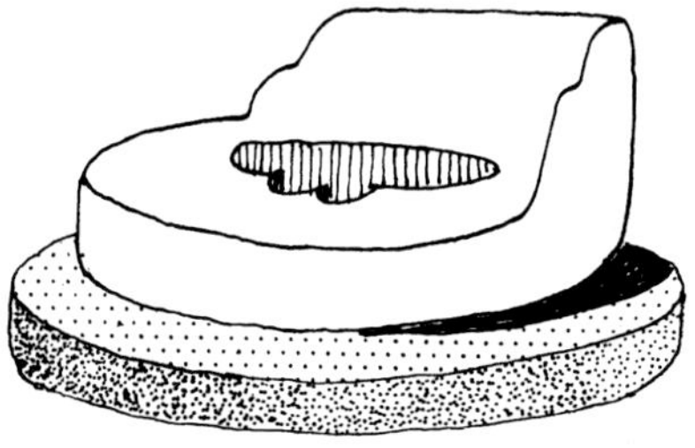

Fig. 197 : Commencement du modelage.

Ensuite elle commence à utiliser l'ébauchoir (*lōḥet el-tamlīs*) en le mouillant dans de l'eau pour ajuster la surface des vases et leur donner leur forme définitive. Puis elle laisse sécher les pots. Elle ajoute ensuite les deux anses et la décoration (*zūga*), puis les laisse sécher complètement. La femme racle alors les vases avec le *ǧārūd* pour les affiner aux endroits épais, et pour briser les angles séchés. Puis elle utilise le galet pour

[1] Cf. Les ustensiles utilisés lors de la préparation du pain, p. 165.

a. Modelage d'un pot.

b. Polissage.

a. Enfournement de la poterie.

b. Couverture du four avec des disques à pains cassés.

Alimentation du four.

Défournement.

polir le vase et éliminer les traces du *ǧārūd* sur la surface (pl. 49, *b*). Durant cette opération elle essuie la surface du vase avec un morceau de tissu mouillé, et quand elle a terminé elle dépose le vase pour qu'il sèche une seconde fois.

Elle recommence ensuite à le lisser avec le galet, une seconde fois, en essuyant la surface avec le tissu, puis elle le laisse encore une troisième fois sécher définitivement. Finalement elle enduit la surface du vase avec de la poudre de talc, et frotte bien avec le galet l'intérieur et l'extérieur; le vase est alors prêt pour la cuisson.

Rangement dans le four

La femme dispose tous les pots dans le four en plaçant la base vers le haut pour permettre au feu de pénétrer à l'intérieur des vases (pl. 50, *a*). Les interstices existant entre les pots permettent le passage des flammes pendant la combustion. Puis elle recouvre le dessus des pots de morceaux de disques à pains cassés (pl. 50, *b*).

La combustion

La femme introduit graduellement dans le four les tiges de maïs séchées pour obtenir une douce chaleur (pl. 51). Puis elle fait monter la température et la combustion continue pendant trois heures. Par expérience, elle sait quand le four est arrivé à la chaleur requise et quand tous les pots à l'intérieur du four sont cuits. Elle peut les apercevoir à travers les fissures existant dans les parois du four.

Ensuite elle bouche le foyer (*fatḥet el-nār*) avec des galets et des pierres, laissant le four refroidir durant douze heures environ (habituellement elle commence la combustion avant le coucher du soleil, laissant le four refroidir durant la nuit).

Au matin, elle ramasse les vases après avoir retiré les tessons qui recouvraient le haut du four (pl. 52). Habituellement on retire les cendres qui résultent de la combustion et on les mélange à l'engrais appelé *lāṣa*.

Noms des pots les plus communs et leur utilisation

Le *malazz* (fig. 198, 1) : utilisé pour la cuisine habituelle dans une famille peu nombreuse de trois ou quatre personnes.

Le *brām kebīr* (fig. 198, 2) : utilisé pour la cuisine et les viandes dans une famille nombreuse de six à sept personnes.

La *robʿa* (fig. 198, 4) : terrine pour faire mijoter les fèves, la *belīla šāmī* [1] et également pour les lentilles. Ce plat peut être introduit dans le four.

[1] Dessert à base de maïs et de lait.

Le *minṭāl* (fig. 198, 4) : utilisé pour conserver le beurre animal fondu (*samn*). Ce récipient, de forme similaire à la *robʿa* n'est pas utilisé pour la cuisine. Il a une hauteur de 14 cm et un diamètre de base de 17 cm.

La *zebdeyya* ou *marǧessiyya* (fig. 198, 3) : utilisée pour la friture du poisson et des aubergines.

La *zebdeyya ṣuġayyara :* petite écuelle pour frire les œufs. Les gens l'utilisent à cause de sa taille comme une assiette dans laquelle ils mangent. Elle a la même forme que la *zebdeyya;* elle a une hauteur de 7 cm et un diamètre de base de 19 cm (fig. 198, 3).

On doit dire aussi que les habitants du village utilisent des plats émaillés (*ṣāǧ*) et en porcelaine (*ṣīnī*).

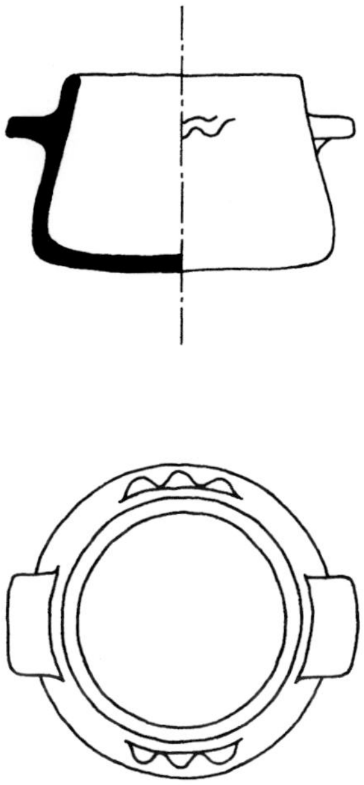

1

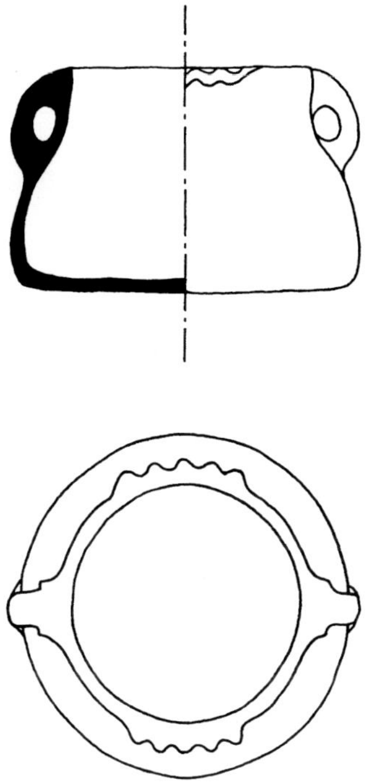

2

1. *malazz.*
2. *brām kebīr.*
3. *zebdeyya* ou *marǧessiyya.*
4. *robʿa* ou *minṭāl.*

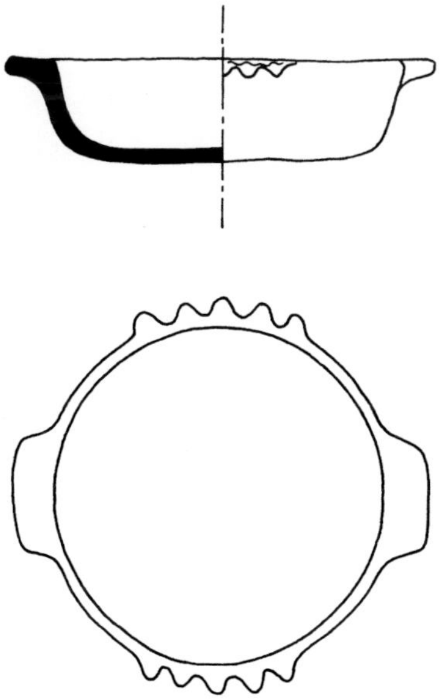

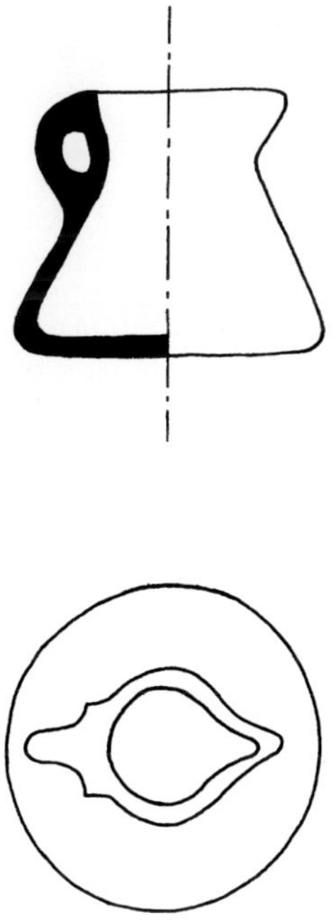

3

0 10 cm

4

Fig. 198 : Poterie commune.

CHAPITRE III

VÊTEMENTS ET SOINS DU CORPS

A. L'HABILLEMENT.

Il n'y a pas vraiment au village de vêtements d'hiver distincts des vêtements d'été. En hiver, on met ce que l'on trouve, par-dessus la *ǧallābiyya* : une veste ou un manteau (*kabbūt*), ou bien sur le corps une chemise supplémentaire. Voyons les vêtements ordinaires portés habituellement.

VÊTEMENTS MASCULINS

Les hommes portent les sous-vêtements suivants : un caleçon long (*lebās*) en coton grossier (*dammūr*), descendant en général au-dessous des genoux (pl. 53, *a*); et une chemise (*gamīṣ*) assez longue, en coton, avec une petite ouverture à la place du col, et des manches courtes et étroites qui ne gênent pas pour le travail. Quand l'homme va travailler aux champs, il noue le bas de la chemise autour de sa taille comme une ceinture qui lui maintient les reins (pl. 53, *a*). Celui qui en a les moyens porte aussi un tricot de corps en coton (*fānella*), et par-dessus, un gilet (*ṣedērī*).

C'est une femme du village qui confectionne les sous-vêtements : un caleçon revient à 5 piastres et une chemise à 7. Tous, hommes et femmes — les enfants exceptés — se couvrent la tête, car il est honteux d'aller tête nue. Les hommes portent un bonnet de laine (*ṭāgiyya*) confectionné par certains hommes du village, et aussi une longue bande (*malfaḥa*) de coton blanc léger (*šāš*), que l'on enroule plusieurs fois autour de la *ṭāgiyya* pour protéger la tête des ardeurs du soleil. Durant les premières heures de la matinée, on l'enroule de manière à ce qu'elle couvre les oreilles (pl. 53, *d-e*).

Dans les champs, tout le monde travaille nu-pieds, et les chaussures (*arḍeyya*) ne sont utilisées que lorsqu'il faut aller à Aḫmīm ou dans un village voisin, en visite ou pour affaires.

Quant aux vêtements de repos, que l'on met au retour des champs, ils consistent en une *ǧallābiyya* que l'homme enfile par-dessus la chemise et le caleçon; pour se protéger du froid il s'enroule dans une grande *melāya* semblable à celles que les familles de revenu moyen de la région de Sohāǧ utilisent comme couvertures (pl. 53, *b*).

VÊTEMENTS D'APPARAT

S'ils vont rendre une visite, les jeunes gens revêtent leur *ǧallābiyya* de coton (ou deux en hiver) et en mettent une deuxième (ou une troisième) en laine (pl. 53, *c*). Parfois la *ǧallābiyya* en laine est simplement jetée sur l'épaule en signe de prestige ou de richesse, et elle n'est revêtue qu'au moment précis de la visite, ou lorsqu'on doit rencontrer quelqu'un, ou bien encore après le coucher du soleil, quand il commence à faire froid.

Les hommes âgés qui en ont les moyens portent une *ǧallābiyya* de laine par-dessus un *ṣedērī* et mettent sur leurs épaules un tissu de soie artificielle, blanc, nommé aussi *malfaḥa.*

Sur la tête, on met généralement la *lebda,* ainsi nommée parce qu'elle est faite de feutre (*lebbād*), autour de laquelle on enroule une longue bande en tissu de coton blanc, appelée *šamla,* et les deux se mettent et s'enlèvent ensemble, comme s'il s'agissait d'une seule pièce.

Quant aux hommes âgés et pauvres, ils ne portent que la *ṭagiyya* de laine avec la *malfaḥa* de coton.

Mais lorsqu'un homme meurt, qu'il ait été riche ou pauvre, on lui couvre la tête, pour l'enterrer, avec une *lebda* et sa *šamla,* même si celui-ci, trop pauvre, n'a jamais pu la porter de son vivant, car elle coûte relativement cher.

VÊTEMENTS FÉMININS

Les femmes jouissant d'une certaine aisance portent dans la journée, par-dessus leurs sous-vêtements, une robe (*ǧallābiyya*) de couleur et se couvrent la tête avec une sorte de mouchoir coloré, bordé de perles de verre de couleur (*ḥarda*). Elles se couvrent ensuite la tête et les épaules avec une grande pièce de tissu noir (*ṭarḥa*) (pl. 54, *a*).

Les femmes mariées [1], et elles seules, ont l'habitude d'ajouter au bout de leurs tresses naturelles, des tresses en laine, qui se terminent par de petits anneaux de plomb ou des piastres percées en argent. Ces tresses artificielles portent le nom de *ʿugūṣ* (pl. 54, *d-e*).

Comme ornement, elles portent un anneau autour de la cheville, appelé *ḫolḫāl* (pl. 54, *a.b.d*), en argent, ou en laiton pour les pauvres.

Elles portent aussi des colliers en verre qu'elles remplacent pour sortir par des colliers en or (*mešaḫlaʿa*) (fig. 199; pl. 54, *f*), ainsi que des boucles d'oreilles (*ḥalag*) en verre, qui sont aussi remplacées pour sortir, par des boucles en or (fig. 200), lorsqu'elles en ont les moyens.

Leurs poignets s'ornent de bracelets en verre ou en cuivre, remplacés depuis peu par des bracelets en plastique.

VÊTEMENTS D'APPARAT

Pour sortir et lors des cérémonies, les femmes mettent une *ǧallābiyya* noire et transparente par-dessus la *ǧallābiyya* colorée, et se couvrent la tête d'une *ṭarḥa* noire ou d'un châle

(1) Cf. Le mariage, le trousseau, p. 233.

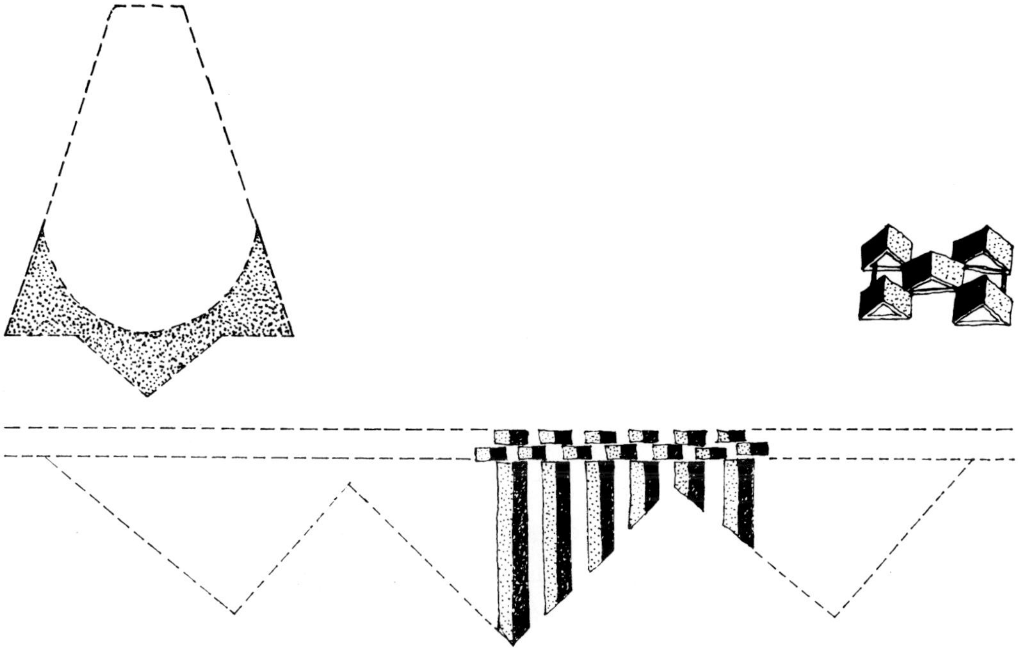

Fig. 199 : Collier en or (*mešaḫlaʿa*).

Fig. 200 : Boucles d'oreilles (*ḥalag*).

en velours de coton noir pour les femmes mariées (pl. 54, *b*) et de couleur pour les jeunes filles. Quant aux femmes pauvres, elles se contentent d'une *ǧallābiyya* noire et d'une grande *ṭarḥa* noire qui couvre les épaules aussi bien que la tête (*šogga*) (pl. 54, *c*).

VÊTEMENTS DES ENFANTS

Les jeunes garçons portent toujours une *ǧallābiyya* et parfois une *ṭāgiyya* de laine. Les petites filles portent une *ǧallābiyya* colorée; elles sont coiffées d'un mouchoir coloré ou d'une *ṭarḥa* qui leur couvre aussi les épaules (pl. 55, *b.c.d*).

B. LA TOILETTE.

Chaque matin les femmes chauffent de l'eau pour la toilette de leur mari. Celui-ci s'accroupit devant une cuvette et sa femme ou l'une de ses filles lui verse de l'eau sur la tête et l'assistent dans sa toilette. Les autres membres de la famille se lavent ensuite à tour de rôle. Au retour des champs, le père et les fils qui ont travaillé avec lui se lavent de nouveau.

Le samedi est le jour du bain que l'on prend dans un bassin métallique (*ṭešt*), dans une pièce à l'intérieur de la maison.

Pendant l'été, les jeunes et les petits garçons vont fréquemment se baigner et s'ébattre dans le canal.

Chacun, bien entendu, a ses habitudes et il est impossible de poser de règle générale en matière de toilette. Certains passent pour se laver rarement. On ne se lave les dents qu'avec de l'eau et en les frottant avec ses doigts.

Les femmes et les jeunes filles laissent leurs cheveux longs; elles les tressent et se couvrent toujours la tête. Hommes et enfants portent leurs cheveux très courts.

LE BARBIER

Une fois par semaine, le barbier vient d'un des villages avoisinants, avec sa petite valise. Il choisit toujours le samedi, le dimanche étant jour de repos, et s'installe dans la *mandara* [1] commune. Les hommes défilent devant lui pour se faire raser la tête et la barbe (pl. 56), des barbes d'une semaine, car ils n'aiment pas se raser à domicile.

Le barbier ne prend pas de salaire en argent, mais chaque fois que c'est la saison du blé, du maïs d'été ou d'hiver, il prélève sur chaque homme une demi-*kēla*, c'est-à-dire une *rob'a* [2].

Lorsque le barbier a un client propriétaire de champs de maïs, il peut, au moment de la récolte, lui prendre un *šādūf* d'épis de maïs, c'est-à-dire le contenu d'un grand panier. Il peut aussi, s'il passe au moment de la moisson du blé, prendre une gerbe (*gattāya*), à condition de ne plus réclamer de grains.

C. LE TATOUAGE.

Le tatouage (*wašm*) ou encore (*dagg*) est utilisé à des fins médicales et comme ornement. De nombreuses femmes du hameau ont le menton (fig. 201) et le dos de la main (fig. 202) décorés de petites croix de formes variées, de points et d'étoiles. Ces étoiles sont nommées *ters*.

(1) Cf. Les parentés, p. 35.

(2) Cf. Appendice II, p. 345.

a. Homme portant chemise et caleçon.

b. Homme portant une *melāya* pour se protéger du froid.

c. Homme en vêtement d'apparat.

d. Homme portant *malfaḥa*, chemise, gilet et *ǧallābiyya*.

e. La *malfaḥa*.

Pl. 54

a. Femme en costume de tous les jours.

b. Femme en vêtements d'apparat.

c. Femme portant la *šogga*.

d et *e*. Tresses artificielles (*ʿugūṣ*).

f. Collier en or (*mešaḫlaʿa*).

a. Vêtements de petite fille.

b. Jeunes enfants.

c. Vêtements de petite fille.

Pl. 56. — Le barbier.

Fig. 201 : Motifs de tatouage du menton.

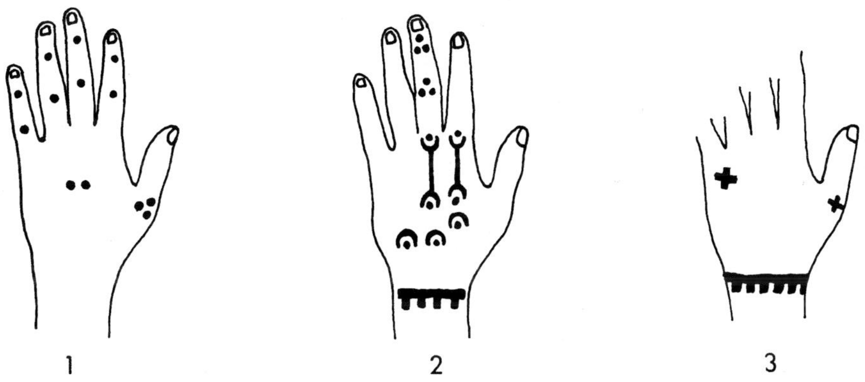

1.2. motifs décoratifs (femme mariée).
3. tatouage pour soin.

Fig. 202 : Tatouage.

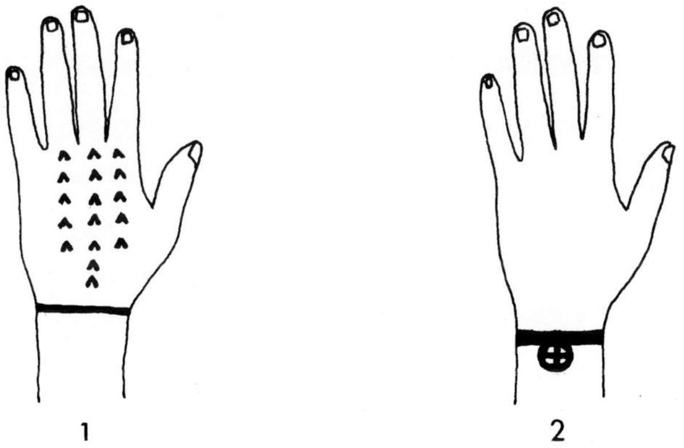

1. tatouage décoratif (homme).
2. tatouage pour soin du poignet.

Fig. 203 : Tatouage.

J'ai demandé à l'une d'entre elles pourquoi elle avait une croix tatouée sur le menton. Elle m'a répondu : « Pour que le jour du Jugement on sache que je suis une Copte ».

Les femmes se tatouent aussi l'intérieur et l'extérieur du poignet, et le haut des tempes.

Comme les femmes, les jeunes gens aussi se tatouent le revers des mains, le poignet et les avant-bras (fig. 203).

Les femmes spécialement utilisent le tatouage comme remède contre les maladies d'yeux. Quand ceux-ci larmoient de façon continue à cause de maux de tête, elles se font tatouer les tempes (*šagāyeg*), des deux côtés (fig. 204).

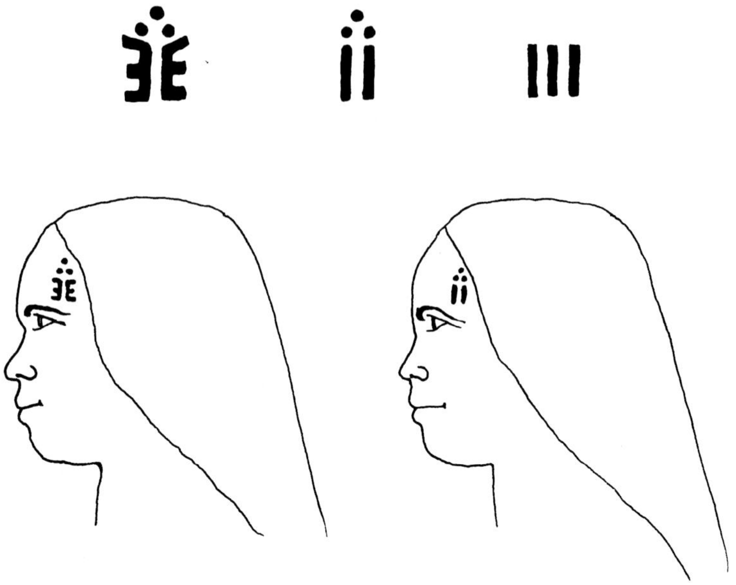

Fig. 204 : Tatouage médical des tempes.

Tous, hommes et femmes, se font tatouer l'endroit du corps qui est malade, que ce soit une veine saillante, un doigt démis ou foulé, un pied qui a une entorse, une articulation démise (fig. 205) ou encore un goître etc...

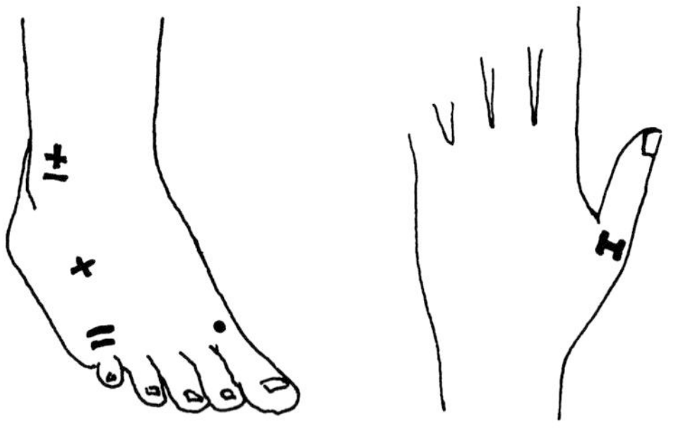

Fig. 205 : Tatouage médical.

C'est une femme qui exécute les tatouages. Elle prend un peu de noir de fumée (*ṣamād*) d'une lampe à pétrole (*anḍa*) et le mélange avec le lait d'une femme ou d'une chèvre. Ensuite, avec une fine tige de maïs séchée, elle dessine le motif à tatouer. Puis, avec les extrémités de trois aiguilles à coudre liées par un fil de fer, elle pique sur la peau la forme du dessin, jusqu'à ce que le sang perle. Puis elle masse l'endroit avec du trèfle (*barsīm*). Les couleurs habituelles des tatouages ont des tons intermédiaires entre le vert et le bleu.

D. LES MALADIES.

Les maladies sont, hélas, nombreuses à Mārī Girgis : bilharziose, tuberculose, rhumatismes de toutes sortes, maladies des yeux et de la peau et maladies mentales, pour ne parler que de celles que j'ai pu observer ou dont j'ai eu connaissance.

Elles sont dues au manque d'hygiène et à la malnutrition. L'eau potable manque dans le village qui ne connaît que celle du canal, et il n'y a de latrines que dans un très petit nombre de maisons. D'autres causes entretiennent le mauvais état physique : les mariages consanguins, la pêche qui oblige les hommes à passer de longues nuits dans l'eau du Nil ou du canal et la crainte qu'ont les gens d'aller à l'hôpital, sauf dans des cas très graves (1). Ajoutons que le village est dépourvu de centre médical et qu'il est loin de tout secours (2). Tous ces facteurs conjugués favorisent l'éclosion de nombreuses maladies que l'on soigne avec des remèdes improvisés localement.

QUELQUES REMÈDES POPULAIRES

SOINS DES RHUMATISMES

La « pipe à eau » (*ǧōza*) où l'on brûle du tabac ou un mélange de mélasse et de tabac (*meʿassel*), est fumée par les hommes et les femmes comme remède contre les rhumatismes.

Des gousses d'ail, dit *dakar* (3), sont placées dans un bocal que l'on met à chauffer au bain-marie. L'ail se transforme en pâte que l'on emploie comme baume contre les rhumatismes.

Pour guérir les rhumatismes des jambes : on prend un clou d'environ 10 cm de long, que l'on chauffe au rouge. On touche l'endroit douloureux avec ce clou. Cette opération se nomme *kawī*. Puis on recouvre la brûlure d'une feuille de ricin. Le tout est attaché avec un morceau de tissu. Généralement ces brûlures produisent du pus.

Egalement contre le rhumatisme des jambes : le malade doit voler à son voisin un *baškūr* (4) qu'il placera sur la partie malade en faisant des signes de croix au-dessus de sa jambe. Ensuite il devra remettre subrepticement l'objet volé à son voisin.

(1) Je me souviens que lors de ma première visite au village, un homme âgé tomba du haut d'un palmier et se déchira la vessie. On le transporta chez lui et je suggérai à sa femme de le faire transporter immédiatement à l'hôpital d'Aḫmīm, mais elle refusa. Malgré mon insistance et celle des villageois la femme s'obstina dans son refus. Le malheureux agonisa trois jours et mourut. Ceci me révéla la méfiance que les gens du village ressentent à l'égard des hôpitaux.

(2) Un homme perdit ses deux fils en une nuit à la suite d'une morsure de serpent.

(3) L'ail *dakar* désigne la tête secondaire qui pousse parfois au-dessus de la tête enterrée.

(4) Cf. Les ustensiles utilisés lors de la préparation du pain, p. 164.

Soins des yeux

Pour soigner la cataracte de l'œil, on pile une gousse d'ail avec quelques gouttes d'huile; on y ajoute une goutte de jus de citron et on mélange bien le tout. A l'aide d'un tissu que l'on trempe dans le liquide ainsi obtenu, on fait couler ce mélange goutte à goutte dans l'œil du malade.

Contre la cataracte également, on presse un citron sur un fragment de corail; on laisse reposer 24 heures, puis, avec une tige de bois (*merwad*) on applique ce mélange dans l'œil, comme on fait pour du *koḥl,* quatre fois par jour, la première fois à jeûn. On sait que le corail réagit dans le jus de citron.

Contre l'ophtalmie, on laisse dissoudre un peu d'alun dans du lait de chèvre qui vient d'être trait. On laisse refroidir et on introduit le mélange goutte à goutte dans l'œil malade.

On peut aussi passer au feu du crottin d'âne séché (*ṣōla*) que l'on emmaillote dans un tissu. On recouvre avec ce tissu l'œil malade en manière de cataplasme. Certains hommes du village sucent du nitre (*naṭrūn*) appelé aussi *ʿaṭrūn* mélangé avec du tabac. Le mélange que l'on chique s'appelle *maḍġa.* Le pétiole qui divise le limbe d'une feuille en deux parties est utilisé pour mettre le *koḥl* dans les yeux. Pendant que les hommes travaillent aux champs, des gouttes de sueur tombent dans leurs yeux. Les gens disent que l'œil ainsi atteint est *mašgōga.* Pour soigner cela, on achète de l'oxyde de zinc (*totya*) d'Aḫmīm, que l'on mêle à de la mie de pain, puis que l'on grille sur la dalle du four. On casse alors un oignon avec la main (on dit casser un oignon et non pas couper, parce que le couteau est peu employé par les villageois) et on le presse sur le *totya.* On retourne la paupière de l'œil malade et on la frotte avec ce mélange.

Insolations et maux de tête

En cas d'insolation, on masse la tête et le corps avec du vinaigre et un oignon. Un autre traitement s'appelle « prendre le soleil » (*waḫd el-šams*). Un seul homme actuellement au village sait faire cette opération et les villageois vont chez lui s'ils ont été victimes d'un coup de soleil. Il masse le front du malade avec les paumes de ses deux mains et avec ses pouces.

La migraine

Un jour je fus pris d'une forte migraine et restai dans ma chambre pour me reposer. La femme de mon hôte me demanda ce que j'avais. Je l'en informai et elle proposa d'appeler son grand-père (l'homme dont je viens de parler) afin qu'il pratique sur moi l'opération dite « *gafl el-rās* », littéralement la fermeture de la tête (fig. 206, 1.2.3). J'acceptai sans trop savoir ce que signifiaient ces mots. L'homme arriva et demanda une ficelle et une clef en fer. Il me pria de m'asseoir devant lui sur le sol. Il prit la ficelle et mesura le pourtour de mon visage en mettant le milieu de la ficelle sur le sommet de ma tête de manière à l'enrouler de chaque côté jusqu'au menton (fig. 206, 1). Tout en gardant la mesure ainsi

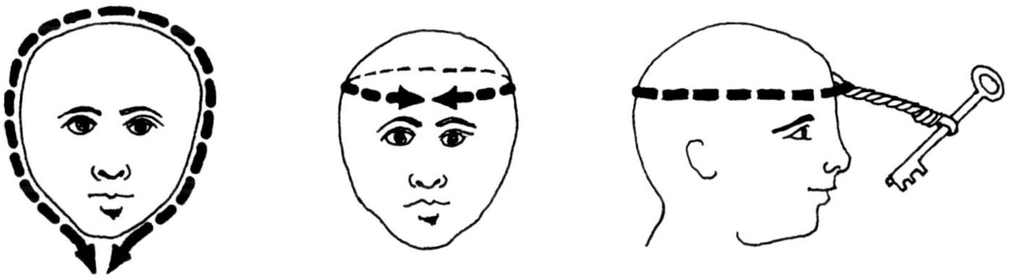

Fig. 206 : « Fermeture de la tête » (*gafl el-rās*).

obtenue entre les doigts comme unité de base, il me ceignit le front de la ficelle (fig. 206, 2) puis il mesura avec ses doigts l'espace vide laissé entre mon front et la ficelle, soit la différence de longueur du pourtour de mon visage et celui de mon front. Et il me dit : « Il faut fermer la tête de cette longueur », en me montrant ses doigts ... J'acquiesçai. Il se mit à exercer des pressions sur ma tête et mes tempes de ses deux mains. Puis il prit la ficelle, en attacha les extrémités à la clef qu'il fit tourner sur elle-même de manière à la resserrer (fig. 206, 3). Ensuite il me demanda de dormir un peu. J'appris ainsi que les sutures du crâne auraient tendance à s'ouvrir ou à se fermer. Si elles « s'ouvrent » elles causent la migraine, il est alors nécessaire de les « fermer ».

Contre les migraines également on incise le haut du front avec une lame de rasoir, en lignes verticales. Ensuite le malade entoure son cou d'un tissu qu'il tient par les deux extrémités tout en tirant très fort comme s'il s'étranglait. Le sang coule alors du front. Finalement on lave la tête avec de l'eau froide pour aider le sang à se coaguler et arrêter le saignement. Cette méthode est connue comme « la saignée ou scarification des tempes » (*ḥağm el-šagāyeg* ou *ʿiṣāba*), (fig. 207).

Fig. 207 : Scarification des tempes (*ḥağm el-šagāyeg* ou *ʿiṣāba*).

Contre la migraine, il y a un autre remède, celui des ventouses, sur la peau scarifiée de la tête (*ḥuğūma*). On dit que cette méthode des ventouses est utilisée quand « le sang monte à la tête », ou quand « le sang s'alourdit dans la tête » : *yitgal el-damm fil-rās;* ou encore quand le malade a du « sang étranger ». On peut procéder avec des ventouses de verre ou un verre ou encore avec un entonnoir (*garn*) en fer blanc.

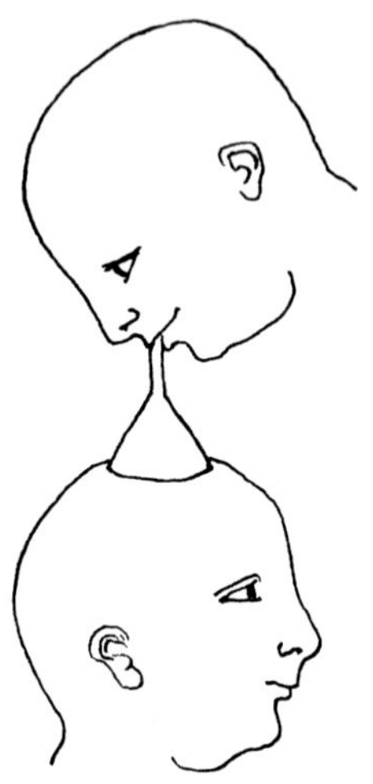

Fig. 208 : Entonnoir (*garn*) employé comme ventouse.

Comment appliquer des ventouses de verre? Avec une lame de rasoir, on rase la tête du malade, jusqu'à la peau du crâne, en formant un cercle de 8 à 10 cm, au milieu de la tête. Puis on incise la peau du crâne avec la lame. On trempe un petit morceau de papier dans du pétrole, on allume et on l'introduit à l'intérieur de la ventouse. Prestement on pose la ventouse au sommet de la tête dans l'endroit rasé. Le sang sort de la tête et s'écoule dans la coupe. On attend qu'elle s'emplisse au tiers environ. L'opération est répétée trois ou quatre fois, puis on lave la tête avec de l'eau froide.

Comment appliquer des entonnoirs (*garn*)? Après avoir rasé la tête et l'avoir incisée de la même façon avec la lame de rasoir, on prépare l'entonnoir en fer blanc. Celui qui l'applique au malade aspire avec sa bouche l'air qui est à l'intérieur de l'entonnoir (fig. 208). Il bouche ensuite celui-ci avec une fine peau de chèvre. Le sang est aspiré à l'intérieur de l'entonnoir. Habituellement on pratique l'opération trois ou quatre fois, puis on lave la tête avec de l'eau froide.

Les jeunes femmes n'aiment pas recourir aux ventouses et à la méthode de l'entonnoir, car cela oblige à se raser la tête. Elles ont donc plutôt recours à la saignée au front (*ʿiṣāba*) (fig. 207).

Blessures et infections

Pour guérir une infection purulente, on pose sur le furoncle ou sur l'abcès une pâte faite de blé pilé et de sucre.

Pour soigner les blessures, généralement on applique une peau d'oignon sèche, pour protéger la plaie du soleil et aussi du savon, car si on lavait le blessé, le savon « infecterait la blessure ».

Pour soulager les inflammations de la peau, on mélange un peu d'huile de coton avec de l'ail pilé, et on applique cette pâte sur les endroits douloureux.

Lors de l'accrochage des tiges du coton, les mains des hommes se couvrent d'ampoules (*buglēla*). Comme remède, durant cette période, ils s'enduisent les mains de henné.

Pour faire un cataplasme, on chauffe du son (*radda*) et du sel, que l'on enferme dans un morceau de tissu. Puis on l'applique sur l'endroit douloureux.

Pour soigner un refroidissement, on brûle du sucre ou du son. En recouvrant le malade d'un drap, on lui fait inhaler la fumée provenant de cette combustion. Puis il s'endort.

Les hémorroïdes

Un arbre sauvage nommé *ʿoṭna* pousse parmi les rochers dans certaines parties de la montagne de l'Est, au niveau du village de *Kōla.* Cet arbre est utilisé par les villageois et certains habitants des villages avoisinants pour soigner les hémorroïdes.

Quand on coupe cet arbre, une sève blanche s'écoule de son tronc et de ses tiges. C'est avec cette sève que l'on enduit l'intérieur de l'anus. Pour ce traitement il faut donc se rendre là où pousse cet arbre, et pour cela trois ou quatre hommes s'en vont ensemble avec leurs ânes, une outre pleine d'eau et leur nourriture. Ils passent toute la journée sur leur monture, et ne parcourent, entre l'aller et le retour, pas moins de 30 à 40 km.

Parfois l'hémorroïde tombe, ou elle s'enflamme et sort. Le malade la frotte avec une pierre fine jusqu'à ce qu'elle saigne; le sang qui en sort est dit du sang pourri, puis le malade se lave avec de l'eau chaude.

De la graisse de porc est aussi utilisée comme pommade pour soigner les hémorroïdes. Les habitants de Mārī Girgis nomment les hémorroïdes « les gaz du fauve » (*riḥ el-waḥš*).

AUTRES REMÈDES

Pour arrêter la diarrhée, on boit du jus de citron mélangé avec du café.

Contre la constipation, on prépare la *bayyāḍa* (1). On la chauffe, puis on asseoit le malade dessus.

Pour un calcul rénal, une coquille d'œuf est pilée dans un mortier de cuivre, puis passée dans un tamis à farine, très fin. La poudre ainsi obtenue est déposée dans une coupe et un ou deux citrons sont pressés dessus. Le mélange bouillonne, et cette potion est administrée au malade chaque matin, à jeûn.

Pour les amygdales, on chauffe un oignon, on l'entoure d'un tissu et on l'attache sur la gorge.

Contre le mal de dents, on chauffe un citron et on s'en frotte le visage et la mâchoire.

Pour la fêlure d'un os : une petite fille détachait sa bufflesse pour l'emmener boire au canal; la bête lui donna un coup de cornes à l'épaule. Son père l'emmena chez une femme du village qui l'examina et diagnostiqua une fêlure de l'épaule. Elle prépara un mélange fait de poils de chèvre, d'un œuf et de chaux (*ǧīr*), qu'elle appliqua sur l'épaule de l'enfant. Les poils de chèvre, par leur longueur, maintenaient la cohésion de l'ensemble.

Pour soigner une déchirure musculaire, on masse les endroits déchirés avec de l'huile.

(1) Cf. Les ustensiles utilisés lors de la préparation du pain, p. 164.

La morsure d'un chien enragé

Si quelqu'un est mordu par un chien enragé, on lui fait le « *tarbo* » [1] c'est-à-dire la prière de l'Onction des malades de l'église copte-orthodoxe. Le *tarbo* est aussi appelé *gandīl* (lampe à huile). Le prêtre lit devant la personne mordue la prière du Saint Abū Tarbo [2] et pose devant elle une lampe à huile à sept mèches; puis il lit successivement sept prières et allume à chaque fois une des mèches. Puis il oint chacun des assistants avec l'huile sainte. Quant au malade, il lui fait une onction tous les jours durant sept jours.

Empoisonnement

Il peut arriver que l'on tente d'empoisonner son ennemi. Les villageois connaissent les symptômes de l'empoisonnement. Comme antidote on prend un jeune pigeon que l'on vide de ses entrailles sans en laver le sang. On presse dessus une grosse quantité de citrons *baladī,* jusqu'à quarante. On fait bouillir le tout avec les pelures. Le malade empoisonné (*masgī*) doit boire le bouillon et manger le pigeon. L'opération doit être pratiquée immédiatement dès l'apparition des symptômes.

Contre les maladies mentales

Nous verrons plus loin (p. 263 sq.) les divers « charmes » (*basla*) utilisés pour guérir diverses affections frappant les enfants. Un charme spécial s'applique aux névroses des adultes; je le mentionne en raison même de son étrangeté : c'est le charme de la *ǧallābiyya* déchirée — accompagné, il est vrai, d'une douche froide.

Lorsque tous les remèdes magiques (*basla*) ont échoué pour guérir les névroses, hystéries, ou autres cas incompréhensibles pour eux, les villageois utilisent cette *basla* comme dernier espoir de guérison. Deux personnes de ses proches surprennent le malade, l'une d'elles le saisit au col et déchire sa *ǧallābiyya* de haut en bas pendant que l'autre lui verse de l'eau froide sur la tête.

(1) *Tarbo* : viendrait du grec *θεράπων*.

(2) Il existe une traduction de la vie du Saint Abū Tarbo « Livre de la Sainte Onction ». *Kitāb el-masḥa el-muqaddasa.* Impr. ʿAyn Šams, Clot Bey, 1625 année Copte.

Galtier, M.E., « La rage en Egypte, Vie de Saint Tarabô », *BIFAO* 4, 1905, p. 112-127.

Crum. W.E. *Catalogue of the Coptic Manuscripts.* Addenda. Manchester, 1909, p. 236.

CHAPITRE IV

LES ÂGES DE LA VIE

A. NAISSANCE D'UN ENFANT.

La naissance et les premiers jours de la vie

Quand une femme attend un enfant elle éprouve, paraît-il, le désir de manger des fruits et de la viande. Si les fruits sont hors de saison ou bien si on ne peut pas en trouver au village, apparaissent, à la naissance, sur le corps de l'enfant, des taches semblables au fruit que la mère a désiré. Ces « envies » sont parfois pourvues de longs poils : on dit que ce sont des morceaux de tête de vache ou de mouton; on les appelle alors *waḥma.* Parfois ces envies poussent sur le visage, ou le bras, ou la jambe, ou le dos. On dit que l'endroit est déterminé par la partie du corps que la femme touche au moment où elle a ressenti son envie du fruit ou de la viande.

Il est beaucoup plus important de mettre au monde un garçon qu'une fille. Toutes les femmes souhaitent toujours que leur enfant soit mâle, pour améliorer leur position vis-à-vis de leur mari.

Au huitième mois, la femme coud deux ou trois *ǧallābiyya,* utilisant une de ses vieilles robes, ou une des *ǧallābiyya* de son mari ou de ses enfants; puis elle les lave bien et les garde jusqu'au moment de l'arrivée de son nouveau-né. Quand approche l'heure de l'accouchement, la future mère réclame l'aide d'une femme âgée qui aide les femmes du village à accoucher, une sage-femme, la *dāya.* La femme enceinte s'accroupit, les pieds posés sur deux briques pour se rehausser d'une distance permettant à la sage-femme d'introduire ses bras pour tirer l'enfant [(1)].

La femme enceinte s'appuie de ses deux bras sur un grand tamis qui est posé verticalement devant elle et qu'elle tient entre ses jambes. Ce grand tamis (*ġorbāl*) atteint 60 cm de diamètre et la femme s'y appuie de telle sorte que le cadre du tamis supporte

(1) Weindler F., *Geburts und Wochenbettsdarstellungen auf altägyptischen Tempelreliefs,* München 1915, p. 31-32 qui donne les hiéroglyphes qui représentent les naissances.

Cf. Exode I, p. 15-16 :

> « Le roi d'Egypte s'adressa aux accoucheuses des femmes des Hébreux, dont l'une s'appelait Shiphra et l'autre Pua, et leur dit : quand vous accoucherez les femmes des Hébreux, surveillez bien les deux pierres. Si c'est un fils, faites-le mourir » (traduction Bible de Jérusalem).

tout le haut du corps, ce qui donne la liberté au bassin et fournit à la femme de quoi s'agripper.

Quand la tête de l'enfant commence à sortir, la sage-femme met un morceau de tissu sous la mère et commence à soutenir la tête du nouveau-né sur la paume de ses mains jusqu'à ce que sorte le reste du corps; puis elle coupe le cordon ombilical avec un couteau et attache le nombril de l'enfant avec un bout de fil. Elle enveloppe l'enfant avec le tissu qui est déposé sous la mère. Ensuite elle lui lave le corps avec de l'eau tiède et le revêt de la *ǧallābiyya* déjà cousue par sa mère. Puis la mère se lave avec de l'eau tiède. On lui prépare immédiatement après cela une boisson appelée *fōra*. Cette boisson est préparée avec de l'eau à laquelle on ajoute du sucre et deux cuillères de beurre fondu (*samna baladī*) que l'on met dans un pot de terre cuite (*malazz*) [1] acheté spécialement pour cette occasion. On fait bouillir le mélange que l'on donne à boire à la mère.

Puis le cordon ombilical du nouveau-né sur lequel on a mis du sel, est déposé dans un pot neuf (*minṭāl*) [2] et enterré sous les jarres d'eau (*zīr*) (pl. 57, *a*). Si le nouveau-né est une fille, la sage-femme doit lui faire subir l'opération de *waṭwaṭa* que l'on ne fait pas à un garçon. Le mot *waṭwaṭa* vient de *weṭwāṭ* qui signifie « chauve-souris ». On attrape une chauve-souris qui se niche, dans les voûtes ou les coupoles du couvent. On la tue en l'ouvrant par le milieu, de la tête à la queue. Et on la met au-dessus du pubis du bébé de façon à ce que le sang coule dessus, pour qu'il ne pousse pas de poils à cet endroit. On laisse le sang sur le pubis durant trois jours. En effet c'est un critère de santé parmi les villageois que le pubis soit net et sans poils.

Trois jours après la naissance d'un garçon, ce qui reste du cordon ombilical se détache au niveau du nœud. Le père le prend et l'enterre dans son champ, espérant que son enfant sera paysan et serviteur de la terre comme lui-même.

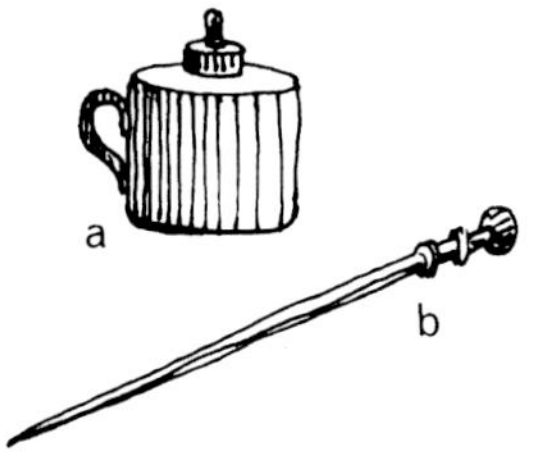

Fig. 209 : a. *anḍa*.
b. *merwad*.

Ensuite on enduit le corps de l'enfant, que ce soit un garçon ou une fille, avec de l'huile, du cumin et du sel, et on dit que grâce à ce mélange, le corps de l'enfant sera toujours propre et sans parasites (poux, punaises ou puces). On garde un peu de ce mélange dans une bouteille pour le cinquième jour. Ce jour-là la mère prépare un oignon ainsi qu'un flacon appelé *makḥala* (pl. 57, *b*) celui où l'on met le *koḥl*, et le *merwad* (fig. 209, b) instrument utilisé pour appliquer le *koḥl* sur l'œil. Elle introduit l'extrémité effilée du *merwad* dans l'oignon puis

[1] Cf. La poterie, Noms des pots les plus communs et leur utilisation, p. 201-202.

[2] Cf. *ibidem*.

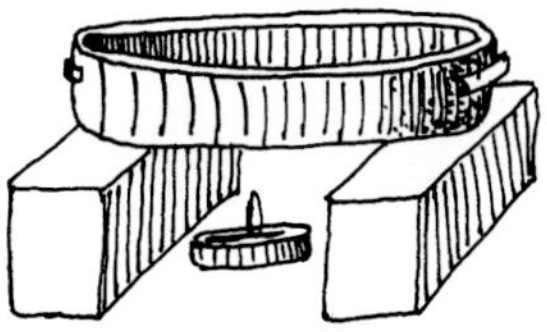

Fig. 210 : Préparation du *dalāl*.

dans le mélange d'huile, de sel et de cumin, puis dans du *dalāl* (1) qui est un genre de *koḥl*. On applique ce produit sur les yeux du nouveau-né et on dit que le *dalāl* agrandit son œil. Avec le *merwad* on trace aussi des signes sur ses tempes, son menton, sur le revers de ses mains et le dessous de ses pieds. On prétend que l'adjonction de la résine (*lebān dakar*) à l'huile aide à fixer le *dalāl* dans l'œil du nouveau-né.

Le sixième jour on prépare un grand plat pour laver le nouveau-né. On fait une pâte de farine de froment, avec laquelle on façonne trois croix que l'on met sur le rebord du plat. Puis on baigne le bébé. Les croix sont posées sur le rebord du plat, pour attirer, dit-on, la bénédiction sur le nouveau-né. On laisse l'eau dans le plat et les croix sur le rebord jusqu'au septième jour pour que les poulets s'y abreuvent et mangent la pâte afin que le nouveau-né, assure-t-on, grandisse et soit vif comme la volaille courant ça et là. Ensuite on fait les *dabādīb*. C'est un genre de *faṭīr* fait avec de la farine de froment étirée en minces feuilles sur la tablette appelée *ṭobbāʿa* (2), puis cuit au four, puis émietté à la main. C'est pour cela que ce mets se nomme également *mafrūka* c.à.d. émietté.

Ce *faṭīr* est mis dans une assiette et déposé la veille du septième jour près de la tête de l'enfant endormi et laissé jusqu'au lendemain matin. On remplit une gargoulette d'eau puis on cuit au four un œuf et on le dépose sur le goulot de la gargoulette. Ceci est également déposé près du bébé endormi durant la nuit précédant le septième jour. Au matin du septième jour on donne cet œuf (*keḥrēta*) à un homme âgé pour qu'il le mange et on verse l'eau de la cruche sur le cœur d'un jeune palmier. Ce rite est censé garantir à l'enfant une longue vie. Durant la journée du septième jour ou *sebūʿ*, la mère enlève ses anneaux (*ḫolḫāl*) (fig. 211), ses bijoux et ses bracelets et les met dans le *ġorbāl*. Elle ajoute un peu de blé, du maïs d'été, de l'orge, des fèves et des petits pois (3); ensuite on dépose le nouveau-né dans le *ġorbāl* et on allume autour de lui cinq chandelles. Puis la sage-femme prend le *ġorbāl* avec le nouveau-né et dirige sa tête une

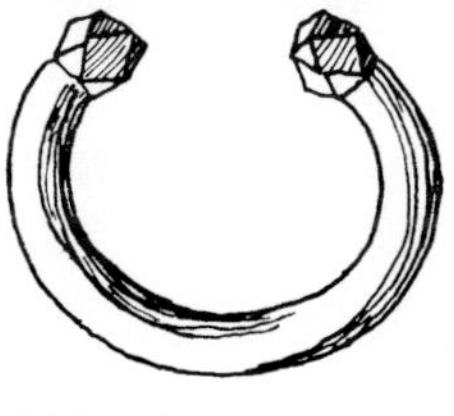

Fig. 211 : Anneau en argent (*ḫolḫāl*).

(1) On prépare le *dalāl* de la manière suivante : dans une petite assiette en porcelaine on met un peu d'huile, un tampon de coton et un peu de résine (*lebān dakar*). On pose l'assiette à terre entre deux briques sur lesquelles on met un plat de terre cuite (*zebdeyya*). On met le feu au morceau de coton. La fumée s'élève et noircit le fond de la *zebdeyya* (fig. 210). Avec une plume de poulet, on fait tomber le noir de fumée (*dalāl*) sur un papier et on l'introduit dans la *makḥala*.

(2) Cf. Les ustensiles divers et leur fabrication, p. 162.

(3) Parfois elle met sept variétés différentes de grains.

fois vers l'Est, une fois vers l'Ouest, une fois vers le Nord et une fois vers le Sud. Ensuite la *dāya* s'accroupit approchant le *ġorbāl* du sol à une distance de quelques centimètres et elle le laisse échapper de ses mains sept fois en disant :

قمح غربلّـه ، جيضى غربلّـه ، شعير غربلّـه ، بسله غربلّـه ، فول خطْ اسم الله

Gamḥ ġarbilla, gēḍī ġarbilla, šaʿīr ġarbilla, besella ġarbilla, fūl ḫaṭṭ esm Allāh (1)

« tamise le blé, tamise le maïs d'été, tamise l'orge, tamise les petits-pois, les fèves, qui portent le tracé du nom de Dieu » (2).

La septième fois la *dāya* laisse le *ġorbāl* avec l'enfant toucher le sol. Ensuite la mère prend l'enfant dans ses bras et la sage-femme marche derrière eux, jetant les miettes de *dabādīb* dans les coins de la maison et sur la tête des enfants présents. On donne aussi de ces *dabādīb* aux enfants et aux visiteurs pour qu'ils les mangent; puis la mère en mange et emporte les céréales qui sont dans le *ġorbāl.* On dit que le fait de répandre les *dabādīb* attire la *baraka* dans la maison, avec l'arrivée du nouveau-né.

On sait que la mère ne peut allaiter qu'à partir du troisième jour après l'accouchement. Durant ces trois jours on nourrit le bébé de beurre de bufflesse ou de vache, ou on le donne à une femme qui a un enfant en nourrice pour qu'elle l'allaite jusqu'au moment où le lait de sa mère arrivera.

La circoncision et l'excision (*ṭihāra* désigne les deux opérations) se pratique sur tous les enfants. Pour le garçon, beaucoup le font le septième jour après la naissance, d'autres le font un an plus tard. Il arrive parfois que la verge d'un nouveau-né semble avoir été circoncise. Les villageois disent dans ce cas qu'à l'heure de sa naissance les anges étaient en fête et que ce sont eux qui l'ont circoncis. Il n'a donc pas besoin, comme le reste des enfants, d'être circoncis par le barbier du village.

Pour les filles, l'opération se pratique plusieurs années après leur naissance, à l'âge de huit ans environ. Une femme qui peut faire office de sage-femme pratique l'excision à l'aide d'une lame de rasoir. On assied la fillette sur un vase de terre cuite, le *mağūr* (fig. 162) dont l'espace intérieur permet à la sage-femme d'opérer. Le plus souvent la mère de l'enfant et deux de ses proches se chargent de la tenir. Deux d'entre eux lui tiennent les pieds et la troisième le dos afin qu'elle ne bouge pas durant l'opération.

Le choix d'un nom

On prépare une terrine en terre cuite (*mesrāğ*) dans laquelle on met un peu d'huile, et on coupe sept mèches de chandelle de la même taille. A chacune des mèches est attribué

(1) Parce que la graine de fève a une ligne noire, on dit que cette ligne est l'écriture du nom de Dieu.

(2) *ġarbilla* est un verbe tiré du nom *ġorbāl* qui signifie tamiser avec le *ġorbāl.*

un des noms choisis. On allume les sept mèches; celle qui s'éteint la dernière donne son nom à l'enfant qui aura, toutes proportions gardées, une vie aussi longue que celle de la mèche.

Parfois l'enfant, garçon ou fille, porte le nom d'un oncle paternel ou maternel, ou celui d'un grand-père ou d'un parent proche, aimé de la famille. Mais toujours le nom porte en lui-même une signification qui en justifie le choix. Voici, par ordre alphabétique, quelques noms à titre d'exemple :

Noms de garçons	Signification
*As*ʿ*ad*	Bon augure
ʿ*Aṭiyya*	Don, cadeau, présent
Baḫīt	Heureux, chanceux
Farḥān	Heureux, joyeux
Ḥakīm	Sage
Ḥalīm	Doux, bon, patient à toute épreuve
Ḥerz	Amulette, « charme », tout ce qui est contre les sortilèges ou le mauvais œil
*Mas*ʿ*ūd*	Heureux, fortuné
*Na*ʿ*īm*	Bienfait, grâce, faveur
Rizg	Don (de Dieu)
*Sa*ʿ*īd*	Heureux, fortuné
Salāma	Absence de vices, de défaut, état parfait, santé, sécurité
Ṣāber	Patient
Tagī	Pieux, dévôt, croyant

Noms de filles	Signification
ʿ*Aṭiyyāt*	Dons, cadeaux, présents
Baḫīta	Chanceuse
*En*ʿ*ām*	Bienfaisance, grâce
Faḍḍa	Argent
Fardūs	Paradis, séjour des bienheureux
Farḥānā	Heureuse
Ḥakīma	Sage
Kenz	Trésor
*Lamī*ʿ*a*	Brillante
*Ne*ʿ*māt*	Bienfait, faveur, grâce, avantage, bonheur
Nūr	Lumière

Noms de filles (*suite*)	Signification
Raḍīna	Nous avons accepté
Raḍiyya	Satisfaite
Reḍā	Satisfaction
Raḥma	Clémence, miséricorde
Šamʿa	Flambeau
Tagiyya	Pieuse, dévote, croyante

Ces noms, on le voit, dénotent des qualités morales ou physiques, des espoirs de prospérité. Ils expriment à la fois les vœux que l'on forme à l'endroit du nouveau-né et la joie du don de Dieu qu'est l'enfant.

On note également que souvent les noms des frères et des sœurs sont choisis en fonction de leur musicalité : ainsi il y a souvent assonance ou allitération entre eux. Par exemple :

El-Dīb		= le loup	même famille
El-Ḍabʿ	(masculin en arabe)	= la hyène	
Ḥelmī		= longanime	même racine
Ḥalīm		= patient	
Šafīg		= compatissant	même finale
Tawfīg		= réussite	
ʿAdlī		= juste	même finale
Šohdī	(de *al-šahda* = le miel)	= doux	
Faraḥ		= joie	même racine
Farḥān		= joyeux	
Melek		(sens inconnu)	même racine
Melīka			
Ğirgis		= Georges	mêmes consonnes
Hağras		= renard ou renardeau	assonance des (a)
Ğaras		= cloche	

Ainsi pour les sœurs :

Neʿmāt	= grâces	assonance de la finale
ʿAṭeyyāt	= dons	

Haneyya		= heureuse, comblée	même finale
Raḍiyya		= satisfaite	
Torkeyya		= turque	
Nağeyya		= sauvée	
Ṣafeyya		= pure	

Et pour les frères et sœurs :

Šalabī	(du turc)	= notable	même racine
Šalabeyya		= notable	
Geddīs		= saint	même racine
Geddīsa		= sainte	
Morīd		= celui qui désire Dieu	même racine
Morīda		= celle qui désire Dieu	

Comme les habitants de ce village sont coptes, certains portent des noms tirés de l'Ancien ou du Nouveau Testament, comme

Isḥāg	= Isaac
Ya'gūb	= Jacob
Silimān	= Salomon
Mattā ou *Mityās*	= Matthieu

Certains noms sont dérivés des objets servant au culte comme *ūna* qui vient de *ayqūna*, icône.

A cause de la grande dévotion des gens pour le protecteur de leur village, Saint Georges le Romain (Mārī Girgis el-Rōmānī) certains portent les noms de *Ğirgis* ou de *Rōmānī, Giddīs* (saint) ou encore *'Abd el-šahīd* « serviteur du martyr ».

Au village, un homme possède un grand renom de bonté, de gentillesse envers tout le monde, d'honnêteté aussi, de modestie et de pureté d'âme; tout le monde, de ce fait, l'appelle *el-megaddis,* en d'autres termes, « celui qui a été en pèlerinage à Jérusalem » bien qu'en réalité, il n'y soit jamais allé et que tout le monde le sache parfaitement.

Une femme nommée *Ne'māt* est paralysée des mains et des pieds. Tout le monde la nomme *Ne'māt el-'Āğza. Al-'āğza* signifie celle qui est frappée d'incapacité.

Il y a aussi au village une femme stérile que tout le monde appelle « *Omm el-ġāyeb* » c'est-à-dire « mère de l'absent »; son mari, lui, est appelé, en quelque sorte par contagion « *Abū el-ġāyeb* », « père de l'absent ». Le terme « absent » en ce cas implique aussi l'image de « celui qui doit venir ». De ce fait on appelle aussi cette femme « *Omm el-ğāy* », « mère de celui qui viendra » et parfois on va jusqu'à dire « *Omm el-ḥāḍer* », « mère de celui qui est là ».

Pratiques pour préserver les enfants de la mort

Les femmes qui ont vu mourir tous leurs enfants les uns après les autres à mesure qu'elles les mettaient au monde utilisent des recettes multiples et variées par peur de la mort de leur progéniture future.

La femme doit tuer un petit chiot, en mettre un morceau à cuire dans le four, puis en manger le lendemain matin. Elle doit ensuite fendre la tête du chiot en deux moitiés qu'elle asperge de sel et la mettre dans le four pour qu'elle se déssèche. Puis elle la glissera dans un sac en tissu et la gardera jusqu'à la naissance de l'enfant. Après l'accouchement, elle mettra le sac près de la tête de l'enfant chaque soir et l'enlèvera le matin. Elle continuera à utiliser ce sac jusqu'à ce que l'enfant ait trois ans; puis elle le jettera dans l'eau du Nil ou du canal.

Il y a aussi une autre recette assez semblable à la première. La mère doit tuer une huppe, prendre sa tête et la saler. Puis elle la déposera dans le four à pain jusqu'à ce qu'elle se dessèche sous l'action de la chaleur. Ensuite elle la mettra dans un petit sac en tissu et l'accrochera sous le bras droit de l'enfant pendant ses premières années. Elle doit ajouter à ce sac sept petits sacs en tissu contenant du cumin blanc, du cumin noir, du blé, du sel, des fèves et d'autres graines. Ces sacs se nomment *šemār* (pl. 57, *c*).

Quand on coupe pour la première fois les cheveux de l'enfant, la mère en fait une fine corde qu'elle attache à la cheville du pied gauche. L'enfant portera cette corde de cheveux deux ou trois ans. Ces cheveux sont parfois déposés à l'intérieur d'une étoffe qui sert de talisman et que les prêtres et les cheikhs de la région confectionnent eux-mêmes. Souvent on les aperçoit suspendus avec un bout de ficelle au cou des enfants. Ils sont garnis de pièces de monnaie, de croix et de petites coquilles, (pl. 57, *d*).

Fig. 212 : Anneau en fer (*ḥeğel*).

La mère va mendier des pains *bettāw* (galettes faites avec de la farine de maïs d'été) au nombre de 7, 9 ou 11 chez ses voisins, à raison d'un pain *bettāw* par famille, puis elle va à Aḫmīm chez le forgeron et lui donne les pains *bettāw*. Elle lui demande de lui donner en aumône un *ḥeğel* qui est un anneau en fer (fig. 212), sans qu'elle ait à en payer la valeur. Elle le porte, avec les anneaux en argent (fig. 211) qu'ont toutes les femmes mariées, jusqu'à la naissance de l'enfant. Quand l'enfant naît, la mère retourne chez le forgeron et lui donne à nouveau des pains *bettāw* qu'elle a mendiés. Puis elle attache à la jambe gauche du nouveau-né le *ḥeğel* qu'il gardera jusqu'à l'âge de trois ans environ (pl. 58, *a*).

Ensuite on le lui enlève et on le laisse pour le nouveau bébé, fille ou garçon. On attribue la mort des enfants à la *garīna* [1] ou double de la mère.

Comment désigner l'âge des enfants

Les mères comptent l'âge de leurs enfants d'après les cycles agricoles, et disent, par exemple : « *waladī lo tālet gamḥ* » (= mon enfant est à son troisième blé, c'est-à-dire a trois ans environ); ou bien : « *rābiʿ fūl* » (= quatrièmes fèves, quatre ans).

B. LES JEUX.

L'enfant de Mārī Girgis a su utiliser ce que la nature et l'environnement lui ont donné comme matériaux : l'argile, les tiges de maïs, les pierres, les tessons pour confectionner ses jouets.

Garçons et filles pétrissent leurs poupées avec de la vase du canal (pl. 58, *c*); ils emploient la moelle des tiges sèches de maïs pour construire toutes sortes de jouets (tels que de petits meubles, des voitures, des autobus, des pistolets, des sifflets, etc...); les éléments sont assemblés par les fibres dures de l'écorce (pl. 58, *b*).

J'ai une fois donné à un petit enfant un jouet que j'avais apporté du Caire. C'était un acrobate qui évoluait sur un fil de fer et dont l'équilibre était soutenu par un contrepoids en plomb. Quelques instants plus tard, plusieurs enfants arrivèrent avec chacun un jouet semblable qu'ils avaient confectionné eux-mêmes avec des tiges sèches de maïs; quant à l'homme et au contrepoids, ils étaient en argile. Ces jouets évoluaient exactement comme celui que j'avais apporté de la ville.

Leurs jeux comprennent souvent de petites chansons dont la musique est basée surtout sur le rythme des mots et les rapports des couplets.

Parfois les paroles n'ont pas de sens, leur timbre est joyeux. D'autres fois, la chanson évoque des histoires légendaires comiques.

La pince (el-gerrēṣa) (fig. 213)

C'est un jeu qui se joue à quatre, par deux équipes (x et y) de deux, et qui est fondé sur le sens de l'observation. On dessine par terre un carré, lui-même divisé en 16 cases. Une des équipes a les huit cases du haut, l'autre les 8 du bas. Un enfant de l'équipe x saisit d'une main

[1] On prétend que chaque être humain a un « compagnon » ou un double appelé *garīna* et qui est le plus souvent son ennemi.

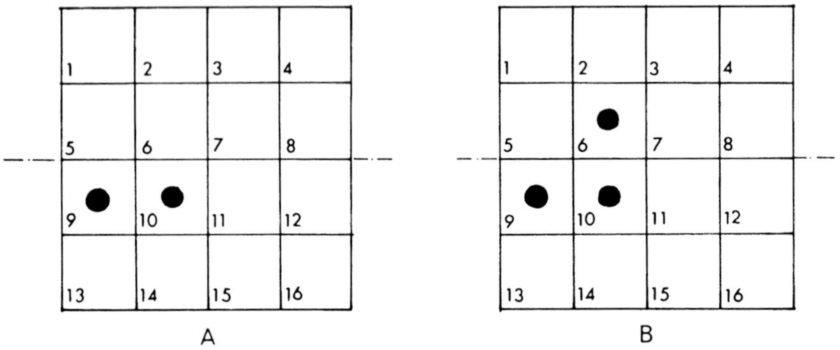

Fig. 213 : La « pince » *gerrēṣa.*

le petit doigt de son coéquipier, et de l'autre pointe successivement toutes les cases du carré, en commençant par le haut et par la gauche, tout en chantant :

Ḥādī yā bādī	حادى يا بادى
Yā ğrumbuʿ yā zabādī	يا جُرمبُع يا زبادى
Ya ḥdendela ya bdendela	يا حدندله يا بدندله
Ya ġarīb naṭṭ es-senbela	ياغريب نط السنبله

C'est le un qui commence,
ô *ğrumbuʿ*, ô lait caillé,
ô *ḥdendela*, ô *bdendela*,
l'étranger a sauté par-dessus l'épi.

ou parfois :

Ḥādī yā bādī	حادى يا بادى
Yā ğrumbuʿ yā zabādī	يا جرمبُع يا زبادى
Lagānī l-tūt masik nabbūt	لقانى التوت ماسك نبوت
ʿaṭānī bīh Allāh yirzīh	عطانى بيه الله يرزيه

C'est le un qui commence,
ô *ğrumbuʿ*, ô lait caillé,
une mûre m'a rencontré, elle tenait un *nabbūt* (1),
elle m'en a donné un coup, que Dieu la punisse.

(1) Gros bâton.

a. Le *zīr*.

b. La *makḥala*.

c. Enfant portant un *šemār*.

d. Amulettes.

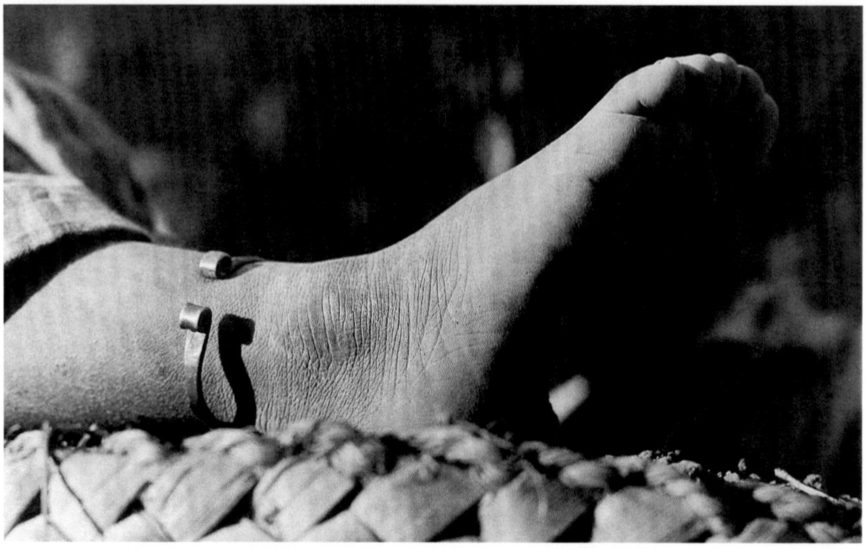

a. Pied de garçonnet portant le *ḥeğel.*

b. Jouets en tiges de maïs.

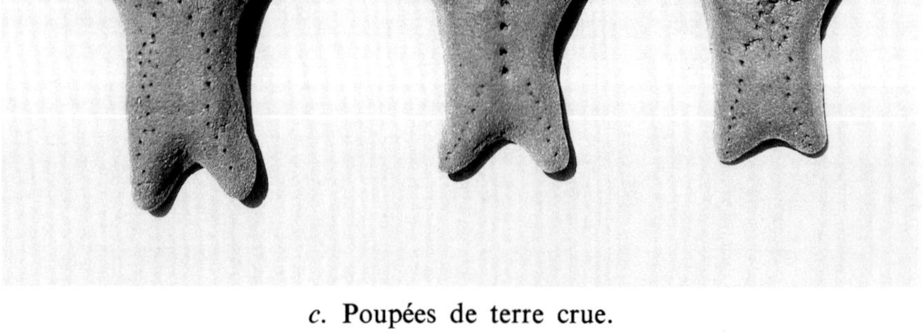

c. Poupées de terre crue.

Tout en chantant cela, il pince à un moment donné le doigt de son camarade. Supposons qu'il ait pointé au même moment la case 6. L'équipe y ne l'a pas vu. L'enfant dont le doigt a été pincé ferme alors les yeux, et l'équipe y doit alors marquer d'un rond deux cases dont elle pense que l'une est la case choisie. Supposons qu'elle choisisse les cases 9 et 10 (fig. 213, A). Le garçon qui chantait fait alors un rond dans la case 6, qu'il avait choisie (fig. 213, B). Son camarade ouvre alors les yeux, et l'équipe y lui dit : « *ʿēnak el-lazīza* » (= ton œil perspicace). Il doit alors indiquer laquelle des trois cases est celle où il a été pincé. L'équipe perdante efface une de ses cases. Puis les rôles sont inversés, y prenant le rôle de x, et ainsi de suite jusqu'à ce que l'une des équipes ait effacé toutes les cases de l'adversaire. L'équipe ainsi gagnante prend alors les *ṭagiyya* (ou les *ḥarda* si ce sont des filles) de l'équipe qui a perdu et les enterre. Leurs propriétaires doivent alors les déterrer avec la bouche...

« Celui qui ramasse » (Abū l-luggoṭ) (fig. 214)

C'est un jeu d'habileté, sorte de jeu d'osselets. Il se joue à deux ou plus. Les joueurs disposent de trois petites pierres, A, B, C. Un des enfants tient la pierre A à 7 centimètres

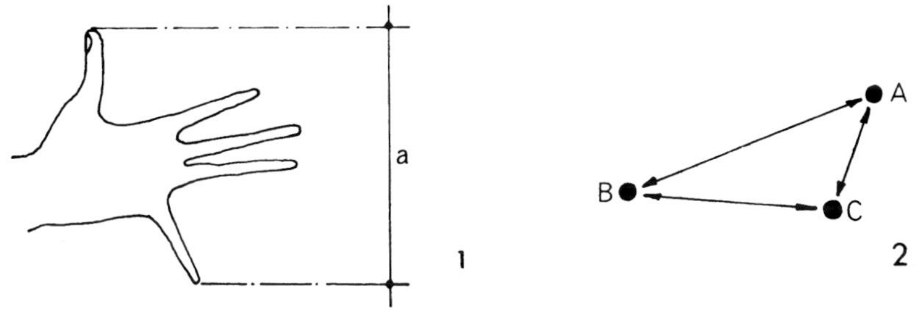

Fig. 214 : *Abū l-luggoṭ.*

du sol à peu près, la jette en l'air, et doit ramasser B et rattraper A de la même main. Puis il jette A ou B et doit ramasser C. Pendant ce temps, il chante :

Abū l-luggoṭ	ابو اللُقّط
Ṣābeḥ yulguṭ	صابح يُلقُط
Yulguṭ gamḥa	يُلقط قمحه
Min fōg saṭḥa	من فوق سطحا
Saṭḥo l-ʿālī	سطحو العالى
Išbirīlī b-šibrek	اشبريلى بشبرك
El-ʿālī	العالى

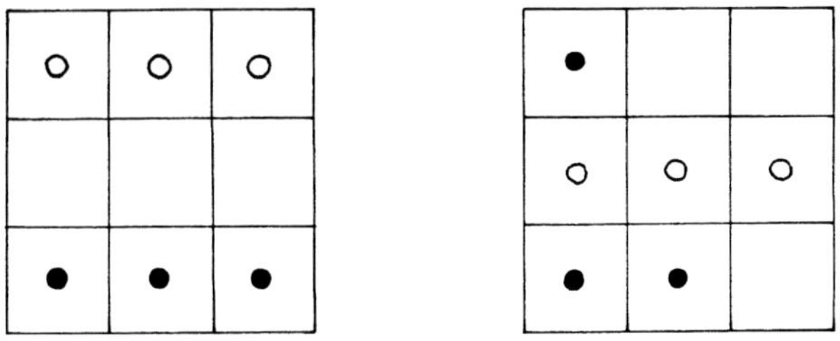

A B

Fig. 215 : *Isfaṭṭellak.*

bouge une de ses pièces à tour de rôle, et a gagné celui qui le premier a réussi à disposer ses trois pièces en ligne, horizontalement (fig. 215, B) ou verticalement.

Le vainqueur dit alors au perdant :

إسفطلك فى عروق بطنك رايح جاى مع السواقه اللى فى السوق

« *isfaṭṭellak fi ʿurūg baṭnak, rāyeḥ ǧāy maʿa s-sawāga lli fī s-sūg* » ce qui voudrait dire :

« *isfaṭṭellak* dans les veines de ton ventre, qui va et vient avec les gens qui sont au marché ».

La ǦUĠŪLA ou DABBA (pl. 59)

C'est plutôt un jeu de filles que de garçons. Elles le jouent à deux. L'une d'elles pose quatre pierres par terre et en lance une cinquième en l'air. Elle doit la rattraper après avoir ramassé les quatre de la même main. Elle peut essayer quatre fois. Dans un second temps, elle lance une pierre et doit ramasser deux des quatre pierres restantes, puis les deux autres. Ensuite elle doit en ramasser trois, puis quatre. Enfin elle lance les quatre et doit les rattraper sur le dos de la main; puis elle les lance du dos de la main et doit les rattraper dans la main. A chaque étape, c'est l'adversaire qui choisit la pierre la plus facile à saisir et la donne à celle qui joue pour qu'elle la lance, en laissant par terre les pierres plates, difficiles à ramasser. Dès que l'une d'elles échoue, c'est à l'adversaire de jouer, etc...

La SĪǦA (fig. 216)

C'est une sorte de « jeu de dames ». Les adultes y jouent assis devant leurs maisons. On dit que ceux qui y jouent deviennent pauvres, car on y perd beaucoup de temps.

Il se joue principalement lorsque les travaux des champs deviennent moins importants, c'est-à-dire après avoir moissonné le blé et planté le sorgho, ou maïs d'été. Nombreux sont alors ceux qui vont en visite chez leurs parents des villages avoisinants ou en ville. Ceux qui restent au village jouent alors à ce jeu.

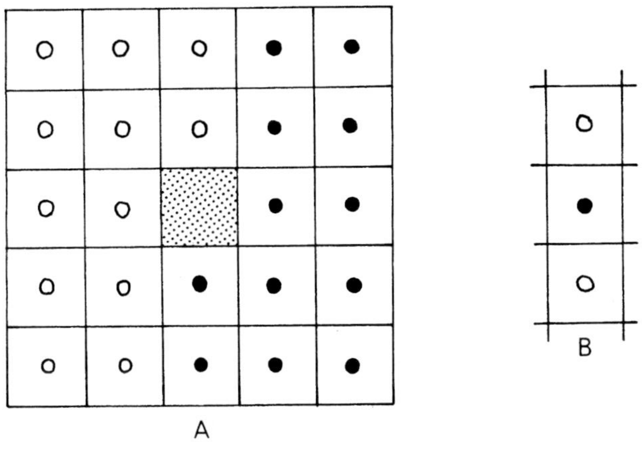

Fig. 216: La *siğa.*

Il se joue à deux. On dessine par terre un carré divisé en vingt-cinq cases. L'un des hommes a douze tessons noirs, l'autre douze pierres, et ils les disposent (fig. 216, A) sur les cases, celle du milieu restant vide. Les joueurs font avancer à tour de rôle une de leurs pièces dans la case vide, le but étant de bloquer une pièce de l'adversaire entre deux de ses propres pièces (fig. 216, B). La pièce bloquée est alors prise. Le gagnant est le premier qui réussit à chasser toutes les pièces de l'adversaire.

C. LE MARIAGE.

Les filles se marient en général avant dix-sept ans, et les garçons vers vingt ans.

Comment choisir ?

Le divorce n'étant pas admis chez les Coptes, un proverbe du village dit : « Le mariage chez les chrétiens est comme le nœud d'un fil de soie » [1] c'est-à-dire qu'on ne peut le défaire. D'où la nécessité de bien choisir son partenaire, ce choix étant d'ailleurs déterminé souvent par toutes sortes d'impératifs économiques et sociaux. Par exemple, si une femme se marie à un homme qui possède de la terre, on considère que c'est un bon mariage. Les familles aisées préfèrent que leurs biens restent dans leur *badana.* C'est pourquoi on remarque que souvent les alliances sont conclues à l'intérieur d'une même *badana* [2], celle-ci représentant une unité économique assez homogène. Les filles des familles aisées sont demandées en mariage très jeunes; on parle d'ailleurs de mariage dès leur naissance.

[1] L'importance à Aḫmīm, du tissage et du travail de la soie a peut-être suscité une image de ce genre.

[2] Cf. Les parentés, p. 26 sq.

Quant aux filles des familles pauvres, elles peuvent attendre longtemps avant qu'un homme de leur condition ne les épouse, ou un homme physiquement disgrâcié, ou un étranger de condition modeste d'un village voisin. Il en est de même pour le jeune garçon pauvre. Il se marie le plus souvent en dehors du village.

Les critères qui déterminent le choix d'une femme par le fellah apparaissent peut-être dans ce que disait un garçon qui ne voulait pas épouser une fille que sa mère avait choisie : « Elle ne sait ni porter un panier sur la tête, ni couper le trèfle, ni conduire une vache, vais-je la prendre seulement comme une image dans la maison ? ».

La seule occasion de se rencontrer entre jeunes gens, c'est lorsqu'ils vont garder leurs moutons à la limite du village; c'est là que peuvent naître leurs relations et leurs rêves ...

La demande

Lorsque le jeune garçon est devenu grand et se sent apte au mariage, il se rend généralement chez son oncle, paternel ou maternel, et l'informe de son désir. L'oncle alors va chez le père de la jeune fille, et l'informe à son tour. Si le père de la jeune fille accepte, l'oncle se rend alors chez le père du garçon, et lui dit que son fils désire épouser telle jeune fille, et que lui-même a parlé au père de la jeune fille, lequel de son côté a donné son accord [1].

Les fiançailles

Les deux familles s'entendent alors sur le jour des fiançailles (*ǧabanyūt*) [2]. Ce jour-là, la famille du fiancé, accompagnée du prêtre, rencontre la famille de la fiancée, qui a préparé deux anneaux en argent ou en cuivre. Mais le plus souvent ces deux anneaux sont remplacés par deux mouchoirs que le prêtre lie entre eux pendant qu'il récite la *ǧabanyūt*.

La durée des fiançailles est déterminée par le temps nécessaire à préparer tout le trousseau. Elles peuvent durer une semaine ou deux, comme plusieurs mois, si le garçon travaille loin du village.

[1] La jeune fille, quant à elle, n'informe jamais sa mère de son désir d'épouser tel ou tel jeune homme.

[2] Rite de l'engagement. Le prêtre récite trois fois une formule qui se termine ainsi : « ... Nous accomplissons l'engagement de la fille bénie N vis-à-vis de son fiancé, le fils béni N, priant et disant : Notre Père ... ». En copte, ces derniers mots sont (ϫⲉⲡⲉⲛⲓⲱⲧ) d'où, dans le peuple on a fait *ǧabanyūt* pour désigner cette cérémonie. Cf. O.H.E. Khs-Burmester, *The Egyptian or Coptic Church* (Soc. d'Archéologie Copte, Textes et Documents, Le Caire, 1967), p. 131-32.

Le trousseau

Les deux pères s'entendent alors sur ce que chaque famille doit acheter.
Voici ce que doit généralement fournir la fiancée :

— des bracelets en verre rouge (*ʿanādī*)
— un collier de perles transparentes recouvertes d'or (*šadda barrōg*)
— un peigne en bois ou en os (*fallāya*)
— un petit miroir cerclé de fer blanc (*wešš*)
— de petites bouteilles que la jeune fille ferme avec des perles coloriées, pour mettre le *koḥl* et le *dalāl* (*makḥala*)
— des pinces à cheveux (*ḥabbāsāt*)
— une cruche en verre (*golla bannūr*)
— des verres (*kubbayāt*, sing. *kubbāya*)
— une théière en émail (*barrād šāy*)
— 5 *ğallābiyya*
— 2 ou 3 chemises ou blouses
— un savon pour la toilette et pour la lessive
— 5 mouchoirs pour couvrir la tête (*ḥarda*).

Le fiancé, de son côté, doit acheter des bijoux [1]

— des boucles d'oreille (*ḥalag*)
— des bracelets en argent (*sawāyir* ou *ġawāyeš*, sing. *ġewēša*)
— des anneaux de pied en argent (*ḥeğel* ou *ḫolḫāl*)
— un collier en or (*mešaḫlaʿa*)
— un châle en velours de coton (*šāl gaṭīfa*)
— une grande cuvette en cuivre pour la lessive (*ṭešt*)
— une casserole en cuivre pour la cuisine (*ḥalla*)
— un coffre coloré et décoré de morceaux de miroir et de fer blanc, et recouvert de papier coloré, où l'on met les choses précieuses, et qui remplace l'armoire (*saḥḥāra*).

On prépare aussi des caleçons et des chemises pour le fiancé. C'est généralement une femme du village qui les coupe. Quant aux *ğallābiyya*, elles sont coupées et faites à Aḫmīm.

(1) En or et en argent pour les riches, en cuivre et en alliage à faible teneur d'argent pour les pauvres.

Préparatifs

Les deux familles fournissent ensemble quatre ou cinq *kēla* [1] de blé, deux livres de beurre (*samn*) et deux kilos de sucre. Le père du jeune homme amène une bête, généralement un chevreau (*saḫla*), pour être égorgée le jour du mariage et servir au dîner de la fiancée, de la famille et des invités. Quelques jours avant le mariage, le blé est moulu, et on cuit les galettes, les pâtisseries et les biscottes (*fāyeš*).

On choisit généralement le dimanche pour le mariage. Les jours précédents, les amis des futurs mariés leur rendent visite dans leurs maisons respectives, et leur apportent des assiettes en fer blanc émaillé, pleines de grains (blé ou maïs). Ces cadeaux sont destinés à la couturière qui a fait les vêtements des fiancés.

Le henné

Le samedi précédant le mariage, un des hommes importants du village se rend chez le fiancé, avec un plat plein de henné, surmonté de trois bougies. Un cortège de joueurs de *ṭabla* et de *mizmār* le suit. L'homme pose le plat sur la tête et commence à danser, pendant que les autres jouent et chantent :

الحنه القوصى يا ولد . . . . أرقص بفلوسى يا ولد

el-ḥenna l-gōṣī yā walad ... argoṣ bi-flūsī yā walad ...

« Le henné de Qūṣ, mon garçon ... je danse avec mon argent etc. . . ».

Les hommes attroupés autour du cortège versent alors de l'argent (*nogṭa*) dans une petite assiette et le porteur du henné s'arrête de danser pour dire :

يا محبين العريس — ينقط بالصحيح — خلافة خير — خلف الله عليكم يا محبين

ya muḥibbīn el-ʿarīs, yinaggaṭ beṣ-ṣaḥīḥ — ḫilāfet ḫēr — ḫalaf Allāh ʿalēkum yā muḥibbīn »

« Vous qui aimez le fiancé, donnez « pour de bon » qu'ils aient de bons enfants; que Dieu vous donne (aussi) des enfants, ô vous qui aimez (le fiancé) »,

cela, afin d'encourager les assistants à donner « pour de bon », c'est-à-dire au moins un billet de 5 piastres. Chaque fois qu'un des hommes verse de l'argent, il prend une poignée de henné, en enduit sa main, puis se met à danser. A la fin, c'est le danseur qui portait le henné, le joueur de *ṭabla* et celui de *mizmār* qui se partagent l'argent. La même cérémonie a lieu près de la maison de la fiancée, mais tous les rôles sont tenus par des femmes, des amies et des parentes de celle-ci.

[1] Cf. Appendice II, p. 345.

La séance du barbier

Le dimanche, quelques heures avant le mariage, le barbier d'un village voisin arrive, s'installe dans une des plus proches ruelles de la maison du fiancé, et commence à couper les cheveux de celui-ci. Les amis du fiancé versent aussi quelques piastres (*nogṭa*) dans une assiette posée à côté du barbier, comme salaire pour ses services.

Le bain des fiancés

L'homme qui avait porté le plateau de henné prépare ensuite une grande bassine (*ṭešt*) pleine d'eau devant la *mandara* où ont lieu toutes les fêtes de mariage et les cérémonies de deuil. Le fiancé se déshabille, ne gardant qu'un cache-sexe, se met au milieu du *ṭešt* et l'homme commence à le laver. Un petit plat posé à côté sert encore à recevoir les piastres des amis; la somme versée peut parfois atteindre 50 piastres. C'est l'homme qui s'occupe du fiancé qui prend cet argent.

La même cérémonie a lieu pour la fiancée, mais à l'intérieur de la maison de celle-ci.

Le repas de la famille et des invités

Après ces cérémonies, les deux familles invitent l'ensemble des habitants du village dans la maison du fiancé ou dans la *mandara* de sa famille. Les gens s'assoient par groupes autour de tables basses en bois (*ṭableyya*). L'homme le plus âgé du village distribue alors à chacun un morceau de viande, qu'il prend dans un grand plateau porté par un jeune homme. Les légumes sont servis dans un plat commun.

Le repas des fiancés

Si l'accord conclu entre les deux pères prévoit qu'une bête soit égorgée spécialement pour les fiancés, la mère du garçon leur prépare alors le cœur et le foie de cette bête, et on leur en fait un repas spécial. Mais si les familles sont pauvres, on se contente d'un couple de pigeons, que l'on prépare et que l'on garde dans le coffre en bois (*saḥḥāra*) jusqu'à l'heure du repas des mariés.

Le mariage (*iklīl*) [1]

Le soir après le repas, le prêtre et le groupe des officiants se rendent à la maison de la fiancée, accompagnés de la famille et des amis du fiancé, portant des lampes et des globes à pétrole. La fiancée revêt ses plus beaux habits et bijoux, et attend, recouverte de la tête aux pieds d'un grand voile blanc léger. Lorsqu'arrive le cortège, les frères ou

(1) Littéralement « couronne ».

les proches parents de la fiancée la soulèvent alors dans leurs bras et se joignent au cortège qui parcourt les chemins du village. Les diacres (chantres) chantent des hymnes religieux, les femmes font entendre leurs « youyous » (*zaġrūṭa*) et la majorité des gens du village suivent ce cortège jusqu'à la maison du fiancé. Si celui-ci possède une gamousse ou une vache, sa fiancée doit boire un verre de son lait sur le seuil de la maison, et la mère du fiancé enduit le talon droit de son fils avec ce lait. On dit que cette coutume a pour effet de rendre l'honneur de la fiancée blanc comme le lait, et de faire que son entrée dans la maison pour la première fois soit de bon augure. Puis la fiancée entre et s'assied à la droite du fiancé, et tous deux sont encadrés de leurs mères, la mère de la fiancée étant à gauche du fiancé et la mère du fiancé étant à droite de la fiancée, chacune tenant un morceau de pain sur lequel est posée une bougie allumée. Le prêtre commence alors à célébrer le rite du mariage, d'après les traditions de l'église copte orthodoxe de Saint Marc.

Annonce de l'entrée du fiancé

Lorsque cette cérémonie est finie, les hommes et les jeunes gens commencent à crier pour annoncer à la famille de la fiancée que le fiancé va prendre la virginité de la jeune fille. Ils annoncent cela aux cris de :

« *ṣallaḥ gōlak yā bū rūmiyya* » صلّح قولك يابو رومية

« Prépare-toi, ô toi, qui portes la chemise ».

Et tous leur font cortège jusqu'à la porte de leur chambre, pendant que la mère de la fiancée jette des grains de blé (*baslet el-gamḥ*) sur les pas de son gendre pour que son mariage soit béni.

La défloration (waḫd el-weššš)

La mariée entre dans la chambre avec sa mère, ses tantes et la *dāya*. Elle s'accroupit pendant qu'une des femmes, assise derrière elle, lui entoure la poitrine avec les bras pour la soutenir. Les deux autres femmes, assises à côté d'elle, lui tiennent chacune un genou. Le mari entre et s'agenouille à demi devant elle. Avec un doigt, puis avec deux, il déflore sa femme, au milieu des exclamations poussées par les assistantes :

عتبة وخطتيها يا مّه . ربى نجاكى يا مّه

ʿataba wḫaṭṭetīha yamma! rabbī naǧǧākī yamma! Etc...

Encouragements qui veulent dire : « C'est un seuil et tu l'as franchi, ô ma fille (une mère peut exprimer sa tendresse à ses enfants, garçons ou filles en les appelant : *yamma*, litt. : ô ma mère). Que Dieu te vienne en aide, ô ma fille ».

Pendant ce temps, les femmes à l'extérieur, poussent des youyous et les hommes tirent des coups de fusil pour célébrer l'événement joyeux. Le mari sort alors s'asseoir avec les hommes. Il offre des cigarettes, des tasses de thé et du *meʿassel* à fumer, et reçoit les félicitations. Le prêtre reçoit alors son salaire. A la fin de la fête, le nouveau marié reste dormir avec ceux de ses invités qui sont venus de villages voisins, par respect pour eux.

Le lendemain matin (*ṣabaḥiyya*)

La famille et les proches amis des jeunes mariés viennent les voir le lendemain matin, et leur apportent des *gorṣ*, de la *maḫrūṭa* et de la *mefattela.* Tout le monde prend le petit déjeuner ensemble, en présence des jeunes mariés. Puis, petit à petit, chacun s'en retourne.

Le septième et le quinzième jours après le mariage, la mère de la mariée vient lui apporter un couffin (*ʿelāga*), plein de pain.

ASPECT PUBLIC DES RAPPORTS ENTRE ÉPOUX

A domicile, l'homme peut manifester à sa femme les plus grandes marques d'amour; mais il se doit de la traiter avec rudesse en public, au nom d'une tradition que nul ne songe à modifier.

J'ai entendu un homme dire à propos de sa femme : « Je l'ai épousée et je lui ai pris trois mâles » (c'est-à-dire : elle a mis au monde trois garçons). Comme si, pour lui, une femme était simplement un être destiné à la reproduction de mâles.

La tradition du village veut aussi qu'un homme qui va à Aḫmīm avec sa femme (à 12 km de là) ou à un village voisin, monte sur un âne et que sa femme le suive à pied. On considère en effet comme honteux pour une femme de monter sur un âne derrière son mari : si celui-ci rencontre en route un ami d'un village voisin, cet ami hésitera de ce fait à le saluer. Une telle rencontre étant des plus probables, le mari préfère laisser sa femme marcher derrière lui. De même, si le mari laisse sa femme monter sur l'âne derrière lui et rencontre quelqu'un, il est lui-même tenu de ne pas le saluer, fût-ce le *ʿomda* en personne. Cet usage est admis dans toute la région.

J'ai rencontré un jour quelqu'un que je connaissais revenant d'Aḫmīm à dos d'âne, sa femme suivant à pied. Je lui dis, en plaisantant : « Comment, c'est toi avec ta grosse moustache qui vas sur l'âne, alors que la dame va à pied! ». Il me répondit alors en riant, devant sa femme : « Et pourquoi pas? Sa chair est-elle assez bonne pour être mangée? », signifiant par là qu'elle ne méritait pas qu'on lui accorde trop d'importance.

D. RITES DE FÉCONDITÉ.

Les enfants mâles comptent beaucoup dans la vie des villageois : on les considère comme une richesse pour leurs parents. Plus un homme a de garçons, meilleur devient son statut dans le village : il a quelqu'un pour l'aider à cultiver sa terre, même si celle-ci n'est pas étendue. De plus, les garçons sont une force qui garantit la protection de la société.

Quelques femmes au village ont donné naissance à quatorze enfants, mais seule la moitié d'entre eux a survécu et parfois moins encore.

Je connais un homme du village d'une soixantaine d'années qui aime profondément sa femme et vit avec elle depuis plus de trente ans; mais elle est stérile. Il voudrait épouser une jeune fille uniquement pour qu'elle lui donne un fils. Or, la législation religieuse ne lui permet pas d'épouser une seconde femme et le malheureux vit avec ce rêve. Nous avons parlé un jour de ce sujet : « A qui vais-je laisser ma terre, m'a-t-il dit, j'ai besoin de quelqu'un pour continuer ma lignée et hériter de mon argent ». Or, cet homme possède moins d'un *feddān* (à peine un demi-hectare), ce qui ne vaut pas 450 livres ...

Quand une femme ne peut pas avoir d'enfants, il y a d'étranges recettes destinées à l'aider à devenir enceinte. En voici quelques-unes :

Le palmier effeuillé (mašhar)

On appelle *mašhar* un morceau de foliole de palmier à laquelle on a enlevé toutes ses feuilles, sauf sept que l'on coupe à la moitié de leur longueur (fig. 217). La femme stérile fabrique trois *mašāher* de cette façon; elle en enfouit un sous le seuil de sa maison, elle met le second sous sa tête durant son sommeil et jette le troisième dans le puits du couvent.

La femme qui me décrivit cette méthode ajouta : « Si Dieu le veut et que la femme stérile conçoive, elle emportera les deux premiers *mašāher* et les jettera au Nil ».

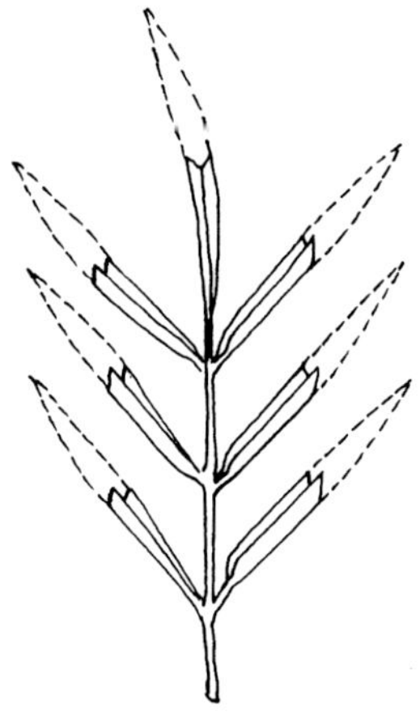

Fig. 217 : *Mašhar.*

Les œufs « pressés » (kabs el-keḥrēt)

Une femme âgée, qui a passé la ménopause, emprunte à l'une de ses voisines trois œufs et achète un pot de terre cuite (*minṭāl*) dans lequel elle dépose les œufs. Puis elle couvre le pot d'une mince couche de pâte de farine de froment et elle le dépose à l'intérieur du four à pain (cette recette se pratique le jour de la cuisson du pain, pour qu'il y ait de la pâte et que le four soit chaud). Le matin, la femme qui n'a pas

La *ǧuǧūla*.

Tombes dans la cour du Dēr.

d'enfant prend le *minṭāl,* enlève la pâte et fixe attentivement les trois œufs. Ensuite elle pose le *minṭāl* par terre et passe au-dessus par trois fois. Puis elle le prend et va le jeter dans les eaux du Nil ou du canal.

Le coq

Une femme âgée, qui a passé la ménopause, coupe la crête d'un coq vivant et recueille le sang qui gicle de la blessure, sur un morceau de tissu de coton. La femme stérile passe dessus cinq fois en demandant à Dieu de lui accorder un enfant.

La tourterelle (emreyya)

Une femme qui a passé la ménopause tue une tourterelle sur la tête de la femme stérile, puis elle la jette dans l'eau du canal ou du Nil.

Le passage des rails

Lors de mon séjour au village, une femme vint me voir avec sa fille, mariée depuis trois ans, et qui n'avait pas encore d'enfant. Elle me demanda de mettre quelques-unes de mes affaires personnelles sur le sol de la pièce où j'habitais et elle y mit certains de mes livres et de mes chemises; sa fille les enjamba, revint au point de départ et les enjamba à nouveau. Elle recommença ainsi sept fois. Il y avait dans la manière dont elle accomplissait ce rite comme une ébauche de relation « sexuelle ». Je demandai à la mère pourquoi elle était venue se livrer à cet exercice chez moi. Elle me répondit : « C'est parce que tu es venu du Caire en train. Nous vivons, comme tu le vois, loin de la voie ferrée, que ma fille aurait dû traverser elle-même. C'est pour cela qu'elle s'est contentée de passer par-dessus les affaires que tu as apportées avec toi par le train ».

E. La mort.

Les rites funéraires au village sont différents des rites funéraires à la ville. On dit : « j'ai une obligation » (*ʿandī wāǧeb*) ce qui signifie « j'ai un deuil ». Ce mot implique les nombreuses participations obligatoires dans un cas de décès.

Généralement, deux ou trois personnes âgées du village, non accompagnées des parents au premier degré du défunt, descendent à Aḫmīm pour acheter l'appareil mortuaire (*ǧehāz*), nécessaire pour l'enterrement. Il est entendu que la famille du défunt paiera les frais du *ǧehāz*.

L'habillage du mort

L'habillage du mort entraîne l'acquisition des linges et objets suivants :

— onze mètres de tissu blanc, en double largeur (*dabalān*) avec lesquels on fait les choses suivantes :

- une chemise et quatre vêtements-linceul (*ğarad*) qui consistent en deux morceaux de tissus de la hauteur du corps, cousus d'un seul côté, à la manière des deux feuilles d'un livre. Un des morceaux est placé au-dessous du corps tandis que l'autre est placé par-dessus;
- une *goṭniyya,* c'est-à-dire une *ğallābiyya* de coton qui est faite immédiatement après le décès. Le type varie avec l'aisance de la famille du défunt;

— un fez maghrébin (*ṭarbūš maġrabī*) avec un pompon;
— trois mouchoirs;
— une bouteille de parfum.

L'appareil mortuaire pour une femme

— des robes de couleur en soie (*ğallābiyya*);
— un mouchoir blanc (*ḥarda*) qui recouvre la tête;
— des bas blancs.

Habituellement on ne revêt pas le corps d'habits noirs ni de chaussures.

Le cercueil sera fait de bois, et d'ordinaire sera porté par un âne. Pour accueillir ceux qui viennent présenter les condoléances, on prépare du café, des cigarettes, deux ou trois jarres remplies d'eau.

Préparation du corps

Un ou deux des anciens du village se joignent aux amis du défunt pour laver le corps. Si c'est un homme, on le lave sur un canapé ou une *dekka* en bois. Si c'est une femme, on la lave dans une bassine de cuivre ou de fer blanc. Ensuite on sèche le corps et on l'habille de la chemise et des linceuls sur lesquels on met la *goṭniyya;* on pose sur la tête le fez maghrébin et on recouvre avec une *šamla* ou *malfaḥa* [1]. On place dans chacune des mains un mouchoir et on couvre le visage avec le troisième mouchoir. On lie la mâchoire avec un bandeau. Ensuite on met le corps dans le linceul (*ğarad*), un pan dessous et l'autre

[1] Cf. *supra,* Vêtements masculins, p. 205.

dessus, et on verse le parfum. Généralement on place les anciens habits du défunt (*ḫalag*) dans le fond du cercueil, et le corps par-dessus. Puis on cloue le cercueil. Quatre personnes de la maison le portent jusqu'à l'église du couvent pour les funérailles; ensuite ils le portent jusqu'au cimetière pour l'y enterrer. Au moment de la mise en terre, les assistants disent, en faisant le signe de la croix : « Au nom du Père, du Fils et du Saint-Esprit, Dieu unique, Amen. Fais-nous accepter la mort et la mort nous accepter. La mort est irrémédiable et tout le monde doit passer par cette porte ».

Les condoléances

Les condoléances durent sept jours si c'est un homme, cinq jours seulement si c'est une femme. Tous les habitants du village y participent dans un ordre établi pour chacun des jours du deuil. Le premier jour, de toutes les maisons du village, sortent de petites tables (*korsī*) et des plateaux qu'on apporte dans la *mandara*, ou salle de réception (*maḍyafa* ou *dīwān*). Tous les hommes du village s'y rassemblent pour présenter leurs condoléances. Pour les jours suivants, que ce soit pour un homme ou pour une femme, le village est divisé en groupes de familles. Chaque groupe de familles a un jour fixé parmi les jours de deuil pour préparer le petit déjeuner à offrir le matin à ceux qui présentent les condoléances: il consiste en fromage, œufs et pain blanc fait de farine de blé, alors qu'habituellement le pain est fait de farine de maïs, sauf dans les grandes occasions. Au repas de midi, on mange souvent du poisson. Le dîner consiste obligatoirement en *zafar,* c'est-à-dire en viande ou en poulet. On porte les petites tables et les plateaux dans la *mandara;* chacun s'assoit devant le plateau qu'il a apporté et invite un certain nombre des assistants venus présenter leurs condoléances. Tous s'assoient autour des plateaux et commencent à prier « Notre Père qui es aux cieux ... » demandant la clémence et le pardon pour le défunt, souhaitant qu'il entre au Paradis, puis présentent les condoléances à la famille.

Quant à la viande pour le dîner, on la prend des différents plateaux et on la met toute dans un seul plat avant de l'introduire dans la *mandara* pour l'offrir aux assistants. Un des anciens du village passe et distribue un morceau de viande à chacun des assistants. Il le prend dans le plat que porte un des jeunes devant lui. Après le dîner, on offre le café sans sucre (*sāda*), et les cigarettes.

Habituellement, après le repas des hommes, les plateaux sont renvoyés dans les maisons pour être remplis. Ils reviennent à la maison du défunt pour nourrir les femmes qui se sont assemblées pour venir présenter les condoléances. Cette partie des condoléances s'appelle *wāǧeb el-ḥarīm.*

Le *wāǧeb* dure ainsi jusqu'au sixième jour (si c'est un homme) ou le quatrième (si c'est une femme). Chaque jour un nouveau groupe de familles est chargé de subvenir aux repas.

Le septième jour ou le cinquième jour, c'est la famille du défunt qui prépare le pain blanc et tue un chevreau ou un mouton suivant ses possibilités. Elle serve trois, cinq ou sept plateaux pleins de nourriture qu'elle porte à la *mandara*. On dit que les nombres impairs attirent le bienfait de Dieu sur l'âme du mort. Les enfants du village, garçons et filles, se groupent pour dîner et on envoie une partie de la nourriture aux pauvres dans leur maison. Après le repas, on jette un peu de nourriture aux chiens comme aumône pour l'âme du mort.

Les tombes

Il y a deux genres de sépultures :

— la tombe « *laḥd* ou *gabr* » (pl. 60)

— la *fasgeyya* (fig. 218).

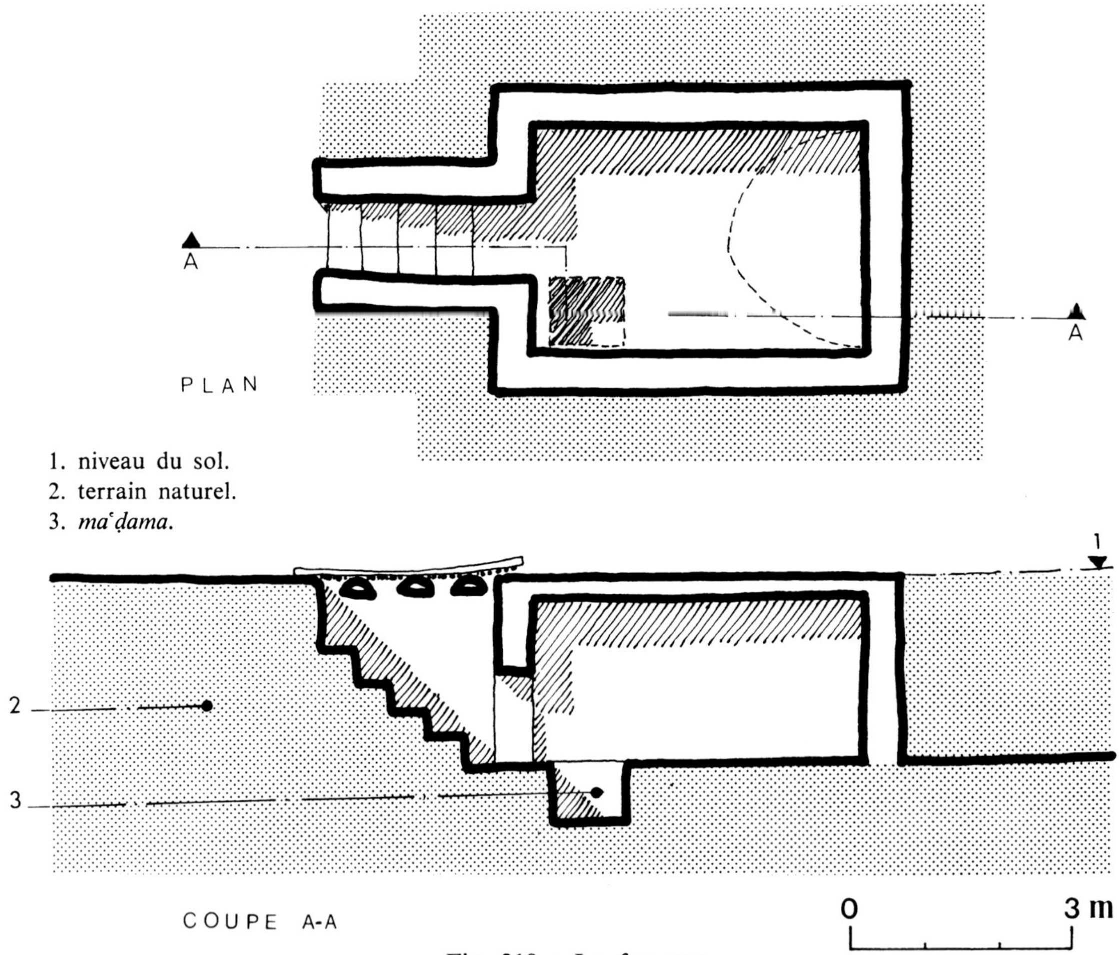

Fig. 218 : La *fasgeyya*.

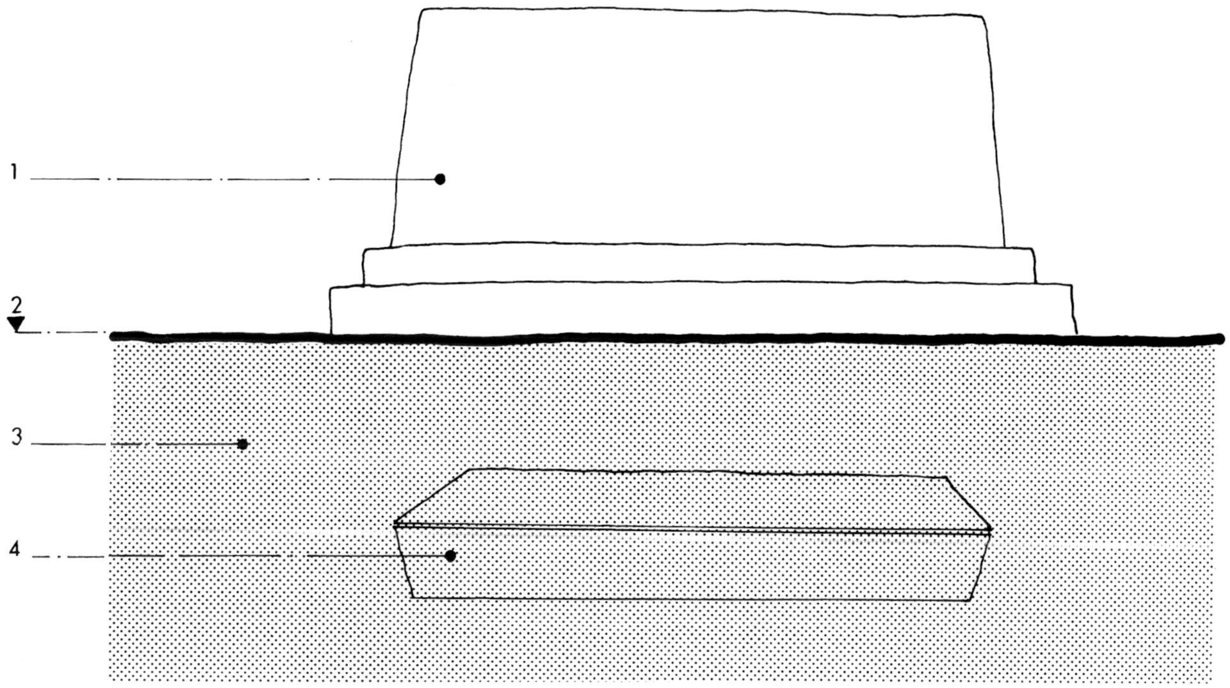

Fig. 219 : La tombe (*laḥd* ou *gabr*).

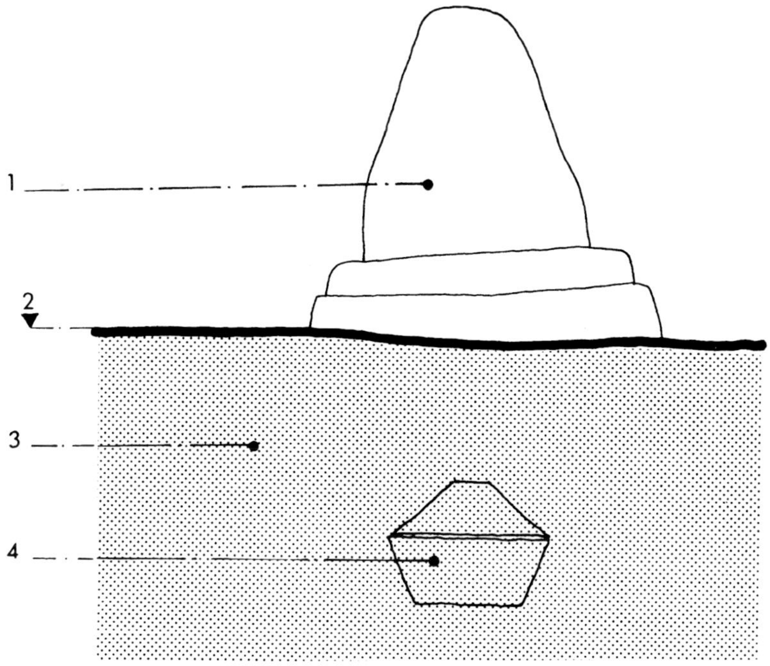

1. stèle funéraire.
2. niveau du sol.
3. remplissage.
4. cercueil.

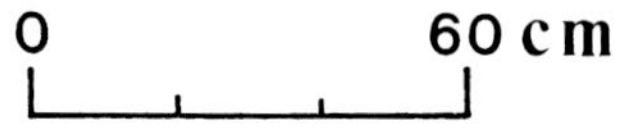

Ils respectent beaucoup en revanche le tombeau du *šēḫ Ḥāmed,* bien qu'ils ne lui fassent pas d'offrandes (*nadr*). Celles-ci sont faites en effet par les villages voisins : Kōla, ʿArab el-ʿezba, el-Zarābī, Ġarb el-baḥr et ʿĪsāwiyya-ġarb.

Le tombeau lui-même est un cube de 4 m de côté et de 4 m de haut, surmonté d'une coupole, construit en briques crues avec des murs larges de 70 cm, une porte étroite du côté Est, mesurant 70 cm de large sur 1,30 m de haut. A l'intérieur, se trouve un cénotaphe recouvert d'un tissu vert orné de versets du Coran. Ce cénotaphe est vide, ne contenant le corps d'aucun *šēḫ,* et les habitants ne savent pas si le *šēḫ Ḥāmed* est enterré là ou non. Sur les murs de glaise recouverts de plâtre blanc se trouvent des taches de henné et des empreintes de mains, faites par les visiteurs. Dans les fentes du mur ont été fixés des petits drapeaux, faits de bouts de nervures de palmier et de vieux morceaux de chiffons teints au henné. Sur le cénotaphe et dans les coins du tombeau se trouvent des morceaux de pain sec, des cacahuètes et des biscuits ... offrandes modestes des habitants au *šēḫ*.

A côté de la porte, du côté Est, s'élève un mur de briques, haut de 1,60 m, délimitant une petite cour utilisée par les visiteurs comme cuisine lorsqu'ils égorgent des chevreaux ou des chèvres en offrande au *šēḫ*. Ils cuisent alors ceux-ci sur des *kānūn* et les offrent aux visiteurs, sous le jujubier (*nabag*) attenant. Il y a toujours une jarre d'eau (*zīr*) près de la porte du tombeau.

Habituellement, les garçons nouvellement mariés viennent rendre visite au *šēḫ* le jour de leur mariage, avant la célébration, pour obtenir sa bénédiction. Ils viennent avec leurs amis et parents et distribuent des bonbons et des petits pains (*bannūn*).

Un des paysans du village m'a raconté une histoire qui montre bien la vénération que les gens ont pour le *šēḫ* et la foi qu'ils ont en lui. Un soir où il passait près du tombeau, avec son fusil — il avait à cette époque planté du coton sur un terrain proche du tombeau —, il vit un fantôme (*zawāl*) qui fuyait en direction du tombeau. Il visa l'ombre avec son fusil, tira, mais le coup ne partit pas. Alors il visa en direction opposée du tombeau ... et le coup partit!

Un autre homme m'a raconté une histoire à propos des Bédouins qui habitent dans le désert au Nord-Est du Dēr. Tous sont musulmans et il n'y a pas de mariages entre eux et les gens du village. Ils vivent de pillage et de rapine, me disait cet homme, qui possède un terrain à côté du tombeau du *šēḫ Ḥāmed.* Une nuit, les Bédouins décidèrent de voler les oignons qu'il y avait plantés, car ce champ est loin des habitations. Mais quand ils y arrivèrent, ils ne trouvèrent que de l'alfa [1]. Ils revinrent dans la journée pour s'assurer

[1] Quand il commence à pousser, l'alfa ressemble un peu à l'oignon.

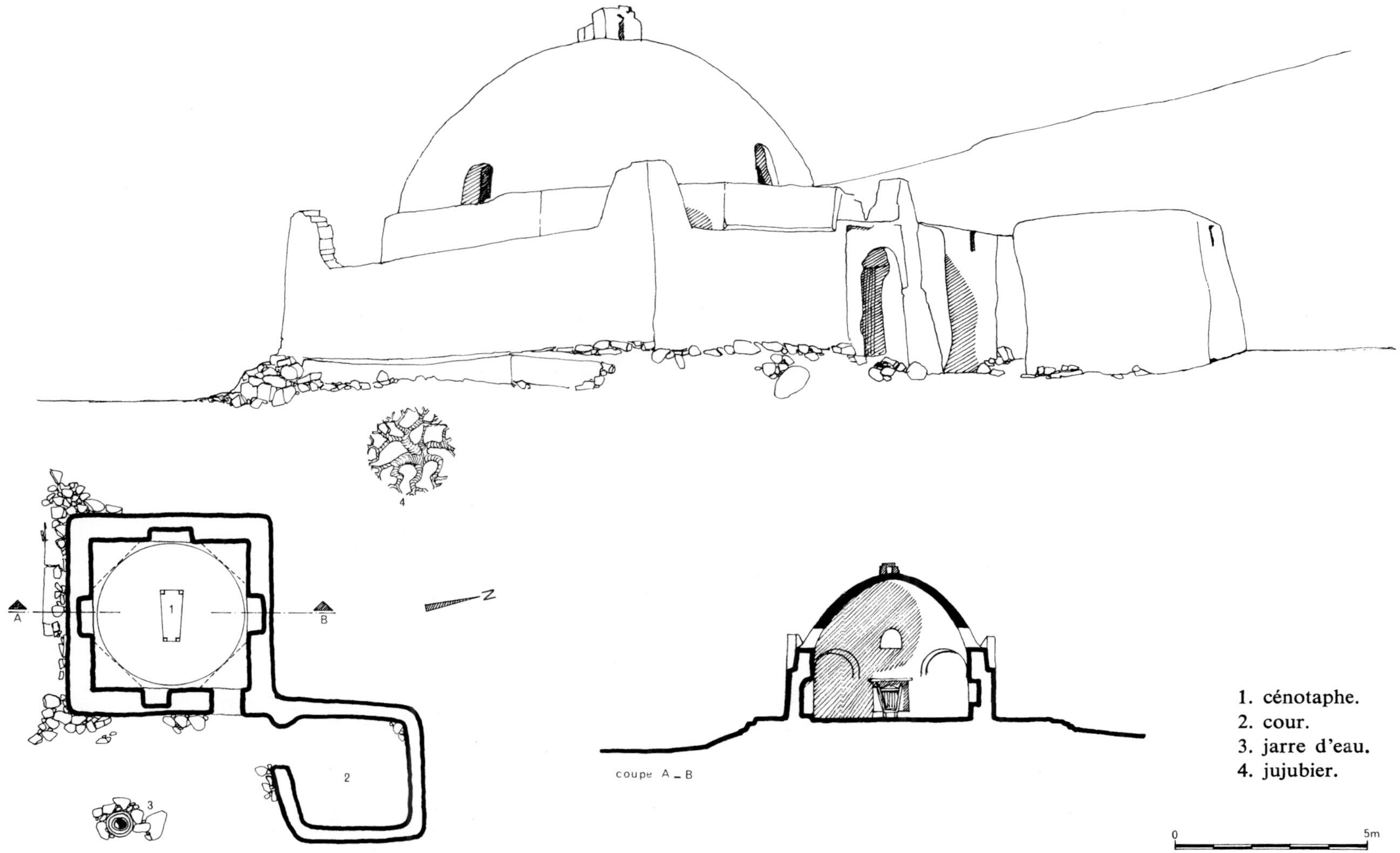

Fig. 220 : Le tombeau du *šēḫ Ḥāmed*.

du fait, et virent que le champ était bien couvert d'oignons. Ils recommencèrent la nuit suivante, et encore une fois, ne trouvèrent que de l'alfa!

Les Bédouins avouèrent alors leur mésaventure aux gens du village, et reconnurent que le *šēḫ Ḥāmed* protège les habitants de Mārī Girgis, ainsi que les terres qui se trouvent autour de son tombeau.

Les gens du village disent du *šēḫ Ḥāmed* qu'il est très ancien (*asārī*) et qu'ils ne savent rien de son histoire.

Bīr el-ʿĒn ou Wādī-l-šeḫ Šeḫūn

J'ai souvent entendu les villageois parler de cette source (fig. 2 et pl. 62) où vont se baigner les femmes stériles pour essayer d'obtenir un enfant. Les villageois font des vœux et, dans le cas où ils sont exaucés (par exemple une guérison, la naissance d'un enfant) ou pour la circoncision d'un enfant, ils offrent des sacrifices.

Les familles qui ont fait un vœu au *šēḫ Šeḫūn* vont lui rendre visite en compagnie de leurs amis en une caravane de chameaux. Ils partent habituellement les soirs d'été, précédés de musiciens avec des tambourins et des flûtes. Ils emportent avec eux tout ce dont ils ont besoin pour apprêter la bête sacrifiée (les combustibles, les plats et le pain).

Le barbier se joint au cortège, et si un enfant est l'objet d'un vœu, il lui découpe une tonsure en forme de croix sur la tête (pl. 63). Ceux qui ont fait le vœu donnent quelques pièces (nommées *nogṭa*) au barbier et à la troupe de musiciens et une autre *nogṭa* à l'enfant lui-même. Et tout le monde revient au village au son des tambourins et des *mizmār*.

Ensuite le prêtre du village va dans la maison des parents de l'enfant et dit une prière spéciale nommée *mēmar*.

Je suis allé visiter la source en compagnie d'un homme d'Aḫmīm. A l'entrée du wādī nous avons vu un tas de pierres dénommées par les habitants « gardiennes du chemin » (*ġafīr el-darb*). Ils disent que ce tas protège en effet le wādī. L'homme m'a demandé d'en faire le tour avant de pénétrer dans le wādī afin que nous revenions sains et saufs. Il m'apprit que les caravanes qui accompagnent les pèlerins en font un tour complet avant de pénétrer dans le wādī.

Quant au couvent des Sept Montagnes dont parle le Père Jullien [1], l'homme m'a raconté les histoires qui circulent parmi les habitants de la région à propos d'une religieuse qui vivait toute seule dans ce couvent. Quelques soldats du préfet Arianus attaquèrent

[1] Cette source a fait l'objet d'études; cf. M. Martin, « Notes inédites du P. Jullien sur trois monastères chrétiens d'Egypte », *BIFAO* 71, 1972, p. 119-129.

Le tombeau du *šeḫ Ḥāmed*.

Wādī Bīr el-ʿĒn.

Rasage en forme de croix à la suite d'un vœu.

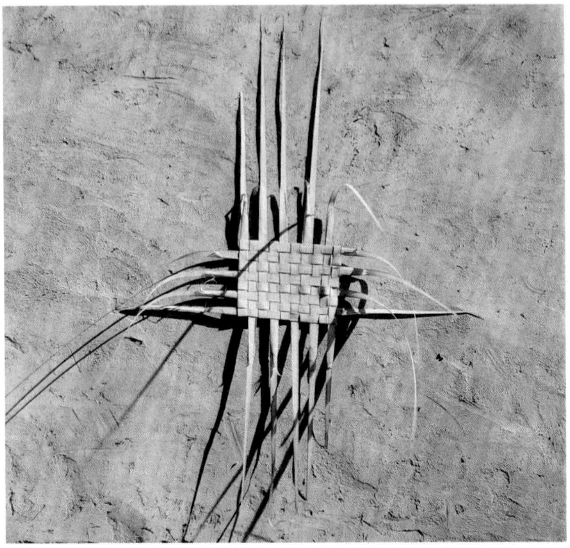

a. Pochette tressée pour les pains sacrés.

b. Le Dimanche des Rameaux.

le couvent et y trouvèrent cette religieuse vivant seule. Quand ils la virent si belle, ils voulurent la prendre avec eux. Elle leur dit qu'elle avait quelque chose de plus beau qu'elle-même. Ils demandèrent ce que c'était. Elle leur parla d'une huile dont il suffisait de s'enduire le cou pour le rendre invulnérable à l'épée. Ils lui dirent : « Et comment pouvons-nous en être sûrs ? ». Elle leur répondit : « Je vais en mettre autour de mon cou et l'un de vous essayera de me trancher la tête avec l'épée ». Ils acceptèrent. Elle s'enduisit le cou de cette huile et un des soldats la frappa avec l'épée et lui coupa la tête qui roula loin du corps. A cet instant une voix venue du ciel s'écria : « Bienvenue à la fiancée du ciel, sainte et martyre ».

En arrivant à la source, nous avons vu l'énorme rocher détaché du reste de la montagne sous lequel est la source [1]. Les villageois racontent que lorsque ce rocher se sépara de la montagne, le *šēḫ Šeḫūn* le soutint de sa main et l'empêcha de s'écrouler. C'est pour cela que, quand les villageois vont visiter la source, ils mélangent du henné avec l'eau de la source et ils enduisent la partie du rocher qui l'ombrage avec ce mélange. Ce « plafond » est considéré comme le lieu où le saint posa la main, et la source l'endroit où il posa le pied. Les visiteurs, hommes et femmes s'enduisent les mains de henné.

A proximité de la source, nous avons trouvé les jarres dans lesquelles mangent les visiteurs après avoir effectué le sacrifice et préparé le repas; on remarque aussi un trépied en bois pour accrocher la bête, un étal en bois ainsi que quelques nattes en alfa offertes au *šēḫ*.

Dans le village d'el-Ḥawāwīš, non loin de Mārī Girgis, habite le disciple du *šēḫ Šēḫūn*, à qui revient le quart des sacrifices offerts par les pèlerins au *šēḫ*.

A une distance d'environ 80 mètres existe une autre source, nommée par les paysans *ʿEdd el-ʿĀfiya*. Tout près poussent des herbes sauvages, de l'alfa, du *bezz el-kalb* et un petit arbre nommé « dattes du corbeau » ou « arbre du soleil » (*balaḥ el-ġorāb* ou *šaǧaret el-šams*).

Les femmes stériles se baignent dans cette source dans l'espoir d'avoir un enfant. Elles chantent :

Yā bīr el-ʿēn ṭarīgek malaffa malaffa	يابير العين طريقك ملفّه ملفّه
w-in ʿaṭānī rabbī la-rūḥlek bi-zaffa	وان عطانى ربى لروحلك بزفّه
Yā bīr el-ʿēn ṭarīgek salāsel salāsel	يابير العين طريقك سلاسل سلاسل
we-lli yešrab mennek yerwī l-mesāfer	واللى يشرب منك يروى المسافر

[1] Albert Gayet, *Coins d'Egypte ignorés*, Paris, 1905, p. 41.

Ô puits de la source, ton chemin est tortueux;
si Dieu m'exauce, je te rendrai visite en cortège;
ô puits de la source, ton chemin est sinueux;
ton eau étanche la soif du pèlerin.

A quelques mètres de la source ʿEdd el-ʿĀfiya, sur la paroi de la montagne, de l'eau tombe goutte à goutte d'une fissure entre les rochers ʿEdd el-saʿfa.

A côté se trouvent les pousses d'un petit palmier. Les paysans coupent une foliole du palmier, la placent dans le trou et quand sort la goutte d'eau, elle se pose sur la foliole et ils la boivent en la faisant glisser; si l'eau glisse, ils disent que celui qui la boit est un homme au cœur pur.

B. LES FÊTES.

Les martyrs et les saints jouent un très grand rôle dans la foi des Coptes : ils font des miracles et Dieu les a pourvus d'une force spéciale qui les rend capables d'endurer les pires épreuves, et de connaître les choses cachées. Des fêtes ont été instituées pour commémorer leur souvenir et demander leur intercession dans les malheurs, les persécutions et les maladies.

Les habitants de Mārī Girgis se contentent de célébrer les fêtes de quelques saints, patrons des monastères environnants, car là s'arrête leur connaissance du monde. Ces fêtes correspondent à des rites devenus traditionnels. Les habitants du village ne savent plus rien de la vie de ces saints, mais ils ont tissé autour d'eux un monde fantastique de miracles. Aujourd'hui ces fêtes sont surtout marquées par des sacrifices de bêtes en offrandes faites à la suite de vœux (*nadr*), par des visites, par la confection de pains spéciaux. Anciennement, l'Eglise célébrait ces mêmes fêtes en faisant réciter des prières à la Vierge, aux Anges, aux Prophètes, aux Martyrs et aux Saints [1]. Ce sont maintenant deux mondes complètement distincts.

Des sept fêtes majeures du christianisme, les villageois n'ont conservé que les quatre suivantes : Noël (*ʿīd el-laban*), l'Epiphanie (*ʿīd el-ġoṭās*), le dimanche des Rameaux (*el-šaʿānīn* ou *ḥadd el-saʿf*), la Résurrection (*ʿīd el-giyāma* ou *el-ʿīd el-kebīr*). Certaines familles connaissent les trois autres fêtes mais ne les célèbrent pas. Ce sont l'Annonciation (*ʿīd el-bešāra*), l'Ascension (*ʿīd el-ṣuʿūd*) et la Pentecôte (*ʿīd el-ʿonṣora* ou *ʿīd el-ḫamsīn*). Quant aux sept fêtes mineures, elles ne sont pas célébrées au village, si l'on excepte le Jeudi Saint (*ḫamīs el-ʿahd*), où une messe est célébrée.

[1] Cf. Qalqašandi, *Ṣubḥ al-Aʿšā*, II, p. 415.

NOËL : Appelée aussi *el-ʿīd el-ṣuġayyar* ou *ʿīd el-laban*, cette fête tombe le 29 *Kīyahk* / 7 janvier. On cuit des gâteaux *kaḥk*, des biscuits et des galettes de farine de blé. On en offre aux visiteurs qui viennent des villages voisins, et que l'on reçoit dans la *mandara*. Tout le monde, et en particulier les enfants, mettent des vêtements neufs et colorés. Certains vont rendre visite à leurs proches des villages voisins et leur apportent des cadeaux : du pain, du blé, des dattes sèches, des cacahuètes, et parfois des tissus, du savon, des mouchoirs de tête, des poulets.

Le matin de la fête, les familles mangent de la viande, de la *moloḫeyya*, des beignets (*faṭīr*), du *šerēk* (genre de biscuits) et des *gurūs*.

ÉPIPHANIE : Appelée aussi *ʿīd el-ġotās*, l'Epiphanie tombe le 11 *Ṭūba* / 19 janvier. Sans que ce soit vraiment une fête, les gens en connaissent la date et les familles ont l'habitude de manger ce jour-là des oranges, des mandarines et des tiges de canne à sucre.

LE DIMANCHE DES RAMEAUX : Au village on appelle cette fête : *ḥadd el-saʿf*, et elle correspond au 7 e dimanche du jeûne. La veille, c'est-à-dire le samedi, tout le monde se met à préparer des folioles de palmier et à en fabriquer des tresses, des croix, des poches pour les hosties (pl. 64, *a*) et de petits animaux; on décore parfois ces folioles avec des bougies, et on les emporte avec soi à la messe, le lendemain matin (pl. 64, *b*).

PÂQUES : Appelée *ʿīd el-giyāma* et aussi *el-ʿīd el-kebīr*, la fête de Pâques intervient après un jeûne de 55 jours (mais seules quelques vieilles femmes jeûnent encore). Les villageois mettent ce jour-là leurs vêtements neufs, en particulier les pauvres qui n'ont en général qu'une *ǧallābiyya* neuve par an.

LE JEUDI SAINT : Appelé *ḫamīs el-ʿahd*, le Jeudi Saint n'est pas vraiment fêté, mais quelques hommes, femmes et enfants vont ce jour-là à l'église.

C. AUTRES FÊTES CÉLÉBRÉES DANS LA RÉGION.

LA FÊTE DE MĀRĪ GIRGIS « AL-QABADŪQĪ » : Mārī Girgis porte le nom de Mārī Girgis al-Rūmānī al-Mālṭī al-Qabadūqī [1]. Il est considéré comme le protecteur du village.

On le fête le 7 *Hātūr* et le 23 *Baramōda*. Tous les habitants de la région viennent ce jour-là, coptes et musulmans, avec des offrandes, qui peuvent être des moutons, des chevreaux ou des chèvres, et que l'on égorge dans la cour de l'église, devant la porte. Le prêtre prend le quart de chaque bête sacrifiée, et le vend aux habitants. Les pauvres

(1) Cf. Galtier, M.E., « La légende de Saint-Georges », *BIFAO* 4, 1905, p. 153-170.

offrent des bougies, des rideaux et des nattes pour l'église. Le soir, un office est célébré, au cours duquel on lit les louanges du Martyr, puis les visiteurs passent la nuit dans l'église, après le dîner, et ne s'en vont que le matin. Les habitants préparent aussi des galettes faites avec de la farine de blé — alors que d'habitude on se sert de sorgho —, ainsi que des *kaḥk.* On peut aussi préparer un repas spécial pour le soir. Une des familles riches, qui possédait une partie des terres cultivées de la zone, avait l'habitude d'égorger un veau et de nourrir l'ensemble des habitants et des visiteurs.

FÊTE DE LA VIERGE : Le couvent de la Vierge, au Nağʿ Mahdī, est peu éloigné de Mārī Girgis, et ses habitants ont des parents dans ce village. Aussi fête-t-on, à Mārī Girgis, presque toutes les fêtes de la Vierge. Les villageois se rendent alors à son Dēr avec des offrandes votives et assistent aux messes. L'une de ces fêtes est, le 16 *Mesra* / 22 août, l'Assomption de la Vierge.

LA FÊTE DES MARTYRS : Le 26 *Ṭūba,* les habitants vont, avec des offrandes votives, à la messe de l'église des martyrs, à quelques kilomètres au Nord de notre village, qui n'est ouverte que ce seul jour.

FÊTE DE L'ARCHANGE MICHEL : Elle se situe le 12 *Ba'ūna,* c'est-à-dire le jour où l'on fête aussi le début de l'inondation (*ʿīd el-nugṭa*). Les villageois mêlent ces deux fêtes et disent que l'Ange Michel répand sa bénédiction dans l'eau et dans la terre. Peu d'entre eux vont porter des offrandes et assister à la messe du *Dēr el-Malāk,* qui lui est dédié.

Cette fête coïncide aussi avec la fin de la récolte et du battage du blé. La veille de la fête, de nombreux villageois se congratulent pour le vannage du grain, qu'ils mesurent et emmagasinent le soir-même. On confectionne alors de petits pains ayant la forme de croix, ou de boules (*bannūn*) que l'on garde avec le blé toute l'année, et ce sont les enfants qui les mangent l'année suivante. Car c'est un péché que de les jeter; certains pourtant les jettent dans le canal.

FÊTE DE L'ANBA ŠNŪDA : Le 23 (ou le 7) *Abīb* les villageois vont à Sohāğ assister à la messe du Dēr Anba Šnūda (appelé aussi le couvent Blanc) avec des bêtes sacrifiées et des *nadr.*

ʿĪD EL-RABĪʿ : La fête du printemps, que l'on appelle ici aussi *šamm el-nesīm,* tombe le lundi de Pâques. Elle est célébrée dans tout le pays avec une particulière ferveur, et ses épisodes en sont bien connus. Au lever du soleil, les femmes remplissent des cruches d'eau qu'elles répandent dans tous les coins de leur maison et elles en aspergent les provisions de grains. Puis elles prennent quelques têtes d'oignons, qu'elles ouvrent, assises sur le seuil de leur maison. Le mardi, elles éparpillent dans les coins de leur maison des fèves germées qu'elles avaient mises de côté quelques jours avant la fête. Et tout le monde mange de la *malāna* [1], des feuilles de laitues, du poisson salé (*melūḥa*).

D. LES MIRACLES.

C'est aux miracles qu'il accomplit que l'on reconnaît les vertus d'un saint véritable. Mārī Girgis, à en juger par les événements miraculeux que la tradition prête à son intervention, devrait compter pour le plus grand.

Voici quelques récits de miracles que j'ai recueillis dans ce village.

Le miracle du canal

Les habitants du village racontent que selon le tracé original, le canal Aḥaywa aurait dû passer à travers la partie Sud du couvent. Cela signifiait qu'il aurait fallu alors le détruire, au moins partiellement. Mais lorsque l'ingénieur en charge des travaux parvint à cet endroit, il regarda dans son théodolite, et sa vue se troubla : il orienta le tracé du canal à l'Ouest du couvent. C'est pourquoi aujourd'hui le canal fait un détour par le Sud-Ouest. Les habitants croient que Mārī Girgis avait troublé la vue de l'ingénieur.

Le miracle des deux prétendants

Il y avait au village deux frères. Le plus âgé voulut fiancer son fils aîné à la fille de son frère cadet. Mais cette fille avait déjà un prétendant qui, lorsqu'il apprit les intentions de l'oncle de sa fiancée se mit en colère et décida de se venger. Il se mit d'accord avec quelques hommes pour attirer l'oncle dans une embuscade et le tuer.

Au jour convenu, l'oncle et le prétendant rival empruntèrent la même voiture; tout à coup la voiture s'arrêta et les hommes de main du prétendant surgirent avec leurs fusils. L'oncle effaré, sortit son pistolet et tira sur les assaillants. Mais une balle perdue atteignit le prétendant à la poitrine et il mourut. Les bandits prirent la fuite. L'oncle se rendit alors à la police et raconta ce qui s'était passé; il y eut un procès. L'oncle promit à Mārī Girgis que, s'il l'aidait dans son procès et s'il était innocenté, il achèterait une vache qu'il sacrifierait au couvent.

Dans l'attente du jugement, l'oncle fut laissé en liberté provisoire. Il s'enferma dans sa maison attendant que le jugement soit rendu. Durant cette période, il vécut dans une crainte de tous les instants, celle d'être abattu, de jour ou de nuit, par les parents du

[1] Pois chiches verts.

prétendant. Il décida avec sa femme qu'il dormirait le jour tandis qu'elle veillerait sur lui et qu'elle dormirait la nuit alors que lui resterait éveillé.

Un jour sa femme le réveilla en disant : « Un homme à cheval se dirige vers la maison, je crois qu'il vient pour te tuer ». L'homme, pris de panique, se leva, mais l'inconnu était Saint Georges sur son cheval. Le Saint lui dit : « Te souviens-tu toujours de ton vœu ? ».

L'homme répondit : « Je m'en souviens, ô *Rūmānī* ». Le Saint reprit : « Demain le jugement reconnaîtra ton innocence ». L'homme se rendit au tribunal, il fut déclaré innocent. Il acheta la vache et la sacrifia dans le couvent, il donna le quart au prêtre et distribua le reste aux habitants du village.

Le miracle du bac

Un soir, alors que tous les hommes étaient à la pêche, des voleurs vinrent de l'Ouest pour piller le couvent. Ils pensaient y trouver un trésor. Le bac était sur la rive Ouest du canal et les voleurs y montèrent avec leurs fusils. Parmi eux se trouvait un garde-champêtre (*ġafīr*) portant lui aussi un fusil. Au milieu du canal le bac se renversa et tous, avec leurs fusils, tombèrent à l'eau. Ceci produisit un tumulte tel que les habitants du village se réveillèrent. Ils attrapèrent les voleurs. Ceux-ci avouèrent et on les relâcha. Les villageois attribuent le naufrage du bac et des voleurs au pouvoir de Mārī Girgis.

Le miracle des voleurs

Des voleurs arrivèrent un jour pour escalader le mur Sud du couvent. Ils furent surpris par Mārī Girgis, vêtu en guerrier, qui descendait de la montagne sur son cheval. Quand ils entendirent le bruit des sabots de son coursier, ils s'enfuirent.

Le miracle du veau malingre

L'un des habitants du village raconte qu'une année, sa vache mit bas et qu'il n'invoqua pas Mārī Girgis; alors le veau mourut.

L'année suivante, Dieu « permit » qu'elle soit de nouveau pleine. Le veau naquit atrophié, il ne remuait pas. L'homme invoqua Mārī Girgis et lui fit le vœu de donner l'équivalent d'une livre s'il aidait le nouveau-né. Le veau guérit, il commença à remuer et il se mit debout, il alla vers sa mère, mais elle refusa de l'allaiter.

L'homme, s'étonnant que la mère refuse d'allaiter son petit, invoqua une seconde fois Mārī Girgis, et il renouvela son vœu. Alors le veau têta, grandit ... L'homme le vendit et put ainsi s'acquitter de son vœu.

Le miracle de la vache deux fois mère

Un autre homme raconte que sa vache mit bas deux veaux; l'un d'eux respirait mais le second ne bougeait pas. L'homme invoqua Mārī Girgis, alors le second veau commença à remuer.

Les vaches n'ayant habituellement qu'un seul veau, les gens furent jaloux et jetèrent un sort à la vache deux fois mère, et son lait tarit. L'homme appela Mārī Girgis à son secours faisant le vœu de lui donner une livre. Le lait revint à la vache et l'homme s'acquitta de son vœu.

Le miracle du moulin

Le *šēḫ el-Balad* raconte, à propos de la meule à blé dont il reste un morceau dans le coin Sud-Ouest du couvent, que le moulin avait été consacré comme un bien *wagf* au couvent, ainsi que la vache qui le faisait tourner. Des gens de la famille qui possédaient la terre sur laquelle était construit le couvent vinrent prendre des pierres du moulin à farine pour les transporter à Aḫmīm et les réutiliser là-bas. Mais lorsqu'ils voulurent déplacer le disque supérieur de la meule il tomba et se cassa. C'est pour cela que le disque inférieur du moulin demeure en place jusqu'à ce jour.

Les villageois considèrent que les biens *wagf* ne peuvent pas être employés par un individu pour son usage personnel, et que lorsque la famille voulut utiliser le moulin dans un but utilitaire non religieux, la puissance de Mārī Girgis le brisa.

Le miracle de l'offrande détournée

Un été, à une fête de Mārī Girgis, 50 à 60 bêtes qui avaient été offertes pour l'acquittement d'un vœu, arrivèrent au couvent.

Quand on eut terminé le sacrifice, chaque propriétaire reprit sa bête, ainsi qu'il est de coutume, pour la distribuer aux pauvres, aux visiteurs et au prêtre. Il resta une chèvre sans propriétaire et le prêtre pensa que c'était un bien *wagf* (il arrive en certains cas qu'une bête à sacrifier soit envoyée au couvent anonymement). Le prêtre la tua, la mit dans un sac et la fit envoyer chez lui.

Vint ensuite le propriétaire de la chèvre, qui s'enquît de la bête. Le prêtre prétendit ne pas l'avoir vue et insinua que les habitants du village étaient voleurs et que peut-être l'un d'eux l'avait emportée.

Le propriétaire de la chèvre se mit en colère et insulta les « *dayyāra* » c'est-à-dire les familles qui vivent autour du couvent (*dēr*). Quelques-uns des villageois le battirent parce qu'il les avait injuriés et humiliés par ses fausses accusations. L'homme décida de se plaindre au maire [1].

Certains s'interposèrent pour calmer les esprits et pour ne pas lui gâcher la fête, car il était venu avec sa famille. L'homme se calma et dormit dans l'église avec sa femme et ceux qui célébraient la fête selon leur habitude, en passant la nuit dans l'église.

Le soir, la femme du propriétaire de la chèvre vit un homme vêtu d'un blanc éclatant qui avait une barbe bien taillée. Cet homme ouvrit le chœur principal de l'église et transporta certains livres religieux dans le chœur Sud. Le matin le prêtre vint et ouvrit le chœur principal pour célébrer l'office du matin mais il n'y trouva pas les livres. Il interrogea ceux qui étaient présents dans l'église. La femme lui répondit : « Tu les as toi-même portés au chœur Sud durant la nuit ». Le prêtre dit : « Je ne les ai pas transportés ». Il alluma son cierge pour pénétrer dans le chœur Sud afin de chercher les livres, ses habits s'enflammèrent et sa barbe brûla. Alors le propriétaire de la chèvre perdue dit : « C'est toi mon père qui as pris la bête sacrifiée ». Le prêtre avoua et demanda leur pardon et leur indulgence.

Les habitants du village racontent cette histoire, disant que le propriétaire de la chèvre pria Saint Georges de faire paraître la vérité avant son départ du couvent, lui rappelant que chaque année il lui faisait une offrande.

Le miracle m'a été raconté par d'autres personnes, qui m'ont dit que celui qui transporta les livres religieux était un cavalier monté sur son cheval (Mārī Girgis). D'autres m'ont rapporté que la viande de chèvre que le prêtre s'était appropriée pourrit immédiatement.

Le fidèle à la vue basse

L'homme chez qui je logeais raconte que son père avait une vue très faible après le coucher du soleil. Un jour, au coucher du soleil, un étranger portant un cierge qu'il voulait offrir au couvent, l'appela de la rive opposée au village, lui demandant de traverser le canal à la nage pour qu'il lui donne son offrande et la dépose au couvent. L'étranger ne trouvait pas le bac lui permettant de l'apporter lui-même.

L'homme lui répondit qu'il ne pouvait pas nager la nuit. Mais il regretta d'avoir refusé ; aussi changea-t-il d'avis et lui dit : « J'arrive ». Intérieurement il fit cette invocation : « Mārī Girgis, sois avec moi ».

Il traversa à la nage le canal, prit l'offrande de l'étranger et revint toujours à la nage. Depuis ce jour, l'homme voit la nuit, aussi bien qu'en plein jour.

(1) Il s'agit du maire (*'omda*) de 'Īsāwiyya : le village de Mārī Girgis n'a pas de maire mais un chef du village *šēḫ el-balad* qui dépend du maire de 'Īsāwiyya.

Guérison

Un pêcheur du village raconte qu'un jour où il était malade un homme vint et le réveilla. Il lui dit : « Prends cette bouteille et bois ». Mais il était incapable de se lever, alors il réveilla sa femme et lui dit : « Prends la bouteille de la main de cet homme ». La femme s'étonna et demanda : « Où est-il ? ». Il lui dit : « Tu vois, voilà, il est parti ». Le sommeil s'empara de la femme et elle s'endormit. L'homme revint une seconde fois et dit au pêcheur : « Lève-toi et prends la bouteille ». L'homme lui répondit : « Je ne peux pas me lever ». Il appela à nouveau sa femme et lui dit : « Prends cette bouteille ». Elle lui répondit : « Où est-elle ? ». Le mari lui dit alors : « Fille de chien, tu vois ! Il est parti ! ».

L'homme revint une troisième fois répétant ce qu'il avait déjà dit. Le pêcheur lui répondit : « Je ne peux pas me lever ... qui es-tu ? ». L'homme dit : « Je suis Mārī Girgis ». Il le soutint de la main et lui donna à boire le contenu de la bouteille. Le pêcheur but et s'endormit. Le matin du jour suivant il se leva, mangea du poisson et du pain ... puis se reposa un peu et mangea une seconde fois ce qui restait du poisson. Il n'avait pas mangé depuis une semaine.

Les méharistes violents

Un des villageois rêva que des chameliers étaient venus et battaient les habitants du couvent. L'homme s'échappa de leurs mains, descendant dans le canal, implorant l'aide de Mārī Girgis. Il y avait derrière lui un chamelier qui courait et voulait le battre ... L'homme dit : « Je me suis réveillé avant que le chamelier me frappe ».

Le ʿomda de ʿĪsāwiyya

Les habitants de Mārī Girgis racontent l'histoire du *ʿomda* du village de ʿĪsāwiyya, qui était aussi membre du Conseil de la Nation (*maǧlis el-Umma*). Alors qu'il était malade, Mārī Girgis lui apparut et le guérit. Le *ʿomda* crut alors au pouvoir de ce Saint et alla voir l'évêque d'Aḫmīm, évêque dont dépend Mārī Girgis. Il lui raconta l'histoire et lui promit de faire construire un pont au-dessus du canal en face du Dēr, pour témoigner sa reconnaissance envers le Saint et les gens de son village. Mais il ne tint pas parole, et les gens disent que le Saint lui fit perdre sa place de membre du Conseil de la Nation.

Le miracle du bateau

Il y avait à Kōla un bateau qui transportait les gens se rendant à Dēr el-Ḥadīd et à Dēr Anbā Šnūda (le Couvent Blanc), à l'Ouest de Sohāǧ.

Le conducteur du bateau refusait de s'arrêter devant Mārī Girgis, car il craignait de ne pouvoir, avant la tombée de la nuit, arriver jusqu'à Sohāǧ puis revenir à Kōla. Mais un jour, racontent les habitants de Mārī Girgis, le bateau s'est heurté à une île sableuse en face de leur village, et fut immobilisé. Les passagers descendirent alors et firent une visite au Dēr de Mārī Girgis. En revenant au bateau, ils avaient reconnu la grandeur de ce Saint ... et purent alors continuer leur voyage vers Sohāǧ.

E. HISTOIRES DE *'AFRĪT.*

Dans le hameau, le mot *'afrīt* revient très souvent dans la conversation. A maintes reprises, j'ai tenté de savoir ce que recouvrait exactement ce terme, sans jamais obtenir des villageois une explication précise. Or voici qu'un jour arriva l'histoire suivante :

'Amm Ḥakīm est un homme d'une soixantaine d'années, marié et père de trois garçons et d'une fille. Son fils aîné est marié et vit au Caire avec sa femme; il travaille comme gardien dans une petite usine. La fille, elle, est mariée à un bossu du village qui est charpentier et répare les *sāgia* et les outils agricoles. *Ḥakīm* est un homme tellement pauvre qu'il ne possède même pas un *girāṭ,* soit, fort peu de chose (175, 033 m²). Il loue six *girāṭ* qui lui suffisent à peine pour le pain de l'année. Sur cette terre il cultive du blé, du maïs et une partie est plantée en trèfle pour son âne. Cet homme est libre une grande partie du temps, car les six *girāṭ* qu'il cultive n'exigent pas de lui et de ses enfants un travait durant toute l'année. Il lui arrive donc de travailler chez d'autres paysans comme journalier.

C'est aussi à cause de sa misère qu'il a dû marier sa fille à cet homme difforme rejeté par toutes les familles. Il savait fort bien que personne ne viendrait la demander en mariage parce qu'elle était pauvre et que personne n'approche les filles des pauvres, à moins d'être misérable ou atteint de quelque difformité physique. Mais *Ḥakīm* ne travaille que s'il a un besoin urgent d'argent. Il est persuadé que tout le monde l'exploite, le chargeant des travaux les plus durs, et lui donnant la paye la plus basse. La femme de *Ḥakīm* contribue à nourrir la famille : c'est la seule femme du village qui fabrique de la poterie, qu'elle vend. *'Amm Ḥakīm* est de ce fait en butte aux critiques des gens du village parce qu'il ne travaille que de temps à autre; on l'accuse de se laisser entretenir par sa femme qui travaille à sa place et gagne le pain de sa famille. *'Amm Ḥakīm* refuse d'aller à la pêche comme font les hommes de ce village, car à ses yeux, « ils sont tous malades », et c'est exact. Il préfère rester pauvre plutôt que de tomber malade comme les autres.

Quoi qu'il en dise, cet homme est toujours triste et vit isolé des autres villageois; et pourtant il a très bon cœur et souffre de ne pouvoir les aider. Il achète les mégots de cigarettes au poids, les garde dans une boîte en métal, et roule de fines cigarettes qu'il fume assis devant sa maison en regardant le désert.

La personnalité curieuse de *ʿAmm Ḥakīm* et sa solitude m'ont attiré vers lui. Peu à peu nous sommes devenus des amis. J'aimais aller chez lui tous les jours au coucher du soleil. Nous nous asseyions devant la porte de sa maison tournée vers la montagne que coloraient les derniers rayons du soleil. Nous bavardions. Notre amitié grandit, et il commença à passer me voir dans ma chambre tous les matins, me saluant et s'asseyant silencieusement devant moi pendant que je travaillais. De temps en temps nous échangions quelques paroles, puis il retournait chez lui.

Un jour il m'ouvrit son cœur : il voulait marier son second fils de vingt ans pour lequel sa femme avait choisi une proche parente vivant dans un des villages de la région de Minya.

C'est à ce moment que commencèrent les difficultés de *ʿAmm Ḥakīm :* il fallait de l'argent pour le mariage, payer les frais du voyage jusqu'à Minya, acheter les sacs de farine, la chèvre qu'on tuerait le jour de la noce, les couvertures et les bijoux qu'offrirait le fiancé à la fiancée sans compter la gratification du prêtre... Tout cela dépassait de loin ses moyens. Il se mit alors à travailler sans répit, louant ses services aux autres paysans, ce qui l'épuisa. Il vendit quelques-unes de ses chèvres, emprunta de l'argent et acheta ce qui était nécessaire pour faire un mariage aussi simple que possible. Tout cela fatigua ses nerfs. Et pour lui, vendre ses chèvres représentait un très gros sacrifice; elles étaient à peu près la seule chose qu'il possédait. Peu après, il partit pour Minya d'où il ramena la fiancée et sa famille et Dieu seul sait qui paya le voyage en train, de *Ḥakīm* ou de la famille de la fiancée : lui n'avait probablement pas les moyens de le faire si ce n'est en empruntant encore; laisser payer la famille de la fiancée devait beaucoup le gêner et blesser son amour-propre.

La noce devait avoir lieu le matin suivant. Il demanda au prêtre du hameau de célébrer le mariage. Or ce prêtre, il faut bien l'avouer, est un homme que tout le monde déteste; son unique préoccupation est de soutirer de l'argent aux villageois.

Il posa ses conditions : il ne célébrerait le mariage que si *Ḥakīm* lui donnait cinq livres. Cette somme était exagérée; mais le prêtre comptait sur le fait que l'homme avait invité les habitants du village et la famille de la fiancée et qu'il avait tué un chevreau pour le repas des invités, comme il est de coutume en ces occasions. Il était donc persuadé que dans ces conditions *Ḥakīm* ne pourrait faire autrement que de lui payer cette somme, quitte à l'emprunter.

Les villageois intervinrent pour que le prêtre exige moins. Devant son refus, ils conseillèrent finalement à *Ḥakīm* d'aller chercher le prêtre du village voisin, un homme généreux qui ne demande rien et se contente de ce qu'on lui offre. *Ḥakīm,* furieux, bouillonnant intérieurement, se décida à y aller. Il revint avec l'autre prêtre.

Quand le prêtre du village le vit, il se mit en colère et refusa de le recevoir, l'accusant de transgresser les limites de sa paroisse. Le prêtre du village voisin se sentit alors très gêné. Tout le monde se mêla de l'affaire et essaya de rétablir la paix entre les deux prêtres. Finalement on les persuada d'officier ensemble.

A la fin du mariage, les invités donnèrent la *nogṭa* [1] au fiancé. La noce se termina tranquillement et le prêtre du village voisin dormit au hameau de Mārī Girgis.

Au petit matin, quelques villageois vinrent dans ma chambre et m'apprirent que *ʿAmm Ḥakīm* était en train de frapper le prêtre du hameau. Ils espéraient que je pourrais arranger l'affaire, vu l'amitié qui me liait à *Ḥakīm.* Je descendis en hâte, séparai les deux hommes. *ʿAmm Ḥakīm* m'apprit alors que le prêtre du village refusait de partager l'argent avec l'autre prêtre et qu'il voulait tout s'approprier. Cela, ajouté à sa colère de la veille, l'avait fait entrer dans une telle fureur qu'il s'était mis à rouer de coups le vilain prêtre.

J'entraînai *Ḥakīm* dans la cour intérieure de sa maison; sa femme était avec nous; le malheureux s'accroupit sur le sol, épuisé, le visage blême et défiguré; il tremblait de tout son corps. Sa femme le soutenait. Bouleversé, je lui demandai : «Qu'as-tu *ʿAmm Ḥakīm?*» Il me fixa d'un œil égaré, m'insulta dans des termes que je ne lui avais jamais entendu employer, et me dit : «Je suis *Ḥāgg Mohammad*», puis il jeta son turban par terre. Je ne comprenais pas et je me taisais, le regardant avec chagrin et pitié. Sa femme me répondit qu'il n'était plus *Ḥakīm* mais quelqu'un d'autre. Elle continuait à le soutenir et demanda à son fils de lui apporter une cruche d'eau, dont elle aspergea le visage de son mari. Quelques instants passèrent. *Ḥakīm* commença à retrouver son visage normal. Je repris courage et lui demandai de nouveau: «*Ḥakīm,* comment vas-tu?». Il me répondit: «Bien *ya Bāš Muhandes*» [2]. Mais j'appris ensuite de sa femme que *ʿAmm Ḥakīm* avait un *ʿafrīt* nommé *Ḥāgg Moḥammad* qui avait pris possession de lui depuis plus de vingt ans.

Il devenait tout à fait clair pour moi que le *ʿafrīt* de *ʿAmm Ḥakīm* était un état qui se déclenchait lorsque le malheureux n'arrivait plus à supporter une situation trop pénible.

La crise, dans le cas présent, avait été provoquée par une accumulation de problèmes auxquels *Ḥakīm* avait été confronté et qui le dépassaient. Il avait donc été réduit à devenir

(1) Il s'agit ici de la somme d'argent remise par les invités pour le prêtre.

(2) Ingénieur en chef.

un autre être, pour briser les chaînes qui le liaient à tous ces tourments. Ainsi en était-il venu à se considérer comme étant le *Ḥāgg Moḥammad.* Le choix même de son nom représentait une provocation extrême et signifiait qu'il cherchait à se convaincre d'une appartenance à la communauté musulmane et à rompre les liens avec la communauté qui était la sienne.

Voilà donc, dans un cas précis, à quoi correspond le *ʿafrīt* chez les habitants de Mārī Girgis.

J'ai voulu en savoir davantage à propos du *ʿafrīt.* J'ai demandé à quelques-uns de mes amis du village si d'autres personnes étaient possédées d'un *ʿafrīt.* Ils me parlèrent d'une femme d'une soixantaine d'années, *Naẓīra Umm ʿAṭalla,* que je connaissais. Les femmes du village lui amènent leurs enfants pour qu'elle les guérisse lorsqu'un mauvais sort leur a été jeté. Elle prend alors trois sections de tiges de maïs séchées (*kaʿb būṣ*), de la longueur d'un empan; elle écorce la tige, puis casse l'écorce en petits morceaux qu'elle pique dans la tige, en tous sens (fig. 221). Puis elle la brûle; alors la mère prend son enfant et le fait tourner au-dessus de la flamme jusqu'à ce que le feu s'éteigne.

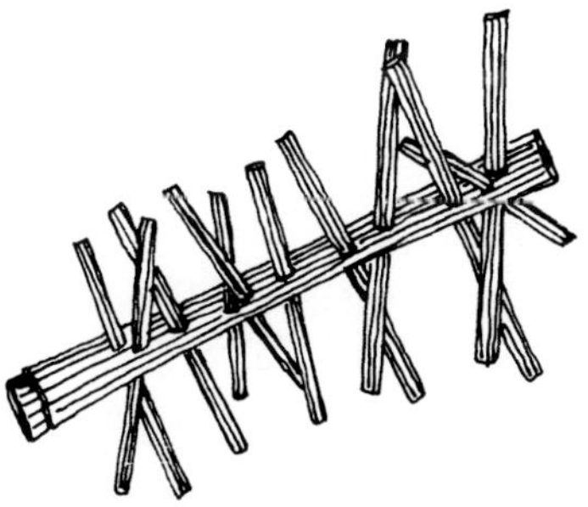

Fig. 221 : *Kaʿb būṣ.*

Le mari d'*Umm ʿAṭalla* est l'un des cinq hommes emprisonnés pour un meurtre commis il y a 17 ans dans le village, à la suite d'une dispute à propos d'une parcelle de terre [1].

J'allai voir cette femme et la questionnai prudemment sur le *ʿafrīt.* Elle me raconta que celui-ci était noir de peau, et que lorsqu'elle le rencontra, il se tenait parmi les hommes et les femmes dans le Nil, et que les eaux les recouvraient tous jusqu'au cou. Il sortit de l'eau et remplit de sable la poche que formait la tunique retroussée des enfants qui jouaient sur le rivage et les emmena vers la montagne de l'Est. La femme regarda vers la montagne et vit cet homme noir se transformer en *roḫma* [2], une espèce de vautour, ou de corbeau, ou encore de milan ... elle ne savait pas très bien ... L'oiseau se mit à bouger devant elle et elle se trouva entraînée à sa suite pour le rejoindre et l'attraper. Puis elle s'assit, épuisée de fatigue.

Ses enfants s'inquiétèrent de son absence; elle avait disparu le matin. Ils questionnèrent les habitants du village; certains dirent qu'ils l'avaient vue le matin, se dirigeant vers l'Est, du côté de la montagne. Les hommes partirent à sa recherche et finalement la

[1] Cf. Justice et vengeance, p. 268.

[2] Espèce de vautour qui a le corps et le cou blancs et les extrémités des ailes noires.

trouvèrent, la nuit tombée, assise toute seule dans le désert. Ils la ramenèrent mais depuis ce jour elle est possédée par cet homme noir.

Cette histoire m'étonna; en l'observant au cours de la conversation, je sentis qu'il y avait dans cette femme quelque chose d'anormal. Je ne voulais pas lui poser trop de questions sur le *ʿafrīt,* de peur de la fatiguer et que, par fatalité, le *ʿafrīt* ne vienne reprendre possession d'elle. Mais cette histoire me tracassait : je n'arrivais pas à saisir la vérité.

J'appris par la suite, en parlant avec certaines femmes, que le mari d'*Umm ʿAṭalla* avait, pour une raison quelconque, violemment frappé sa fille mariée ... La malheureuse en tomba malade et mourut quelques jours plus tard. Peu après, sa mère vit cet homme noir et ce vautour ... Cela se passait plusieurs années avant le second crime du mari. Je me dis qu'il y avait peut-être un lien entre l'homme noir et le mari, entre le mari et le vautour (qui dévore les cadavres) ou le corbeau (qui, chez nous, symbolise la destruction) et un autre lien entre sa fille et les enfants.

Au cours du séjour que je fis, l'hiver de la troisième année, alors que je me disposais à rentrer au Caire, je m'entretins avec un ami des circonstances où le père avait frappé sa fille. Il me paraissait étrange qu'un père frappe sa fille au point qu'elle en meure. Il me raconta la vérité de l'affaire. Le mari d'*Umm ʿAṭalla* n'avait pas simplement frappé sa fille mariée, mais il l'avait délibérément tuée à coup de hachette parce qu'elle s'était éprise d'un jeune homme du village voisin [1]. Toutes les familles étaient au courant de son aventure avec cet amant, et il était devenu nécessaire que le père tuât pour effacer sa honte à la face de tous ... et il la tua ... Etait-ce par fierté, pour exprimer sa virilité aux yeux de tous ou était-ce sous la pression de l'opinion publique et des traditions de son milieu restreint?

Chose étrange, les habitants de l'autre village, celui de l'amant, étaient eux aussi au courant. Mais de tels crimes sont acceptés par les familles, au nom des coutumes qui prévalent dans de tels groupes sociaux. Il est probable que certains d'entre eux avaient conscience de l'énormité de ce crime, mais qu'ils ne pouvaient toutefois exprimer à haute voix ce qu'ils ressentaient.

Quant à la raison pour laquelle les femmes me mentirent lorsqu'elles me racontèrent que le père avait frappé sa fille dans un accès de violence, c'est parce que je restais, quoi qu'il en soit, un étranger. L'amitié qui nous liait était une chose, les réalités et les secrets de leur vie et leurs problèmes en étaient une autre, qui n'appartenait qu'à eux.

Voilà donc un autre aspect du *ʿafrīt,* chez les habitants de Mārī Girgis.

(1) Les habitants du village de ʿĪsāwiyya sont musulmans.

F. LA SANTÉ DES ENFANTS.

Les premières années de la vie sont des époques de fragilité pour l'enfant, mille accidents ou maux le guettent, contre lesquels il faut le défendre. J'ai recueilli un certain nombre de recettes et de pratiques qui s'appliquent à divers cas, et dont certaines sont de véritables charmes à effet magique.

Pour l'enfant qui devient muet

On dit dans le village que si un enfant mange un œuf alors qu'il est encore nourri au sein, il devient muet. Le remède consiste alors en ceci : le père doit trouver un nid de corbeau dont les œufs viennent d'éclore, prendre un des oisillons et mettre son bec dans la bouche de l'enfant.

Les gens expliquent cela en disant que le petit corbeau croit que l'enfant est son père, et qu'il est venu pour le nourrir. Il se met alors à gazouiller, et l'enfant se remet à parler.

Contre la jalousie d'un enfant envers son petit frère

Lorsqu'une femme a un deuxième enfant, pour éviter que le premier ne soit jaloux, elle lui suspend sur la poitrine un petit morceau de bois, sec et jaune, provenant du tronc d'une plante dont je n'ai pu savoir le vrai nom et que les habitants appellent *kaʿb ġīra,* littéralement « morceau contre la jalousie ».

Contre le retard mental

Lorsque naît un enfant mentalement handicapé, les vieux conseillent aux parents d'en faire un prêtre, étant donné qu'il ne pourra pas travailler aux champs.

PRATIQUES CONTRE LA PEUR

Au village il y a beaucoup de chiens; leur rôle principal est la garde du bétail durant la nuit et celle des maisons pendant le jour. Si un étranger traverse les ruelles du hameau, des aboiements s'élèvent de tous côtés et les villageois savent qu'un étranger passe. Devant chaque maison il y a ainsi une zone gardée par un chien et il est difficile d'y passer.

Mais les enfants jouent partout et il ne se passe guère de jour sans qu'un chien se lance vers un enfant qui s'enfuit en criant et pleurant. Sa mère se précipite, l'emporte en hâte, et s'empresse de lui appliquer un charme particulier destiné à calmer sa peur [(1)].

[(1)] Ce charme porte le nom de *basla*; on dit de la mère se livrant à cette pratique : *tebassellu* « elle lui applique un charme ».

Le charme de l'alfa (baslet el-ḥalfa)

Quand un enfant effrayé par un chien se met à courir et tombe, la mère verse du sel sur la tête de l'enfant et lui en fait avaler un petit grain, puis elle ramasse un peu d'alfa séché qu'elle pose à l'endroit du sol où l'enfant est tombé et elle y met le feu. Elle fait passer l'enfant par-dessus ce feu, sept fois. Ensuite la mère touche la flamme avec son doigt, et fait lécher ce doigt à l'enfant, trois fois. On dit que cette pratique empêche l'enfant d'être possédé par le démon et terrassé par la peur.

PRATIQUES CONTRE LES MALADIES

Les paysans en général ont une compréhension magique de certaines maladies [1]. Par exemple, lorsqu'un bébé est atteint de déshydratation, on dit qu'« un vieillard a pris possession de lui ». Peut-être l'image du vieillard est-elle évoquée par l'aspect squelettique de l'enfant déshydraté. De même on dit que, lorsqu'une femme pubère passe au-dessus d'un nourrisson étendu sur le sol, le corps de celui-ci se couvre de boutons.

Il y a des « charmes », ou conjurations, de plusieurs types, selon leur aspect matériel, ou selon leur emploi. En voici des exemples.

Le charme de la brindille (baslet el-ʿafš)

Une femme âgée va chercher les brindilles de bois qui se nomment *ʿafš* devant trois maisons dont les portes sont ouvertes vers l'Est. Elle dépose ce bois devant une de ces portes, et met le feu. La mère portant son enfant malade passe au-dessus trois fois.

Le charme du cimetière (baslet el-ğabbāna)

La mère portant son enfant malade va au cimetière chrétien abandonné, à l'Est du mur d'enceinte du couvent, et elle dépose l'enfant sur un des plateaux d'une balance. Dans l'autre plateau, elle met de la bouse de vache (*ğella*) d'un poids égal à celui de l'enfant. Puis elle répand un peu de pétrole sur la bouse de vache ainsi qu'un morceau de sucre et elle y met le feu. La mère passe au-dessus du feu, en portant son enfant, trois, cinq ou sept fois. Cette cérémonie doit être faite le vendredi, à l'heure de la prière de midi des Musulmans; elle est répétée trois semaines de suite.

[1] Cf. déjà ce qui est dit de la *garīna* (double de la mère), p. 225 et n. 1.

Le charme du caveau (baslet el-fasgeyya)

A l'intérieur de l'enceinte du couvent, se trouve un caveau abandonné. La mère de l'enfant malade y va le vendredi, avant la prière de midi des Musulmans et y laisse son enfant. Elle y retourne après la prière. Si l'enfant s'est endormi dans le caveau, cela indique qu'il guérira. Si la mère trouve son enfant en train de pleurer, cela indique que l'enfant va mourir.

Le charme de l'église (baslet el-kenīsa)

La femme va à l'église du couvent le dimanche, après le service du prêtre. Elle dépose son enfant malade devant la porte du chœur, et elle demande au prêtre de passer au-dessus de son enfant trois fois avec ses ornements sacerdotaux. Ensuite le prêtre enlève ses ornements et les secoue sur l'enfant.

Le charme du four (baslet el-forn)

Deux femmes âgées, ayant passé l'âge de la ménopause, exécutent cette opération devant un four à pain dont l'orifice d'enfournement est ouvert vers l'Est. Une des femmes introduit l'enfant malade dans le four par l'orifice de chauffe et l'autre le reprend par l'orifice d'enfournement, après qu'il a ainsi traversé le foyer en passant au-dessus de la dalle du four.

Un autre charme est pratiqué quand un enfant tombe malade : on prend avec la main gauche un peu de cendre d'un four à pain dont l'orifice d'enfournement est ouvert vers l'Est; on en met sur la couverture de l'enfant malade en formant une croix trois fois, et on refait cela trois nuits de suite durant le sommeil de l'enfant.

Le charme de l'eau (baslet el-nṭāla)

On prend l'eau dans laquelle on a plongé la louche servant à faire le pain *bettāw* : cette eau porte le nom de *nṭāla;* et on la met dans une cruche ou dans un pot de terre cuite ou *minṭāl.* On dépose le pot derrière la tête de l'enfant malade, durant son sommeil, pendant une nuit complète; puis on le laisse encore le jour suivant jusqu'à midi. La mère porte son enfant malade dans les ruelles du village, et une femme âgée et stérile porte l'eau *nṭāla* et marche derrière la mère, en aspergeant la mère et l'enfant.

Le charme du canal (baslet el-terʿa)

Si les charmes précédents n'ont pas réussi à assurer la guérison de l'enfant, on utilise une conjuration appelée *baslet el-terʿa.*

La femme prend trois petites galettes de bouse de vache et une quatrième galette de grande dimension. Elle dépose ces quatre galettes au bord du canal; ensuite elle met un peu de sucre et de son sur chacune des petites galettes, qu'elle pose ensuite sur la quatrième. Puis elle verse du pétrole et met le feu aux trois petites galettes. La mère passe au-dessus, portant son enfant, trois, cinq ou sept fois, et elle fait « toucher » les flammes à l'enfant en les touchant elle-même avec ses doigts, et lui posant ses doigts sur la langue. Puis la mère descend au bord du canal et elle dépose dans l'eau les galettes de *ǧella* toujours enflammées, et elle les pousse légèrement dans le sens du courant.

PRATIQUES CONTRE LE MAUVAIS ŒIL

Le charme de la tige de maïs (baslet el-ʿūd)

C'est une femme âgée, ayant passé l'âge d'avoir des enfants, qui est chargée de la préparation de ce charme. Elle prend une tige de maïs d'été séchée, et en découpe une section (*ʿogla*). Elle épluche une des extrémités avec ses dents, amenant l'écorce à l'autre extrémité sans la détacher totalement. Ensuite elle courbe le bout d'écorce libéré et le fait pénétrer à l'intérieur de la tige épluchée (fig. 222); durant cette opération, elle dit : *ʿēn el-ḥasūd malyāna ʿūd, w men ʿēn fulān ebn fulāna ...* « Que le mauvais œil d'Untel, fils d'Unetelle, soit plein de tiges ». Ensuite, elle met le feu à la section de la tige, et la mère, portant son enfant, traverse le feu trois, cinq ou sept fois.

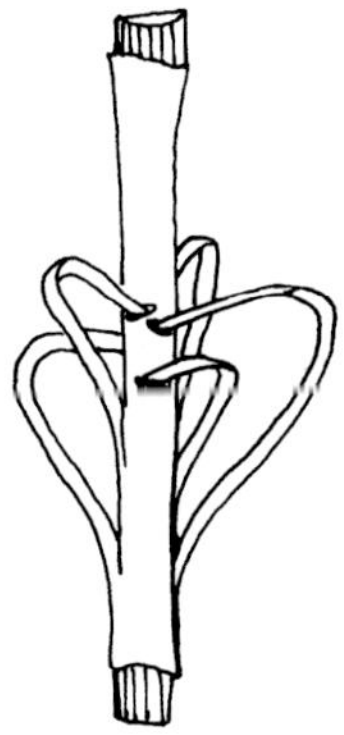

Fig. 222 : Tige de maïs épluchée.

Les parents laissent leurs enfants dans un état de saleté extrême. En interrogeant quelques mères, pour essayer de remédier à cela, j'ai su qu'elles les laissaient ainsi pour les protéger du mauvais œil, de l'envie (*ḥasad*).

Certaines mères suspendent au cou de leurs enfants, avec d'autres amulettes, et dans le même but, un petit morceau de soufre enroulé dans du cuir.

Un autre charme contre le mauvais sort porte le nom de *kaʿb el-būṣ* [1].

[1] Cf. Histoires de *ʿafrīt*, p. 261.

CHAPITRE VI

SOCIÉTÉ VILLAGEOISE ET CULTURE POPULAIRE

A. DE QUELQUES COMPORTEMENTS DES VILLAGEOIS.

La vie au village est régie par des règles de politesse rigoureuses et la générosité est considérée comme une vertu essentielle. Nous en avons déjà donné un aperçu à propos de la cérémonie du thé et des célébrations communes des étapes importantes de la vie. Le paysan invite volontiers chez lui et il est toujours prêt à faire montre de générosité.

De temps à autre, les gens du village m'invitaient pour le déjeuner, le dîner ou même parfois, pour le petit-déjeuner. Ils en demandaient alors l'autorisation à l'homme chez qui j'habitais, tous les deux se mettaient d'accord, puis mon hôte m'informait de ce qu'il avait autorisé untel à m'inviter.

Un homme m'invita à prendre un verre de thé chez lui. Après l'avoir préparé il demanda à sa femme d'apporter une cuillère de *samna* (beurre fondu) et il la déposa dans mon verre de thé, comme marque de respect et de générosité.

Un soir, je fus reçu à dîner par une autre famille pour manger un plat de *moloḫeyya* et le mari demanda également à sa femme d'ajouter une cuillère de *samna* dans mon plat.

Un jour, une femme vint me voir. Je ne la connaissais pas du tout : je ne lui avais jamais adressé la parole et ne l'avais jamais rencontrée. Je ne connaissais pas même son mari, qui travaillait loin du village, dans le désert, à ramasser le sable, et ne revenait que rarement passer deux ou trois jours au village. Un jour donc, cette femme entra dans ma chambre et posa sur la table qui me servait de bureau une petite serviette sans couleur, contenant un demi kilo de sucre et quelques paquets de thé.

« Puisque tu ne viens pas chez nous boire le thé, comme chez les autres, ceci est pour toi », me dit-elle. Je restai un moment sans savoir quoi lui dire, puis je refusai énergiquement. Elle en fut peinée et me dit : « Sommes-nous moins bien que tous les autres du village ? » Je ne pus que lui promettre de passer chez eux, lorsque son mari reviendrait, pour boire le thé et faire connaissance.

Un jour que j'étais dans ma chambre, l'homme chez qui je logeais est venu me voir et a déposé devant moi deux livres en me disant : « Prends ceci, c'est pour toi au cas où tu aurais besoin d'argent pour tes dépenses personnelles ». Je lui répondis que j'en avais suffisamment, mais tous mes efforts furent vains et je ne pus le convaincre.

Au hameau, habituellement, les gens âgés portent toujours sur eux des cigarettes, alors qu'ils ne fument pas eux-mêmes. Cela au cas où ils recevraient un ami cher. Parfois l'hôte insiste pour offrir à son invité trois ou quatre cigarettes.

Quand je revenais au village en hiver après avoir passé au Caire les mois d'été, j'étais reçu de la manière suivante : les hommes me serraient la main deux ou trois fois ainsi que les femmes. Certains m'appelaient *ḫāl* (oncle maternel) bien qu'ils fussent plus âgés que moi.

SOLIDARITÉ

Il y a au village une veuve, mère de deux enfants. Son mari lui a laissé les quatre *girāṭ* de terre (soit 700 m^2 environ) qu'il possédait. Il l'avait épousée en dehors du village, de sorte qu'elle n'a pas de famille à Mārī Girgis. Le seul frère de son mari est mort lui aussi. Comme la surface de terre qu'elle a ne suffit pas à la nourrir avec ses deux enfants, c'est le jeune fils de son beau-père qui se charge de quêter pour elle un peu de blé, de maïs et d'orge chez les villageois, à chaque récolte. D'autres se portent volontaires pour cultiver sa terre.

Mais si elle avait eu de la famille au village, ce serait naturellement celle-ci qui se serait chargée d'elle, comme ceci se passe pour la célibataire du village qui cependant vit seule et subvient à ses besoins.

JUSTICE ET VENGEANCE

Vu que le village de Mārī Girgis dépend administrativement du village de ʿĪsāwiyya et de son maire, les habitants préfèrent résoudre entre eux la totalité de leurs problèmes, loin du maire.

La méthode adoptée est la suivante : les deux parties en cause vont à l'église du couvent et prêtent serment sur l'Evangile et devant l'autel. Ils s'engagent à tenir leur parole et ainsi se termine définitivement le problème.

Mais s'il arrive que l'une des parties ne respecte pas l'engagement, la vengeance est inévitable. Il y a quinze ans un homme fut tué par cinq autres, parce qu'il avait juré devant l'autel de leur donner leur droit sur un morceau de terre mais n'avait pas tenu sa promesse. Ces hommes furent condamnés à la détention perpétuelle.

DÉLICATESSE

Comme j'allais souvent en visite chez les gens du village et que ceux-ci venaient aussi souvent dans ma chambre, je pris l'habitude d'avoir toujours avec moi une petite pharmacie, avec quelques médicaments et des gouttes pour les yeux.

Il s'ensuivit que j'eus des rapports simples avec les femmes, qui m'interrogeaient sur la santé de leurs enfants.

Une fois, j'étais assis chez une des familles, et les hommes, les femmes et les enfants se pressaient autour de moi. Parmi eux, une femme que je connaissais bien, portait son nourrisson. D'habitude, les femmes allaitaient leurs enfants devant moi sans aucune gêne. Mais je fus surpris de voir cette femme se couvrir de la tête aux pieds dans sa *ṭarḥa* noire pour allaiter, ne laissant qu'un œil découvert. Je crus d'abord que ma présence provoquait cette gêne chez elle. Je m'enhardis à le lui dire.

« Ce n'est pas à cause de toi, me répondit-elle, mais à cause de cette petite fille qui est à côté de toi. Sa mère est morte en la mettant au monde. Elle a maintenant deux ans, et je ne veux pas la blesser en lui offrant le spectacle d'une mère qui allaite son enfant ! »

B. SAGESSE ET POÉSIE.

Tout au village n'est pas vie matérielle et durs travaux des champs; si les exigences de l'existence sont âpres et rudes pour les villageois qui doivent leur faire face, l'esprit peut y fleurir comme partout sur la terre. Il ne s'agit point d'une science ou d'une sagesse livresques; Mārī Girgis n'a guère accès à ces sources de la connaissance et de la joie, mais des proverbes et des chansons se dégagent, comme un parfum de fleurs sauvages, mille accents de bon sens paysan et de poésie spontanée. Ce sont dans ces aimables propos que pourraient se découvrir les traits majeurs de l'âme des fellahs, que nous allons maintenant parcourir, après avoir dit quelques mots de l'état de l'instruction au village.

L'INSTRUCTION

La proportion d'analphabètes dans le village est de 96,9 %. Les 3,1 % d'instruits sont tous des garçons de moins de 10 ans, à part deux adultes. Les gens du village considèrent que les filles n'ont pas besoin d'étudier, étant donné qu'elles doivent se marier et avoir des enfants. Ainsi les 162 femmes du village (89 femmes mariées ou veuves et 73 filles) sont-elles, toutes, analphabètes.

Parmi les garçons qui ont appris à lire, se trouvent les trois fils du seul homme du village à être payé par le gouvernement, celui qui entretient, en l'arrosant, la route en terre qui passe devant le village (*ğisr*), entre le fleuve et le canal. Il touche pour cela un salaire mensuel régulier de 12 livres, et les villageois l'envient pour cela. Il cultive aussi un *feddān* et demi de terrain qu'il possède. Son fils aîné est fonctionnaire à la Direction de la Santé, et pour les gens du village, il est médecin, car il fait des piqûres et parfois même des diagnostics.

C'est aussi l'aîné qui a la charge de rédiger toutes les lettres et de lire toutes celles que les villageois reçoivent de leurs proches. C'est par lui que j'écrivais à certaines personnes du village lorsque j'étais au Caire, ce qui posait quelques problèmes quand il s'agissait de questions personnelles.

La majorité des habitants préfèrent que leurs fils les aident dans les champs, plutôt que de les envoyer à l'école voisine. L'enseignement primaire étant devenu obligatoire, certains doivent même ruser pour que leurs enfants n'aillent pas à l'école, et évitent de les faire inscrire à leur naissance. Mais il devient de plus en plus difficile d'échapper aux contrôles.

Il faut dire aussi que l'enseignement pour des enfants vivant dans de telles conditions ne représente généralement qu'une voie sans issue, même pour ceux qui peuvent arriver jusqu'au niveau du secondaire, comme ce fut le cas pour un des fils de l'homme dont nous venons de parler, car de toute façon, l'université leur est inaccessible. En effet, la plus proche se trouve à Assiout, à 140 km de là, et les familles ne peuvent pas subvenir aux besoins d'un des leurs en dehors du village.

C'est pourquoi les pères et leurs fils eux-mêmes préfèrent que les études se terminent au plus vite, dans les écoles secondaires commerciales, ou techniques, comme pour les enfants de notre homme.

Je voudrais signaler l'histoire d'un garçon nommé Isra'īl, fils d'un des cinq hommes emprisonnés dont nous avons déjà parlé. Sa mère voulut l'envoyer à l'école primaire du village de 'Īsāwiyya. Mais le pauvre garçon eut tellement à souffrir des moqueries et des vexations que lui valait son nom, de la part de ses camarades, de ses professeurs, comme d'ailleurs de tous les habitants du village, qu'il fut obligé de quitter l'école, et se mit à vivre isolé, allant et venant toujours seul, toute la journée.

LES PROVERBES

Nous n'exposerons ici qu'un petit nombre de proverbes [1]. Ils ont été divisés en deux groupes :

— Le premier est récité par les hommes du village dans leurs moments de détente. L'un d'entre eux les récite en annonçant la lettre de l'alphabet par laquelle commence le proverbe, par exemple : « Lettre *alef : Alf dagn . . .* » et enchaîne jusqu'à la fin de l'alphabet [2].

— L'autre groupe est constitué par des proverbes isolés employés dans la conversation.

[1] Cf. Wissa Wassef (C.), *Pratiques rituelles et alimentaires des Coptes,* BEC t. IX, IFAO, Le Caire 1971, p. 227.

[2] Il est fort probable que des lettres de l'alphabet aient été oubliées par le récitant dans le groupe de proverbes cité plus bas.

Il existe aussi des dictons concernant les mois et les cultures, qui seront notés après les proverbes.

La formulation d'un proverbe peut varier d'une personne à l'autre. Leur transcription reproduit la prononciation propre au dialecte du village.

Les proverbes expliquent l'activité des villageois et leur comportement dans leurs rapports avec les autres. Ils donnent également une idée de leurs us et coutumes, de leur sagesse et de leur mentalité.

Nous les citerons en évitant de multiplier les explications : on ne peut en effet saisir le sens profond des proverbes sans une connaissance parfaite de la personnalité de celui qui les énonce, de la situation dans laquelle le proverbe a été dit et du sujet auquel il s'applique.

Alf dagn wa lā dagn abūk ألف دقن ولا دقن أبوك

« Mille barbes mais pas la barbe de ton père » (= méprise toutes les barbes mais pas la barbe de ton père).
N.B. la barbe est le signe de la respectabilité.

El-bāb al-muġlag yemnaʿ koll ġaḍab mutʿallī. الباب المغلق يمنع كل غضب متعلّى

« La porte fermée empêche d'entrer toute violence »

Tāger w-naǧǧār mā yenfaʿš تاجر ونجار ما ينفعش

« Il ne vaut rien d'être commerçant et menuisier » (= mieux vaut être l'un des deux complètement que les deux à la fois incomplètement).

Sawābak ʿind Allāh mā yeḍeʿš ثوابك عند الله ما يضعش

« Ta récompense auprès de Dieu ne sera pas perdue » (= Dieu est le seul rétributeur qui ne manque pas).

Ǧarr el-lebān (1) *wa lā rukb el-ṣārī* جر اللبان ولا رُكب الصارى

« Tire la corde du bateau mais ne monte pas au mât » (= fais l'effort, mais ne prends pas de risque).

Ḥarras wa lā tḫawwen حرّس ولا تخون

« Veille sur ton bien et n'accuse pas les autres de trahison » (= ne les accuse pas de t'avoir volé).

(1) Parmi les câbles d'une barque, le *lebān* sert pour le halage dans les canaux.

Ḫēr al-mağles menno fīh — خير المجلس منه فيه

« La meilleure assemblée est celle où le litige se règle entre les membres » (sans faire appel à quelqu'un d'extérieur).

Dell aḫīk el-mu'min ʿalā ṭarīg el-ḫēr — دِل أخيك المؤمن على طريق الخير

« Guide ton frère croyant sur le chemin du bien ».

Ra'yak mā tʿaddūš ʿa-mrātak — رأيك ما تعدوش عمراتك

« Ne confie pas ton opinion (secret) à ta femme ».

Sirrak mā tʿaddūš ʿa-mrātak — سِرك ما تعدوش عمراتك

« Ne confie pas ton secret à ta femme ».

Ṣabrak ʿalā nafsak wa lā ṣabr el-ğazzār ʿalek — صبرك على نفسك ولا صبر الجزار عليك

« Patiente avec toi-même mais ne laisse pas le boucher perdre patience avec toi » (= abstiens-toi de viande plutôt que de t'endetter).

ʿAṣfūra f-yaddak wa lā ʿašara barra — عصفورة فى يدك ولا عشرة برّه

« Un moineau dans ta main plutôt que dix hors de ta portée » (= un tiens vaut mieux que deux tu l'auras).

In nagnaget nasībtak ṭalleglahā bettahā — إن نجنجت نسيبتك طلقها بتّها

« Si ta belle-mère est cancanière, répudie sa fille ».

Hūn geršak wa lā thūn nafsak — هَوِّن قرشك ولا تهون نفسك

« Fais bon marché d'une piastre, mais ne fais pas bon marché de toi-même » (par ex. : Ne fais pas, par avarice, l'économie d'un porteur si tu es très chargé).

Yā mā zālet men rākibīn el-ḫēl — يا ما زالت من راكبين الخيل

« Combien de hautains cavaliers ont péri! » (= où est la grandeur de ce monde?).

Ġīr wa lā teḥsed — غير ولا تحسد

« Sois jaloux mais pas envieux ».

Faṣāya tesned el-zīr — فصايه تسند الزير

« Un noyau soutient la jarre » (= une toute petite chose peut en équilibrer une grande).

Goṭṭ ḫoṣṣ wa lā ğamal šerk [1] قُـط خص ولا جمل شرك

« Un chat à soi plutôt qu'un chameau en association ».

El-ğār al-hanī aḫyar men el-aḫo l-beʿīd الجار الهنى اخير من الاخو البعيد

« Le voisin agréable est préférable au frère éloigné ».

ʿīšt el-debbāna wa lā rugād el-ğabbāna عيشة الدبانة ولا رُقاد الجبانه

« Plutôt une vie de mouche que le repos du cimetière ».

ʿīšt el-nadāma wa lā laḥdet el-ğabbāna عيشة الندامة ولا لَحدة الجبانه

« Mieux vaut misère que tombe au cimetière ».

اللى تحوشهم النمله ياخدهم الجمل فى خفه

Elli tḥawwešhom el-namla yāḫodhom el-ğamal fī ḫoffo

« Ce que récolte la fourmi, le sabot du chameau l'emporte » (= ce qu'amassent péniblement les petits de ce monde, les grands viennent le leur prendre).

El-šāmī lā ʿēšo yiʿaffī wa lā būṣo yidaffī [2] الشامى لا عيشه يعفّى ولا بوصه يدفّى

« Le maïs *šāmī*, ni son pain ne donne de force ni sa tige ne donne de chaleur ».

تلّيسك وحمارتك ما حدّش ياخد آمارتك

Tellīsak w-ḥumārtak mā ḥaddeš yāḫod amārtak

« Ton sac à toi et ton ânesse à toi . . . et personne ne se mêlera de tes affaires » (= à chacun son âne).

نَخّيصك بالابره ولا سؤال اللئيم عالفاس

Naḫḫīṣak b-el-ebra wa lā su'āl el-la'īm ʿa-l-fās

« Gratte (la terre) avec une aiguille plutôt que de demander sa houe à un homme malhonnête ».

Men estaktar ġumūso kal ḥāf من استكتر غموسه كَل حاف

« Celui qui a trop porté la main au plat mangera un jour (son pain) sec » (= celui qui est trop prodigue ou s'est trop vanté de ses biens se retrouvera un jour sans rien).

(1) *Goṭṭ ḫoṣṣ wa lā ʿašra širk* قط خص ولا عشره شرك

(2) Au village, le pain *bettāw* est fait de sorgho (*gēḍi*). Le proverbe ci-dessus manifeste que les villageois préfèrent ce pain à celui qui est fait de maïs d'hiver (*šāmī*) comme en certains autres villages. Ce dicton souligne en outre que le maïs d'hiver brûle rapidement. Cf. Le pain, p. 167-169.

El-ʿāmya līhā el-raḥāya إلعاميه ليها الرحايه

« La femme aveugle a pour part la meule » (= ne peut que tourner la meule nul ne fait que ce qu'il est capable de faire).

El-ṭašṭaša wa lā l-ʿamā l-kāmel الطشطشه ولا العمى الكامل

« Y voir à demi plutôt qu'être complètement aveugle ».

L-aʿma aʿṭuh farrūğa gal išḥāl el-mefattaḥ الاعمى اعطوه فرّوجه قال إشحال المفتّح

« L'aveugle à qui on donne une volaille dit : que donnera-t-on à celui qui voit ? » (sens : l'aveugle doute des intentions des autres).

Ēš yeʿmel el-gorṣ labū-drāʿ wāğʿo ايش يعمل القرص لابو دراع واجعه

« Que peut faire un pain à celui qui a mal au bras ? » (sens : donner ce qui est utile, approprié, à celui qui souffre. Cf. : Ne pas mettre un emplâtre sur une jambe de bois).

El-ğawāz ʿand-el-naṣāra zayy ʿugdet el-ḥarīra الجواز عند النصارى زى عقدة الحريره

« Le mariage chrétien est comme le nœud de soie » (= on ne peut le défaire).

الوظايف وهبات والقدس وهبات والجيزه نهبات

El-wāẓāyef wahabāt w l-guds wahabāt w l-ğīza nahabāt

« Les bons emplois sont un don de Dieu ; le pèlerinage à Jérusalem est un don de Dieu ; le mariage, il faut le saisir ».

El-ḥawwāsa mā trabbīš el-milāḥ الحوّاسه ما تربيش الميلاح

« Celle qui va, vient et bavarde ne peut élever des poussins » (qui demandent des soins constants, donc stabilité et attention).

In ʿaššaret ḥumārtak men el-ġarb rammīhā ان عشّرت حمارتك من الغرب رمّيها

« Si ton ânesse est devenue pleine par un mâle de l'Ouest, fais-la avorter » (sens : l'Ouest, c'est l'autre rive du fleuve, c'est déjà l'étranger, l'inconnu, donc c'est suspect).

Gonṭak gonṭ ʿanzāya w-tbaʿer baʿīret ğamal قُنطك قُنط عنزايه وتبعّر بعّيرة جمل

« Tu as un anus comme celui d'une chèvre et tu fais des excréments de chameau » (= tu te prends pour plus grand que tu n'es).

Aḥarr en-nesā ebʿedo l-dakar ʿanhā احرّ النسا ابعدوا الدكر عنها

« La plus fidèle des femmes, écartez d'elle tous les mâles ».

El-fagr belā dēn howwa l-ġenā l-kāmel الفقر بلا دين هو الغنى الكامل

« La pauvreté sans dette est la vraie richesse ».

Bēn el-ğār w-el-ğār nār بين الجار والجار نار

« Entre voisin et voisin, le feu » (= qui dit voisinage dit querelles).

ولا كل من لف العِمامه خال ولا كل من رِكب الفرس خيّال

wa lā kolle men laff el-ʿemāma ḫāl wa lā kolle men rekeb el-faras ḫayyāl.

« N'est pas maître tout homme qui porte le turban, ni cavalier tout homme qui monte à cheval » (= l'habit ne fait pas le moine).

LES DICTONS

A chaque mois copte correspond un dicton. En voici quelques-uns que j'ai entendus.

Bāba

In ṣaḥḥ gamḥ Bāba yeġleb el-gōm el-nahhāba ان صح قمح بابه يغلب القوم النهّابه

wen hāf gamḥ Bāba mayiğebš wa la lbāba وان هاف قمح بابه مايجبش ولا لبابه

« Si le blé de *Bāba* réussit, il sera plus fort que les voleurs. Si le blé de *Bāba* échoue, il ne rapportera même pas une mie de pain ».

Bāba teksar fīha el-kaddāba بابه تِكسر فيها الكدّابه

« En *Bāba* couper le panache du maïs ».

Hātūr

Hātūr fīh el-gamḥ el-mantūr هاتور فيه القمح المنتور

« *Hātūr*, mois du blé éparpillé (semé) ».

Hātūr abū el-dahab el-mantūr هاتور ابو الدهب المنتور

« *Hātūr*, mois de l'or semé ».

Kiyahk

Kiyahk ṣabāḥak mesāk كيهك صباحك مساك

« En *Kiyahk* au matin on est déjà le soir ».

ṬŪBA

رحتى وجيتى ياطوبه ولا بلّـتيلى العرقوبه

Ruḥtī w ğētī ya Ṭūba wa la balletīlī el-ʿargūba

« Tu es venu et reparti ô *Ṭūba* sans que je me sois mouillé les talons (littéralement, le talon d'Achille; c'est-à-dire : je ne me suis pas lavé, tant il fait froid) ».

AMŠĪR

Walla lağeblak ḫamsa men weld ʿamm Amšīr والله لجبلك خمسة من ولد عم امشير

La ḫallī el-ʿağūza tegīd el-meḥalla maʿal-ḥaṣīr لخلّى العجوزة تقيد المحلة مع الحصير

« Par Dieu qu'arrivent les cinq cousins d'*Amšīr* et la vieille brûlera son dévidoir et ses nattes (pour se réchauffer) ».

BARAMHĀT

Baramhāt eṭlaʿ el-ġēṭ we hāt برمهات اطلع الغيط وهات

« *Baramhāt :* va aux champs et rapporte! » (c'est le moment de la récolte des oignons, de l'orge, des fèves et du fenugrec).

BARAMŌDA

Baramōda mā tḫallīš fi l-ġēṭ wa lā ʿūda برموده ما تخليش فى الغيط ولا عوده

« *Baramōda* ne laisse pas une seule tige dans les champs! » (c'est l'époque des moissons).

BA'ŪNA

Ba'ūna fallāget el-ḥağar بؤونه فلاقة الحجر

« *Ba'ūna,* fendeur de pierres » (tellement il fait chaud).

ABĪB

Abīb fih el-ḫaḍra tṭīb. ابيب فيه الخضرة تطيب

« *Abīb :* le vert y mûrit ».

Abīb gaṭṭāʿ lermāl أبيب قطّـاع لرمال

« *Abīb,* coupeur des sables » (1).

(1) Avant la construction du Haut-Barrage c'était la saison de la crue du Nil et les eaux s'élevaient et recouvraient les sables sur les bords du fleuve et immergeaient les terres qui étaient au-dessous du niveau du Nil.

LES DEVINETTES (*lobbēṭa,* pl. *labābīṭ*)

Les petits, et parfois les grands, se réunissent et échangent des devinettes. J'ai remarqué que les petits sont souvent plus vifs que les grands. Les devinettes recueillies sont liées aux travaux des champs, aux animaux et aux aspects de la nature environnante.

Lōḥ barsīm yirošš el-dunyā w-umm el-dīn لوح برسيم يرش الدنيا وام الدين

« Une poignée de graines de trèfle qui s'épand sur le monde et tout l'univers » (réponse : les étoiles).

Šayy yobrom el-dunyā we ma yetʿabš شى يـُبرم الدنيا وما يتعبش

« Une chose qui fait le tour du monde et ne se fatigue pas » (rép. : la lune).

Ṣaḥn zelezleğ lā yetkabb wa lā yetlaglag صحن زلزلج لا يتكبّ ولا يتلقلق

« Un plat de porcelaine qui ne se renverse ni se secoue » (rép. : la lune).

نخلتنا العويره ما فيهاش غير بلحه زينه والباقى صيص

Naḫletna el-ʿawīra ma fihāš ġēr balaḥa zēna wel-bāgī ṣīṣ

« Notre palmier borgne ne porte qu'une belle datte et toutes les autres ont avorté » (rép. : le ciel avec la lune et les étoiles).

أربع مطارق فى البحر الغارق ما يعلم بيهم غير الرب الخالق

Arbaʿ maṭāreg fi-l-baḥr el-ġāreg ma yeʿlam bihum ġēr el-rabb el-ḫāleg.

« Quatre marteaux dans la mer profonde qui ne sont connus que du Créateur » (rép. : l'embryon dans le ventre de sa mère).

Kadd el-haffa yigawwem el-mudīr min ʿal-farša كدّ الهفه يقوّم المدير من عالفرشه

« Une vétille qui est capable de faire relever le directeur de son lit » (rép. : la miction).

El-wād yegtel abūh wa-abūh rāḍī bīh. الواد يقتل ابوه وابوه راضى بيه

« Le fils tue son père et le père l'accepte quand même » (rép. : le mortier).

جايلك زياره راكبه حماره هى تخش وديلها لأ

Ğay-lak ziyāra rākba ḥumāra hiyya tḫošš we dēlha la'

« Une visite se présente à toi sur une ânesse qui rentre dans ta maison sans sa queue » (rép. : la louche avec laquelle on met le pain *bettāw* dans le four).

أبويا بنالى مندره فيها الضحك والكركره

Abūya banā lī mandara fīha l-ḍeḥk we l-karkara

« Mon père m'a construit une *mandara* pleine de rires et de jacasseries » (rép. : la gargoulette).

Yehezz wesṭu we yemla kreštu   يهز وسطه ويملا كريشته

« Il bouge les hanches et se remplit le ventre » (rép. : le fuseau).

Šayy yākul mā yiraʿaṣṣi dagnu   شى ياكل ما يرعصّ دقنه

« Une chose qui mange sans bouger le menton » (rép. : le fourneau).

Šayy ḫad mālī we māl abūy   شى خد مالى ومال أبوى

« Quelque chose qui a dévoré ma fortune et celle de mon père » (rép. : le tabac).

Abusha w-adusha w-adfaʿ felusha   أبوسها وادوسها وادفع فلوسها

« Je l'embrasse, je la piétine et je paie son prix » (rép. : la cigarette).

Šayy yifarğaḥ ma yišuḫeš   شى يفرجح ما يشُخِش

« Quelque chose qui écarte les jambes et ne pisse pas » (rép. : les ciseaux).

Gaʿda we tšayyaʿ waladha   قاعدة وتشيّع ولدها

« Elle ne bouge pas et elle éjecte son fils » (rép. : le fusil).

Ğamusetna l-ġarra teḥleb bilā ḍarra   جاموستنا الغره تحلب بلا ضره

« Notre belle bufflesse, sans mamelle, donne du lait » (rép. : le savon).

Šayy in rabaṭṭu yemši wen ḥellētu yōgaf   شى ان ربطته يمشى وان حليته يوقف

« Quelque chose qui marche quand tu l'attaches et qui s'arrête quand tu la détaches » (rép. : la chaussure).

Abūya banālī gaṣr ma-yesaʿnīš ġēr waḥdī.   أبويا بنالى قصر ما يسعنيش غير وحدى

« Mon père m'a construit un palais qui ne peut abriter que moi » (rép. : la *ğallābiyya*).

Šayy yiğrī ma yogaʿš   شى يجرى ما يوقعش

« Quelque chose qui court et ne tombe pas » (rép. : la voiture).

Šayy ṭawīl ṭawīl we drāh f-ʿebboh.   شى طويل طويل ودراه فى عبه

« Quelque chose de très long dont l'ombre est dans son sein » (rép. : le puits).

Serwāl dakke dakk la yetḥall wa la yetfakk.   سروال دك دك لا يتحل ولا يتفك

« Un pantalon bien fermé qui ne se défait ni ne s'ouvre » (rép. : l'œuf).

Arbaʿ balaḥāt f-l-ṭabag barakāt.   أربع بلحات فى الطبق بركات

« Quatre dattes dans un plat qui sont une bénédiction » (rép. : les mamelles de la vache).

Arbaʿ makabbāt ʿal-ğesr mekaffiyyāt.   أربع مكبات عالجسر مكفّيات

« Quatre *makabbat* sur la digue renversées » (rép. : le pied du chameau).

Šayy šāylak we šāyel riğlēk. شى شايلك وشايل رجليك

« Quelque chose qui te porte et porte tes jambes » (rép. : la monture, l'ânesse).

Baṣala ḥarrāga fi el-ṭāga بصلة حراقه فى الطاقه

« Un oignon fort dans la niche » (rép. : le scorpion).

ان كنت لبيق وصاحب ذوق فهّمنى عالجلد من جوّه واللحم من فوق

En kont labīg w ṣāḥeb zōg fahhemnī ʿal-ğeld men ğowwa wel-laḥm men fōg.

« Si tu es intelligent et fin, explique-moi ce qui a la peau à l'intérieur et la chair à l'extérieur » (rép. : le gésier).

Markeb ġawāzī ğāyya teẓāẓī. مركب غوازى جايه تظاظى

« Une barque de danseuses qui vient en gazouillant » (rép. : les oiseaux).

Ğēt abūso wegeʿ gamīṣo. جيت أبوسه وقع قميصه

« J'ai voulu l'embrasser, sa chemise est tombée » (rép. : la graine de lupin).

Gāleb ṣābūn f-el-arḍ madfūn قالب صابون فى الارض مدفون

« Un morceau de savon enterré dans la terre » (rép. : le radis).

أبويا بنالى قصر فوق قصر وفوقيه نشّاشه

Abūya banālī gaṣr fōg gaṣr we fogīh naššāša

« Mon père m'a construit un palais au-dessus d'un palais surmonté d'un chasse-mouches » (rép. : la canne à sucre).

Šayy . . . šayy yeṣorr ġadāh ma yakolhūš. شى . . . شى يصر غداه مايا كلهوش

« Il enveloppe sa nourriture dans un mouchoir et ne la mange pas » (rép. : le palmier et les dattes).

Šayy yōgaʿ ma yedebbeš شى يوقع ما يدبّش

« Quelque chose qui tombe et ne fait pas de bruit » (rép. : les fibres de palmiers).

معانا عجل باربعه واربعين رجل كل ما تخلص رجل توحل رجل

Meʿānā ʿeğl barbaʿa w arbeʿīn reğl koll ma teḫlaṣ reğl tewḥal reğl.

« Nous avons un veau qui a quarante-quatre pattes et chaque fois qu'une patte se libère, l'autre s'embourbe » (rép. : la *sāgya*).

Šayy teteḥḥo yeğrī warāk. شى تتحه يجرى وراك

« Quelque chose que tu tires et qui court derrière toi » (rép. : le *šādūf*).

Abūya banālī gaṣr ma-ḥaddeš ye'edd šabābīko. أبويا بنالى قصر محدش يعد شبابيكه

« Mon père m'a construit un palais dont personne ne peut compter les fenêtres » (rép. : le tamis).

Šayy yākol we-yešoḫḫ. شى ياكل ويشخ

« Quelque chose qui mange et évacue » (rép. : le tamis).

Šayy . . . šayy yefarǧaḥak we yfarǧaḥ ommak. شى . . . شى يفرجحك ويفرجح أمّـك

« Quelque chose qui te fait écarter les jambes et celles de ta mère » (rép. : le tamis).

جاموستنا العويره عدت الجزيره لا خلت حلفا ولا نجيله

Ǧāmūsetnā el-'awīra 'addet el-ǧazīra la ḫallet ḥalfa wala naǧīla.

« Notre bufflesse borgne a traversé l'île et elle n'a épargné ni l'alfa ni le chiendent » (rép. : la faucille).

LES CHANSONS

Je ne puis dire avec certitude si les chansons, que chantent les villageois quand ils sont seuls, sont propres à la région, ou aux villages voisins; j'ai néanmoins rassemblé ici tout ce que j'ai entendu pendant mes séjours au village. Peut-être ces chansons peuvent-elles recevoir l'accompagnement d'instruments divers, mais chaque fois que je les ai entendues, elles étaient seulement chantées sans accompagnement. Il est très rare d'entendre des instruments comme le « *mizmār* » ou la « *ṭabla* », en dehors des fêtes ou des mariages.

Les chansons recueillies ont été numérotées afin d'en faciliter la consultation.

Cet ensemble de chansons et *mawāwīl* (sing. *mawwāl*) est le plus souvent interprété par un homme. Celui-ci, lorsqu'il s'agit d'une chanson d'amour contenant un dialogue, assume les deux rôles, mais les jeunes gens et jeunes filles peuvent aussi lui donner la réplique dans un chœur, à l'occasion des rassemblements et des festivités.

Il existe aussi des chansons typiquement féminines chantées lors des mariages. Habituellement elles sont accompagnées par la *ṭabla*, sont légères, raillent le célibat et célèbrent les vêtements du marié (n°s 22 et 23).

L'ensemble des chansons tourne autour de divers thèmes [1] : la femme et l'amour, le mariage, les épreuves de la vie, la politique, la morale. Nous avons également recueilli quelques chants de travail.

[1] Cf. Legrain (G.), *Louqsor sans les pharaons*, Paris, 1914, p. 165. Maspero (G.), « Chansons populaires recueillies dans la Haute-Egypte de 1900 à 1914 », *Annales du Service des Antiquités égyptiennes*, XIV, Le Caire, 1914, p. 97-290.

1. *Chants sur la femme et l'amour.*

Si l'un de ces chants exprime une vue péjorative de la femme (n° 1), il n'en reste pas moins que la majorité d'entre eux célèbrent l'aimée. L'amoureux aspire toujours à être près de sa bien-aimée, chante son désir pour elle et lui promet ce qu'il a de plus cher au monde (n°s 2, 3, 4, 5, 6).

Le *mawwāl* évoque le plus souvent les souffrances de l'amant, sa constance dans l'épreuve et implore l'aide de ses amis (n°s 7, 8, 9, 10, 11).

L'amant décrit parfois sa bien-aimée et se plaint de ne pas avoir les moyens financiers de l'épouser. L'amante peut de son côté inciter son amant à demander sa main à son père et à amasser au plus vite l'argent des récoltes pour hâter le mariage (n°s 12, 13, 14, 15).

Dans un autre chant, une jeune fille exprime son admiration pour son amant qui réussit à lui rendre visite en dépit de la garde que monte son père autour d'elle (n° 16).

Certains chants expliquent au jeune homme comment choisir sa fiancée (n°s 17, 18).

L'amant peut aussi se lamenter sur la perte de sa bien-aimée qui l'a quitté et lui adresser des reproches (n°s 19, 20, 21).

2. *Chants sur les épreuves de la vie.*

Ces chants déplorent la mauvaise fortune, décrivent la crainte du lendemain, les humiliations, la douleur de la solitude (n°s 24, 25, 26, 27, 28, 29, 30).

D'autres, la misère dans la vieillesse et l'attitude des parents et de la société à l'égard des pauvres (n°s 31, 32, 33).

D'autres encore l'adversité; le monde y est apostrophé et maudit (n°s 34, 35, 36). On déplore la perte de la « vérité » (n° 39).

3. *Chants à coloration politique.*

Des *mawwāl* du temps de l'occupation britannique dépeignent les sentiments du fellah face à l'oppression (n° 37). D'autres adressent des critiques aux gouvernants et aux dépositaires du pouvoir : *ʿomda* et sa famille, *šēḫ el-balad* et responsables divers (n° 38).

4. *Chansons moralisatrices.*

Elles relatent une noble attitude, expriment la sagesse ou une opinion sur l'éducation (n°s 40, 41, 42, 43, 44).

5. *Chants de travail.*

Certains chants de travail ont déjà été cités : chants de labour (p. 81), de battages. Ci-dessous sont donnés les textes des chants qui accompagnent le travail au *šādūf,* (n°s 45, 46, 47).

6. *Chants qui accompagnent les jeux d'enfants.*

Ils ont déjà été cités lors de la description de ces jeux (p. 226 sq.).

1. Chants sur la femme et l'amour.

١ — تحب راجل تعيش راجل تموت راجل
تحب مره تلف أملك ولم عدت عاد راجل
تضيّع مالك على راجل تلاقى رجال
تضيّع مالك على حرمه تلف أملك تصبح فقير الحال
قعدت أدور على الرفق مالقيتش

Teḥebb rāğel teʿīš rāğel temūt rāğel
Teḥebb mara telef amalak we lam ʿudt ʿād rāğel
Teḍayyaʿ mālak ʿalā rāğel telāgī rğāl
Teḍayyaʿ mālak ʿalā ḥurma telef amalak teṣbaḥ fagīr el-ḥāl
Gaʿadt adawwar ʿalā r-rifg mā lagētši

1 — Si tu prends comme ami un homme, tu vivras en homme, tu mourras en homme.
Si tu prends comme amie une femme, tu perdras ton espoir et tu ne seras plus jamais un homme.
Si tu mises ton argent sur un homme, tu trouveras des hommes.
Si tu mises ton argent sur une femme, tu perdras ton espoir et tu te réveilleras pauvre.
Je n'ai pas cessé de chercher un ami, et jamais je ne l'ai trouvé.

٢ — أنا عينى رأت حليوه نازله تملا والندى نازل
طلبت منها الوصال وانا نازل
قالت روح يا جدع روّح

صبّر بلوتك لبكره
لحسن تموت كتير المحبه
والندى نازل

Anā ʿēnī ra'et ḥelēwa nāzla temlā wel-nadā nāzel
Ṭalabt-e menha l-wuṣāl w-anā nāzel
Gālet rūḥ yā ğadaʿ rawwaḥ
Ṣabbar balwetak le-bokra
Laḥsan temūt ketīr el-maḥabba
Wel-nada nāzel

2 — Mon œil a vu une beauté, qui descendait chercher de l'eau quand la rosée tombait.
Je suis descendu, et lui ai demandé de l'approcher :
« Va-t'en, m'a-t-elle dit, éloigne-toi, jeune homme,
Supporte ton infortune, patiente jusqu'à demain;
De peur que tu ne meures de trop aimer! »
Et la rosée tombait.

٣ — قاله رمّانك طاب يا بدر
قولى الرطل منه بإيه
قاله انت عيان ولا دهشان ولا ايه
يا خى قولى ربع الوقيه بإيه
قاله ده شى غالى
ملفوف فى ورق ومخالى
لما انت خالى وأصل ابوك خالى
تلوّم علىّ المبالى ليه

Gāl-lo rummānak ṭāb yā badr
Gul-li el-raṭle menno bēh?
Gāl-lo enta ʿayyān wallā dahšān wallā ēh?
Yā ḫi gul-li rubʿe l-wegeyya bēh?
Gāl-lo dah šayye ġālī
Malfūf fī warag w-maḫālī
Lamma nta ḫālī w-aṣl abūk ḫālī
Telawwem ʿalayya l-mabālī lēh?

3 — Il lui a dit : tes grenades sont mûres, ô [toi qui es belle comme] la lune
Dis-moi, quel est le prix d'une livre?
Elle lui répondit : Es-tu malade ou inconscient ou bien quoi?
[Lui :] Dis-moi plutôt à combien est le quart d'une once!
Elle lui répondit : C'est une chose chère,
enveloppée dans du papier et dans des sacs.
Car si tu es vide et vil, comme la famille de ton père,
pourquoi veux-tu m'entraîner dans les malheurs?

٤ — يا حلو ياللى قميص النوم شكا منك
حنكك ينقط عسل بل القميص منك
والله ان عطونى خزاين مال فى سنك
لابعتر المال وآخد غيّتى منك

Yā ḥelw yā-llī gamīṣ el-nom šakā mennak
Ḥanakak yenaggaṭ ʿasal ball el-gamīṣ mennak
W-Allāh en ʿaṭūnī ḫazāyin māl fī sennak
Labaʿtar el-māl wā ḫod ġiyyetī mennak

4 — Ô beauté, ta chemise de nuit se plaint de toi.
Des gouttes de miel tombent de ta bouche, elles ont mouillé ta chemise.
Par Dieu, si on me donnait des trésors pour une de tes dents,
Je jetterais l'argent par poignées, et je prendrais mon plaisir de toi.

٥ — لولاك يا حلو لولاك
لم كنا جينا هنا لولاك
يا مورد الخدين
سبّونا العدا وياك
والله ما تجينى يا جميل
لقعدك قعدة السلطان عالكرسى
وازمزم الكاس واسقيك من جلاب تونسى
يا اعز من نور عينى سلامات

Law lāk yā ḥelw law lāk
Lam kunnā ǧēnā henā law lāk
Yā mwarrad el-ḫaddēn

Sabbūna l-ʿedā wa-yyāk
W-Allāh mā tğīnī yā ğamīl
Lagaʿadak gaʿdet el-sulṭan ʿal-kursī
Wa zamzim el-kās wa-sgīk men ğullāb tūnsī
Yā ʿazz men nūr ʿēnī salāmāt

5 — Si ce n'était pour toi, ô ma belle,
je ne serais pas venu ici,
toi dont les joues sont des roses;
les ennemis nous ont injuriés, toi et moi;
Par Dieu, si tu venais me voir, ô beauté,
je t'assiérais comme un sultan sur le trône;
je purifierais la coupe au puits de Zemzem,
et je te ferais boire du julep de Tunis,
toi, plus chère que la lumière de mes yeux
je te salue!

٦ — من صغر سنى يا عينى وانا ريّس على الابحار
أتقلّب مع الموج واتعدل مع التيار
قابلونى تلات بنات والتلاته بكار
الاوله قمر
والتانيه هلال
والتالته قمع سكّر تغيّر الافكار

Min ṣoġr-e sennī ya ʿēnī w-anā rayyes ʿala l-ebḥār
Atgalleb maʿ el-mōğ wa-tʿedel maʿal-tayyār
Gāblūnī talāt banāt w-el-talāta bkār
El-awwela gamar
W-el-tāneya helāl
W-el-tāleta gomʿ sukkar teġayyar el-afkār

6 — Depuis mon enfance, pauvre de moi ! je vogue sur le fleuve,
Ballotté par les vagues, entraîné par le courant.
Trois filles m'ont rencontré, et les trois étaient vierges,
La première était belle comme la lune,
La deuxième comme le croissant,
La troisième, comme un pain de sucre, qui bouleverse les pensées.

٧ — قال يا اللى ابتليت بالغرام
ياك تحسب الغرام ساهل
ده انا حبيت اعوم بحر المحبه واحسبه ساهل
وقعت ما دريت قالتلى الناس تستاهل

Gāl yā llī btalēt b-el-ġarām
Yāk teḥseb el-ġarām sāhel
Da-nā ḥabbēt a'ūm baḥre l-maḥabba wa-ḥsebo sāhel
Wege't mā drēt gāletlī l-nās testāhel

7 — Il a dit : ô toi qui as éprouvé les tourments de l'amour,
Prends garde, ne pense pas que l'amour soit une chose facile.
J'ai moi-même voulu nager dans le fleuve de l'amour, pensant que c'était facile,
Mais je suis tombé, sans m'en rendre compte, et les gens m'ont dit : tu l'as mérité!

٨ — من ميلة الدهر انا اللى كفانى الزمان ما عدلنى
من شدة الغلب يا ناس ساعه أبكى وساعه اغنى
واذا كان على الصبر أصبر
لكن الهوى طاحنى

Min mēlet el-dahr anā llī kafānī l-zamān mā 'adalnī
Min šiddet el-ġulb yā nās sā'a abkī w sā'a aġannī
W-iza kān 'ala l-ṣabr aṣbor
Lāken el-hawa ṭāḥennī

8 — Je n'ai pas de chance, le temps m'a renversé et ne m'a pas remis d'aplomb.
Ma misère est si forte, ô gens, que tantôt je pleure et tantôt je chante.
Si c'était une question de patience, je patienterais, mais c'est l'amour qui m'a broyé.

٩ — يا حلو يا اللى عشانك رايح نعدم
ومحبتك فى القلب وانت لم تعدم
واذا جدت بالوصل بنا لم حد يعلم
وان ما جدتش بالوصل لينا رب نشكوله
يصبّر القلب قبل الجسم لا يعدم

Yā ḥelw yā-llī 'ašānak rāyeḥ ne'dam
W-mḥabbetak fe-l-galb w-enta lam te'dam
W-iza ğudt bel-waṣl bēna lam ḥadde ye'lam

W-in mā ǧudteš bel-waṣl līna rabb neškū lo
Yṣabbar el-galb gabl el-ǧesm lā yeʿdam

9 — Ô ma belle, toi qui seras la cause de ma perte,
Ton amour est dans mon cœur, et tu ne peux disparaître.
Si tu m'accordes tes faveurs, personne ne le saura,
Si tu me les refuses, je me plaindrai au Seigneur
Qu'il donne la patience à mon cœur, avant que le corps ne meure!

١٠ ـ ان زاد عليّ الغرام
لاقعد واخط بعود
واقول نوحي يا عين
ادى النهار اللى انت بيه موعود
وحياة تربة نبي زين
ما اشرب من الكاس يا حبايب
الا ان حشتوا منه العود

In zād ʿalayya l-ġarām
Lagʿod wa ḫoṭṭ b-ʿūd
Wa-gūl nūḥī yā ʿēn
Ādī l-nahār elli nta bīh mawʿūd
W-ḥyāt torbet nabī zēn
Ma-šrab min el-kās ya ḥabāyib
Ellā-n-ḥošto menno l-ʿūd.

10 — Si sur moi s'accroît le poids de l'amour,
je m'assieds et je fais des traces avec une brindille.
Je dis : pleure, ô mon œil,
Voici le jour qui t'est destiné.
Où en terre nous rejoindrons le Beau Prophète (?)
Je ne boirai pas la coupe, ô mes amis,
Si vous n'en faites pas disparaître la brindille.

١١ ـ طق الهوا عالباب
قلت الحبيب جاني
اتاريك يا باب كداب
تنهز بالعاني

Ṭagg el-hawā ʿal-bāb
Gult el-ḥabīb ğānī
A-tarīk ya bāb kaddāb
Tenhazz-e bel-ʿānī.

11 — Le vent a frappé à la porte;
J'ai pensé : ma bien-aimée est venue.
Tu n'es donc, ô porte, qu'une menteuse
Tu fais exprès de t'agiter.

١٢ – انا عينى رأت حليوه ومنخنخه جملها فى حطب حنّه
لو كان معانا مال كنا على ابوها دخلنا
لكن لا معانا مال ولا صحاب مال
دحنا فقرات الحال
بس الحب طاحنّا

Ana ʿēnī rā'et ḥelēwa w-mnaḫnaḫa ğamalha f-ḥaṭab ḥenna
Law kān maʿāna māl kunna ʿala būha daḫalna
Laken lā maʿāna māl wa lā ṣḥāb māl
Deḥna fugarāt el-ḥāl
Bass o l ḥobb ṭāḥonna

12 — Mon œil a aperçu une belle, son chameau s'agenouillait dans un champ de henné.
Si j'avais de l'argent, j'aurais été voir son père;
Mais je n'ai ni argent, ni propriété,
Car je suis pauvre.
Mais l'amour m'a broyé.

١٣ – عجبى على حته حليوه
فى ايدها اليمين خاتم
طلبت منها الوصال
قالت يا جدع رب العباد خاتم
واذا كان بدّك فىّ يا جميل
روح لابويا بحرى البلد حاكم
وعد له المهر على كفه وتعالى
نطيّر الدم اللى ليه زمان خاتم

ʿAǧabī ʿala ḥettet ḥelēwa
Fi edha l-ymīn ḫātem
Ṭalabt-e menhā l-wuṣāl
Gālet yā ǧadaʿ rabb-e l-ʿebād ḫātem
W-iza kān beddak feyya yā ǧamīl
Rūḥ l-abūyā baḥrī l-balad ḥākem
W-ʿeddelo l-mahr ʿala kaffo w-taʿāla
Nṭayyar el-damm elle līh zamān ḫātem

13 — Je me suis épris d'une belle fille,
Dans sa main droite elle porte une bague
Je lui ai demandé de l'approcher;
Elle m'a dit : le Seigneur des créatures a opposé son sceau,
Et si tu as envie de moi, mon bel ami,
Va voir mon père, qui gouverne au Nord du village.
Verse-lui dans la main le montant de la dot, et viens
Faire couler le sang qui, depuis longtemps, est retenu par un sceau.

١٤ — البنت تقول عايز تخطبنا
من روح اخطبنا من دار ابونا
وعد لابونا المهر على كفّه
فى دار ابونا
ده احنا بنات احرار
عمرنا ما نميل لو بالنار ضربونا

El-bent-e tegūl ʿāyez toḫṭobna
Men rūḥ eḫṭobna men dār abūna
W-ʿedd l-abūna l-mahr ʿala kaffo
Fi dār abūna
Deḥna banāt aḥrār
ʿUmrena mā nmīl law be-l-nār ḍarabūna.

14 — La fille dit : tu veux me demander en mariage?
Va demander ma main dans la maison de mon père,
Et donne-lui dans sa main le montant de la dot,
Dans la maison de mon père,
Car je suis de la race des filles libres,
Qui ne cèdent pas, même par le feu frappées.

١٥ — البت قالت لابوها ولا اختشت منه
توب الحيا داب والنهد بان منه
والزرع اللى بحرى البلد طاب .. عجـّل عليه لمه
ليطير الظنايا يقطعوا النوّار منه .. يعوّلوك همه

El-bett gālet l-abūha wa lā ḫtašet menno
Tōb el-ḥayā dāb wel-nahd-e bān menno
Wel-zarʿ ellī baḥrī l-balad ṭāb ... ʿaǧǧel ʿalēh lemmo
La-yiṭīr el-ẓanāya ygaṭṭaʿu el-nawwār menno ... yeʿawwulūk hammo.

15 — La fille dit à son père, sans timidité :
La robe de la pudeur s'est usée, laissant paraître le sein;
Les cultures, au Nord du village, ont mûri ... hâte-toi de les cueillir,
Avant que les vauriens ne viennent en arracher les fleurs (1), t'en faisant de nouveau supporter les soucis.

١٦ — ابوى بنا لى قصر بنبل وخطـّافات
وعمل عليه غفر ميت نفر
عجبى على جدع زين فات على الميه ونعـّسها
وخد وصاله من المحبوب وخطى وفات

Abūy banā lī gaṣr bi-nebl w-ḫoṭṭāfāt
W-ʿamal ʿalēh ġafar mīt nafar
ʿAǧabī ʿala-ǧadaʿ zēn fat ʿala l-meyya w-naʿʿasha
W-ḫad wuṣālo men el-maḥbūb w-ḫaṭṭa w-fāt

16 — Mon père m'a bâti un château, hérissé de crochets;
Il y a mis une garde de cent personnes.
Je suis éprise d'un beau jeune homme qui passa, endormant les cent gardes,
S'unit avec la bien-aimée, passa et disparut!

١٧ — يا خاطب البنت روح للبنت دار ابوها
واخطبها واتكلم عليها من دار ابوها
خسيسه اتميل والحرة عمرها ما تميل
لو بالنار ضربوها

(1) «Arracher les fleurs» se dit pour exprimer la perte de la récolte. C'est un fait qu'après la culture du coton et sa vente, le paysan marie habituellement ses enfants.

Yā ḫāṭeb el-bent rūḥ lel-bent dār abūha
W-ḫṭobha we-tkallem ʿalēha men dār abūha
Ḫasīsa itmīl we-l-ḥorra ʿumraha mā tmīl
Law bi-l-nār ḍarabūha

17 — Toi qui veux épouser la fille, va à la maison de son père.
Parle d'elle et demande-la, mais dans la maison de son père.
Une fille médiocre peut céder, mais une fille libre, jamais ne cèdera,
Même si on l'exécute d'un coup de feu.

١٨ — يا خاطب البنت سيس الام قبليها
واسأل على الخال من بعد الخال ابو ليها
واذا عطوك البنت كمان يا خى
تنام على ملح الرشيد ما تلين
واذا لانت البنت تبقى الام قبليها

Yā ḫāṭeb el-bent sīs el-omm gablīha
We-s'al ʿalā l-ḫāl min baʿd el-ḫāl abū līha
We-izā ʿaṭūk el-bent kamān yāḫī
Tenām ʿalā malḥ el-rašīd mā tlīn
We-izā lānet el-bent tebga l-omm gablīha

18 — Si tu veux te fiancer à une fille, apprends à gouverner la mère.
Informe-toi sur son oncle maternel ensuite car l'oncle lui est un père.
Si on t'a donné la fille, quand même, ô mon frère,
Fais-la dormir sur du sel de Rosette, qu'elle ne se laisse pas aller,
Car si la fille se laisse aller, c'est que sa mère l'a fait avant elle.

١٩ — انا من قلة الخال ختّلك يا غريب خالى
حطيت رجلى على المليان
سقطت وجت فى الخالى
انا عايز لى ضمّار يُضمر على حالى
قالى شقى البخت من يومك
خدّوا غزالك
وصبّحوا موطنك خالِ

Ana men gellet el-ḫāl ḫattak ya ġarīb ḫalī (1)
Ḥaṭṭēt reğlī ʿala l-malyān
Segṭet we ğat fī l-ḫāli
Ana ʿāyez lī ḍammār yuḍmur ʿalā ḥālī
Gāl-lī šagiyy el-baḫt min yōmak
Ḫado ġazālak
We ṣabbaḥo mawṭinak ḫāli

19 — Moi qui n'ai pas d'oncle, et je t'ai pris, étranger, comme mon oncle;
J'ai posé mon pied sur ce que je croyais plein,
J'ai trébuché, mon pied dans le vide.
J'ai voulu quelqu'un qui me lise mon destin;
On m'a dit : la chance t'est contraire depuis ta naissance,
Ils t'ont pris ta bien-aimée;
De ta demeure, un beau matin, ils ont fait un désert.

٢٠ – يا حلو يا للى ظهر عيبك
وبان جيبك
والقلب منك حسّ
جبتك حرير بالاوقيه
واحسبك لىّ انا بس
تريك يا جميل مصاحب
تلاته خـِلفى انا بس
يخونك الود اللى كنت باودّولك
وكلام السر اللى انا كنت باعيدهولك
ده انا كنت أقوم بالليل
وبقيس طولى على طولك
يا ترى خدتك عين
ولا بالحبر كتبولك

(1) Durant mon séjour dans ce village, un grand nombre d'hommes et de femmes et même des personnes âgées m'appelaient *ḫāl*, c.à.d. oncle maternel. L'emploi de ce terme signifiait que j'étais devenu l'un d'eux et occupais la place d'un proche.

Yā ḥelw yā llī ẓahar ʿēbak
We-bān ğēbak
We l-galbe mennak ḥass
Ğebtak ḥarīr bel-wugeyya
Wa ḥsebak leyya ana bass
Tarīk yā ğamīl meṣāḥeb
Talāta ḫelfī ana bass
Yiḫūnak el-wedd elli kunt baweddō-lak
We-kalām el-serr ell-ana kunt baʿīd-hō-lak
Da-nā kunt agūm be-l-lēl
We-bagīs ṭūlī ʿalā ṭūlak
Yā tarā ḫadetak ʿēn
Walla bel-ḥebre katabō-lak.

20 — Toi la belle dont le défaut est apparu,
Et dont on peut voir ce qu'il y a dans la poche,
Toi par qui mon cœur a souffert,
Je t'ai acquise comme de la soie petit à petit,
Et je croyais que tu étais à moi seul;
Et te voilà, ô beauté, qui fréquentes
Trois amis en plus de moi.
T'a-t-il trahi, l'amour que je t'avais donné,
Et les paroles secrètes que je te répétais?
Je me levais la nuit
Pour me mesurer à toi.
Est-ce le mauvais œil qui t'a pris
Ou bien t'a-t-on écrit (un charme) avec de l'encre?

٢١ — انا حبيت غزال زين
يغضب كل يوم نوبه
مشيت وراه اصلحه من كل دار نوبه
مِشيُم وراه العوازل بالفتن تلفوه
والجرح بعد ما طاب جابوا المستكه وعطبوه
يا خسارة جدع زين ما تهنيت ولا نوبه

Anā ḥabbēt ġazāl zēn
Yeġḍab kull yōm nōba

Mešīt warāh aṣleḥo min kull-e dār nōba
Mešyom warāh l-ʿawāzel bi l-fitan talafūh
We-l-ğarḥ baʿd-e mā ṭāb ğābo el-mesteka we-ʿaṭabūh
Yā ḫsāret ğadaʿ zēn mā-thannēt wa lā nōba

21 — J'ai aimé une gazelle, une beauté,
Qui se mettait en colère tous les jours une fois.
Pour me réconcilier avec elle, je la poursuivais dans chaque maison une fois.
Les envieux l'ont poursuivie et abîmée par leurs calomnies.
La blessure une fois guérie, ils ont apporté des baumes et l'ont infectée.
Quel dommage! Jeune et beau, je n'ai pas été heureux, pas une fois!

٢٢ — يا عينى على العازب . . . يا عينى عليه
لنضته مطفيه . . . وحصيرته مطويه
من قلة الصبيه . . . يا نارى عليه
يا عينى على العازب . . . يا عينى عليه
ربى الخميره . . . عملها فطيره
من خيبته التقيله . . . يا نارى عليه
يا عينى على العازب . . . يا عينى عليه
طالع يبص . . . داخل يبص
خس النص . . . يا نارى عليه
طالع يطاطى . . . داخل يطاطى
اترمى على باطى . . . يا نارى عليه
يا عينى على العازب . . . يا عينى عليه
داخل يجرى . . . طالع يجرى
اتكفى على حجرى . . . يا نارى عليه
فرش مناديله قدام دكاكينه
وحسبنى اجيله . . . وضحكت عليه
يا عينى على العازب . . . يا عينى عليه
فرش محرمته . . . قدام مندرته
وحسبنى اضحكله . . . وضحكت عليه
يا عينى على العازب . . . يا عينى عليه

Yā ʿēnī ʿāla l-ʿāzeb ... yā ʿēnī ʿalēh
Landeto maṭfeyya ... we-ḥaṣērto maṭweyya
Min gellet eṣ-ṣabeyya ... yā nārī ʿalēh
Yā ʿēnī ʿāla l-ʿāzeb ... yā ʿēnī ʿalēh
Rabba l-ḫamīra ... ʿamalha faṭīra
Min ḫibto l-tagīla ... yā nārī ʿalēh
Yā ʿēnī ʿalā l-ʿāzeb ... yā ʿēnī ʿalēh
Ṭāleʿ yiboṣṣ ... dāḫel yiboṣṣ
Ḫass el-noṣṣ ... yā nārī ʿalēh
Ṭāleʿ yeṭāṭī ... dāḫel yeṭāṭī
Itrama ʿalā bāṭī ... yā nārī ʿalēh
Yā ʿēnī ʿalā l-ʿāzeb ... yā ʿēnī ʿalēh
Dāḫel yeǧrī ... ṭāleʿ yeǧrī
Itkafā ʿala ḥeǧrī ... yā nārī ʿalēh
Faraš manādīlo goddām dakākīno
We-ḥasabnī aǧīlo ... we ḍḥekt ʿalēh
Yā ʿēnī ʿalā l-ʿāzeb ... yā ʿēnī ʿalēh
Faraš maḥramto ... goddām mandarto
We ḥasebnī aḍḥak-lo ... we ḍḥekt ʿalēh
Yā ʿēnī ʿalā l-ʿāzeb ... yā ʿēnī ʿalēh (1).

22 — Le pauvre célibataire, comme je le plains!
Sa lampe est éteinte, sa natte est pliée,
Il lui manque une jeune femme ... Mon Dieu, quel tourment!
Il a fait de la levure, et en a fait une galette,
Tellement il est peu doué ... Mon Dieu, quel tourment!
Le pauvre célibataire, comme je le plains!
Il épie en sortant, il épie en rentrant,
Il a maigri de moitié, mon Dieu, quel tourment!
Il baisse la tête en sortant, il la baisse en rentrant,
Et se jette dans mes bras, mon Dieu, quel tourment!
Le pauvre célibataire, comme je le plains!
Il rentre en courant, il sort en courant,
Et se blottit dans mon giron, mon Dieu quel tourment!

(1) Cette chanson est connue surtout à Aḫmīm.

Il a étendu ses mouchoirs devant son échoppe,
En pensant que je viendrais, mais je me suis moquée de lui.
Le pauvre célibataire, comme je le plains!
Il a étendu son châle sur le pas de sa chambre,
En pensant que je lui sourirais, mais je me suis moquée de lui.
Le pauvre célibataire, comme je le plains!

٢٣ – جلاليبك الذوق

جلاليبك وانا اموت فى حياة جلاليبك
ورده على راسى – ورده على راسى
وايش وصلك لناسى ؟ وانا اموت فى حياة جلاليبك
ورده على كمى – ورده على كمى
وايش وصلك لامى ؟ وانا اموت فى حياة جلاليبك
ورده على شعرى – ورده على شعرى
وايش وصلك لاهلى ؟ وانا اموت فى حياة جلاليبك
ورده على ايدى – ورده على ايدى
وايش وصلك لسيدى ؟ وانا اموت فى حياة جلاليبك
ورده على كتفى ورده على كتفى
وايش وصلك لسلفى ؟ وانا اموت فى حياة جلاليبك
ورده على صدرى – ورده على صدرى
وايش وصلك لاهلى ؟ وانا اموت فى حياة جلاليبك
جلاليبك الذوق جلاليبك

Ğalālībak ez-zōg
Ğalālībak *we-anā amūt fī ḥayāt ğalālībak*
Warda ʿalā rāsī - warda ʿalā rāsī
W-eš waṣṣalak le-nāsī? *we-anā amūt fī-ḥayāt ğalālībak*
Warda ʿalā kummī ... warda ʿalā kummī
W-eš waṣṣalak l-ommī? *we-anā amūt fī-ḥayāt ğalālībak*
Warda ʿalā šaʿrī ... warda ʿalā šaʿrī
W-eš waṣṣalak l-ahlī? *we-anā amūt fī-ḥayāt ğalālībak*
Warda ʿalā yīdī ... warda ʿalā yīdī
W-eš waṣṣalak li-sīdī? *we-anā amūt fī-ḥayāt ğalālībak*

Warda ʿalā ketfī ... warda ʿalā ketfī
W-eš waṣṣalak le-selfī? *we-anā amūt fī-ḥayāt ǧalālībak*
Warda ʿalā ṣedrī ... warda ʿalā ṣedrī
W-eš waṣṣalak l-ahlī? *we-anā amūt fī-ḥayāt ǧalālībak*
Ǧalālībak ez-zōg ǧalālībak

23 — Comme elles sont belles, tes *ǧallābiyya,*
Je donnerais ma vie pour tes *ǧallābiyya!*
Une fleur sur ma tête, une fleur sur ma tête,
Qu'est-ce qui t'a amené auprès de mes gens?
Je donnerais ma vie pour tes *ǧallābiyya!*
Une fleur sur ma manche, une fleur sur ma manche,
Qu'est-ce qui t'a amené auprès de ma mère?
Je donnerais ...
Une fleur sur mes cheveux, une fleur sur mes cheveux,
Qu'est-ce qui t'a amené auprès de ma famille?
Je donnerais ...
Une fleur dans ma main, une fleur dans ma main,
Qu'est-ce qui t'a amené auprès de mon grand-père?
Je donnerais ...
Une fleur sur mon épaule, une fleur sur mon épaule,
Qu'est-ce qui t'a amené auprès de mon beau-frère?
Je donnerais ...
Une fleur sur ma poitrine, une fleur sur ma poitrine,
Qu'est-ce qui t'a amené auprès de ma famille?
Je donnerais ma vie pour tes *ǧallābiyya,*
Comme elles sont belles tes *ǧallābiyya!*

2. Chants sur les épreuves de la vie.

٢٤ ـ انا كنت ف ـ لمّه وميت واحد
شكيت وبكيت قالت الناس مات واحد
الله رافع السما وباسط الارض هو الاله واحد
من عام لعام نقولها ... الاله واحد
بنّا بنالى ولا خدشى الكرى منى

بنى الحواجب وعلّا الرمش والننى
فرضوا علىّ فرايض انا بكره تـطـّلب منى
اشكى اقول ايه وهو الملك للواحد

Anā kunt f-lamma we mīt wāḥed
Šakēt w-bakēt gālet el-nās māt wāḥed
Allāh rāfeʿ el-samā w-bāseṭ el-arḍ howwa l-ilāh wāḥed
Min ʿām le-ʿām ngulha ... el-ilāh wāḥed
Banna banālī wa lā ḫad-šī l-kara mennī
Banā l-ḥawāǧeb wa ʿalla l-remš we-l-nennī
Faraḍo ʿalayya farāyiḍ anā bokra teṭṭeleb mennī
Aškī agūl ēh we-howwa l-molk-e lel-wāḥed

24 — J'étais dans une foule, de plus de cent personnes,
Je me suis plaint, j'ai pleuré, les gens se sont dit : quelqu'un est mort.
Dieu a élevé les cieux et déployé la terre, c'est le Dieu unique,
D'âge en âge, nous le proclamons ... Dieu est unique.
Un maçon a construit pour moi sans prendre de salaire,
Il a façonné les sourcils, dressé les cils, planté la prunelle ...
On m'a imposé des obligations : demain on me réclamera des comptes.
Si je me plains, que puis-je dire? C'est l'Unique qui est Seigneur.

٢٥ — عملت صياد والشبك والطرح فى ايدى
لجل الضروره بقول للعبد يا سيدى
شجرة الذل مالت انا اللى عدلتها بإيدى
يا سايقين البل سوقوا البل واتعلى
انا من فعل هذا الزمان باتكاد واتعل
الله جالى هاتف فى المنام قال لى
ده حكمة الله لا بإيدك ولا بإيدى

ʿAmalt ṣayyād we-l-šabak we-l-ṭarhe f-īdī
Lağl el-ḍarūra bagūl lel-ʿabd-e yā sīdī
Šağaret el-zull-e mālet anā llī ʿadeltaha b-īdī
Yā sāyigīn el-bill sūgu l-bill we-tʿallī
Anā min feʿl hāza l-zamān batkād we-tʿallī
Allāh ğā-lī hātef fī l-manām gāl-lī
Dah ḥekmet Allāh lā b-īdak wa lā b-īdī

25 — J'ai été pêcheur, j'ai jeté le filet de ma main.
Par nécessité, je disais à l'esclave : ô mon maître.
Quand l'arbre de l'humiliation penchait, je le redressais de ma main.
Ô caravaniers, conduisez vos chameaux et venez à moi :
Le temps que nous vivons me déplaît et me rend malade.
Dieu! Une voix est venue me parler, dans mon sommeil :
« Telle est la volonté de Dieu » m'a-t-elle dit, « ni toi ni moi n'y pouvons rien! ».

٢٦ — قالوا من انهى قبيله قلت من شَلّى
قالوا حمولك تقيله انا قلت مين شالى
يا رب خلى الحبايب كتر منشالى
فضلت زى السمك فى البحر عالجروف راسى
كل الجروف والجزاير لطّمت راسى
كتير من الناس يقولوا يا جدع قاسى
تميت اقاسى لما لقيت الوعد منشالى

Gālo men anhī gabīla golt min šallī
Gālo ḥumūlak tagīla anā golt mīn šāllī
Yā rabb ḫallī l-ḥabāyeb keter men šāllī
Feḍelt zayy el-samak fī l-bahr ʿa-l-ğurūf rāsī
Kull el-ğurūf wel-ğazāyer laṭṭamet rāsī
Ketīr min el-nās yigūlo yā ğadaʿ gāsī
Tammēt agāsī lamma lagēt el-waʿd minšāllī.

26 — Ils ont dit : De quelle tribu es-tu? J'ai dit : de Šallī.
Ils ont dit : ton fardeau est lourd. J'ai dit : qui me le portera?
Mon Dieu, garde mes nombreux amis pour m'aider à porter!
Je suis resté dans l'eau comme un poisson, ancré près des berges.
Tout ce qui flottait près du rivage m'a heurté à la tête.
Beaucoup de gens m'ont dit : supporte tout cela, mon brave.
J'ai continué à supporter, puisque tel est le destin qui m'est réservé!

٢٧ — لقانى عليل تحت حيط مايل
فارش ونايم تحت حيط مايل
أقلّبه باليمين ألقى الشمال مايل
راحوا يجيبوا الدوا

لقيوا الدوا فى العلب سايل
ردوا الدوا لاصحابه
ايش يعمل الطب للى سعدهم مايل

Lagānī ʿalīl taḥte ḥēṭ māyel
Fāreš we-nāyem taḥt-e ḥēṭ māyel
Agallebo bel-yamīn alga l-šemāl māyel
Rāḥo yiǧībo l-dawā
Legyu l-dawā fī l-ʿilab sāyel
Raddo l-dawā le-ṣḥābo
Eš yeʿmel el-ṭebb lellī saʿdohom māyel.

27 — Il m'a trouvé malade, sous un mur qui penche,
J'avais étendu ma couche et dormais, sous un mur qui penche.
Je le redresse à droite, je le trouve qui penche à gauche.
Ils sont partis me chercher un remède,
Et l'ont trouvé qui avait fondu dans la boîte,
Ils l'ont rendu à son propriétaire :
Que peut la médecine pour ceux dont la chance penche?

٢٨ — من صغر سني ده انا اللى عشت فردانى
وجه حصر التركه طار لى فدان فردانى
سحبت فاسى وسرحت الغيط فردانى
لقونى تلاته ياكلوا على طبليه
قمتلهم السلام ردولى السلام بلا نيّه
دفعت جنيه حررت القضيه
دفعوا قبال الجنيه ميّه
كسبوا القضيه وانا اللى صرت فردانى

Min ṣoġre sinnī da-nā llī ʿišt faradānī
We ǧeh ḥaṣar el-terka ṭār lī faddān faradānī
Saḥabte fāsī we saraḥt el-ġēṭ faradānī
Lagūnī talāta yaklo ʿalā ṭableyya
Gumtelhom el-salām raddū lī l-salām belā niyya
Dafaʿat el-ǧnēh ḥarrart el-gaḍeyya
Dafaʿo gubāl el-ǧenēh miyya
Kesbo l-gaḍiyya w āna llī ṣirt faradānī.

28 — Depuis mon plus jeune âge, j'ai vécu tout seul;
Celui qui est venu compter l'héritage ne m'a laissé qu'un seul *feddān;*
J'ai pris ma pioche et je suis sorti aux champs, tout seul;
J'en ai rencontré trois qui mangeaient sur une petite table,
Je les ai salués, ils m'ont répondu du bout des lèvres;
J'ai payé une livre pour entamer le procès,
Ils en ont versé cent;
Ils ont gagné le procès, et moi, je suis resté tout seul.

٢٩ — الناس فيها جرح
وانا فىّ اربعة وستين
أقل ما فى الجروح يا طبيب يرقّد السكين
والله لبيعك يا سيف واشترى بيك سكين
وأقطّع عروق المحبه لحنين على عازب ولا مسكين

El-nās fīha ğarḥ
W-anā feyya arbaʿa we-settīn
Agall mā fī l-ğurūh yā ṭabīb yiraggad el-sekkīn
Wa-llāh labīʿak ya-sēf we-šterī bịk sekkīn
Wa-gaṭṭaʿ ʿurūg el-maḥabba li-ḥanīn ʿalā ʿāzeb wa lā meskīn.

29 — Les gens ont une blessure,
Moi, j'en ai soixante-quatre!
La moindre de mes blessures, ô docteur, le couteau s'y enfoncerait jusqu'au manche!
Par Dieu, je vais te vendre, épée, et acheter un couteau
Pour trancher les veines de l'affection et ne plus m'apitoyer sur le célibataire et le malheureux.

٣٠ — فى بطنى جرح يا طبيب
من جوّه الحشا مشوانى
وادى كلام العوازل
مُر حنضل وشوانى
راحم يجيبوا الدوا لقيوا الدوا فى الحُق
والموت علينا حق
بس صغار مشوانى

Fī baṭnī ğarḥ-e yā ṭabīb
Min ğowwa l-ḥašā mašawānī
Wādī kalām el-ʿawāzel
Murr ḥanḍal we-šawānī
Rāḥom yiğībo l-dawa legyu l-dawā fī l-ḥogg
We l-mōt ʿalēna ḥagg
Bass-e ṣġār mašawānī

30 — Il y a dans mon ventre une blessure, ô docteur,
Qui me brûle les entrailles,
Et voilà encore les paroles des envieux,
Amères comme la coloquinte et qui me brûlent.
Ils sont partis chercher le remède, et l'ont trouvé dans un flacon.
Nous sommes promis à la mort,
Mais nous sommes encore jeunes, et cette pensée me ronge!

٣١ — اول زمانك يعزّوك
غالى فى يد غالى
لما دُبت يا توب
رحت فى رديم الكيمانى

Awwel zamānak yiʿezzūk
Ġālī fī-yadd ġālī
Lamma dobt yā tōb
Ruḥt fī radīm el-kīmānī.

31 — Au début de ta vie on te chérit,
Précieux dans la main de quelqu'un de cher.
Mais quand tu t'es usé, ô habit,
Tu es parti sur le tas de débris!

٣٢ — كان فى شبابك اهلك كان يعزّوك
ويعزّوك على كتر مالك
ولما فرغ المال منك يمسخ عليهم سؤالك

Kān fī šabābak ahlak kān yiʿezzūk
We-yiʿezzūk ʿalā kutr-e mālak
We-lemma fereġ el-māl mennak yemsaḫ ʿalēhom su'ālak.

32 — Quand tu étais jeune, ta famille te chérissait,
Ils te chérissaient selon ta richesse,
Et quand la richesse t'a quitté, ils ont trouvé fade de s'inquiéter de toi.

٣٣ — جبل القروش فين انا اللى خس مصروفى
واضعضع الحال والناس نسيت معروفى
انا قلت الله ينعلك يا عين
يا للى تبطّلى مشى الجدعان وتلوفى

Ğabal el-gurūš fēn anā llī ḫass maṣrūfī
We-ḍḍaʿḍaʿ el-ḥāl wel-nās nesyet maʿrūfī
Anā gult Allāh yenʿalek yā ʿēn
Yā llī tebaṭṭalī mašyi el-ğedʿān we-tlūfi.

33 — La montagne de piastres, où est-elle?
Moi dont l'argent a diminué.
La situation s'est détériorée et les gens ont oublié mes bienfaits.
J'ai dit : Que Dieu te maudisse,
Toi qui as cessé de te comporter en brave pour rechercher la compagnie facile.

٣٤ — يا دنية الشوم مالك ساده لِودان
فاتله جوز حبال كتان عالزندين لودانى
ده انا جمل صلب وحملى علىّ صلب
ومن جهة الغلب وحلان لودانى

Yā denyet el-šūm mā lek sādda l-wudān
Fātla ğōze ḥebāl kettān ʿāl-zendēn le-wudānī
Danā ğamal ṣulb we-ḥemlī ʿalayya ṣulb
We-min ğeht el-ġulb waḥlān le-wudānī.

34 — Ô vie de malheur, qu'as-tu à faire la sourde oreille?
Tu as tressé deux fils de lin qui me lient des bras jusqu'aux oreilles.
Je suis solide comme un chameau, mais ma charge me pèse comme de l'acier.
Pour ce qui est du malheur, j'y suis embourbé jusqu'aux oreilles.

٣٥ – يا دنية الشوم مالك سد كالحانه
كنتى تصيحى معانا قبل كالحانه
لا سألتى علينا يا رديه وتقلك علينا خال
وكيلك بقى غش
يا مشومه وكالحانه

Yā denyet el-šūm mālek sadd kalḥāna
Kuntī teṣīḥi maʿānā gabl kalḥāna
La sa'altī ʿalēna yā radeyya we-tuglek ʿalēna ḫāl
We kēlek baga ġešš
Yā mašūma we-kalḥāna

35 — Ô vie de tristesse, pourquoi es-tu ainsi, fermée, usée et sans couleur?
Tu avais l'habitude de te réjouir avec nous, autrefois, comme une taverne.
Mais tu ne t'es plus inquiétée de nous, ô mauvaise et ton attitude a réussi
Et même la mesure avec laquelle tu donnes est falsifiée.
Ô vie triste, usée et sans couleur!

٣٦ – مالك يا دنيه كنكتى
وبالغلب مانش راضى
وفارت كبّت كنكتى
وراح كيفنا فى الاراضى

Mā lek yā donya kanaktī
We bel-ġulb ma niš rāḍī
We fāret kabbet kanaktī
We rāḥ kēfna fi l-arāḍī.

36 — Pourquoi toi, la vie, t'es-tu rétrécie comme une cafetière,
Je ne peux accepter la misère.
Ma cafetière a bouilli, et a débordé.
Et notre plaisir s'est répandu à terre.

3. Chants à coloration politique.

٣٧ – شوف الزمان لوّع اللى كان على كيفه
ودوّب الصبر فى الفنجان وسقوه على كيفه

شوف الانجليز قال عملوا فى البر حريه
وابن الصبيه فى السجن مرميه
وابن الهفيه يجلّع على كيفه

Šūf el-zamān lawwaʿ ellī kān ʿalā kēfo
We dawweb el-ṣabr fe l-finǧān we-sagūh ʿalā kēfo
Šūf el-inglīz gāl ʿamalo fe-l-barr ḥurriyya
We-bne l-ṣabiyya fī l-siǧn-e marmiyya
We-bne l-hafiyya yiǧallaʿ ʿalā kēfo

37 — Vois ce temps : il écrase celui qui vivait libre;
Il dissout l'amertume dans la coupe et lui en fait boire à sa guise.
Vois ces Anglais : on dit qu'à cette terre ils ont apporté la liberté,
Mais le fils de la femme de bien en prison est jeté,
Le fils de celle qui ne vaut rien, lui, se pavane à sa guise.

٣٨ — عصاية السبع خنّت
ونزلت شرايح شرايح
وقعنا فى الجيل المُخنّس
والعلوق ركبت مشايخ

ʿAṣāyet el-sabʿ ḫannet
We-nezelet šarāyeḥ šarāyeḥ
We-geʿna fe-l-ǧīl el-muḫannas
we-l-ʿulūg rekbet mašāyiḫ

38 — Le sceptre du lion s'est brisé.
Et est tombé, morceau après morceau.
Nous sommes tombés entre les mains d'une génération d'efféminés,
Et des mollusques sont aux postes de commande.

٣٩ — لو كانت قولة آه كان التبر قايلها
كنت أقضّى طول العمر قايلها
وكلمة الحق عدمت مين قايلها

Law kānet gōlet āh kān el-tebr gāyelha
Kunt agaḍḍī ṭūl el-ʿumr gāyelha
We kelmet el-ḥagg ʿedmet mīn gāyelha

39 — Si l'or pouvait soupirer,
Je passerais ma vie à soupirer.
Mais la parole de vérité a disparu, qui donc la prononcera?

4. Chansons moralisatrices.

٤٠ — الخسيس شتم الاصيل فى يوم طياب مِنـدّى
قال اشهدم يا ولاد حق الخسيس عندى
فط الخسيس قال للاصيل تعالى عندنا خدّام
وكلك وشربك تبقى عندنا خدّام
ضحك الاصيل وقال لما تحكم الايام
نطلع الجبال ياكلنا الوحاش والغيلان
ولا يقولوا الاصيل عند الخسيس خدّام

El-ḫasīs šatam el-aṣīl fī yōm ṭayyāb menaddī
Gāl išhadom yā wlād ḥagg el-ḫasīs ʿandī
Faṭṭ el-ḫasīs gāl lel-aṣīl taʿāla ʿandena ḫaddām
Waklak we šorbak tebga ʿandena ḫaddām
Ḍeḥek el-aṣīl we gāl lamma tuḥkum el-iyyām
Neṭlaʿ el-ğibāl yakulna l-wuhāš we-l-ġīlān
Wa lā yigūlo l-aṣīl ʿāndel-ḫasīs ḫaddām

40 — Un jour où le vent du Nord soufflait, rafraîchissant, un médiocre insulta un (homme au cœur) noble.
(Ce dernier) dit : Soyez témoins, ô jeunes gens! Le médiocre prétend que j'ai tort.
Le médiocre se dressa et dit au noble : Viens donc chez nous comme serviteur!
Tu auras chez nous à manger et à boire.
Le noble se mit à rire et dit : Le jour où cela sera nécessaire,
Je monterai sur la montagne, les bêtes sauvages et les monstres me mangeront,
Mais on ne dira pas que le noble a travaillé comme serviteur chez le médiocre!

٤١ — يا زارع الوداد اياك الوداد شجره قل
ولا سواق الوداد نظحت ولا مياها قل
انا ايام بنام عالفراش وايام بنام عالتل
وايام بنلبس حرير وايام بنلبس فلّ
انا رحت لشيخ عالم بنشكى ليه
رمى الكتاب من يمينه والتفت قالى
الغندره بعد الدندره تندلّ

Yā zāriʿ el-wudād iyyāk el-wudād sağaro gall
Wallā sawwāg el-wudād naẓaḥet wallā myāhā gall
Anā-yyām banām ʿal-firāš w-ayyām banām ʿal-tall
W-ayyām benelbes ḥarīr w-ayyām benelbes fall
Anā ruḥt le-šēḫ ʿālem beneškī līh
Rama l-kitāb men yamīno we-ltafat gāl-lī
El-ġandara baʿd el-dandara tendall.

41 — Toi qui sèmes l'amour, crois-tu que ses arbres soient si rares,
Ou que sa plantation a périclité ou qu'elle manque d'eau?
Quant à moi, parfois, je dors dans un lit, parfois sur la colline,
Parfois je suis vêtu de soie, parfois je porte des haillons.
Je me suis rendu chez un sheikh très sage, pour me plaindre à lui,
Il a jeté le livre qu'il tenait dans sa main droite, et se tournant vers moi, il a dit :
L'aisance, après la gêne, arrivera.

٤٢ — يا ريس البحر خدنى معاك احسنلى
اتعلّم الكار قبل العار ليحصلى
انا تمّيت ابارى لقيت الموج عِلى للصارى
رميت المدارى وقلت البر احسنلى

Yā rayyes el-baḥr ḫodnī maʿāk aḥsan-lī
Ateʿallem el-kār gabl el-ʿār la-yeḥṣal-lī
Anā tammēt abārī lagēt el-mōğ ʿelī lel-ṣārī
Ramēt el-madārī we-gult el-barr aḥṣan-lī.

42 — Ô batelier, prends-moi avec toi, je suis fait pour la mer,
J'apprendrai le métier avant que la honte ne m'atteigne.
J'ai eu beau résister, j'ai trouvé la vague aussi haute que le mât.
J'ai jeté la perche et j'ai dit : je suis fait pour la terre!

٤٣ – عليل يقول يا تمرجى
انا اللى واجعنى قوى قلبى
والله لو معايا مال يا طبيب
لكنت اسعى واجيب دوا لقلبى
الا بلا مال حتى الاهل قلّوا بى
امى تقول يا ولد رباك
ده ابوك كان راجل جد
من مال الحلال رباك
واذا خالفت رباك
لم يرضى عليك قلبى

ʿAlīl ygūl yā tamarǧī
Anā llī waǧaʿnī gawī galbī
Wa-llāh law maʿāyā māl yā ṭabīb
La-kunt asʿa wa-ǧīb dawa l-galbī
Ella bila māl ḥatta l-ahl gallo bī
Ummi tegūl yā walad rabbāk
Da-būk kān rāǧel ǧadd
Min māl el-ḥalāl rabbāk
W-iza ḫāleft-e rabbāk
Lam yerḍa ʿalēk galbī

43 — Un malade dit : ô infirmier,
Mon cœur me fait très mal;
Je jure que si j'avais de l'argent, ô médecin,
Je serais parti chercher un remède pour mon cœur.
Mais sans argent, même ma famille me dédaigne.
Ma mère me dit : pense au Seigneur, mon fils,
Ton père était un homme sérieux,
Il t'a élevé avec l'argent gagné honnêtement,
Et si tu n'obéis pas à ton Seigneur,
Mon cœur ne sera pas content de toi.

٤٤ – هى : عويت يا ديب وانا احسبك وسط الديابه ديب
لما غزالك بركلك فى حدره وخلف طريق

هو : عجبى على غليون من وادى اليمن ما هو حل
تستاهلى يا عين كويك على الجنبين اذا حل
اللى عينك عميت عن الشوكه ونظرك قل

— *ʿAwēt yā dīb w-anā ḥsebak wosṭ el-diyāba dīb*
Lamma ġazālak baraklak fe-ḥadara w-ḫalf-e ṭarīg
— *ʿAǧabī ʿalā ġalyūn*[1] *min wādī l-yaman mā how ḥall*
Testāhlī yā ʿēn kawyek ʿalā l-ǧanbēn iza ḥall
Elli ʿēnak ʿemyet ʿan el-šōka w-naẓarak gall.

44 — Elle : J'ai crié, car je te prenais pour un loup au milieu des loups,
Lorsque ta gazelle s'est agenouillée pour toi, dans une descente, au détour d'un chemin.
Lui : Qu'il était beau le bateau qui venait du Yémen, toutes voiles déployées
Vraiment tu mérites d'être brûlé des deux côtés
Toi dont le regard a faibli et qui n'as pas vu l'épine.

J'ai demandé à l'homme qui m'a chanté cette chanson de me l'expliquer. Il m'a raconté alors qu'il y avait un homme qui possédait un esclave, qui travaillait dans son « château ». Cet esclave plaisait à la femme de son maître. Elle dit un jour à son mari qu'elle voulait rendre visite à sa famille, car elle savait que c'était l'esclave qui la conduirait. Elle partit en effet, et l'esclave conduisait l'âne sur lequel elle était montée, en tenant les rênes et en marchant à côté. Arrivés à un endroit du chemin caché aux regards, la femme se mit à crier en disant à l'esclave qu'une épine lui avait piqué le corps. L'esclave étonné, l'aida à descendre, et elle se mit à chercher l'épine, si bien qu'elle finit par se dévêtir totalement. L'esclave fut effrayé, et resta debout devant elle, la tête baissée, immobile. La femme alors le gifla sur les deux joues et lui dit les premières strophes de la chanson ...

5. Les chants de travail.

Les chants qui accompagnent le travail du *šādūf* se nomment *hōb*. Les mélodies en sont très rythmées et s'accordent avec les grincements du *ʿarrāk* et le bruit du seau qui heurte la surface de l'eau et les violents efforts qui accompagnent ce travail[2].

[1] Colin (G.), *BIFAO*, XX, 1921, p. 77, précise que *ġalyūn* est en général tout grand navire monté par des chrétiens ravisseurs de musulmans.

[2] Pour parler d'un travail pénible on a coutume de dire : « quoi! vas-tu te servir du *ʿūd*? ».

Le paysan y maudit le *ʿūd* et ses divers éléments, se glorifiant d'être plus fort qu'eux. « C'est un travail d'hommes, non de femmelettes », chantent-ils, tout en implorant Dieu de les aider à terminer l'irrigation de leurs champs.

Les mélopées du *ʿūd* ne sont pas des chants doux ou calmes, ce sont des chants d'action : l'homme est essoufflé quand il se penche pour tirer le *gabbād* et se relève pour verser le seau. Les mélodies (*alḥān*) des *hōb* rythment ainsi les mouvements de l'homme durant son travail.

٤٥ — هوّن يا رب
هوّن يا رب ده انا على الحوض يشرب
هوّن يا رب
هوّن يا رب ده على البعيد يقرب
تميت وراى ده انا هديت قواى
حلف الجباد ده انا اورِيها بلاد
الدلو والطاره حرم عليه قعاد الهواره
حالك يا عود ما دادى علوق
صغير وبليت عندك يا عود لما جيت
هوّن يا رب ده انا هوّن يا رب
ما تعولش الهم ده انا متعولش الهم
ما تعولش الهم . . . ده انا تفرج يا عم

Hawwēn yā rabb
Hawwēn yā rabb da-nā ʿala-l-ḥoḍ yišrab
Hawwēn yā rabb
Hawwēn yā rabb da ʿala l-beʿīd yigrab
Tammēt warāy da-nā haddēt gewāy
Ḥelef el-gabbād da-nā rwīha blād
El-delw wel-ṭāra ḥerem ʿalēh guʿād el-Hawwāra
Ḥālak yā ʿūd ma dādā ʿelūg
Ṣġīr weblīt ʿandak yā ʿūd lamma ğīt
Hawwēn yā rabb da-nā hawwīn yā rabb
Ma tʿolš el-hamm da-nā matʿolš el-hamm
Ma tʿolš el-hamm da-nā tofrag yā ʿamm

45 — Allège-moi le fardeau, ô mon Dieu.
Allège-moi le fardeau, ô mon Dieu. Je suis là afin que le bassin boive.

Allège-moi le fardeau, ô mon Dieu.
Et rapproche de moi ce qui est loin de ma portée
Tu n'as eu de cesse que tu n'aies épuisé mes forces (le *šādūf*).
Le *gabbād* a juré qu'il est capable d'irriguer des pays entiers.
Le seau et la *ṭāra* m'ont interdit de m'asseoir avec les Hawwāra.
Tu n'es pas fait ô *ʿūd*, pour t'attendrir sur des mollusques.
Depuis ma tendre enfance, tu as été mon malheur.
Allège-moi le fardeau, ô mon Dieu.
Allège-moi le fardeau, ô mon Dieu.
Ne te soucie de rien, ne te soucie de rien.
Ne te soucie de rien, tout finit par s'arranger.

٤٦ — سهّل يا رب يانا سهّل
سهّل يا رب على ما كتب
والله جرونى جر — على العود ما اقدر
والخالى يلوم علينا اليوم
صبرك يا ايوب والله صبرك يا ايوب
صبرك يا ايوب لما يتمحى المكتوب
سهّل يا رب
يا هوب يا هوب والله على ما كتب
حِـوالك نعسان والله الخالى ما ينام . . هوّن

Sahhel yā rabb yā-nā sahhel
Sahhel yā rabb ʿalā mā katab
Walla ǧarrūnī ǧarr ʿalā-l-ʿūdi ma-gdar
Wel-ḫālī yelūm ʿalēna l-yūm
Ṣabrak yā Ayyūb w-alla ṣabrak yā Ayyūb
Ṣabrak yā Ayyūb lamma yetmeḥī el-maktūb
Sahhel yā rabb
Yā hōb yā hōb walla ʿalā mā katab
Ḥiwālak naʿsān walla-l-ḫālī mā ynām ... hawwen.

46 — Facilite les choses ô mon Dieu, facilite les choses,
Facilite le destin, ô mon Dieu.
Ils m'ont traîné de force,

Et moi je ne peux pas actionner le *ʿūd*
L'oisif peut se moquer de moi aujourd'hui.
Accorde-moi la patience de Job, ô mon Dieu; accorde-moi la patience de Job.
Accorde-moi la patience de Job jusqu'à ce que le destin soit accompli.
Facilite les choses ô mon Dieu
Ya hōb Ya hōb, ô Dieu, sur ce qui est écrit
Je tombe de sommeil, ô mon Dieu
Et l'oisif ne pense même pas à dormir.
Facilite

٤٧ – يبكى الهيّن ابو عصب ليّن
والله يا عود كداب ما تهت شباب
شمش العصرى نازله تِسرى
حلف العوّاد ما اسيب الجبّاد

Yibkī-l-hayyin abū ʿaṣab layyin
Walla yā ʿūd kaddāb mathitt šabāb
Šamš el-ʿaṣrī nazla tesrī
Ḥelef el-ʿawwād mā sīb el-gabbād.

47 — Le faible aux nerfs fatigués pleure
Par Dieu, ô *ʿūd* menteur, tu ne peux briser la jeunesse.
Le soleil de l'après-midi descend à l'horizon
Mais le *ʿawwād* (1) a juré : je ne lâcherai pas le *gabbād.*

(1) *ʿAwwād* = Le paysan qui fait fonctionner le *ʿūd.*

CONCLUSION

Au moment de conclure cette étude, je voudrais préciser que ce n'est pas parce que je considère les Coptes comme les descendants des Anciens Egyptiens, que mon choix a porté sur ce village de Haute-Egypte comme on pourrait le croire. Je ne me suis pas mis non plus à la recherche d'une telle communauté avec l'idée a priori que l'Egypte rurale est celle qui a subi le moins de transformation au cours des siècles. Les civilisations et les religions se sont succédé sur cette terre d'Egypte, et, avec elles, conquérants, envahisseurs et nouveaux dirigeants. Leur sang a pu se mêler à celui des Egyptiens, les questions d'origine et de race nous importent peu ici. Nous considérons comme Egyptiens tous ceux qui ne connaissent d'autre patrie que l'Egypte, quelle que soit l'origine de leurs ancêtres. Le milieu a fait l'homme et, à son tour, celui-ci a façonné le pays qui l'entoure, par son travail, son attitude devant la vie.

Comme je l'ai dit dans la préface, c'est l'observation fortuite de ce village et de son habitant, le *dayyār,* qui est à l'origine de cette étude.

Considérons maintenant la portée générale de ce travail. L'ensemble de la documentation, des observations et des remarques que j'ai présentées m'amènent à cette question : quel est le sens de la présence, de la permanence et de la persistance du *dayyār* dans cet endroit?

On a vu que le *dayyār* était à l'origine un fuyard, un homme de rien et un misérable venu se réfugier en ce lieu pour y piller le cimetière copte antique à l'Est du monastère, et en vendre les antiquités.

Il vécut à l'abri du monastère, près de cette source de profit, trésor interdit et bientôt épuisé. Il lui fallait donc relever le défi d'une nature hostile, s'il voulait continuer à vivre.

Il résolut de rester, fit face à la situation et endura courageusement les difficultés. Il dut d'abord transformer sa vie. Il regarda autour de lui et vit que l'eau était le seul don de la nature dans cet âpre pays. Il ne tarda pas à tirer le meilleur parti de ce don.

Lui et ses semblables firent appel à toute leur ingéniosité et à leurs capacités matérielles limitées pour parvenir à leur but. Ils transformèrent ainsi un plateau désertique, aux contours réduits, en champs irrigués par des canaux. Tel est le début d'une aventure menée par des hommes pour assurer leur subsistance ici-bas et leur vie dans l'autre monde.

Au prix d'efforts pénibles et d'un travail collectif épuisant pour le percement des canaux d'irrigation et de drainage, grâce à la mise en commun du système et des instruments d'irrigation, grâce enfin aux mesures de précaution contre la crue du Nil, quand elle existait encore, ils purent cultiver la terre, élever du bétail, construire leurs habitations, et vivre, en dépit de cette origine illégale. Mais limité par ses possibilités matérielles et techniques, le *dayyār* n'a pu étendre vers l'Est la surface de ses terres cultivées, à cause de l'élévation du terrain. Il lui a donc fallu avoir recours à une deuxième source de subsistance : la pêche. Il y devint expert, dans la limite de ses possibilités, car le développement technique du *dayyār* est toujours lié à ses besoins fondamentaux : vivre et survivre.

Là réside la personnalité du *dayyār,* image du paysan égyptien depuis toujours capable d'effort, de travail, d'invention, de résolution, de patience et de courage devant le défi que lui lance la vie. La civilisation lui est accessible, pourvu qu'on lui en facilite l'accès.

APPENDICE I

LE DĒR

Avant d'être un village, Mārī Girgis a d'abord été un Dēr, c'est-à-dire une église entourée de murailles enfermant ses dépendances.

Les textes anciens parlent déjà de ce Dēr, parmi d'autres monastères disséminés dans le désert d'Aḫmīm : Dēr Baḫūm, Dēr el-Malāk, Dēr el-Šuhadā, Dēr el-ʿAdrā et Dēr Abū Bsāda [1]. De Mārī Girgis on trouve déjà mention dans le Synaxaire à la date du 16 Kiyahk (12 décembre) [2], et de vieux ouvrages que j'ai pu consulter, dans un des autels de l'église, l'appellent le *bayʿa* du saint Mārī Girgis [3] ou encore « le couvent du grand martyr, du héros courageux, étoile lumineuse du matin, le saint Mārī Girgis » [4]. Son nom est parfois Dēr el-Ḥadīd « le couvent du fer », peut-être par allusion à la porte Nord du couvent qui est recouverte d'une plaque de fer fixée avec de gros clous. Quelques mentions plus récentes en ont été faites par des voyageurs. R. Pococke en décembre 1737, cite simplement Dēr el-Ḥadīd, sur la route qu'il suit à partir d'Aḫmīm [5]. Puis Somers Clarke, en décembre 1892, avec un plan trop régulier, nous donne la première description détaillée que nous ayons retrouvée de ce monument [6].

« Entering the enclosure of the Dêr we see several small houses, low huts of one story, flat-roofed, and from the doors of which there come forth not only the owners, but chicken, sheep, goats, etc., after the manner common to all villages in Egypt.

The church stands against the eastern wall of the enclosure, which is quite straight, and does not in this or in any other place I have visited show the apses projecting on the outside.

The plan is very complete, consisting of a central *haikal,* apsidal in plan, and one of the same plan on either hand. These are enclosed by *higâb* of brick, each with a door in the middle and a little window on either side. The apses are considerably deeper than a semicircle. It will be observed that there is a doorway communicating between the central apse and those north and

(1) Meinardus (O.), *Christian Egypt, Ancient and modern,* Le Caire, IFAO, 1965, p. 295-299.

(2) Forget, *Synaxarium Alexandrinum* I, p. 149.

(3) Dans un livre appelé 'al-qoṭmāris'.

(4) Manuscrit dont le titre manque, disparu avec la première page.

(5) Pococke Richard, *A Description of the East and some other Countries Observations on Egypt,* London 1743, p. 81.

(6) Clarke Somers, *Christian Antiquities in the Nile Valley,* Oxford 1912, p. 142-144 et plan p. 143, en haut; voir *infra* p. 329 fig. 234.

south of it. The apses open westward by arches, which are closed up to the level of their springing by the *higâb.*

Beyond the row of apses we find chambers north and south, rectangular in plan, and approached by a door from the west. Probably one of these contains the font. I could not see, for each room was full of straw and other farm produce.

West of the apses and rooms last described we find the nave of the church, five bays in length from north to south, and two from east to west. It is roofed with domes, the arches carrying which rest on four brick columns.

The west bays of the nave are separated from the east by wood screens with doors in the middle. These only fill the three central bays. There is a doorway in the west wall of the central bay of the nave, and also in the north and south walls at their west ends. These doorways do not now communicate with the outside, but open upon two side-chapels, which seem to be additions to the original plan.

Large openings, closed by wood screens, are made in the north and south walls, so that the side-chapels are in very direct communication with the main part of the church.

The side-chapels end towards the east in apses, and at their west end each of them has a doorway leading to the open. These doorways are in each case provided with a screen of brickwork, forming a sort of lobby. The side chapels are covered in with domes.

It is instructive to observe how the north chapel has had a slice taken off it, the apse vault and the domes being complete cut through, and the parts which should be north of the inserted wall removed. So tenacious is the crude brickwork that, notwithstanding this rough usage, the domes and vaults have held together and do not seem the least injured. The internal effect of the church, entirely plastered and whitewashed, and lit from above, is very charming. »

L'ENCEINTE

L'INTÉRIEUR DE L'ENCEINTE (fig. 223)

Ce couvent est construit sur un plateau de faible altitude au bord d'un canal parallèle au Nil. Ses hauts murs lui donnent l'aspect d'une forteresse. Il couvre une surface carrée de 55 m de côté.

Aujourd'hui il ne reste à l'intérieur des murailles que l'église, dont le *haykal* principal s'appuie sur le mur d'enceinte oriental. L'église mesure 33 m du Nord au Sud, sur 20 m de l'Est à l'Ouest. Entre son mur sud et le mur sud d'enceinte, il y a une petite cour intérieure (*ḥōš*) que les villageois utilisent comme cimetière.

Au Nord de l'église, une autre cour intérieure la sépare du mur d'enceinte septentrional.

A l'angle sud-ouest de l'église s'élève une petite construction appelée *gaṣr* (j-k). Deux coupoles en brique crue sont précédées d'un portique qui est actuellement surmonté par la maison du prêtre. Celui-ci l'a construite depuis peu d'années, au-dessus des deux anciennes coupoles (fig. 229, *a*; pl. 72, *a*).

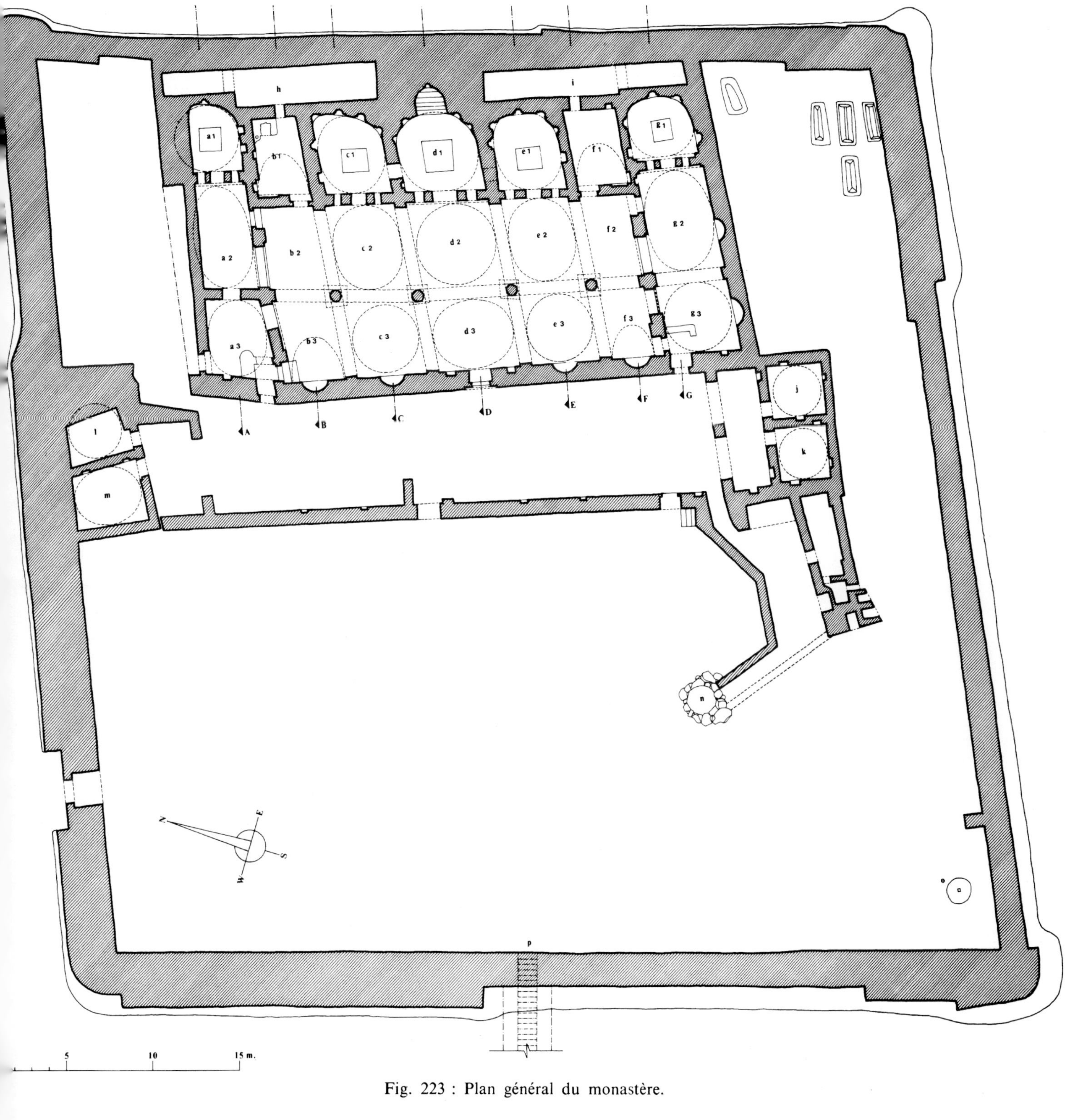

Fig. 223 : Plan général du monastère.

Adossés au mur d'enceinte nord, on voit encore les restes de deux coupoles (l-m) précédées d'un portique, qui furent récemment réparées grossièrement. L'une d'elles est le lieu où l'on prépare le pain de communion ou *gorbān*, l'autre sert de dépôt de paille (l).

Parallèlement à la façade de l'église, en avant de celle-ci, un long mur de 3,50 m de haut délimite une cour longue d'environ 30 m et large de 6,50 m. Cette cour est appelée par les villageois *rahba* (pl. 72, *a*). Les édifices j-k et l-m ouvrent sur cette cour. Celle-ci est fermée par une porte dont l'axe est dévié de 3 m vers le Nord par rapport à l'axe de la porte principale de l'église. Dans la grande cour à l'Ouest de la *rahba* (pl. 67) se trouve un ancien puits (n), dont les murs sont écroulés, et qui n'est pas utilisé par les villageois. A l'angle sud-ouest de l'enceinte, une grosse pierre (o), élément de meule, était sans doute utilisée par les moines du couvent pour moudre la farine. Du côté du mur d'enceinte sud, il y a d'anciens restes de bois qui servaient à fixer la pierre de la meule.

Les villageois m'ont raconté que jadis, un escalier intérieur voûté (p) descendait vers l'Ouest, dans le sol du couvent, et se terminait au niveau du Nil, en passant sous le mur d'enceinte ouest et sous l'ancien canal nommé Aḥāywa (pl. 68, *b*). Ce passage souterrain est presque dans l'axe de l'autel principal de l'église consacrée à Mārī Girgis. Les habitants du village ne connaissaient pas l'existence de cet escalier souterrain, ils le découvrirent quand le canal fut élargi et approfondi.

Les habitants disent que ce passage était de la hauteur d'un homme debout, soit environ 1,80 m. Son plafond était fait de briques cuites rouges de $0{,}07 \times 0{,}08 \times 0{,}17$ m et les marches de l'escalier en pierre calcaire de 1,10 m de large. Ils utilisèrent ces pierres comme escaliers dans leurs propres maisons et les briques du passage voûté pour restaurer et renforcer les piliers de l'église, qui étaient à l'origine de section cylindrique [1]. Ce passage sombre était muni de rampes en fer (*dallāl*), nécessaires pour guider dans l'obscurité celui qui descendait chercher l'eau.

La présence de ce passage souterrain nous confirme dans l'idée que ce couvent était une sorte de forteresse dans laquelle les moines pouvaient se protéger.

Les façades extérieures du mur d'enceinte

Le couvent est entouré d'une muraille de huit mètres de haut qui cache toutes les constructions intérieures. La seule structure qui dépasse au-dessus du mur est la coupole

[1] Ces piliers ronds furent transformés en piliers carrés et furent recouverts de briques rouges et de ciment.

centrale de l'église, celle qui est devant l'autel de Mārī Girgis [1] (fig. 229, *b*; pl. 65). Les parois de cette enceinte ont environ deux mètres d'épaisseur. A l'intérieur du mur, certaines parties sont en gradins, pour diminuer l'épaisseur de la paroi, surtout vers le haut des murailles. Peut-être était-ce une sorte de chemin de ronde. Les murs sont verticaux à l'intérieur et inclinés du côté extérieur. Ils ont été construits en briques crues qui mesurent 0,09 × 0,14 × 0,28 m. Ces mesures peuvent varier légèrement. Les interstices entre les briques furent remplis d'un mortier plus clair que la couleur terre de la brique.

Les fondations du mur d'enceinte sont parfois faites en pierre calcaire. Parfois aussi le mur est construit à même le sol rocheux de la colline. L'intérieur et l'extérieur du mur ont été restaurés et renforcés à des périodes variées (pl. 72, *b*). On en a même rehaussé certaines parties, mais la différence entre les briques originales et de restauration est toujours visible; les briques de restauration mesurent 0,7 × 0,10 × 0,17 m et sont recouvertes d'un crépi de terre.

Nous avons retrouvé des restes des anciens murs ouest, sud et est qui nous laissent supposer que l'espace qu'ils entouraient était originellement plus grand : à l'extérieur de l'enceinte on voit les restes de grosses parois avec les mêmes dispositions de briques que celles du mur actuel. Peut-être ces anciennes parois furent-elles détruites, puis refaites avec une épaisseur moindre [2].

La porte de l'enceinte

L'enceinte n'est pourvue que d'une seule ouverture. Celle-ci est située dans la rue principale. Elle est encadrée par un mur légèrement en retrait de la face du mur. Son seuil est formé de deux gros blocs de calcaire. Le mur d'encadrement est en calcaire orné d'un bandeau de briques cuites. La baie, haute de 2,30 m, cintrée, est surmontée d'une moulure décorative (pl. 66, *a-b*).

Le vantail de la porte est en bois recouvert de plaques de fer fixées par des clous. Il pivote dans une crapaudine. Un judas circulaire est percé dans cette porte à hauteur d'homme (pl. 66, *b*). Il peut être clos depuis l'intérieur par une fermeture à glissière.

(1) Celle-ci s'élève à 9 m au-dessus du sol.

(2) Meinardus nous dit que l'église fut restaurée au XIXe siècle. *Christian Egypt, Ancient and Modern*, Cahiers d'Histoire Egyptienne, Cairo, 1965, p. 298.

L'ÉGLISE

Description générale

L'église (fig. 224-229), comme nous l'avons signalé, est adossée contre la paroi orientale du mur d'enceinte.

Elle comprend cinq nefs (fig. 233, b à f) orientées est-ouest. Chaque nef est subdivisée transversalement en deux travées (2-3). Trois *haykal* (c 1, d 1, e 1) et deux chambres (b 1, f 1) sont situés dans le prolongement oriental des nefs. En outre, de part et d'autre de ces cinq nefs sont disposés des ensembles (a et g) constituant des chapelles latérales.

Les trois nefs centrales et les chapelles latérales sont couvertes de coupoles; les nefs (b et f) sont couvertes de voûtes.

La porte principale

Au milieu de la façade ouest de l'église (badigeonnée récemment à la chaux) ouvre la porte principale (fig. 230; pl. 68, *a*). C'est une baie cintrée de 1 m de largeur, haute de 1,90 m. Elle est munie d'un seuil en calcaire. Elle se ferme actuellement par deux vantaux en bois modernes [1].

La baie est mise en valeur par un encadrement décoratif. Elle est surmontée d'un bandeau trilobé délicatement ouvragé de motifs alternés de calcaire et de briques rouge foncé avec un bord de calcaire mouluré. Ce bord souligne un tympan composé d'étoiles à six branches où se mêlent le blanc du calcaire au rouge pâle de la brique cuite. Les voussoirs de la baie sont alternativement en pierre calcaire blanche et en briques rouge foncé. Au-dessus du trilobe on remarque un motif en entrelacs de briques foncées et briques claires. Les pièces triangulaires qui entourent ce motif sont en brique claire [2].

Les deux portes latérales

La porte nord (fig. 231; pl. 69, *a*) donne accès à la chapelle (a). C'est une baie cintrée (largeur 0,80 m, hauteur 1,75 m environ) munie d'un seuil, fragment de colonne de granit réutilisée. Le vantail en bois est moderne. L'intrados du cintre est fait de voussoirs en calcaire entaillés sur les côtés pour recevoir des croix en terre cuite rouge foncé spécialement

(1) Certains éléments d'architecture qui peuvent apparaître sur les plans ou les photos mais qui n'ont pas été décrits ci-dessous, sont des aménagements récents que nous avons omis à dessein.

(2) On trouve à Aḫmīm certaines portes anciennes de mosquées qui sont construites de la même façon.

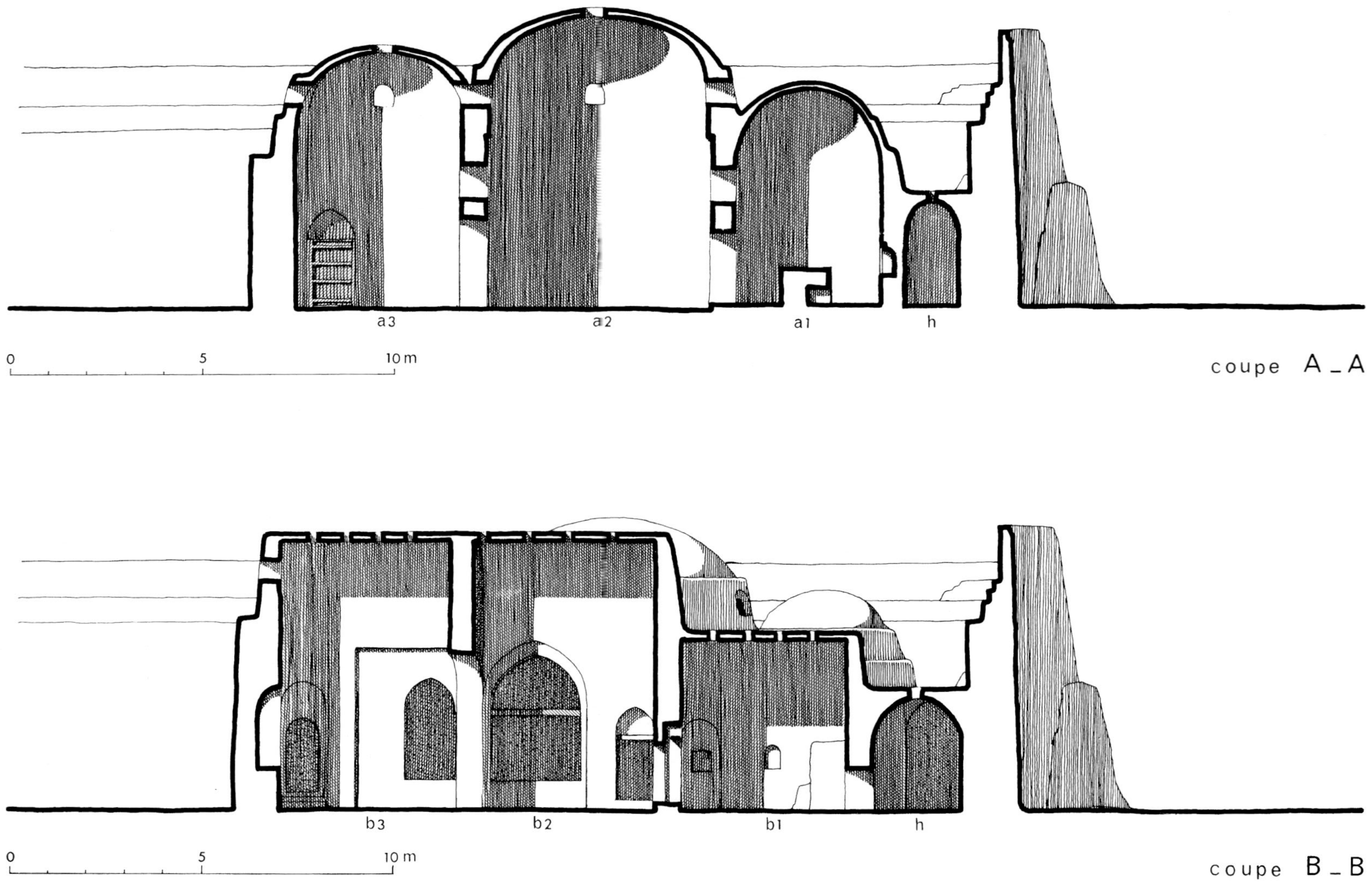

Fig. 224 : Coupes de l'église.

Pl. 65. — Façade Ouest de l'enceinte (cliché A. Lecler).

a. La porte de l'enceinte vue de l'extérieur.

b. La porte de l'enceinte vue de l'intérieur.

Pl. 67. — La façade Ouest de l'église (cliché A. Lecler).

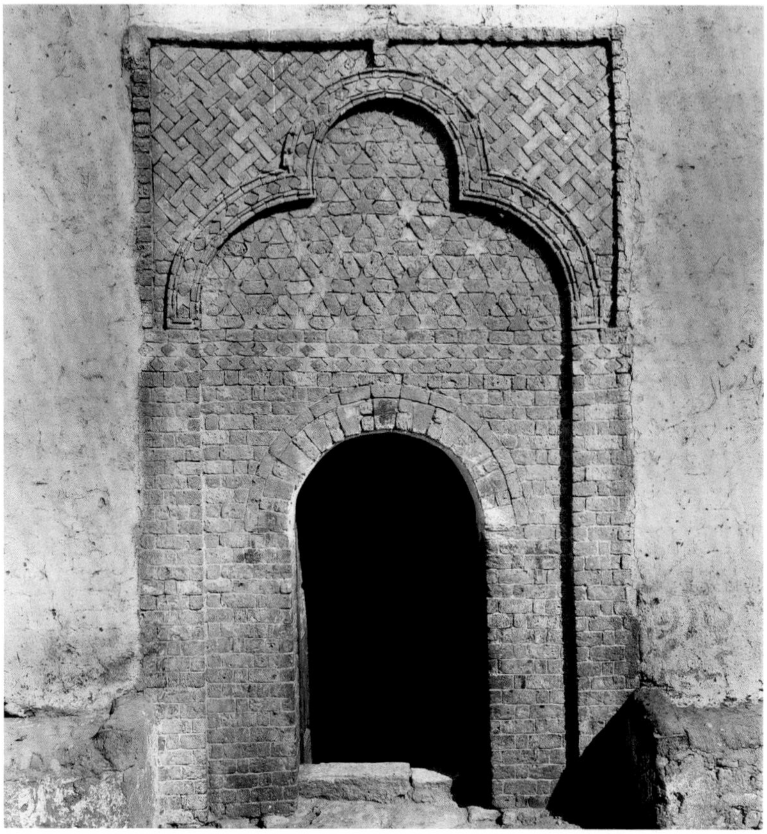

a. La porte principale de l'église.

b. Emplacement de l'ancien escalier descendant au Nil.

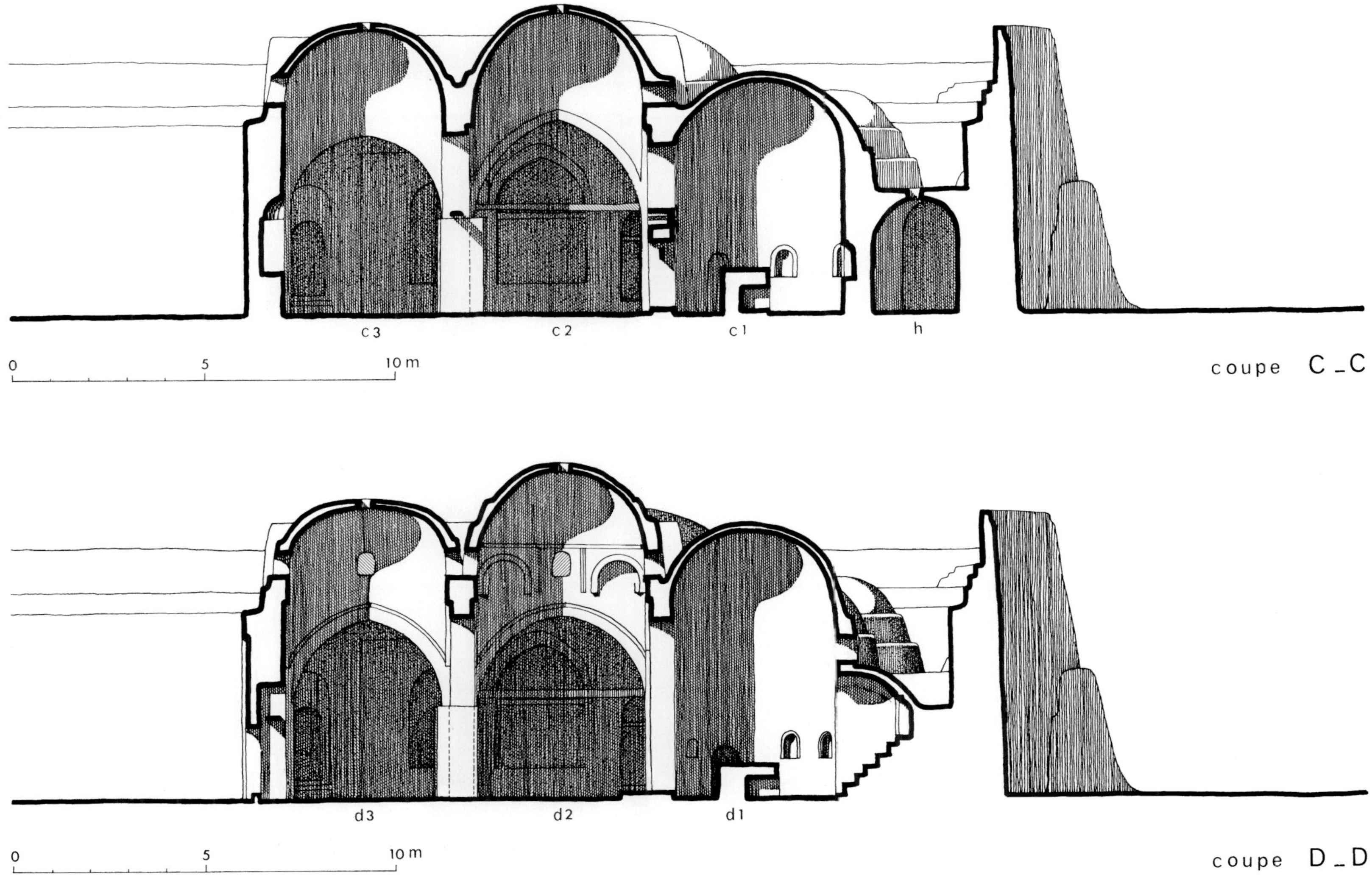

Fig. 225 : Coupes de l'église.

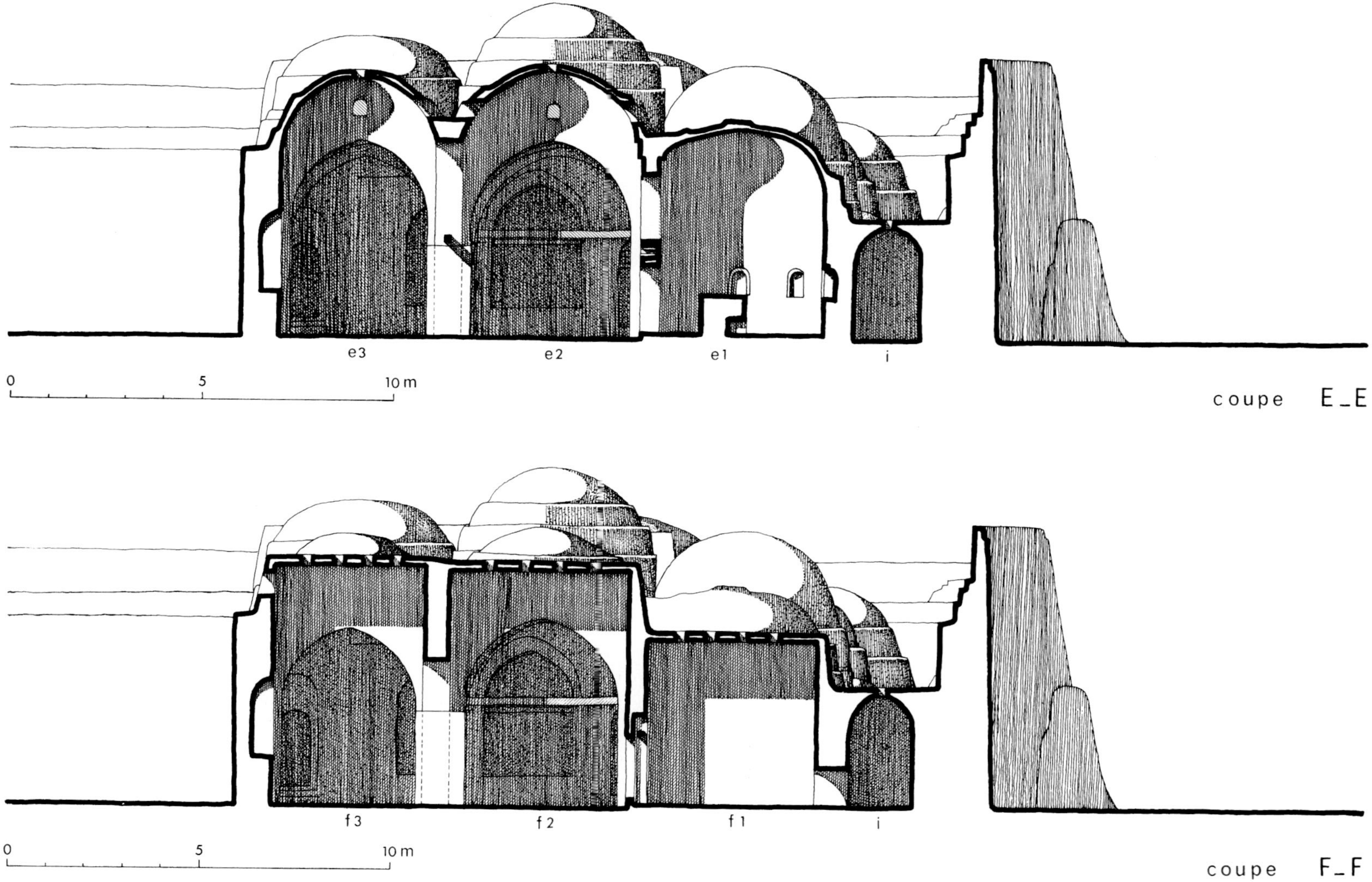

Fig. 226 : Coupes de l'église.

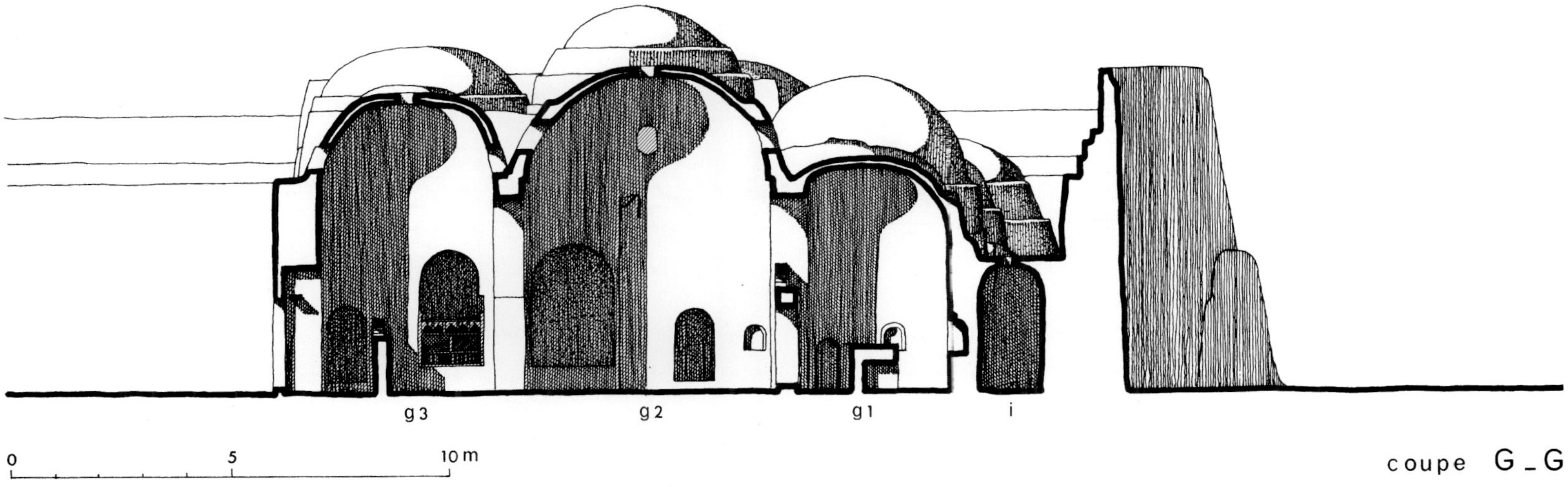

Fig. 227 : Coupe de l'église.

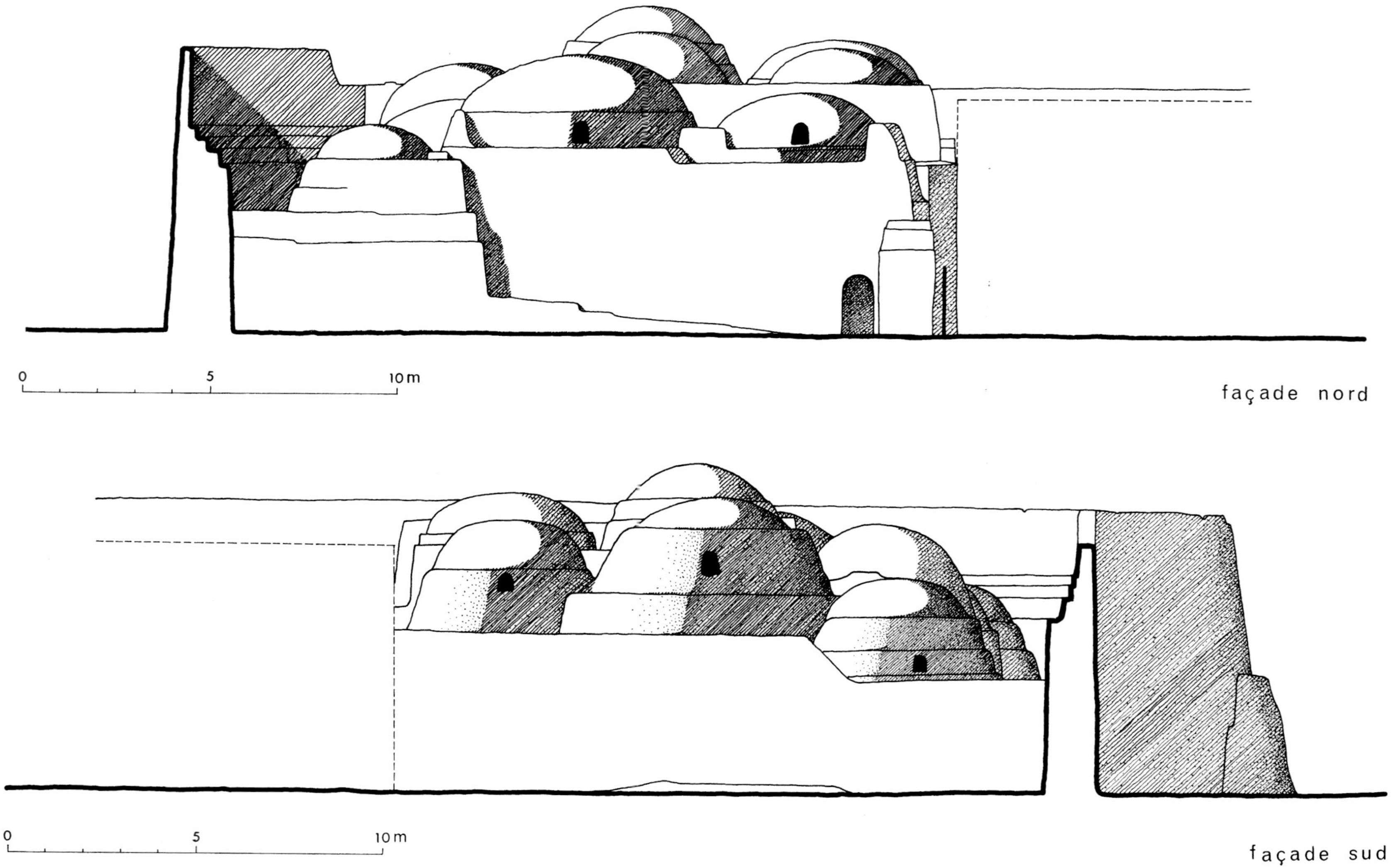

Fig. 228 : Façades de l'église.

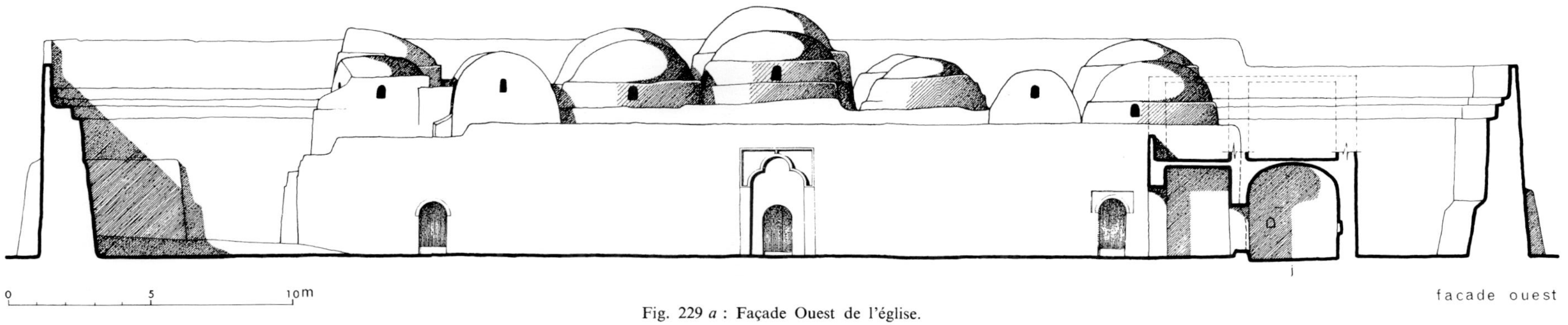

Fig. 229 *a* : Façade Ouest de l'église.

Fig. 229 *b* : Façade Est du mur d'enceinte et les habitations qui y sont adossées.

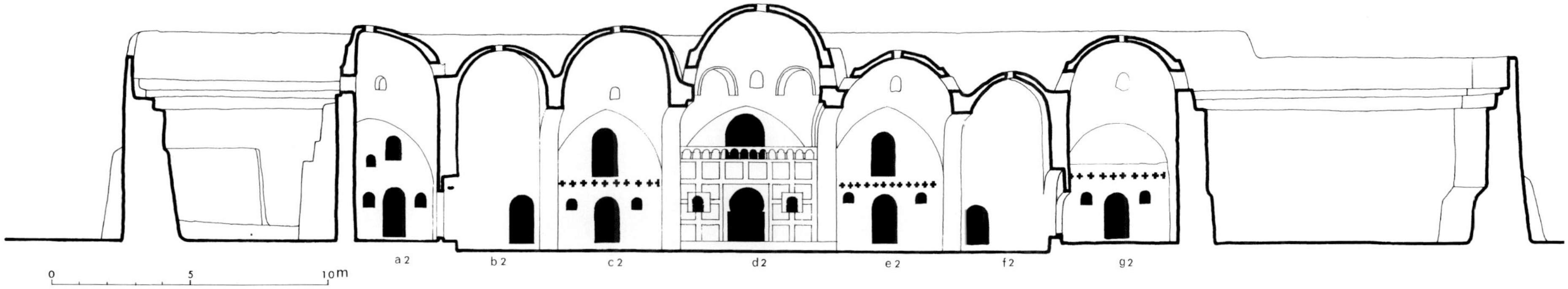

Fig. 229 *c* : Coupe-élévation sur travée (2) montrant la façade des chapelles.

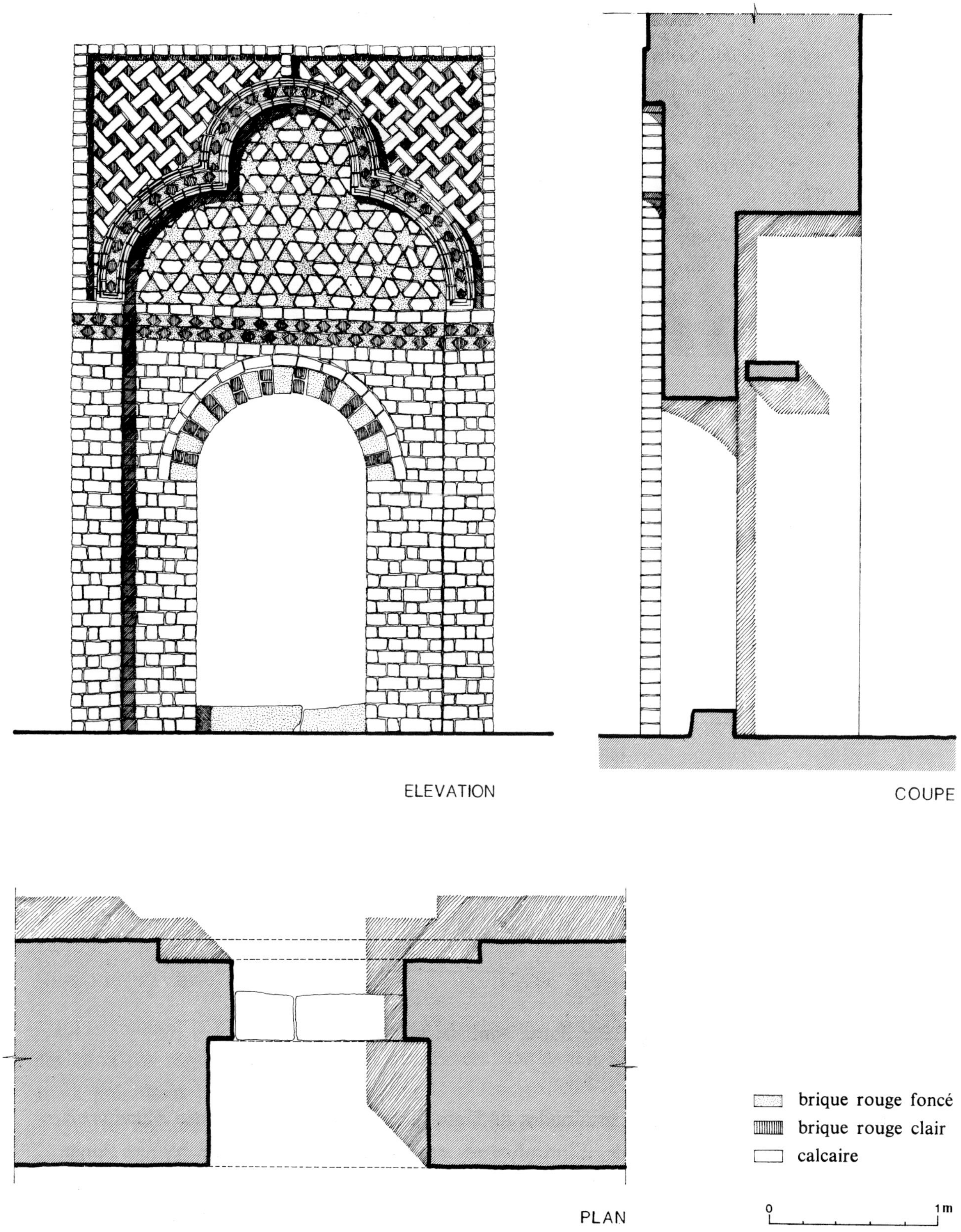

Fig. 230 : Porte principale de l'église.

Fig. 233 : Porte Sud de la chapelle (g).

a. Porte Nord de la chapelle latérale (a).

b. Porte Sud de la chapelle latérale (g).

c. Travée 3, vue vers le Sud.

a. Coupole centrale (d 2).

b. Trompe d'angle de la coupole centrale (d 2).

c. Pendentif de la coupole d 3.

L'église vue du Nord-Est.

a. Façade Nord du *gaṣr,* vue de la *rahba.*

b. Le mur Nord de l'enceinte (cliché A. Lecler).

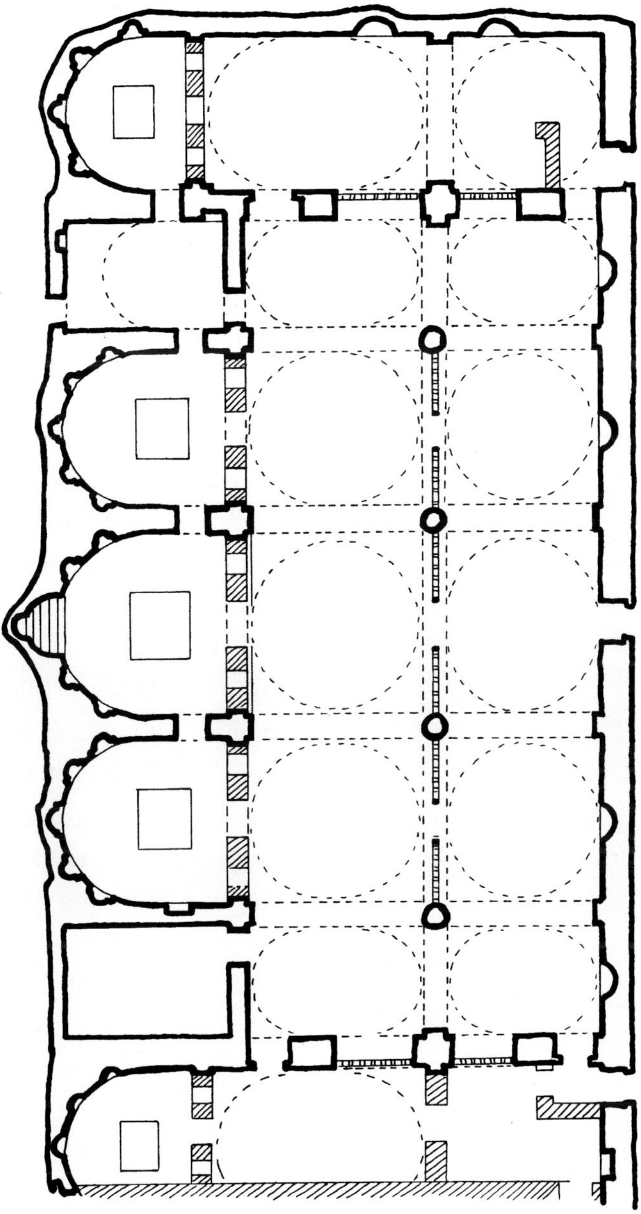

Fig. 234 : Dēr Mārī Girgis. Plan relevé par Somers Clarke en 1892, *op. cit.*, p. 143 (Ech. 1 : 200).

Toutes les coupoles des nefs reposent sur des pendentifs sauf la coupole centrale (d 2) qui est sur trompes d'angles. Seuls les pendentifs de d 3 et les trompes de d 2 sont décorés, le reste étant simplement blanchi (fig. 235; pl. 70, *a.b.c*).

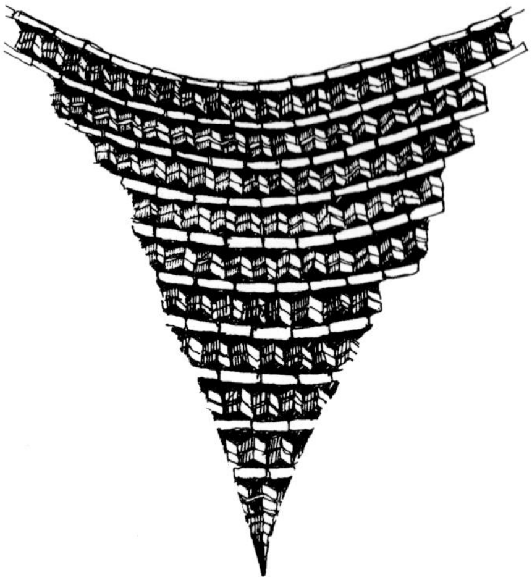

Fig. 235 : Trompe sphérique de la coupole d 3.

LES CLOISONS POSTÉRIEURES DES NEFS (fig. 229, *c*)

Le *haykal* principal (d 1) est dédié au Saint Martyr Mārī Girgis. Il est situé dans l'axe central de l'église. Les deux autres sont dédiés à la Sainte Vierge (c 1) et à Saint Michel (e 1). Deux chambres rectangulaires (b 1 et f 1) flanquent ces *haykal,* au Nord et au Sud. Les trois *haykal* centraux sont pourvus d'iconostases. La cloison centrale (d 1) est construite de la même façon que ses deux voisines; elle s'élève jusqu'au sommet de l'arcade qui la domine. Sa baie centrale est très élevée. Cette cloison est masquée par une iconostase en bois assemblé, rehaussé d'ivoire et d'ébène (pl. 77, *a-b*). Elle est surmontée de quinze petits arcs en bois décorés et colorés[1]. Sa décoration consiste grosso modo en circonférences superposées et alignées, inscrites dans des carrés dont les angles forment les quatre branches d'une croix. Au centre de l'ensemble s'ouvre une porte à deux battants décorée dans le même esprit : son cadre rectangulaire entoure une baie dont le haut servant de battue à la porte est un arc outrepassé (fig. 236; pl. 77, *c*). Son pourtour est rehaussé d'une

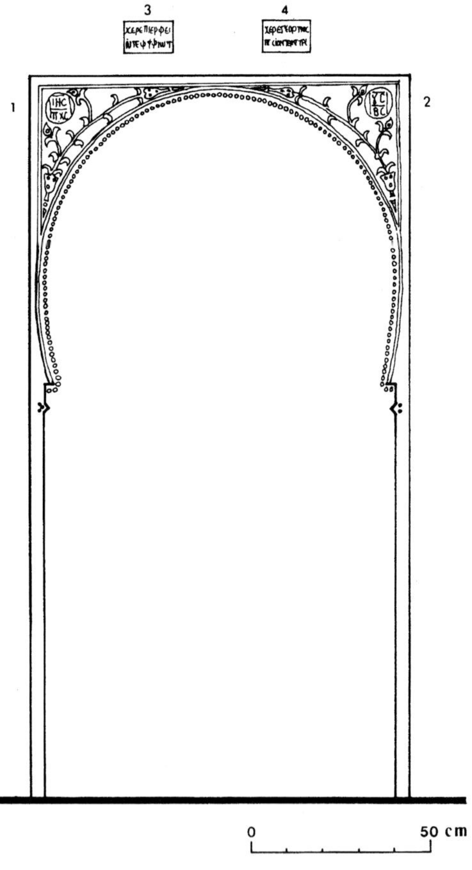

Fig. 236 : Ouverture de la porte du *haykal.*

[1] Ces arcs se trouvent à la place d'images saintes qui ont sans doute été perdues. Il est clair qu'ils ont été rajoutés à l'iconostase originale car leur exécution est d'une qualité nettement inférieure à celle-ci.

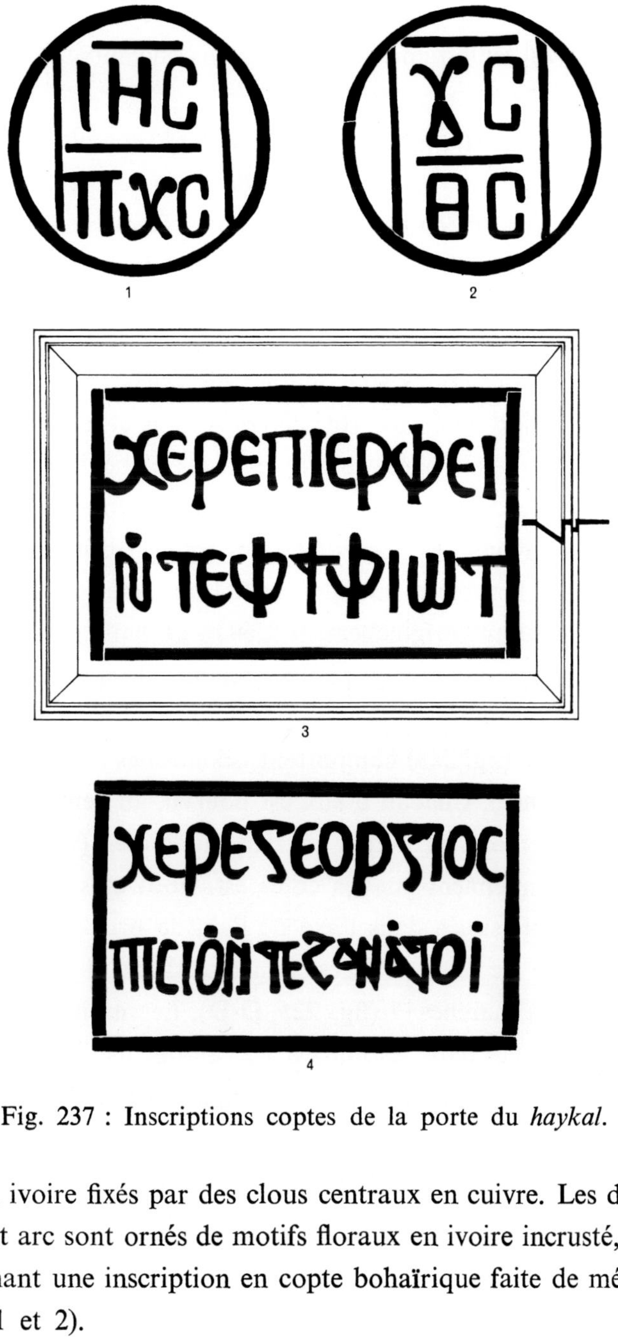

Fig. 237 : Inscriptions coptes de la porte du *haykal.*

frise de boutons en ivoire fixés par des clous centraux en cuivre. Les deux triangles supérieurs laissés par cet arc sont ornés de motifs floraux en ivoire incrusté, surmontés chacun d'un cercle renfermant une inscription en copte bohaïrique faite de métal blanc, lui aussi incrusté (fig. 237, 1 et 2).

$\overline{\text{ⲓⲏⲥ}}$	Jésus
$\overline{\text{ⲡⲭⲥ}}$	le Christ
$\overline{\text{ⲩⲥ}}$	Fils
$\overline{\text{ⲑⲥ}}$	de Dieu

Le linteau du cadre est décoré de part et d'autre de l'axe de deux plaques rectangulaires (fig. 236, 3 et 4; pl. 77, *c*) renfermant les inscriptions suivantes [(1)], faites aussi de métal blanc incrusté.

ⲭⲉⲣⲉ ⲡⲓⲉⲣⲫⲉⲓ	Salut, le temple
ⲛ̇ⲧⲉ ⲫⲧ ⲫⲓⲱⲧ	de Dieu le Père.
ⲭⲉⲣⲉ ⲅⲉⲟⲣⲅⲓⲟⲥ	Salut, Georges
ⲡⲓⲥⲓⲟ̇ ⲛ̇ⲧⲉ ϩⲁⲛⲁ̇ⲧⲟⲓ	l'étoile du matin.

De chaque côté de la porte centrale (pl. 77, *a-b*), ouvrent deux petites « fenêtres » surmontées d'arcs outrepassés. Elles sont munies de volets à un battant.

Les iconostases des *haykal* latéraux (pl. 78, *a-b*) (c 1 et e 1) présentent les mêmes caractéristiques (fig. 229, *c*) : une paroi de briques crues blanchie à la chaux, munie d'une porte centrale cintrée et de deux petites baies latérales, le tout dominé par une frise de claustra cruciformes. Les seuils des portes latérales sont en briques cuites (leurs vantaux en bois sont modernes). Les baies latérales de c 1 ont été partiellement condamnées. Ces deux iconostases mesurant originellement 2,60 m de haut ont été surmontées à une époque tardive par des murs qui rejoignent les arcades. On a aménagé des baies axiales comparables aux portes originelles.

Les *haykal* d 1, c 1 et e 1 (fig. 223) comportent des absides semi-circulaires (l'abside c 1 étant passablement déformée). Chacun d'eux est pourvu, au centre, d'un autel en brique muni d'une niche plus ou moins profonde ouvrant du côté est (voir coupes, fig. 225-226). Les parois des *haykal* contiennent sur les côtés est, nord et sud un certain nombre de niches. La plus importante, située dans l'axe de l'abside principale (d 1) mesure 1,50 m de profondeur sur 3,20 m de haut. Elle est couverte d'une demi-coupole. Elle possède en outre un escalier de six marches [(2)] (fig. 225, D-D). Les autres niches, semi-circulaires ou rectangulaires, sont percées dans les murs à 1 m au-dessus du niveau du sol; elles servent à entreposer les livres et autres objets liturgiques (fig. 225, C-C et 226, E-E).

Signalons qu'entre l'abside principale (d 1) et l'abside c 1 a été récemment construite une petite porte de 0,70 m environ de large. Il existait autrefois entre d 1 et e 1 une porte semblable aujourd'hui murée [(3)].

(1) Nous remercions M. R.G. Coquin pour avoir bien voulu traduire ces textes.

(2) Au Vieux-Caire, dans les deux églises de Sitt Barbara et de Saint Serge, construites à la fin du IVe siècle et au début du Ve siècle, on trouve derrière l'autel principal une série de marches en marbre disposées en demi-cercle. Les prêtres s'asseyaient là pendant la lecture de l'Evangile. Ils se mettaient sur ces marches suivant leur rang; la plus haute marche était la place du Patriarche.

(3) Cf. Somers Clarke, *op. cit.*, p. 144.

LES CHAMBRES RECTANGULAIRES b 1 (fig. 224, B-B) et f 1 (fig. 226, F-F)

Deux chambres rectangulaires sont situées de part et d'autre des trois *haykal.* L'une (b 1) contient dans son angle nord-est un baptistère récent et l'autre (f 1) sert de magasin.

Ces chambres sont séparées des nefs correspondantes par des murs d'origine en brique cuite. Ceux-ci sont traités extérieurement de la même façon : des tracés en blanc dessinent des motifs cruciformes en suivant les joints de la maçonnerie (fig. 238; pl. 78, *c*). Au-dessus de la porte de b 1 certains voussoirs de l'arc ont été peints en blanc pour imiter le calcaire.

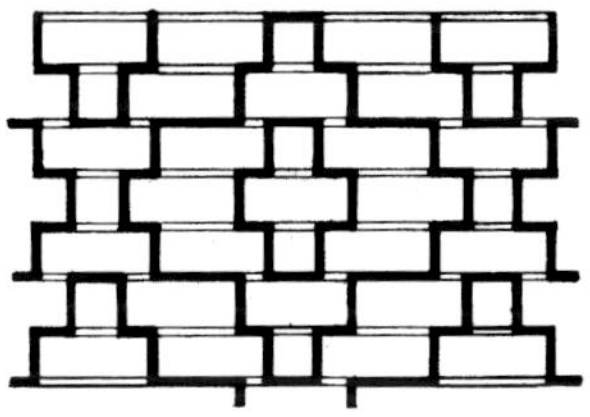

Fig. 238 : Motifs cruciformes suivant les joints de la maçonnerie.

Les deux chambres b 1 et f 1 sont couvertes de voûtes plus basses que les voûtes correspondantes des nefs 2 et 3. Quatre ouvertures faites de cols d'amphores sont pratiquées dans leur partie supérieure et dispensent la lumière.

Ces salles communiquent avec des pièces étroites (h et i), allongées (12 m environ) et voûtées, situées entre le mur d'enceinte et l'église. On accède à ces salles par une ouverture exiguë mesurant tout au plus 1 m de haut.

LES CHAPELLES LATÉRALES a (fig. 224, A-A) et g (fig. 227)

Les deux chapelles latérales seraient d'après Somers Clarke des additions postérieures à l'église originelle [1]. Elles possèdent la même orientation que l'église contre laquelle elles sont adossées longitudinalement.

La chapelle nord est composée d'un *haykal* précédé d'une salle oblongue elle-même divisée en deux par une cloison avec passage central (fig. 223). Cette salle correspond plus ou moins aux travées de la nef principale. Elle est couverte de deux coupoles. Son sol est légèrement surélevé. Elle possède plusieurs entrées : en a 3, une porte ouvre sur la cour nord, une sur la cour ouest (façade principale) et une sur la nef de l'église. Ces deux dernières donnent sur un petit palier intérieur. Une quatrième porte permet d'y accéder depuis la travée est de la nef b 2. De plus, deux baies cintrées laissent pénétrer la lumière de la nef. Ces baies sont closes dans leur partie inférieure par des écrans ajourés en bois reposant sur des soubassements en maçonnerie.

L'iconostase qui sépare cette salle du *haykal* n'est pas alignée sur les iconostases centrales : elle est nettement plus à l'est, en retrait. C'est un haut mur qui monte jusque sous

(1) Cf. Somers Clarke, *op. cit.*, p. 144.

Icône de l'Emir Tadros (pl. 74)

Dimensions : 0,48 × 0,36 m.

Description : Le guerrier « émir » Tadros (Théodore) est monté sur son cheval. Avec sa lance il tue un énorme serpent. Devant le serpent se trouve un jeune homme dont les mains sont attachées derrière le dos et dont les pieds sont ligotés.

Dans le coin droit de l'icône on voit un ange au-dessous duquel se trouve une femme avec les deux mains liées sur sa poitrine. Quatre lignes sont inscrites sur la partie inférieure de l'icône, celle du haut est écrite par-dessus le fond :

١ — رسم الحقير اسطاسى الرومى المصوراتى الق[...] نصارى شرق أخميم ... سنه ١٨٦٥
٢ — بشفاعت [... ...] العظيم جندى المسيح الامير تادرس [...] ... الشفاعه ......
٣ — ... [...] فى كل حين ... [...]بد المسيح نصر الله المهتم فى عمل صورتك الحسنه
٤ — [...] مرقص [...]ان امام المسيح وقفا مؤبدا وحبسا [...] ... [...]

1 — *Peint par l'humble Eustache le Grec de Jérusalem ... à l'Est d'Aḫmīm en* [////] *1865.*

2 — *Par l'intercession de* [////] *le glorieux, soldat du Christ, le prince Théodore* [////] *l'intercession* [////]

3 — ... *en tout temps* ... [ʿ*A*]*bd el-Masīh Naṣr Allah qui a commandé la peinture de ta belle image.*

4 — ... *Morcos* ... [////] *devant le Messie en waqf éternel et en donation* ... [////]

Icône de la Vierge et de l'Enfant (pl. 75)

Dimensions : 0,72 × 0,51 m.

Description : La Vierge est assise sur son trône tenant entre ses bras l'Enfant Jésus. Deux anges maintiennent la couronne sur sa tête. A sa gauche se tient l'Ange Gabriel; il porte une plaque sur laquelle est écrit :

السلام لكى يا مريم يا ممتليه بالنعمه الرب معكى

« *Paix à toi ô Marie, pleine de grâce, le Seigneur est avec toi.* »

Au-dessus de son auréole est écrit en rouge :

حامل البشارة الملاك غبريال

« *L'Archange Gabriel, Porteur de l'Annonciation.* »

Icône de Saint Georges.

Icône de Saint Théodore.

Icône de la Vierge et de l'Enfant.

Icône de l'entrée à Jérusalem.

A la droite de la Vierge se tient l'Archange Michel; au-dessus de son auréole est inscrit en rouge :

رئيس الملائكة ميخائيل

« *Le Chef des Anges, Michel.* »

Dans la partie inférieure de l'icône deux lignes sont inscrites. Au-dessus de ce texte, on peut lire :

رسم الحقير اسطاسى الرومى المصوراتى سنة ١٨٦٥ المسيحيه . . . سنة ١٥٨١

« *Peint par l'humble Eustache le Grec, enlumineur, en l'année chrétienne 1865* [/////////] *en l'an 1581.* »

Et le texte :

١ – بشفاعت ستى العذره مريم ام النور فى كل حين امام ابنها المسيح الاهنا يغفر لنا خط[. . .]
ملكوت السماوات عبيدك عبده عبد المسيح عبده نصر الله واولاده
٢ – نصر الله ومرقص عبده المهتم فى صورتك الحسنه مع ابنك الحبيب المسيح الاهنا وقفا
[. . .] حبسا مخلدا على بيعت سيدى مارى جرجس . . . شرق أخميم

1 — *Par l'intercession de ma Dame la Vierge Marie, mère de la lumière en tout temps devant son fils le Christ notre Dieu, qu'il nous pardonne nos pé*[*chés dans*] *le royaume des cieux. Tes serviteurs ʿAbdu ʿAbd el-Masīḥ ʿAbdu Naṣr Allah et ses fils.*

2 — *Naṣr Allah et Morcos ʿAbdu qui ont commandé ta belle image avec ton fils bien-aimé le Christ notre Dieu en waqf* [*permanent et*] *en donation éternelle à l'église de mon Sire Georges . . . à l'Est d'Aḫmīm.*

Icône de l'Entrée de Jésus à Jérusalem (pl. 76)

Dimensions : 0,48 × 0,37 m.

Description : Jésus est monté sur son âne. Ses disciples sont derrière lui et portent les rameaux (branches de palmier). Il est écrit au-dessus d'eux :

« *le Seigneur Christ quand il entra à Jérusalem* » السيد المسيح لما دخل اورشليم

Deux femmes qui semblent être les deux Marie déroulent un tissu sous les pieds de l'âne. Dans la partie inférieure de l'icône cinq lignes ont été inscrites; de la première se lit le nom du peintre; les trois autres sont devenues illisibles à l'exception de quelques mots :

١ – رسم الحقير اسطاسى الرومى المصوراتى . . .
٢ – . . . .

٣ – [. . .] . . . السماوات . . . . المهيم (*sic*) فى عمل صورتك [. . .] . . . .

٤ – [. . .] . . . . على

٥ – [. . .] . . . . سنة ١٨٦٥ . . . . . .

1 — *Peint par l'humble Eustache l'enlumineur grec* ...

2 — ......

3 — ... *des cieux* ... ... *a commandé ton image* ...

4 — ... ...

5 — ... *l'an 1865* ......

LES BOISERIES

Pénétrant à l'Est dans une des chambres voûtées qui se trouvent derrière les autels, j'ai trouvé des restes de boiseries (fig. 239-245; pl. 79, *a-e*), très probablement les cloisons signalées par Somers Clarke dans le plan du couvent qu'il dressa en décembre 1892. J'en ai photographié et dessiné quelques-unes. Ces panneaux ressemblent aux boiseries que l'on trouve dans les palais du Caire du XVIe siècle [1] et que l'on retrouve jusqu'à nos jours dans certaines anciennes maisons d'Aḫmīm ainsi que dans les mosquées des 18e et 19e siècles.

Ce sont les mêmes réseaux et les mêmes compositions exécutés selon la même technique : des pièces de bois en forme de croisillons, pouvant composer des figures géométriques variées, assemblées selon la technique dite à mi-bois : les pièces d'un demi-réseau s'emboîtent perpendiculairement dans l'autre moitié, grâce aux entailles prévues à cet effet (fig. 244).

LE MOBILIER

Le lustre (fig. 246)

Un lustre en bois est suspendu devant le *haykal* de Mārī Girgis. Il est formé d'un axe de bois sur lequel sont fixées horizontalement, sur des plans différents, trois croix plates situées à 0,25 m les unes des autres. Ces croix sont de dimensions décroissantes de bas en haut. Leurs extrémités sont découpées en forme d'accolades et trouées pour recevoir une lampe en verre ou en poterie. Le lustre peut être abaissé au moyen d'une corde actionnée par des poulies.

[1] Bourguin (J.), *Précis de l'art Arabe, La menuiserie*, vol. II, Paris, 1892, p. 3.

Fig. 239 : Cloison entre f 3 et g 3.

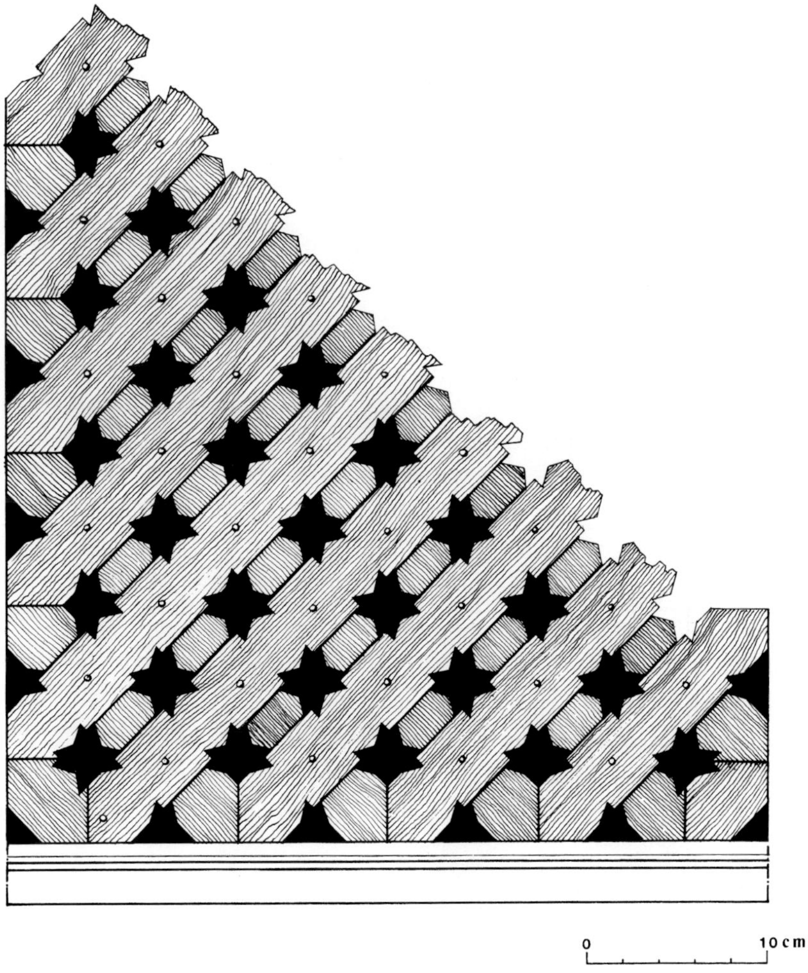

Fig. 240 : *a.* Les boiseries, détail.

Fig. 241 : *b*. Les boiseries, détail.

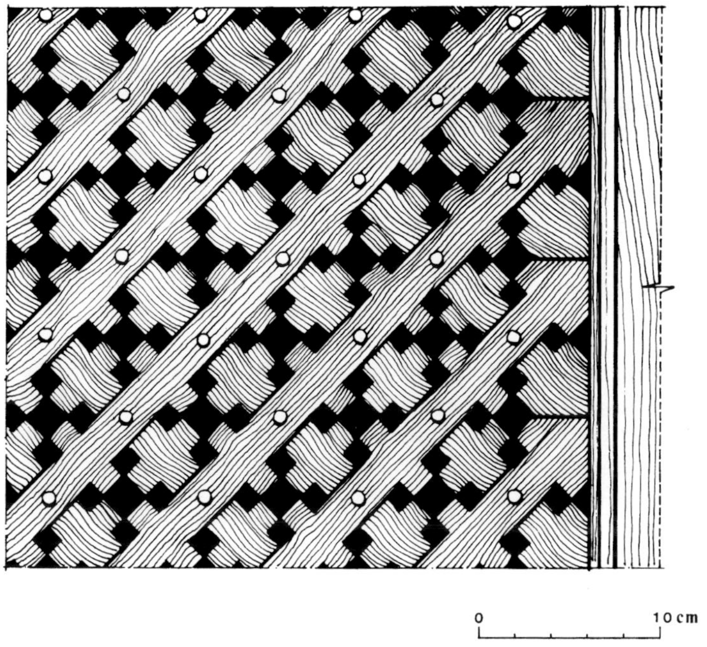

Fig. 242 : *c.* Les boiseries, détail.

Fig. 243 : *d.* Les boiseries, détail.

Fig. 244 : *e*. Les boiseries (treillis lattés assemblés à mi-bois avec ajours découpés).

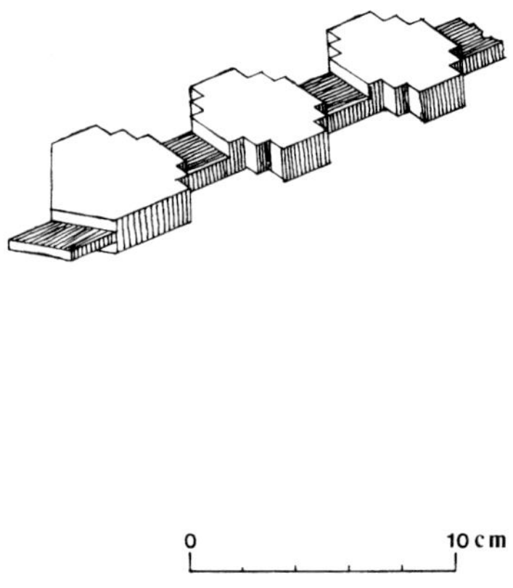

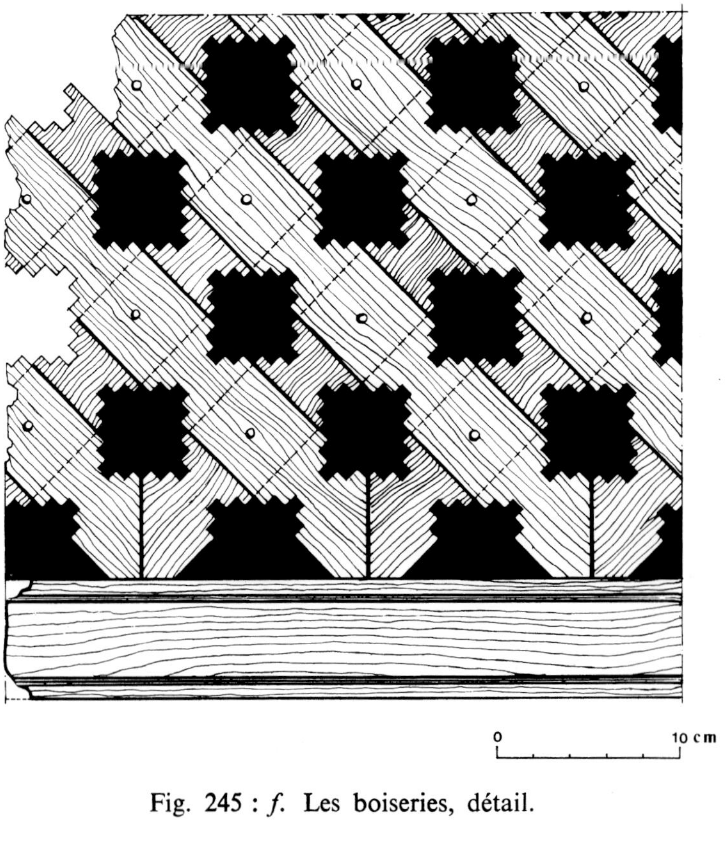

Fig. 245 : *f*. Les boiseries, détail.

a. L'iconostase de Mārī Girgis.

b. L'iconostase, détail.

c. La porte de l'iconostase.

a. L'iconostase de la Sainte Vierge.

b. L'iconostase de Saint Michel.

c. Extérieur de la paroi Ouest de la chambre b 1.

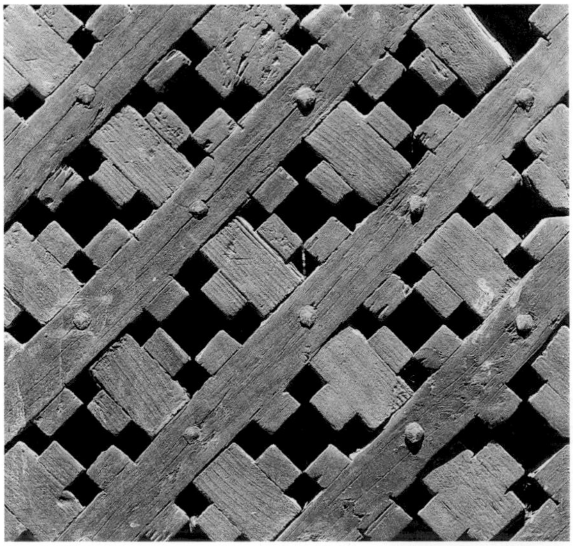

a

b

c

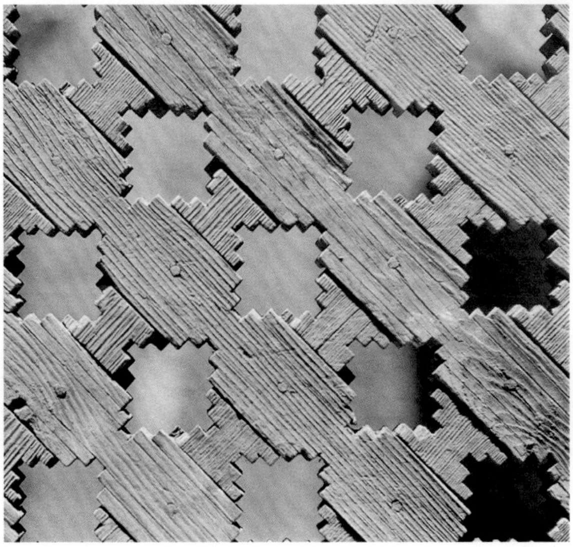

d

e

Boiseries.

Le lutrin

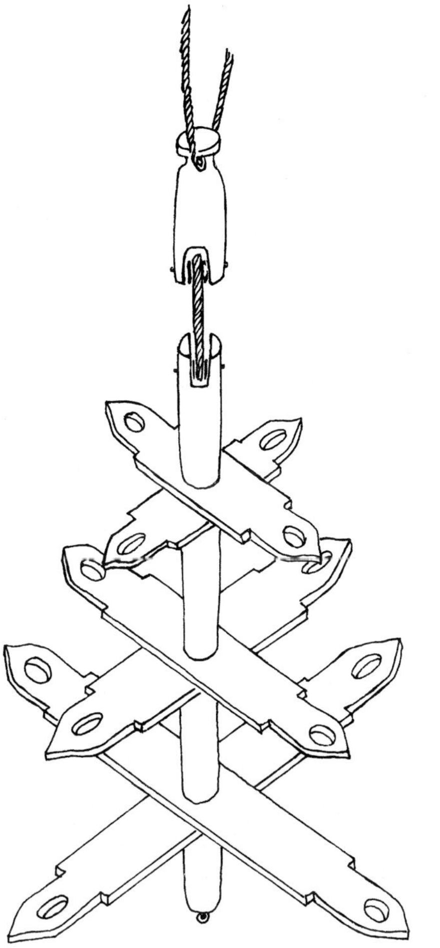

Fig. 246 : Le lustre.

Fig. 247 : Le lutrin.

LE LUTRIN [1] (fig. 247; pl. 80)

Il est en bois et mesure 1,43 m de haut. Sa partie inférieure est un coffre cubique mesurant 0,59 m × 0,59 m et 0,50 m de haut, où l'on range les livres.

Sa porte est ornée d'une croix et deux de ses côtés sont surmontés de deux montants qui forment un cadre qui soutient une colonnette hexagonale dans l'axe de laquelle devait pivoter [2] le pupitre en forme de livre ouvert.

(1) Il existe au musée copte, sous le numéro d'inventaire 704 un lutrin en bois ressemblant à celui-ci, portant la date de 1492 de notre ère et provenant d'Aḫmīm.

(2) Le pivot est cassé et le pupitre a été fixé par de petites baguettes de bois.

Ce lutrin dut être offert à l'église car on peut lire quatre lignes gravées sur le haut du coffre. Chacune est située à l'intérieur d'un cadre sculpté :

١ ــ على بيعة الشهيد العظيم
٢ ــ مارى جرجس بدير الحديد عوض يا رب . . .
٣ ــ وقفا مؤبدا
٤ ــ وحبسا مخلدا

1 — *A l'intention de l'église du grand martyr*

2 — *Mārī Girgis à Dēr el-Ḥadīd, Seigneur compense* [*pour*] ... (probablement le nom du donateur)

3 — *en waqf éternel*

4 — *et en donation perpétuelle.*

APPENDICE II

LES MESURES

MESURES DE CAPACITÉ

POUR LES GRAINS

Les mesures utilisées pour le blé, le maïs d'hiver (*šāmī*) et d'été (*gēḍī*), le sésame, la farine, la *molōḫiyya* sèche, la graine de luzerne, les fèves, les cacahuètes, etc... sont des mesures devenues officielles, enregistrées par le service des poids et mesures.

1 *girāṭ*	:	0,064 litres
1 *gadaḥ* = 32 *girāṭ*	:	2,062 litres
1 *kēla* = 8 *gadaḥ*	:	16,500 litres
1 *ardabb* = 12 *kēla*	:	198,000 litres

Il s'ensuit les équivalences généralement admises :

1 *ardabb* de blé......	: 150	kilos
1 *ardabb* de fenugrec (*ḥelba* ou *ḥayyāga*)	: 155	kilos
1 *ardabb* de fèves	: 155	kilos
1 *ardabb* de maïs ou de sorgho (*gēḍī*)	: 140	kilos
1 *ardabb* de trèfle (*barsīm*)	: 157	kilos

Les mesures courantes chez les villageois sont la *kēla*, la demi-*kēla* ou *rob'a* ou *refṭāw*, et le quart de *kēla* ou *noṣṣa*. Ces mesures sont représentées par des récipients de même hauteur mais qui diffèrent par le diamètre de leur base et de leur ouverture (fig. 248).

Mesure	*diamètre de base*	*diamètre du sommet*
— —	— —	— —
kēla	35 cm	31 cm
refṭāw	26 cm	21 cm
noṣṣa	18 cm	15 cm

Les bases des mesures ont la forme de disques en bois; quant à leurs parois, ce sont des lattes (minces planches de bois de 0,20 × 0,03 m environ) qu'on réunit horizontalement et qu'on couvre de l'extérieur par une mince couche de toile fixée à l'aide de petits clous dont les larges têtes apparaissent sur la face des mesures et y dessinent de simples ornementations. Cette technique de fabrication des mesures a maintenant disparu. Actuellement on les fabrique avec de la tôle.

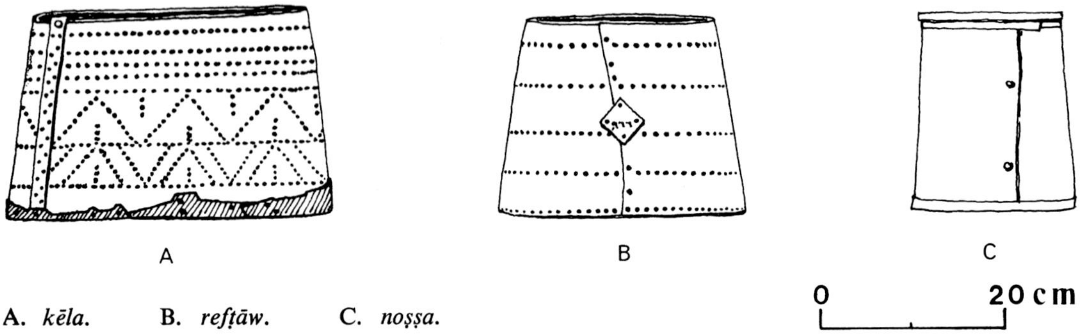

A. *kēla.* B. *refṭāw.* C. *noṣṣa.*

Fig. 248 : Les mesures.

Pour les liquides

1 gallon = 4,544 litres

MESURES DE SURFACE

1 *sahm* = 7,293 m²

1 *girāṭ* = 24 *sahm* = 175,033 m²

1 *feddān* = 24 *girāṭ* = 4.200,833 m² = 0,42 ha

MESURES DE LONGUEUR

1 *derāᶜ meᶜmārī*	0,75 mètre
1 *derāᶜ baladī*	0,58 mètre
1 *gaṣaba*	3,55 mètres

Les habitants de ce village ont leurs propres mesures qui ne sont pas déterminées du tout car elles diffèrent d'une personne à l'autre et se conforment aux mesures des membres du corps de chaque personne, tels que les deux bras et la paume de la main. C'est pour cela qu'ils emploient durant leurs discussions des mesures approximatives. On dit que la *gaṣaba* = 24 *ḥabbāya* et la *ḥabbāya* est la différence entre le bout du pouce étendu et l'extrémité inférieure de la paume de la main (fig. 138). Le *bāᶜ* est la différence entre les extrémités des deux doigts majeurs d'un homme étendant les bras comme un crucifié.

MESURES DE POIDS

1 *darhem*	3,12 grammes
1 *ūgiyya* = 12 *darhem*	37,44 grammes
1 *raṭl* = 144 *darhem*	449,28 grammes
1 *ogga* = 400 *darhem*	1.248,00 grammes
1 *genṭār* = 100 *raṭl* = 36 *ogga*	44,928 kilos

ADDENDUM

Près de quinze années séparent la publication de cette étude des débuts de mon enquête à Mārī Girgis. Durant ces années, la situation sociale de l'Egypte a changé, du fait des importantes mutations politiques et économiques qui sont survenues, du fait aussi de la formidable croissance démographique que connaît actuellement le pays. Il m'a donc paru indispensable de retourner à Mārī Girgis pour une courte visite. Mais je n'y restai que deux jours et les quelques remarques qui suivent ne constituent pas une réactualisation de mon étude : elles se contentent d'enregistrer les plus visibles des transformations vécues par ce village et d'attirer l'attention du lecteur sur quelques points pour lesquels l'information donnée précédemment ne correspond plus à la réalité du Mārī Girgis d'aujourd'hui.

Les projets gouvernementaux

En 1981, on a construit, à environ 600 m au Nord du village, un pont qui enjambe le canal al-Aḥaywa et dessert la localité de façon quasi directe par la digue, naguère de terre battue mais asphaltée récemment (à la fin des années 70). L'isolement dans lequel vivait le village s'en est trouvé considérablement réduit et ses relations avec le monde extérieur largement facilitées.

Dans la zone désertique qui s'étend au Nord-Est du hameau, un grand nombre de concessions ont été données pour l'exploitation de carrières de calcaire, de gravier, de sable et de marne (*ṭafl*), matériaux désormais utilisés pour la production de parpaings, depuis que le gouvernement a interdit l'extraction de terre agricole pour la fabrication des briques.

A ʿIsāwiyya s'est installé un élevage industriel de poulets, tandis qu'on achevait la réfection de l'ancien dispensaire, autrefois abandonné (cf. p. 6). A Dēr el-ʿAdrā et al-Aḥaywa, au Nord de Mārī Girgis ont été créés deux élevages, l'un pour l'engraissement des veaux, l'autre pour la fabrication de produits laitiers et de fromages. L'ensemble de ces entreprises emploie une trentaine des jeunes hommes du village.

Mārī Girgis, en revanche, n'a toujours pas d'eau potable et ses habitants continuent de boire l'eau polluée du canal [1], sauf durant les campagnes menées par le Ministère de la Santé pour la destruction des larves de la bilharziose, parce que l'on y jette alors des pesticides. Les villageois, avertis de ne pas utiliser l'eau du canal pour leur propre

[1] Cf. L'approvisionnement en eau, p. 166; La toilette, p. 208.

consommation ou celle de leur bétail, vont alors puiser leur eau au Nil. Mārī Girgis n'a pas non plus d'électricité et les maisons y restent éclairées à la lampe à pétrole.

L'Émigration

La surface des terres cultivables du village ne s'est guère accrue que de trois *feddān* au plus durant cette période; quelques villageois les ont mis en valeur par l'apport de terre argileuse. La totalité de la surface cultivée ne dépasse pas 25 *feddān*, ce qui est fort peu et bien loin de suffire à nourrir la population du village. Il était donc naturel que le manque de terre finît par changer la mentalité des jeunes *dayyāra* et leur fît accepter l'idée d'émigrer, temporairement dans la mesure du possible. Lorsque je vins à Mārī Girgis en 1972, l'émigration ne dépassait pas Le Caire ou Alexandrie [1]. Aujourd'hui, elle s'étend jusqu'aux Etats pétroliers. Une trentaine de jeunes gens, issus de trente familles du village, sont partis travailler dans les Etats Arabes : vingt en direction de l'Iraq et les dix autres en Arabie Saoudite, au Kuwayt, en Lybie, à Abu Dhabi ou Aden. Leurs raisons de partir étaient des considérations purement individuelles : il s'agissait simplement de tirer le plus grand profit possible de ce nouveau marché et d'y glaner tout ce que l'on pouvait.

Il faut savoir que ces émigrants n'ont pas d'autre qualification que l'agriculture, et ne savent que manier la houe. Lorsque je demandai à un jeune homme du village, sans emploi, et qui rêve encore de partir, quel travail il espérait avoir là-bas, il me répondit : « N'importe quel travail ». Ils n'ont d'autre exigence que de trouver un moyen de survivre et de sortir de la gêne financière dans laquelle vit le village. Cette émigration temporaire peut durer plusieurs années. Elle est parfois longue. Les hommes partent seuls, sans leur famille. Ils reviennent une fois tous les deux ans, ou plus, mais envoient régulièrement une partie de leur salaire chez eux.

En dépit du petit nombre des partants, cette émigration a eu une influence sensible sur le village. Sur le plan économique, par exemple, les fonds envoyés par les émigrants et les bénéfices tirés de l'émigration ont résolu bien des problèmes individuels et ont libéré certaines familles du carcan de la pauvreté. Les quelques commentaires qui suivent, entendus au village à propos des émigrés, sont révélateurs de ce phénomène :

— « Tous ceux qui sont partis ont bâti une maison ».
— « Aujourd'hui, il y a de l'argent ... Les gars qui sont partis, ils sont revenus avec de l'argent ».

[1] Cf. L'appel de la grande ville, p. 37.

— « Autrefois, on avait une seule *ǧallābiyya,* aujourd'hui on en a quatre ou cinq ».
— « Le paysan qui n'a personne dans sa famille qui soit parti, est resté comme il était ».

La nouvelle extension du village et la disparition du cimetière antique (*al-Kiffāriyya*) [1]

En octobre 1979, un torrent brusquement formé a endommagé les cultures et emporté quelques maisons construites sur les terres basses. Les autorités autorisèrent alors les habitants du village à construire sur les hauteurs afin de mettre leurs maisons à l'abri de l'eau en cas de formation d'un nouveau torrent. Tout naturellement, les gens de Mārī Girgis choisirent de s'installer sur le plateau orienté Est-Ouest à l'extrémité duquel est situé le *Dēr*. A l'Est du couvent, le vieux cimetière désaffecté, zone archéologique classée et jusque là interdite à la construction, était tout particulièrement désigné parce que contigu à l'agglomération et placé dans l'axe de son extension naturelle. Les villageois sautèrent sur l'occasion, trop heureux de quitter leurs maisons vétustes [2] rendues trop étroites par la surpopulation [3]. Quarante-sept maisons ont déjà été construites, alignées en quatre rangées parallèles séparées par quatre rues de direction Nord-Sud. L'ancien cimetière a disparu; il n'en reste plus aujourd'hui la moindre trace. Mais les habitants de Mārī Girgis n'ont pas oublié, en construisant leurs nouvelles maisons, de construire aussi quatre tombes collectives correspondant aux quatre *badana* du village [4].

En réalité, la catastrophe provoquée par le torrent n'a pas été la seule cause de cette soudaine extension du village, qui a bien d'autres raisons, et d'abord l'accroissement de la population, le désir de donner un logement aux enfants et l'étroitesse des vieilles demeures, mais aussi la jalousie qui poussa certains à construire même quand ils n'en avaient pas réellement le besoin. Et comme le terrain était donné par le gouvernement, les villageois virent grand dans le découpage des lots : la surface de leurs nouvelles maisons varie de un à cinq *girāṭ* (175 à 875 m^2), si bien que la nouvelle agglomération l'emporte déjà en superficie sur le noyau ancien. Chacun commençait par entourer le terrain qu'il s'était choisi d'un mur d'argile puis il construisait quelques pièces à l'intérieur, selon ses moyens financiers.

(1) Cf. Une zone inculte : le cimetière, p. 5.
(2) Dix-huit vieilles maisons sont cependant encore habitées.
(3) Certaines maisons abritent aujourd'hui dix-huit personnes.
(4) Cf. Les parentés, p. 26-37.

Ces maisons neuves sont construites en *ṭōf* fait de sable, de gravier et d'argile verte, plus solide que la brique crue, plus vite fait aussi et qui ne demande pas de qualification particulière; les couvertures, comme dans les anciennes maisons, sont en stipes de palmiers. Mais la rapidité avec laquelle ces constructions furent faites les priva des détails qui traditionnellement enjolivaient les anciennes maisons et faisaient leur beauté rustique et simple. Elles sont, de même, dépourvues de pigeonniers. Parmi ces maisons de terre, il en est une de brique cuite, couverte d'une dalle de béton armé, construite par un villageois revenu des pays du pétrole, que, bien sûr, tout le monde envie, car chacun aimerait faire construire la même s'il en avait les moyens.

Le réinvestissement des fonds tirés de l'émigration

Quelques familles du village se sont lancées dans l'engraissement et le commerce des veaux, dans des élevages qui ne comptent guère plus de dix têtes de bétail à la fois. Il semble que ce soit, pour les gens de Mārī Girgis, le meilleur mode d'investissement et celui qui convient le mieux à leurs aptitudes et à leur expérience.

Depuis la guerre d'octobre 1973 et la mise en place de la politique d'ouverture économique qui a permis l'émigration sans la moindre contrainte, un autre phénomène s'est développé : l'investissement dans les transports. On achète des camions que l'on utilise pour transporter du gravier, du sable ou des pierres, ou bien l'on acquiert des minibus qui font office de taxis-service et assurent des liaisons régulières entre les villages de la région. Cette forme d'investissement semble assez attractive pour avoir incité un des jeunes du village qui ne pouvait émigrer, à vendre la terre qu'il avait héritée de son père pour acheter des véhicules de transport.

Emigrer est toujours une initiative personnelle; aucun plan d'Etat ne vient organiser l'émigration et elle reste toujours une entreprise hasardeuse. Semblable en cela à tous les paysans d'Egypte, le *dayyār* de Mārī Girgis est analphabète et encore pénétré de l'idée, venue du fond des âges, qu'un homme se doit d'avoir beaucoup d'enfants. Chargé d'une famille trop nombreuse, il émigre par nécessité; l'usage qu'il fait de ses gains n'est dicté que par son aspiration effrénée à jouir des biens superflus qui sont pour lui les symboles de la modernité. Prenons pour exemple les appareils de télévision. Bien qu'il n'y ait pas d'électricité à Mārī Girgis, quinze familles du village ont acheté un téléviseur, alimenté par des batteries de voitures que l'on fait recharger toutes les semaines à Aḫmīm pour soixante piastres. Un émigré revenu des pays arabes, qui a équipé sa maison d'un générateur électrique, a même acheté un magnétoscope. Il loue à Sohāğ des films religieux (des vies du Christ pour la plupart) et, chaque soir, les villageois se réunissent chez lui pour les regarder.

Les associations chrétiennes

Depuis trois ans des associations religieuses ont lancé au village des activités chrétiennes. Des jeunes gens, envoyés par l'évêché d'Aḫmīm, viennent deux fois par semaine donner des cours d'instruction religieuse à la jeunesse. Ils se chargent également de distribuer, à l'occasion des fêtes religieuses, de l'argent, des vêtements et de la viande aux familles nécessiteuses du village.

La transformation de l'agriculture et de l'artisanat rural

L'irrigation Depuis l'ouverture économique, les pompes à moteur abondent sur le marché et plusieurs familles de Mārī Girgis en ont acheté pour irriguer leurs terres. Il y avait ainsi onze pompes au village, lors de ma dernière visite. Généralement, deux ou trois personnes s'associent pour acheter une pompe qu'elles louent ensuite aux autres cultivateurs. Le prix de la location est fonction de la surface irriguée. Il atteint 35 piastres le *girāṭ* pour le *barsīm* et 50 piastres le *girāṭ* pour le blé [1]. La *sāgya* (p. 61), la *ʿelba* (p. 63) et la vis d'Archimède (p. 73) tombent en désuétude et le *šādūf* (p. 57) a presque disparu [2] car, bien évidemment, les paysans préfèrent utiliser les pompes qui économisent leur temps et leur peine et leur permettent de ménager leur bétail. Ils ont d'ailleurs vendu les vaches qui faisaient tourner les *sāgya* et les *ʿelba,* pour les remplacer par des gamousses qui donnent plus de lait. Selon les villageois, il était inévitable d'utiliser les pompes car le niveau de l'eau dans les canaux a baissé de telle sorte qu'il devient de plus en plus difficile de l'élever avec les *ʿelba* dont les roues sont de trop faible diamètre.

Les labours et le dépiquage C'est désormais le tracteur qui est utilisé pour les labours et pour le dépiquage des récoltes. La vieille charrue (p. 78) a pratiquement disparu. On ne l'utilise plus guère que pour labourer les terres fraîchement irriguées, notamment pour la culture du maïs, du sorgho et du blé. On laboure une première fois avec le tracteur (la terre est alors très lourde et le labour à la charrue fatiguerait inutilement les vaches), puis on fait un second labour selon le mode traditionnel. Un des *dayyāra* possède aujourd'hui un tracteur, qu'il loue aux autres cultivateurs. Les autres tracteurs viennent des villages voisins. Le dépiquage du blé se fait

(1) On irrigue le *barsīm* toutes les deux ou trois semaines et le blé tous les deux mois environ.

(2) Le petit artisanat lié à la fabrication de ces instruments (menuisiers, fabricants de cordes, spécialistes des *sāǧya*) a, en conséquence, disparu lui aussi.

également au moyen du tracteur, auquel on adapte des outils spécifiques. Il faut une journée au maximum pour dépiquer la récolte d'un *feddān* de blé et il en coûte 6 livres de l'heure. Le *nōrağ* (p. 82) n'est plus utilisé; ainsi a disparu le rythme de vie traditionnel lié à la saison de la moisson que connaissait autrefois la campagne égyptienne.

Les cultures La culture de l'oignon n'est plus pratiquée dans le village depuis environ cinq ans par suite d'une maladie que les villageois appellent *al-baʿūḍa;* celle-ci se manifeste par le pourrissement du bulbe en terre avant son arrivée à maturité. Les paysans s'en plaignirent auprès de la coopérative agricole et la culture de l'oignon fut remplacée par celle du soja.

La culture des fèves a également diminué lorsque le gouvernement imposa aux villageois d'en livrer la récolte à la coopérative agricole. Comme cette plante n'occupait de toute façon que des surfaces limitées, les paysans préférèrent lui substituer le *barsīm* qui fournit le fourrage nécessaire à leurs bêtes.

Le maïs d'été est également en baisse et le pain *bettāw,* fait de sa farine, a disparu, comme les instruments de boulangerie liés à sa fabrication (la *mağrafa* notamment).

Enfin, avec la diffusion de l'aluminium et du plastique, l'industrie de la poterie a totalement disparu du hameau.

Le monastère (le *Dēr*) (1)

Depuis 1972, le curé du village a fait détruire les maisons qui subsistaient encore à l'intérieur de la cour du *Dēr,* abandonnant sur place les gravats produits par les démolitions, ce qui enlaidit considérablement le monastère. Dans l'idée de restaurer l'église, il a ajouté des cloisons de brique cuite devant le *haykal,* fait abattre les anciennes boiseries qui fermaient les ouvertures des baies intérieures, enlevé les tirants de bois qui renforçaient les arcs porteurs sous les coupoles, et remplacé les vieilles dalles par un carrelage industriel bon marché. Les murs ont été badigeonnés de chaux blanche ou colorée à l'ocre; un mobilier — bancs, oratoires (*maqṣūra*) — de mauvaise qualité et de mauvais goût a été mis en place et des icônes de papier, imprimées en Italie et prises dans de vilains cadres dorés, ornent désormais l'iconostase. Le monastère a acheté un générateur électrique; des lampes et des lustres de faux cristal ont été installés dans l'église, à l'intérieur du *haykal,* sur l'iconostase et jusque dans la cour. Ainsi a disparu à peu près tout ce qui pouvait rappeler l'état ancien de l'église.

(1) Cf. Appendice I.

Tout cela n'a rien de très surprenant et les monastères du Wādī el-Naṭrūn, par exemple, offrent un spectacle semblable; l'ancien y a laissé place au neuf dans des aménagements naïfs sans goût et sans beauté. Je crois qu'il y a, derrière ces initiatives, une volonté réelle de restaurer et de protéger le patrimoine ancien mais dans une ignorance absolue des principes de la restauration ainsi que de la valeur archéologique et architecturale de ce patrimoine.

Le Caire, novembre 1986.

ÉPILOGUE (mars 1999)

PENDANT mes séjours au village de Mārī Girgis, depuis la première visite que j'y fis en 1967 pour préparer cette étude, j'ai connu certaines personnes qui m'attirèrent et des liens étroits se sont tissés entre nous. De temps à autre, certains de ces visages ont soudainement refait surface en moi dans des circonstances particulières, parfois peut-être sans raison claire. J'ai pris conscience qu'ils vivaient quelque part en moi. Il semblerait que, de toute cette aventure, ce qui a résisté à l'usure du temps, et, bien plus, qui reste au premier plan, ce sont ces visages. Sinon, pourquoi donc ne remontent que rarement à ma mémoire leurs coutumes, leurs traditions, leurs outils et ustensiles et la façon dont ils sont fabriqués, si ce n'est lorsqu'une conversation avec un ami ou un collègue touche tel ou tel de ces sujets ?

Pour cette deuxième édition, j'ai choisi d'ajouter deux récits qui évoquent quelques-uns de ces visages.

NAAMÂT L'INFIRME

QUAND j'ai fait connaissance de Naamât et de sa famille, elle était alors, malgré ses 40 ans, la seule de sa fratrie qui ne soit pas mariée : elle est infirme des mains et des jambes depuis son enfance. Sa grande sœur avait épousé un charlatan qui prétendait se connaître en sorcellerie et se disait capable de guérir les malades, et Dieu sait s'il y en a ! Il se vantait de détenir une centaine de recettes pour les impuissants sexuels, des dizaines d'autres pour les femmes stériles et pour toutes les maladies organiques et psychiques qui abondent dans son milieu. Les gens du village ne l'aimaient pas : il avait une mauvaise réputation certainement due à l'inanité de ses prescriptions.

Il avait dû aller vivre à Akhmîm à 12 km du village pour y exercer son charlatanisme aux dépens des honnêtes gens. Parfois, il revenait se réfugier au village avec sa femme, lorsque l'une ou l'autre de ses recettes infernales l'obligeait à se cacher. Il logeait alors chez sa fille, mariée à un pêcheur de 4 ou 5 ans plus âgé qu'elle.

Naamât a deux frères aînés mariés. Ils vivent chacun avec sa femme et ses enfants dans deux petites maisons mitoyennes bâties sur un terrain qui était la propriété du père et que les deux frères se partagèrent après sa mort. Les deux sœurs n'eurent droit à aucune part : Naamât, infirme, était à la charge de ses deux frères ; pourquoi donc aurait-elle reçu une part et qu'en aurait-elle fait ? Quant à l'aînée, mariée avant la mort du père, elle avait quitté le village et vivait au loin. Son mari profitait de cette situation : d'une certaine manière, ses deux frères étaient en dette à son égard ; il considérait donc comme un droit acquis, lorsqu'il revenait passer quelques jours au village, d'être hébergé dans l'une ou l'autre des deux maisons, et même d'y prendre ses repas.

Le frère aîné de Naamât, Hakim, était et reste un vieillard pauvre au teint sombre, à la taille élevée et à la corpulence imposante. Il arbore, sous un énorme nez aplati, des moustaches blanches taillées à l'horizontale où certains poils surmontant la lèvre ont jauni sous l'effet de la nicotine des mégots ; son fils les lui achète au poids ; il les conserve dans sa tabatière de fer blanc après les avoir émiettés, et de cette réserve, il roule cigarette sur cigarette tout au long des heures du jour.

Son visage est empreint d'une telle dignité qu'il m'était pénible de le voir aller nus pieds et d'apercevoir ses sous-vêtements ou une partie de son corps à travers les trous de sa gallabeyya décolorée.

Pour tout bien, Hakim n'a que sa maison et loue un terrain de 6 *qirâts* (1 000 m^2) où il sème du trèfle pour son âne et ses chèvres. Sa maison est faite de deux pièces aux murs de briques crues, couvertes de tiges de maïs, s'ouvrant sur une vaste cour où sont parquées la nuit les chèvres et où s'ébattent poules et canards ; c'est aussi là qu'il attache son âne et qu'il entrepose tout un tas de bricoles, des paniers en vannerie, le pétrin en terre cuite, divers bouts de bois et morceaux de fer dont j'ignore l'utilisation.

Hakim a eu quatre enfants : trois garçons et une fille. L'aîné s'est marié et a quitté le village encore tout jeune : il travaille comme gardien dans une petite usine de Sabteyya au Caire. Les deux autres garçons travaillent comme journaliers chez les paysans contre une maigre somme d'argent qui ne représente qu'une toute petite part des besoins de la famille. La fille a été mariée à un bossu employé comme aide chez son frère cadet menuisier : l'essentiel de leur travail consiste à réparer les roues à eau, les manches de houes et divers outils agricoles.

Le véritable soutien de la famille, c'est la femme de Hakim qui façonne de la poterie et procède à sa cuisson une fois par semaine ; elle la charge ensuite sur sa monture et s'en va avec le plus jeune de ses fils faire la tournée des hameaux et villages environnants où elle la vend ou la troque contre du grain.

Quant à Saber, le plus jeune frère, il se trouve mieux nanti que Hakim. Il possède près de deux feddans (8 400 m^2) qu'il cultive à longueur d'année. Sa maison regorge d'animaux, de volaille et de grain, au point de susciter la jalousie chez Hakim et sa famille, jalousie qui s'en va grandissant au fil des ans si bien que les membres des deux familles ne se parlent que très rarement et ne connaissent de leurs nouvelles qu'à travers les voisins.

Naamât au cœur limpide a vécu chez son frère Saber après la mort de son père et le partage des terres entre ses frères, situation qui ne manquait pas d'être gênante pour Hakim aux yeux des proches et des voisins, mais qui, tout compte fait, le soulageait vu son incapacité à subvenir aux besoins de qui que ce soit, même à ses propres besoins. La pauvre Naamât souffrait de toutes ces complications familiales, sans compter une relation déplorable avec sa belle-sœur qui la détestait et la malmenait comme pour l'amener à quitter le domicile de son frère. Naamât supporta ces mauvais traitements de longues années. Traînant sa jambe folle, elle sortait avec ses deux chèvres et s'asseyait tout au long du jour derrière le mur sud du monastère. Elle rentrait le soir au moment où son frère revenait des champs. Elle mangeait avec eux et dormait dans un coin qu'on lui avait aménagé dans une pièce utilisée comme réserve de paille. Elle en ressortait le matin de bonne heure pour passer la journée comme d'habitude.

Naamât ne soufflait mot à son frère des mauvais traitements que lui infligeait sa belle-sœur. Elle ne voulait pas être source de problèmes pour lui. Quand la mesure fut comble, elle décida de quitter le domicile et informa son frère qu'elle vivrait dans une hutte sur le petit espace entre le mur sud de l'enceinte et l'église, espace utilisé par certains villageois comme sépulture pour leurs morts : quelques tombeaux construits de quelques rangs de briques crues, certains blanchis à la chaux, ornés parfois de croix les unes peintes en jaune ocre, les autres en bleu indigo.

Elle demanda à ses deux frères leur aide pour construire sa hutte. Quoi qu'il en soit de son infirmité, son entêtement est bien connu de tous : quand elle a décidé quelque chose, personne ne peut l'en dissuader. Ses deux frères n'essayèrent donc pas d'en discuter. Dans un coin compris entre l'enceinte et l'un des tombeaux, les frères de Naamât installèrent la petite hutte faite de tiges de maïs séché attachées par des cordes tressées de fibre de palmier. L'entrée en était masquée par un rideau de plastique récupéré d'un vieux sac d'engrais.

Naamât vécut heureuse dans sa hutte. Elle sortait chaque jour avec ses chèvres qu'elle menait paître au bord de quelques champs ensemencés. Quand elle était fatiguée, elle s'asseyait à l'endroit qui lui était familier derrière l'enceinte du monastère.

Souvent on la voyait passer sur les sentiers du village, souriante, serrant entre ses dents l'extrémité de son voile noir délavé, le bras paralysé replié, la main aux ongles tordus appuyée sur un sein plat qu'elle raplatissait encore plus, le pied traînant. Certains passants du village la taquinaient gentiment et elle riait tout en essayant de se cacher le visage de son grand voile.

Les gens l'aiment bien. À l'occasion des rassemblements de famille ou des fêtes, ils lui font apporter par leurs garçons ou leurs filles des plats de viande et de riz. Parfois certains pêcheurs lui envoient quelques petits poissons, et Naamât accueille ces dons avec reconnaissance et loue ses bienfaiteurs.

Le fait qu'on l'appelle « Naamât l'infirme » ne dénote nulle dureté à son égard chez les gens du village. Ce n'est en fait qu'une désignation purement objective permettant de la distinguer d'autres femmes qui portent le même nom.

Un jour, sa jeune nièce (fille du charlatan) mourut en couches, mais le nouveau-né survécut : une petite fille qu'on appela « Nagiyya » (= la sauvée). Les membres des deux familles, hommes et femmes se réunirent pour décider de ce qu'ils feraient du bébé. Naamât, discrètement, exprima son désir de la prendre en charge. Très vite tous furent d'accord : la solution convenait à toutes les parties concernées. Naamât, tout à la joie de ce don du ciel, aménagea un coin de sa hutte dans le cimetière pour accueillir la petite. Le berceau consistait en un petit matelas bourré de fine paille de blé. Les proches de la famille et les sympathisants du village lui fournirent tout ce qu'il faut à un bébé dans ce genre d'abri : couvertures, et quantité de chiffons pouvant servir à l'emmailloter et à le changer.

Quelques mères allaitantes se proposèrent de donner le sein à la petite pendant la journée, et, pour la nuit, Naamât préparait un ou deux biberons à base de lait de chèvre ou d'infusion de carvi ou autres breuvages que j'ignore. Naamât conçut pour la petite un attachement profond qui la marqua : elle devint plus limpide, plus sereine, plus calme. Les mois d'hiver, elle sortait s'asseoir avec elle derrière le mur oriental : elle la déposait dans un grand couffin tressé de folioles de palmier et tapissé intérieurement de pièces d'étoffe récupérées de vieilles gallabeyyas. De temps à autre, elle modifiait l'orientation du couffin pour protéger du soleil le visage de la fillette, tandis que le petit corps se réchauffait à ses rayons bienfaisants, pendant que les chèvres paissaient à côté.

Les mois passèrent. La petite Nagiyya prit des forces et lorsqu'elle fit ses premiers pas, nul ne sait qui, d'elle ou de Naamât, fut le plus comblée de joie.

Nagiyya eut 3 ans. Les gens du village s'étaient habitués à les voir : Naamât suivie de ses chèvres et, fermant la marche, la petite Nagiyya portant dans ses petits bras une poignée de trèfle, tout ce petit monde sortant de la porte du monastère et empruntant le sentier pour aller derrière l'enceinte.

Un jour, la petite fut prise d'une violente dysenterie qui dura deux jours. Le troisième jour, les gens entendirent des sanglots étouffés venant de la hutte de Naamât.

Tous furent tristes pour Naamât, peinés de la sombre malchance qui s'abattait sur elle, comme ils furent peinés de la perte de la petite Nagiyya.

L'événement de la mort chez les habitants du Dêr est comme le lever et le coucher du soleil, un fait ordinaire, reçu avec une capacité infinie d'acceptation et de résignation. J'en ai été stupéfait et j'en ai beaucoup appris. Malgré cette acceptation, le sourire de Naamât s'estompa et on la voyait assise de plus longues heures dans sa hutte ou à proximité.

Cinq années passèrent. Naamât fut atteinte d'une maladie qui l'immobilisa de longs mois. Les gens passaient la voir pour lui rendre service et lui offrir ce qu'ils pouvaient. Finalement elle fut délivrée de cette maladie, si tant est qu'on puisse parler de délivrance, car elle fut désormais incapable de se tenir debout, et à ce jour elle se déplace en se traînant sur son postérieur.

Son frère Saber s'est construit une nouvelle maison pour lui et ses fils et a quitté son ancienne demeure. Il a déménagé Naamât de sa hutte du cimetière et l'a installée dans sa maison abandonnée.

C'est là que je lui ai rendu visite l'an passé (1998). Je lui ai retrouvé ce sourire d'autrefois éclairant son visage sale. Ses yeux rayonnent toujours de cette lumière dont j'ignore la source.

HAGRAS ET FAYQA

PENDANT la préparation de cette étude sur le village de Mārī Girgis en 1971, je résidais chez Hagras et son épouse Fayqa. C'était un paysan approchant alors des 55 ans tandis que sa femme était de quelques années plus jeune que lui. Bien que mariés depuis près de 35 ans, ils n'avaient pas eu d'enfant.

Hagras a deux frères mariés, Girgis et Garas dont chacun occupe, avec sa femme et ses enfants, le tiers de la demeure qui avait été partagée à égalité entre les trois frères après la mort du père.

Garas est propriétaire d'un lopin de terre d'un demi feddan et il loue, en association avec son frère, 18 *qirâts* qu'ils cultivent ensemble tout au long de l'année. Ils possèdent également en commun une bufflesse et une vache. La vie qu'ils mènent avec leurs enfants ne peut être qualifiée ni d'aisance, ni de pauvreté. Comme dit Girgis, « la providence veille sur nous ».

Hagras, quant à lui, possède près de deux feddans dont il s'est rendu propriétaire grâce à son sérieux, son travail, ses activités multiples et ses dons variés. Outre la culture et l'entretien de ses champs, il fait le maçon pour les gens du village et pratique la pêche particulièrement pendant les nuits d'été. Il répare aussi divers outils agricoles. Lors des réjouissances ou des deuils, vous le trouvez toujours, disponible à tout le monde, assumant les plus lourdes responsabilités, n'hésitant pas à payer bien des fois de sa propre poche dans ce type de circonstances.

Sur un petit lopin de terre qu'il a acheté en face de sa maison à l'entrée du village, il a construit une salle de réception qu'il a surmontée de deux pièces construites en briques crues, afin d'y élire domicile, lui et son épouse, loin du tapage des familles de ses deux frères et de leurs enfants, à l'abri d'une trop grande promiscuité avec ses belles-sœurs. Il y adjoignit une cour en guise d'étable pour ses bêtes, tout en y réservant une remise pour les outils agricoles et un four à pain. Les murs de la salle de réception furent entourés de bancs recouverts de nattes qu'on étale pour accueillir les étrangers qui peuvent arriver au village, ou les représentants du gouvernement ou les employés d'administration susceptibles de passer pour des questions relatives aux cultures, au cadastre ou à l'irrigation, ou encore les agents de la conscription.

C'était lui qui accueillait ces visiteurs, s'acquittait à leur égard des devoirs de l'hospitalité, leur offrait thé, cigarettes (il a toujours sur lui, dans la poche de son gilet, un paquet de cigarettes alors que lui-même ne fume pas). Si la visite entraînait la présence des hôtes aux heures de midi, il leur offrait le repas, avec l'éventuelle participation de la famille concernée par la visite.

On aurait pu penser que Hagras s'acquittait de tous ces services poussé par l'envie de se poser en notable aux yeux des gens et désireux d'y trouver son intérêt. En réalité, il faut reconnaître que Dieu l'a gratifié d'une singulière capacité d'aimer les gens. Voilà sans doute la raison pour laquelle c'est chez lui que j'élus domicile pour plusieurs mois. Les hommes et les femmes l'appelaient « Oncle * Hagras », les garçons et les filles le nommaient « Grand-père Hagras ». Je séjournai donc chez l'oncle Hagras après avoir obtenu de lui l'autorisation de construire une troisième pièce en briques crues au-dessus de la salle de réception : en fait, c'est lui qui la construisit et lui fit une couverture de nervures de palmes ; j'avais posé comme condition que j'en assumerais les frais, sachant d'avance qu'il refuserait que je lui verse le moindre loyer tout le temps de mon séjour.

Il me fallait trouver un mode de vie en harmonie avec les habitudes de cette société. Comment manger et boire ? Impossible de prendre mes repas seul, et j'ignorais s'ils aimaient ce que j'aime... Quelques jours passèrent qui m'aidèrent à prendre une décision : je recommandai à l'un des pêcheurs du village de me livrer chaque jour un kilo et demi de poissons. Il passait chaque matin et les laissait à Fayqa. Une fois par semaine, j'achetais de la viande à Akhmîm. Je me mis d'accord avec Hagras pour que nous mangions les légumes de saison : tantôt on les trouvait en vente au village, tantôt on envoyait un garçon avec son âne au village de 'Isawiyya pour faire les achats dont nous avions besoin. Quant aux œufs, on en avait une abondante production grâce aux dizaines de poules qui couraient partout dans la maison.

Les belles-sœurs de Hagras ne laissèrent pas longtemps cette famille à son heureux sort. L'envie s'empara de leurs cœurs et les poussa bien souvent à donner libre cours à leur jalousie : Hagras possède plus de terres que ses deux frères ; que fera-t-il donc de ses revenus ? Lui et sa femme vivent sans enfant ; qui donc héritera de lui ? Possiblement son épouse, ou sa famille, et il se peut que leurs enfants n'y aient aucune part.

Chaque fois qu'une occasion se présentait d'exprimer cet avis, elles n'hésitaient pas à le faire effrontément. On commença à suggérer qu'il devrait prendre une autre épouse qui lui donne un fils (un « mâle » comme ils disent) qui, un jour à venir, jouirait de sa fortune et de ses terres. Nul n'ignorait évidemment que l'Église copte orthodoxe ne permet pas le divorce ; mais, s'il demandait un divorce civil devant le tribunal, avec l'appui du témoignage de certaines personnes, arguant du fait que sa femme ne lui avait pas donné de descendance pendant toutes ces années, il pourrait peut-être obtenir gain de cause et dans ce cas pourrait prendre une autre épouse.

* Le terme arabe signifie « oncle maternel ».

Ces rumeurs parvinrent au curé du village. Dans notre village en effet, les secrets et les nouvelles des familles circulent avec une rapidité insoupçonnable sans qu'on en connaisse la source. Le curé profita de l'occasion et encouragea Hagras à présenter cette demande de divorce, lui promettant son appui dans les démarches administratives dont les unes se font à Akhmîm chef-lieu de district, les autres à Sohag, chef-lieu de gouvernorat, à près de 20 km du village. Il lui promit aussi de témoigner en sa faveur, et déclara d'autorité que le Seigneur permet ce genre de divorce, avis motivé par l'espoir de lui soutirer quelque argent tout au long des années que durerait le procès, au titre des honoraires de l'avocat, des frais de déplacements, des frais de timbres et formulaires divers, des pourboires aux procureurs, aux gratte-papier et aux employés, et tout ce tintouin auxquels sont exposés les braves Égyptiens demandeurs de service, et ce, non inclus ce qui lui revient de droit pour toutes ces infernales prestations de services.

Le lecteur s'étonnera sans doute : quelle est donc cette Église qui confère l'ordination sacerdotale à un individu de cette espèce ? Il faut dire que l'Église copte a souffert, à diverses époques de son histoire, de certains membres de son personnel. Mais la coutume en vigueur chez les historiens a toujours été de parler de son passé glorieux, de ses apôtres, de ses saints et de ses martyrs et de passer évidemment sous silence ces spécimens qui à vrai dire lui sont étrangers, mais n'en ont pas moins d'influence sur son peuple.

Il faut préciser que le prêtre en question est un homme qui approchait des 60 ans ; son ordination n'avait eu lieu que douze ans auparavant. Il avait été un petit employé d'une administration de l'approvisionnement dans l'une des petites villes du gouvernorat de Sohag. Il avait été licencié par le ministère, sous accusation de corruption. Les gens racontent qu'il avait alors versé une somme d'argent à l'évêque pour se faire ordonner prêtre au service de l'église du monastère du village.

La majorité des gens le détestaient. Toutefois, en présence des étrangers ou des gens des villages environnants, ils faisaient semblant de le respecter, s'y sentant obligés par leur attachement à leur Église et la révérence qu'ils vouent, comme il se doit, aux gens d'Église. En revanche, lorsqu'ils sont entre eux dans le village, certains n'hésitent pas à lui manifester leur colère, tandis que d'autres lui conseillent d'en finir avec ses fourberies.

Le prêtre entreprit donc les démarches légales et un procès en divorce fut intenté par ses soins ; l'audition fut fixée au tribunal de Sohag. Au jour dit, Hagras s'y rendit, avec son épouse Fayqa, ses deux beaux-frères, le prêtre et quelques proches des deux parties.

Le juge interrogea Fayqa :

« Toi, la fille, pourquoi veux-tu quitter ton mari ?

« – Je l'aime bien, Monsieur le juge, mais il veut un fils, et le Seigneur ne me l'a pas accordé. »

Le juge se prononça pour un refus du divorce : en effet Fayqa aimait son mari et il était clair aussi, sur la base des questions posées à Hagras, que celui-ci aimait son épouse quoi qu'il en soit de son obstination à vouloir un enfant et de ses tentatives de nier cette affection.

Ils revinrent au village ; tous étaient empreints d'un certain sentiment de calme, de paix et d'acceptation malgré l'échec de la tentative. Tous... sauf le prêtre qui expliqua aux hommes l'erreur commise par Fayqa dans sa réponse au juge alors qu'il aurait fallu qu'elle dise le contraire.

Il précisa qu'il fallait attendre le décret relatif aux prochains déplacements des magistrats pour que ce juge soit déplacé de Sohag, car on ne pouvait intenter un nouveau procès en divorce devant lui de même qu'il n'était pas possible d'intenter un autre procès devant un autre tribunal. « Dieu seul sait quand sera déplacé ce juge de ce tribunal. Il se peut que l'affaire dure quelques années... On n'y peut rien... »

Les années passèrent, l'une après l'autre. Hagras vivait, heureux avec son épouse, mais préoccupé par cette pensée d'une progéniture. Son choix se porta sur une veuve dont le mari venait de mourir, envisageant de la prendre pour épouse et d'avoir d'elle un héritier au cas où il obtiendrait le divorce de Fayqa.

Survint un mouvement de promotions dans la magistrature : le juge quitta le gouvernorat et un nouveau juge fut nommé. De nouveau le curé se démena. On intenta un nouveau procès par lequel Hagras demandait le divorce de sa femme stérile Fayqa. Cette fois, le divorce eut lieu.

Tous revinrent, déprimés, défaits. Ils étaient à peine de retour au village qu'arrivèrent les deux frères de Fayqa pour l'emmener à leur domicile ; impossible en effet qu'elle vive sous le toit de son ex-mari, d'autant plus que tous les gens du village savaient qu'il allait épouser cette veuve.

À peine les deux frères eurent-ils demandé leur sœur que Hagras sortit en colère, armé de son gourdin ; il leur fit savoir qu'il terrasserait ici-même devant sa porte le premier qui s'avancerait pour prendre Fayqa et qu'il le rendrait semblable à un tronc de palmier calciné.

Il ajouta : « Tous au village me connaissent bien... Fayqa m'est désormais interdite comme épouse... Mais elle restera ici maîtresse et reine de la maison. C'est elle qui m'élèvera mes enfants... si Dieu veut me donner une descendance... et Moza sait bien, comme vous le savez vous-mêmes, que je l'épouse pour qu'elle me donne un héritier. »

Tous entendirent ces propos ; ils les prirent au sérieux ; ils connaissaient parfaitement Hagras. Chacun revint chez soi.

J'ai rendu visite à Hagras après que son épouse Moza lui eut donné une fille qu'il nomma Fayqa. La grande Fayqa portait la petite fille pendant que Moza était au champ occupée à couper du trèfle pour les bêtes.

Le sourire aux lèvres, elle me dit sur le ton d'un gentil reproche en présence de Hagras : « Tu as vu ce qu'a fait ton ami ? ». Je lui répondis, également en sa présence : « Tu le connais bien... Est-il étrange que Hagras ait fait ce qu'il a fait ? » Les années passèrent et Moza eut deux autres filles... Le sort ne le gratifia pas d'un héritier mâle. Fayqa éleva les trois filles tandis que leur mère était toujours au champ à couper le trèfle en hiver ou les tiges de maïs en été pour les bêtes.

Un jour, Fayqa fut blessée au pied par un bout de verre alors qu'elle marchait sur l'un des sentiers du village, et elle fut malheureusement atteinte du tétanos... Le troisième jour Fayqa mourut. Il n'y avait pas deux semaines qu'elle était morte que Hagras fut atteint de paralysie, et au bout d'un an il perdit complètement la vue. Je lui ai rendu visite un certain jour d'hiver : je l'ai trouvé comme une épave près d'un mur de la terrasse ; on l'y portait pendant la journée pour le mettre au soleil ; on lui apportait son repas dans une assiette métallique ; puis quand approchait le soir, on le transportait dans une pièce couverte pour y dormir.

Il parle beaucoup de Fayqa... Je ne saisis pas toutes ses paroles, mais le nom de Fayqa revient sans fin. Il ne cesse de se frotter le dos de la main gauche avec la droite si bien que la noirceur de sa peau a disparu pour faire place à un teint rouge vif. Il se lamente sur son sort et chante une complainte où il n'y a que regrets et tristesse :

La séparation m'a brisé,
moulu comme du henné ;
elle m'a formé.
Étonnant cet homme en pleine force qui a perdu le sommeil
et qui ne dit rien.
On lui a fait boire du café amer au petit matin
et il ne dit rien.
Plus qu'on ne tord une voile sur son antenne
une blessure me tord les entrailles.
Si tu es un pilote invétéré,
tiens bon le gouvernail.
De crainte de donner de la proue sur les rochers,
et de sombrer toi et ton bateau... puis... plus rien.

البين طحني طحنة الحنة ورباني
عجبي على جدع زين طار منه النوم ولا جال شي [١]
زجوه الجهوة [٢] السادة عالريج [٣] ولا جال شي [٤]
دانا [٥] في بطني جرح زايد عالجلوع [٦] لفة
وإن كنت ريس جراري [٧] حرص على الدفة
لمجدمك [٨] يسط الحجرات
تغرج [٩] مركبك ولا شي [١٠]

١ قال شيء
٢ سقوه القهوة
٣ على الريق
٤ قال شيء
٥ ده أنا
٦ على القلوع
٧ قراري
٨ لمقدمك
٩ تغرق
١٠ شيء

El-bēn ṭaḥanni ṭaḥnet el-ḥenna wa-rabbāni
ʿağabi ʿala ğadaʿ zēn ṭār menno n-nōm wa-la gāl šayy
zagūh el-gahwa s-sāda ʿar-rīg wa-la gāl šayy
Dana fi baṭnī ğarḥ zāyed ʿal-gelūʿ laffa
wen kont rayyes garārī ḥarraṣ ʿad-daffa
la-megaddemak yesoṭṭ el-ḥağarāt
teġrag markebak wa-la šayy

Visages de Mārī Girgis.

Visages de Mārī Girgis.

LEXIQUE

A

abīb ابيب

Mois copte : p. 99 n. 1, 252, 276.

abū (fig. 168) ابو

Corde centrale par laquelle est suspendue la baratte : p. 174, et n. 1.

abū'l-luggoṭ (fig. 214) أبو اللّجط (اللّقط)

Jeu d'enfant : p. **227.**

(*el*)-*āḫir* (fig. 47) الاخر

Dernière palette de la vis d'Archimède : p. 73.

amšīr امشير

Mois copte : p. 99 et n. 1, 107, 276.

anḍa, pl. *onaḍ* (fig. 209) أنضة جَ أُنض (لمبة)

Lampe à pétrole : p. 49, 210.

arbaʿīniyya اربعينيّه

Période de quarante jours s'écoulant entre le moment où l'on vide le canal et le moment où il est à nouveau rempli : p. 131, 166.

ardabb, pl. *arādeb* (cf. appendice II) اردبّ ج ارادب

Unité de mesure de capacité pour les céréales et les fourrages : p. 15, 99 et n. 2.

arḍeyya ارضيّة

Chaussures : p. 205.

asārī أسارى (أثارى)

Ancien : p. 248.

atl أتل (أثل)

Tamaris : p. 110.

(el)-awwal (fig. 48, 49) الاوّل

Première palette de la vis d'Archimède, située du côté de la manivelle : p. 73.

ayqūna أيقونة

Icône : p. 223.

ʿA

ʿabal (fig. 83) عبل

Tamaris : p. 2, **110**.

ʿafš عفش

Brindille : p. 264.

ʿaǧǧūr عجور

Variété de melons : p. 96 et n. 2.

ʿaǧīn عجين

Pâte : p. 15, 17.

ʿagūl ǧabal (fig. 84) عجول (عقول) جبل

Sainfoin : p. **110**.

ʿagūl ǧesr (fig. 85) عجول (عقول) جسر

Alhagi des Maures : p. **110**.

ʿaǧwa عجوة

Pâte de dattes : p. 148.

ʿāǧza عاجزة

Celle qui est frappée d'incapacité : p. 223.

ʿalūga علوجة (علوقة ـ علقاة)

Mesure correspondant à un panier plein de grains : p. 125 et n. 1.

ʿamūd, pl. *ʿawāmīd* عمود ج عواميد

— Axe métallique de la vis d'Archimède (fig. 49) : p. 73.
— Partie de la *sāgya* métallique (fig. 44) : p. 69.

ʿamūd nāyim (fig. 44) عمود نايم

Partie de la *sāgya* métallique : p. 69.

ʿanādī عنادى

Bracelets en verre : p. 233.

ʿanṣūla عنصولة

Epi de maïs dépouillé de ses grains : p. 90.

ʿanza, pl. *ʿanzāt, meʿīz* عنزة ج عنزات — معيز

Chèvre : p. 121, **126.**

ʿārḍa (fig. 34) عارضة

Partie du *šādūf* : p. 57, 61.

ʿārḍet el-yadd (fig. 52) عارضة اليد

Partie de la vis d'Archimède : p. 75.

ʿarğūn, pl. *ʿarāğīn* (fig. 172) عرجون ج عراجين

Fibres de la tige du régime (liane) : p. 86 n. 1, 181, 185, 187, 189, 195.

ʿarrāk (fig. 34) عرّاك

Partie du *šādūf :* p. 57, 309.

ʿarūs عروس

Nom donné au tas de blé battu : p. 104, 105.

ʿaṣāyet el-maġzīl (fig. 191) عصاية المغزيل

Bâton du fuseau : p. 195.

ʿaṣāyet el-noṣṣ (fig. 79) عصاية النص

Partie de la souricière : p. 96.

ʿaṣāyet el-ṭobbāʿa (fig. 79) عصاية الطباعة

Partie de la souricière : p. 96.

ʿaṭrūn عطرون

Natron : p. 211.

ʿawwād, pl. *ʿawwādīn* عوّاد ج عوّادين

Nom donné au paysan qui fait fonctionner le *ʿūd :* p. 312.

ʿāzil عازل

Fils séparé de son père après son mariage et économiquement indépendant : p. 18.

B

bāba بابة

Mois copte : p. 88, 98, 99 n. 1, 106, 275.

badana, pl. *badanāt* بدنة ج بدنات

Groupe de familles descendant d'un aïeul commun : p. 27 et n. 1, 30, 31, 35, 36, 231, 351.

baddāla (fig. 49) بدّالة

Nom donné à la vis d'Archimède : p. **73**.

bagara, pl. *bagar* بجرة (بقرة)

— Vache : p. 121, **123**.
— Espèce de poisson du Nil : p. 152.

baġla, baġlet el-nōrağ (fig. 58) بغلة النورج

Partie du *nōrağ :* p. 81, 82.

baḫḫa, pl. *baḫḫ* بخّة ج بخّ

Canard : p. 129.

bakara بكرة

Jeune chamelle : p. 121.

baladī بلدى

Domestique : p. **129** (pigeon); 216 (citron).

balaḥ el-ġorāb بلح الغراب

Nom d'arbre : p. 249.

balamōza بلموزة

Espèce de poisson du Nil : p. 151 n. 1.

balāṭet el-bogg (fig. 149, 150) بلاطة البُجّ (البق)

Dalle qui bouche le haut du four à pain : p. 156, 158.

balāṭet el-forn (fig. 149) بلاطة الفرن

Dalle du four à pain : p. **154**.

ballāṣ, pl. *balālīṣ* بلّاص ج بلاليص

Jarre servant essentiellement au transport de l'eau : p. 13, 166, 175, 179, 186.

balṭa (fig. 66) بلطة

Genre de hache : p. **88**.

bāmya بامية

Cornes grecques : p. 172 n. 2.

banānī : cf. *benneyya* بنانى

bannūn بنّون

Pain fait avec de la farine de blé, du beurre et du lait : p. 104, 167, **169**, 246, 252.

baraka بركة

Bénédiction : p. 98, 124, 160, 220.

baramōda برمودة

Mois copte : p. 99 et n. 1, 251, 276.

barmhāt برمهات

Mois copte : p. 98, 99 et n. 1, 276.

barrād šāy, pl. *barārīd šāy* برّاد شاى ج براريد شاى

Théière : p. 233.

barrīma, pl. *barārīm* (fig. 49) بريمة ج براريم

Nom donné à la vis d'Archimède : p. **73**.

barsīm برسيم

Trèfle, trifolium alexandrinum : p. 100 n. 1, 121, 124, 125, 126, 210, 353 et n. 1, 354.

bārūf (fig. 54) باروف

Partie de la charrue : p. 80, 81.

basḫ (fig. 54) بسخ

Partie de la charrue : p. 80.

basla, pl. *baslāt* بسلة ج بسلات

Charme : p. 127, 216, 263 n. 1.

• *baslet el-ʿafš* • بسلة العفش

Charme de la brindille : p. **264**.

- *baslet el-fasgeyya* • بسلة الفسجية (الفسقية)
  Charme du caveau : p. **265**.
- *baslet el-forn* • بسلة الفرن
  Charme du four : p. **265**.
- *baslet el-ğabbāna* • بسلة الجبانة
  Charme du cimetière : p. **264**.
- *baslet el-ğallābiyya* • بسلة الجلبية
  Charme de la *ğallābiyya* déchirée : p. 216.
- *baslet el-gamḥ* • بسلة الجمح (القمح)
  Charme du blé : p. 236.
- *baslet el-ḥalfa* • بسلة الحلفا
  Charme de l'alfa : p. **264**.
- *baslet el-kenīsa* • بسلة الكنيسة
  Charme de l'église : p. **265**.
- *baslet el-nṭāla* • بسلة انطالة (النطالة)
  Charme de l'eau : p. **265**.
- *baslet el-ter'a* • بسلة الترعة
  Charme du canal : p. **265**.
- *baslet el-'ūd* • بسلة العود
  Charme de la tige de maïs : p. **266**.

bašans بشنس

Mois copte : p. 99 n. 1.

baškūr (fig. 158) بشكور

Ustensile pour retirer le pain du four : p. **164**, 168, 211.

bāš muhandes, pl. *bāš muhandesīn* باش مهندس ج باشمهندسين

Ingénieur en chef : p. 260.

baṭš بطش

Petit de la gamousse (mâle) : p. 121, 124.

ba'ūna بؤونة

Mois copte : p. 99 n. 1, 252, 276.

bay'a بيعة

Eglise : p. 315.

bayyāḍa (fig. 156) بيّاضة

Ustensile pour nettoyer la dalle du four à pain : p. 159, **164**, 169, 215.

bazbūz, pl. *bazābīz* بزبوز ج بزابيز

Incisions faites sur le pain qui produisent des excroissances à la cuisson : p. 169.

bazg بزج (بزق)

Bulbes d'oignons en petites gerbes : p. 88, 106, 107.

bā' باع

Unité de mesure. Distance comprise entre les extrémités des doigts d'un homme qui étire ses bras horizontalement : p. 182, 183, 184, 190, 193.

ba'r بعر

Excréments de chèvre ou de chameau : p. 158 n. 1, 171.

ba'ūḍa بعوضة

Maladie de l'oignon : p. 354.

bēḍ el-ḥalfa بيض الحلفا

Stype géante : p. **110**, 122.

belenf بلنف

Genre d'engrais : p. **76**-77, 99.

belīla šāmī بليلة شامى

Dessert à base de maïs d'hiver et de lait : p. 201.

bellēṣ (fig. 40) بلّيص

Partie de la roue hydraulique : p. 64.

benneyya بنّية

• pl. *bennī* • ج بنّى

Bynni-Cyprin (poisson du Nil) : p. 135, 148, 151.

• pl. *banānī* • ج بنانى

Cruche, dont le fond est cassé, suspendue au plafond et qui sert de niche aux pigeons : p. 130.

bēt, pl. *buyūt* بيت ج بيوت

Groupe de familles issues d'un même père : p. 30.

bettāw بتّاو

Galettes faites avec de la farine de maïs d'été : p. 98 n. 1, 107, 118, **167**, 168, 169, 224, 265, 273 n. 2, 277, 354.

beyaš (fig. 42) بيش

Parties de la roue hydraulique : p. 64.

bezz el-kalb (fig. 86) بزّ الكلب

Zygophyllum coccineum : p. **110**, 249.

bokš (fig. 170) بوكش

Partie de la pipe à eau : p. 177.

bolṭī بلطى

Chromis du Nil : p. 153.

borǧ, pl. *abrāǧ, ebrāǧ* (fig. 5) برج ج ابراج

Pigeonnier : p. **15**, 17.

borš, pl. *abrāš, ebrāš* برش ج ابراش

— Genre de natte circulaire pour transporter la terre (fig. 16) : p. 38-39.
— Cf. *šādūf* (fig. 32) : p. 59.
— Cf. *goṭwiyya :* p. 185.

bowwēza بوّيزة

Mormyre Kannumé (poisson du Nil) : p. 151.

brām, pl. *ebrema* (fig. 198) برام ج ابرمة

Terrine en terre cuite : p. **201**.

buglēla, pl. *bagālīl* بجليلة (بقليلة) ج بجاليل (بقاليل)

Ampoule : p. 214.

būra, pl. *bowar* بورة ج بور

Trou, fosse : p. 108, 109, 244.

būrānī بورانى

Cornes grecques qui ne sont pas émiettées : p. 172 n. 2.

būṣ بوص

Tiges sèches de maïs ou de sorgho : p. 2, 6, 12, 13, 23, 26, 40, 41, 42, 46, 52, 131, 156, 159, 168, 172, 175, 179, 198.

buwāḫ بواخ

Vapeur : p. 171.

D

dabādīb دباديب

Genre de gâteaux nommé également *mafrūka :* p. 171, 219, 220.

dabalān دبلان

Tissu blanc en coton : p. 240.

dabba دبة

Jeu d'enfant : p. **230**.

dafīna (fig. 186) دفينة

Piquet en fer ajusté à un anneau : p. 191-192.

dagg (fig. 201-205) دجّ (دقّ)

Tatouage : p. 208.

dagg el-ṭūb دجّ (دقّ) الطوب

Fabrication des briques : p. 38 n. 1.

dakar, pl. *dekora* دكر ج دكُرة

Tête secondaire de l'ail : p. 211 et n. 2.

dalāl دلال

Noir de fumée qui sert de *koḥl :* p. 219 et n. 1, 233.

dallāl دلّال

Rampes en fer : p. 317.

damm دمّ

Maladie du bétail : p. 125 (vache); 126-127 (mouton).

dammūr دمّـور

Tissu de coton écru : p. 205.

damsīsa دمسيسة

Absinthe bâtarde ou Ambrosie : p. **110**.

darb, pl. *durūb* درب ج دروب

Ruelle : p. 12.

- *el-darb el-baḥarī* • البحرى

  Ruelle du Nord : p. 12.

- *el-darb el-ġarbī* • الغربى

  Ruelle de l'Ouest : p. 6, 12.

- *el-darb el-ġarbī el-ṣuġayyer* • الغربى الصغير

  Petite ruelle de l'Ouest : p. 12.

- *el-darb el-giblī* • الجبلى (القبلى)

  Ruelle du Sud : p. 12.

- *el-darb el-šargī* • الشرجى (الشرقى)

  Ruelle de l'Est : p. 12.

- *el-darb el-wasṭānī* • الوسطانى

  Ruelle médiane : p. 12, 19.

darhem, pl. *darāhem* (cf. appendice II) درهم ج دراهم

Dirham, mesure de poids.

dātūra (fig. 92) داتورة

Datura (cf. *ğātūra*) : p. **111**.

dawwād, pl. *dawwādīn* داوّد ج دوّادين

Homme qui examine les vaches et les bufflesses pour reconnaître si elles sont pleines : p. 124.

dawwāsa (fig. 32) دوّاسة

Petite mastaba où on pose les deux pieds pour travailler avec le *šādūf* : p. 59.

dāya, pl. *dayāt* داية ج دايات

Sage-femme : p. 217, 220, 236.

dayyār, pl. *dayyāra* — ديّار ج ديّارة

Habitant de (Dēr) Mārī Girgis : p. 255, 313, 314, 350, 352, 353.

defra (fig. 87) — دفرة

Scopaire doux : p. **111**.

deḥdāḥa (fig. 56) — دحداحة

Traînoir : p. **81**, 82, 98, 108.

dekka, pl. *dekak* — دكة ج دكك

Banquette en bois : p. 23, 49, 240.

dēl el-fār (fig. 88) — ديل الفار

Vulpin des champs : p. **111**.

delw (fig. 37) — دلو

Seau en fer blanc : p. 57, 61.

derāʿ meʿmārī, baladī (cf. appendice II) — دراع معمارى – بلدى

Mesure de longueur.

dest — دست

Marmite en cuivre : p. 166.

dešīša — دشيشة

Riz, fèves ou maïs moulus grossièrement : p. 148, **173**.

dīk — ديك

Epis de maïs d'été cuits au four : p. **173**.

dīwān, pl. *dawāwīn* — ديوان ج دواوين

Salle de réception : p. 241.

dobor (fig. 59) — دُبُر

Partie du *nōrağ* : p. 85.

dogmāg — دجماج (دقماق)

Schalle à ventre noir (poisson du Nil) : p. 152.

dōr (fig. 26-27) — دور

Silo de forme cylindrique utilisé pour conserver les céréales : p. 26, **49**, 51, 52, 105.

dora ṣēfī ذرة صيفى

Maïs d'été, sorgho : p. 126.

dorg (fig. 147) درج (درق)

Cadre en bois auquel sont fixés des filets qui forment une poche : p. 131, **150**.

Ḍ

ḍafra (fig. 20) ضفرة

Disposition de briques : p. 43.

ḍarb el-ṭūb ضرب الطوب

Fabrication des briques : p. 38 n. 1.

ḍers, pl. *ḍerūs* (fig. 40) ضرس ج ضروس

Dents de la roue hydraulique : p. 64.

ḍoʿḍīʿ (fig. 94) ضعضيع

Laitue de lièvre ou laiteron ou chardon blanc (cf. *ǧoʿḍīḍ*) : p. 112.

E

emreyya, pl. *emrey* إمريّة ج امرى

— Tourterelle : p. 239.
— Rite de fécondité : p. **239**.

etbaʿram اتبعرم

Se transformer en petites boulettes en forme de crottes de chèvre (*baʿr*) : p. 171.

ʿE

ʿeddēs baḥr (fig. 89) عدّيس بحر

Cyperus rotundus : p. **111**.

ʿeddēs ǧarf (fig. 90) عدّيس جرف

Vesce ou lentille : p. **111**.

ʿelāga عِلاجة (علاقة)

Couffin à mailles serrées : p. 156, 169, 181, 183, 185, 237.

ʿelba, pl. *ʿelab* (fig. 44, 45) علبة ج علب

— *Sāgya* métallique : p. 5, 57, **69**, 353.
— Partie de la *sāgya* métallique : p. 69 et n. 1.

ʿēn (fig. 40) عين

Puits qui alimente la roue hydraulique.

ʿēn el-hawa (fig. 150) عين الهوا

Ouverture qui permet de régler la circulation de l'air et la température à l'intérieur du four à pain : p. 154.

ʿēn el-kānūn (fig. 151) عين الكانون

Grand orifice du *kānūn :* p. 159.

ʿēn el-nār (fig. 150) عين النار

Ouverture qui permet le passage des flammes du foyer à la chambre de cuisson du four à pain : p. 154, 168.

ʿenab el-dīb (fig. 91) عنب الديب

Morelle noire, crève-chien ou maurette : p. **111**.

ʿerwa (fig. 35) عروة

Corde en fibres formant une boucle (cf. *šādūf*) : p. 57.

ʿetta عتّة

Déchaussement des dents de la vache : p. 125.

F

faḥl, pl. *feḥūl* (fig. 31) فحل ج فحول

Rigole de distribution pour l'eau : p. 56, 61, 68, 69, 99.

falg, pl. *eflāg* فلج (فلق) ج افلاج (افلاق)

— Stipe (fig. 172) : p. 181.
— Moitié ou quart d'un tronc de palmier (fig. 19) : p. 42.

fallāya, pl. *fallāyāt* فلّاية ج فلّايات

Peigne en bois ou en os : p. 233.

fānella, pl. *fānellāt* فانلّة ج فانلّات

Chemisette de corps : p. 205.

fānūs (fig. 44, 45) فانوس

Partie de la *sāgya* métallique : p. 69.

farāša (fig. 152) فراشة

Partie du moulin : p. 160.

farrāšiyya, pl. *farrāšiyyāt* فرّاشية ج فرّاشيّات

— Genre de tapis qu'on pose sur des nattes d'alfa, utilisé comme matelas, nommé aussi *kilīm :* p. 194.
— Couverture en laine : p. 49.

farrūğ فرّوج (فرّوخ)

Poulets ou poules : p. **129**.

fās, pl. *fūs* (fig. 66) فاس ج فوس

Hache : p. **88**.

fasgeyya, pl. *fasāgī* (fig. 218) فسجيّة (فسقيّة) ج فساجى (فساقى)

Caveau : p. 242, **244**.

faṣd فصد

Saignée : p. 129.

fatḥet el-bogg (fig. 150) فتحة البجّ (البقّ)

Ouverture dans la dalle qui bouche le haut du four à pain : p. 156, 168.

fatḥet el-maḥmā (fig. 150) فتحة المحمى

Orifice de chauffe : p. 156, 158.

fatḥet el-maraṣṣ (fig. 148) فتحة المرصّ

Orifice d'enfournement : p. 154, 156, 168.

fatḥet el-nār فتحة النار

Orifice de chauffe du four à poterie : p. 198, 201.

fatḥet el-wegīd (fig. 151) فتحة الوجيد (الوقيد)

Orifice de chauffe du *kānūn :* p. 160.

fatīla فتيلة

Espèce du poisson du Nil : p. 152.

faṭīr فطير

Genre de pâte feuilletée : p. 124, **171**, 183, 219, 251.

fawwāsa, pl. *fawwāsāt* (fig. 64) فواسة ج فواسات

Genre de houe : p. 88.

fāyeš فايش

Genre de biscottes : p. 234.

feddān, pl. *fadādīn* (cf. appendice II) فدّان ج فدادين

Unité de mesure de surface : p. 5, 27, 55, 76, 96, 106, 238, 269, 301, 350, 354.

fegl ğabal فجل جبل

Radis sauvage : p. **111**.

feṭām فطام

« Sevrage » : période où l'on cesse d'irriguer la terre : p. 99.

fōra فورة

Boisson que l'on donne à l'accouchée : p. 217.

forn el-ḫabīz, pl. *efrān el-ḫabīz* (fig. 150) فرن الخبيز ج افران الخبيز

Four à pain : p. **153**.

fūl فول

Fèves : p. 121, 126.

G / Ğ

ğabalī جبلى

Sauvage : p. 129 (pigeon).

ğabanyūt جبنيوت

— Prière récitée lors des fiançailles : p. 232 et n. 2.
— Fiançailles : p. **232**.

gabbād (fig. 37) جبّاد (قبّاض)

Partie du *šādūf* : p. 57, 59, 61, 310, 311.

ğabb el-gamḥ جب الجمح (القمح)

Moissonner à la faucille : p. 100.

gabr, pl. *magāber*, *gobūr* (fig. 219) جبر (قبر) ج مجابر ، جبور (مقابر ، قبور)

Tombe : p. 242, **244**.

gābūḍ, pl. *gawābīḍ* (fig. 181) جابوض (قابوض) ج جوابيض (قوابيض)

Passoire à fromage : p. 175, 181, **187**, 188.

ğābya (fig. 33) جابية

Bassin dérivé du canal ou du drain (cf. *šādūf*) : p. 59.

gadaḥ (cf. appendice II) جدح (قدح)

Mesure de capacité.

gādūs, pl. *gawādīs* جادوس (قادوس) ج جواديس (قواديس)

- Auget ou godet en fer blanc ou en terre cuite de la roue hydraulique (fig. 40) : p. 67.
- Partie creuse de la vis d'Archimède (fig. 49) : p. 75.
- Partie creuse de la *sāgya* métallique (fig. 44) : p. 69, 170.
- Godet en terre cuite pour les pigeons (fig. 7) : p. 15, 170.
- Type de nasse en fil, cf. *wedwāda* (fig. 142) : p. 145.
- Godet en terre cuite pour cuisiner la *gādūseyya* (fig. 163) : p. 171.

ğadūseyya جادوسيّة (قادوسيّة)

Mets à base de farine, nommé aussi *mebawwaḫeyya :* p. **170**.

gafāyen (fig. 53) جفاين

Partie de la charrue : p. 78.

gafl el-rās (fig. 206) جفل (قفل) الراس

Traitement contre la migraine : p. 212.

ğahmūr جهمور

Espèce de poisson du Nil : p. 150 n. 1.

ğaḥš, f. *ğaḥša* جحش

Anon : p. 121.

ğalabiyya, *ğallābiyya*, pl. *ğalālīb* جلبيّة ؛ جلّابية ج جلاليب

Habit traditionnel des hommes; mot parfois employé pour la robe des femmes : p. 108, 205, 206, 207, 216, 217, 218, 233, 240, 251, 278, 297, 351.

galb, pl. *gelūb* جلب (قلب) ج جلوب (قلوب)

— Tuyau central de la pipe à eau (fig. 170) : p. 177.
— Piquet en bois fixé verticalement dans la meule inférieure d'un moulin (fig. 152) : p. 160.

ǧalūṣ, pl. *ǧawālīṣ* جالوص ج جواليص

— Motte de terre humide : p. 164.
— Type de pêche (fig. 145) : p. **147**, 148.

ǧamal, pl. *ǧemāl* جمل ج جمال

Chameau : p. 121, **127**.

ǧamb (fig. 40) جمب (جنب)

Roue verticale de la roue hydraulique : p. 64, 68.

ǧam' جمع

Terme désignant la récolte du coton : p. 100 n. 1.

gamīṣ, pl. *gomṣān* جميص (قميص) ج جمصان (قمصان)

Chemise : p. 205.

ǧamūsa, pl. *ǧamūs* جاموسة ج جاموس

Bufflesse, « gamousse » : p. 121, **125**.

ganāya (fig. 31) جناية (قناية)

Branche qui sort de la *ǧannābiyya* : p. 56.

gandīl, pl. *ganādīl* جنديل (قنديل) ج جناديل (قناديل)

— Epis de maïs : p. 17, 90, 194.
— Lampe à huile : p. 216.
— Rite de l'Eglise copte : p. 216.

ǧannābiyya (fig. 31) جنّابية

Branche qui sort d'un canal d'irrigation, nommée également *masrab* : p. 56.

ǧarad جرد

Linceul : p. 240.

ǧarafa (v.) جرف

Saisir en grande quantité : p. 148 n. 1.

ǧarāǧa (fig. 53) جراجة

Partie de charrue : p. 78.

ǧarfa جرفة

— Carrelet (fig. 146) : p. **148**.
— Type de pêche : p. 148.

ǧarǧara جرجرة

Genre de balai : p. 105.

garīna جرينة (قرينة)

Double (le plus souvent hostile) de l'être humain, selon les traditions populaires : p. 225 et n. 1, 264 n. 1.

garmūṭ, pl. *garāmīṭ* جرموط (قرموط) ج جراميط (قراميط)

Qarmouth, silure (poisson du Nil) : p. 135, 142, 152.

garn (fig. 208) جرن (قرن)

Entonnoir : p. 213, 214.

ǧārūd (fig. 196) جارود

Ebarboir en fer pour affiner un vase durant le modelage : p. **198**, 200.

gaṣaba جصبة (قصبة)

— Age de la charrue (fig. 53) : p. 78.
— Unité de mesure de longueur (cf. appendice II) : p. 106, 108.

gaṣala, pl. *gaṣal* جصلة (قصلة)

Partie noueuse de la tige du blé : p. 95, 102.

gaṣr جصر (قصر)

Petite construction où habite le prêtre : p. 316.

gattāya, pl. *gatātī* جتّاية (قتّاية) ج جتاتى (قتاتى)

Gerbe de blé : p. 100, 125 n. 1, 192, 208.

ǧātūra (fig. 92) جاتورة

Datura (cf. *dātūra*), datura guayaquilensis : p. **111**.

gaṭūʿ, pl. *gawāṭīʿ* جاطوع (قاطوع) ج جواطيع (قواطيع)

Sorte de placard : p. 52.

gāyim, pl. *gawāyem* (fig. 40) جايم (قايم) ج جوايم (قوايم)

Axe vertical de la roue hydraulique : p. 64.

gazzāz, pl. *gazzāzīn*, *gazzāza* جزّاز (قزّاز) ج جزّازين (قزّازين) ، جزّازة (قزّازة)

Tisserand : p. 194.

ga'r (fig. 152) جعر (قعر)

Meule inférieure du moulin : p. 160.

ğebn el-ḍānī جبن الضانى

Fromage de brebis : p. 126.

gēd (fig. 190) قيد

Entrave pour ânes : p. **193**.

ğedī, pl. *ğedyān* جدى ج جديان

Bouc : p. 121.

gēḍī جيضى (قيظى)

Maïs d'été, sorgho penché ou millet d'Egypte : p. 27 n. 2, 41, 77, 82, 90, 91, 95, 106, 124, 126, 147, 167, 172, 173, 273 n. 2.

ğehāz جهاز

Appareil mortuaire : p. 239.

ğelbān جلبان

Gesse : p. 82.

ğēlī (fig. 55) جيلى

Partie du joug : p. 80, 86, 87.

ğella جلّة

Bouse de vache utilisée comme combustible : p. 49, 158 n. 1, 159, 169, 173, 264, 266.

ğels (fig. 188) جلس

Type d'entrave utilisée pour attacher une patte avant de la chèvre : p. **192**.

ğenāḥ, pl. *ağneḥa*, *eğneḥa* (fig. 168) جناح ج اجنحة

Ailes; terme désignant les trois cordes auxquelles est suspendue la baratte : p. 174.

genṭār, pl. *ganāṭīr* (cf. appendice II) جنطار (قنطار) ج جناطير (قناطير)

Mesure de poids : p. 109.

ğerbāḥ (fig. 172) جرباح

Spathes des palmiers : p. 181.

ğerī (fig. 93) جرى

Erodium : p. **111**.

ğerīd (fig. 172) جريد

Nervure du palmier : p. 107, 150, 181.

gerrēṣa (fig. 213) جرّيصة (قرّيصة)

Jeu d'enfant : p. **225**.

getteyya, pl. *gatātī* جتّية (قتّية) ج جتاتى (قتاتى)

Gerbe de blé : p. 192.

ğēzī (fig. 40) جيزى

Partie de la roue hydraulique : p. 64.

ğīr جير

Chaux : p. 216.

girāṭ, pl. *gararīṭ* (cf. appendice II) جيراط (قيراط) ج جراريط (قراريط)

Qirat, unité de surface et de capacité : p. 19, 23, 26, 27, 57, 106, 258, 268, 351, 353.

ğisr, pl. *ğusūr* جسر ج جسور

Terme désignant généralement une voie de communication importante : p. 1, 6, 269.

ğodarī جدرى

— Variole : p. 129.
— Maladie du mouton : p. 126.

goffa, pl. *gofaf* جفّة (قفّة) ج جفف (قفف)

Type de couffin : p. 169, 181, 185.

golla bannūr, pl. *golal bannūr* جلّة (قلّة) بنّور ج جلل (قلل) بنّور

Cruche en verre : p. 233.

ğōnef (fig. 189) جونف

Corde utilisée pour lier les gerbes : p. 100, 101, 181, **192**, 193, 194.

ğonn جُنّ (خنّ)

— Cage : p. 129.
— Pigeonnier : p. **129**.

ğonn al-farrūğ (fig. 30) جنّ (خُنّ) الفروج

Poulailler : p. **53**, 124.

gorbān جربان (قربان)

Pain de communion : p. 317.

gorgār baladī جرجار (قرقار) بلدى

Schall, synodonte schall (poisson du Nil) : p. 152.

gorgār šāmī جرجار (قرقار) شامى

Synodonte à ventre noir (poisson du Nil) : p. 152.

ğorn, pl. *eğrān* جرن ج اجران

Aire de battage : p. 100, **101**.

gorṣ, pl. *gurūṣ* جرص (قرص) ج جروص (قروص)

Genre de gâteaux : p. 104, **171**, 172, 237, 251.

goṣʿa, pl. *goṣaʿ* (fig. 40) جصعة (قصعة) ج جصع (قصع)

Bassin en fer blanc récoltant l'eau de la roue hydraulique : p. 68.

gotra جترة (قترة)

Galeries creusées par les lapins : p. 130.

goṭniyya جطنيّة (قطنيّة)

Ğallābiyya en coton : p. 240.

goṭwiyya, pl. *gaṭāwī* (fig. 178) جطويّة (قطويّة) ج جطاوى (قطاوى)

Hotte double : p. 38, 76, 181, 185.

ğōza, pl. *ğewaz* (fig. 170) جوزة ج جوز

Pipe à eau : p. **177**, 211.

ğoʿḍāʿ, *ğoʿḍīḍ* (fig. 94) جوعضاع – جعضيض

Laitue de lièvre, ou laiteron ou chardon blanc : p. **112**.

ğuġūla جغولة

Jeu d'enfant : p. **230**.

ğūr جور

Racines de maïs d'hiver et d'été : p. 106.

guṣūba (fig. 76) جصوبة (قصوبة)

Sorte de râteau à battre : p. **92**, 101.

Ġ

ġāba, pl. *ġāb* (fig. 170) غابة ج غاب

Roseau par lequel on aspire la fumée de la pipe à eau : p. 177.

ġafīr, pl. *ġafar* غفير ج غفر

Gardien : p. 254.

ġafīr el-darb غفير الدرب

« Gardien du chemin », nom donné à un tas de pierres dans un lieu sacré : p. 248.

ġalag, pl. *ġelgān* غلج (غلق) ج غلجان (غلقان)

— Genre de couffin : p. 181.
— Serrure en bois (fig. 22) : p. **44**.

ġama غما

Bandeau qui couvre les yeux des bêtes qui font tourner la *sāgya :* p. 68.

ġewēša, pl. *ġewāyeš* غويشة ج غوايش

Bracelet : p. 233.

ġobbīra (fig. 95) غبّيرة

Tournesol ou maurelle : p. **112**.

ġorāb (fig. 40) غراب

Partie de la roue hydraulique : p. 64.

ġorbāl, pl. *ġarābīl* (fig. 78) غربال ج غرابيل

Sorte de tamis : p. 94, **95**, 96, 105, 154, 217, 219, 220 et n. 2.

ġudda, pl. *ġudad* غـدّة ج غدد

Glande : p. 128.

ġumr غمر

Brassée de *fūl :* p. 125 n. 1.

H

halūk (fig. 96) هالوك

Orobanche : p. **112**.

hamr همر

Talc : p. 148, 154, 198.

harāwya هراوية

Manche de la houe : p. 87.

harrāsa هرّاسة

Mangeoire : p. **53**.

hātūr هاتور

Mois copte : p. 98, 99 n. 1, 251, 275.

hawīs هويس

Ecluse : p. 137, 150.

hāya (fig. 80) هاية

Surface circulaire dans l'aire de battage : p. 92, 93, 101.

haykal, pl. *hayākel* هيكل ج هياكل

Chœur d'une église : p. 316, 319, 330, 332, 333, 334, 354.

hedra (fig. 140) هدرة

Pierre percée utilisée comme poids dans la pêche à la ligne de fond : p. 142, 145.

heshes هسهس

Tiques de la volaille : p. 115.

hōb هوب

Type de chant accompagnant le travail au *šādūf :* p. 309, 310.

hōǧal (fig. 75) هوجل

Sorte de râteau : p. **92**, 93.

hūdī (fig. 40, 41, 44, 45) هودى

Perche où s'attache le joug dans les appareils d'irrigation : p. 64, 68, 69.

ḥārra حارّة

Rapistre : p. **115**.

ḥasad حسد

Envie, éventuellement source de mauvais sort : p. 266.

ḥašš حشّ

Terme désignant la coupe du trèfle : p. 100 n. 1.

ḥaṭb goṭn حطب جطن (قطن)

Bois de cotonnier : p. 159.

ḥayy el-samak حىّ السمك

Anguille (poisson du Nil) : p. 152.

ḥayyāga حيّاجة (حيّاقة)

Fenugrec : p. 82, 90, 175.

ḥebāka حباكة

Nouage des nervures de palmier avec des cordes en fibres pour en faire un plafond : p. 42 n. 1, 46.

ḥeǧel (fig. 212) حجل

Anneau en fer porté à la cheville par les mères et par les enfants : p. 224, 233.

ḥeǧen (fig. 188) حجن

Type d'entrave : p. 192.

ḥelba حلبة

Fenugrec : p. 82, 90, 167, 175.

ḥels (fig. 55, 61) حلس

Coussin en fibre de palmier (cf. *karab*) : p. 80, 86.

ḥemmēḍ (fig. 100) حمّيض

Oseille : p. **115**.

ḥenna حنّة

Henné : p. **234**.

ḥīb حيب

Genre d'argile fine utilisée comme crépi après avoir été mélangée à d'autres ingrédients : p. 5, 40, 43, 96 n. 1.

ḥiml, pl. *ḥemūl, eḥmāl* حمل ج حمول ، احمال

Charge, unité de mesure variable selon le contenant utilisé pour le transport, contenu de deux hottes, ou d'un ou plusieurs couffins : p. 38, 43 et n. 1, 106.

ḥōḍ, pl. *ḥiḍān, aḥwāḍ* (fig. 31) حوض ج حيضان ، احواض

Bassin : p. 56, 98.

ḥōš, pl. *eḥwāš* حوش ج احواش

Cour : p. 13, 26, 316.

ḥuğūma حجومة

Scarification : p. 213.

ḥumār, f. *ḥumāra,* pl. *ḥemīr* حمار ج حمير

Âne : p. 121.

ḥumār el-baḥr حمار البحر

Fahaka (poisson du Nil) : p. 152.

ḥummār حمّار

Chamotte de terre cuite pilée : p. 154.

ḥūt, pl. *ḥītān* حوت ج حيتان

Qarmouth, silure (poisson du Nil) : p. 135, 152.

Ḫ

ḫaḍḍāḍa (fig. 168) خضّاضة

Baratte : p. **174**.

ḫaḍḍāḍāt (fig. 79) خضّاضات

Parties de la souricière : p. 96.

ḫāl, pl. *eḫwāl, ḫīlān* خال ج اخوال خيلان

Oncle maternel : p. 268, 292 n. 1.

ḫalag, pl. *ḫalagāt* خلج (خرق) ج خلجات (خرقات)

Habits usagés : p. 241.

ḫamīs el-ʿahd خميس العهد

Jeudi saint : p. 250, **251**.

ḫamsāwī (fig. 173) خمساوى

Type de tresses faites avec cinq folioles de palmier : p. 39, 182, 183.

ḫanzīr, f. *ḫanzīra*, pl. *ḫanāzīr* خنزير ج خنازير

Cochon : p. 121.

ḫarūf, pl. *ḫerfān* خروف ج خرفان

Mouton : p. 121, **126**.

ḫarwaʿ (fig. 101) خروع

Ricin ou palma christi : p. **115**, 123.

ḫatī ختى

Excréments d'animaux : p. 126.

ḫazāna, pl. *ḫazāyen* (fig. 5) خزانة ج خزاين

Pièce d'un pigeonnier : p. 15, 17.

ḫāzūg, pl. *ḫawāzīg* (fig. 51) خازوج (خازوق) ج (خوازيج) خوازيق

Partie de la vis d'Archimède : p. 75.

ḫelāla خلالة

Bynni, barbeau bynni (poisson du Nil) : p. 151.

ḫēt el-ġāreg (fig. 140) خيط الغارج (الغارق)

Pêche à la ligne de fond : p. **142**, 145.

ḫobbēza خبّيزة

Mauve fromagère : p. **115**.

ḫōḫa (fig. 26, 27) خوخة

Petit placard en terre combiné avec un silo (*dōr*) : p. 13, 49, **52**, 124.

ḫolḫāl, pl. *ḫalāḫīl* (fig. 211) خلخال ج خلاخيل

Anneau en argent ou en alliage d'aluminium que portent les femmes à la cheville; c'est le cadeau du fiancé pour le mariage : p. 206, 219.

ḫonn, pl. *eḫnān* (fig. 127) خنّ ج اخنان

Poche de filet : p. 132, 133.

ḫoṭṭāf خطّاف

— Crochet : p. 57, 59, 86.
— Instrument utilisé pour retirer le pain du four (fig. 159) : p. **164**, 168, 169.

ḫoṭṭāf el-karab (fig. 60) خطّاف الكرب

Partie du joug : p. 86.

ḫoṭṭāf el-nōrağ (fig. 60) خطّاف النورج

Partie du *nōrağ :* p. 86.

ḫozām (fig. 121) خزام

Corde en fibres de palmier utilisée pour soigner les pattes antérieures d'un âne : p. **123**.

I

iklīl, pl. *akālīl* اكليل ج اكاليل

Cérémonie du mariage : p. **235**.

isfaṭṭellak (fig. 215) إسفطّلك

Jeu d'enfant : p. **229**.

ʿI

ʿīd, pl. *aʿyād* عيد ج اعياد

Fête.

- *ʿīd el-bešāra* • البشارة

  Annonciation : p. 250.

- *ʿīd el-ġoṭās* • الغطاس

  Epiphanie : p. 250, **251**.

- *ʿīd el-ḫamsīn, el-ʿonṣora* • الخمسين ، العنصرة

  Pentecôte : p. 250.

- *el-ʿīd el-kebīr, el-giyāma* • الكبير ، جيامة (قيامة)

  Résurrection (Pâques) : p. 250, **251**.

- *ʿīd el-laban, el-milād, el-ʿīd el-ṣuġayyar* • لبن ، ميلاد ، صغيّر

  Noël : p. 250, **251**.

- *ʿīd el-nugṭa* • النجطة (النقطة)

  Fête du début de l'inondation : p. 252.

- *ʿīd el-rabīʿ, šamm el-nesīm* • الربيع ، شم النسيم

  Fête du printemps : p. 252.

- *ʿīd el-ṣuʿūd* • الصعود

  Ascension : p. 250.

ʿiğl, f. *ʿiğla,* pl. *ʿeğūl* عجل ج عجول

Veau, génisse : p. 121.

ʿiṣāba (fig. 207) عصابة

Saignée pratiquée sur le front : p. 213, 214.

ʿiṣām (fig. 37) عصام

Partie du *šādūf :* p. 58.

ʿiššа, pl. *ʿešaš* عشة ج عشش

Hutte ou cabane en tiges de maïs ou de sorgho : p. 8, 12, 40.

K

kabbūt, pl. *kabābīt* كبوت ج كبابيت

Manteau : p. 205.

kabs el-keḥrēt كبس الكحريت

Rite de fécondité : p. **238**.

kaff el-amīr كف الامير

Espèce de poisson du Nil : p. 151 n. 1.

kaḥk كحك

Genre de gâteaux : p. 251, 252.

kanaka, pl. *kanak, kanakāt* (fig. 169) كنكة ج كنك ، كنكات

Ustensile où l'on prépare le café ou le thé : p. 176.

kānūn, pl. *kawānīn* (fig. 151) كانون ج كوانين

Réchaud en terre : p. 13, 23, 26, 104, 108, **159**, 160, 170, 246.

karab (fig. 55, 61) كرب

Joug : p. 64, 68, 69, **80, 86**.

karnīf (fig. 172) كرنيف

Gaine d'une nervure de palmier : p. 181.

kawī كوى

Application d'une pointe rougie sur un endroit malade : p. 115, 127, 211.

kaʿb būṣ, pl. *akʿāb būṣ* (fig. 221, 222) كعب بوص ج اكعاب بوص

– Section de tige de maïs : p. 261.
– Charme contre le mauvais sort : p. 266.

kaʿb ġīra, pl. *akʿāb ġīra* كعب غيرة ج اكعاب غيرة

Charme contre la jalousie des enfants : p. 263.

kaʿf (fig. 172) كعف

Partie d'une nervure de palmier à la jointure du stipe : p. 46, 181.

kaʿrūb كعروب

Racines du maïs d'hiver : p. 106.

keḥrēta, pl. *keḥrēt* كحريتة ج كحريت

Œuf : p. 129, 219.

kēl كيل

Action de mesurer une capacité : p. 104.

kēla, pl. *kelāt* (cf. appendice II) كيلة ج كيلات

Mesure de capacité pour les céréales et le fourrage : p. 27 n. 2, 100, 104, 124, 126, 167, 208, 234.

kerbāl, pl. *karābīl* (fig. 78) كربال ج كرابيل

Genre de tamis appelé aussi *tabbāna :* p. 77, 94, **95**, 96.

kibās كباس

Ballonnement : p. 121.

kilīm, pl. *eklema* كليم ج اكلمة

Genre de tapis, qu'on pose sur des nattes d'alfa, utilisé comme matelas. On le nomme aussi *farrāšiyya :* p. 194, 196.

kitkāt (fig. 102) كيتكات

Francœuria crispa : p. **115**.

kiyahk كيهك

Mois copte : p. 99 et n. 1, 251, 275, 315.

koḥl كحل

Collyre à base de noir de fumée : p. 110, 212, 218, 219, 233.

korsī (fig. 44, 45) كرسى

— Partie de la *sāgya* métallique (cf. *fānūs*) : p. 69.
— (pl. *karāsi*) Petite table en bois : p. 241.

korsī akl, pl. *karāsī akl* كرسى اكل ج كراسى اكل

Petite table en terre sur laquelle on dépose la nourriture : p. 162.

kowwa (fig. 151) كوّة

Petit orifice du *kānūn :* p. 159.

ko‘‘āma, pl. *ko‘‘āmāt* كعّامة ج كعّامات

Muselière : p. 194.

kubbāya, pl. *kubbayāt* كبّاية ج كبّايات

Verre (à boire) : p. 233.

kosba كسبة

Balle : p. 124.

ku‘ūla كعولة

Bouse de vache ou de gamousse : p. 49, 124, 158 n. 1.

L

lagwa لجوة (لقوة)

Lait dont on a retiré le beurre : p. 175, 187.

laḥd (fig. 219) لحد

Tombe : p. 242, **244**.

laḥn, pl. *alḥān* لحن ج الحان

Mélodie : p. 310.

lāṣa لاصة

Genre d'engrais : p. 76, **77**, 78, 106, 107, 201.

lāṭes لاطس

Perche du Nil, Latès, Latès du Nil : p. 153.

lebān dakar لبان دكر

Résine : p. 219 et n. 1.

lebās, pl. *elbesa* لباس ج ألبسة

Caleçons : p. 205.

lebbād لبّاد

Feutre : p. 206.

lebbēn (fig. 103) لبّين

Laitue vireuse : p. **115**, 129.

lebbēn ʿads (fig. 104) لبّين عدس

Euphorbia : p. **115**.

lebda لبدة

Bonnet en feutre : p. 206.

lebs لبس

Lébis-cyprin, lébis (poisson du Nil) : p. 153.

lefša لفشة

Espèce de poisson du Nil : p. 153.

leǧām el-ḫoṭṭāf (fig. 37) لجام الخطّاف

Partie du *šādūf* : p. 57.

līf (fig. 172) ليف

Fibre du palmier : p. 181.

lobbēṭa, pl. *labābīṭ* لبّيطة ج لبابيط

Devinette : p. **277**.

loggāṭa (fig. 192) لّجاطة (لقّاطة)

Outil servant à préparer la laine avant le filage : p. **195**.

lōḥ arḍī (fig. 73) لوح ارضى

Racloir : p. **90**.

lōḥ darāwa (fig. 74) لوح دراوة

Outil pour vanner le maïs : p. **90**.

lōḥet el-tamlīs (fig. 196) لوحة التمليس

Ebauchoir en bois utilisé pour ramollir, polir et lisser la surface du vase durant le modelage : p. **198**, 200.

lowwāya (fig. 34) لوّاية

Partie du *šādūf,* contrepoids en pierre : p. 57, 59.

M

madagg (fig. 153) مدجّ (مدقّ)

Mortier : p. **160**, 162, **198**.

maddād (fig. 193) مدّاد

Axe de la *maḥalla :* p. 196.

madšūš مدشوش

Grain moulu ou pilé : p. 171.

madwar (fig. 186) مدور

Mors en fer : p. 191.

maḍġa مضغة

Chique de tabac et de nitre : p. 212.

maḍyafa مضيفة

Salle de réception : p. 241.

mafrūka مفروكة

Cf. *dabādīb :* p. 219.

maǧarr (fig. 40, 60) مجرّ

Corde reliant le joug au *hūdī* (cf. *nōraǧ, sāgya*) : p. **64**, **86**.

māgāt ماجات (ماقات)

Cucurbitacées : p. 96 n. 2.

maǧlis el-umma مجلس الامة

Conseil de la nation : p. 257.

magran (fig. 185) مجرن (مقرن)

Longe : p. **190**.

magraṣ, pl. *magāreṣ* (fig. 161) مجرص (مقرص) ج مجارص (مقارص)

Disque en terre et bouse de vache où l'on fait lever la pâte à pain : p. 153, **165**, 169.

magṭaf, pl. *magāṭef* مجطف (مقطف) ج مجاطف (مقاطف)

Genre de couffin : p. 123, 125 n. 1, 181, 185.

magṭūʿa مجطوعة (مقطوعة)

Se dit d'une vache qui a perdu l'appétit : p. 125.

maǧūr (*el-ʿaǧīn*) (fig. 162) مجور العجين

Pétrin en terre cuite pour la pâte à pain : p. **166**, 174, 175, 198, 220.

maġrafa, pl. *maġāref* مغرفة ج مغارف

– Partie creuse dans le cylindre de la vis d'Archimède (fig. 49) : p. 75.
– Louche (fig. 157) : p. 117, **164**, 168, 354.

maġzīl (fig. 191) مغزيل

Fuseau : p. **195**.

maḥalla محلة

– Outil qui sert dans la confection des écheveaux; dévidoir (fig. 193) : p. **196**, 197.
– Partie de la roue hydraulique (fig. 42) : p. 64, 68.

maḫmara مخمرة

Cercle où est disposée la terre pour la fabrication des briques : p. 38.

maḫnaga (fig. 55, 61) مخنجة (مخنقة)

Partie du joug : p. 80, 87.

maḫrūṭa مخروطة

Mets à base de farine : p. **170** et n. 3, 237.

maḫṭama مخطمة

Muserolle : p. 191.

maḫzan el-tebn, pl. *maḫāzen* مخزن التبن ج مخازن

Dépôt de paille : p. **14**.

makabba, pl. *makabbāt* (fig. 155) مكبّة ج مكبّات

Grosse coupe en terre utilisée pour couvrir les laitages et préparer la *mefattela :* p. 6, 41 n. 1, 49, 124, **163**, 164, 171, 174.

makḥala, pl. *makāḥel* مكحلة ج مكاحل

Flacon pour le *koḥl :* p. 218, 219 n. 1, 233.

malāna ملانة

Pois chiches verts : p. 253.

malazz (fig. 198) ملزّ (ملذّ)

Pot en terre cuite utilisé pour la cuisine : p. **201**, 218.

malfaḥa, pl. *malāfeḥ* ملفحة ج ملافح

Tissu de coton ou de laine dont on s'entoure la tête : p. 205, 206, 240.

malgaf (fig. 131) ملجف (ملقف)

Epuisette : p. **137**.

malḥ rašīdī ملح رشيدى

Sel de Rosette en bloc : p. 104, 160, 162.

mallāl (fig. 58) ملّال

Partie du *nōrağ :* p. 85, 86.

mallās ملّاس

Natte attachée derrière le *nōrağ :* p. 101.

malṭī مالطى

Dindon : p. **129**.

mandara, pl. *manāder* مندرة ج منادر

Salle ou bâtiment où sont célébrés les deuils et les mariages et où sont tenues les réceptions officielles : p. 9, 35, 36, 208, 235, 241, 242, 251, 277, 278.

manğal, pl. *manāğel* (fig. 68) منجل ج مناجل

Faucille : p. **88**, 100.

manğal ṣuġayyar (fig. 69) منجل صغير

Petite faucille : p. **90**.

maqṣūra مقصورة

Oratoire (mobilier) : p. 354.

marbaṭ (fig. 187) مربط

Entrave : p. **191**, 192.

marǧesiyya مرجسيّة

— Mets à base de poisson : p. **172**.
— Type de terrine (fig. 198) : p. 168, **202**.

markaz, pl. *marākez* مركز ج مراكز

District et son chef-lieu : p. 1.

mārōǧ ماروج

Genre d'engrais : p. 76, **77**.

maršaḥa مرشحة

Tissu protecteur de lin ou de laine posé sur le dos des ânes : p. 122.

masgī مسجى (مسقى)

Empoisonné : p. 216.

masḥ el-ṭūb مسح الطوب

Fabrication des briques : p. 38 n. 1.

masrab, pl. *masāreb* (fig. 31) مسرب ج مسارب

Rigole de distribution d'eau : p. 56.

mašgōga مشجوجة (مشقوقة)

« Fendu »; se dit d'une affection de l'œil : p. 212.

mašhar, pl. *mašāher* (fig. 217) مشهر ج مشاهر

Morceau de branche de palmier utilisé dans les rites de fécondité : p. **238**.

mašraṭ, pl. *mašāreṭ* (fig. 70) مشرط ج مشارط

Lancette, appelée aussi *šaršara :* p. **90**, 107, 194.

maṭbaḫ, pl. *maṭābeḫ* مطبخ ج مطابخ

Cuisine : p. 13.

maṭraḥa (fig. 160) مطرحة

Spatule utilisée dans la fabrication du pain : p. **164**, 169.

mawwāl, pl. *mawāwīl* — موّال ج مواويل

Type de chant : p. 281.

mayyet el-rāḥa — مية (مياه) الراحة

Terme désignant l'eau d'irrigation quand son niveau est supérieur à celui des terres cultivées : p. 55 n. 1.

maʿḍama (fig. 218) — معضمة

Ossuaire : p. 244.

meʿassel — معسّل

Mélange de tabac et de mélasse que l'on fume : p. 40, **177**, 211, 237.

mēbar (fig. 139) — ميبر

Grosse aiguille : p. 142.

mebawaḫeyya — مبوخيّة

Mets à base de farine cuit à la vapeur : p. 170, 171.

medrāya (fig. 77) — مدراية (مذراة)

Sorte de fourche utilisée lors du vannage : p. **93**, 102, 110.

mefattela — مفتّلة

Mets à base de farine : p. 163, **171**, 237.

mefrāk (fig. 166) — مفراك

Sorte de fouet utilisé pour la cuisine : p. 172, 173.

megaddis — مجدّس (مقدّس)

Celui qui a été en pèlerinage à Jérusalem : p. 223.

meğrād — مجراد

Bâton utilisé comme fléau pour battre le maïs d'été : p. 91.

meḥayyara (fig. 134) — محيّرة

Tramail : p. **139**, 141.

meḥrāt, pl. *maḥārīt* (fig. 53) — محرات ج محاريت

Charrue : p. **78**.

meḫyāṭ — مخياط

Grosse aiguille : p. 123.

mekabbes مكبّس

Adjectif qualifiant un chameau qui boite : p. 127.

mekassar مكسّر

Corde torsadée : p. 135 n. 2.

mekyāl, pl. *makāyīl* مكيال ج مكاييل

Mesure : p. 104.

melāya, pl. *melāyāt* ملاية ج ملايات

Couverture qui peut être utilisée comme vêtement : p. 205.

melūḥa ملوحة

Petits poissons séchés et salés : p. 179, 253.

mēmar ميمر

Prière rituelle pour demander la guérison : p. 248.

mentena (fig. 105) منتنة

Vulvaire ou ansérine fétide : p. **115**.

merga مرجة (مرقة)

Résidu solide obtenu après le filtrage de la *samna :* p. 175.

merwad, pl. *marāwed* (fig. 209) مرود ج مراود

Instrument utilisé pour appliquer le *koḥl* sur les cils : p. 110, 212, 218, 219.

mesalla مسلّة

- Morceau de bois qui sert de cheville pour fermer les hottes (fig. 178) : p. 185.
- Partie de la souricière (fig. 79) : p. 96, 98.
- Bois en forme d'aiguille, cf. charrue (fig. 54) : p. 81.
- Longue aiguille : p. 123, 125, 184, 185, 186.

mesra مسرى

Mois copte : p. 99 n. 1, 106, 252.

mesrāğ مسراج

Lampe à huile : p. 220.

mešaḫla'a, pl. *mešaḫla'āt* (fig. 199) مشخلعة ج مشخلعات

Collier en or : p. 206, 233.

mešanna, pl. *mešannāt* مشنّة ج مشنّات

Plateau en vannerie : p. 185.

mešš مشّ

Mets à base de petit lait pimenté et salé : p. 112, 115, 116, 123, 173, **175**, 176, 179, 188.

mešṭ مشط

Chromis (poisson du Nil) : p. 153.

miǧdāl, pl. *maǧādīl* مجدال ج مجاديل

Dalles en pierre recouvrant les escaliers qui donnent accès à un caveau. Cette couverture est parfois faite en stipe de palmier : p. 244.

miḫwal, pl. *maḫāwel* (fig. 30) مخول ج مخاول

Mangeoire : p. 14, **53**, 124.

minṭāl (fig. 198) منطال

Pot en terre cuite pour conserver le beurre : p. 173, 175, 202, 218, 238, 239, 265.

mīzān (fig. 37) ميزان

Partie du *šādūf :* p. 58, 59.

mizmār مزمار

Flûte de roseau : p. 234, 248, 280.

moftāḥēn (fig. 53) مفتاحين

Régulateurs de profondeur de la charrue : p. 78.

mogāṭ (fig. 126) مجاط (مقاط)

Corde en fibre qui sert à tirer le filet : p. 133, 135.

moloḫeyya ملوخية

Corchorus olitorius, corette potagère : p. 55, 77, 90, 111, 173, 251, 267.

mūmya (fig. 120) موميا

Poussière contenue dans les bases d'amphore de l'ancien cimetière : p. 122.

mūna, pl. *mewan* مونة ج مون

Mélange de terre et de paille qui peut servir d'enduit ou de mortier : p. 15, 43, 156.

musmār el-maḫnaga (fig. 55, 61) مسمار المخنجة (المخنقة)

Partie du joug : p. 80, 87.

musmār el-noṣṣ (fig. 55) مسمار النص

Partie du joug : p. 80.

N

nabag (fig. 106) نبج (نبق)

Jujubier : p. 5, **116**, 246.

nabget rabbena نبجة (نبقة) ربنا

« Jujubier du Seigneur », appellation d'un arbre objet de vénération : p. **245**.

nadr, pl. *nudūr* ندر ج ندور

Vœu, offrande votive : p. 127, 246, 250, 252.

naǧ', pl. *neǧū'* نجع ج نجوع

Hameau : p. 1.

nāga ناجة (ناقة)

Chamelle : p. 121.

naǧīl (fig. 107) نجيل

Chiendent : p. **116**.

naḫla, pl. *naḫl*, *naḫlayāt* نخلة ج نخل ، نخليات

Palmier : p. **116**.

nāṣya (fig. 126) ناصية

Corde double en coton reliant le *mogāṭ* avec les mailles centrales du filet : p. 133.

našība (fig. 55, 61) نشيبة

Partie du joug : p. 80, 86.

naššāba (fig. 154) نشّابة

Rouleau à pâtisserie : p. 110, **163**, 170, 171.

nāṭūr, pl. *nawāṭīr* ناطور ج نواطير

— Partie de la *sāgya* (fig. 40) : p. 64.
— Partie du *šādūf* (fig. 32) : p. 57, 61.

naṭrūn نطرون

Natron : p. 212.

naww نـوّ

Vent du Sud : p. 102 n. 2.

nawwāma (fig. 28) نوّامة

Lit en terre surmontant un silo (*dōr*) : p. 13, 26, 49, **51**, 52.

na'ğa, pl. *na'ğāt* نعجة ج نعجات

Brebis : p. 121, **126**.

negūb (fig. 127) نجوب (نقوب)

Corde triple reliant toutes les poches d'un filet : p. 135.

nekāta نكاتة

Mégots : p. 177.

nēraḫ نيرخ

Dattes vertes : p. 173, 181.

niğis نجس

Impur : p. 122.

nogṭa, pl. *nogūṭ* نجطة (نقطة) ج نجوط (نقوط)

Argent donné par les invités d'une noce et qui servira à payer le barbier, l'homme qui baigne le marié et le prêtre : p. 234, 235, 248, 260.

nōrağ, pl. *nawāreğ* (fig. 58) نورج ج نوارج

Hache-paille : p. 6 et n. 1, 80, 81, **82**, 85, 86, 92, 93, 101, 116, 123, 193, 354.

noṣṣa (fig. 248) (cf. appendice II) نُصـّة

Mesure pour le grain.

nṭāla نطالة

L'eau dans laquelle on plonge la louche pendant la fabrication du pain *bettāw :* p. 168 n. 1, 265.

nuwwāra نوّارة

Morceau de *būṣ* que la femme jette à travers l'orifice d'enfournement pendant la fabrication du pain : p. 168.

O

ogga (cf. appendice II) اوجـّة (اوقـّة)

« Oke », mesure de poids.

ʿO

ʿogla, pl. *ʿogal* — عـُجلة (عقلة) ج عجل (عقل)

Section d'une tige de maïs : p. 42, 266.

ʿomda, pl. *ʿomad* — عمدة ج عمد

Maire du village : p. 6, 7, 237, 256 n. 1, 257, 281, 305.

ʿoṭna — عطنة

Plante sauvage : p. **116**, 215.

R

rabbāṭ el-gatātī, pl. *rabbāṭīn el-gatātī* — ربّاط الجتاتى (القثاثى) ج ربّاطين الجتاتى (القثاثى)

Lieur de gerbes : p. **100**.

radda — رَدّة

Son (résidu de mouture) : p. 169, 214.

ragaba (fig. 31) — رجبة (رقبة)

Rigole de répartition pour l'irrigation : p. 56, 99.

raġla (fig. 34) — رغلة

Partie du *šādūf :* p. 57.

rahba — رهبة (رحبة)

Cour du couvent : p. 8, 317.

raḥāya, pl. *raḥāyāt* (fig. 152) — رحاية ج رحايات

Moulin : p. 147, 152, **160**, 171.

ramīsa — رميسة

Agnelle : p. 121, **126**.

ramla — رملة (رمل)

Sable : p. 4.

rās el-maġzīl (fig. 191) — راس المغزيل

Tête du fuseau : p. 195.

rasan (fig. 35) — رسن

Corde en fibres : partie du *šādūf :* p. 57.

raṭl, pl. *erṭāl* (cf. appendice II) رطل ج ارطال

« Rotoli », mesure de poids : p. 195.

rāyeb رايب

Lait écrémé : p. 175, 187.

redda رِدّة

Second dépiquage du blé : p. **101**.

refṭāw (fig. 248) (cf. appendice II) رِفطاو

Mesure de capacité pour les céréales : p. 100, 124.

reğla (fig. 108) رِجلة

Pourpier : p. **116**.

rīḥ el-waḥš ريح الوحش

Hémorroïdes : p. 215.

rīša, pl. *reyaš* (fig. 47, 48) ريشة ج ريش

Palette de la vis d'Archimède : p. 73.

riwāg, pl. *arwega*, *erwega* رواج (رواق، ج اروجة (اروقة)

— Terme désignant une pièce couverte : p. 19.
— Abri sommaire constitué d'une pièce, synonyme de *ʿišša* : p. 8, 13, 14, 46.

riwāg el-ġalla رواج (رواق) الغلة

Dépôt de grains : p. **14**, 19, 105 n. 2.

robʿ, pl. *erbaʿ* ربع ج اربع

Quart de tronc de palmier (stipe) : p. 42.

robʿa ربعة

— Mesure pour le grain (cf. appendice II).
— Terrine en terre cuite nommée aussi *minṭāl* (fig. 198) : p. **201**, 202.

roʿēda رعيدة

Silure trembleur, silure électrique (poisson du Nil) : p. 152.

roġfān (pl. de *reġīf*) رغفان

Pain *šamsī* fait avec de la farine de blé : p. 167, **168**.

rohāma رُهامة

Poussière du grain : p. 95.

roḫma رُخمة

Vautour : p. 261.

rokba, pl. *rokab* رُكبة ج ركب

Partie noueuse de la tige du blé : p. 95, 102, 104.

rowīṣet ḥağar رويصة حجر

Espèce de poisson du Nil : p. 152.

S

sabaḫ سبخ

Engrais : p. 4, 76.

sabal سبل

Epis : p. 102.

sab'āwī (fig. 174) سبعاوى

Type de tresse fait avec sept folioles de palmier : p. 182, 183.

sābūs (fig. 109) سابوس

Folle avoine : p. **116**.

sāda سادة

Adjectif désignant le café sans sucre : p. 241.

sagf سجف (سقف)

Plafond : p. 12 n. 1.

sagīfa سجيفة (سقيفة)

« La couverte » : terme désignant une des ruelles couvertes du village : p. 12, 19.

sāgya, pl. *sawāgī* (fig. 40) ساجية (ساقية) ج سواجى (سواقى)

Roue hydraulique : p. 5, 57, 68 et n. 2, **69**, 76, 111, 115, 117, 123, 125, 170, 181, 190, 258, 279, 353 et n. 1.

sahm, pl. *sehūm* سهم ج سهوم

— Partie du *nōrağ* (fig. 57, 58) : p. 85.
— Axe horizontal de la roue hydraulique (fig. 40) : p. 64.
— Mesure de surface (cf. appendice II).

saḥḥāra, pl. *saḥāḥīr*, *saḥḥārāt* — سحّارة ج سحاحير ، سحّارات

Coffre qui remplace l'armoire : p. 233, 235.

saḫla, pl. *saḫlāt* — سخلة ج سخلات

Chevreau : p. 121, 234.

saksaka — سكسكة

Sifflement particulier destiné à ordonner le lancer simultané des filets : p. 132.

salāmekka (fig. 110) — سلامكّة

Nom de plante : p. **116**.

samn, *samna* — سمن

Graisse animale fondue : p. 115, 170 et n. 2, 202.

samna baladī — سمنة بلدى

Beurre fondu clarifié : p. 111, 170, 171, 172, 173, **175**, 218, 234, 267.

sanṭ (fig. 111) — سنط

Acacia ou gommier d'Egypte : p. **116**.

sarb, pl. *sarāyib* — سرب ج سرايب

Sillon : p. 108.

sarīr — سرير

— Partie inférieure du four à pain (fig. 150) : p. **156**.
— Siège en cordes ou en bois situé sur la *sāgya* ou le *nōrağ* (fig. 58) : p. 68, 85, 86.

sāsabān (fig. 112) — ساسبان

Sesbane : p. **117**, 137.

sawāyir — سواير

Bracelets : p. 233.

sa'f (fig. 172) — سعف

Folioles du palmier : p. 43, 46, 181.

sebāta, *sebātet būṣ* — سباتة ، سباتة بوص

— Natte en tiges de maïs ou de sorgho utilisée dans la confection de cloisons et de plafonds ou d'enclos : p. 13, 26 et n. 1, 38, **41**, 42.
— Cabane construite à l'aide de ces nattes : p. 42.

sebūʿ سبوع

Fête célébrée à l'occasion du septième jour d'un nouveau-né : p. 219.

sēf, pl. *seyūf* سيف ج سيوف

Partie haute entre deux sillons : p. 88, 99, 106, 107, 108.

sēf el-ḥadd سيف الحدّ

Ligne de partition entre deux propriétés : p. 56.

sefāg سفاج (شفاق)

Latès du Nil : p. 153.

sekka (fig. 53) سكة

Soc de la charrue : p. 78.

sellāʿa, pl. *sellāʿ* (fig. 172) سلّاعة ج سلّاع

Epines du palmier : p. 181, **186**.

sellīs (fig. 40) سلّيس

Morceau de bois qui empêche l'animal faisant tourner la *sāgya* de dévier de sa piste : p. 68.

semāṭ سماط

Tas de grains longitudinaux : p. 90.

sennāra, pl. *sanānīr* سنّارة ج سنانير

— Hameçon (fig. 133).
— Partie du fuseau (fig. 191) : p. **195**.

serdāb سرداب

— Partie extérieure située au niveau de la dalle d'un four à pain (fig. 150) : p. 156.
— Galerie souterraine reliant autrefois le monastère au Nil : p. 166.

serrāta (fig. 78) سرّاتة

Genre de tamis : p. 77, **94**, 95, 96, 102, 104, 105.

seʿd (fig. 113) سعد

Souchet long ou souchet odorant : p. **117**.

sīǧa (fig. 216) سيجة

Genre de jeu de dames : p. **230**.

šaršara (fig. 70) شرشرة

Lancette, appelée aussi *mašraṭ :* p. **90**.

šāš شاش

Tissu de coton blanc léger : p. 205.

šāy ğabalī شاى جبلى

Théier : p. **118**.

šebr, pl. *ešbār* شبر ج اشبار

Empan : p. 228.

šedīda (fig. 116) شديدة

Céruane : p. 102, 105, **118**.

šeglāla, pl. *šagālīl* شجلالة (شقلالة) ج شجاليل (شقاليل)

Cf. *šaglūl*.

šēḫ el-balad شيخ البلد

Chef du village : p. 7, 9, 225, 226 n. 1, 281, 305.

šekāl, pl. *šekālāt* (fig. 44) شكال ج شكالات

Partie de la *sāgya* métallique : p. 69.

šelbāya شلباية

Schilbée, silure schilbé (poisson du Nil) : p. 152.

šelg شلج (شلق)

Corde en fibres de palmier, de longueur limitée : p. 181, 184 et n. 1, **190**.

šemār شمار

Petits sacs en tissu accrochés au bras droit des enfants pour conjurer la mort : p. 224.

šenda, pl. *šenad* (fig. 182) شندة ج شند

Passoire pour le fromage : p. 175, 181, **187**, 188.

šenfa, pl. *šanāyef*, *šenīf* شنفة ج شنايف — شنيف

Cf. *šanīfa*.

šerēk شريك

Genre de biscuit : p. 251.

šīḥ ğabalī — شيح جبلى

Armoise ou absinthe : p. 18, **118**.

širka — شركة

Système d'association en cours pour l'élevage : p. 130.

šogga — شُجّة (شُقّة)

Grand voile qui recouvre la tête et les épaules : p. 207.

šōk — شوك

Racines d'alfa : p. 194.

šōk baḥr (fig. 117) — شوك بحر

Echium : p. **118**.

šōk wezz (fig. 118) — شوك وزّ

Pavot : p. **118**.

šugruf (fig. 71) — شجرف (شقرف)

Outil en forme de spatule utilisé pour le désherbage : p. **90**.

šūša, pl. *šewaš*, *šawāšī* — شوشة ج شوش – شواشى

Pousse, touffe : p. 106, 107.

Ṣ

ṣabaḥiyya — صبحيّة

Lendemain du mariage : p. **237**.

ṣāğ — صاج

Métal émaillé (ustensiles de cuisine) : p. 202.

ṣamād — صماد

Noir de fumée : p. 210.

ṣarīma (fig. 186) — صريمة

Bride : p. **191**, 192.

ṣayyāfa, pl. *ṣayyāfāt* — صيّافة ج صيّافات

Glaneuse : p. **100**.

ṣēd el-sab'āwī (fig. 128) صيد السبعاوى

Pêche où l'on utilise une ligne équipée de plusieurs hameçons : p. **135**.

ṣēd el-sennāra (fig. 133) صيد السنّارة

Pêche à la ligne : p. **137**.

ṣedērī صديرى

Gilet : p. 205, 206.

ṣedr (fig. 32) صدر

Passage où est déversée l'eau du *šādūf :* p. 59.

ṣefṣāf (fig. 114) صفصاف

Saule d'Egypte : p. 5, **117**.

ṣemmāma (fig. 178) صمّامة

Type de fermeture de la hotte : p. 185.

ṣīnī صينى

Porcelaine : p. 202.

ṣobrą صُوبرة

Tas de blé battu : p. 104.

ṣōla صولة

Crottes d'âne : p. 115, 154, 158 n. 1, 212.

ṣolb (fig. 137) صلب

Nom de la pêche qui se pratique avec une corde équipée de multiples hameçons : p. **142**.

ṣom'a, pl. *ṣawāmi'* (fig. 29) صومعة ج صوامع

Grande jarre en terre servant de silo : p. 14, 18, 26, 49, **52**, 105, 124, 173.

ṣorra, pl. *ṣorar* (fig. 44) صُرّة ج صرر

Partie de la *sāgya* métallique : p. 69.

ṣowwār (fig. 40, 41) صُوّار

Roue hydraulique : p. **61**.

T

tabbāna (fig. 78) تبّانة

Sorte de tamis, appelé aussi *kerbāl :* p. **95**, 106.

tābūt, pl. *tawābīt* (fig. 40-41) تابوت ج توابيت

Roue hydraulique : p. **61**, 68, 69.

tabwīġ تبويغ

Type d'irrigation : p. 107.

tadriyya تدريّة (تذريّة)

Vannage : p. **102**.

tagṭīr تجطير (تقطير)

Repiquage des oignons : p. 107.

tahwiyya تهويّة

Mise en ordre du filet avant son lancement : p. 132.

tallīs, pl. *talālīs* تلّيس ج تلاليس

Grand sac de laine destiné au transport des céréales ou à la conservation de certaines denrées : p. 104, 173, 194, 197.

tankīs تنكيس

Crépissage du dessous d'un plafond en nervures de palme : p. 43.

tarāḥīl تراحيل

Travailleurs saisonniers : p. 37.

tarbo تربو

Prière de l'onction des malades de l'église copte-orthodoxe : p. 216 et n. 1.

taṭwīf تطويف

Technique de construction ou de fabrication d'objets (voir *ṭōf*) : p. 41 n. 1, 48, 49, 52, 53, 154, 156, 164.

tāya تاية

Etable construite en tiges séchées de maïs : p. 41.

ta'biyya (fig. 123) تعبية

Ultime préparation du filet avant son lancement : p. 132.

ta'līl el-balaḥ تعليل البلح

Grillage des dattes : p. **173.**

tebn تبن

Paille hachée : p. 14, 95, 102.

tefallet تِفَلّت

Arrachage de branche malade du cotonnier : p. 14, 95, 102.

ters ترس

— Partie de la *sāgya* métallique (fig. 44) : p. 69.
— Motif en forme d'étoile (tatouage) (fig. 201) : p. 208.

ters el-ǧamb (fig. 44) ترس الجمب (الجنب)

Partie de la *sāgya* métallique : p. 69.

tes'āwī (fig. 175) تسعاوى

Type de tresse fait avec neuf folioles de palmier : p. 182, 183.

tetbawweġ تِتبوّغ

Cf. *tabwīġ*.

te'bān تعبان

Anguille (poisson du Nil) : p. 152.

tombāk تمباك

Tabac pour narguilé : p. 100.

totyā توتيا

Oxyde de zinc : p. 212.

tūt توت

Mois copte : p. 99 n. 1, 126.

Ṭ

ṭabla, pl. *ṭobal* طبلة ج طبل

Tambour, instrument de musique : p. 234, 280.

ṭabag, pl. *ṭobgān*, *eṭbāg* طبج (طبق) ج طبجان (طبقان) ، اطباج (أطباق)

Assiette : p. 181.

ṭableyya, pl. *ṭabālī* طَبليّة ج طبالى

Table basse en bois : p. 49, 235.

ṭafl طفل

Genre d'argile, marne : p. 4, 5, 40, 349.

ṭāga, pl. *ṭagāt* طاجة (طاقة) ج طاجات (طاقات)

Niche dans le mur, ou petite ouverture qui sert de fenêtre mais sans volets ni carreaux : p. **44**.

ṭāǧen, pl. *ṭawāǧen* طاجن ج طواجن

Terrine en terre cuite : p. 174, 175.

ṭāgiyya, pl. *ṭawāgī* طاجيّة (طاقيّة) ج طواجى (طواقى)

— Partie de la roue hydraulique (fig. 40) : p. 64, 69.
— Calotte que portent les hommes : p. 205, 206, 207, 227.

ṭanbūr (fig. 49) طنبور

Nom donné à la vis d'Archimède : p. **73**.

ṭāra طارة

Partie du *šādūf :* p. 311.

ṭarabēza طربيزة

Espèce de poisson du Nil : p. 151 n. 1.

ṭarbūš maġrabī, pl. *ṭarābīš* طربوش مغربى ج طرابيش

Fez maghrébin : p. 240.

ṭarḥa طرحة

— Pl. *ṭoraḥ :* grande pièce de tissu noir dont les femmes se servent pour se couvrir la tête et les épaules : p. 206, 207, 269.
— Pl. *ṭarḥāt :* lancer du filet : p. 132.

ṭarš طرش

Vent chaud : p. 102 n. 2.

ṭayyāb طيّاب

Vent du Nord : p. 102 n. 2.

ṭayyāb ġarbī طيّاب غربى

Vent d'Ouest : p. 102 n. 2.

ṭayyāna (fig. 34) طيّانة

Partie du *šādūf*. Contrepoids en terre : p. 57, 59, 61.

ṭešt, pl. *ṭešūt* طشت ج طشوت

Bassine en métal : p. 198, 208, 233, 235.

ṭihāra طِهارة

Circoncision ou excision : p. 220.

ṭīna mālka طينة مالكة

Terre noire très plastique : p. 147.

ṭīna zarga طينة زرجة (زرقا)

Terre noire : p. 154.

ṭobbāʿa, pl. *ṭobbāʿāt* طبّاعة ج طبّاعات

– Table basse de terre, sans rebords, utilisée pour rouler la pâte (fig. 154) : p. 124, **162**, 163, 170, 171, 219.
– Tablette faite de bouse et d'argile : p. 49.
– Souricière (fig. 79) : p. **96**, 98.

ṭōf طوف

Technique employée pour construire un mur ou divers objets en terre : p. 38, **40**, 41, 352.

ṭōg, pl. *eṭwāg* طوج (طوق) ج اطواج (اطواق)

– Disque du *nōrağ* (fig. 58) : p. 85.
– Cerceau en fer qui entoure le cylindre de la vis d'Archimède (fig. 49) : p. 75.

ṭonn طنّ

Gerbe d'oignons : p. 107.

ṭorb (fig. 79) طُرب

Partie de la souricière : p. 96, 98.

ṭorṭāga طرطاجة (طرطاقة)

Genre d'engrais : p. 76, **77**.

ṭorya, pl. *ṭawārī* طورية ج طوارى

Houe : p. 87.
Divers genres de houe :

— *ṭoryet Aḫmīm* (fig. 63) : p. **88**. طورية اخميم

— *ṭoryet baṣal* (fig. 65) : p. **88**. طورية بصل

— *ṭoryet Mallāwī* (fig. 62) : p. **87**. طورية ملوى

— *ṭoryet šakk* (fig. 64) : p. **88**, 107. طورية شك

ṭūb طوب

Briques : p. 38.

ṭūba طوبة

Mois copte : p. 99 et n. 1, 251, 252, 276.

ṭūba rayy (fig. 40) طوبة رى

Partie de la roue hydraulique : p. 64.

ṭūba šarāǧī (fig. 40) طوبة شراجى (شراقى)

Partie de la roue hydraulique : p. 64.

ṭūb nayy طوب نىّ

Briques crues : p. 38.
Cf. les termes désignant la fabrication des briques : *ḍarb* (battre) *el-ṭūb*, *dagg* (piler) *el-ṭūb*, *masḥ* (lisser) *el-ṭūb* : p. 38 n. 1.

ṭuwāla طوالة

Mangeoires : p. 126.

U

ūgiyya, pl. *ūgiyyāt* (cf. appendice II) اوجيّة (اوقيّة) ج اوجيّات (اوقيّات)

Unité de poids : p. 177.

ūna اونة (ايقونة)

Icône : p. 223.

ʿU

ʿūd عود

— Synonyme de *šādūf* (fig. 32, 34) : p. **57**, 59, 309 n. 2, 310, 312 n. 1.
— Partie du *šādūf* (fig. 34) : p. 61.

'ūd el-ğarīd (fig. 39) عود الجريد

Type de *šādūf :* p. **61**.

'ugūṣ عجوص (عقوص)

Tresses de laine : p. 206.

'ullēg (fig. 119) علّيج (علّيق)

Liseron des champs : p. **118**.

'uṣṣēra عصيرة

Plat de feuilles de navets bouillies : p. **173**.

W

waggāf, pl. *wagāgif* (fig. 38) وجّاف (وقّاف) ج وجاجيف (وقاقيف)

Support vertical du *šādūf,* appelé aussi *nāṭūr :* p. 61.

wāğeb واجب

Condoléances : p. 239, 241.

wagf وجف (وقف)

Bien de mainmorte : p. 255, 334 et n. 3.

waḥma وحمة

— Envie : p. 217.
— Envie (tache cutanée) : p. 217.

waḫd el-šams وخد (اخذ) الشمس

Traitement contre l'insolation : p. 212.

waḫd el-wešš وخد (اخذ) الوِشّ

Acte de déflorer : p. **236**.

wāšm وشم

Tatouage : p. **208**.

waṭwaṭa وطوطة

Rite effectué sur les filles à leur naissance afin d'empêcher les poils de leur pubis de pousser : p. 218.

wedwāda (fig. 141) ودوادة

Pêche au verveux : p. **145**.

wend (fig. 80) وند

Surface circulaire dans l'aire du battage : p. 92, 93, 101, 102.

wešām (fig. 177) وشام

Bordure qui termine le haut d'un couffin : p. 39, 184.

wešš وِشّ

— Miroir : p. 233.
— Meule supérieure du moulin (fig. 152) : p. 160.
— Pl. *wešūš :* sep, partie de la charrue (fig. 53) : p. 78.

weṭwāṭ, pl. *waṭāwīṭ* وطواط ج وطاويط

Chauve-souris : p. 218.

wēka ويكة

Plat de cornes grecques émiettées : p. 172 n. 2.

wīrī (fig. 55) ويرى

Corde du palonnier : p. 81.

Y

yadd, pl. *ayādī*, *eydēn* يد ج ايادى — ايدين

— Manivelle de la vis d'Archimède (fig. 49) : p. 75.
— Mancheron de la charrue (fig. 53) : p. 78.
— Poignée du *šādūf* (fig. 37) : p. 57.
— Manche en bois du moulin (fig. 152) : p. 160.

yeḥtār (v.) يحتار

S'embarrasser, s'égarer : p. 141.

yiʿgod (v.) يعجد (يعقد) — عقد

Couvrir un plafond : p. 41 n. 2.

yiġarbel (v.) يغربل (غربل)

Tamiser avec le *ġorbāl :* p. 96.

yiḫoṭṭ (v.) يخط (خط)

Planter en ligne : p. 88.

yiḫroṭ (v.) يخرط (خرط)

Découper : p. 170 n. 3.

yikarbel (v.) يكربل (كربل)

Tamiser avec le *kerbāl :* p. 96.

yikrīhum (v.) يكريهم (كرى)

Louer des travailleurs : p. 100.

yisammen (v.) يسمّن (سمن)

Engraisser : p. 104.

yisret (v.) يسرت (سرت)

Tamiser avec la *serrāta :* p. 96.

Z

zabāṭa (fig. 172) زباطة

Régime (du palmier) : p. 181, 189.

zafar زفر

Viande, poulet ou poisson : p. 241.

zaġāw (fig. 55, 61) زغاو

Corde faisant partie du joug : p. 80, 86.

zaġrūṭa, pl. *zaġārīṭ* زغروطة ج زغاريط

Youyous : p. 236.

zalaṭ زلط

Gravier : p. 4.

zallūṭ زلّوط

Genre de pain fait avec du maïs d'été : p. 167 n. 1.

zarbiyya زربيّة

Enclos pour le bétail : p. 41.

zarība, pl. *zarāyib* زريبة ج زرايب

Etable : p. **14**.

zawāl زوال

Fantôme : p. 246.

zebdeyya, pl. *zabādī* — زبديّة ج زبادى

Plat en terre cuite : p. 168, **202**, 219 n. 1.

zebdeyya ṣuġayyara (fig. 198) — زبديّة صغيرة

Ecuelle pour frire les œufs : p. 202, 219 n. 1.

zebel — زبل

Fiente de pigeon : p. 15, **78**.

zenāg (fig. 186) — زناج (زناق)

Corde qui entoure le dessus de la tête d'un animal et passe derrière ses oreilles : p. 191.

zerēga — زريجة (زريقة)

— Espèce de poisson du Nil : p. 152.
— Plante : Aristede ou ciéboul : p. **121**.

zerr — زرّ

Enveloppe des grains des céréales : p. 91.

zīr, pl. *mazāyer*, *ezyār* — زير ج مزاير ، ازيار

Grande jarre qui sert de réservoir à eau : p. 13, 218, 246.

zūga — زوجة (ذوقة)

Décoration : p. 200.

zonṭ (fig. 120) — زنط

Base d'amphore : p. 122.

LES NOMS DE LIEUX

BIBLIOGRAPHIE

Amélineau (E.), *La géographie de l'Egypte à l'époque copte,* Paris, 1893.

Atlas of Egypt, Survey Department, Cairo Government Press, 1914. 2 vol.

Ayrout (H.), *Fellahs d'Egypte,* Le Caire, 1952.

Baedeker (K.), *Ägypten und der Sûdân,* Leipzig, 1902.

Berque (J.), *Histoire Sociale d'un village égyptien au XXe siècle,* Paris, 1957.

Besançon (J.), *L'homme et le Nil,* Paris, 1957.

La Bible de Jérusalem, nouvelle éd. du Cerf, Paris, 1974.

Blackman (W.), *The fellāhīn of upper Egypt,* London, 1927.

Boinet (A.), *Dictionnaire géographique de l'Egypte,* Le Caire, 1899.

Bourgoin (J.), *Précis de l'art Arabe,* Paris, 1892. 4 vol.

Clarke (S.), *Christian Antiquities in the Nile Valley,* A contribution towards the study of the ancient churches, Oxford, 1912.

Colin (G.), « Notes de dialectologie Arabe », *BIFAO,* XX, Le Caire, 1921.

Crum (W.E.), *Catalogue of the Coptic manuscripts,* Manchester, 1909.

Daressy (G.), Indicateur Topographique du « Livre des perles enfouies et du mystère précieux », *BIFAO,* XIII, Le Caire, 1917.

éd. Forget, *Synaxarium Alexandrinum,* I.

Gaillard (Cl.), avec la collaboration de Loret (V.) et Kuntz (Ch.) *Recherches sur les poissons représentés dans quelques tombeaux égyptiens de l'Ancien Empire,* MIFAO, LI, Le Caire, 1923.

Galtier (M.E.), « Contribution à l'étude de la littérature arabe-copte. — II : La rage en Egypte, vie de Saint Tarabô », *BIFAO,* IV, Le Caire, 1905.

Gauthier (H.), « Notes géographiques sur Le nome panopolite », *BIFAO,* IV, Le Caire, 1905.

Gayet (A.), *Coins d'Egypte ignorés,* Paris, 1905.

Henein (N.H.), et Bianquis (Th.), *La magie par les psaumes,* BEC, XII, IFAO, Le Caire, 1975.

Khs-Burmester (O.H.E.), *The Egyptian or Coptic Church* (Soc. d'Archéologie Copte), Textes et Documents, Le Caire, 1967.

Kitāb al-Masḥa al-Muqaddasa, ʿEn Šams, Le Caire, 1625 (année copte).

Lane (E.W.), *Manners and customs of modern Egyptians,* London, 1963.

Legrain (G.), *Louqsor sans les pharaons,* Paris, Bruxelles, 1914.

Martin (M.), « Notes inédites du P. Jullien sur trois monastères chrétiens d'Egypte », *BIFAO,* 71, Le Caire, 1972.

Meinardus (O.), *Christian Egypt, Ancient and Modern,* Cairo, 1965.

Ménassa (L.), et Laferriere (P.), *La Sāqia : technique et vocabulaire de la roue à eau égyptienne,* BdE, LXVII, IFAO, Le Caire, 1974.

Pococke (R.), *A description of the East and some other countries,* London, 1743. 3 vol.

Porter (B.) and Moss (R.L.B.), *Topographical bibliogrvphy of Ancient Egyptian hieroglyphic texts, reliefs and paintings.* I. The Theban necropolis — part I. private Tombs, Oxford, 1970.

Qalqašandī, *Ṣubḥ al-Aʿšā fī ṣināʿt al-Inšā,* Le Caire (1913-1920), 14 vol.

Rizqallah (F. et K.), *La préparation du pain dans un village du delta égyptien,* BdE, LXXVI, IFAO, Le Caire, 1978.

Täckholm (V.), *Student's flora of Egypt,* Cairo, 1956.

Täckholm (V.) et Drar (M.), *Flora of Egypt,* Bulletin of the Faculty of Science, 17, 28, 30, 36, Cairo University, Cairo, 1914-1950-1954-1969, 4 vol.

Weindler (F.), *Geburts- und Wochenbettsdarstellungen auf alt-ägyptischen Tempelreliefs,* München, 1915.

Winkler (H.A.), *Ägyptische Volkskunde,* Stuttgart, 1936.

Wissa Wassef (C.), *Pratiques rituelles et alimentaires des Coptes,* BEC, IX, IFAO, Le Caire, 1971.

TABLE DES FIGURES

TABLE DES PLANCHES

TABLE DES MATIÈRES

SUPPLÉMENT À LA 3e ÉDITION *

MAR GUIRGIS 1970 : ENTRE ENFERMEMENT ET ESPÉRANCE

PAUL WARREN

Je me mets à penser que, au bout du compte, à travers toutes ces années de réflexion sur l'Égypte et le monde arabe je n'avais pas cessé de creuser les intuitions d'Henri Mougel.

J'enseignais le cinéma à l'Institut supérieur du Caire. Je donnais deux cours : la critique cinématographique et le documentaire. C'est le cours sur le documentaire qui me demandait le plus de travail et dans lequel je m'investissais quasiment à plein temps, parce qu'il me paraissait important, primordial pour mieux dire, que mes étudiants installent leurs fictions (ils étaient fascinés par la fiction et, par dessus tout, la fiction hollywoodienne) sur le décodage objectif, analytique et critique de la réalité égyptienne (ce qui ne se faisait pas, ce qu'on n'osait pas faire).

Je me suis décidé à réaliser, moi-même, un documentaire, pour dire en images et en sons la méthode que je préconisais. Au début de l'été 1970, à la suggestion du père Ayrout, recteur du collège de la Sainte Famille, directeur de l'Association des écoles de Haute-Égypte et jésuite éminent du Caire (Lacouture lui consacre un chapitre dans son deuxième tome sur les jésuites), j'ai proposé à maître Amîn, l'avocat de l'Association, de réaliser un film documentaire sur un village copte de Haute-Égypte : un film qui serait financé par l'Association et aurait pour but de faire connaître aux Égyptiens des villes et à l'extérieur du pays (l'Association avait un besoin urgent de dons pour faire fonctionner ses écoles), d'une part, la beauté bucolique du village égyptien et, d'autre part, certains problèmes que pose pour la jeunesse la vie traditionnelle des fellahs. Maître Amîn a été de suite intéressé. Le projet a été discuté lors d'une réunion du conseil d'administration et, quelques jours plus tard, j'avais le feu vert.

La première question à règler était le choix du village. Je pensais d'abord à Nazlet-al-Ghattas dans la région de Minia. Je connaissais bien le village où j'avais enseigné le cathéchisme, dix ans auparavant. Mais j'hésitais… Et c'est alors que Simonne Tagher, une missionnaire laïque, une Égyptienne copte remarquable, a attiré mon attention sur Mar Guirgis, un

* L'Ifao tient à remercier Paul Warren, le cinéaste, et l'Association des amis de Haute-Égypte d'avoir autorisé la diffusion du documentaire sur Mar Guirgis : https://youtu.be/jaL_czbec4E

petit village copte dans les environs de la ville de Sohag, à une centaine de kilomètres au sud de Minia. Je me suis rendu à Mar Guirgis qui m'a paru représentatif des villages de Haute-Égypte : des maisons de torchis reliées les unes aux autres et trouées de petites fenêtres ; le canal avec ses chadoufs, ses oies et ses canards et ses femmes qui y font le lavage ; ses ruelles tellement étroites qu'il faut se tasser pour laisser passer un âne ; les champs de coton et de maïs tout près ; beaucoup d'enfants... et de mouches. Le village avait quelque chose de particulier : il est construit sur un promontoire autour d'un vieux couvent du XIIe siècle, de là son nom copte de Mar Guirgis (saint Georges). Tout le monde était chrétien copte à Mar Guirgis. Cela m'a posé un problème, le même d'ailleurs qui m'avait fait hésiter à choisir Nazlet-al-Ghattas. Les villages entièrement coptes en Égypte ne sont pas nombreux. Je me disais que Mar Girguis, comme Nazlet-el-Ghattas, n'était pas représentatif de la Haute-Égypte. Mais en même temps, je me disais que, en tant que prêtre, et prêtre de rite copte, le village accepterait mon projet.

Le 20 juillet, je me suis rendu de nouveau à Mar Guirgis. Maître Amîn avait mis à ma disposition le volkswagen de l'association. J'étais acompagné par cinq jeunes filles du Graal (une communauté laïque qui œuvrait en Haute-Égypte, pendant les vacances d'été). Des jeunes filles égyptiennes et françaises, choisies sur le volet par Simonne Tagher qui dirigeait le groupe. Elles étaient toutes étudiantes à l'université du Caire ou à l'université d'Assiout en Haute-Égypte, la plupart en sociologie. Nous avons passé cinq jours à Mar Guirgis. Le but était de nous livrer à une enquête sociologique. Il était entendu que nous devions vivre la vie des villageois, en essayant de la déranger le moins possible par notre présence. Nous avons observé, questionné, essayé de sentir le village dans sa routine quotidienne. Chaque fille vivait dans une famille, participant aux travaux des femmes et aux jeux des enfants, quant à moi, j'avais transporté mon sac de couchage dans une petite salle aménagée dans le vieux monastère du Moyen-Âge et je passais mes journées dans l'entourage des hommes. Nous avions apporté une caméra 16 mm, simplement pour en montrer le fonctionnement aux villageois. Nous devions garder en mémoire le plus grand nombre de détails possibles : les comportements des femmes dans leurs différents travaux ménagers, les conversations, les physionomies, les réactions, la forme et la fonction des objets, les différents bruits du village selon l'heure du jour et de la nuit, les voix, les silences, les teintes, les couleurs... Le soir, dans une réunion de l'équipe, chaque enquêteuse livrait en vrac ses observations, et je notais tout. J'ai rempli des pages et des pages de notations riches et fines.

De retour au Caire, j'ai dépouillé mes données et je les ai retranscrites selon un certain nombre de thèmes : expressions faciales, voix, bruits, silences, couleurs, mouvements des mains, etc... Les données que j'avais en main étaient une mine. J'ai d'abord écrit un scénario (même en documentaire, je disais toujours à mes étudiants qu'il fallait écrire un scénario, mais un scénario "ouvert"), un scénario réaliste sur le thème d'un contre-point sonore et visuel entre deux mondes: le monde de l'enfance (plein de virtualités) et le monde des grandes personnes (débordant de conformismes): les enfants qui bougent sans cesse, qui jouent, qui se chamaillent, qui crient, qui se fabriquent des figurines avec de la glaise du canal, qui courent partout dans toutes les ruelles du village; les grandes personnes qui s'accroupissent. Le film en gestation était trop réaliste, trop cinéma-vérité, trop vrai, et je sentais que j'aurais des problèmes avec la censure du 2e bureau. J'ai écrit, en gardant le même thème, un second scénario, plus symbolique, plus poétique, plus indirect, tendant à exprimer une atmosphère, une impression. Puis, j'ai fait mon découpage, séquence par séquence, plan par plan, et pour le visuel et pour le sonore. Mon travail examiné par maître Amîn et son conseil fut approuvé. J'étais prêt pour le tournage, lequel, je le savais, je n'étais pas en fiction, devait se contenter d'exprimer l'essentiel, le cœur, de mon scénario.

Je me suis procuré de la pellicule Kodak 35mm et des lampes à batteries Sungun. Je me suis mis en contact avec Gaby Karaz, un ami de l'association que je connaissais bien. Gaby, un copte, était assistant metteur en scène. Il connaissait la technique de la caméra sur le bout de ses doigts. Il avait travaillé à la réalisation de plusieurs films égyptiens. Il s'est occupé de l'équipe technique: il a loué une caméra 35 mm (Arriflex), puis engagé Moustapha Imâm comme caméraman et 'Abd-El-Latif Al-Rahmy son assistant. Nous sommes partis tous les quatre pour Mar Guirgis, dans la Volkswagen de l'association, le 11 septembre, au petit matin. Le tournage a duré huit jours. Des journées épuisantes, en plein soleil, au milieu de tous les gosses du village qui se fourraient partout, sous le trépied ou devant la caméra, dans les huttes bondées de curieux, dans un nuage de mouches affolées qu'il fallait chasser des visages pour éviter la censure du 2e bureau. J'avais cru faire un minimum de cinéma-vérité. Dans ce but, lors de notre enquête, deux mois auparavant, j'avais avec moi une caméra 16 mm; j'avais longuement apprivoisé les villageois à sa présence, à son fonctionnement, au son du moteur. Je voulais que la caméra devienne familière comme une pièce du mobilier. Je savais bien que le tournage aurait dû se faire en 16 mm, mais Gaby et Moustapha m'ont convaincu que l'image serait fade et "blurred". J'ai fait une erreur et je m'en suis confessé par la suite auprès de mes étudiants: «en cinéma documentaire, leur ai-je dit, mieux vaut une image floue mais vraie qu'une image claire qui sent la fiction.» Pendant tout le tournage, la caméra est demeurée le point de mire. Tous les yeux étaient braqués sur elle. Si elle ne se gênait pas pour zieuter, on le lui rendait bien. Et puis, il y avait les écrans-réflecteurs qui inondaient de lumière l'intérieur des maisons, et les lampes à batterie qui, pour la première fois dans l'histoire de Mar Guigis, apportaient l'électricité.

J'ai dû tout reconstituer, plan par plan. Ce que j'avais vu faire au naturel, j'ai demandé aux hommes, aux femmes, aux enfants, de le revivre le plus naturellement possible. C'est bien la vie du village que nous filmions, mais une vie que le village, en toute conscience, jouait pour nous, devant nous. Le village était en représentation. J'avais, parfois, l'impression de transformer Mar Guirgis en un immense tréteau de théâtre. Pourtant, je me disais : si nous pouvons obtenir des villageois qu'ils vivent le plus exactement possible leur vie de tous les jours, le film peut être sauvé. Ce fut là le plus gros de notre travail. Gaby Karaz a été admirable de patience et de doigté. Il savait créer l'atmosphère que je désirais, il mettait les hommes en confiance, les femmes naturelles (un tour de force, à la vérité), il faisait rire les enfants et réussissait à leur faire jouer leurs jeux de tous les jours. Moustapha, que nous appelions tous "Maurice", pour qu'on le prenne pour un chrétien et qu'il puisse filmer les femmes, n'a pas été facile à diriger. Habitué au cinéma clasique, aux cadrages conventionnels, il pouvait difficilement se plier à l'imprévu, au vol des images, à des courses rapides, la caméra lourde dans les bras, ce que je voulais absolument pour certaines séquences, celles des enfants en particulier. Excellent caméraman, connaissant parfaitement son instrument, il a fait du bon travail professionnel. J'ai dû, au montage, créer le rythme que la caméra n'avait pu donner.

Plus les jours passaient, plus nous sentions le village s'intéresser au film et entrer dans le coup. Le soir, en buvant le thé, les hommes nous posaient des questions, très pertinentes, sur le cinéma, le fonctionnement de la caméra, sur la lumière qui les impressionnait. Les fellahs de Mar Guirgis nous devenaient de plus en plus sympathiques, leur bonté, leur jovialité malgré leur pauvreté et, peut-être bien, à cause d'elle, le désir qu'ils avaient tous de nous aider (ils portaient nos instruments avec des précautions infinies), la simplicité, la douceur avec lesquelles ils reprenaient les scènes manquées, tout cela nous émouvait profondément. Lorsque nous avons quitté Mar Guirgis, le soir du huitième jour, nous n'avions qu'un désir, y revenir sans scénario ni caméra, simplement, pour revoir des amis. Sans caméra ? Pas tout à fait, à la vérité, car, au moment de partir, je pensais : c'est au retour que nous devrions tourner notre film à Mar Guirgis ; celui qui est enroulé dans nos boîtes métalliques n'est qu'une amorce, un exercice, une introduction à la vraie vie du village.

Une semaine plus tard, j'étais de nouveau à Mar Guirgis, cette fois, avec un ingénieur du son. En étudiant mes épreuves de tournage, mes "rushes", je me suis rendu compte, ce que je craignais d'ailleurs, qu'une partie du son était à reprendre, celui qui acompagnait les images était rempli de bruitage insolite, jusqu'à la cacophonie. Afin de réduire les frais, je voulais tout enregistrer (bruits, voix, chants, silences...) en une journée et une nuit. Je devais capter un certain nombre de sons, la nuit, alors que tout est silencieux, afin de les isoler des bruits environnants. Le village a coopéré de façon absolument remarquable, les gens avaient tout compris sans qu'on leur explique quoi que ce soit. Les huit jours de tournage avaient initié les fellahs au cinéma. À certains moments, la maison en torchis où on enregistrait un son particulier (le chant d'une petite fille, par exemple) était bondée de monde, de tous les âges et personne ne bougeait, chacun retenait son souffle pour permettre l'isolement du son désiré.

J'ai mis trois semaines à monter le film, au studio Misr du Caire, avec la monteuse, Rahma, qui avait été mon étudiante à l'Institut du cinéma. Nous avons coupé, collé, recoupé, recollé des images et des sons et, ce qui faisait mal au cœur, dû éliminer la moitié de mon matériel, en prévision d'une censure qui craignait comme la peste les images réalistes de la pauvreté. Ce silence à la fois imposé et consenti était au cœur du tragique post-colonial et n'était pas propre à l'Égypte. Dans cette période qui suivait les indépendances, tout ce qui pouvait s'écarter d'un discours modernisateur et volontariste des jeunes régimes était considéré comme illégitime et suspect de nostalgie à l'égard de l'ordre colonial ancien. Cela au point même de susciter une véritable auto-censure de la part des cinéastes eux-mêmes, partagés entre le désir de faire du cinéma un instrument de réforme sociale et le refus de faire le jeu de « l'impérialisme » ou des « ennemis de la révolution » en montrant l'ampleur des besoins et des attentes des sociétés. Là où les uns espéraient témoigner d'une réalité sociale et orienter des politiques, les censeurs de ces régimes ne voyaient au contraire qu'une mise en accusation et une prise en défaut de la capacité de ces derniers à y répondre.

En bout de ligne et de pellicule, le film a pris corps. Non pas le film que je désirais, mais l'idée de fond et, disons, 75% du rythme recherché au départ étaient bien là, imprimés sur vingt-cinq minutes de pellicule. J'avais deux bandes, la bande visuelle et la bande sonore, montées séparément. Il fallait les unifier, les "mixer". L'opération n'a pas été simple, car les fondus sonores jouaient un rôle important. Nous avons dû recommencer cinq fois le mixage.

Mar Guirgis est un documentaire poétique. Il dit la beauté du geste des grandes personnes, mais en même temps leur répétition automatique qui tourne en rond à n'en plus finir. En parallèle, il chante la mouvance inventive des enfants. Deux mondes en opposition inconsciente dans l'enfermement au bord d'un canal. Je revois deux séquences en montage parallèle : des hommes, uniquement des hommes, pas de femmes, pas d'enfants, assis les uns à côté des autres, sous la grande tente, et qui parlent (j'ai travaillé la bande sonore pour étirer, engorger et entremêler les consonnes arabes qui n'en finissent plus de se répéter à même les *inshahallahh* et les *elhamdullillahh* de l'arabe *dod*) ; des enfants qui courent et qui chantent dans les ruelles et qui grimpent sur les murs du vieux couvent et qui regardent au loin le grand Nil (la caméra s'approche d'une petite fille de toute beauté qui lève les yeux vers l'horizon au son d'une musique de luth qui n'en finit plus de s'élever). Je revois le plan qui suit : un plan d'ensemble fixe d'une vieille femme enfermée dans sa galabyya noire, assise, seule, dans une ruelle déserte, et qui se lamente en se balançant et en se frappant les joues de ses deux mains.

Le film a été projeté au cinéma Capitol du Caire. On ne l'a pas aimé. Des spectateurs sont sortis de la salle. *Isti'marr* (colonialisme), a dit quelqu'un. Seuls deux articles élogieux ont paru dans les journaux, dont un dans le Ahram avec des photos du film et du réalisateur. On y parle d' « une critique poétique d'un village du Sa'îd », un compliment en forme d'oxymore qui m'a donné à penser que, peut-être, ceux qui le formulaient ne détestaient pas qu'on se "moque" d'un village copte. Plus que la poésie, c'est la critique que le public avait surtout retenu de cette projection.

Le père Ayrout, maître Amîn et l'Association n'ont pas aimé le film. On ne me l'a pas dit clairement mais c'était facile à comprendre. D'autant qu'il n'a pas été projeté dans les écoles coptes de Haute-Égypte.

J'ai présenté mon film à Mar Guirgis sous la grande tente. Il a été vu et entendu dans le grand silence des adultes et les rires joyeux des enfants. On l'a applaudi à tour de bras. Je n'ai jamais su s'il avait été aimé. Quand j'ai voulu savoir comment ils avaient perçu le long plan séquence des hommes en mal de paroles sous la tente, je n'ai pas eu l'impression que cela les avait choqués. Pas plus que le plan immobile de la vieille femme qui se lamente dans la solitude. Ils la connaissaient bien, ils savaient son habitude de s'accroupir dans la ruelle et de se frapper le visage à répétition en accusant le monde entier.

DIFFUSION
Ventes directes et par correspondance

Au Caire
à l'IFAO,
37 rue al-Cheikh Ali Youssef (Mounira)
[B.P. Qasr al-'Ayni n° 11562]
11441 Le Caire (R.A.E.)
Fax: (20.2) 27 94 46 35
Tél.: (20.2) 27 97 16 00
http://www.ifao.egnet.net
Section Diffusion Vente →
Tél.: (20.2) 27 97 16 22
e-mail: ventes@ifao.egnet.net

En France
Vente en librairies
Diffusion: AFPU
Distribution: SODIS

Ministère de l'Enseignement supérieur et de la Recherche, Paris – Publication de l'Institut français d'archéologie orientale.
Dépôt légal: 2e semestre 2018; numéros d'éditeur et d'imprimeur 1174/1805.